环球网校

全国一级建造师执业资格考试

应试教材

公路工程管理与实务

建造师考试研究院 编

哈爾濱工業大學出版社
HARBIN INSTITUTE OF TECHNOLOGY PRESS

内容简介

本书根据一级建造师执业资格考试大纲编写，共包括3部分内容，分别为公路工程技术、公路工程相关法规与标准、公路工程项目管理实务。本书的主要特点：有本章导学、知识点精讲，图文并茂；有知识拓展、知识链接、点拨、注意、实战演练；有课程兑换、题库兑换等板块，讲练并重。

本书主要针对从事工程类相关专业工作，有一定的专业基础和实践经验，对一级建造师执业资格考试缺少知识梳理和系统学习的考生编写，可作为一级建造师执业资格考试考生的复习备考用书。

图书在版编目（CIP）数据

公路工程管理与实务 / 建造师考试研究院编. 哈尔滨 ：哈尔滨工业大学出版社，2025. 4. --（全国一级建造师执业资格考试应试教材）. -- ISBN 978-7-5767-1983-3

Ⅰ. U415.1

中国国家版本馆 CIP 数据核字第 2025E6A184 号

公路工程管理与实务

GONGLU GONGCHENG GUANLI YU SHIWU

策划编辑　王桂芝
责任编辑　那兰兰
出版发行　哈尔滨工业大学出版社
社　　址　哈尔滨市南岗区复华四道街10号　邮编150006
传　　真　0451－86414749
网　　址　http://hitpress.hit.edu.cn
印　　刷　三河市中晟雅豪印务有限公司
开　　本　787 mm×1 092 mm　1/16　印张32　字数900千字
版　　次　2025年4月第1版　2025年4月第1次印刷
书　　号　ISBN 978-7-5767-1983-3
定　　价　88.00元

编者寄语

亲爱的考生：

首先，恭喜各位考生踏上一级建造师执业资格考试的备考征程。这不仅是一次专业知识的积累，更是一次自我能力提升和职业发展的重要机会，也意味着各位考生将站在建筑行业的前沿，成为该行业的精英。

其次，感谢各位考生相信并选择这本书作为备考伙伴。一级建造师执业资格考试中的“公路工程管理与实务”科目，内容涉及面较广，涵盖了路基工程、路面工程、桥涵工程、隧道工程、交通工程五大专业模块，同时还涉及公路工程相关法规和标准、公路工程项目管理实务方面的内容。考试内容与工程实际结合紧密，不仅考查专业理论知识的掌握程度，还考查施工现场管理能力、识图能力、工法运用能力和综合分析能力。

面对如此庞杂的知识体系和多维度的能力要求，如何高效备考，成为考生最关心的问题。为此，我们从公路工程施工实际出发，结合最新法律、法规和标准，针对公路工程施工技术和管理相关知识编写了这本书。在编写过程中，注重内容的实用性和易读性，力求深入浅出、条理清晰，并且对易考知识点、重难点进行详细讲解，以帮助各位考生在有限的时间内高效备考。

我们站在考生的角度，在编写过程中特别注重以下几点：

紧扣大纲，突出重点　本书严格依据最新考试大纲编写，内容全面，精准覆盖核心考点。同时，采用波浪线标注重难点和常考知识点，帮助各位考生快速聚焦核心内容，高效备考。

图表辅助，轻松记忆　本书中设计了大量图表，将复杂难懂的知识点以图示或表格的方式呈现，清晰直观，能帮助各位考生加深理解、强化记忆。

深入剖析，点拨精要　本书中设置了“点拨”板块，对重要知识点进行深入剖析，对易混易错知识点进行辨析，或者提供实用的记忆口诀和解题思路，帮助各位考生高效地理解和掌握重难点内容。

真题演练，巩固提升 本书精选和配备了近几年的考试真题。通过做题，各位考生不仅可以检验学习效果，还能熟悉考试题型和出题思路，了解考试的重点和难度，从而提升应试能力。

再次，我们针对本科目的考试特点，提出以下几点备考建议供各位考生参考：

(1) 合理规划，科学备考。考生可以根据自己的实际情况制订科学的学习计划，明确每天或每周的学习任务，分阶段进行总结复习，做到劳逸结合。

(2) 构建体系，贯通学习。没有合理的知识结构，掌握再多的知识也只是一盘散沙。要学会归纳概括知识点，有条理、有意识地构建自己的知识体系，实现知识点之间的贯通。

(3) 认真梳理，查漏补缺。考生不仅要查补知识方面的漏缺，还要对方法技巧、做题速度及时间分配等进行梳理总结，找出薄弱之处，并查漏补缺，清理知识盲点。

(4) 结合实际，强化案例。学习中要结合真实工程案例，深化对理论知识的理解，掌握其实际应用，并通过做案例分析题，学会根据工程背景分析问题，训练答题逻辑，确保表述准确、规范、全面，紧扣得分点。

在使用本书的过程中，如果各位考生有任何疑问或建议，欢迎随时反馈，以便我们不断完善改进本书内容，更好地服务于广大考生。本书在编写过程中，引用了大量相关专业文献和考试资料，在此对相关作者表示诚挚谢意。

最后，希望这本书能够助各位考生顺利通过一级建造师执业资格考试！

建造师考试研究院

目　　录

第一部分　公路工程技术

第二部分　公路工程相关法规与标准

第三部分　公路工程项目管理实务

第一部分

公路工程技术

第一章

路基工程

本章导学

本章主要介绍路基工程施工，包括路基施工、路基防护与支挡、路基排水，以及路基工程质量通病与防治措施。本章内容是在最新考试大纲的基础上，根据《公路路基设计规范》(JTG D30—2015)、《公路路基施工技术规范》(JTG/T 3610—2019)、《公路软土地基路堤设计与施工技术细则》(JTG/T D31-02—2013)等编写。其中，路基施工是本章的重点内容，主要包括路基知识概述、路基施工准备、原地基处理（地表处理）要求、挖方路基施工、填方路基施工、路基季节性施工、路基改（扩）建施工和特殊路基施工等知识点，在考试中所占分值较大，应当重点复习。在学习过程中，建议图文结合，理解记忆。

第一节　路基施工

知识点 1　路基知识概述

一、相关概念

根据《公路路基施工技术规范》（JTG/T 3610—2019），介绍路基相关概念如下。

（1）路基：按路线位置和一定技术要求修筑的带状构造物，是路面的基础，承受由路面传来的行车荷载。路基实物图如图 1-1-1 所示。

(a)　　(b)

图 1-1-1　路基实物图

（2）路床：路面结构层以下 0.8 m 或 1.2 m 范围内的路基部分，分为上路床及下路床两层。上路床厚度为 0.3 m，下路床厚度在轻、中等及重交通公路中为 0.5 m，在特重、极重交通公路中为 0.9 m。

（3）路堤：高于原地面的填方路基。路堤在结构上分为上路堤和下路堤，上路堤是指路床以下 0.7 m 厚度范围的填方部分，下路堤是指上路堤以下的填方部分。路床和路堤示意图（轻、中等及重交通公路）如图 1-1-2 所示。

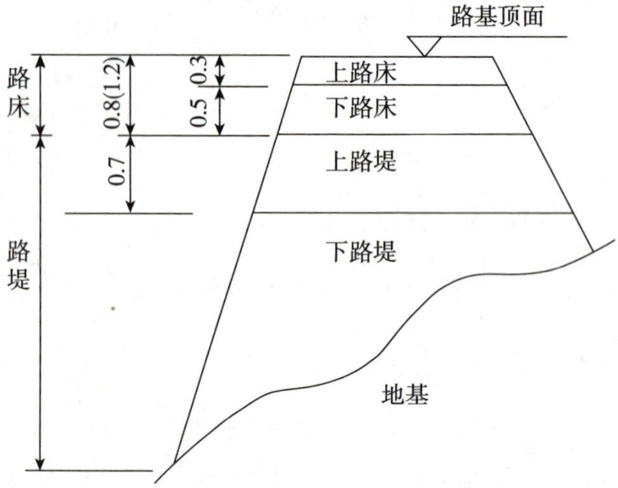

图 1-1-2　路床和路堤示意图（轻、中等及重交通公路）（单位：m）

（4）路堑：低于原地面的挖方路基。某路堑横断面示意图如图 1-1-3 所示。

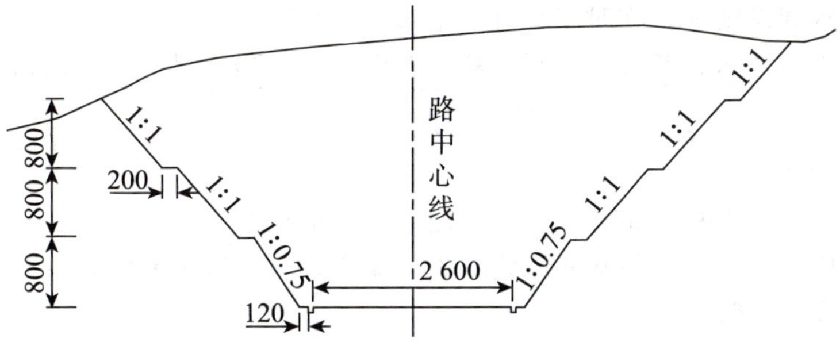

图 1-1-3　某路堑横断面示意图（单位：mm）

（5）填石路堤：用粒径大于 40 mm 且含量超过总质量 70%的石料填筑的路堤。

（6）土石路堤：用石料含量占总质量 30%～70%的土石混合材料填筑的路堤。

（7）高路堤：路基填土最大边坡高度大于 20 m 的路堤。某高路堤横断面示意图如图 1-1-4 所示。

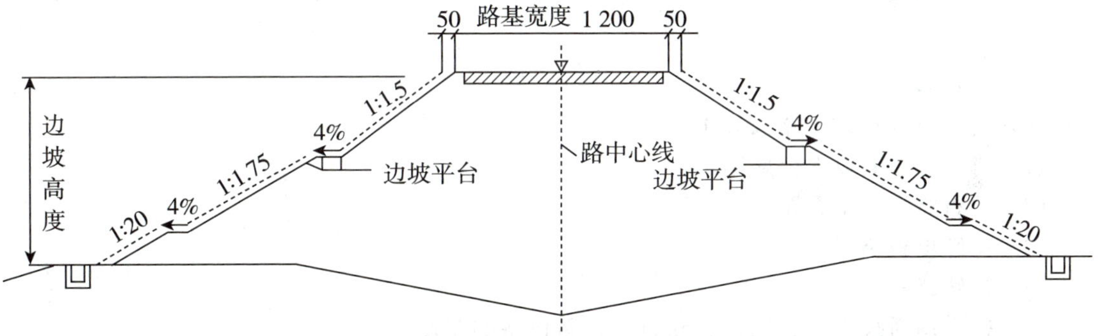

图 1-1-4　某高路堤横断面示意图（单位：mm）

（8）陡坡路堤：地面斜坡陡于 1∶2.5 的路堤。

（9）深挖路堑：边坡高度超过 20 m 的土质路堑或边坡高度超过 30 m 的岩石路堑。

（10）特殊路基：位于特殊土地段、不良地质地段，受水、气候等自然因素影响强烈的路基。

二、路基分类

按施工方法分类，路基可分为填方路基、挖方路基、半填半挖路基、不填不挖路基等。

按构成材料分类，路基可分为土质路基、石质路基、土石路基、有机质路基、轻质材料路基、工业废渣路基等。

按结构特点分类，路基可分为一般路基和特殊路基。

知识点 2　路基施工准备

一、一般规定

（1）路基工程施工前应熟悉设计文件、领会设计意图。

（2）应进行施工调查及现场核对，根据设计要求、合同条件及现场情况等编制施工组织设计。

（3）路基开工前应建立健全质量、环境、职业健康安全管理体系，对各类施工人员进行岗位培训和技术、安全交底。

（4）临时工程应满足正常施工需要，保证路基施工影响范围内原有道路、结构物的使用功能，保护农田水利设施等。临时工程宜与永久工程相结合。

(5) 对拟采用新技术、新工艺、新材料、新设备的工程项目，应提前做好试验研究和论证工作。

二、施工前试验

路基施工前，应建立具备相应试验检测能力的工地试验室。

路基填前碾压前，应对路基基底原状土进行取样试验。每千米应至少取2个点，并应根据土质变化增加取样点数。

应及时对拟作为路堤填料的材料进行取样试验。土的试验项目应包括天然含水率、液限、塑限、颗粒分析、压实特性、承载比（california bearing ratio，CBR）等，必要时还应做相对密度、有机质含量、易溶盐含量、冻胀和膨胀量等试验。

使用特殊材料作为填料时，应按相关标准进行相应试验检验，经批准后方可使用。

➤ **知识链接**：特殊填料是指具有与一般土质不同工程特性的填料，如煤矸石、泡沫轻质土等。

三、试验路段施工

下列情况应进行试验路段施工。

(1) 二级及二级以上公路路堤。

(2) 填石路堤、土石路堤。

(3) 特殊填料路堤。

(4) 特殊路基。

(5) 拟采用新技术、新工艺、新材料、新设备的路基。

● **点拨**

试验路段记忆口诀：两特四新，填石二土。

试验路段应选择地质条件、路基断面形式等具有代表性的地段，长度宜不小于200 m。

试验路段施工总结宜包括下列内容。

(1) 填料试验、检测报告等。

(2) 压实工艺主要参数：机械组合、压实机械规格、松铺厚度、碾压遍数、碾压速度、最佳含水率及碾压时含水率范围等。

(3) 过程工艺控制方法。

(4) 质量控制标准。

(5) 施工组织方案及工艺的优化。

(6) 原始记录、过程记录。

(7) 对施工图的修改建议等。

(8) 安全保证措施。

(9) 环保措施。

➤ **注意**：试验路段施工总结报告内容根据实际需要适当增减，但要全面、真实地反映试验情况，为后续施工提供依据。

实战演练

[2020 真题·多选] 路堤试验路段施工总结的内容包括（ ）。

A. 过程工艺控制方法
B. 安全保证措施
C. 环保措施
D. 质量控制标准
E. 对初步设计文件的修改建议

[解析] 路堤试验路段施工总结宜包括下列内容。①填料试验、检测报告等。②压实工艺主要参数：机械组合、压实机械规格、松铺厚度、碾压遍数、碾压速度、最佳含水率及碾压时含水率范围等。③过程工艺控制方法。④质量控制标准。⑤施工组织方案及工艺的优化。⑥原始记录、过程记录。⑦对施工图的修改建议等。⑧安全保证措施。⑨环保措施。

[答案] ABCD

[2021 真题·案例节选]

背景资料：

某高速公路合同段起讫桩号为 K6+280～K13+109。公路沿线为山岭重丘区，公路路基填挖方量较大，其中 K8+570～K9+066 段为填石路堤，填料以中硬石料为主……

施工过程中发生了如下事件。

事件一：填石路堤施工前，施工单位进行了试验路段施工，通过试验确定了质量控制标准、压实工艺主要参数和施工工艺流程等。其中压实工艺主要参数包括碾压遍数、压实机械规格、机械组合……

[问题]

2. 事件一中，补充试验路段还应确定的压实工艺参数。

[答案]

2. 试验路段还应确定的压实工艺参数：松铺厚度、碾压速度、最佳含水率及碾压时含水率范围。

知识点 3 原地基处理（地表处理）要求

根据《公路路基施工技术规范》(JTG/T 3610—2019)，原地基处理要求如下。

(1) 地基表层碾压处理压实度控制标准为：二级及二级以上公路一般土质应不小于90%；三、四级公路应不小于 85%。低路堤应对地基表层土进行超挖、分层回填压实，其处理深度应不小于路床厚度。

(2) 原地面坑、洞、穴等，应在清除沉积物后，用合格填料分层回填分层压实，压实度应符合上述规定。对可能存在空洞隐患的，应结合具体情况采取相应的处置措施。

(3) 泉眼或露头地下水，应按设计要求采取有效导排措施将地下水引离后方可填筑路堤。

(4) 地基为耕地、松散土质、水稻田、湖塘、软土、过湿土等时，应按设计要求进行处理，局部软弹的部分应采取有效的处理措施。

(5) 陡坡地段、填挖结合部、土石混合地段、高填方地段地基等应按设计要求进行处理。

(6) 地下水位较高时，应按设计要求进行处理。

(7) 特殊地段路基应先核对地勘资料，确定设计资料与实际的符合性、处理方法的适用性，必要时重新补勘地质、水文资料，根据结果重新确定处理方案。

● 点拨

原地基压实度控制标准：二级及二级以上公路≥90%；三、四级公路≥85%。

知识点 4 挖方路基施工

一、一般规定

根据《公路路基施工技术规范》(JTG/T 3610—2019)，挖方路基施工应符合如下规定。

(一) 土方开挖

土方开挖应符合下列规定。

(1) 应自上而下逐级进行，严禁掏底开挖。

(2) 开挖至边坡线前，应预留一定宽度，预留的宽度应保证刷坡过程中设计边坡线外的土层不受到扰动。

(3) 拟用作路基填料的土方，应分类开挖、分类使用。非适用材料作为弃方时，应按相关规定处理。

(4) 开挖至零填、路堑路床部分后，应及时进行路床施工；如不能及时进行，宜在设计路床顶高程以上预留至少 300 mm 厚的保护层。

(5) 应采取临时排水措施，施工作业面不得积水。

➤ **知识链接：** 土方路堑施工中，最为常见的作业方式是以单斗挖掘机与运输车辆配合开挖。

土方开挖遇到地下水时，应按下列规定处理。

(1) 应采取排导措施，将水引入路基排水系统，不得随意堵塞泉眼。

(2) 路床土含水率高或为含水层时，应采取设置渗沟、换填、改良土质等处理措施。路床填料除符合有关规定外，还应具有较好的透水性和水稳性。

(二) 石方开挖

石方开挖应符合下列规定。

(1) 应根据岩石的类别、风化程度、岩层产状、岩体断裂构造、施工环境等因素确定开挖方案。

(2) 应逐级开挖，逐级按设计要求进行防护。

(3) 施工过程中，每挖深 3～5 m 应进行边坡边线和坡率的复测。

(4) 爆破作业应符合现行《爆破安全规程》(GB 6722—2014) 的有关规定。

(5) 严禁采用峒室爆破，靠近边坡部位的硬质岩应采用光面爆破或预裂爆破。

(6) 爆破法开挖石方，应先查明空中缆线、地下管线的位置，开挖边界线外可能受爆破影响的建筑物结构类型、居民居住情况等，对不能满足安全距离的石方宜采用化学静态爆破或机械开挖。

(7) 边坡应逐级进行整修，同时清除危石及松动石块。

(三) 石质路床清理

石质路床清理应符合下列规定。

(1) 欠挖部分应予凿除，超挖部分应采用强度高的砂砾、碎石进行找平处理，不得采用细粒土找平。

(2) 路床底面有地下水时，可设置渗沟进行排导，渗沟应采用硬质碎石回填。

(3) 路床的边沟应与路床同步施工。

(四) 深挖路堑施工

深挖路堑施工应符合下列规定。

(1) 应根据地形特征设置边坡观测点，施工过程中应对深挖路堑的稳定性进行监测。

(2) 施工过程中，应核查地质情况，如与设计不符应及时反馈处理。

(3) 每挖深 3～5 m 应复测一次边坡。

二、土质路堑施工

（一）工艺流程

土质路堑施工工艺流程如图 1-1-5 所示。

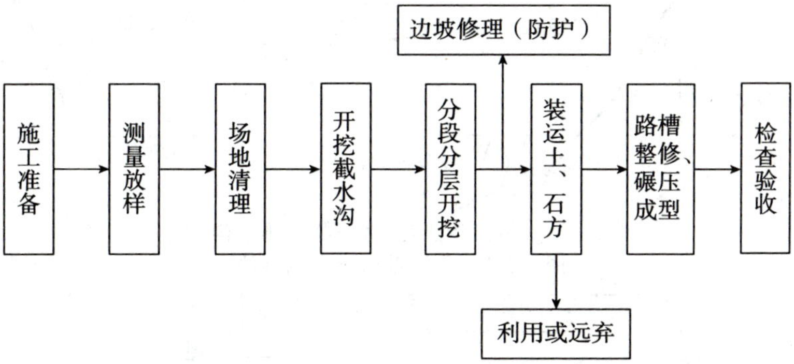

图 1-1-5　土质路堑施工工艺流程

（二）施工方法

土质路堑开挖应因地制宜，选择适当的开挖方法，以加快开挖速度，保证工程质量。开挖方法一般包括横挖法、纵挖法、混合式挖掘法。土质路堑开挖方法及其施工过程与适用范围见表 1-1-1。

表 1-1-1　土质路堑开挖方法及其施工过程与适用范围

开挖方法		施工过程	适用范围
横挖法	单层横向全宽挖掘法（图 1-1-6）	从路堑的一端或两端开始，沿着路堑的整个宽度进行挖掘，一次性挖到设计高程	深度浅且短的路堑开挖
	多层横向全宽挖掘法（图 1-1-7）	不同高度分几个台阶同时开挖	深度深且短的路堑开挖
纵挖法	分层纵挖法	沿路堑全宽，以深度不大的纵向分层前进挖掘	较长的路堑开挖
	通道纵挖法	先沿路堑纵向挖掘一通道，然后开挖通道两旁，该通道作为运土路线及场内排水的出路	较长、较深、两端地面纵坡较小的路堑开挖
	分段纵挖法	沿路堑纵向选择一个或几个适宜处，将较薄一侧堑壁横向挖穿，使路堑分成两段或数段，各段再纵向开挖	过长、弃土运距过远、一侧堑壁较薄的傍山路堑开挖
混合式挖掘法（图 1-1-8）		多层横向全宽挖掘法和通道纵挖法混合使用。先沿路线纵向挖通道，然后沿横向坡面挖掘，以增加开挖面	路线纵向长度和挖深都很大的路堑开挖

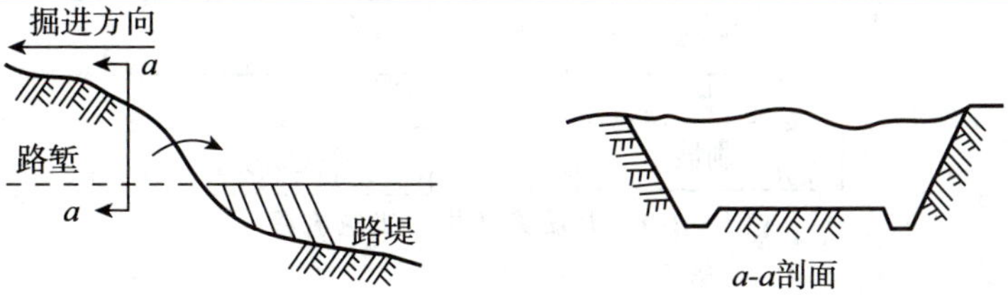

图 1-1-6　单层横向全宽挖掘法

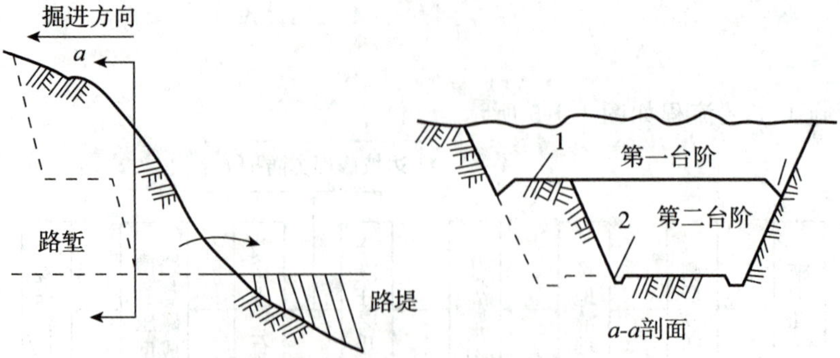

1—第一台阶运土道；2—临时排水沟。

图 1-1-7　多层横向全宽挖掘法

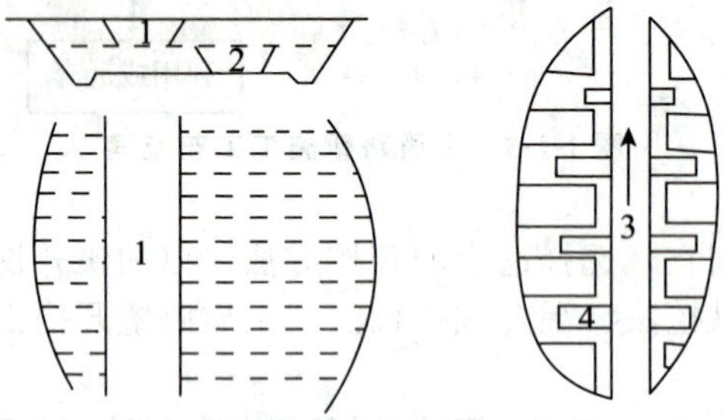

1、2—第一通道；3—纵向运土；4—横向运土。

图 1-1-8　混合式挖掘法

●点拨

土质路堑开挖方法的适用范围需要理解掌握，考试中遇到实操题目，先找关键词或尺寸，判断其长、短，或深、浅，再选择最合适的开挖方法。一般情况下，"长选纵，短选横，深选多层，浅选单层，又长又深选混合"。

三、石质路堑施工

（一）工艺流程

石质路堑施工工艺流程如图 1-1-9 所示。

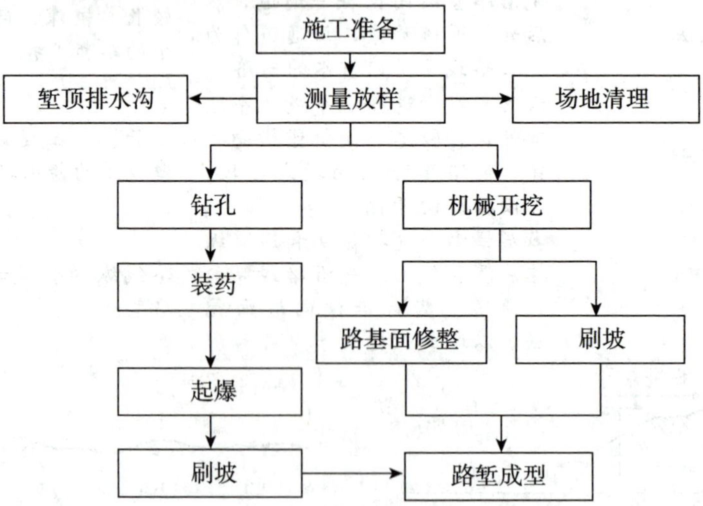

图 1-1-9　石质路堑施工工艺流程

（二）施工方法

按照施工技术分类，石质路堑的开挖方法包括机械开挖、爆破开挖和静态破裂。石质路堑开挖方法及其特点与适用范围见表 1-1-2。

表 1-1-2　石质路堑开挖方法及其特点与适用范围

开挖方法	特点	适用范围
机械开挖	所需作业面小，操作简单，开挖速度较快，效率较高	适用于大方量的软岩石方工程，不适用于破碎坚硬的岩石
爆破开挖	可以实现大量土石方的快速开挖，对于大规模石方工程，成本较低，被广泛采用	适用于坚硬岩石的开挖，以及大规模的石方工程
静态破裂	安全可靠，没有爆破产生的危害，但破碎效率低，开裂时间长	适用于小规模工程，以及设备附近、高压线下、开挖与浇筑过渡段施工

石质路堑施工常用爆破方法有光面爆破、预裂爆破、延时爆破、定向爆破，以及浅孔爆破、深孔爆破等。石质路堑施工常用爆破方法及其特点见表 1-1-3。

表 1-1-3　石质路堑施工常用爆破方法及其特点

爆破方法	特点
光面爆破	沿开挖边界布置密集炮孔，采取不耦合装药或装填低威力炸药，在主爆区之后起爆，以形成平整的轮廓面的爆破作业
预裂爆破	沿开挖边界布置密集炮孔，采取不耦合装药或装填低威力炸药，在主爆区之前起爆，从而在爆区与保留区之间形成预裂缝，以减弱主爆孔对保留岩体（开挖限界以外建筑物）的破坏，并形成平整轮廓面的爆破作业
延时爆破	采用延时雷管使各个药包按不同时间顺序起爆的爆破技术，分为毫秒延时爆破、秒延时爆破等
	该方法既可以降低爆破震动，又可以改善岩石破碎效果，节省炸药
定向爆破	利用炸药爆炸的作用，把某一地区的土石方抛掷到指定的地区，并大致堆积成所需形状的一种爆破技术
	该方法可以减少挖、装、运、夯等工序，效率高
浅孔爆破	炮眼直径小于或等于 50 mm，炮孔深度不大于 5 m 的爆破作业
	该方法比较灵活，适用于地形艰险及爆破量较小地段，辅助炮型
深孔爆破	炮眼直径大于 50 mm，并且深度大于 5 m 的爆破作业
	采用该方法工作效率高，施工进度快

实战演练

［2024 真题·单选］土方路堑施工中，最为常见的作业方式是以（　　）与运输车辆配合开挖。

A. 推土机　　B. 挖掘机

C. 铲运机　　D. 装载机

［解析］公路工程施工中，以单斗挖掘机与运输车辆配合开挖土方路堑最为常见。

［答案］B

［2023 真题·单选］石质路床底面有地下水时，可设置（　　）进行排导。

A. 排水路面　　B. 垫层

C. 渗沟　　D. 土工格栅

[解析] 路床底面有地下水时，可设置渗沟进行排导，渗沟应采用硬质碎石回填。

[答案] C

[2021 真题 · 单选] 某山区公路，K2＋300～K2＋800 为路堑，路线纵坡为 0.3%，两端地面纵坡较小，边坡最大高度为 28 m，该路堑开挖宜采用（　　）。

A. 通道纵挖法　　B. 多层横向全宽挖掘法

C. 单层横向全宽挖掘法　　D. 分段纵挖法

[解析] 通道纵挖法适用于较长、较深、两端地面纵坡较小的路堑。

[答案] A

知识点 5 填方路基施工

一、一般规定

根据《公路路基施工技术规范》（JTG/T 3610—2019），一般路基填料应符合如下规定。

（一）基本要求

（1）宜选用级配好的砾类土、砂类土等粗粒土作为填料。

（2）含草皮、生活垃圾、树根、腐殖质的土严禁作为填料。

（3）泥炭土、淤泥、冻土、强膨胀土、有机质土及易溶盐超过允许含量的土等，不得直接用于填筑路基；确需使用时，应采取技术措施进行处理，经检验满足要求后方可使用。

（4）粉质土不宜直接用于填筑二级及二级以上公路的路床，不得直接用于填筑冰冻地区的路床及浸水部分的路堤。

（二）填料承载比与粒径要求

路基填料最小承载比和最大粒径应符合表 1-1-4 的规定。

表 1-1-4　路基填料最小承载比和最大粒径要求

填料应用部位（路面底面以下深度）/m				填料最小承载比（CBR）/%			填料最大粒径/mm
				高速公路、一级公路	二级公路	三、四级公路	
填方路基	上路床		0～0.3	8	6	5	100
	下路床	轻、中及重交通	0.3～0.8	5	4	3	100
		特重、极重交通	0.3～1.2				
	上路堤	轻、中及重交通	0.8～1.5	4	3	3	150
		特重、极重交通	1.2～1.9				
	下路堤	轻、中及重交通	＞1.5	3	2	2	150
		特重、极重交通	＞1.9				
零填及挖方路基	上路床		0～0.3	8	6	5	100
	下路床	轻、中及重交通	0.3～0.8	5	4	3	100
		特重、极重交通	0.3～1.2				

注：1. 表列承载比是根据路基不同填筑部位压实标准的要求，按现行《公路土工试验规程》（JTG 3430—2020）试验方法规定浸水 96 h 确定的 CBR。

2. 三、四级公路铺筑沥青混凝土和水泥混凝土路面时，应采用二级公路的规定。

3. 表中上、下路堤填料最大粒径 150 mm 的规定不适用于填石路堤和土石路堤。

（三）路床填料要求

路床填料应符合下列规定。

（1）路床填料应符合表 1-1-4 的规定。

（2）高速公路、一级公路路床填料宜采用砂砾、碎石等水稳性好的粗粒料，也可采用级配好的碎石土、砾石土等；粗粒料缺乏时，可采用无机结合料改良细粒土。

零填、挖方路段的路床施工应符合表 1-1-5 的规定。

表 1-1-5　零填、挖方路段的路床施工规定

路床范围土质	处理方式	
原状土符合要求	直接进行成形施工	
过湿土	设计有规定时，按设计厚度换填	
	设计未规定时	高速公路、一级公路换填厚度 0.8～1.2 m；过湿土的总厚度小于 1.5 m，宜全部换填
		二级公路的换填厚度：0.5～0.8 m
崩解性岩石、强风化软岩	设计有规定时，按设计厚度换填	
	设计未规定时	高速公路、一级公路换填厚度：0.3～0.5 m

➢ **注意：** 路床填筑，每层最大压实厚度宜不大于 300 mm，顶面最后一层压实厚度应不小于 100 mm。

二、填土路堤施工

（一）工艺流程

填土路堤施工工艺流程如图 1-1-10 所示。

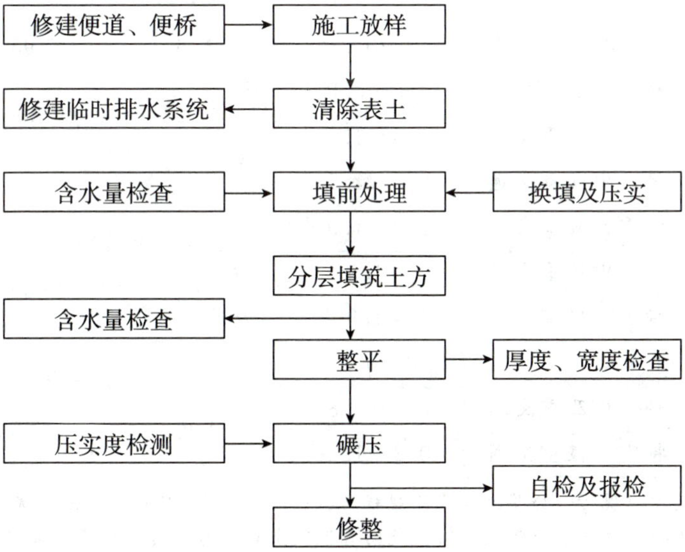

图 1-1-10　填土路堤施工工艺流程

（二）施工要求

根据《公路路基施工技术规范》（JTG/T 3610—2019），路堤填筑应符合下列规定。

（1）性质不同的填料，应水平分层、分段填筑，分层压实。同一层路基应采用同一种填料，不得混合填筑。每种填料的填筑层压实后的连续厚度宜不小于 500 mm。路基上部宜采用水稳性好或冻胀敏感性小的填料。有地下水的路段或浸水路堤，应填筑水稳性好的填料。

(2) 在透水性差的压实层上填筑透水性好的填料前，应在其表面设 2%～4%的双向横坡，并采取相应的防水措施。不得在透水性好的填料所填筑的路堤边坡上覆盖透水性差的填料。

(3) 每种填料的松铺厚度应通过试验确定。

(4) 每一填筑层压实后的宽度不得小于设计宽度。

(5) 路堤填筑时，应从最低处起分层填筑，逐层压实。

(6) 填方分几个作业段施工时，接头部位如不能交替填筑，先填路段应按 1∶1～1∶2 坡度分层留台阶；如能交替填筑，应分层相互交替搭接，搭接长度应不小于 2 m。

湿黏土路堤施工应符合下列规定。

(1) 应按设计要求对基底湿黏土层进行处理。

(2) 湿黏土填料宜采用石灰进行改良，石灰宜采用消石灰或磨细生石灰粉。石灰粒径应不大于 20 mm，质量宜符合三级及以上标准。

(3) 施工前应取现场有代表性的土做石灰掺配试验，确定石灰用量。

(4) 灰土拌和可采用路拌法，翻拌后填料的块状粒径超过 15 mm 的含量宜小于 15%，填筑层厚度宜不超过 200 mm。

(5) 改良后的湿黏土路堤质量应采用灰剂量与压实度两个指标控制，灰剂量应不低于设计掺量，压实度应满足表 1-1-6 的规定。应采用设计灰剂量的击实试验确定最大干密度。

土质路基压实度应符合表 1-1-6 的规定。

表 1-1-6　土质路基压实度标准

填筑部位（路面底面以下深度）/m				压实度/%		
				高速公路、一级公路	二级公路	三、四级公路
填方路基	上路床		0～0.3	≥96	≥95	≥94
	下路床	轻、中及重交通	0.3～0.8	≥96	≥95	≥94
		特重、极重交通	0.3～1.2			—
	上路堤	轻、中及重交通	0.8～1.5	≥94	≥94	≥93
		特重、极重交通	1.2～1.9			—
	下路堤	轻、中及重交通	>1.5	≥93	≥92	≥90
		特重、极重交通	>1.9			
零填及挖方路基	上路床		0～0.3	≥96	≥95	≥94
	下路床	轻、中及重交通	0.3～0.8	≥96	≥95	—
		特重、极重交通	0.3～1.2			

注：1. 表列压实度以现行《公路土工试验规程》(JTG 3430—2020) 重型击实试验法为准。
2. 三、四级公路铺筑水泥混凝土路面或沥青混凝土路面时，其压实度应采用二级公路的规定值。
3. 路堤采用特殊填料或处于特殊气候地区时，压实度标准在保证路基强度要求的前提下根据试验路段和当地工程经验确定。
4. 特殊干旱地区的压实度标准可降低 2～3 个百分点。

填土路堤施工过程质量控制应符合下列规定。

(1) 施工过程中，每一压实层均应进行压实度检测，检测频率为每 1 000 m^2 不少于 2 点。压实度检测可采用灌砂法、环刀法等，检测应符合现行《公路路基路面现场测试规程》

(JTG 3450—2019）的有关规定。

（2）施工过程中，每填筑 2 m 宜检测路线中线和宽度。

（三）施工方法

1. 水平分层填筑

水平分层填筑是将路堤划分为若干水平层次，逐层向上填筑，如原地面不平，则从地势最低处开始填筑，如图 1-1-11 所示。该方法是目前施工中最常用的方法。

图 1-1-11　水平分层填筑

2. 纵向分层填筑

纵向分层填筑依路线纵坡方向分层，逐层推土向上填筑，常用于地面纵坡大于 12%、用推土机从路堑取土填筑距离较短的路堤，如图 1-1-12 所示。

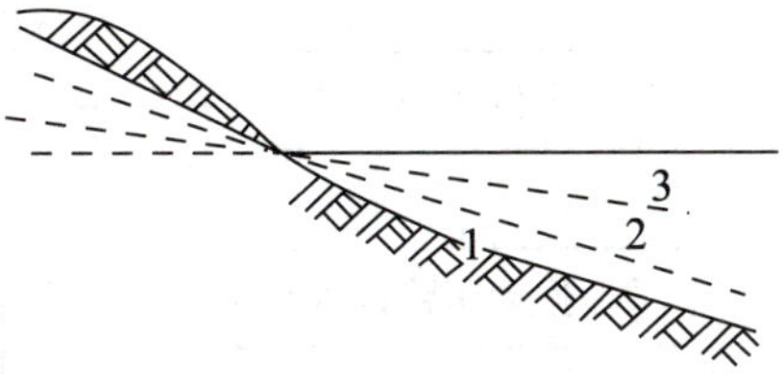

图 1-1-12　纵向分层填筑（图中数字表示填筑顺序）

3. 横向填筑

（1）横向填筑是将填料沿路线纵向在坡度较大的原地面上倾填，形成倾斜的土层，然后碾压密实，如此逐层向前推进，如图 1-1-13 所示。

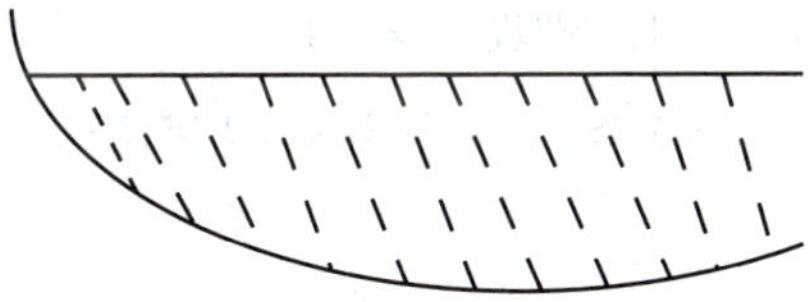

图 1-1-13　横向填筑

（2）原地面纵坡大于 12%、路线跨越深谷或局部地面横坡较陡的地段，地面高差大，无法采用水平分层填筑时，可采用横向填筑法。

4. 混合式填筑（联合填筑）

混合式填筑是路堤下部采用横向填筑而上部采用水平分层填筑，可使上部填土获得足够的密实度，如图 1-1-14 所示。

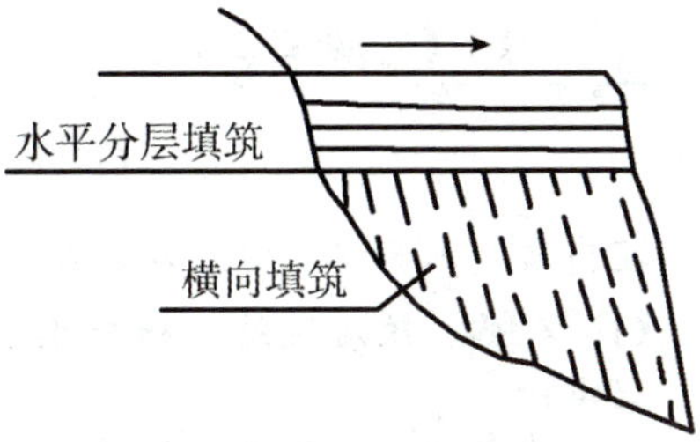

图 1-1-14　混合式填筑

三、填石路堤施工

（一）工艺流程

填石路堤施工工艺流程如图 1-1-15 所示。

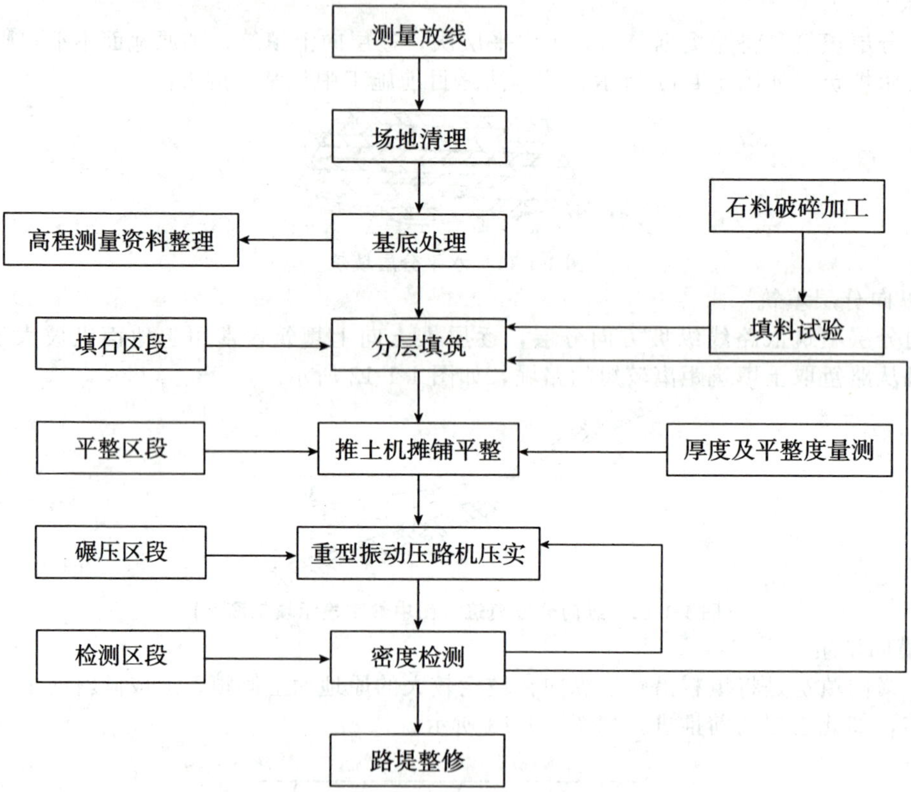

图 1-1-15　填石路堤施工工艺流程

（二）施工要求

1. 填料的规定

（1）硬质岩石、中硬岩石可用于路堤和路床填筑；软质岩石可用于路堤填筑，不得用于路床填筑；膨胀岩石、易溶性岩石和盐化岩石不得用于路基填筑。

（2）路基的浸水部位，应采用稳定性好、不易膨胀崩解的石料填筑。

（3）路堤填料粒径应不大于 500 mm，并宜不超过层厚的 2/3。路床底面以下 400 mm 范围内，填料最大粒径不得大于 150 mm，其中小于 5 mm 的细料含量应不小于 30%。

➢ **知识拓展：** 岩石分类见表 1-1-7。

表 1-1-7　岩石分类

岩石类型	单轴饱和抗压强度/MPa	代表性岩石
硬质岩石	≥60	花岗岩、闪长岩、玄武岩等岩浆岩类
中硬岩石	30～60	（1）硅质、铁质胶结的砾岩及砂岩、石灰岩、白云岩等沉积岩类； （2）片麻岩、石英岩、大理岩、板岩、片岩等变质岩类

续表

岩石类型	单轴饱和抗压强度/MPa	代表性岩石
软质岩石	5～30	(1) 凝灰岩等喷出岩类； (2) 泥砾岩、泥质砂岩、泥质页岩、泥岩等沉积岩类； (3) 云母片岩或千枚岩等变质岩类

2. 填筑的规定

(1) 填石路堤应分层填筑压实。在陡峻山坡地段施工特别困难时，三级及三级以下砂石路面公路的下路堤可采用倾填方式填筑。

(2) 岩性相差大的填料应分层或分段填筑，软质石料与硬质石料不得混合使用。

(3) 填石路堤顶面与细粒土填土层之间应填筑过渡层或铺设无纺土工布隔离层。

(4) 压实机械宜选用自重不小于 18 t 的振动压路机。

(5) 填石路堤采用强夯、冲击压路机进行补压时，应避免对附近构造物造成影响。

中硬、硬质石料填筑路堤时，应进行边坡码砌。码砌防护的石料强度、尺寸应满足设计要求。边坡码砌与路基填筑应基本同步进行。

采用易风化岩石或软质岩石石料填筑时，应按设计要求采取边坡封闭和底部设置排水垫层、顶部设置防渗层等措施。

3. 压实质量标准

填石路堤压实质量标准（控制指标：孔隙率）应符合表 1-1-8 的规定。

表 1-1-8　填石路堤压实质量标准

分区	路床顶面以下深度/m	硬质石料孔隙率/%	中硬石料孔隙率/%	软质石料孔隙率/%
上路堤	0.8～1.5	≤23	≤22	≤20
下路堤	>1.5	≤25	≤24	≤22

4. 质量控制

施工过程质量控制应符合下列规定。

(1) 施工过程中每一压实层，应采用试验路段确定的工艺流程、工艺参数控制，压实质量可采用沉降差指标进行检测。

(2) 施工过程中，每填高 3 m 宜检测路基中线和宽度。

成形后的外观质量标准应符合下列规定。

(1) 路堤表面应无明显孔洞。

(2) 大粒径石料应不松动。

(3) 边坡码砌紧贴、密实无松动，砌块间承接面向内倾斜，坡面平顺。

(4) 路基边线与边坡不应出现单向累计长度超过 50 m 的弯折。

(5) 上边坡不得有危石。

（三）施工方法

1. 分层压实法

分层压实法，也称分层碾压法，是将路堤进行自下而上水平分层，逐层填筑和压实，即每一层填筑后，立即使用压实设备（如压路机、振动夯等）进行压实，是保证填石路堤质量的有效方法。

2. 竖向填筑法

竖向填筑法，也称垂直填筑法、倾填法，其是从路基的一端开始，按断面的部分或全部高度自上而下倾卸填料。采用此方法，施工速度较快，适应性强，但是路基压实难，容易出现稳定性问题。

3. 冲击压实法

冲击压实法是利用冲击压路机非圆形冲击碾压轮冲击压实基础，使之达到所需的密实度。压实效能可以达到传统压路机的 10 倍以上，可降低施工成本、缩短工程工期；同时，可以有效地减少路基的沉降，使路基的强度得到提高，进而提高工程质量。

4. 强力夯实法

强力夯实法是利用夯锤自由下落的冲击力来夯实填料。该方法机械设备简单，击实效果显著，施工中不需铺撒细粒料，施工速度快，有效地解决了大块石填筑地基厚层施工的夯实难题。

四、土石路堤施工

（一）工艺流程

土石路堤施工工艺流程如图 1-1-16 所示。

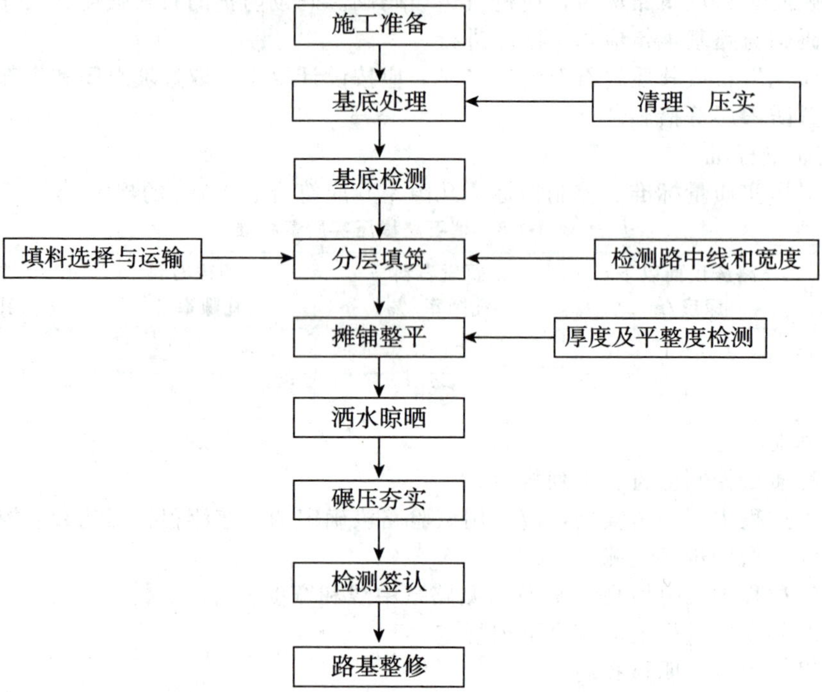

图 1-1-16　土石路堤施工工艺流程

（二）施工要求

1. 填料的规定

（1）膨胀岩石、易溶性岩石等不宜直接用于路基填筑，崩解性岩石和盐化岩石等不得用于路基填筑。

（2）天然土石混合填料中，中硬、硬质石料的最大粒径不得大于压实层厚的 2/3；石料为强风化石料或软质石料时，其 CBR 值应符合表 1-1-4 的规定，石料最大粒径不得大于压实层厚。

2. 填筑的规定

（1）压实机械宜选用自重不小于 18 t 的振动压路机。

（2）应分层填筑压实，不得倾填。

（3）应使大粒径石料均匀分散在填料中，石料间孔隙应填充小粒径石料和土。

（4）土石混合料来自不同料场，其岩性或土石比例相差大时，宜分层或分段填筑。

（5）填料由土石混合材料变化为其他填料时，土石混合材料最后一层的压实厚度应小于300 mm，该层填料最大粒径宜小于150 mm，压实后表面应无孔洞。

（6）中硬、硬质石料填筑土石路堤时，宜进行边坡码砌，码砌与路堤填筑宜同步进行，软质石料土石路堤的边坡按土质路堤边坡处理。

（7）采用强夯、冲击压路机进行补压时，应避免对附近构造物造成影响。

3. 质量控制

施工过程质量控制应符合下列规定。

（1）中硬及硬质岩石的土石路堤填筑施工过程中每一压实层，应采用试验路段确定的工艺流程、工艺参数，压实质量可采用沉降差指标进行检测。

（2）软质石料的土石路堤填筑质量标准应符合表1-1-6的规定。

（3）施工过程中，每填筑3 m高宜检测路线中线和宽度。

外观质量标准应符合下列规定。

（1）路基表面无明显孔洞。

（2）大粒径填石应不松动。

（3）中硬、硬质石料土石路基边坡应码砌紧贴、密实无松动，砌块间承接面应向内倾斜，坡面平顺。

点拨

填石路堤、土石路堤填料要求比较见表1-1-9。

表1-1-9　填石路堤、土石路堤填料要求比较

类型	填料要求
填石路堤	（1）硬质岩石、中硬岩石可用于路堤和路床填筑； （2）软质岩石可用于路堤填筑，不得用于路床填筑； （3）膨胀岩石、易溶性岩石和盐化岩石不得用于路基填筑
土石路堤	（1）膨胀岩石、易溶性岩石等不宜直接用于路基填筑； （2）崩解性岩石和盐化岩石等不得用于路基填筑

五、其他规定

（一）高路堤与陡坡路堤

（1）高路堤段应优先安排施工，宜预留一个雨季或6个月以上的沉降期。

（2）高路堤宜采用强度高、水稳性好的材料；路堤浸水部分应采用水稳性和透水性好的材料。

（3）高路堤施工中应按设计要求预留高度与宽度，并进行动态监控。

（4）高路堤宜每填筑2 m冲击补压一次，或每填筑4～6 m强夯补压一次。

（5）高路堤填筑过程中应进行沉降和稳定性观测。

（6）在不良地质路段的高路堤与陡坡路堤填筑，应控制填筑速率，并进行地表水平位移监测，必要时应进行地下土体分层水平位移监测。

➢ **知识拓展：** 在一些不良地质路段，高路堤的整体失稳与填筑速率有关。控制填筑速率可延长地基固结时间，有效提高路基的整体稳定性。

（二）台背与墙背填筑

填料宜采用透水性材料、轻质材料、无机结合料稳定材料等，崩解性岩石、膨胀土不得用于台背与墙背填筑。

台背与墙背填筑施工应符合下列规定。

(1) 二级及二级以上公路应按设计做好过渡段，过渡段路堤压实度应不小于96%；二级以下公路的路堤与回填的联结部，应预留台阶。

(2) 台背和锥坡的回填宜同步进行。

(3) 台背与墙背1.0 m范围内回填宜采用小型夯实机具压实。

(4) 分层压实厚度宜不大于150 mm，填料粒径宜小于100 mm，涵洞两侧回填填料粒径宜小于50 mm，压实度应不低于96%。

(5) 部位狭窄时，可采用低强度等级混凝土、浆砌片石等材料回填。

(6) 涵洞两侧，应对称分层回填压实。

(7) 回填部分的路床宜与路堤路床同步填筑。

(8) 台背与墙背回填，应在结构物强度达到设计强度的75%以上时进行。

(三) 粉煤灰路堤

粉煤灰可用于各级公路路堤填筑，不得用于高速公路、一级公路的路床和二级公路的上路床。

用于路基填筑的粉煤灰的烧失量应不大于20%，三氧化硫含量宜不大于3%，粉煤灰中不得含团块、腐殖质及其他杂质。

储运粉煤灰应符合下列规定。

(1) 调节粉煤灰含水率宜在储灰场或灰池中进行。

(2) 粉煤灰的装卸、运输和堆放，应采取洒水封盖等防止扬尘的措施。

(3) 粉煤灰填料宜从厂家或渣场直接运输至施工作业面使用。

粉煤灰路堤填筑应符合下列规定。

(1) 大风或气温低于0 ℃时不宜施工。

(2) 有显著差别的灰源应分别堆放，分段填筑。

(3) 路堤高度超过4 m时，可在路堤中部设置土质夹层。

(4) 粉煤灰路堤应进行包边防护，包边土应与粉煤灰同步施工，宽度宜不小于2 m。

(5) 施工过程中，作业面应及时洒水润湿，并应合理设置行车便道。

(6) 施工间歇期，作业面应洒水润湿，并应封闭交通；间隙期长时，应在粉煤灰压实层顶面覆盖封闭土层。

粉煤灰路堤压实度标准应通过试验路段确定，并应符合表1-1-10的规定。包边土和顶面封层土的压实度应符合表1-1-6的规定。粉煤灰路堤压实度可采用填上层检下层的方式进行检测。

表1-1-10 粉煤灰路堤压实度标准

填料应用部位	压实度/%	
	高速公路、一级公路	二级及二级以下公路
下路床	—	≥92
上路堤	≥92	≥90
下路堤	≥90	≥88

注：表列压实度以现行《公路土工试验规程》(JTG 3430—2020) 重型击实试验法为准。

(四) 煤矸石路堤

煤矸石可用于公路路堤填筑，不宜用于高速公路、一级公路上路堤，不得用于路床。需要保护的水源地区域不宜采用煤矸石进行路堤填筑。

用于路堤填筑的煤矸石填料应符合下列规定。

(1) 经过充分氧化或存放 3 年以上的煤矸石可直接用于路堤填筑。

(2) 煤矸石填料 CBR 值应大于 8%，耐崩解性指数应大于 60%，硫化铁含量宜小于 3%。

(3) 遇水崩解的软质煤矸石不得用于路堤浸水部位的填筑。

来源不同的煤矸石填料，性能相差大时，应分段填筑。

(五) 工业废渣路堤

工业废渣包括脱硫石膏、锅炉灰渣、汽化渣、钢渣、高炉矿渣等。工业废渣可用于公路路堤填筑，不得用于高速公路、一级公路路床和路堤浸水部分。

工业废渣填料用于路堤填筑时，必须符合国家现行环境保护的有关规定，严禁采用有害物质超标的工业废渣作为路堤填料。

工业废渣路堤填筑应符合下列规定。

(1) 有显著差别的填料应分段填筑。

(2) 应采用细粒土进行包边防护，包边土应与工业废渣同步施工，宽度宜不小于 2 m，包边土底部 0.5 m 范围宜采用透水性填料。

(3) 每填筑 2～3 m 应设置 300 mm 厚的细粒土隔离层，路堤顶面应进行封闭处理。

(4) 施工间歇期作业面应封闭交通，洒水润湿，施工间隔长时，应在工业废渣压实层顶面覆盖封闭土层。

➢ **总结：** 填土路堤、填石路堤、土石路堤的施工规定有诸多相同之处，学习时应注意区分不同点，可通过填写表 1-1-11 进行对比记忆。

表 1-1-11　填土路堤、填石路堤、土石路堤的施工规定

类型	工艺流程	填筑要点	压实度标准	质量控制
填土路堤				
填石路堤				
土石路堤				

实战演练

[2022 真题 · 单选] 关于填土路堤施工过程质量控制的说法，正确的是（　　）。

A. 施工过程中，每填筑三层后应进行压实度检测

B. 压实度检测频率由现场监理工程师确定

C. 填土路堤压实度检测只能采用灌砂法

D. 施工过程中，每填筑 2 m 宜检测路基中线和宽度

[解析] 施工过程中，每一压实层均应进行压实度检测，检测频率为每 1 000 m^2 不少于 2 点。压实度检测可采用灌砂法、环刀法等。施工过程中，每填筑 2 m 宜检测路基中线和宽度。

[答案] D

[2021 真题 · 单选] 关于土石路堤填筑的说法，正确的是（　　）。

A. 土石路堤可采取倾填方式

B. 土石路堤应分层填筑、分层压实

C. 土石路堤宜用推土机铺填，松铺厚度不用限制

D. 土石混合料可直接填筑至路床设计标高

[解析] 土石路堤不得采取倾填方法，而应采用分层填筑、分层压实。土石路堤宜用推土机铺填，松铺厚度控制在 400 mm 以内，接近路堤设计标高时，需改用土方填筑。

[答案] B

[2023 真题·多选] 高速公路路床填料宜采用（　　）。

A. 砂砾　　B. 细料土

C. 碎石　　D. 片石

E. 粉质土

[解析] 高速公路、一级公路路床填料宜采用砂砾、碎石等水稳性好的粗粒料，也可采用级配好的碎石土、砾石土等；粗粒料缺乏时，可采用无机结合料改良细粒土。

[答案] AC

[2024 真题·案例节选]

背景资料：

某施工单位投标新建高速公路工程一标段，全线为整体式路基，根据该工程招标文件及《公路工程标准施工招标文件》《公路工程建设项目概算预算编制办法》《公路工程预算定额》等资料编制了投标报价。

施工单位中标后按期开展施工，施工过程中发生以下事件：

……

事件二：该工程部分路堤为中硬岩石的土石混填，施工单位按照试验路段确定的工艺流程、工艺参数进行施工，对每一层压实层的压实质量用 B 指标进行了检测，每填约 3 m 高检测了路线中线偏位和 C 指标。

……

[问题]

4. 写出事件二中 B、C 指标的名称。

[答案]

4. B——沉降差；C——宽度。

[2021 真题·案例节选]

背景资料：

某高速公路合同段起讫桩号为 K6+280～K13+109。公路沿线为山岭重丘区，公路路基填挖方量较大，其中 K8+570～K9+066 段为填石路堤，填料以中硬石料为主……

施工过程中发生了如下事件：

事件一：填石路堤施工前，施工单位进行了试验路段施工，通过试验确定了质量控制标准、压实工艺主要参数和施工工艺流程等。其中压实工艺主要参数包括碾压遍数、压实机械规格、机械组合等；填石路堤施工工艺流程为：施工准备→填料检验合格→填料装运→M→边坡码砌→局部找平、细料补充→N→质量检验。

事件二：施工组织设计中，填石路堤施工技术要求部分内容如下。

（1）中硬岩石可以用于路堤填筑，不得用于路床填筑。

（2）压实机械选用自重大于 18 t 的振动压路机。

（3）路床底面以下 400 mm 范围内，填料最大粒径不得大于 150 mm，其中小于 5 mm 的细料含量应不小于 20%。

（4）边坡码砌与路基填筑应基本同步进行。

……

[问题]

2. 事件一中，写出工序 M 和 N 的内容。

3. 判断事件二中的各条技术要求是否正确，若不正确，写出正确的技术要求。

[答案]

2. 工序 M——分层填筑；工序 N——振动碾压。

3. 第（1）条不正确。

改正：中硬岩石可以用于路堤填筑，也可以用于路床填筑。

第（2）条正确。

第（3）条不正确。

改正：路床底面以下 400 mm 范围内，填料最大粒径不得大于 150 mm，其中小于 5 mm 的细料含量应不小于 30%。

第（4）条正确。

[2020 真题·案例节选]

背景资料：

某施工单位承建某高速公路 K11＋320～K30＋180 段改扩建工程，由双向四车道扩建为双向六车道，施工过程中发生了如下事件：

事件一：K13＋826～K14＋635 段为填方路段，边坡高度最低为 20.6 m，最高为 24.8 m。路床填筑时，每层最大压实厚度宜不大于（A）mm，顶面最后一层压实厚度应不小于（B）mm。

事件二：本工程填方量大，借方困难，部分填料含水量较大，需掺灰处理，经反复试验，掺灰土的 CBR 值为 6%～7%。

……

[问题]

1. 事件一中，本段填土路基是否属于高路堤？说明理由。分别写出 A、B 的数值。

2. 事件二中，掺灰土能否作为上路床填料？说明理由。

[答案]

1. （1）本段填土路基属于高路堤。

理由：边坡高度大于 20 m 的为高路堤。本段边坡高度最低为 20.6 m，最高为 24.8 m，均大于 20 m。

（2）A 的数值为 300，B 的数值为 100。

2. 掺灰土不能作为上路床填料。

理由：掺灰土的 CBR 值为 6%～7%，不满足高速公路上路床填料 CBR 值≥8% 的要求。

知识点 6　路基季节性施工

根据《公路路基施工技术规范》（JTG/T 3610—2019），路基冬期、雨期施工规定如下。

一、一般规定

（1）冬期、雨期施工应根据季节特点和施工段的地质地形条件，制订合理的施工方案。

（2）冬期、雨期施工应做好临时排水，并与永久排水设施衔接顺畅。

（3）冬期、雨期施工应及时收集气象信息，避免灾害和事故发生。

（4）冬期、雨期施工前应做好各项准备工作。

二、冬期施工

在季节性冻土地区，昼夜平均温度在－3 ℃以下且连续 10 d 以上，或者昼夜平均温度虽在－3 ℃以上但冻土没有完全融化时，均应按冬期施工办理。

（一）地段选择

冬期施工地段选择见表 1-1-12。

表 1-1-12　冬期施工地段选择

情形	地段选择
不宜在冬期施工	（1）高速公路、一级公路的土质路堤； （2）地质不良地区的公路路堤
不得在冬期施工	（1）土质路堤路床以下 1 m 范围内； （2）半填半挖地段、填挖交界处

➢ **知识拓展：**在冬期，土壤冻结变硬，水体冻结，不仅会加大施工难度，还会影响施工质量，因此挖掘填方地段的台阶、整修路基边坡及河滩低洼地带的填土路堤施工等均不宜在冬期进行。

（二）施工要求

1. 基底处理

冬期施工路基基底处理应符合下列规定。

（1）冻结前应完成表层清理，挖好台阶，并应采取保温措施防止冻结。

（2）填筑前应将基底范围内的积雪和冰块清除干净。

（3）对需要换填土地段或坑洼处需补土的基底，应选用适宜的填料回填，并及时整平压实。

（4）基底处理后应立即采取保温措施防止冻结。

2. 填方路堤施工

冬期填方路堤施工应符合下列规定。

（1）路堤填料应选用未冻结的砂类土、碎石、卵石土、石渣等透水性好的材料，不得用含水率大的黏质土。

（2）填筑路堤应按横断面全宽平填，每层松铺厚度应比正常施工减少 20%～30%，且松铺厚度不得超过 300 mm。当天填土应当天完成碾压。

（3）中途停止填筑时，应整平填层和边坡并进行覆盖防冻，恢复施工时应将表层冰雪清除，并补充压实。

（4）当填筑高程距路床底面 1 m 时，碾压密实后应停止填筑，在顶面覆盖防冻保温层，待冬期过后整理复压，再分层填至设计高程。

（5）冬期过后应对填方路堤进行补充压实，压实度应符合表 1-1-6 的规定。

➢ **知识拓展：**冬期填筑路堤一般采取薄层、快填、快压、连续作业的施工方法，迅速填完每一层，争取使土不冻或少冻。

3. 挖方路基施工

冬期挖方路基施工应符合下列规定。

（1）挖方边坡不得一次挖到设计线，应预留一定厚度的覆盖层，待到正常施工季节后再修整到设计坡面。

（2）路基挖至路床顶面以上 1 m 时，完成临时排水沟后，应停止开挖，待冬期过后再施工。

➢ **知识拓展：** 冬期开挖路堑表层冻土的施工方法很多，如爆破冻土法、机械破冻法、人工破冻法等。施工时，不同地区根据不同冻土层厚、不同地质情况自行选用合适、有效的施工方法和施工工艺。

4. 其他规定

(1) 冬期路基施工应采取措施，及时排干雨雪水及路堑开挖时出现的地下水。

(2) 河滩地段冬期水位低，可开挖基坑修建防护工程，但应采取措施保证工程质量。

(3) 在融期来临前，应及时对全线边沟、排水沟进行清理、疏通。

三、雨期施工

路基雨期施工是指在雨季或多雨时段进行的道路基础建设工作。雨水会影响施工条件，增加施工难度，因此需要采取特殊的技术措施和管理方法来保证施工质量和进度。

(一) 地段选择

雨期施工地段选择见表 1-1-13。

表 1-1-13　雨期施工地段选择

情形	地段选择
可在雨期施工	(1) 砂类土、碎砾石和岩石地段排水性好，可在雨期进行施工，但需要确保施工现场的排水系统畅通； (2) 路堑的弃方地段，需要确保路段的稳定性和安全性
不宜在雨期施工	(1) 重黏土、膨胀土地段，在雨期施工会影响路基结构的稳定性； (2) 盐渍土地段，在雨期施工可能会使土壤盐分溶解导致路基承载力下降； (3) 排水困难地段或低洼地带，在雨期容易形成积水和洪涝现象，增加施工难度和安全风险

(二) 施工要求

1. 路基排水

路基排水应符合下列规定。

(1) 雨期施工应综合规划，合理设置现场防排水系统，及时引排地面水。

(2) 路堤填筑的每一层表面应设 2%～4%的排水横坡。

(3) 在已填路堤路肩处，应采取设置纵向临时挡水土埂、每隔一定距离设出水口和排水槽等措施，引排雨水至排水系统。

(4) 雨期路堑施工宜分层开挖，每挖一层均应设置纵横排水坡及临时排水沟，使水排放畅通。

● 点拨

对雨期施工的地段，要进行详细的现场调查研究，编制实施性施工组织设计。重点解决防排水问题，要把临时排水和永久排水衔接好，把水引入沿线桥涵及排水沟渠，形成完整的排水系统，保证雨期施工场地不被淹没，不积水。

2. 基底处理

路基基底处理应符合下列规定。

(1) 应在雨期前将基底处理好，孔洞、坑洼处填平夯实，整平基底，并设纵横排水坡。

(2) 低洼地段，应在雨期前将原地面处理好，并将填筑作业面填筑到可能的最高积水位 0.5 m 以上。

3. 路堤施工

路堤施工应符合下列规定。

(1) 填料应选用透水性好的碎石土、卵石土、砂砾、石方碎渣和砂类土等。利用挖方土做填料，含水率符合要求时，应随挖随填，及时压实。含水率过大难以晾晒的土不得用作雨期施工填料。

（2）每一填筑层表面应做成2%～4%双向路拱横坡以利排水，低洼地带或高出设计洪水位0.5 m以下部位应选用透水性好、饱水强度高的填料分层填筑，并及时施作护坡、坡脚等防护工程。

（3）雨期填筑路堤需借土时，取土坑的设置应满足路基稳定的要求。

（4）路堤应分层填筑，并及时碾压。

4. 挖方路基施工

挖方路基施工应符合下列规定。

（1）挖方边坡不宜一次挖到设计坡面，应预留一定厚度的覆盖层，待雨期过后再修整到设计坡面。

（2）雨期开挖路堑，当挖至路床顶面以上300～500 mm时应停止开挖，并在两侧挖好临时排水沟，待雨期过后再施工。

（3）雨期开挖岩石路基，炮眼宜水平设置。

点拨

挖方地段由于路基强度不够，处置不当，路堑处的路面往往出现病害，故采取超挖回填压实进行处置，如土质不良则采取换填或掺灰改良等措施。回填或换填的填料及厚度按设计要求选择并施工。挖方基底如出现溶洞、夹层及不良土质等特殊情况，应采取特殊处理措施。

结构物基坑在雨期开挖后未能及时施工时，应采取防浸泡措施，必要时雨后应重新检测地基承载力。

实战演练

［2019真题·单选］下列路基工程施工项目中，不宜冬期施工的是（　　）。

A. 含水率高的流动土质、流沙地段的路堑开挖

B. 河滩地段开挖基坑

C. 整修路基边坡

D. 岩石地段的路堑开挖

［解析］选项A，含水率高的流动土质、流沙地段的路堑可利用冻结期开挖。选项B，河滩地段冬期水位低，可开挖基坑修建防护工程，但应采取加温及保温措施保证工程质量。选项C，整修路基边坡不宜在冬期施工。选项D，岩石地段的路堑，在冬期可进行开挖作业。

［答案］C

［2018真题·单选］山区公路中，雨期路基施工地段不宜选择（　　）。

A. 砂类土地段

B. 路堑的弃方地段

C. 碎砾石地段

D. 重黏土地段

［解析］雨期路基施工地段一般应选择丘陵和山岭地区的砂类土、碎砾石和岩石地段及路堑的弃方地段。重黏土、膨胀土及盐渍土地段不宜在雨期施工。平原地区排水困难，不宜安排雨期施工。

［答案］D

［2024 真题·案例节选］

背景资料：

某施工单位投标新建高速公路工程一标段，全线为整体式路基，根据该工程招标文件及《公路工程标准施工招标文件》《公路工程建设项目概算预算编制办法》《公路工程预算定额》等资料编制了投标报价。

施工单位中标后按期开展施工，施工过程中发生以下事件。

事件一：路基施工时恰逢雨季，施工单位编制了雨季施工方案，部分施工要求如下。

（1）雨期路基施工地段一般应选择碎砾石、岩石等地段施工。

（2）雨期开挖路堑，当挖至路床顶面以上 300～500 mm 时应停止开挖，并在两侧挖好临时排水沟，待雨期过后再施工。雨期开挖岩石路基，炮眼应 45°角倾斜设置。利用挖方土做填料，含水率符合要求时，应随挖随填，及时压实。

（3）每一填筑层表面应做成 2%～4%单向路拱横坡以利排水，高出设计洪水位 0.5 m 以下部位应选用透水性好、饱水强度高的填料分层填筑。

……

［问题］

2. 补充事件一（1）中还可以在雨期施工的地段。

3. 事件一（2）（3）中有两处错误，请改正。

［答案］

2. 事件一（1）中雨期施工的地段还包括砂类土地段和路堑的弃方地段。

3. 错误一改正：雨期开挖岩石路基，炮眼宜水平设置。

错误二改正：每一填筑层表面应做成 2%～4%双向路拱横坡以利排水。

知识点 7 路基改（扩）建施工

根据《公路路基施工技术规范》（JTG/T 3610—2019），路基拓宽改建的相关规定如下。

一、一般规定

（1）不中断交通路基拓宽施工时，应采取交通管制和安全防护措施。

（2）施工前应截断流向拓宽作业区的水源，开挖临时排水沟。施工期间应在水流汇集的路肩外侧设置拦水带，根据水流情况在拓宽路基中合理设置临时急流槽与泄水口。

（3）拓宽路堤的填料宜与旧路基相同，或选用水稳性好的砂砾、碎石等填料。路床应采用水稳性好的粗粒土或无机结合料稳定材料填筑。

（4）拓宽路基应进行沉降观测，观测点应按设计要求设置。高路堤和陡坡路堤路段尚应进行稳定性监测。

二、一般路堤拓宽

一般路堤拓宽施工应符合下列规定。

（1）拓宽路堤填筑前，应拆除原有排水沟、隔离栅等设施，拓宽部分的基底清除原地表土应不小于 0.3 m，清理后的场地应进行平整压实。老路堤坡面，清除的法向厚度应不小于 0.3 m。

（2）拓宽路基的地基处理应符合设计和《公路路基施工技术规范》（JTG/T 3610—2019）的有关规定。

（3）上边坡的既有防护工程宜与路基开挖同步拆除，下边坡的防护工程拆除时应采取措施保证既有路堤的稳定。

(4) 既有路堤的护脚挡土墙及抗滑桩可不拆除。路肩式挡土墙路基拼接时，上部支挡结构物应予以拆除，宜拆除至路床底面以下。

(5) 既有路基有包边土时，宜去除包边土后再进行拼接。

(6) 从老路堤坡脚向上开挖台阶时，应随挖随填，台阶高度应不大于1 m，宽度应不小于1 m。

(7) 拼接宽度小于0.75 m时，可采用超宽填筑再削坡或翻挖既有路堤等措施。

(8) 宜在新、旧路基结合部铺设土工合成材料。

三、高路堤与陡坡路堤拓宽

高路堤与陡坡路堤拓宽施工应符合下列规定。

(1) 原坡脚支挡结构不宜拆除，结构物临近处可用小型机具薄层夯实。

(2) 老路底部设置有渗沟或盲沟时，应做好排水通道的衔接施工。

(3) 高路堤与陡坡路堤拓宽施工，尚应符合《公路路基施工技术规范》(JTG/T 3610—2019) 第4.7节的相关规定。

四、挖方路基拓宽

挖方路基拓宽施工应符合下列规定。

(1) 应在既有路基边缘设置防止飞石或落石的安全防护措施，并应设置警示标志。

(2) 边通车边施工时，宜采用机械开挖或静力爆破方式进行开挖。

(3) 如采用爆破方式时，应按爆破施工方案组织施工，宜统一规定爆破时间段，爆破时应临时封闭交通。

(4) 拓宽施工中的挖方路基施工，除执行上述规定外，尚应执行《公路路基施工技术规范》(JTG/T 3610—2019) 第4.3节的相关规定。

➢ **知识拓展：** 路堤拓宽后，新、旧路基之间容易形成沉降差。为避免差异沉降引起路基纵向裂缝，需保证拓宽路基与既有公路路基之间的良好衔接，减小地基沉降。新、旧路基衔接的技术处理措施有：将旧土路肩翻晒；将旧土路肩掺灰重新碾压；改进路基开挖台阶方案，以消除旧路基边坡压实度不足；采取合理工艺，减少新、旧路基结合处不均匀沉降。

实战演练

[2023真题·案例节选]

背景资料：

某施工单位承建20 km长的高速公路扩建工程，其中桥梁扩建方式为在原桥位两侧各增建独立桥梁，路基扩建方式为在旧路基两侧分别拓宽7.5 m，如涵洞、通道等小型构造物则随路基扩建衔接到位。拓宽路基工程主要包括填挖方、软基处理及防护工程。经调查，全线既有路堤护脚挡土墙稳定、外观完好，软基处理方式采用与原设计一致的袋装砂井。路基拓宽代表性横断面示意图如图1-1-17所示。

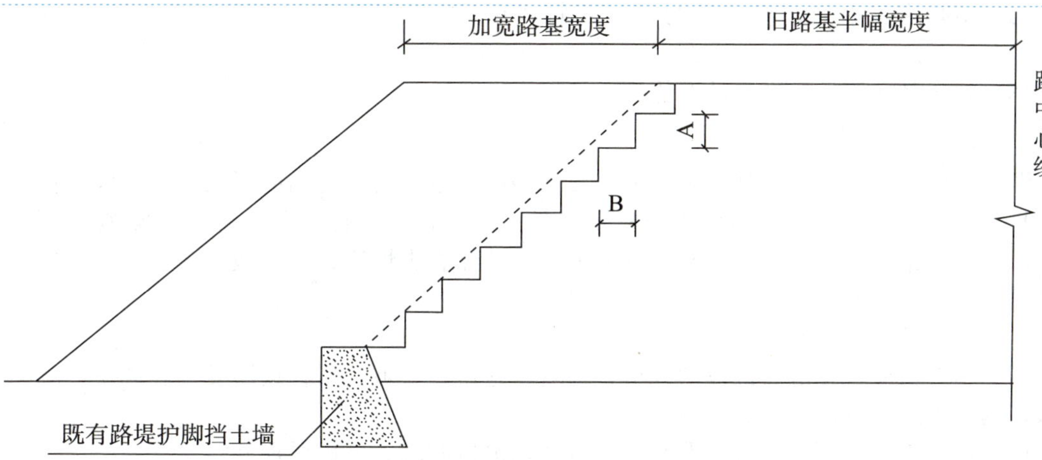

图 1-1-17 路基拓宽代表性横断面示意图

施工过程中发生以下事件。

事件一：施工单位向监理单位提交的施工方案部分内容如下。

(1) 采用原路基施工试验段相关参数直接进行路基拓宽施工。

(2) 上边坡的既有防护工程一次性拆除后，再逐段进行路基开挖。

(3) 从旧路堤坡脚向上开挖台阶时，应随挖随填，图 1-1-17 中台阶高度应不大于 (A) m，宽度应不小于 (B) m。

(4) 拓宽路基应进行 (C) 观测，观测点应按设计要求设置。高路堤与陡坡路堤段尚应进行稳定性监测。

……

[问题]

1. 在拓宽路基施工时，图 1-1-17 中"既有路堤护脚挡土墙"是否可保留？

2. 事件一中 (1)(2) 有明显错误，分别写出正确做法。

3. 写出事件一中 (3)(4) 涉及的 A、B、C 的具体内容。

[答案]

1. 既有路堤护脚挡土墙可以保留。

2. 第 (1) 条正确做法：不能采用原路基施工试验段相关参数直接进行路基拓宽施工，应重新进行拓宽路基试验段施工，获取相关施工参数。

第 (2) 条正确做法：上边坡的既有防护工程宜与路基开挖同步拆除。

3. A——1.0；B——1.0；C——沉降。

知识点 8 特殊路基施工

根据《公路路基施工技术规范》(JTG/T 3610—2019)，特殊路基是指位于特殊土地段、不良地质地段，受水、气候等自然因素影响强烈的路基。特殊路基容易因边坡过陡，或者地质承载力过低等出现各种问题，因此，在施工过程中，除按照一般路基的有关规定进行施工外，还要根据其特殊性，有针对性地采取措施。

一、一般规定

(1) 特殊路基施工前应进行必要的基础试验，核对地质资料、设计处理范围、设计参数等，编制专项施工方案。

（2）实际施工中如地质状况与设计不符或设计处置方案因故不能实施，应及时反馈处理。

（3）特殊路基施工宜进行动态监控。

二、滑坡地段路基

滑坡是倾斜的岩土沿着某一破坏面（或软弱面）整体向下滑动的现象，是山区常见的一种不良物理地质现象。滑坡地段土质软弱，吸水性强，不易排水，滑带多为圆弧或折线形状。滑坡地段路基应根据滑坡的类型及规模、滑坡体岩土性质、水文地质条件、滑坡形成与发展条件，及时采取有效整治措施，保证路基稳定和施工安全。

（一）滑坡整治施工规定

（1）施工前应核查滑坡区段的地形、地貌、地质、滑坡性质、成因类型和规模，应编制滑坡段的专项施工方案和应急预案。

（2）滑坡整治措施实施前，严禁在滑坡体抗滑段减载、下滑段加载。

➢ **知识链接：** 滑坡整治措施包括减滑措施和抗滑措施。削坡减载为减滑措施，填筑反压为抗滑措施。

（3）滑坡整治不宜在雨期施工。

（4）施工时应进行稳定监测、地质编录并核查实际地质情况，发现地质与设计不符、有滑坡迹象或其他异常情况时，应及时反馈处理。滑坡发生时应立即采取应急措施。

（5）滑坡整治施工时应对滑坡影响区内的其他工程和设施进行保护。

（6）降雨期间及雨后，应加强滑坡区段的巡查工作。

应采取截水、排水、减载、反压与支挡等措施进行滑坡整治，整治措施可单独使用，也可综合使用。滑坡整治应先施工截水、排水设施，减载、反压与支挡措施的施工顺序应结合滑坡具体情况予以确定。

（二）截水、排水施工规定

（1）应在滑坡后缘的稳定地层上，修筑具有防渗功能的环形截水沟（图1-1-18）、排水沟（树枝状排水沟如图1-1-19所示）。

（2）滑坡体上的裂隙和裂缝应采取灌浆、开挖回填夯实等措施予以封闭，滑坡体的洼地及松散坡面应平整夯实。

（3）滑坡范围大时，应在滑坡坡面上修筑具有防渗功能的临时或永久排水沟。

（4）有地下水时应设置截水渗沟。反滤材料采用碎石时，碎石粒径应符合要求，含泥量应小于3%。

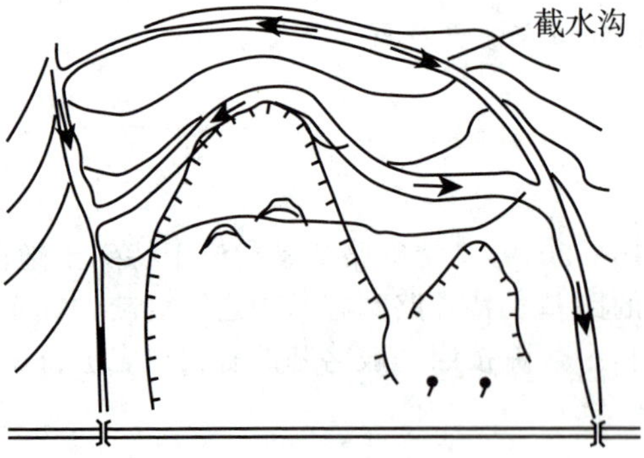

图1-1-18　环形截水沟

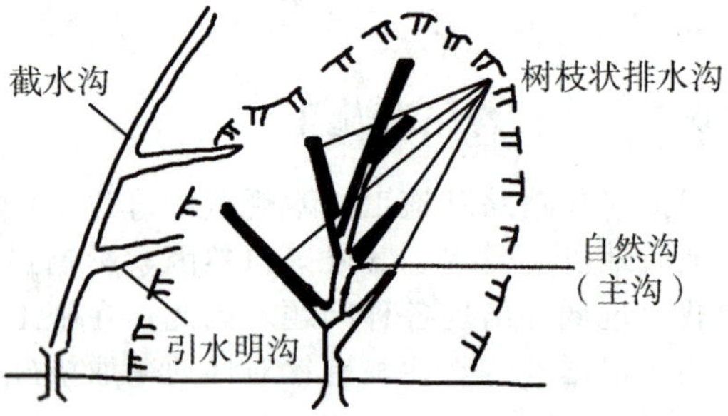

图1-1-19　树枝状排水沟

（三）削坡减载施工规定

（1）应自上而下逐级开挖，严禁采用爆破法施工。

(2) 开挖坡面不得超挖，开挖面上有裂缝时应予灌浆封闭或开挖夯填。

(3) 支挡及排水工程在边坡上分级实施时，宜开挖一级、实施一级。

(四) 填筑反压施工规定

(1) 反压措施应在滑坡体前缘抗滑段实施。

(2) 反压填料不得堵塞地下水出口，地下排水设施应在填筑反压前完成。反压填料宜予压实。

(3) 应采取措施使受影响的天然河沟保持排水顺畅。

(五) 抗滑支挡工程施工规定

(1) 抗滑支挡工程施工应符合有关规定。

(2) 应在滑坡体处于相对稳定的状态下施工，滑坡体具有滑动迹象或已经发生滑动时，应采取反压填筑等措施。

(3) 抗滑桩与挡土墙共同支挡时，应先施作抗滑桩。挡土墙后有支撑渗沟及其他排水工程时应先施工。

(4) 抗滑桩、锚索施工应从两端向滑坡主轴方向逐步推进。

(5) 采取微型钢管桩、山体注浆等加固措施或注浆作为其他处置方案的配套措施时，应采取相应的成孔设备和注浆方式。

(6) 各种支挡结构的基底应置于滑动面以下，并应嵌入稳定地层。

➢ **知识链接：** 抗滑支挡结构包括抗滑挡土墙、抗滑桩、注浆锚杆、预应力锚索、隧道明洞等；微型桩、山体注浆等措施可治理土质中小型滑坡。

(六) 其他规定

(1) 滑坡区段的路基施工应在支挡工程完成后进行，开挖工程可结合减载措施进行施工，填筑工程可结合反压措施进行施工。路基的排水及防护工程应及时施工。

(2) 大型滑坡段应进行山体和边坡的稳定性监测。监测点、网的布置，监测内容及监测精度应符合现行《工程测量标准》(GB 50026—2020) 的有关规定。施工完成后宜进行长期监测。

三、泥石流地区路基

施工前应结合设计，详细调查泥石流的成因、规模、特征、活动规律、危害程度等相关情况，核实泥石流形成区、流动区和堆积区，编制专项施工方案。

泥石流地区路基施工，应采取措施加强监测，遇有异常情况及时处理，确保施工安全。

采用桥梁形式跨越泥石流地段时，应按设计要求及时完成防护加固设施。

采用排泄道、排导沟、明洞、涵洞、渡槽等排导功能为主的结构进行泥石流处置时，排导构造物应符合下列规定。

(1) 构造物基础应牢固，强度、断面与高度应满足设计要求。

(2) 构造物平面线形应圆滑、渐变，上下游应有足够长的衔接段，行进段沟槽不宜过分压缩，出口不宜突然放宽。流向改变处的转折角不宜超过 15°，避免因急弯突然收缩和扩大而造成淤塞。

(3) 构造物通流段和出口段的纵坡应满足设计要求或大于沟槽的淤积平衡坡度。

永久性调治构造物采用浆砌片石时，应采用质地坚硬、不易风化的片石，基础应置于设计要求的深度，强度应满足设计要求。

利用植被治理泥石流时，植物物种应选择生长期短、见效快、根须发达、适宜本地区生长的品种。

四、软土地区路基

软土是指天然含水率高、孔隙比大、压缩性高、抗剪强度低的细粒土，泛指软黏土、淤泥质土、淤泥、泥炭质土、泥炭等软弱土。根据《公路软土地基路堤设计与施工技术细则》(JTG/T D31－02—2013)，软土可按表 1-1-14 指标进行鉴别。当表中部分指标无法获得时，可以天然孔隙比和天然含水率两项指标为基础，采用综合分析的方法进行鉴别。

表 1-1-14　软土鉴别指标表

特征指标名称	天然含水率/%		天然孔隙比	快剪内摩擦角/(°)	十字板抗剪强度/kPa	静力触探锥尖阻力/MPa	压缩系数 $a_{0.1\sim0.2}$/MPa^{-1}
黏质土、有机质土	≥35	≥液限	≥1.0	宜<5	宜<35	宜<0.75	宜>0.5
粉质土	≥30		≥0.9	宜<8			宜>0.3

软土地基处置前，应了解工程地质、地下管线、构造物等情况，进行必要的土工试验，复核设计处置方案的可行性，编制专项施工方案。软土地基处置应因地制宜、就地取材。

(一) 软土地区路基的特点

(1) 承载力低。软土的固结性差，承载力较低，容易发生沉降，尤其在车辆荷载作用下，路基会出现沉降或变形。

(2) 抗剪强度低。软土土体结构松散，水分含量高，一旦有较大的外部荷载，抗剪强度就会大幅降低。

(3) 透水性较低。软土地基的含水量比较高，所以其渗透能力就有所降低，渗透系数经常小于 1，并且在承受荷载之后，常出现较高的孔隙水压力，影响路基的强度。

(4) 易变形性。软土的水分含量较高，承受荷载后容易产生较大变形，特别是在软土层受到压力时，容易发生压缩，造成路基沉降。

(二) 软土地区路堤施工规定

(1) 软土地区路堤施工应尽早安排，施工计划中应考虑地基所需固结时间。

(2) 填筑过程中，应严格控制填筑速率，并应进行动态观测。

(3) 施工期间，路堤中心线地面沉降速率 24 h 应不大于 10～15 mm，坡脚水平位移速率 24 h 应不大于 5 mm。应结合沉降和位移观测结果综合分析地基稳定性。填筑速率应以水平位移控制为主，水平位移值超过标准应立即停止填筑。

(4) 桥台、涵洞、通道以及加固工程应在预压沉降完成后再进行施工。

(5) 应按设计要求的预压荷载、预压时间进行预压。堆载预压的填料宜采用上路床填料，并分层填筑压实。

(6) 在软土地基上直接填筑路堤，应符合下列规定。

①水面以下部分应选择透水性好的填料，水面以上可用一般土或轻质材料填筑。

②填筑路基的土宜从取土场取用。在两侧取土时，取土坑距路堤坡脚的距离应满足路堤稳定的要求。

③反压护道宜与路堤同时填筑。分开填筑时，应在路堤达到临界高度前完成反压护道施工。

(三) 旧路加宽软基处理规定

(1) 软基路段路基加宽台阶应开挖一层填筑一层，上层台阶应在下层填筑完成后再开挖，台阶开挖应满足台阶宽度和新、旧路基处理设计要求。

(2) 确定加宽软基处理施工工艺和方案时，应考虑软基处理时挤土、震动对旧路堤或临近构筑物的影响。

(3) 施工期间应对旧路开挖边坡进行覆盖，并设置必要的临时排水设施。

（4）旧路加宽路段应同步进行拼宽路基和旧路基的沉降观测，观测点宜布置在同一断面上。观测点设置宜为旧路路中、旧路路肩、拼宽部分中部、拼宽部分外侧。旧路路中、旧路路肩沉降观测点设置可采用在路表埋设观测点的方法，拼宽部分宜采用埋设沉降板的方法。

（四）软土地区路基处理

1. 浅层置换施工规定

（1）厚度小于 3 m 的软土宜采用浅层置换。

（2）置换宜选用强度高的砂砾、碎石土等水稳性和透水性好的材料。施工时，应分层填筑、压实。

2. 浅层改良施工规定

（1）对非饱和黏质土的软弱表层，可添加石灰、水泥等进行改良处置。

（2）施工前应先完善排水设施，施工期间不得积水。

（3）石灰、水泥等应与土拌和均匀，严格控制含水率。施工时，应分层填筑、压实。

3. 抛石挤淤施工规定

（1）应采用不易风化的片石、块石，石料直径宜不小于 300 mm。

（2）当软土地层平坦，横坡缓于 1∶10 时，应沿路线中线向前成等腰三角形抛填，渐次向两侧对称抛填至全宽，将淤泥挤向两侧；当横坡陡于 1∶10 时，应自高侧向低侧渐次抛填，并在低侧边部多抛投形成不小于 2 m 宽的平台。

（3）当抛石高出水面后，应采用重型机具碾压密实。

➢ **注意：** 泥沼及软土厚度小于 3 m 且位于水下时，因置换施工困难，抛石挤淤是经济、有效的处理方法；当软土厚度大于 3 m 时，慎用该处理方法。

抛石挤淤示意图如图 1-1-20 所示。

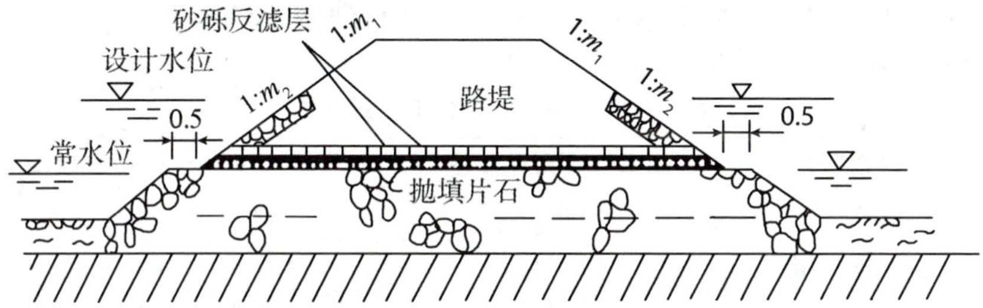

图 1-1-20　抛石挤淤示意图（单位：m）

4. 爆炸挤淤施工规定

（1）宜采用布药机进行布药。当淤泥顶面高、露出水面时间长，且装药深度小于 2 m 的时候，可采用人工简易布药法。

（2）抛填前应根据软基深度、宽度、水深等环境条件和施工设备，确定抛填高度、宽度及进尺。抛填高度应高于潮水位。抛填进尺最小宜不小于 3 m，最大宜不大于 10 m。

（3）爆炸挤淤施工应采取控制噪声、有害气体和飞石，降低粉尘、冲击波等环境保护措施。

（4）爆炸挤淤后应采用钻孔或物探方法探测检查置换层厚度、残留混合层厚度。置换层底面和下卧地基层设计顶面之间的残留淤泥碎石混合层厚度应不大于 1 m。

5. 砂砾、碎石垫层施工规定

（1）砂砾、碎石垫层宜采用级配好的中、粗砂，砂砾或碎石，含泥量应不大于 5%，最大粒径宜小于 50 mm。

（2）垫层宜分层铺筑、压实。垫层应水平铺筑。当地形有起伏时应开挖台阶，台阶宽度宜为 0.5～1 m。

（3）垫层宽度应宽出路基坡脚 0.5～1 m，两侧宜用片石护砌或采用其他方式防护。

砂砾垫层示意图如图 1-1-21 所示。

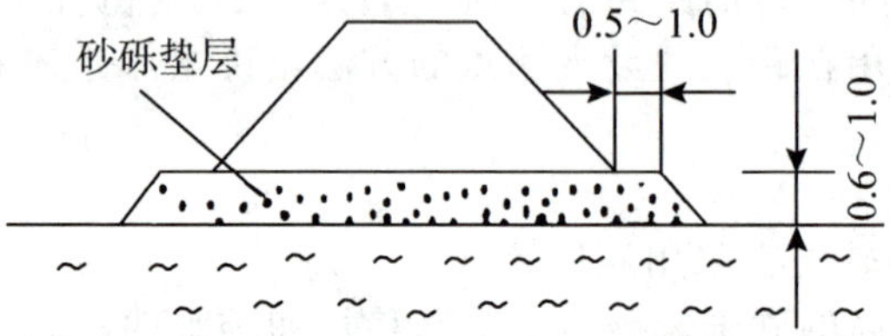

图 1-1-21 砂砾垫层示意图（单位：m）

➤ **知识链接：**《公路软土地基路堤设计与施工技术细则》（JTG/T D31－02—2013）中规定，垫层和浅层处理适用于表层软土厚度小于 3 m 的浅层软弱地基处理。垫层类型按材料可分为碎石垫层、砂砾垫层、石屑垫层、矿渣垫层、粉煤灰垫层及灰土垫层等。浅层处理可采用换填垫层、抛石挤淤、稳定剂处理等方法，处理深度不宜大于 3 m。

6. 铺设土工合成材料的规定

（1）土工合成材料技术指标应满足设计要求。土工合成材料在存放及铺设过程中不得在阳光下长时间暴露。与土工合成材料直接接触的填料中不得含强酸性、强碱性物质。

（2）施工中应采取措施防止土工合成材料受损，出现破损时应及时修补或更换。

7. 袋装砂井施工规定

（1）宜采用中、粗砂，大于 0.5 mm 的颗粒含量宜大于 50%，含泥量应小于 3%，渗透系数应大于 5×10^{-2} mm/s。砂袋的渗透系数应不小于砂的渗透系数。

（2）套管起拔时应垂直起吊，防止带出或损坏砂袋。发生砂袋带出或损坏时，应在原孔位边缘重打。

（3）砂袋在孔口外的长度应不小于 300 mm，并顺直伸入砂砾垫层。

（4）袋装砂井施工质量应符合表 1-1-15 的规定。

表 1-1-15 袋装砂井施工质量标准

项次	检查项目	规定值或允许偏差	检查方法和频率
1	井距/mm	±150	抽查 2%且不少于 5 点
2	井长/mm	≥设计值	查施工记录
3	井径/mm	+10，0	挖验 2%且不少于 5 点
4	灌砂率/%	−5	查施工记录

袋装砂井施工工艺流程如图 1-1-22 所示。

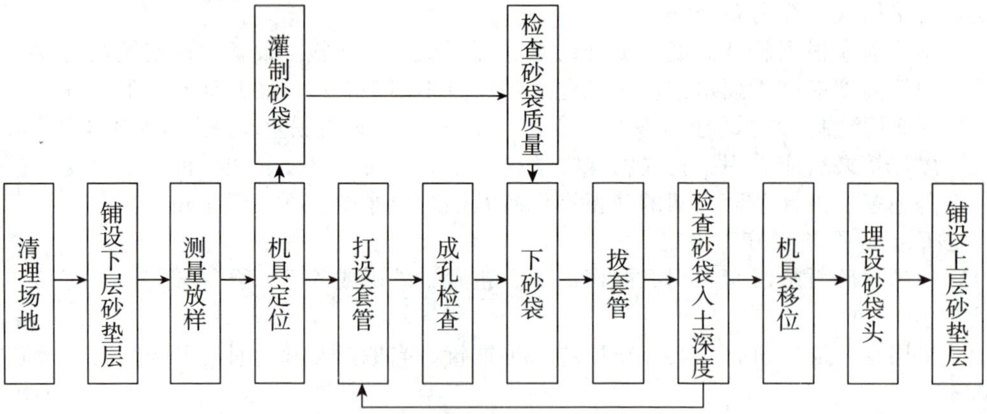

图 1-1-22 袋装砂井施工工艺流程

➢ **知识链接：**《公路软土地基路堤设计与施工技术细则》(JTG/T D31－02—2013) 中规定，袋装砂井和塑料排水板可采用沉管式打桩机施工。袋装砂井宜采用圆形套管，套管内径宜略大于砂井直径；塑料排水板宜采用矩形套管，也可采用圆形套管。宜配置能够检测排水体施工深度的设备。

8. 塑料排水板施工规定

(1) 塑料排水板技术指标应满足设计要求，露天堆放时应有遮盖。

(2) 施工中应防止泥土等杂物进入套管内。

(3) 塑料排水板不得搭接，预留长度应不小于 500 mm，并及时弯折埋设于砂垫层中。

(4) 塑料排水板施工质量应符合表 1-1-16 的规定。

表 1-1-16　塑料排水板施工质量标准

项次	检查项目	规定值或允许偏差	检查方法和频率
1	板距/mm	±150	抽查 2%且不少于 5 点
2	板长/mm	≥设计值	抽查 2%且不少于 5 点

塑料排水板施工工艺流程如图 1-1-23 所示。

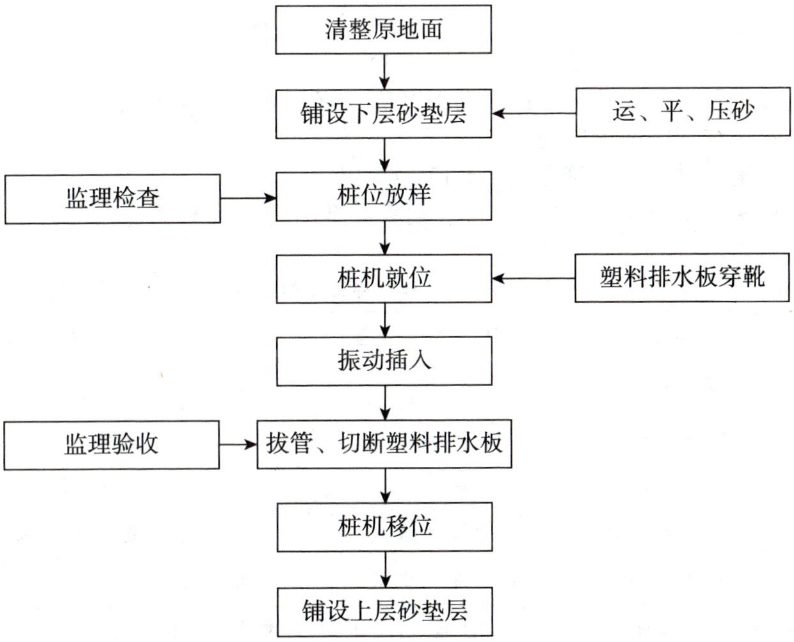

图 1-1-23　塑料排水板施工工艺流程

9. 真空预压、真空堆载联合预压施工规定

(1) 密封膜应采用抗老化性能好、韧性好、抗穿刺能力强的不透气材料。

(2) 密封膜连接宜采用热合黏结缝平搭接，搭接宽度应不小于 15 mm。

(3) 滤管应不透砂。滤管距泥面、砂垫层顶面的距离均应大于 50 mm。滤管周围应采用砂填实，不得架空、漏填。

(4) 密封膜的周边应埋入密封沟内。密封沟的宽度宜为 0.6～0.8 m，深度宜为 1.2～1.5 m。

(5) 真空表测头应埋设于砂垫层中间，每块加固区应不少于 2 个真空度测点。

(6) 真空预压施工应按排水系统施工、抽真空系统施工、密封系统施工及抽气的顺序进行。

(7) 采用真空堆载联合预压时，应先抽真空，当真空压力达到设计要求并稳定后，再进行堆载，并继续抽气。堆载时应在膜上铺设土工布等保护材料。

(8) 施工监测应符合下列规定。

①预压过程中，应进行膜下真空度、孔隙水压力、表面沉降、深层沉降及水平位移等预压参数的监测。膜下真空度每隔 4 h 测一次，表面沉降每 2 d 测一次。

②当连续五昼夜实测地面沉降小于 0.5 mm/d、地基固结度已达到设计要求的 80%时，经验收，即可终止抽真空。

③停泵卸荷后 24 h，应测量地表回弹值。

➢ **知识链接：** 真空预压法适用于对软土性质很差、土源紧缺、工期紧的软土地基进行处理。软土的渗透系数应小于 1×10^{-3} cm/s。当加固区与外界有透水性的砂层或漏气介质连通时，应采取隔离措施。

10. 粒料桩施工规定

(1) 砂桩宜采用中、粗砂，粒径大于 0.5 mm 的颗粒含量宜占总重的 50%以上，含泥量应小于 3%，渗透系数应大于 5×10^{-2} mm/s；也可使用砂砾混合料，含泥量应小于 5%。

(2) 碎石桩宜采用级配好、不易风化的碎石或砾石，最大粒径宜不大于 50 mm，含泥量应小于 5%。

(3) 施工前应进行成桩工艺和成桩挤密试验。

(4) 粒料桩可采用振冲置换法或振动沉管法；宜从中间向外围或间隔跳打。邻近结构物施工时，应沿背离结构物的方向施工。

(5) 粒料桩施工质量，应符合表 1-1-17 的规定。

(6) 碎石桩密实度抽查频率应为 2%。用重Ⅱ型动力触探测试贯入量为 100 mm 时，击数应大于 5 次。

表 1-1-17　粒料桩施工质量标准

项次	检查项目	规定值或允许偏差	检查方法和频率
1	桩距/mm	±150	抽查 2%且不少于 5 点
2	桩长/m	≥设计值	查施工记录
3	桩径/mm	≥设计值	抽查 2%
4	粒料灌入率	≥设计值	查施工记录
5	地基承载力	满足设计要求	抽查桩数的 0.1%且不少于 3 处

➢ **知识链接：**《公路软土地基路堤设计与施工技术细则》(JTG/T D31－02—2013) 中规定，粒料桩可采用振冲置换法或振动沉管法成桩。振冲置换法适用于处理十字板抗剪强度不小于 15 kPa 的软土地基；振动沉管法适用于处理十字板抗剪强度不小于 20 kPa 的软土地基。

振动沉管法成桩可采用一次拔管成桩法、逐步拔管成桩法和重复压管成桩法 3 种工艺。

振冲置换法示意图如图 1-1-24 所示。

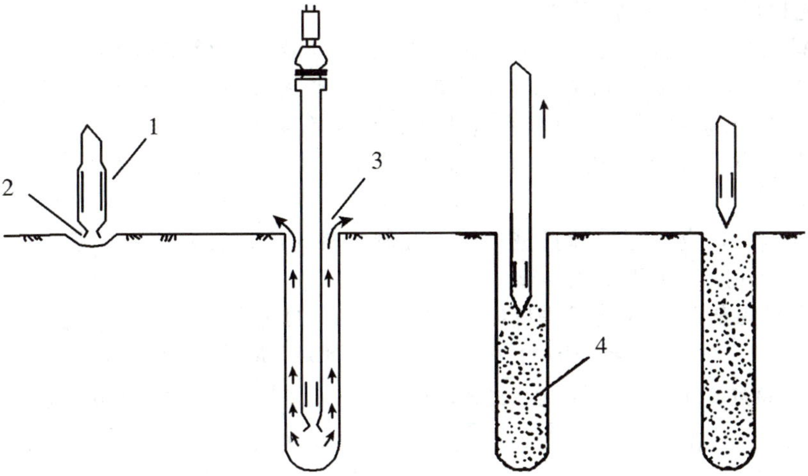

（a）准备，对中孔位　（b）成孔，清孔　（c）填料，加密　（d）制桩完成

1—振冲器；2—喷水；3—排浆；4—填料。

图 1-1-24　振冲置换法示意图

11. 加固土桩施工规定

（1）加固土桩的固化剂宜采用生石灰或水泥。生石灰应采用磨细Ⅰ级生石灰，应无杂质，最大粒径应小于 2 mm。水泥宜采用强度等级不低于 32.5 级的普通硅酸盐水泥。

（2）加固土桩施工前应进行成桩试验，桩数宜不少于 5 根，且应满足下列要求。

①应取得满足设计喷入量的各种技术参数，如钻进速度、提升速度、搅拌速度、喷气压力、单位时间喷入量等。

②应确定能保证胶结料与加固软土拌和均匀性的工艺。

③掌握下钻和提升的阻力情况，选择合理的技术措施。

④根据地层、地质情况确定复喷范围。

（3）施工中发现喷粉量或喷浆量不足，应整桩复打，复打的量应不小于设计用量。中断施工时，应及时记录深度，并 12 h 内进行复打，复打重叠长度应大于 1 m；超过 12 h，应采取补桩措施。

（4）加固土桩施工质量应符合表 1-1-18 的规定。

表 1-1-18　加固土桩施工质量标准

项次	检查项目	规定值或允许偏差	检查方法和频率
1	桩距/mm	±100	尺量：抽查桩数的 2%且不少于 5 点
2	桩径/mm	≥设计值	尺量：抽查桩数的 2%且不少于 5 点
3	桩长/m	≥设计值	查施工记录
4	单桩每延米喷粉（浆）量	≥设计值	查施工记录
5	强度/MPa	≥设计值	取芯法：抽查桩数的 0.5%且不少于 3 根
6	地基承载力	满足设计要求	抽查桩数的 0.1%且不少于 3 处

点拨

加固土桩适用于处理十字板抗剪强度不小于 10 kPa、有机质含量不大于 10%的软土地基。

12. 水泥粉煤灰碎石桩施工规定

(1) 集料可采用碎石或砾石，泵送混合料时砾石最大粒径宜不大于 25 mm，碎石最大粒径宜不大于 20 mm；振动沉管灌注混合料时，集料最大粒径宜不大于 50 mm。水泥宜选用 32.5 级普通硅酸盐水泥。粉煤灰宜选用Ⅱ、Ⅲ级粉煤灰。

(2) 施工前应进行成桩试验，成桩试验需要确定施工工艺、速度、投料数量和质量标准。

(3) 群桩施工，应合理设计打桩顺序、控制打桩速度；宜采用隔桩跳打的打桩顺序，相邻桩打桩间隔时间应不小于 7 d。

(4) 水泥粉煤灰碎石桩施工质量应符合表 1-1-19 的规定。

表 1-1-19　水泥粉煤灰碎石桩施工质量标准

项次	检查项目	规定值或允许偏差	检查方法和频率
1	桩距/mm	±100	尺量：抽查桩数的 2%且不少于 5 点
2	桩径/mm	≥设计值	尺量：抽查桩数的 2%且不少于 5 点
3	桩长/m	≥设计值	查施工记录
4	强度/MPa	≥设计值	取芯法：抽查桩数的 0.5%且不少于 3 根
5	复合地基承载力	≥设计值	抽查桩数的 0.1%且不少于 3 处

点拨

水泥粉煤灰碎石桩适用于处理十字板抗剪强度不小于 20 kPa 的软土地基。水泥粉煤灰碎石桩宜采用振动沉管灌注法成桩，施工设备宜采用振动沉管打桩机。施工前应进行成桩工艺和成桩强度试验。

13. 强夯与强夯置换施工规定

(1) 强夯置换材料应采用级配好的片石、碎石、矿渣等坚硬的粗颗粒材料，粒径宜不大于夯锤底面直径的 0.2 倍，含泥量宜不大于 10%，粒径大于 300 mm 的颗粒含量宜不大于总质量的 30%。

(2) 应采取隔振、防振措施消除强夯对邻近建筑物的有害影响。

(3) 施工前应选择有代表性并不小于 500 m^2 的路段进行试夯，确定最佳夯击能、间歇时间、夯间距等参数。

(4) 夯点可采用正方形或等边三角形布置，间距宜为 5～7 m。在强夯能级不变的条件下，宜采用重锤、低落距。

(5) 强夯和强夯置换施工前应在地表铺设一定厚度的垫层。强夯施工垫层材料宜采用透水性好的砂、砂砾、石屑、碎石土等，强夯置换施工垫层材料宜与桩体材料相同。垫层宜分层摊铺压实。

(6) 施工前应检查锤重和落距，单击夯击能量应满足设计要求。

(7) 强夯施工结束 30 d 后，应通过标准贯入、静力触探等原位测试，测量地基的夯后承载能力是否达到设计要求。

(8) 强夯置换施工结束 30 d 后，宜采用动力触探试验检查置换墩着底情况及承载力，检验数量不少于墩点数 1%，且不少于 3 点。检查置换墩直径与深度，应确保其满足设计要求。

● 点拨

强夯法适用于处理碎石土、低饱和度的粉土、黏性土、杂填土和软土等地基。强夯置换法适用于处理高饱和度的粉土与软塑～流塑的软黏土地基，处理深度不宜大于 7 m。强夯置换桩宜采用等边三角形或正方形布置，对独立基础或条形基础应根据基础形状与宽度布置。

五、膨胀土地区路基

（一）膨胀土的分级

膨胀土是指含亲水性矿物并具有明显的吸水膨胀和失水收缩特性的高塑性黏土。根据《公路膨胀土路基设计与施工技术规范》（JTG/T 3331—07—2024），膨胀土分级应符合表 1-1-20 的规定。

表 1-1-20　膨胀土分级

分级指标	弱膨胀土	中膨胀土	强膨胀土
标准吸湿含水率 w_f/%	$2.5 \leqslant w_f < 4.8$	$4.8 \leqslant w_f < 6.8$	$w_f \geqslant 6.8$

（二）膨胀土的适用范围

（1）中等膨胀土、弱膨胀土的适用范围应符合表 1-1-21 的规定。膨胀土掺拌石灰改良后可用作路基填料，掺灰处置后的膨胀土不宜用于高速公路、一级公路的路床和二级公路的上路床。

（2）高填方、陡坡路基不宜采用膨胀土填筑。

（3）强膨胀土不得作为路基填料。

（4）路基浸水部分不得用膨胀土填筑。

（5）桥台背、挡土墙背、涵洞背等部位严禁采用膨胀土填筑。

表 1-1-21　中等膨胀土、弱膨胀土的适用范围

位置	公路等级		
	高速公路、一级公路	二级公路	三级公路
上路床	—	—	—
下路床	—	—	弱
上路堤	—	中、弱	中、弱
下路堤	中、弱	中、弱	中、弱

➤ **注意：** 二级及二级以上公路路堤填土高度小于路床厚度时，应按路床要求进行处理。

（三）膨胀土地区路基施工规定

1. 一般规定

（1）宜在旱季施工，加强现场排水，基底和已填筑的路基不得被水浸泡。

（2）路堑施工前，应先施工截水、排水设施，将水引至路幅以外。

（3）应分段施工，各道工序应紧密衔接，连续施工，完成一段封闭一段。

（4）大规模施工前应核实膨胀土的分布、数量与膨胀等级，明确其路用性能，施工过程中应及时关注膨胀土的变化。

（5）膨胀土的击实、CBR 试验应采用湿法试验。

2. 试验路段铺筑规定

（1）膨胀土路基填筑前，应先铺筑试验路段，总结施工工艺与压实标准。

（2）应将试验路段测定的含水率、压实度与室内试验结果进行对比分析，采用插值方法

确定现场路基的 CBR 值。应根据路基不同层位对 CBR 值的要求，确定膨胀土的可用范围、碾压含水率、施工工艺和压实标准等。

（3）采用掺灰处理的膨胀土，应根据设计掺灰量进行灰土的击实试验，击实试验的掺灰方法、掺灰间隔时间、闷料时间等制件步骤应与现场实际施工状况一致。

（4）应通过施工总结，确定掺灰工艺、掺灰间隔时间、闷料时间，土块粉碎、翻拌设备与工艺要求，土块粒径控制和碾压遍数等。

3. 物理改良的膨胀土路基填筑工艺规定

（1）位于斜坡路段的膨胀土路基应从最低处开始逐层填筑，当沟底有涵洞等结构物时应在结构物两侧对称进行填筑。

（2）碾压时填料的含水率应符合试验段确定的范围，稠度宜控制为 1.0～1.3。

（3）每层厚度不得大于 300 mm。

（4）采取包边处理时，应先填筑非膨胀性包边土或石灰处置后的膨胀土，然后再填筑膨胀土，两者交替进行。包边土的宽度宜不小于 2 m，以一个压路机宽度为宜。

（5）路床采用粗粒料填筑时，应在膨胀土顶面设置 3%～4%横坡，并采取防水隔离措施。

4. 路堑开挖规定

（1）边坡施工过程中，必要时可采取临时防水封闭措施保持土体原状含水率。

（2）边坡不得一次挖到设计线，应预留厚度 300～500 mm，待路堑完成后，再分段削去边坡预留部分，并立即进行加固和封闭处理。

5. 路堑边坡防护规定

（1）路堑边坡防护施工应根据施工能力，分段组织实施。

（2）采用非膨胀土覆盖置换或设置柔性防护结构进行防护时，边坡覆盖置换厚度应不小于 2.5 m 并满足机械压实施工的要求，压实度应不小于 90%。覆盖置换层与下伏膨胀土层之间，应设置排水垫层与渗沟。

（3）采用植物防护时，不应采用阔叶树种。

（4）圬工防护时，墙背应设置缓冲层，厚度应不大于 0.5 m。支挡结构基础应大于气候影响深度，反滤层厚度应不小于 0.5 m。

（5）路堑边坡防护的防渗层、排水垫层、渗沟、反滤层、圬工结构等不同类型的结构施工工艺应符合《公路路基施工技术规范》（JTG/T 3610—2019）其他章节的相应规定。

6. 零填和挖方路段路床规定

（1）高速公路、一级公路零填和挖方路段路床 0.8～1.2 m 范围的膨胀土应进行换填处理。对强膨胀土路堑，路床换填深度宜加深到 1.2～1.5 m。在 1.5 m 范围内可见基岩时，应清除至基岩。

（2）二级公路、三级公路的零填和挖方路段路床 0.3 m 范围的膨胀土应进行换填处理，换填材料为透水性材料时，底部应设置防渗层。二级公路强膨胀土路堑的路床换填深度宜加深至 0.5 m。

（3）路堑超挖后应及时进行换填，不得长时间暴露。

7. 其他规定

（1）掺灰处理膨胀土时，若土的天然含水率偏高宜采用生石灰粉处置，掺石灰宜分 2 次进行。拌和深度应达到该层底部，拌和后的土块粒径应小于 37.5 mm。

（2）路基完成后，应做封层，其厚度应不小于 200 mm，横坡应不小于 2%。

（3）物理处置的膨胀土填筑时的压实度标准应根据试验路段与各地的工程经验确定，且压实度应满足不低于重型压实标准的 90%。化学处置后填筑的中等膨胀土、弱膨胀土路基的压实度应符合有关规定。

（4）填筑膨胀土路堤时，应及时对路堤边坡及顶面进行防护。

六、黄土地区路基

（一）一般规定

施工前应核对湿陷性黄土的分类区段、基底处理种类并进行确认与标识，编制专项施工方案。

路基边坡坡率应符合要求，坡面应顺适平整，防护及支挡工程施工应与路堤填筑和路堑开挖施工合理衔接。排水沟渠铺砌加固时，应对基底采用夯实或掺石灰夯实的方法进行处理，压实度应达到90%以上。

（二）湿陷性黄土地基处理规定

（1）基底为非自重湿陷性黄土地基时，地表处理应符合《公路路基施工技术规范》（JTG/T 3610—2019）的相关规定。

（2）湿陷性黄土地基处理前，应完成截水及临时排水设施，并应完成路堤基底的坑洞和陷穴回填。低洼积水地段或灌溉区的路堤两侧坡脚外5～10 m范围内，应采用素土或石灰土填平并压实，并应高出原地表200 mm以上，路基两侧不得积水。

（3）地基处理方法均应进行试验段施工。基底处理场地附近有结构物时，场地边缘与结构物的最小水平安全距离应满足规定要求。冲击碾压或强夯处理段，地基土的压实度、压缩系数和湿陷系数应在施工结束7 d后进行检测，强度检验应在15 d后进行。

（4）地基处理所用原材料应满足设计要求。石灰宜采用Ⅲ级及以上等级的消石灰；水泥宜选用32.5级以上的普通硅酸盐水泥；土料宜采用塑性指数为7～15的不含有机质的黏质土，土块粒径宜不大于15 mm。

（5）换填法处理湿陷性黄土地基时，宜采用石灰土垫层或水泥土垫层，也可采用素土垫层。石灰土垫层宜采用磨细生石灰粉。石灰剂量或水泥剂量应满足要求。垫层应分层摊铺碾压，每层厚度宜不大于300 mm，压实度应符合所在部位的标准要求。

（6）冲击碾压法处理湿陷性黄土地基时，冲压处理的施工长度应不小于100 m；与结构物的安全距离不满足要求时宜开挖隔震沟；地基土的含水率应控制在最佳含水率±3%范围内；应采用排压法进行冲压；过程中应对地基的沉降值、压实度进行检测。

（7）强夯法处理湿陷性黄土地基时，同一强夯能级宜采用重锤、低落距的方式进行；地基土的含水率宜控制为8%～24%；宜分为主夯、副夯、满夯三遍实施，两遍夯击之间宜有一定的时间间歇；夯点的夯击次数应按试夯得到的夯击次数和夯沉量关系曲线确定；与结构物安全距离不满足要求时应开挖隔震沟。

（8）挤密桩法处理湿陷性黄土地基，深度在12 m之内时，宜采用沉管法成孔，超过12 m时，可采用预钻孔法进行成孔；石灰土挤密桩不得采用生石灰；干拌水泥碎石挤密桩所用石屑粒径宜为0～5 mm，碎石粒径宜为5～20 mm，含泥量应不大于5%；填料前应夯实孔底；成桩回填应分层投料分层夯击，填料的压实度宜不小于93%；挤密桩完成后，应及时进行桩顶石灰土垫层的施工。

（9）采用桩基础法进行湿陷性黄土地基处理时，桩顶的桩帽应采用水泥混凝土现场浇筑，桩顶进入桩帽的长度宜不小于50 mm；桩帽顶的加筋石灰土垫层应及时施工，土工格栅应采用绑扎连接，铺设时应拉紧并锚固，铺设后应及时用石灰土覆盖；过程中应对桩位偏差、桩体质量、桩帽质量、土工格栅的原材料及铺设质量、垫层的质量进行检验；有要求时应进行单桩承载力试验，预制桩应在成桩15 d后、灌注桩应在成桩28 d后进行。

➤ **知识拓展：**地基处理是湿陷性黄土地段的重要工作。常用的湿陷性黄土的处理方法有换填垫层法、冲击碾压法、强夯法、挤密桩法和桩基础法等。

(三)黄土陷穴处理规定

(1)路堤坡脚线或路堑坡顶线之外,原地表高侧 80 m 范围内、低侧 50 m 范围内存在的黄土陷穴宜进行处理,对串珠状陷穴与路堑边坡出露陷穴应进行处理;对规定距离以外倾向路基的陷穴宜进行处理。

(2)陷穴处理前,应对流向陷穴的地表水和地下水采取拦截引排措施。

(3)采用灌砂法处理的陷穴,地表下 0.5 m 范围内应采用 6%~8%的石灰土进行封填并压实。

(4)对危及路基安全的黄土陷穴,应根据其埋藏深度和大小选用适当的方法进行处理。常用处理方法可参考表 1-1-22 选用。

(5)处理后仍暴露在外的陷穴口,应采用石灰土等不透水材料进行防渗处理,防渗层厚度应不小于 500 mm,穴口表面应高于周围地面。

表 1-1-22 陷穴处理方法

处理方法	回填夯实	明挖回填夯实	开挖导洞或竖井回填夯实	注浆或爆破回填	灌砂
适用条件	明陷穴	陷穴埋藏深度≤3 m	3 m<陷穴埋藏深度≤6 m	陷穴埋藏深度>6 m	陷穴埋藏深度≤3 m,直径≤2 m,洞身较直

(四)黄土路堤填筑规定

(1)黄土填料应符合表 1-1-6 的规定。当 CBR 值不满足要求时,可掺石灰进行改良。

(2)黄土不得用在路基的浸水部位,老黄土不宜用作路床填料。

(3)填挖结合处应清除表层土和松散土层,顶部宜开挖成高度不大于 2 m、宽度不小于 2 m 的多层台阶,并应对台阶进行压实处理。

(4)黄土碾压时的含水率宜控制在最佳含水率±2%范围内。

(5)路床区换填非黄土填料时,应按《公路路基施工技术规范》(JTG/T 3610—2019)的要求执行。

(6)雨水导致的边坡冲沟应挖台阶夯实处理。

(7)高路堤应采用冲击碾压或强夯方式进行补充压实。

(五)黄土路堑施工规定

(1)施工前应对路堑顶两侧有危害的黄土陷穴进行处理,堑顶的裂缝和积水洼地应填平夯实,地表平坦或自然坡倾向路基时应在堑顶设置防渗截水沟或拦水埂。

(2)接近路床高程时宜顺坡开挖。路床需要处理时,应在处理后进行成形层施工。

(3)施工中应记录坡面的地层产状及地下水出露情况,存在不利于边坡稳定的状况或发现边坡有变形加剧迹象时,应及时反馈处理。

(4)路基边沟宜在基底处理后、路床成形层施工前完成。

➢ **知识拓展:** 黄土填筑的高路堤、陡斜坡地段的路堤、湿陷性黄土地基上的路堤、深路堑段的边坡及坡顶宜进行沉降及位移监测;监测点的布置、观测频率及监测期应符合要求。有要求时应对深路堑边坡的深层进行变形监测。

七、季节性冻土地区路基

季节性冻土地区路基施工应符合下列规定。

(1)应复核路基填料的冻胀率、天然含水率等参数。

(2)季节性冻土地区路基宜在非冰冻季节施工。冻胀和弱冻胀材料路基不应在冰冻季节施工,非冻胀材料冰冻季节施工应通过试验确定具体指标要求。

（3）高速公路、一级公路的土质路堤不得在冰冻期施工。半填半挖地段、填挖交界处不得在冰冻期施工。

（4）临时排水应与永久排水结合施作。

（5）已完工路基，越冬时应覆盖素土并碾压，并做好顶面及地表排水等保护措施。

（6）越冬路基压实度应满足设计要求。

（7）春融期路基宜在完全解冻融化后施工。

实战演练

[2024 真题·单选] 滑坡地段路基采用抗滑桩与挡土墙共同支挡时，应（　　）。

A. 先做挡土墙后做抗滑桩

B. 先做抗滑桩后做挡土墙

C. 同时施作抗滑桩和挡土墙

D. 交叉施作抗滑桩和挡土墙

[解析] 抗滑桩与挡土墙共同支挡时，应先施作抗滑桩。

[答案] B

[2020 真题·单选] 软土地区路堤施工期间，坡脚水平位移速率 24 h 应不大于（　　）mm。

A. 2

B. 5

C. 7

D. 10

[解析] 软土地区路堤施工期间，路堤中心线地面沉降速率 24 h 应不大于 10～15 mm，坡脚水平位移速率 24 h 应不大于 5 mm。

[答案] B

[2019 真题·单选] 下列土质中，不宜用强夯法处理的是（　　）。

A. 高饱和度的粉土

B. 碎石土

C. 杂填土

D. 软土

[解析] 强夯法适用于处理碎石土、低饱和度的粉土、黏性土、杂填土和软土等地基。

[答案] A

[2020 真题·案例节选]

背景资料：

某施工单位承建某高速公路 K11＋320～K30＋180 段改扩建工程，由双向四车道扩建为双向六车道，施工过程中发生了如下事件。

……

事件三：本工程 K22＋300～K23＋100 为高填路堤，其新拓宽部分局部路段穿越软土地基，设计采取了粉喷桩对软基进行处理。

事件四：K25＋550～K30＋180 段有若干鱼塘，水深低于 2 m，塘底淤泥厚度最大不超过 0.8 m，软土层厚度大于 4 m，小于 8 m。施工单位拟采取抛石挤淤或袋装砂井处理软基。

……

[问题]

3. 事件三中，粉喷桩处理软基的主要目的有哪些？

4. 事件四中，两种软基处理方案哪种较合理？说明理由。

[答案]

3. 粉喷桩处理软基的主要目的是提高地基承载力、确保路基稳定、减少路基施工后沉降。

4. 采用袋装砂井较合理。

理由：软土层厚度大于 3 m，抛石挤淤不适用，袋装砂井可以处理厚度大于 3 m 的软土地基。

知识点 9 路基施工测量

《公路路基施工技术规范》（JTG/T 3610—2019）规定，应根据公路等级和测量精度要求，选择测量方法。控制性桩点，应进行现场交桩，在复测原控制网的基础上，根据施工需要适当加密、优化，建立施工测量控制网，妥善保护。

一、平面控制测量规定

（1）平面控制测量应采用卫星定位测量、导线测量、三角测量或三边测量方法进行。

（2）平面控制测量的等级与技术要求应符合表 1-1-23 的规定。

表 1-1-23 平面控制测量等级与技术要求

公路等级	测量等级	最弱点点位中误差/mm	最弱相邻点相对点位中误差/mm	最弱相邻点边长相对中误差	相邻点间平均边长参照值/m
高速公路、一级公路	一级	±50	±30	≤1/20 000	500
二、三、四级公路	二级	±50	±30	≤1/10 000	300

（3）卫星定位测量的主要技术要求应符合表 1-1-24 的规定。

表 1-1-24 卫星定位测量的主要技术要求

测量等级	固定误差 a/mm	比例误差系数 b/（mm·km^{-1}）
一级	≤10	≤3
二级	≤10	≤5

（4）导线测量的主要技术要求应符合表 1-1-25 的规定。

表 1-1-25 导线测量的主要技术要求

测量等级	附（闭）合导线长度/km	边数	每边测距中误差/mm	单位权中误差/（"）	导线全长相对闭合差	方位角闭合差/（"）
一级	≤6	≤12	±14	±5	≤1/17 000	$\leqslant 10\sqrt{n}$
二级	≤3.6	≤12	±11	±8	≤1/11 000	$\leqslant 16\sqrt{n}$

注：1. 表中 n 为测站数。

2. 以测角中误差为单位权中误差。

3. 导线网节点间的长度不得大于表中长度的 0.7 倍。

二、高程控制测量规定

（1）高程控制测量应采用水准测量或三角高程测量的方法进行。

（2）高程控制测量等级与技术要求应符合表 1-1-26 的规定。

表 1-1-26 高程控制测量等级与技术要求

公路等级	测量等级	最弱点高程中误差/mm	每公里高差中数中误差/mm		附合或环线水准路线长度/km
			偶然中误差 M_Δ	全中误差 M_w	
高速公路、一级公路	四等	±25	±5	±10	25
二、三、四级公路	五等	±25	±8	±16	10

（3）水准测量的主要技术要求应符合表 1-1-27 的规定。

表 1-1-27　水准测量的主要技术要求

测量等级	往返较差、附合或环形闭合差/mm		检测已测测段高差之差/mm
	平原、微丘	重丘、山岭	
四等	$\leqslant 20\sqrt{l}$	$\leqslant 6\sqrt{n}$ 或 $\leqslant 25\sqrt{l}$	$\leqslant 30\sqrt{L_i}$
五等	$\leqslant 30\sqrt{l}$	$\leqslant 45\sqrt{l}$	$\leqslant 40\sqrt{L_i}$

注：计算往返较差时，l 为水准点间的路线长度（km）；计算附合或环形闭合差时，l 为附合或环形的路线长度（km）；n 为测站数。L_i 为检测测段长度（km），小于 1 km 时按 1 km 计算。

三、导线复测规定

（1）导线测量精度应符合表 1-1-25 的要求。

（2）原有导线点不能满足施工需要时，应增设满足相应精度要求的附合导线点。

（3）同一建设项目内相邻施工段的导线应闭合，并满足同等级精度要求。

（4）可能受施工影响的导线点，施工前应加固或改移，并应保持其精度。

（5）导线桩点应进行不定期的检查和定期复测，复测周期应不超过 6 个月。

四、水准点复测与加密规定

（1）水准点精度应符合表 1-1-27 的规定。

（2）同一建设项目应采用同一高程系统，并应与相邻项目高程系统相衔接。

（3）沿路线每 500 m 宜有一个水准点，高速公路、一级公路宜加密，每 200 m 有一个水准点。在结构物附近、高填深挖路段、工程量集中及地形复杂路段，宜增设水准点。临时水准点应符合相应等级的精度要求，并与相邻水准点闭合。

（4）对可能受施工影响的水准点，施工前应加固或改移，并应保持其精度。

（5）水准点应进行不定期的检查和定期复测，复测周期应不超过 6 个月。

五、中线放样规定

（1）路基开工前，应进行全段中线放样并应固定路线主要控制桩，宜采用坐标法进行测量放样。

（2）中线放样时，应注意路线中线与结构物中心、相邻施工段的中线闭合，发现问题应及时查明原因，进行处理。

（3）实际放样与设计图纸不符时，应查明原因后进行处理。

六、路基放样规定

（1）施工前应对原地面进行复测，核对或补充横断面。

（2）施工前应设置标识桩，对路基用地界、路堤坡脚、路堑坡顶、取土坑、护坡道、弃土堆等的具体位置标识清楚。

（3）深挖高填路段，每挖填一个边坡平台或者 3～5 m，应复测中线和横断面。

实战演练

［2024 真题 · 单选］关于导线复测的说法，正确的是（　　）。

A. 设计单位交桩的导线点，施工单位不能改移

B. 同一项目的导线测量精度只能选用唯一等级的精度要求

C. 同一建设项目内相邻施工段的导线可以不闭合

D. 本标段的起点与终点应与邻标段共用同一条基线

[解析] 导线复测要求：①导线测量精度应满足各等级的精度要求。②原有导线点不能满足施工需要时，应增设满足相应精度要求的附合导线点。标段的起点与终点应选择相邻标段共用同一条基线。③同一建设项目内相邻施工段的导线应闭合，并满足同等级精度要求。④可能受施工影响的导线点，施工前应加以固定或改移，并应保持其精度。⑤导线桩点应进行不定期的检查和定期复测，复测周期应不超过6个月。

[答案] D

第二节 路基防护与支挡

知识点1 防护工程设置与施工

路基防护工程是为防止路基病害发生、提高路基的稳定性和耐久性、保障公路正常使用寿命和安全性而采取的各种工程措施。根据《公路路基施工技术规范》（JTG/T 3610—2019），路基防护工程主要包括两大类，即坡面工程防护和沿河路基防护。

路基防护工程施工应遵循以下一般规定。

（1）路基防护工程施工前，应对边坡进行修整，清除边坡上的危石及松土。修整后的坡面应大面平整、排水顺畅，与周围自然地形协调。

（2）路基防护工程应与路基挖填方工程紧密、合理衔接，应开挖一级、防护一级。根据开挖坡面地质水文情况，应逐段核实路基防护设计方案。实际状况与设计出入大时，应及时反馈处理。

（3）施工中应加强安全防护，严禁大爆破、大开挖。

（4）各类防护工程应置于稳定的基础或坡体上。坡面防护层应与坡面密贴结合，不得留有空隙。

（5）施工中应采取有效措施截排地表水和导排地下水。

（6）石料、钢筋、钢绞线、水泥混凝土等材料质量应符合要求。

（7）每处坡面防护应设置检修通道及必要的扶栏。

一、坡面工程防护

（一）防护工程类型及适用条件

《公路路基设计规范》（JTG D30—2015）中规定，对受自然因素作用易产生破坏的边坡坡面，应根据气候条件、岩土性质、边坡高度、边坡坡率、水文地质条件、施工条件、环境保护、水土保持要求等因素，按表1-2-1经技术经济比较后选择适宜的防护措施。

表1-2-1 坡面防护工程类型、亚类及适用条件

防护类型	亚类	适用条件
植物防护	植草或喷播植草	可用于坡率不陡于1∶1的土质边坡防护。当边坡较高时，植草可与土工网、土工网垫结合防护
	铺草皮	可用于坡率不陡于1∶1的土质边坡或全风化、强风化的岩石边坡防护
	种植灌木	可用于坡率不陡于1∶0.75的土质、软质岩石和全风化岩石边坡防护
	喷混植生	可用于坡率不陡于1∶0.75的砂性土、碎石土、粗粒土、巨粒土及风化岩石边坡防护，边坡高度不宜大于10 m

续表

防护类型	亚类	适用条件
骨架植物防护	—	可用于坡率不陡于1∶0.75的土质和全风化、强风化的岩石边坡防护
工程防护	喷护	可用于坡率不陡于1∶0.5的易风化但未遭强风化的岩石边坡防护，高速公路、一级公路和环境景观要求高的公路不宜采用
	挂网喷护	可用于坡率不陡于1∶0.5的易风化、破碎的岩石边坡防护，高速公路、一级公路和环境景观要求高的公路不宜采用
	干砌片石护坡	可用于坡率不陡于1∶1.25的土质边坡或岩石边坡防护
	浆砌片石护坡	可用于坡率不陡于1∶1的易风化的岩石和土质边坡防护
	护面墙	可用于坡率不陡于1∶0.5的土质和易风化剥落的岩石边坡防护

➢ **注意：**骨架植物防护时，可采用拱形、人字形或方格形浆砌片石或水泥混凝土骨架，也可采用多边形水泥混凝土空心块，骨架内植草或喷播植草。多雨地区的骨架宜增设拦水带和排水槽。风化破碎的岩石挖方边坡，可在骨架中增设锚杆。

（二）常见防护工程施工规定

1. 坡面植物防护施工规定

（1）在坡面成形后，应及时进行坡面植物防护。

（2）植物防护前应清理坡面。

（3）回填土宜采用土、肥料及腐殖质土的混合物。

（4）种草施工时，草籽应撒布均匀，同时做好保护措施。草皮宜选用带状或块状，草皮厚度宜为100 mm。铺设时，应由坡脚自下向上铺设。

（5）铺、种植物后应适时进行洒水、施肥等养护管理，直到植物成活。

（6）养护用水不得含油、酸、碱、盐等有碍草木生长的成分。

2. 湿法客土喷播规定

（1）喷播前应检查作业面的粗糙度，平均粗糙度宜为±100 mm，最大不超过±150 mm。若岩石边坡本身不稳定，需要采用预应力锚杆锚索进行加固处理。

（2）喷播植草混合料植生土、土壤稳定剂、水泥、肥料、混合草籽、水等应按配合比组成。

（3）客土喷播前浇水湿润坡面，喷播植草混合料的配合比应根据边坡坡度、地质情况和当地气候条件确定，喷播混合材料厚度应为20～80 mm；种子喷播应均匀。

（4）客土喷播施工锚杆和锚钉宜按1 m×1 m间距梅花形布置。挂网施工时应采用自上而下放卷，相邻两卷铁丝网分别用绑扎铁丝连接固定，两网交接重叠处宽度应不少于100 mm，锚钉每平方米应不少于5个。

（5）挂网与作业面应保持一定间隙，并均匀一致。

（6）湿法喷播施工后应及时进行补种、洒水、施肥、清除杂草等养护管理，成活率应达到90%以上。

3. 水泥混凝土骨架防护施工规定

（1）骨架施工前应修整坡面，填补超挖形成或原生的坑洞和空腔。

（2）混凝土浇筑应从护脚开始，由下而上进行浇筑。浇筑过程中采用插入式振捣器振捣。

（3）骨架宜完全嵌入坡面内，保证骨架紧贴坡面，防止产生变形或破坏。

（4）混凝土浇筑完成后应及时养护。养护时间宜不少于14 d。

4. 骨架防护植物规定

(1) 应选取适应性好、根系发达、耐干旱贫瘠、耐破坏、再生能力强的植物。

(2) 应以乡土植物为主、外来植物为辅，不同植物应具互补性且与周围环境自然植被相适合。

(3) 骨架内植草草皮下宜铺设 50～100 mm 厚的种植土，草皮应与坡面和骨架密贴。

(4) 铺设草皮后，应及时进行养护。

5. 坡面喷射混凝土防护施工规定

(1) 混凝土强度应满足设计要求。

(2) 作业前应进行试喷，选择合适的水灰比和喷射压力。

(3) 混凝土喷射厚度应符合设计规定，且临时支护厚度宜不小于 60 mm，永久支护厚度宜不小于 80 mm。永久支护面钢筋的喷射混凝土保护层厚度应不小于 50 mm。

(4) 混凝土喷射每一层应自下而上进行。当混凝土厚度大于 100 mm 时，宜分两次喷射。在第二次喷射混凝土作业前，应清除结合面上的浮浆和松散碎屑。

(5) 面层表面应抹平、压实修整。

(6) 喷射混凝土面层应在长度方向上每 30 m 设伸缩缝，缝宽 10～20 mm。

(7) 喷射混凝土初凝后，应立即开始养护。养护期宜不少于 7 d。

(8) 喷射混凝土表面质量应密实、平整，无裂缝、脱落、漏喷、漏筋、空鼓和渗漏水等。

6. 锚杆挂网喷射混凝土防护施工规定

(1) 锚杆应嵌入稳固基岩内，锚固深度根据设计要求结合岩体性质确定。锚杆孔深应大于锚杆长度 200 mm。

(2) 钢筋网应与锚杆连接牢固。钢筋网与岩面的间隙宜为 30～50 mm。

(3) 喷射混凝土宜分层施工，铺设钢筋网前喷射一层混凝土，铺设后再喷射混凝土至设计厚度。

(4) 喷射混凝土厚度应均匀，钢筋网及锚杆不得外露。钢筋保护层厚度宜不小于 20 mm。

7. 干砌片石护坡施工规定

(1) 干砌片石护坡垫层应密实，厚度应满足设计要求。边坡为粉质土、松散的砂或粉砂土等易被冲蚀的土时，碎石或砂砾垫层厚度宜不小于 100 mm。

(2) 石料选择应符合要求。片石的厚度应不小于 150 mm，不得使用卵形和薄片状石料。应选择尺寸大并具有平整表面的石料作为镶面材料，且应稍加粗凿。在角隅处应使用大石料，大致粗凿方正。

(3) 石料按层砌筑。分段砌筑时相邻段高差应不大于 1.2 m，段与段间应设伸缩缝或沉降缝，各段水平砌缝应一致。

(4) 砌筑应彼此镶紧，接缝要错开，缝隙间应用小石块填满塞紧。护坡基础宜选用大石块砌筑。

(5) 基础与排水设施相连时，基础应设在排水沟底以下。

8. 浆砌片石护坡施工规定

(1) 宜在路堤沉降稳定后施工，砌筑前应整平坡面，按设计完成垫层施工。受冻胀影响的土质边坡，护坡底面的碎石或砂砾垫层厚度应不小于 100 mm。

(2) 片石砌体应分层砌筑，2～3 层组成的工作面宜找平。

(3) 所有石块均应坐于新拌砂浆之上。

(4) 每 10～15 m 应设置一道伸缩缝，缝宽宜为 20～30 mm。基底地质有变化处，应设沉降缝。伸缩缝与沉降缝可合并设置。

(5) 砂浆初凝后，应立即进行养护。砂浆终凝前，砌体应覆盖。

(6) 泄水孔的位置和反滤层的设置应满足设计要求。如设计无要求，应符合下列规定。

①泄水孔宜为 50 mm×100 mm、100 mm×100 mm、150 mm×200 mm 的矩形或直径 50～100 mm 的圆形。

②泄水孔间距宜为 2～3 m，干旱地区可适当加大，渗水量大时应适当加密。上下排泄水孔应交错布置，左右排泄水孔应避开伸缩缝与沉降缝，与相邻伸缩缝间距宜不小于 500 mm。

③泄水孔应向外倾斜，最下一排泄水孔出口应高出地面或边沟、排水沟及积水地区的常水位 0.3 m。

④最下面一排泄水孔进水口周围 500 mm×500 mm 范围内应设置具有反滤作用的粗粒料，反滤层底部应设置厚度不小于 300 mm 的黏土隔水层。

9. 浆砌片石护面墙施工规定

(1) 修筑护面墙前，应清除边坡风化层至新鲜岩面。对风化迅速的岩层，清挖到新鲜岩面后应立即修筑护面墙。

(2) 基础施工前应核实地基承载能力和埋深，地基承载能力不足时，应采取加固措施。冰冻地区应埋置在冰冻深度以下至少 250 mm。

(3) 护面墙背面应与路基坡面密贴，边坡局部凹陷处应挖成台阶后用与墙身相同的圬工材料砌补，不得回填土石或干砌片石。坡顶护面墙与坡面之间应按设计要求做好防渗处理。

(4) 应按设计要求做好伸缩缝。当护面墙基础修筑在不同岩层上时，应在变化处设置沉降缝。

(5) 泄水孔的位置和反滤层的设置应满足设计要求。如设计无要求，应按《公路路基施工技术规范》(JTG/T 3610—2019) 第 6.3.5 条要求设置。

(6) 护面墙防滑坎应与墙身同步施工。

二、沿河路基防护

(一) 防护工程类型及适用条件

沿河路基受水流冲刷时，应根据河流特性、水流性质、河道地貌、地质等因素，结合路基位置，按表 1-2-2 经技术经济比较后，选用适宜的防护工程类型或采取导流或改移河道等措施。

表 1-2-2　沿河路基防护工程类型及适用条件

防护类型	适用条件
植物防护	可用于允许流速为 1.2～1.8 m/s、水流方向与公路路线近似平行、不受洪水主流冲刷的季节性水流冲刷地段防护。经常浸水或长期浸水的路堤边坡，不宜采用
砌石或混凝土护坡	可用于允许流速为 2～8 m/s 的路堤边坡防护
土工织物软体沉排、土工膜袋	可用于允许流速为 2～3 m/s 的沿河路基冲刷防护
石笼防护	可用于允许流速为 4～5 m/s 的沿河路堤坡脚或河岸防护
浸水挡墙	可用于允许流速为 5～8 m/s 的峡谷急流和水流冲刷严重的河段

续表

防护类型		适用条件
护坦防护		可用于沿河路基挡土墙或护坡的局部冲刷深度过大、深基础施工不便的路段
抛石防护		可用于经常浸水且水深较大的路基边坡或坡脚，以及挡土墙、护坡的基础防护
排桩防护		可用于局部冲刷深度过大的河湾或宽浅性河流的防护
导流	丁坝	可用于宽浅性河段，保护河岸或路基不受水流直接冲蚀而产生破坏
	顺坝	可用于河床断面较窄、基础地质条件较差的河岸或沿河路基防护，以调整流水曲度和改善流态

（二）常见防护工程施工规定

1. 沿河路基植物防护施工规定

(1) 经常浸水或长期浸水的路堤边坡，不宜采用植物防护。

(2) 沿河路堤边坡铺草皮防护，应按设计采用平铺、叠铺草皮等铺砌方法。基础部分铺置层的表面应与地面齐平。

(3) 植树防护宜采用带状或条形布设。防护河岸路基或防御风浪侵蚀，宜采用横行带状；防护桥头引道路堤，宜采用纵行带状。

(4) 应选用喜水性树种，林带应由多行树木组成，乔灌木应密植。

(5) 种植后，应采取有效措施加以保护。

2. 沿河砌石或混凝土防护施工规定

沿河砌石或混凝土防护除应符合《公路路基施工技术规范》(JTG/T 3610—2019) 第6.3节的有关规定外，还应符合下列规定。

(1) 采用干砌、浆砌片石时，不得大面积平铺。干砌护坡砌块应交错嵌紧，严禁浮塞。

(2) 采用干砌、浆砌河卵石时，应以长方向垂直坡面，横向栽砌牢固。

(3) 就地浇筑混凝土板时，混凝土表面应平整、光滑。可采取措施提高早期强度。

3. 抛石防护施工规定

(1) 抛石石料应选用质地坚硬、耐冻且不易风化崩解的石块。石料粒径应大于300 mm，宜用大小不同的石块掺杂抛投。

(2) 抛石体边坡坡率和石料粒径应根据水深、流速和波浪情况确定，坡度应不陡于抛石石料浸水后的天然休止角。

(3) 抛石厚度宜为粒径的3～4倍。用大粒径时，不得小于2倍。

(4) 除特殊情况外，宜在枯水季节施工。

4. 丁坝防护施工规定

(1) 应合理安排工期。

(2) 坝头应按设计进行平面防护。

(3) 应处理好坝根与相连接的地层或其他防护设施的衔接。

(4) 完工后应检查丁坝间的河岸或路基边坡处的水流流速。若所能承受的容许流速小于水流靠岸回流流速时，应及时反馈处理。

5. 顺坝防护施工规定

(1) 顺坝与上下游河岸的衔接处应水流顺畅。

(2) 坝根嵌入稳定河岸内的距离应满足设计要求，坝根附近河岸应按设计防护加固至上游不受水流冲击处。

实战演练

[2024 真题·单选] 下列属于骨架植物防护的是（　　）。

A. 三维植物网

B. 干砌片石护坡

C. 水泥混凝土空心块护坡

D. 客土喷播

[解析] 骨架植物防护包括浆砌片石（或混凝土）骨架植草、水泥混凝土空心块护坡、锚杆混凝土骨架植草。

[答案] C

知识点 2　支挡工程设置与施工

根据《公路路基设计规范》(JTG D30—2015)，公路路基支挡工程主要包括挡土墙、边坡锚固、土钉支护、抗滑桩等。

一、挡土墙

挡土墙是指承受土体侧压力的墙式构造物。挡土墙设计应根据路基横断面、地形、地质条件和地基承载能力，合理确定挡土墙位置、起讫点、长度和高度，并按表 1-2-3 进行技术经济比较后，选择适宜的挡土墙类型。

表 1-2-3　挡土墙类型及适用条件

挡土墙类型	适用条件
重力式挡土墙	适用于一般地区、浸水地段和高烈度区的路堤和路堑等支挡工程。墙高不宜超过 12 m，干砌挡土墙的高度不宜超过 6 m
半重力式挡土墙	适用于不宜采用重力式挡土墙的地下水位较高或较软弱的地基上。墙高不宜超过 8 m
石笼式挡土墙	可用于地下水较多的土质、风化破碎岩石路段
悬臂式挡土墙	宜在石料缺乏、地基承载力较低的填方路段采用。墙高不宜超过 5 m
扶壁式挡土墙	宜在石料缺乏、地基承载力较低的填方路段采用。墙高不宜超过 15 m
锚杆挡土墙	宜用于墙高较大的岩质路堑地段。可用作抗滑挡土墙。可采用肋柱式或板壁式单级墙或多级墙。每级墙高不宜大于 8 m，多级墙的上下级墙体之间应设置宽度不小于 2 m 的平台
锚定板挡土墙	宜在缺少石料地区的路肩墙或路堤式挡土墙使用，但不应建筑于滑坡、坍场、软土及膨胀土地区。可采用肋柱式或板壁式，墙高不宜超过 10 m。肋柱式锚定板挡土墙可采用单级墙或双级墙，每级墙高不宜大于 6 m，上下级墙体之间应设置宽度不小于 2 m 的平台。上下两级墙的肋柱宜交错布置
加筋土挡土墙	可分为有面板加筋土挡土墙和无面板土工格栅加筋土挡土墙。有面板加筋土挡土墙可用于一般地区的路肩式挡土墙、路堤式挡土墙，无面板土工格栅加筋土挡土墙可用于一般地区的路堤式挡土墙，但均不应修建在滑坡、水流冲刷、崩塌等不良地质地段。高速公路、一级公路墙高不宜大于 12 m，二级及二级以下公路不宜大于 20 m。采用多级墙时，每级墙高不宜大于 10 m，上下级墙体之间应设置宽度不小于 2 m 的平台

续表

挡土墙类型	适用条件
桩板式挡土墙	用于表土及强风化层较薄的均质岩石地基，挡土墙高度可较大，也可用于地震区的路堑或路堤支挡或滑坡等特殊地段的治理

（一）重力式挡土墙

重力式挡土墙是利用挡土墙的自重和地基反力来支挡土体侧压力的挡土墙，多由浆砌片石、浆砌块石、混凝土或钢筋混凝土等材料砌筑而成。重力式挡土墙示意图如图 1-2-1 所示。

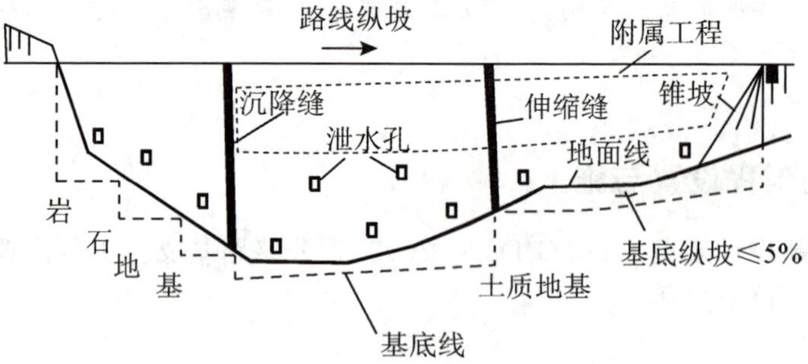

图 1-2-1　重力式挡土墙示意图

1. 特点与形式

重力式挡土墙的设计相对简单，主要依靠墙体的自重来抵抗土压力，不需要复杂的加固措施。由于结构简单，施工过程相对容易，重力式挡土墙适合在各种地形和环境下使用，是目前最常用的一种挡土墙形式。

重力式挡土墙种类较多，根据墙背形式可分为 5 种，重力式挡土墙断面形式示意图如图 1-2-2 所示。

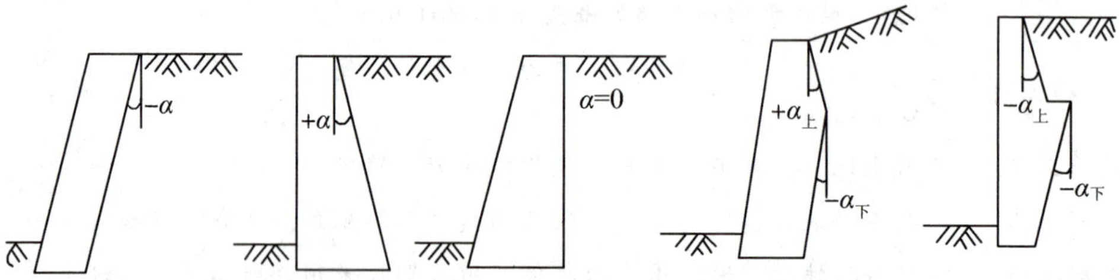

（a）仰斜式　（b）俯斜式　（c）垂直式　（d）凸形折线式　（e）衡重式

图 1-2-2　重力式挡土墙断面形式示意图

2. 施工工序

重力式挡土墙的施工工序如图 1-2-3 所示。

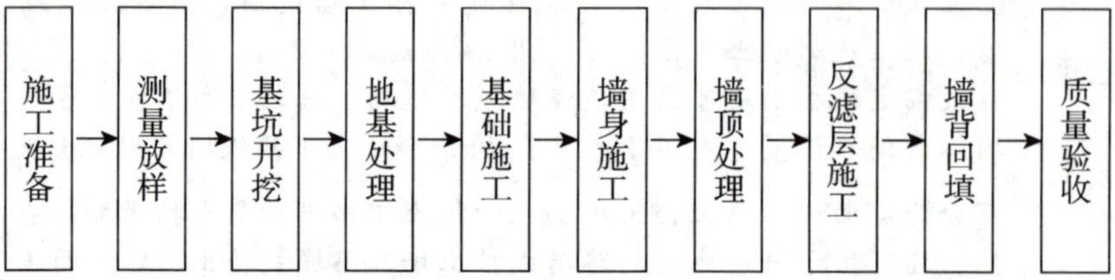

图 1-2-3　重力式挡土墙的施工工序

3. 施工规定

重力式挡土墙施工相关规定见表 1-2-4。

表 1-2-4 重力式挡土墙施工相关规定

主要工序	相关规定
基坑开挖	(1) 基坑开挖宜分段跳槽进行，分段位置宜结合伸缩缝、沉降缝等设置确定； (2) 设计挡土墙基底为倾斜面时，应严格控制基底高程，不得超挖填补； (3) 土质或易风化软质岩石在雨季开挖基坑时，应在基坑挖好后及时封闭坑底； (4) 开挖完成后应及时进行检验，检验合格后应及时进行下道工序施工
基础施工	(1) 施工前应检查基础底面，清除基底表面风化、松软的土石和杂物； (2) 硬质岩石上的浆砌片石基础宜满坑砌筑； (3) 台阶式基础宜与墙体连续砌筑； (4) 基础应在基础砂浆强度达到设计强度的 75%后及时分层回填夯实
墙身施工	(1) 砌石墙身应分层错缝砌筑，咬缝应不小于砌块长度的 1/4，且不得出现贯通竖缝； (2) 片石、砌块应大面朝下砌筑，砌块不应直接接触，间距宜不小于 20 mm； (3) 混凝土墙身应水平分层浇筑，分层振捣，分层厚度应不超过 300 mm； (4) 混凝土应连续浇筑，如间断，间断时间应小于前层混凝土的初凝时间，否则，按施工缝处理； (5) 浇筑过程中应有专人检查模板及支撑工作情况； (6) 挡土墙端部伸入路堤或嵌入挖方部分应与墙体同时砌筑； (7) 墙身施工完毕后应及时养护
墙背回填	(1) 挡土墙混凝土或砂浆强度达到设计强度的 75%时，应及时进行墙背回填；距墙背 0.5～1 m 内，不得使用重型振动压路机碾压； (2) 宜采用砂性土、卵石土、砾石土或块石土等透水性好、抗剪强度高的材料； (3) 采用黏质土作为填料时，应在墙背设置厚度不小于 300 mm 的砂砾或其他透水性材料排水层； (4) 填料中不得含有机物、冰块、草皮、树根及生活垃圾；不得使用腐殖土、盐渍土、淤泥、白垩土、硅藻土、生活垃圾及有机物等作为墙背填料
其他	(1) 伸缩缝与沉降缝内两侧壁应竖直、平齐，无搭叠；缝中防水材料应按设计要求施工； (2) 岩体破碎、土质松软或地下水丰富等地段修建挡土墙宜避开雨季施工； (3) 挡土墙与桥台、隧道洞门连接处应协调施工，必要时可设置临时支撑，确保与墙相接的填方或山体的稳定； (4) 墙身泄水孔应在砌筑过程中按设计施工，确保排水畅通

（二）半重力式挡土墙

半重力式挡土墙应按弯曲抗拉强度和刚度计算要求，确定立壁与底板之间的转折点数。

端部厚度不应小于 0.4 m，底板的前趾扩展长度不宜大于 1.5 m。

（三）石笼式挡土墙

基底土质及承载力应满足设计要求。石笼制作应符合相关规范的规定。石笼式挡土墙墙背应设置一层透水土工布。每层挡土墙施工完毕后，墙背应及时回填。回填面应与石笼顶面持平，墙后回填土应夯实，压实度应不小于 95%。

（四）锚杆挡土墙

锚杆挡土墙是一种轻型挡土墙，是依靠锚固在岩土层内的锚杆的水平拉力以承受土体侧压力的挡土墙。锚杆挡土墙由钢筋混凝土墙面板（挡土板）、肋柱和锚杆组成，其示意图如图 1-2-4 所示。

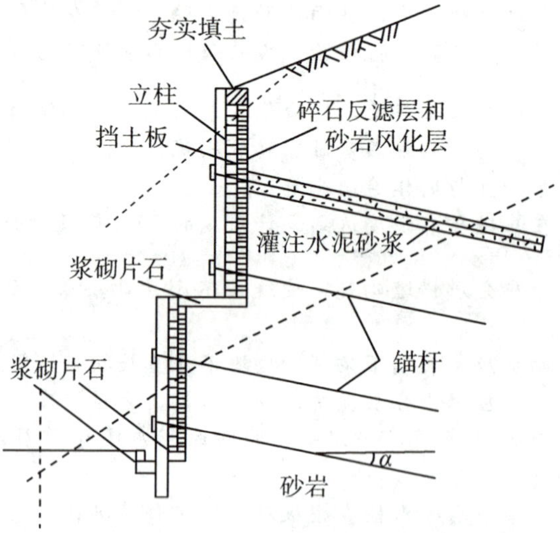

图 1-2-4　锚杆挡土墙示意图

1. 特点与形式

锚杆挡土墙具有结构简单、占地面积小、施工方便，有利于装配化施工，生产率高，基坑开挖量少，安全性较高等特点。其适用于边坡高度较大、石料缺乏、路基开挖困难的地区，多用于岩石路堑或其他具有锚固条件的路堑墙，还可用于陡坡路堤。

锚杆挡土墙随锚固地层、施工方法、受力状态及结构形式等不同，而有不同的类型。按墙面的结构形式划分，锚杆挡土墙可分为柱板式锚杆挡土墙和壁板式锚杆挡土墙，如图 1-2-5 所示。

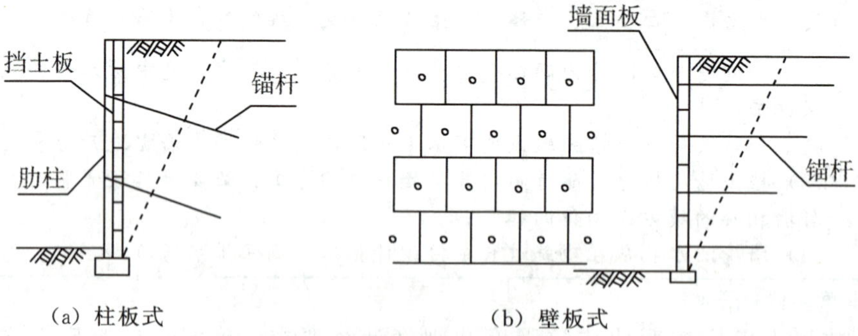

图 1-2-5　锚杆挡土墙类型

2. 施工工序

锚杆挡土墙的施工工序如图 1-2-6 所示。

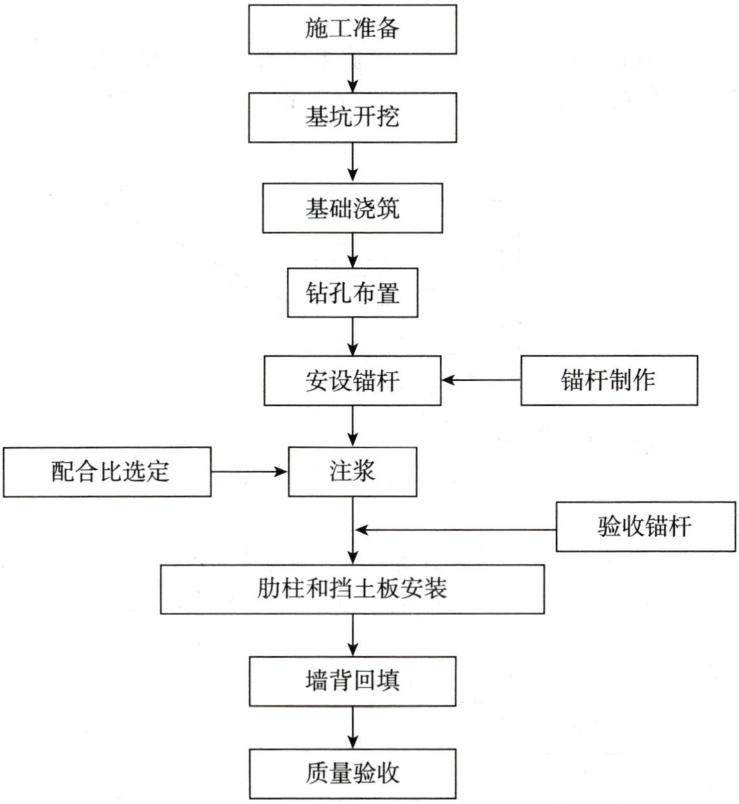

图 1-2-6　锚杆挡土墙的施工工序

3. 施工规定

根据《公路路基施工技术规范》（JTG/T 3610—2019），锚杆挡土墙施工应符合下列规定。

（1）施工时应针对地层和岩石特点，采用与其相适配并能斜孔钻进的钻机，并根据岩质选择钻头。

（2）锚孔直径应满足设计要求，钻孔时宜保持孔壁粗糙。

（3）挡土板和锚杆的施工应逐层由下向上同步进行，挡土板之间的安装缝应均匀，缝宽宜小于 10 mm。同一肋柱上两相邻跨的挡土板搭接处净间距宜不小于 30 mm，并应按施工缝处理。

（4）挡土板安装时应防止与肋柱相撞，避免损坏角隅或开裂。

（5）挡土板后的防排水设施及反滤层应与挡土板安装同步进行。

（五）锚定板挡土墙

（1）螺丝杆、锚头等应进行防锈处理和防水封闭。

（2）锚定板应采用钢筋混凝土板。肋柱式锚定板面积应不小于 0.5 m^2，无肋柱式锚定板面积应不小于 0.2 m^2。

（3）肋柱安装应符合设计的位置和倾角。安装锚定板时板面应竖直，且在同一高程。

（4）锚定板应采用反开槽法施工，先填土，后挖槽就位。挖槽时，锚定板宜比设计位置高 30～50 mm。

（5）施工槽口与上层填土应同步碾压，不得直接碾压拉杆和锚定板。

（6）分级平台应按设计要求进行封闭，并设 2%的外倾排水坡。

（六）加筋土挡土墙

加筋土挡土墙是指由填土、拉带和镶面砌块组成的加筋土承受土体侧压力的挡土墙。加筋土挡土墙由填料、在填料中布置的拉筋及墙面板 3 个部分组成，其示意图如图 1-2-7 所示。

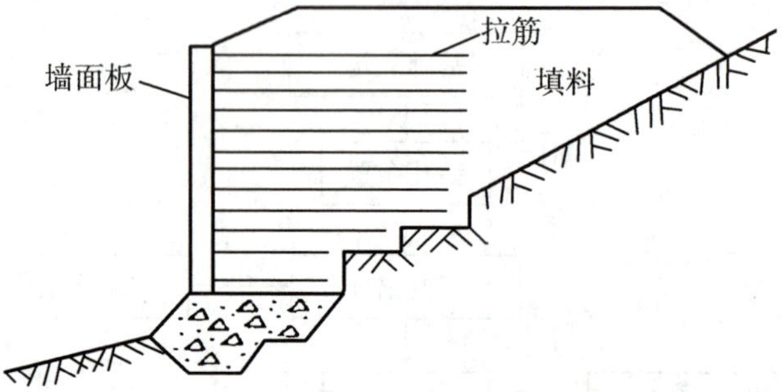

图 1-2-7　加筋土挡土墙示意图

1. 特点及应用

加筋土挡土墙施工简便、快速，节省劳动力，节约占地面积，工期短，造价低，具有良好的抗震性能。其多用于地形较为平坦且宽敞的填方路段，不适用于挖方路段或地形陡峭的山坡。

2. 施工工序

加筋土挡土墙的施工工序如图 1-2-8 所示。

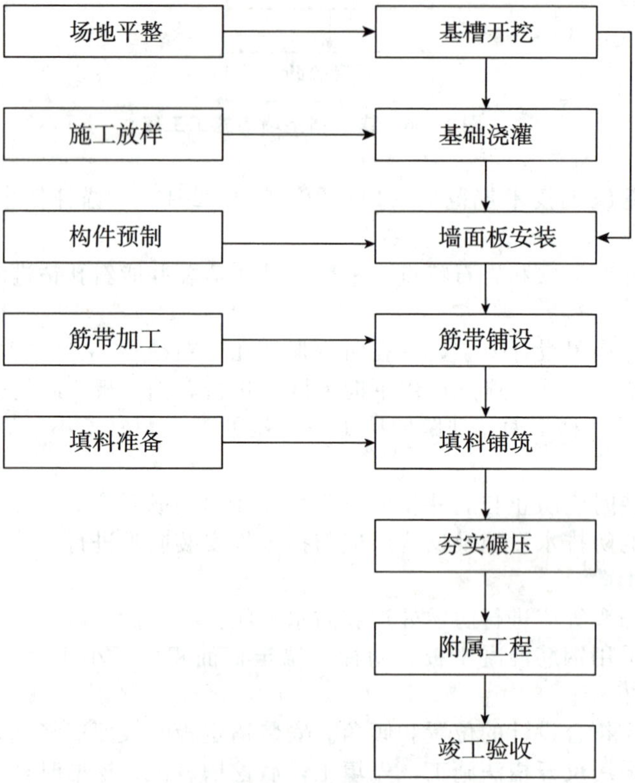

图 1-2-8　加筋土挡土墙的施工工序

3. 施工规定

（1）加筋土挡土墙施工前，应按设计要求进行基底处理。有地下水影响基底稳固时，应拦截或排除地下水到墙身之外。

（2）加筋土挡土墙的拉筋应按设计采用抗拉强度高、延伸率和蠕变小、抗老化、耐腐蚀和化学稳定性好的材料，表面应有足够的粗糙度。钢拉筋应按设计进行防腐处理。

（3）加筋土挡土墙墙身施工应符合下列规定。

①墙背拉筋锚固段填料宜采用具有一定级配、透水性好的砂类土或碎砾石土，土中的粗颗粒不应含有在压实过程中可能破坏拉筋的带尖锐棱角的颗粒。

②拉筋应按设计位置水平铺设在已经整平、压实的土层上，单根拉筋应垂直于面板，多根拉筋应按设计扇形铺设。聚丙烯土工带拉筋安装应平顺，不得打折、扭曲，不得与硬质、棱角填料直接接触，其他要求应符合现行《公路土工合成材料应用技术规范》（JTG/T D32—2012）的相关规定。

③墙面板安设应根据高度和填料情况设置适当的仰斜，斜度宜为1∶0.02～1∶0.05。安设好的面板不得外倾。

④拉筋与面板之间的连接应牢固，连接部位强度应不低于拉筋强度。拉筋贯通整个路基时，宜采用单根拉筋拉住两侧面板。

⑤填料摊铺、碾压应从拉筋中部开始平行于墙面进行，不得平行于拉筋方向碾压。应先向拉筋尾部逐步摊铺、压实，然后再向墙面方向进行。

⑥路基施工分层厚度及每层碾压遍数，应根据拉筋间距、碾压机具和密实度要求，通过试验确定，不得使用羊足碾碾压。靠近墙面板1 m范围内，应使用小型机具夯实或人工夯实，不得使用重型压实机械压实。严禁车辆在未经压实的填料上行驶。

⑦施工过程中应加强对墙身变形的观测，发现异常变化应及时处理。

二、边坡锚固

《公路路基设计规范》（JTG D30—2015）中规定，边坡锚固设计应根据边坡稳定性分析资料，鉴别边坡的破坏模式，确定边坡不稳定程度及范围，对锚固方案的合理性、安全性进行技术经济论证。锚固形式应根据边坡岩土体类型、工程特征、锚承载力大小、锚材料和长度、施工工艺等条件确定。

预应力锚杆可用于土质、岩质边坡及地基加固，其锚固段应设置在稳定的岩层中，腐蚀性环境中不宜采用预应力锚杆。对软质岩、风化岩地层，宜采用压力分散型锚杆。

锚固边坡坡面结构形式应根据边坡工程地质、水文地质条件、岩土性质、边坡高度、施工方法，按照表1-2-5的规定选用。

表1-2-5　坡面结构常用类型及其适用条件

结构类型	适用条件	备注
框架（格子）梁	风化较严重、地下水丰富、软质岩、土质边坡	多雨地区梁宜做成截流沟式
地梁	软硬岩体相间、土质边坡	—
单锚墩	硬质岩、块状或整体性好的岩体	—

三、土钉支护

土钉支护设计应遵循下列原则。

（1）土钉支护可用于硬塑或坚硬的黏质土、胶结或弱胶结的粉土、砂土、砾石、软岩和风化破碎岩层等路堑边坡的临时支护和永久支护。在腐蚀性地层、膨胀土、软黏土、土质松散、地下水较发育及存在不利结构面的边坡，不宜采用土钉支护。

（2）永久性土钉支护应根据坡体内地下水分布情况设置完善的排水设施。

（3）永久性土钉支护的边坡坡面设计应有利于边坡植物生长，并与周围环境相协调。

（4）土钉支护应采取动态设计和信息化施工，土钉支护边坡的水平位移不得超过边坡高度的0.3%。必要时，应对支护工程采取加固措施。

土钉施工应符合下列规定。

(1) 施工前应进行土钉现场抗拉拔力验证试验。

(2) 钻孔完成后，应清除孔内残浆、残渣等杂物。

(3) 土钉和注浆排气管应同时送入钻孔内，注浆应饱满。

四、抗滑桩

(一) 施工工序

施工工序为场地平整→测量放样→孔口开挖及锁口浇筑→人工挖孔→护壁支护→浇护壁混凝土→检测桩底标高→验收清底→钢筋笼制作、吊装→下导管→混凝土灌注→清理桩头。

(二) 施工规定

1. 一般规定

抗滑桩施工应详细了解工程地质资料，并做好下列工作。

(1) 施工前，应采取卸载、反压、排水等措施使滑坡体保持基本稳定，严禁在滑坡急剧变形阶段进行抗滑桩施工。

(2) 施工期间应根据实际地质情况考虑开挖时的预加固措施。

(3) 应整平孔口地面，并设置地表截、排水及防渗设施。

(4) 应设置滑坡变形、移动监测点，并进行连续观测。

(5) 雨季施工时，应在孔口搭设雨棚，做好锁口，孔口地面上应加筑适当高度的围埂。

2. 开挖及支护规定

(1) 相邻桩不得同时开挖。开挖桩群应从两端沿滑坡主轴间隔开挖，桩身强度达到设计强度的75%后方可开挖邻桩。

(2) 开挖应分节进行。分节不宜过长，每节宜为0.5～1.0 m。不得在土石层变化处和滑动面处分节。

(3) 应开挖一节、支护一节。灌注前应清除孔壁上的松动石块、浮土。围岩松软、破碎、有水时，护壁宜设泄水孔。

(4) 开挖应在上一节护壁混凝土终凝后进行，护壁混凝土模板支撑应在混凝土强度达到能保持护壁结构不变形后方可拆除。

(5) 在围岩松软、破碎和有滑动面的节段，应在护壁内顺滑动方向设置临时横撑加强支护，并观察其受力情况，及时进行加固。

(6) 开挖时应采取照明、排水等措施，保证施工安全。

(7) 挖除的渣土弃渣不得堆放在滑坡范围内。

➢ **注意：** 桩基开挖过程中，应随时核对滑动面情况，及时进行岩性资料编录，当其实际情况与设计不符时，应及时反馈处理。

3. 桩身混凝土施工规定

(1) 灌注前，应检查断面净空、清洗混凝土护壁。

(2) 钢筋笼搭接接头不得设在土石分界和滑动面处。钢筋保护层厚度应满足设计要求。

(3) 灌注应连续进行，不得中断。

4. 桩板式抗滑挡土墙施工规定

(1) 挡土板应在桩身混凝土达到设计强度后安装。挡土板安装时，应边安装边回填，并做好挡土板后排水设施。

(2) 桩间采用土钉墙或喷锚支护时，桩间土体应分层开挖、分层加固。

(3) 应严格控制墙背填土的压实度，压实时应保护好锚索。

5. 其他规定

（1）桩间支挡结构及与桩相邻的挡土、排水设施等应与抗滑桩正确连接，配套完成。

（2）施工过程中应对地下水位、滑坡体位移和变形进行监测。

（3）应加强坡体排水，定期疏导排水管，防止地下水赋存坡体内部。

（4）锚固桩上部设有多排锚索时，应在上一排锚索施工完成后再开挖下一层的桩前土体。

实战演练

［2024 真题·案例节选］

背景资料：

某施工单位承建长 31 km 的一级公路路基工程（重交通），包括路堤填筑、路堑开挖、半填半挖路基施工、路基支挡与防护砌筑等工作内容。其中，K2＋300～K2＋672 为半填半挖路基，其典型横断面示意图如图 1-2-9 所示，浆砌片石挡土墙高度为 2.8～4.1 m，该地段土质为碎石土。

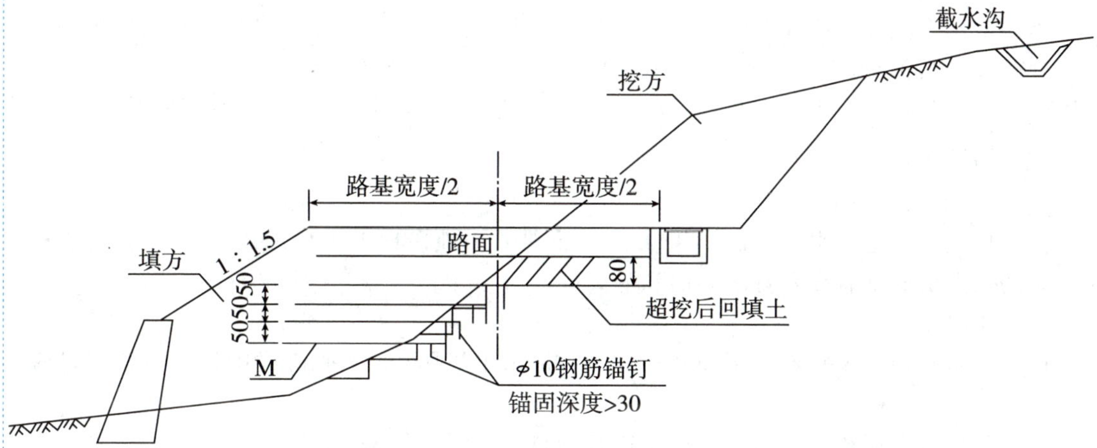

图 1-2-9　半填半挖路基典型横断面示意图（单位：cm）

施工过程中发生以下事件。

……

事件二：挡土墙施工内容包括 A——基坑质检；B——基坑开挖；C——基础施工；D——墙身砌筑；E——墙背回填；F——伸缩缝与沉降缝施工。

……

［问题］

1. 写出图 1-2-9 中构造物 M 的名称。图 1-2-9 中已标出的各组成部位中，首先应施工哪个部位？

4. 写出事件二中挡土墙施工工序（写出代号即可，如 C→D→E）。

［答案］

1. （1）M——土工格栅。

（2）首先应施工截水沟。

4. 挡土墙施工工序：B→A→C→D→F→E。

第三节 路基排水

知识点 1 路基地下水排水设置与施工

水是造成路基病害的主要因素之一，在路基施工中，应重视路基排水，以使路基免受水的侵蚀，保证路基的强度和稳定性。《公路路基设计规范》(JTG D30—2015) 中规定，路基地下水排水应进行工程地质和水文地质调查、勘探和测试，查明水文地质条件，获取有关水文地质参数。

地下水影响路基稳定或强度时，应根据地下水类型、含水层埋藏深度、地层的渗透性等条件及对环境的影响，采取拦截、引排、疏干、降低或隔离等措施，地下排水设施应与地表排水设施相协调。地下排水设施形式可按下列原则确定。

当地下水埋藏浅或无固定含水层时，可采用隔离层、排水垫层、暗沟、渗沟等。

当地下水埋藏较深或存在固定含水层时，可采用仰斜式排水孔、渗井、排水隧洞等。

根据《公路路基施工技术规范》(JTG/T 3610—2019)、《公路排水设计规范》(JTG/T D33—2012) 及《公路路基设计规范》(JTG D30—2015)，路基地下排水设置与施工规定如下。

一、排水垫层

(一) 设置

当黏质土地段地下水位埋深小于 0.5 m 或粉质土地段地下水位埋深小于 1 m 时，细粒土填筑的低路堤底部宜设置排水垫层和隔离层。

(二) 施工规定

(1) 排水垫层厚度宜不小于 300 mm，垫层材料宜采用天然砂砾或中粗砂，含泥量应不大于 5%。

(2) 垫层宜分层摊铺压实。垫层采用砂砾料时，应避免离析。

(3) 垫层两侧宜采用浆砌片石或其他方式防护。

二、隔离层

(一) 设置

隔离层可选用土工膜、复合土工膜、复合防排水板等土工合成材料，防渗材料的厚度、材质及类型应根据气候、地质条件确定，土工合成材料应符合现行《公路土工合成材料应用技术规范》(JTG/T D32—2012) 的规定。

(二) 施工规定

隔离工程土工合成材料施工应符合下列规定。

(1) 铺设土工合成材料前，应平整场地，清理树根、灌木或尖锐硬物等场地杂物。施工车辆不得直接在土工合成材料上作业。土工合成材料上铺筑石料时，应在保护层完成后再进行，不得将石料直接抛落于土工合成材料上。

(2) 土工织物连接可采用缝合法或搭接法，缝合宽度应不小于 100 mm，结合处抗拉强度应达到土工织物极限抗拉强度的 60%以上；搭接宽度应不小于 300 mm。

(3) 土工膜连接宜采用热熔焊接法，局部修补也可采用胶粘法，连接宽度应不小于 100 mm。正式拼接前应进行试拼接，采用的胶料应在遇水后不溶解。

(4) 土工合成材料的铺设应平顺，严禁出现扭结、断裂和撕破等现象，铺设时应拉紧，两端埋入土体部分应成波纹状；土工织物与刚性结构连接时，应有一定伸缩量。

(5) 在坡面上铺设土工合成材料时，应自上而下铺设并就地连接；土工材料应紧贴坡面保护层，不宜拉得过紧。

三、暗沟、暗管

（一）设置

暗沟、暗管可用于排除泉水或集中的地下水流。暗沟、暗管沟底的纵坡不宜小于1%，出水口处应加大纵坡，并应高出地表排水沟常水位0.2 m以上。

暗沟示意图如图1-3-1所示。

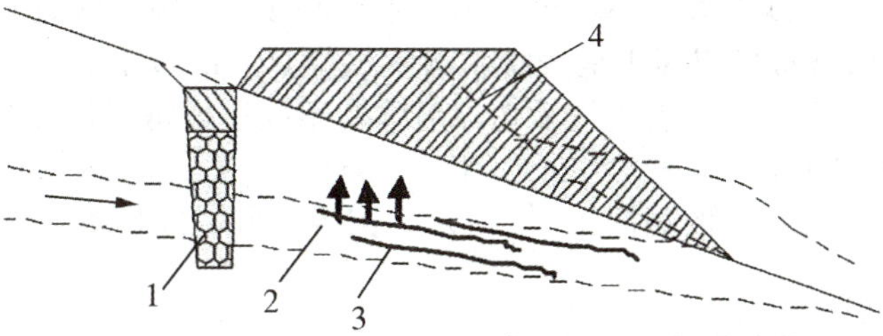

1—暗沟；2—层间水；3—毛细水；4—可能滑坡线。

图1-3-1 暗沟示意图

（二）施工规定

(1) 沟底应埋入不透水层内，沟壁最低一排渗水孔应高出沟底200 mm以上。进口应采取截水措施。

(2) 暗沟、暗管设在路基侧面时，宜沿路线方向布置。

(3) 暗沟、暗管设在低洼地带或天然沟谷时，宜沿沟谷走向布置。

(4) 寒冷地区的暗沟应做好防冻保温处理，出水口坡度宜不小于5%。

(5) 暗沟采用混凝土或浆砌片石砌筑时，在沟壁与含水层接触面应设置一排或多排向沟中倾斜的渗水孔，沟壁外侧应填筑粗粒透水性材料或土工合成材料形成反滤层。沿沟槽底每隔10～15 m或在软、硬岩层分界处应设置沉降缝和伸缩缝。

(6) 暗沟顶面应设置混凝土盖板或石料盖板，板顶上填土厚度应不小于500 mm。

(7) 暗管宜使用钢筋混凝土圆管、聚氯乙烯（PVC）管、钢波纹管等材料，在管壁与含水层接触面应设置渗水孔，沟壁外侧应填筑粗粒透水性材料或设置土工合成材料形成反滤层。

(8) 暗沟、暗管及检查井应采用透水性材料分层回填，层厚宜不大于150 mm，材料粒径宜不大于50 mm。

四、渗沟

（一）设置

有地下水出露的挖方路基、斜坡路堤、路基填挖交界结合部以及地下水位埋深小于0.5 m的低路堤等路段，应设置排水渗沟。

渗沟类型应根据地下水赋存条件、渗流量、使用部位及排水距离等确定。渗沟类型及其适用条件见表1-3-1，渗沟横断面尺寸应按地下水渗流量计算确定。

表 1-3-1 渗沟类型及其适用条件

渗沟类型	适用条件
填石渗沟、无砂混凝土渗沟	可用于地下水流量不大、排水距离较短的地段
管式渗沟	可用于地下水流量较大、地下水位埋藏浅、地下排水距离较长的地段
洞式渗沟	可用于地下水流量大、埋藏深的地段

渗沟构造应满足下列规定。

(1) 填石式渗沟、无砂混凝土渗沟最小纵坡不宜小于 1.0%，管式及洞式渗沟最小纵坡不宜小于 0.5%。渗沟出水口应高出地表排水沟常水位 0.2 m 以上。

(2) 边坡渗沟、支撑渗沟应垂直嵌入边坡坡体，根据边坡情况可按条带形、分岔形或拱形布设，间距宜为 6～10 m。

边坡渗沟布置和构造示意图如图 1-3-2 所示，图中 1∶m 为坡度系数。

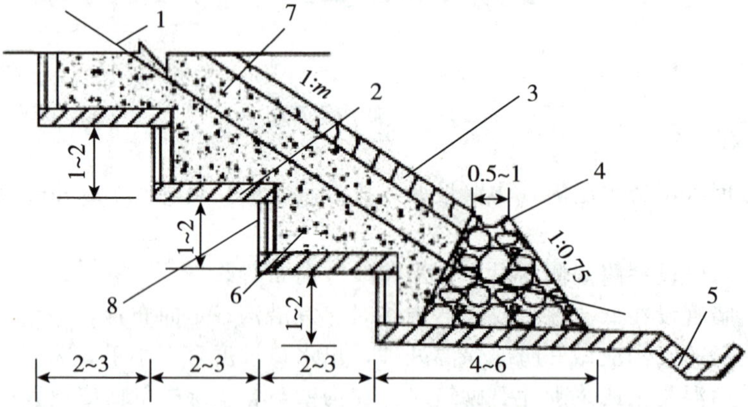

1—干湿土层分界线；2—浆砌片石铺砌；3—干砌片石覆盖；4—干砌片石垛；5—边沟；6—沟内回填粗粒料；7—上部回填细粒料；8—反滤织物或反滤层。

图 1-3-2 边坡渗沟布置和构造示意图（单位：m）

（二）施工规定

(1) 渗沟应设置排水层、反滤层和封闭层。

(2) 渗水材料应采用洁净的砂砾、粗砂、碎石、片石，其中粒径小于 2 mm 的颗粒含量不得大于 5%。渗沟沟壁反滤层应采用透水土工织物或中粗砂，渗水管可选用带孔的高性能聚乙烯（HPPE）管、PVC 管、聚乙烯（PE）管、软式透水管、无砂混凝土管等。

(3) 渗沟宜从下游向上游分段开挖，开挖作业面应根据土质选用合理的支撑形式，并应边挖边支撑，渗水材料应及时回填。

(4) 渗水材料的顶面不得低于原地下水位。当用于排除层间水时，渗沟底部应埋置在最下面的不透水层。在冰冻地区，渗沟埋置深度不得小于当地最小冻结深度，渗沟出口应进行防冻处理。

(5) 渗沟基底应埋入不透水层内不小于 0.5 m，沟壁的一侧应设反滤层汇集水流，另一侧用黏土夯实或浆砌片石拦截水流。渗沟沟底不能埋入不透水层时，两侧沟壁均应设置反滤层。

(6) 粒料反滤层应分层填筑。坑壁土质为黏质土、粉砂、细砂，采用无砂混凝土板做反滤层时，在无砂混凝土板的外侧，应加设 100～150 mm 厚的中粗砂或渗水土工织物。

（7）渗沟顶部封闭层宜采用干砌片石水泥砂浆勾缝或浆砌片石等，寒冷地区应设保温层，并加大出水口附近纵坡。保温层可采用炉渣、砂砾、碎石或草皮等。

（8）路基基底的填石渗沟，应采用水稳性好的石料，其饱水抗压强度应不小于 30 MPa，粒径应为 100～300 mm。

（9）管式渗沟宜间隔一定距离设置疏通井和横向泄水管，分段排除地下水。渗水孔应在管壁上交错布置，间距宜不大于 200 mm。

（10）洞式渗沟顶部应设置封闭层，厚度应不小于 500 mm。

（11）边坡渗沟的基底应设置在潮湿土层以下的干燥地层内，阶梯式泄水坡坡度宜为 2%～4%，基底应铺砌防渗层，沟壁应设反滤层，其余部分用透水性材料填充。

（12）支撑渗沟的基底埋入滑动面以下宜不小于 500 mm，排水坡度宜为 2%～4%。当滑动面相对平缓时，可做成台阶式支撑渗沟，台阶宽度宜不小于 2 m。渗沟侧壁及顶面宜设反滤层。出水口宜设置端墙。端墙内的出水口底高程，应高于地表排水沟常水位 200 mm 以上，寒冷地区宜不小于 500 mm。承接渗沟排水的排水沟应进行加固。

五、仰斜式排水孔

（一）设置

仰斜式排水孔可用于引排边坡内的地下水。仰斜式排水孔长度应伸至地下水富集部位或潜在滑动面，并宜根据边坡渗水情况成群分布。

仰斜式排水孔示意图如图 1-3-3 所示，图中 1∶*m* 为坡度系数。

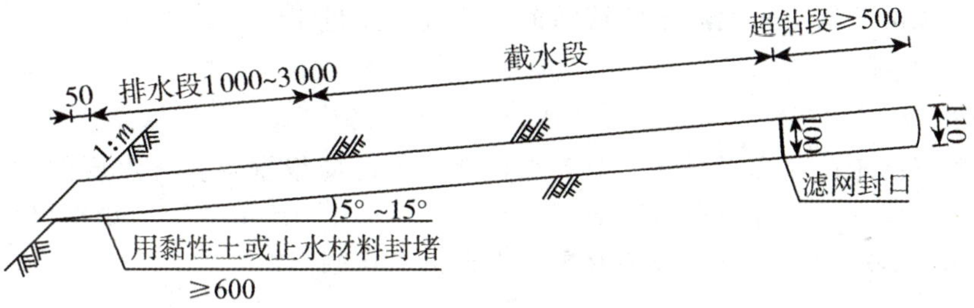

图 1-3-3　仰斜式排水孔示意图（单位：mm）

（二）施工规定

（1）钻孔成孔直径宜为 75～150 mm，仰角宜不小于 6°，孔深应伸至富水部位或潜在滑动面。

（2）排水管直径宜为 50～100 mm，渗水孔宜梅花形排列，渗水段及渗水管端头宜裹 1～2 层透水无纺土工布。

（3）排水管安装就位后，应采用不透水材料堵塞钻孔与渗水管出水口段之间的间隙，长度宜不小于 600 mm。

六、渗井

（一）设置

渗井可用于拦截、引排有固定含水层的深层地下水，以及排除下挖式通道的地表水。用于拦截和引排地下水的渗井，宜成井群布设，并与排水隧洞等排水设施配合使用。

渗井结构与布置示意图如图 1-3-4 所示。

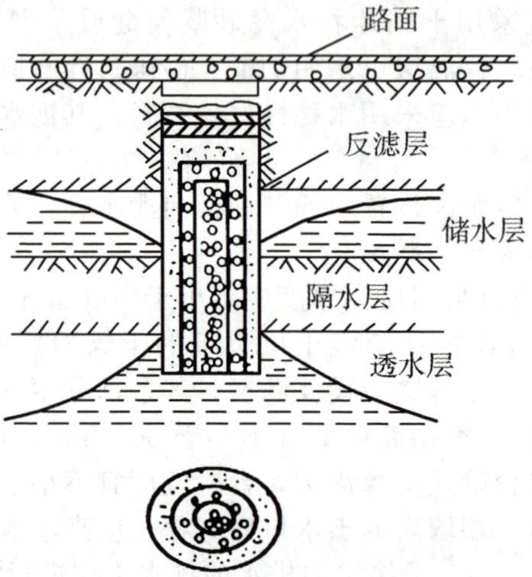

图 1-3-4　渗井结构与布置示意图

（二）施工规定

（1）渗井应边开挖边支撑，并应采取照明、通风、排水措施。

（2）填充料应在开挖完成后及时回填。不同区域的填充料应采用单一粒径分层填筑，小于 2 mm 的颗粒含量不得大于 5%。透水层范围宜填碎石或卵石，不透水范围宜填粗砂或砾石。井壁与填充料之间应设反滤层，填充料与反滤层应分层同步施工。

（3）渗井顶部四周应采用黏土填筑围护，并应加盖封闭。

七、排水隧洞

（一）设置

排水隧洞可用于截断和引排深层地下水，埋设深度应根据主要含水层的埋藏深度确定，并应埋入稳定地层内，顶部应在滑动面（带）以下不小于 0.5 m。对滑动面以上的其他含水层，宜采用在渗水隧洞顶上设置渗井或渗管等将水引入洞内。

（二）施工规定

（1）施工前应做好现场地质、水文等情况调查和图纸核对，并应编制专项方案。

（2）施工过程中应做好监控量测工作，围岩级别与设计不符时应及时反馈处理。

（3）施工应符合现行《公路隧道施工技术规范》（JTG/T 3660—2020）的有关规定。

八、检查井、疏通井

（一）设置

深而长的暗沟（管）、渗沟及渗水隧洞，在直线段每隔一定距离及平面转弯、纵坡变坡点等处，宜设置检查井、疏通井。

（二）施工规定

（1）检查井内应设检查梯，井口应设井盖。

（2）检查井兼作渗井时，井壁应设置反滤层。

实战演练

［2023 真题 · 单选］用于疏干潮湿边坡和引排边坡上局部出露的上层滞水，并起支撑边坡作用的排水设施是（　　）。

A. 支撑渗沟　　　　B. 仰斜式排水孔

C. 急流槽　　　　D. 边坡渗沟

[解析] 边坡渗沟用于疏干潮湿边坡和引排边坡上局部出露的上层滞水或泉水，并起支撑边坡作用。

[答案] D

[2024 真题 · 多选] 当地下水埋藏较深或存在固定含水层时，可采用（ ）。

A. 仰斜式排水孔
B. 渗井
C. 排水垫层
D. 渗沟
E. 排水隧洞

[解析] 当地下水埋藏较深或存在固定含水层时，可采用仰斜式排水孔、渗井、排水隧洞等。

[答案] ABE

知识点 2 路基地面水排水设置与施工

路基地面水排水设施包括边沟、截水沟、排水沟、跌水与急流槽、蒸发池、油水分离池、排水泵站等，应结合地形和天然水系进行布设，并做好进出口的位置选择和处理，防止产生堵塞、溢流、渗漏、淤积、冲刷和冻结。

根据《公路路基施工技术规范》（JTG/T 3610—2019），地表排水设施与施工规定见表 1-3-2 所示。

表 1-3-2 地表排水设施与施工规定

排水设施	施工规定
边沟（图 1-3-5）	(1) 设于挖方地段的边坡坡脚和填土高度应小于边沟深度的填方边坡坡脚； (2) 沟底纵坡应衔接平顺； (3) 沟底纵坡宜与路线纵坡一致，并不宜小于 0.3%；困难情况下，可减小至 0.1%
截水沟（图 1-3-6）	(1) 截水沟应设于挖方路基边坡坡顶以外或山坡路堤的上方； (2) 截水沟应先行施工，与其他排水设施衔接时应平顺，纵坡宜不小于 0.3%； (3) 不良地质路段、土质松软路段、透水性大或岩石裂隙多的路段的截水沟沟底、沟壁、出水口应进行防渗及加固处理
排水沟（图 1-3-7）	(1) 排水沟应设于坡面截水沟的两端或较低一端； (2) 排水沟线形应平顺，转弯处宜为弧线形； (3) 排水沟的出水口应设置跌水或急流槽，水流应引出路基或引入排水系统
急流槽	(1) 急流槽应设于水位落差较大的排水沟渠连接部位或出水口等处； (2) 基础应嵌入稳固的基面内，底面应按设计要求砌筑抗滑平台或凸榫；对超挖、局部坑洞，应采用相同材料与急流槽同时施工； (3) 浆砌片石砌体应砂浆饱满，砌缝应不大于 40 mm，槽底表面应粗糙； (4) 急流槽应分节砌筑，分节长度宜为 5～10 m，接头处应采用防水材料填缝；混凝土预制块急流槽，分节长度宜为 2.5～5 m，接头应采用榫接； (5) 急流槽进水口的喇叭形水簸箕应与排水设施衔接平顺，汇集路面水流的水簸箕底口不得高于接口的路肩表面

续表

排水设施	施工规定
跌水槽	（1）跌水槽应设于排水沟渠连接处或较长陡坡地段的沟渠； （2）跌水槽施工应符合上述急流槽施工的有关规定； （3）无消力池的跌水槽，其台阶高度应小于 600 mm，每个台阶高度与长度之比应与原地面坡度相协调； （4）消力池的基底应采取防渗措施
蒸发池	（1）蒸发池应设于排水困难路段； （2）蒸发池与路基之间的距离应满足路基稳定要求； （3）底面与侧面应采取防渗措施； （4）池底宜设 0.5%的横坡，入口处应与排水沟平顺连接； （5）蒸发池应远离村镇等人口密集区，四周应采用隔离栅进行围护，隔离栅高度应不低于 1.8 m，并设置警示牌
油水分离池	（1）污水进入油水分离池前应先通过格栅和沉砂池进行处理； （2）池底、池壁和隔板应采用浆砌片石或现浇混凝土进行加固

图 1-3-5　边沟

图 1-3-6　截水沟

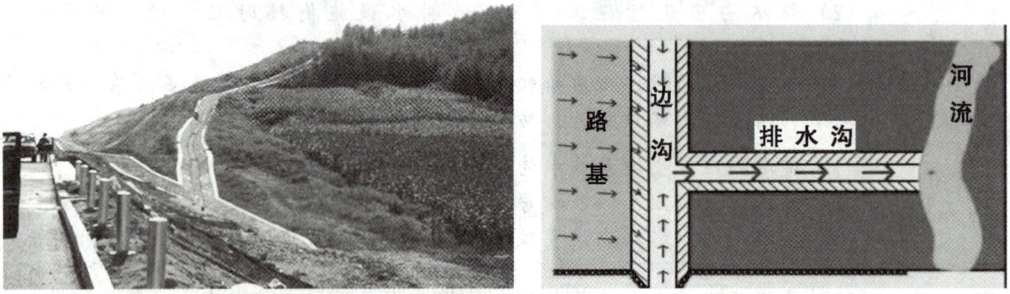

（a）排水沟实物图　　（b）排水沟示意图

图 1-3-7　排水沟

实战演练

［2020 真题・单选］ 路堑施工时，其路基地面排水设施包括边沟、截水沟、排水沟、急流槽、跌水等，一般应先施工的排水设施是（　　）。

A. 截水沟　　B. 边沟

C. 排水沟　　D. 跌水与急流槽

［解析］截水沟应先行施工，与其他排水设施衔接时应平顺。

［答案］A

第四节 路基工程质量通病及防治措施

知识点 1 路基压实质量问题防治

一、路基压实质量问题原因分析

（1）填料原因：填料含水率不符合规定，特别是超过最佳含水率 2 个百分点；填料粒径大于 100 mm，填料之间空隙过大；选用粉质土、有机土、高塑土等不符合要求的填料；土场土质种类多，出现异类土壤混填；路基填筑宽度不足。

（2）压实原因：压实遍数不合理；碾压不均匀，局部有漏压现象；压实机械选用不当，如质量偏小、与土质不匹配等；压实机械碾压不到边；路基边缘漏压或压实遍数不够。

（3）其他原因：没有对上一层表面浮土或松软层进行处治；施工期间的天气条件，如降雨、温度变化等，对压实质量产生影响。

二、路基压实质量问题防治措施

（1）优先选择级配良好的粗粒土作为路堤填料，填料的最小强度和最大粒径应符合规范要求。

（2）按照路基施工技术规范给出的范围，即在最佳含水率±2%时进行碾压。

（3）对填料进行翻开晾晒，待含水率合格后再进行碾压。

（4）应水平分层、分段填筑、分层压实；同一水平层应采用同一种填料，不得混合填筑。最大压实厚度≤300 mm，路床顶面最后一层厚度≥100 mm。

（5）控制碾压顺序，确保轮迹重叠宽度和段落搭接超压长度满足现行规范的规定；控制碾压工艺，保证机具碾压到边；确保压路机的碾压遍数符合相关规范要求。

知识点 2 路基边坡病害防治

一、路基边坡病害原因分析

（1）表层与下层之间形成隔水层，且岩层向路基倾斜。

（2）设计时未对地震、洪水、地下水位及天气进行充分考虑。

（3）排水设施布置不合理，导致路基顶面排水不畅；填筑路堤的填料透水性较差，未妥善处理。

（4）边坡上有灌溉渠道或水田，未进行适当处理；路基位于陡坡上。

（5）边坡植被被破坏或者过少；未设置边坡护道。

（6）路基基底压实度不足；填挖交界面未处理妥当。

（7）填土速率过快，未及时对施工沉降、侧向位移进行观测。

（8）进行换填土时，未彻底清淤；有软土存在且厚度不一。

（9）原地面坡度大于 12%的路段，没有采用纵向水平分层法施工。

二、路基边坡病害防治措施

（1）设计和建设完善的排水系统，包括截水沟、排水管、渗水井等。

（2）应保证坡面与坡体稳定，并应根据实际情况计算确定原支护结构的有效抗力。

（3）当填料透水性较差时，应做成 4%的双向横坡。

（4）当出现坡面冲刷、岩体碎落崩塌、边坡局部滑塌、滑坡等病害时，应及时采取相应的技术措施进行维修加固。

（5）采用锚杆、土钉墙、挡土墙、抗滑桩等加固措施，提高边坡的稳定性；对于软弱土层，可采用换填、注浆等方法增强土体强度。

（6）应根据边坡岩土体条件、病害类型及严重程度、地下水类型及埋藏深度、降水量、施工可行性，经比选后确定合理的养护技术。

知识点 3 高填方路基沉降防治

一、高填方路基沉降原因分析

（1）原地基处理不彻底，如未清除草根、树根等不良土壤，导致地基压实度不足，在荷载作用下，路基产生沉降变形。

（2）填料中含有过多的有机物、杂质或粒径分布不合理，导致压实效果差。

（3）填筑过程中未按规范要求进行压实，导致土体密实度不足。

（4）路基下部的地基土层承载力不足，无法承受高填方的荷载。

（5）填料的含水率过高或过低，影响压实效果。

（6）填筑层厚度过大、填筑速度过快或未按规定的顺序和方法进行施工；两侧超填宽度不够。

（7）路堤固结沉降。

（8）车辆荷载作用在路基上，增加了沉降风险。

二、高填方路基沉降防治措施

（1）清除地表不良土质，提高地表压实度。

（2）选择符合规范要求的填料，水稳性好、干密度大、承载能力高的砾石类土为宜。

（3）按照要求进行分层填筑，使用合适的压实设备和方法，确保每一层的密实度达到要求。

（4）合理确定路基填筑厚度，分层松铺厚度一般控制在 300 mm。高填方路堤两侧超填宽度一般控制为 300～500 mm，并逐层填压密实，然后削坡整形。

（5）在施工前对填料进行含水率测试。

（6）彻底清除填挖结合部的松散软弱土质，做好换土、排水和填前碾压工作。

（7）建立路基沉降监测系统，实时监测路基的沉降情况。

知识点 4 路基裂缝防治

一、路基裂缝原因分析

（1）地表横坡较陡或边坡坡率过陡。

（2）清表及水塘清淤不彻底，尤其软弱地基路段的处理方式不合理。

（3）未对膨胀土路堤路段进行妥善处理。

（4）新、旧路基结合部未挖台阶或台阶宽度不足。

（5）半填半挖路段未挖台阶。

（6）使用渗水性、水稳性差异较大的土石混合料时，采用了纵向分幅填筑。

（7）外部荷载作用在路基上，超过了土体的承载能力。

（8）温度变化引起土体的热胀冷缩。

（9）路基填料不符合要求，不同填料混合填筑。

（10）填筑层作业段的施工工艺不满足要求。

（11）路基顶部平整度或层厚不满足要求。

（12）涵洞基底沉降或涵背回填不满足要求。

二、路基裂缝防治措施

（1）地表横坡较陡时，应进行路基稳定性验算，严格控制路基边坡，杜绝亏坡。

（2）应认真调查现场并彻底清表。

（3）弱膨胀土可用作路堤填料，但必须经过改良，各项指标满足要求。

（4）半填半挖路段，地面横坡大于 1∶5 及旧路利用路段，应将原地面挖成宽度不小于 1.0 m 的台阶并压实。

（5）渗水性、水稳性差异较大的土石混合料应分层或分段填筑。

（6）路基填料禁止直接使用液限大于 50%、塑性指数大于 26 的土。

（7）不同种类的土应分层填筑，同一填筑层不得混合填筑。

（8）严格控制路基每一填筑层的标高、平整度，确保路基顶填筑层压实厚度不小于 80 mm。

（9）暗涵结构物施工时检查基底承载力，控制暗涵结构物沉降；涵背回填透水性材料，在场地狭窄时可用小型压路机压实，控制压实度使其符合规定。

第二章

路面工程

本章导学

本章主要介绍路面工程施工，包括路面基层（底基层）施工、沥青路面施工、水泥混凝土路面施工、中央分隔带及路肩施工，以及路面工程质量通病及防治措施。本章内容在最新考试大纲的基础上，根据《公路路面基层施工技术细则》（JTG/T F20—2015)、《公路沥青路面施工技术规范》(JTG F40—2004)、《公路水泥混凝土路面施工技术细则》（JTG/T F30—2014）等编写。其中，路面基层（底基层）施工、沥青路面施工、水泥混凝土路面施工属于重点内容，在考试中所占分值较大，是案例题目的高频考点，考生应当重点学习。

第一节　路面基层（底基层）施工

知识点 1　路面基层（底基层）用料要求

一、原材料要求

（一）一般规定

（1）在原材料试验评定中，应随机选取具有足够数量的样本进行材料试验。

（2）再生材料可用于低于原路结构层位或原路等级的公路建设，其技术指标应满足《公路路面基层施工技术细则》（JTG/T F20—2015）的相关要求。

（3）工业废弃物作为筑路材料使用前应进行环境评价，并满足国家相关规定。

（二）水泥及添加剂

（1）强度等级为 32.5 或 42.5，且满足《公路路面基层施工技术细则》（JTG/T F20—2015）要求的普通硅酸盐水泥等均可使用。

（2）所用水泥初凝时间应大于 3 h，终凝时间应大于 6 h 且小于 10 h。

（3）在水泥稳定材料中掺加缓凝剂或早强剂时，应对混合料进行试验验证。缓凝剂和早强剂的技术要求应符合现行《公路水泥混凝土路面施工技术细则》（JTG/T F30—2014）的规定。

（三）石灰

（1）石灰技术要求应符合表 2-1-1 和表 2-1-2 的规定。

表 2-1-1　生石灰技术要求

指标/%	钙质生石灰			镁质生石灰			试验方法
	Ⅰ	Ⅱ	Ⅲ	Ⅰ	Ⅱ	Ⅲ	
有效氧化钙加氧化镁含量	≥85	≥80	≥70	≥80	≥75	≥65	T 0813
未消化残渣含量	≤7	≤11	≤17	≤10	≤14	≤20	T 0815
钙镁石灰的分类界限，氧化镁含量	≤5			>5			T 0812

表 2-1-2　消石灰技术要求

指标/%		钙质消石灰			镁质消石灰			试验方法
		Ⅰ	Ⅱ	Ⅲ	Ⅰ	Ⅱ	Ⅲ	
有效氧化钙加氧化镁含量		≥65	≥60	≥55	≥60	≥55	≥50	T 0813
含水率		≤4	≤4	≤4	≤4	≤4	≤4	T 0801
细度	0.60 mm 方孔筛的筛余	0	≤1	≤1	0	≤1	≤1	T 0814
	0.15 mm 方孔筛的筛余	≤13	≤20	—	≤13	≤20	—	T 0814
钙镁石灰的分类界限，氧化镁含量		≤4			>4			T 0812

（2）高速公路和一级公路用石灰应不低于Ⅱ级技术要求，二级公路用石灰应不低于Ⅲ级技术要求，二级以下公路宜不低于Ⅲ级技术要求。

（3）高速公路和一级公路的基层，宜采用磨细消石灰。

（4）二级以下公路使用等外石灰时，有效氧化钙含量应在 20%以上，且混合料强度应满足要求。

（四）粉煤灰等工业废渣

（1）干排或湿排的硅铝粉煤灰和高钙粉煤灰等均可用作基层或底基层的结合料。粉煤灰技术要求应符合表 2-1-3 的规定。

表 2-1-3　粉煤灰技术要求

检测项目	技术要求	试验方法
SiO_2、Al_2O_3 和 Fe_2O_3 总含量/%	>70	T 0816
烧失量/%	≤20	T 0817
比表面积/（$cm^2 \cdot g^{-1}$）	>2 500	T 0820
0.3 mm 筛孔通过率/%	≥90	T 0818
0.075 mm 筛孔通过率/%	≥70	T 0818
湿粉煤灰含水率/%	≤35	T 0801

（2）各等级公路的底基层、二级及二级以下公路的基层使用的粉煤灰，通过率指标不满足表 2-1-3 要求时，应进行混合料强度试验，达到《公路路面基层施工技术细则》（JTG/T F20—2015）相关要求的强度指标时，方可使用。

（3）煤矸石、煤渣、高炉矿渣、钢渣及其他冶金矿渣等工业废渣可用于修筑基层或底基层，使用前应崩解稳定，且宜通过不同龄期条件下的强度和模量试验以及温度收缩和干湿收缩试验等评价混合料性能。

（4）水泥稳定煤矸石不宜用于高速公路和一级公路。

（5）工业废渣类材料作为集料使用时，最大公称粒径应不大于 31.5 mm，颗粒组成宜有一定级配，且不宜含杂质。

（五）水

（1）符合现行《生活饮用水卫生标准》（GB 5749—2022）的饮用水可直接作为基层、底基层材料拌和与养护用水。

（2）拌和使用的非饮用水应进行水质检验，技术要求应符合表 2-1-4 的规定。

表 2-1-4　非饮用水技术要求

项次	项目	技术要求	试验方法
1	pH 值	≥4.5	《混凝土用水标准》（JGJ 63—2006）
2	Cl^- 含量/（$mg \cdot L^{-1}$）	≤3 500	
3	SO_4^{2-} 含量/（$mg \cdot L^{-1}$）	≤2 700	
4	碱含量/（$mg \cdot L^{-1}$）	≤1 500	
5	可溶物含量/（$mg \cdot L^{-1}$）	≤10 000	
6	不溶物含量/（$mg \cdot L^{-1}$）	≤5 000	
7	其他杂质	不应有漂浮的油脂和泡沫及明显的颜色和异味	

（3）养护用水可不检验不溶物含量，其他指标应符合表 2-1-4 的规定。

（六）粗集料

（1）用作被稳定材料的粗集料宜采用各种硬质岩石或砾石加工成的碎石，也可直接采用天然砾石。粗集料应符合表 2-1-5 中Ⅰ类规定，用作级配碎石的粗集料应符合表 2-1-5 中Ⅱ类的规定。

表 2-1-5　粗集料技术要求

指标/%	层位	高速公路和一级公路				二级及二级以下公路		试验方法
		极重、特重交通		重、中、轻交通				
		Ⅰ类	Ⅱ类	Ⅰ类	Ⅱ类	Ⅰ类	Ⅱ类	
压碎值	基层	≤22[a]	≤22	≤26	≤26	≤35	≤30	T 0316
	底基层	≤30	≤26	≤30	≤26	≤40	≤35	
针片状颗粒含量	基层	≤18	≤18	≤22	≤18	—	≤20	T 0312
	底基层	—	≤20	—	≤20	—	≤20	
0.075 mm 以下粉尘含量	基层	≤1.2	≤1.2	≤2	≤2	—	—	T 0310
	底基层	—	—	—	—	—	—	
软石含量	基层	≤3	≤3	≤5	≤5	—	—	T 0320
	底基层	—	—	—	—	—	—	

注：[a]对花岗岩石料，压碎值可放宽至 25%。

（2）基层、底基层的粗集料规格要求宜符合表 2-1-6 的规定。

表 2-1-6　粗集料规格要求

规格名称	工程粒径/mm	通过下列筛孔（mm）的质量百分率/%									公称粒径/mm
		53	37.5	31.5	26.5	19.0	13.2	9.5	4.75	2.36	
G1	20～40	100	90～100	—	—	0～10	0～5	—	—	—	19～37.5
G2	20～30	—	100	90～100	—	0～10	0～5	—	—	—	19～31.5
G3	20～25	—	—	100	90～100	0～10	0～5	—	—	—	19～26.5
G4	15～25	—	—	100	90～100	—	0～10	0～5	—	—	13.2～26.5
G5	15～20	—	—	—	100	90～100	0～10	0～5	—	—	13.2～19
G6	10～30	—	100	90～100	—	—	—	0～10	0～5	—	9.5～31.5
G7	10～25	—	—	100	90～100	—	—	0～10	0～5	—	9.5～26.5
G8	10～20	—	—	—	100	90～100	—	0～10	0～5	—	9.5～19
G9	10～15	—	—	—	—	100	90～100	0～10	0～5	—	9.5～13.2
G10	5～15	—	—	—	—	100	90～100	40～70	0～10	0～5	4.75～13.2
G11	5～10	—	—	—	—	—	100	90～100	0～10	0～5	4.75～9.5

（3）高速公路和一级公路极重、特重交通荷载等级基层的 4.75 mm 以上粗集料应采用单一粒径的规格料。

（4）作为高速公路、一级公路底基层和二级及二级以下公路基层、底基层被稳定材料的天然砾石材料宜满足表 2-1-5 的要求，并应级配稳定、塑性指数不大于 9。

（5）应选择适当的碎石加工工艺，用于破碎的原石粒径应为破碎后碎石最大公称粒径的 3 倍以上。高速公路基层用碎石，应采用反击破碎的加工工艺。

（6）碎石加工中，根据筛网放置的倾斜角度和工程经验，应选择合理的筛孔尺寸。粒径尺寸与筛孔尺寸对应关系宜符合表 2-1-7 的规定。根据破碎方式和石质的不同，可适当调整筛孔尺寸，调整范围宜为 1～2 mm。

表 2-1-7 粒径尺寸与筛孔尺寸对应表

粒径尺寸/mm	4.75	9.5	13.2	16	19	26.5	31.5	37.5
筛孔尺寸/mm	5.5	11	15	18	22	31	36	43

(7) 用作级配碎石或砾石的粗集料应采用具有一定级配的硬质石料，且不应含有黏土块、有机物等。

(8) 级配碎石或砾石用作基层时，高速公路和一级公路最大公称粒径应不大于 26.5 mm，二级及二级以下公路最大公称粒径应不大于 31.5 mm；用作底基层时，最大公称粒径应不大于 37.5 mm。

(七) 细集料

(1) 细集料应洁净、干燥、无风化、无杂质，并有适当的颗粒级配。

(2) 高速公路和一级公路用细集料技术要求应符合表 2-1-8 的规定。

表 2-1-8 细集料技术要求

项目	水泥稳定[a]	石灰稳定	石灰粉煤灰综合稳定	水泥粉煤灰综合稳定	试验方法
颗粒分析	满足级配要求				T 0302/0327
塑性指数[b]	≤17	适宜范围 15～20	适宜范围 12～20	—	T 0118
有机质含量/%	<2	≤10	≤10	<2	T 0313/0336
硫酸盐含量/%	≤0.25	≤0.8	—	≤0.25	T 0341

注：[a] 水泥稳定包含水泥石灰综合稳定。

[b] 应测定 0.075 mm 以下材料的塑性指数。

(3) 细集料规格要求应符合表 2-1-9 的规定。

表 2-1-9 细集料规格要求

规格名称	工程粒径/mm	通过下列筛孔 (mm) 的质量百分率/%								公称粒径/mm
		9.5	4.75	2.36	1.18	0.6	0.3	0.15	0.075	
XG1	3～5	100	90～100	0～15	0～5	—	—	—	—	2.36～4.75
XG2	0～3	—	100	90～100	—	—	—	—	0～15	0～2.36
XG3	0～5	100	90～100	—	—	—	—	—	0～20	0～4.75

(4) 对 0～3 mm 和 0～5 mm 的细集料应分别严格控制大于 2.36 mm 和 4.75 mm 的颗粒含量。对 3～5 mm 的细集料应严格控制小于 2.36 mm 的颗粒含量。

(5) 高速公路和一级公路，细集料中小于 0.075 mm 的颗粒含量应不大于 15%；二级及二级以下公路，细集料中小于 0.075 mm 的颗粒含量应不大于 20%。

(6) 级配碎石或砾石中的细集料可使用细筛余料，或专门轧制的细碎石集料。

(7) 天然砾石或粗砂作为细集料时，其颗粒尺寸应满足工程需要，且级配稳定，超尺寸颗粒含量超过《公路路面基层施工技术细则》(JTG/T F20—2015) 或实际工程的规定时应筛除。

(八) 材料分档与掺配

(1) 材料分档应符合表 2-1-10 的规定。

表 2-1-10　材料分档要求

层位	高速公路和一级公路		二级及二级以下公路
	极重、特重交通	重、中、轻交通	
基层	≥5	≥4	≥3 或 4[a]
底基层	≥4	≥3 或 4[a]	≥3

注：[a]对一般工程可选择不少于 3 档备料，对极重、特重交通荷载等级且强度要求较高的工程，为了保证级配的稳定，宜选择不少于 4 档备料。

(2) 最大公称粒径为 19 mm、26.5 mm 和 31.5 mm 的无机结合料稳定碎石或砾石的备料规格宜符合表 2-1-11 的规定。

表 2-1-11　不同粒径混合料的备料规格

最大公称粒径/mm	类型	1 档	2 档	3 档	4 档	5 档	6 档
19	3 档备料	XG3	G11	G8	—	—	—
	4 档备料Ⅰ	XG2	XG1	G11	G8	—	—
	4 档备料Ⅱ	XG3	G11	G9	G5	—	—
	4 档备料Ⅲ[a]	XG3 (1)	XG3 (2)	G11	G8	—	—
	5 档备料Ⅰ	XG2	XG1	G11	G9	G5	—
	5 档备料Ⅱ[a]	XG3 (1)	XG3 (2)	G11	G9	G5	—
26.5	4 档备料	XG3	G11	G8	G3	—	—
	5 档备料Ⅰ	XG3	G11	G9	G5	G3	—
	5 档备料Ⅱ	XG2	XG1	G11	G8	G3	—
	5 档备料Ⅲ[a]	XG3 (1)	XG3 (2)	G11	G8	G3	—
	6 档备料Ⅰ	XG2	XG1	G11	G9	G5	G3
	6 档备料Ⅱ[a]	XG3 (1)	XG3 (2)	G11	G9	G5	G3
31.5	4 档备料	XG3	G11	G8	G2	—	—
	5 档备料Ⅰ	XG3	G11	G9	G5	G2	—
	5 档备料Ⅱ	XG3	G11	G9	G4	G2	—
	5 档备料Ⅲ[a]	XG3 (1)	XG3 (2)	G11	G8	G2	—
	6 档备料Ⅰ	XG2	XG1	G11	G9	G5	G2
	6 档备料Ⅱ[a]	XG3 (1)	XG3 (2)	G11	G9	G5	G2

注：[a]表中 XG3 (1) 和 XG3 (2) 为两种不同级配规律的 0～5 mm 的细集料。

(3) 用于二级及二级以上公路基层和底基层的级配碎石或砾石，应由不少于 4 种规格的材料掺配而成。

(4) 天然材料用于高速公路和一级公路的基层时，应筛分成表 2-1-6 中规定的规格，并按表 2-1-11 中的备料规格进行掺配。天然材料的规格不满足设计级配的要求时，可掺配一定比例的碎石或轧碎砾石。

(5) 级配碎石或砾石类材料中宜掺加石屑、粗砂等材料。

(6) 级配碎石或砾石细集料的塑性指数应不大于 12。不满足要求时，可加石灰、无塑性的砂或石屑掺配处理。

二、混合料组成设计

(一) 一般规定

(1) 混合料组成设计应按设计要求，选择技术经济合理的混合料类型和配合比。

(2) 应根据公路等级、交通荷载等级、结构形式、材料类型等因素确定材料技术要求。

(3) 无机结合料稳定材料组成设计应包括原材料检验、目标配合比设计、生产配合比设计和施工参数确定 4 个部分。

无机结合料稳定材料组成设计流程如图 2-1-1 所示。

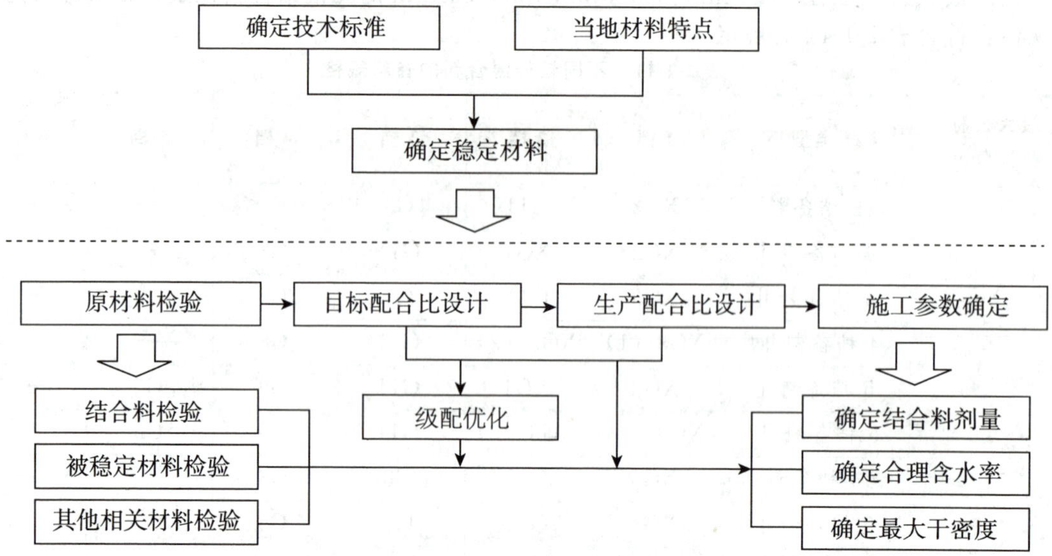

图 2-1-1　无机结合料稳定材料组成设计流程

(4) 原材料检验应包括结合料、被稳定材料及其他相关材料的检验。所有检验指标均应满足相关设计标准或技术文件的要求。

(5) 目标配合比设计和生产配合比设计包括的技术内容见表 2-1-12。

表 2-1-12　目标配合比设计和生产配合比设计包括的技术内容

目标配合比设计	生产配合比设计
①选择级配范围； ②确定结合料类型及掺配比例； ③验证混合料相关的设计及施工技术指标	①确定料仓供料比例； ②确定水泥稳定材料的容许延迟时间； ③确定结合料剂量的标定曲线； ④确定混合料的最佳含水率、最大干密度

(6) 施工参数确定应包括下列技术内容。

①确定施工中结合料的剂量。

②确定施工合理含水率及最大干密度。

③验证混合料强度技术指标。

(7) 确定无机结合料稳定材料最大干密度指标时宜采用重型击实方法，也可采用振动压实方法。

(8) 应根据当地材料的特点和混合料设计要求，通过配合比设计选择最优的工程级配。

(9) 用于基层的无机结合料稳定材料，强度满足要求时，尚宜检验其抗冲刷和抗裂性能。

➢ **知识拓展：** 强度是无机结合料稳定材料重要的技术指标，但并不意味着强度满足要求就可以用于基层。无机结合料稳定细粒材料，如水泥稳定土、水泥稳定石屑，强度可以满足技术要求，但是抗冲刷性和抗裂性不足，并不适用于基层。

(10) 在施工过程中，材料品质或规格发生变化、结合料品种发生变化时，应重新进行材料组成设计。

● 点拨

无机结合料稳定基层原材料的技术要求是重点内容，尤其是组成设计流程图及各阶段包含的具体内容，需要重点掌握。

(二) 强度要求

(1) 无机结合料稳定材料应满足《公路路面基层施工技术细则》(JTG/T F20—2015) 规定的强度要求。

(2) 应采用7 d龄期无侧限抗压强度作为无机结合料稳定材料施工质量控制的主要指标。

(3) 高速公路和一级公路应验证所用材料的7 d龄期无侧限抗压强度与90 d或180 d龄期弯拉强度的关系。

三、填隙碎石

(1) 填隙碎石用作基层时，骨料的最大公称粒径应不大于53 mm；用作底基层时，应不大于63 mm。

(2) 用作基层时骨料的压碎值应不大于26%，用作底基层时应不大于30%。骨料中针片状颗粒和软弱颗粒的含量应不大于15%。

(3) 骨料可用具有一定强度的各种岩石或漂石轧制，宜采用石灰岩。采用漂石时，其粒径应大于骨料最大公称粒径的3倍。

(4) 骨料也可以用稳定的矿渣轧制。矿渣的干密度和质量应均匀，且干密度应不小于960 kg/m^3。

(5) 填隙碎石用骨料的颗粒组成应符合表2-1-13的规定。

表2-1-13　填隙碎石用骨料的颗粒组成

项次	工程粒径/mm	通过下列筛孔(mm)的质量百分率/%							
		63	53	37.5	31.5	26.5	19	16	9.5
1	30～60	100	25～60	—	0～15	—	0～5	—	—
2	25～50	—	100	—	25～50	0～15	—	0～5	—
3	20～40	—	—	100	35～37	—	0～15	—	0～5

(6) 采用表2-1-13中的1号骨料时，填隙料的最大公称粒径宜为9.5 mm，2、3号骨料的填隙料可采用表2-1-14中的级配。

表2-1-14　填隙料的颗粒组成

筛孔尺寸/mm	9.5	4.75	2.36	0.6	0.075
通过质量百分率/%	100	85～100	50～70	30～50	0～10
塑性指数	<6				

(7) 填隙料宜采用石屑，缺乏石屑地区，可添加细砾砂或粗砂等细集料。

实战演练

[2023 真题·单选] 二级以下公路无机结合料稳定基层使用等外石灰时，有效氧化钙含量在 20%以上，且（　　）应满足要求。

A. 石灰的未消化残渣含量　　B. 石灰的细度

C. 石灰的氧化镁含量　　D. 混合料强度

[解析] 二级以下公路无机结合料稳定基层使用等外石灰时，有效氧化钙含量在 20%以上，且混合料强度应满足要求。

[答案] D

[2021 真题·多选] 无机结合料稳定基层生产配合比设计应包括的技术内容有（　　）。

A. 确定料仓供料比例

B. 确定水泥稳定材料的容许延迟时间

C. 确定混合料的最佳含水率、最大干密度

D. 确定结合料类型及掺配比例

E. 确定结合料剂量的标定曲线

[解析] 生产配合比设计应包括下列技术内容：①确定料仓供料比例；②确定水泥稳定材料的容许延迟时间；③确定结合料剂量的标定曲线；④确定混合料的最佳含水率、最大干密度。

[答案] ABCE

[2024 真题·案例节选]

背景资料：

某施工单位承建长 10 km 的双向四车道高速公路沥青路面工程，所处路段横断面形式为半填半挖和路堑，当地年降水量为 650 mm。沥青路面结构示意图如图 2-1-2 所示，其中路面基层施工采用 42.5 强度等级的普通硅酸盐水泥，通过重型击实试验可知，水泥稳定级配碎石混合料的最大干密度为 2.35 g/cm^3，压实度标准采用 98%。

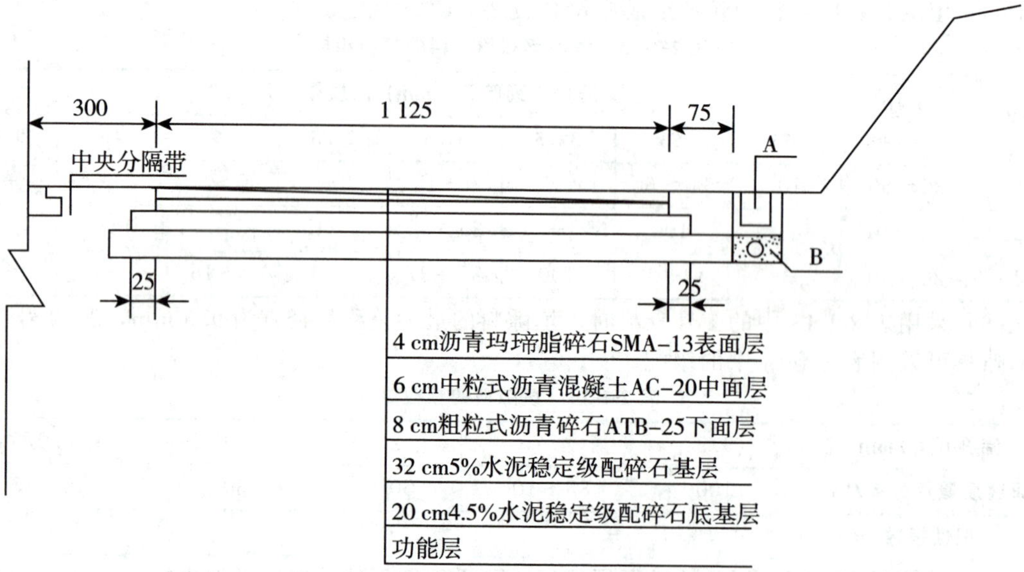

图 2-1-2　沥青路面结构示意图（单位：cm）

施工过程中发生以下事件。

事件一：施工单位对基层水泥稳定级配碎石材料的组成设计工作，依据《公路路面基层施工技术细则》（JTG/T F20—2015）进行生产配合比设计，包括的内容有确定料仓供料比例、确定混合料的最佳含水率、最大干密度。

……

［问题］

1. 写出图 2-1-2 中 A、B 构造物的名称。

2. 计算路面基层施工需要备料的水泥量。（单位：t；计算结果保留整数）

3. 补充事件一中生产配合比设计还应包含的其他两项技术内容。

［答案］

1. A——边沟；B——渗沟。

2. 路面基层水泥用量＝（11.25＋0.25＋0.25）×10 000×0.32×2×2.35×0.98/（1＋5%）×5%≈8 247（t）。

3. 生产配合比设计还应包含两项技术内容：确定水泥稳定材料的容许延迟时间；确定结合料剂量的标定曲线。

知识点 2　路面粒料基层（底基层）施工

粒料基层（底基层）是指在公路工程中，采用粒状材料（如碎石、砂砾石、石屑等）作为主要材料，利用一定的施工工艺铺设和压实形成的基层结构层。

一、常用粒料

根据来源，粒料可以分为天然粒料和人工粒料。

根据粒径，粒料可以分为粗粒料和细粒料。

根据结构特点，粒料可以分为嵌锁型粒料和级配型粒料。

（1）嵌锁型粒料以粗颗粒为主，颗粒间通过机械嵌锁作用形成稳定结构，包括泥结碎石、泥灰结碎石、填隙碎石等。

（2）级配型粒料由不同粒径的颗粒按一定比例混合而成，颗粒间通过密实填充形成稳定结构，包括天然砂砾混合料、级配碎石等。

二、施工规定

（一）填隙碎石

1. 一般规定

（1）填隙碎石可采用干法或湿法施工。干旱缺水地区宜采用干法施工。

（2）单层填隙碎石的压实厚度宜为最大公称粒径的 1.5～2.0 倍。

（3）填隙碎石施工时，应符合下列规定。

①填隙料应干燥。

②宜采用振动压路机碾压，碾压后，表面骨料间的空隙应填满，但表面应看得见骨料。填隙碎石层上为薄沥青面层时，宜使骨料的棱角外露 3～5 mm。

③碾压后基层的固体体积率宜不小于 85%，底基层的固体体积率宜不小于 83%。

④填隙碎石基层未洒透层沥青或未铺封层时，不得开放交通。

（4）填隙碎石施工前，应按有关规定准备下承层和施工放样。

（5）应根据各路段基层或底基层的宽度、厚度及松铺系数，计算各段需要的骨料数量，并应根据运料车辆的车厢体积，计算每车料的堆放距离。填隙料的用量宜为骨料质量的 30%～40%。

(6) 材料装车时，应控制每车料的数量基本相等。

(7) 应由远到近将骨料按计算的距离卸置于下承层上，应严格控制卸料距离。

(8) 用平地机或其他合适的机具将骨料均匀地摊铺在预定的范围内，表面应平整，并有规定的路拱。应同时摊铺路肩用料。

(9) 应检验松铺材料层的厚度，不满足要求时应减料或补料。

2. 填隙碎石干法施工

(1) 初压宜用两轮压路机碾压 3～4 遍，使骨料稳定就位，初压结束时，表面应平整，并具有规定的路拱和纵坡。

(2) 填隙料应采用石屑撒布机或类似的设备均匀地撒铺在已压稳的骨料层上，松铺厚度宜为 25～30 mm；必要时，可用人工或机械扫匀。

(3) 应采用振动压路机慢速碾压，将全部填隙料振入骨料间的空隙中。无振动压路机时，可采用重型振动板。路面两侧宜多压 2～3 遍。

(4) 再次撒布填隙料，松铺厚度宜为 20～25 mm，应用人工或机械扫匀。

(5) 同第 (3) 项，再次振动碾压；局部多余的填隙料应扫除。

(6) 碾压后，应对局部填隙料不足之处进行人工找补，并用振动压路机继续碾压，直到全部空隙被填满，应将局部多余的填隙料扫除。

(7) 填隙碎石表面空隙全部填满后，宜再用重型压路机碾压 1～2 遍。在碾压过程中，不应有任何蠕动现象。在碾压之前，宜在表面洒少量水，洒水量宜不少于 3 kg/m^2。

(8) 需分层铺筑时，应将已压成的填隙碎石层表面骨料外露 5～10 mm，然后在其上摊铺第二层骨料，并按第 (1) ～ (7) 项要求施工。

3. 填隙碎石湿法施工

(1) 开始工序应与填隙碎石干法施工的第 (1) ～ (7) 项要求相同。

(2) 骨料层表面空隙全部填满后，宜立即用洒水车洒水，直到饱和。

(3) 宜用重型压路机跟在洒水车后碾压。应将湿填隙料及时扫入出现的空隙中；必要时，宜再添加新的填隙料。

(4) 应洒水碾压至填隙料和水形成粉浆，粉浆应填塞全部空隙，并在压路机轮前形成微波纹状。

(5) 碾压完成的路段应让水分蒸发一段时间，结构层变干后，应将表面多余的细料以及细料覆盖层扫除干净。

(6) 需分层铺筑时，宜待结构层变干后，将已压成的填隙碎石层表面的填隙料扫除一些，使表面骨料外露 5～10 mm，然后在其上摊铺第二层骨料。

(二) 级配碎石、砾石

1. 施工技术要求

(1) 用平地机或其他合适的机具将材料均匀地摊铺在预定的宽度上，表面应平整，并具有规定的路拱。

(2) 采用不同粒级的碎石和石屑时，宜将大粒径碎石铺在下层，中粒径碎石铺在中层，小粒径碎石铺在上层，洒水使碎石湿润后，再摊铺石屑。

(3) 对未筛分碎石，摊铺平整后，应在其较潮湿的情况下，将石屑卸置其上，用平地机并辅以人工将石屑均匀摊铺在碎石层上。

(4) 检查材料层的松铺厚度，必要时，应进行减料或补料工作。

(5) 铺筑路基的同时摊铺路肩用料。

2. 级配碎石施工接缝处理要求

(1) 两作业段的衔接处应搭接拌和、整平和碾压。

（2）宜避免纵向接缝。在分两幅铺筑时，纵缝应搭接拌和、整平和碾压，搭接宽度宜不小于 300 mm。

3. 级配碎石人工摊铺及碾压施工要求

（1）用平地机按规定的路拱整平和整形。在整形过程中，应消除粗细集料离析。

（2）用拖拉机、平地机或轮胎压路机在已初平的路段上快速碾压一遍，再用平地机整平和整形。

实战演练

［2022 真题·多选］下列路面粒料基层中，属于嵌锁型的有（　　）。

A. 泥结碎石基层　　B. 级配碎石基层

C. 填隙碎石基层　　D. 泥灰结碎石基层

E. 级配砾石基层

［解析］嵌锁型粒料基层包括泥结碎石基层、泥灰结碎石基层、填隙碎石基层等。选项 B、E 均属于级配型粒料基层。

［答案］ACD

知识点 3 路面沥青稳定基层（底基层）施工

沥青稳定基层（底基层）通常被称为柔性基层（底基层）。这是因为沥青材料具有较好的柔性和弹性，能够承受交通荷载下的变形并恢复原状，从而减少路面开裂和损坏。沥青稳定基层（底基层）包括热拌沥青碎石、贯入式沥青碎石、乳化沥青碎石混合料基层（底基层）等。

根据《公路沥青路面施工技术规范》（JTG F40—2004），沥青稳定基层施工应符合以下规定。

（1）沥青面层施工前应对基层进行检查，基层质量不符合要求的不得铺筑沥青面层。

（2）新建沥青路面的基层按结构组合设计要求，选用沥青稳定碎石基层、沥青贯入式基层、级配碎石基层、级配砂砾基层等柔性基层；水泥稳定土或粒料、石灰与粉煤灰稳定土或粒料的半刚性基层；碾压式水泥混凝土、贫混凝土等刚性基层；以及上部使用柔性基层，下部使用半刚性基层的混合式基层。

（3）半刚性基层沥青路面的基层与沥青层宜在同一年内施工，以减少路面开裂。

（4）以旧沥青路面做基层时，应根据旧路面质量，确定对原有路面进行修补、铣刨、加铺罩面层等处理。旧沥青路面的整平应按高程控制铺筑，分层整平的单层最大厚度不宜超过 100 mm。

（5）以旧水泥混凝土路面做基层加铺沥青面层时，应根据旧路面质量，确定处治工艺，确认能满足基层要求后，方能加铺沥青层。

（6）旧路面处理后必须彻底清除浮灰，根据需要并做适当的铣刨处理，洒布粘层油，再铺筑新的结构层。

实战演练

［2024 真题·单选］下列路面结构，属于柔性基层的是（　　）。

A. 水泥稳定土　　B. 乳化沥青碎石

C. 碾压混凝土　　D. 石灰工业废渣稳定土

［解析］沥青稳定基层（底基层）又称柔性基层（底基层），包括热拌沥青碎石、贯入式沥青碎石、乳化沥青碎石混合料基层（底基层）等。

［答案］B

知识点 4 路面无机结合料稳定基层（底基层）施工

一、适用范围

无机结合料稳定基层（底基层）是用无机结合料与集料或土组成的混合料铺筑的、具有一定厚度的路面结构层。这类基层也称为半刚性基层，具有整体性好、强度高、刚度大、水稳定性好、经济效益佳等特点，是二级以上公路的主要基层类型。

按结合料种类和强度形成机理的不同，无机结合料基层分为水泥稳定类、石灰稳定类及工业废渣稳定类 3 种。

➢ **知识拓展：**（1）水泥稳定材料：以水泥为结合料，加水与被稳定材料共同拌和形成的混合料，包括水泥稳定级配碎石、水泥稳定级配砾石、水泥稳定石屑、水泥稳定土、水泥稳定砂等。

（2）石灰稳定材料：以石灰为结合料，加水与被稳定材料共同拌和形成的混合料，包括石灰碎石土、石灰土等。

（3）工业废渣稳定材料：以石灰或水泥为结合料，以煤渣、钢渣、矿渣等工业废渣为主要被稳定材料，加水拌和形成的混合料。

二、施工规定

（一）一般规定

根据公路等级的不同，宜按表 2-1-15 选择基层、底基层材料施工工艺措施。对于边角部位施工，混合料拌和方式应与主线相同，可采用推土机摊铺、平地机整平的人工方式摊铺，并与主线同步碾压成型。

表 2-1-15 施工工艺选择表

材料类型	公路等级	结构层位	拌和工艺		摊铺工艺	
			推荐	可选择	推荐	可选择
无机结合料稳定中、粗粒材料	二级及二级以上	基层	集中厂拌	—	摊铺机摊铺	—
无机结合料稳定细粒材料		底基层	集中厂拌	—	摊铺机摊铺	推土机摊铺，平地机整平
水泥稳定材料	二级以下	基层和底基层	集中厂拌	—	摊铺机摊铺	—
其他各种无机结合料稳定材料		基层和底基层	集中厂拌	人工路拌	摊铺机摊铺	推土机摊铺，平地机整平
级配碎石	二级及二级以上	基层和底基层	集中厂拌	—	摊铺机摊铺	—
	二级以下	基层和底基层	集中厂拌	人工路拌	摊铺机摊铺	推土机摊铺，平地机整平

稳定材料层宽 11～12 m 时，每一流水作业段长度以 500 m 为宜；稳定材料层宽大于 12 m 时，作业段宜相应缩短。宜综合考虑下列因素，合理确定每日施工作业段长度。

（1）施工机械和运输车辆的生产效率和数量。

（2）施工人员数量及操作熟练程度。

（3）施工季节和气候条件。

（4）水泥的初凝时间和延迟时间。

（5）减少施工接缝的数量。

对水泥稳定材料或水泥粉煤灰稳定材料，宜在 2 h 之内完成碾压成型，应取混合料的初凝时间与容许延迟时间较短的时间作为施工控制时间。

石灰稳定材料或石灰粉煤灰稳定材料层宜在当天碾压完成，最长不应超过 4 d。

无机结合料稳定材料在过分潮湿路段上施工时应采取措施，降低潮湿程度、消除积水。

➤ **知识拓展：**过分潮湿路段指路段湿度水平超过所用无机结合料稳定材料所适应的湿度水平的上限。

无机结合料稳定材料结构层施工应选择适宜的气候环境，针对当地气候变化制订相应的处置预案，并应符合下列规定。

（1）宜在气温较高的季节组织施工。无机结合料稳定材料施工期的日最低气温应在 5 ℃以上，在有冰冻的地区，应在第一次重冰冻到来的 15～30 d 之前完成施工。

（2）宜避免在雨季施工，且不应在雨天施工。

应将室内重型击实试验法确定的干密度作为压实度评价的标准密度。

无机结合料稳定材料的基层压实标准应符合表 2-1-16 的规定。

表 2-1-16　基层材料压实标准

公路等级		水泥稳定材料/%	石灰粉煤灰稳定材料/%	水泥粉煤灰稳定材料/%	石灰稳定材料/%
高速公路和一级公路		≥98	≥98	≥98	—
二级及二级以下公路	稳定中、粗粒材料	≥97	≥97	≥97	≥97
	稳定细粒材料	≥95	≥95	≥95	≥95

无机结合料稳定材料的底基层压实标准应符合表 2-1-17 的规定。

表 2-1-17　底基层材料压实标准

公路等级		水泥稳定材料/%	石灰粉煤灰稳定材料/%	水泥粉煤灰稳定材料/%	石灰稳定材料/%
高速公路和一级公路	稳定中、粗粒材料	≥97	≥97	≥97	≥97
	稳定细粒材料	≥95	≥95	≥95	≥95
二级及二级以下公路	稳定中、粗粒材料	≥95	≥95	≥95	≥95
	稳定细粒材料	≥93	≥93	≥93	≥93

对级配碎石材料，基层压实度应不小于 99%，底基层压实度应不小于 97%。高速公路和一级公路在极重、特重交通荷载等级下，基层和底基层的压实标准可提高 1～2 个百分点。

（二）混合料集中厂拌与运输

1. 混合料集中厂拌

（1）混合料的拌和能力与混合料摊铺能力应相匹配。

（2）拌合厂应安置在地势相对较高的位置，并做好排水设施。

（3）拌合厂场地应平整并具有足够的承载能力。高速公路和一级公路的拌合厂，场地应采用混凝土硬化，混凝土强度等级应不低于 C15，厚度应不小于 200 mm。

（4）工程所需的原材料严禁混杂，应分档隔仓堆放，并有明显的标志。

（5）细集料、水泥、石灰、粉煤灰等原材料应有覆盖。对高速公路和一级公路，上述材料严禁露天堆放，应放置于专门搭建的防雨棚内或库房内。

（6）对高速公路和一级公路，应采用专用稳定材料拌合设备拌制混合料。稳定细粒材料集中拌和时，土块应粉碎，最大尺寸应不大于15 mm。

(7) 无机结合料稳定中、粗粒材料的拌合生产设备应满足下列要求。

①对高速公路和一级公路，混合料拌合设备的产量宜大于500 t/h。

②拌合设备的料仓数目应与规定的备料档数相匹配，宜较规定的备料档数增加1个。

③各个料仓之间的挡板高度应不小于1 m。

④高速公路的基层施工时，每个料斗与料仓下面应安装称量精度达到±0.5%的电子秤。

(8) 装水泥的料仓应密闭、干燥，同时内部应装有破拱装置。对高速公路，水泥料仓应配备计重装置，不宜通过电机转速计量水泥的添加量。

(9) 气温高于30 ℃时，水泥进入拌缸温度宜不高于50 ℃；高于50 ℃时应采取降温措施。气温低于15 ℃时，水泥进入拌缸温度应不低于10 ℃。

(10) 加水量的计量应采用流量计的方式。对高速公路和一级公路，水的流量数值应在中央控制室的控制面板上显示。

(11) 在正式拌制混合料之前，应先调试所用的设备，使混合料的级配组成和含水率都达到配合比设计的规定要求。原材料的颗粒组成发生变化时，应重新调试设备。

(12) 在稳定中、粗粒材料生产过程中，应按配合比设计确定的材料规格及数量拌和。

(13) 高速公路基层的混合料拌和时，宜采用2次拌和的生产工艺，也可采用间歇式拌和生产工艺，拌和时间应不少于15 s。

(14) 在拌和过程中，应实时监测各个料仓的生产计量，对高速公路和一级公路，应每10 min打印各档料仓的使用量。某档材料的实际掺加量与设计要求值相差超过10%时，应立即停机检查原因，正常后方可继续生产。

➢ **知识拓展：**料仓包括结合料的料仓和加水仓。

2. 混合料运输

(1) 天气炎热或运距较远时，无机结合料稳定材料拌和时宜适当增加含水率。对稳定中、粗粒材料，混合料的含水率可高于最佳含水率0.5～1个百分点；对稳定细粒材料，含水率可高于最佳含水率1～2个百分点。

➢ **注意：**水泥稳定中、粗粒材料，对含水率的变化十分敏感，如控制不好，容易产生“弹簧”现象；同时，在后期的养护过程中容易产生干缩裂缝。因此，在施工期间需慎重调整含水率。

(2) 对高速公路和一级公路，应从拌合厂取料，每隔2 h测定一次含水率，每隔4 h测定一次结合料的剂量，并做好记录。

(3) 应根据工程量的大小和运距的长短，配备足够数量的混合料运输车。

(4) 混合料运输车装料前应清理干净车厢，不得存有杂物。

(5) 混合料运输车装好料后，应用篷布将厢体覆盖严密，直到摊铺机前准备卸料时方可打开。

➢ **注意：**有时由于运距较近，认为不必覆盖篷布。实际上在前场施工时经常会遇到各种原因造成的排队等候，导致混合料水分散失，因此，不论运距多远都要覆盖。

(6) 对高速公路和一级公路，水泥稳定材料从装车到运输至现场，时间宜不超过1 h，超过2 h时应作为废料处置。

(7) 对无机结合料稳定中、粗粒材料，在装料过程中应采取措施减小混合料的离析。

(三) 混合料人工拌和

混合料人工拌和工艺应包括现场准备、布料和拌和等流程。混合料人工拌和工艺流程如图2-1-3所示。

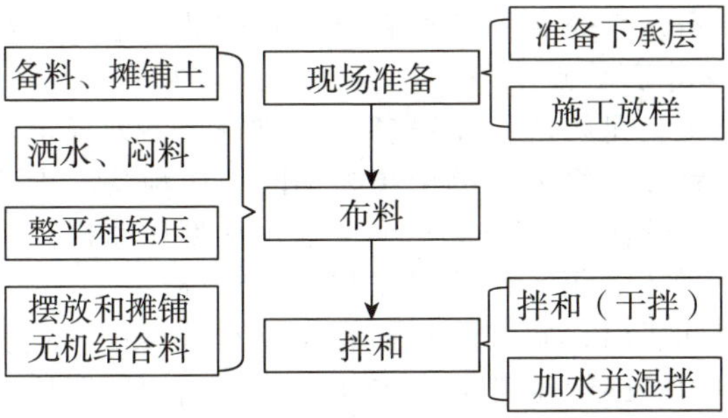

图 2-1-3　混合料人工拌和工艺流程

下承层为路基时，宜用 12～15 t 三轮压路机或等效的碾压机械碾压 3～4 遍，并应符合下列规定。

（1）在碾压过程中，发现表层松散时，宜适当洒水。

（2）发现“弹簧”现象时，宜采用挖开晾晒、换土、掺石灰或水泥等措施处理。

下承层为粒料底基层时，应检测弯沉值。不符合设计要求时，应根据具体情况，采取措施，使之达到《公路路面基层施工技术细则》（JTG/T F20—2015）规定的标准。

下承层为原路面时，应检查其材料是否符合底基层材料的技术要求；不符合要求时，应翻松原路面并采取必要的处理措施。

底基层或原路面上存在低洼和坑洞时，应填补及压实；对搓板和辙槽应刮除；对松散应耙松洒水并重新碾压，平整密实。

（四）摊铺机摊铺与碾压

1. 摊铺

（1）混合料摊铺应保证足够的厚度，碾压成型后每层的摊铺厚度宜不小于 160 mm，最大厚度宜不大于 200 mm。

（2）具有足够的摊铺能力和压实功率时，可增加碾压厚度，具体的摊铺厚度应根据试验结果确定。大厚度的摊铺施工，应增加相应的拌和能力。

（3）应在下承层施工质量检测合格后，开始摊铺上面结构层。采用两层连续摊铺时，下层质量出现问题时，上层应同时处理。

（4）下承层是稳定细粒材料时，宜先将下承层顶面拉毛或采用凸块式压路机碾压，再摊铺上层混合料；下承层是稳定中、粗粒材料时，应先将下承层清理干净，并洒铺水泥净浆，再摊铺上层混合料。

（5）应采用摊铺功率不低于 120 kW 的沥青混凝土摊铺机或稳定材料摊铺机摊铺混合料。

（6）采用两台摊铺机并排摊铺时，两台摊铺机的型号及磨损程度宜相同。在施工期间，两台摊铺机的前后间距宜不大于 10 m，且两个施工段面纵向应有 300～400 mm 的重叠。

（7）对无法使用机械摊铺的超宽路段，应采用人工同步摊铺、修整，并同时碾压成型。

（8）摊铺机前宜增设橡胶挡板，橡胶挡板底部距下承层距离宜不大于 100 mm。

（9）在摊铺机后面应设专人消除粗细集料离析现象，及时铲除局部粗集料堆积或离析的部位，并用新拌混合料填补。

（10）对高速公路和一级公路，在摊铺过程中宜设立纵向模板。

（11）二级以下公路没有摊铺机时，可采用摊铺箱摊铺混合料。

2. 碾压

（1）水泥稳定材料结构层施工时，应在混合料处于或略大于最佳含水率的状态下碾压。气候炎热干燥时，碾压时的含水率可比最佳含水率增加 0.5～1.5 个百分点。

(2) 石灰稳定材料和石灰粉煤灰稳定材料碾压时应处于最佳含水率或略大于最佳含水率状态，含水率宜增加1～2个百分点。

(3) 应根据施工情况配备足够的碾压设备，并应符合下列规定。

①双向四车道高速公路或一级公路的半幅摊铺时，应配备不少于4台重型压路机。

②双向六车道的半幅摊铺时，应配备不少于5台重型压路机。

(4) 应安排专人负责指挥碾压，严禁漏压和产生轮迹。

(5) 采用钢轮压路机初压时，宜采用双钢轮压路机稳压2～3遍，再用激振力大于35 t的重型振动压路机、18～21 t三轮压路机或25 t以上的轮胎压路机继续碾压密实，最后采用双钢轮压路机碾压，消除轮迹。

(6) 采用胶轮压路机初压时，应采用25 t以上的重胶轮压路机稳压1～2遍，错轮不超过1/3的轮迹带宽度，再采用重型振动压路机碾压密实，最后采用双钢轮压路机碾压，消除轮迹。

➤ **知识拓展：** 工程实践证明，这种碾压方式对厚度较大的稳定中、粗粒材料结构层具有良好的碾压效果，可以有效减少碾压过程中造成的施工离析。但是在后续的碾压过程中要注意消除轮迹。

(7) 对稳定细粒材料，在采用上述碾压工艺时，最后的碾压收面可采用凸块式压路机碾压。

(8) 在碾压过程中出现软弹现象时，应及时将该路段混合料挖出，重新换填新料碾压。

(9) 碾压成型后的表面应平整、无轮迹。

(10) 碾压过程中，压路机严禁随意停放，应停放在已碾压完成的路段。

3. 接缝处理

(1) 混合料摊铺时，应保持连续。对水泥稳定材料，因故中断时间大于2 h时，应设置横向接缝，并应符合下列规定。

①人工将末端含水率合适的混合料整齐，紧靠混合料末端放2根方木，方木的高度应与混合料的压实厚度相同，整平紧靠方木的混合料。

②方木的另一侧用砾石或碎石回填约3 m长，其高度应高出方木2～3 cm，并碾压密实。

③在重新开始摊铺混合料之前，应将砾石或碎石和方木除去，并将下承层顶面清扫干净。

④摊铺机应返回到已压实层的末端，重新开始摊铺混合料。

⑤摊铺中断大于2 h且未按上述方法处理横向接缝时，应将摊铺机附近及其下面未经压实的混合料铲除，并将已碾压密实且高程和平整度符合要求的末端挖成与路中心线垂直并垂直向下的断面，再摊铺新的混合料。

(2) 摊铺时宜避免纵向接缝，分两幅摊铺时，纵向接缝处应加强碾压。存在纵向接缝时，纵缝应垂直相接，严禁斜接，并应符合下列规定。

①在前一幅摊铺时，宜在靠中央的一侧用方木或钢模板做支撑，方木或钢模板的高度应与稳定材料层的压实厚度相同。

②应在摊铺另一幅之前拆除支撑。

(3) 碾压贫混凝土等强度较高的基层材料成型后可采用预切缝措施，应符合下列规定。

①预切缝的间距宜为8～15 m。

②宜在养护的3～5 d内切缝。

③切缝深度宜为基层厚度的1/2～1/3，切缝宽度约5 mm。

④切缝后应及时清理缝隙，并用热沥青填满。

（五）人工摊铺与碾压

（1）混合料拌和均匀后，应及时用平地机初步整形。

（2）在初平的路段上，应用拖拉机、平地机或轮胎压路机快速碾压一遍。

（3）整形前，对局部低洼处应用齿耙将其表层 50 mm 以上的材料耙松，并用新拌的混合料找平，再碾压一遍。

（4）应用平地机再整形一次，应将高处料直接刮出路外，严禁形成薄层贴补现象。

（5）反复整形，直至满足技术要求，每次整形都应达到规定的坡度和路拱。

（6）人工整形时，应用锹和耙先将混合料摊平，再用路拱板整形。用拖拉机初压 1～2 遍后，应根据实测松铺系数，确定纵横断面高程，并设置标记和挂线。

（7）在整形过程中，严禁任何车辆通行，并应保持无明显的粗细集料离析现象。

（8）应根据路宽、压路机的轮宽和轮距的不同，制订碾压方案，使各部分碾压到的次数尽量相同，路面的两侧宜多压 2～3 遍。

（9）整形后，混合料的含水率满足要求时，应立即对结构层进行全宽碾压。在直线段和不设超高的平曲线段，宜从两侧路肩向路中心碾压，且轮迹应重叠 1/2 轮宽，后轮应超过两段的接缝处。碾压次数宜为 6～8 遍。

（10）压路机前两遍的碾压速度宜为 1.5～1.7 km/h，以后宜为 2.0～2.5 km/h。

（11）采用人工摊铺和整形的稳定材料层，宜先用拖拉机或 6～8 t 两轮压路机或轮胎压路机碾压 1～2 遍，再用重型压路机碾压。

（12）严禁压路机在已完成的或正在碾压的路段上掉头或紧急制动。

（13）碾压过程中，无机结合料稳定材料的表面应始终保持湿润，水分蒸发过快时，宜及时补洒少量的水，严禁大量洒水。

（14）碾压过程中，有“弹簧”、松散、起皮等现象时，应及时翻开重新拌和或用其他方法处理。

（15）在碾压结束前，应用平地机终平一次，纵坡、路拱和超高应符合设计要求。终平时，应将局部高出部分刮除并扫出路外；对局部低洼之处，不再找补。

（16）碾压应达到要求的压实度，并没有明显的轮迹。

三、养护、交通管制、层间处理及其他

（一）一般规定

（1）无机结合料稳定材料层碾压完成并经压实度检查合格后，应及时养护。

（2）无机结合料稳定材料的养护期宜不少于 7 d，养护期宜延长至上层结构开始施工的前 2 d。

（3）养护可采取洒水养护、薄膜覆盖养护、土工布覆盖养护、铺设湿砂养护、草帘覆盖养护、洒铺乳化沥青养护等方式，宜结合工程实际情况选择适宜的方式。

（4）养护期间应封闭交通，除洒水车和小型通勤车辆外严禁其他车辆通行。

（5）无机结合稳定材料层过冬时应采取必要的保护措施。

（6）根据结构层位的不同和施工工序的要求，应选择适宜机械进行层间处理。

➢ **知识拓展：** 为了保证无机结合料稳定材料的质量，防止被冻坏，需要采取必要的处置措施。如合理安排基层施工时间，对直接暴露过冬的水泥稳定材料，其上需覆盖 100～200 mm 的砂土保护层等。

（二）养护方式

1. 洒水养护

洒水养护宜作为水泥稳定材料的基本养护方式，并应符合下列规定。

（1）每天洒水次数应视气候而定。高温期施工，宜上、下午各洒水 2 次。

（2）养护期间，稳定材料层表面应始终保持湿润。

（3）对于石灰稳定或石灰粉煤灰稳定材料层应注意表层情况，必要时，可用两轮压路机补充压实。

2. 薄膜覆盖养护

（1）混合料摊铺碾压成型后，可覆盖薄膜，薄膜厚度宜不小于 1 mm。

（2）薄膜之间应搭接完整，避免漏缝，薄膜覆盖后应用砂土等材料呈网格状堆填，局部薄膜破损时，应及时更换。

（3）养护至上层结构层施工前 1～2 d，方可将薄膜掀开。

（4）对蒸发量较大的地区或养护时间大于 15 d 的工程，在养护过程中应适当补水。

3. 土工布养护

（1）宜采用透水式土工布全断面覆盖，也可铺设防水土工布。

（2）铺设过程中应注意缝之间的搭接，不应留有间隙。

（3）铺设土工布后，应注意洒水，每天洒水次数应视气候而定。高温期施工，上、下午宜各洒水一次。

（4）养护至上层结构层施工前 1～2 d，方可将土工布掀开。

（5）在养护过程中应采取有效措施防止土工布破损。

4. 铺设湿砂养护

（1）砂层厚宜为 70～100 mm。

（2）砂铺匀后，宜立即洒水，并在整个养护期间保持砂的潮湿状态，不得用湿黏性土覆盖。

（3）养护结束后，应将覆盖物清除干净。

5. 草帘覆盖养护

（1）全断面铺设草帘。

（2）草帘铺设后应注意洒水，每天洒水的次数应视气候而定。高温期施工，上、下午宜各洒水一次，每次洒水应将草帘浸湿。

（3）必要时可采用土工布与草帘双层覆盖养护。

6. 洒铺乳化沥青养护

对沥青面层厚度大于 20 cm 的结构或二级及二级以下公路的无机结合料稳定材料的基层可采用洒铺乳化沥青方式养护，并应符合下列规定。

（1）表面干燥时，宜先喷洒少量水，再喷洒沥青乳液。

（2）采用稀释沥青时，宜待表面略干时再喷洒沥青。

（3）在用乳液养护前，应将基层清扫干净。

（4）沥青乳液的沥青用量宜采用 0.8～1.0 kg/m^2，分 2 次喷洒。

（5）第一次喷洒时，宜采用沥青含量约 35% 的慢裂沥青乳液，第二次宜喷洒浓度较大的沥青乳液。

（6）不能避免施工车辆通行时，应在乳液破乳后撒布粒径 4.75～9.5 mm 的小碎石，做成下封层。

（三）交通管制

正式施工前宜建好施工便道。对高速公路和一级公路，无施工便道，不应施工。无机结合料稳定材料养护期间，小型车辆和洒水车的行驶速度应小于 40 km/h。无机结合料稳定材料养护 7 d 后，施工需要通行重型货车时，应有专人指挥，按规定的车道行驶，且车速应不大于 30 km/h。级配碎石、级配砾石基层未做透层沥青或铺设封层前，严禁开放交通。

无法安排施工便道而需要车辆通行时，应符合下列规定。

（1）合理安排施工工序，保障 7～15 d 的养护期。

（2）宜在硬路肩或临时停车带的位置划出专门车道，专人指挥车辆通行。

（3）无机结合料稳定材料应适当提高早期强度。

（4）限定载重车辆的轴载，应不大于 13 t。

（四）无机结合料稳定材料层之间的处理

在上层结构施工前，应将下层养护用材料彻底清理干净。应采用人工、小型清扫车以及洒水冲刷的方式将下层表面的浮浆清理干净。下承层局部存在松散现象时，也应彻底清理干净。

下承层清理后应封闭交通。在上层施工前 1～2 h，宜撒布水泥或洒铺水泥净浆。可采用上下结构层连续摊铺施工的方式，每层施工应配备独立的摊铺和碾压设备，不得采用一套设备在上下结构层来回施工。稳定细粒材料结构层施工时，根据土质情况，最后一道碾压工艺可采用凸块式压路机碾压。

（五）无机结合料稳定材料基层与沥青面层之间的处理

在沥青面层施工前 1～2 d 内，应清理基层顶面。应彻底清除基层顶面养护期间的覆盖物。应采用人工清扫、小型清扫车、空压机以及洒水冲刷等方式将基层表面的浮浆清理干净，并应符合下列规定。

（1）基层表面达到无浮尘、无松动状态。

（2）清理出小坑槽时，不得用原有基层材料找补。

（3）清理出较大范围松散时，应重新评定基层质量，必要时宜返工处理。

在基层表面干燥的状态下，可洒铺透层油。透层油宜采用稀释沥青、煤沥青或乳化沥青，沥青洒铺量宜为 0.3～0.6 kg/m^2。透层油施工后严禁一切车辆通行，直至上层施工。下封层或粘层应在透层油挥发、破乳完成后施工，并封闭交通。

对极重、特重交通荷载等级或较薄的沥青面层，基层顶面应采用热洒沥青的方式加强层间结合，并应符合下列规定。

（1）根据工程情况，热洒沥青可采用普通沥青、改性沥青或橡胶沥青。对高速公路和一级公路的极重、特重交通荷载等级，或沥青面层厚度小于 150 mm 时，宜选择 SBS 改性沥青或橡胶沥青。

（2）普通沥青的洒铺量宜为 1.8～2.2 kg/m^2，SBS 改性沥青宜为 2.0～2.4 kg/m^2，橡胶沥青宜为 2.2～2.6 kg/m^2。

（3）沥青洒铺时应均匀，避免漏洒，纵向接缝应重叠 2/3 单一喷口的洒铺范围，横向接缝应齐整，不应重叠。

（4）撒布的碎石宜选择洁净、干燥、单一粒径的石灰岩石料，超粒径碎石含量应不大于 10%，粒径范围宜为 13.2～19 mm。

（5）碎石撒布前应通过拌合设备加热、除尘、筛分，碎石撒布到路面前的温度应不低于 80 ℃。

（6）碎石撒布量宜为满铺面积的 60%～70%，不得重叠。

（7）高速公路和一级公路，不宜采用同步碎石施工设备，应采用分离式的施工设备。

（8）沥青洒铺车的容量宜不少于 10 t，1 台沥青洒铺车应配备 2 台碎石撒布车。

（六）基层收缩裂缝的处理

基层在养护过程中出现裂缝，经过弯沉检测，结构层的承载能力满足设计要求时，可继续铺筑上面的沥青面层，也可采取下列措施处理裂缝。

（1）在裂缝位置灌缝。

(2) 在裂缝位置铺设玻璃纤维格栅。

(3) 洒铺热改性沥青。

➤ **知识拓展：** 灌缝时原则上不对裂缝扩缝。铺设玻璃纤维格栅与洒铺热改性沥青综合处治是当前处治裂缝向上反射的最佳措施，适用于基层裂缝比较严重的路段。

实战演练

[2018 真题 · 多选] 水泥稳定碎石基层施工，确定每日施工作业段长度，宜综合考虑的因素有（　　）。

A. 施工机械生产效率和数量

B. 施工人员数量及操作熟练程度

C. 增加施工接缝的数量

D. 施工季节和气候条件

E. 水泥的初凝时间和延迟时间

[解析] 稳定材料层宽 11～12 m 时，每一流水作业段长度以 500 m 为宜；稳定材料层宽大于 12 m 时，作业段宜相应缩短。宜综合考虑下列因素，合理确定每日施工作业段长度：①施工机械和运输车辆的生产效率和数量；②施工人员数量及操作熟练程度；③施工季节和气候条件；④水泥的初凝时间和延迟时间；⑤减少施工接缝的数量。

[答案] ABDE

第二节　沥青路面施工

知识点 1　沥青路面结构及类型

一、沥青路面结构

路面结构组合设计应针对各种路面结构组合的力学特性、功能特性及其长期性能衰变规律和损坏特点，遵循路基路面综合设计的理念，保证路面结构的安全、耐久和全寿命周期经济合理。

根据《公路沥青路面设计规范》(JTG D50—2017)，路面结构可由面层、基层、底基层和必要的功能层组合而成。面层采用不同材料分层铺筑时，可分为表面层、中面层和下面层。

二、沥青路面类型

(1) 沥青混凝土路面：面层用沥青混凝土混合料铺筑的路面。

(2) 沥青碎石路面：沥青面层各层均用沥青碎石混合料铺筑的路面。

(3) 沥青表面处治路面：用沥青和集料按层铺或拌和法施工，厚度不大于 3 cm 的一种薄层面层。其包括层铺法沥青表面处治路面，单层式、双层式、三层式沥青表面处治路面。

(4) 沥青贯入式路面：在初步压实的碎石（或破碎砾石）上，分层浇洒沥青、撒布嵌缝料，或再在上部铺筑热拌沥青混合料封层，经压实而成的沥青路面。

知识点 2　沥青路面施工准备

一、一般规定

(1) 沥青路面施工应根据全面质量管理的要求，建立健全有效的质量保证体系，对施工各工序的质量进行检查评定，达到规定的质量标准，确保施工质量的稳定性。

(2) 高速公路、一级公路沥青路面应加强施工过程质量控制，实行动态质量管理。

(3) 所有与工程建设有关的原始记录、试验检测及计算数据、汇总表格，必须如实记录和保存。对已经采取措施进行返工和补救的项目，可在原记录和数据上注明，但不得销毁。

二、施工前的材料与设备检查

施工前必须检查各种材料的来源和质量。对经招标程序购进的沥青、集料等重要材料，供货单位必须提交最新检测的正式试验报告。从国外进口的材料应提供该批材料的船运单。对首次使用的集料，应检查生产单位的生产条件、加工机械、覆盖层的清理情况。所有材料都应按规定取样检测，经质量认可后方可订货。

各种材料都必须在施工前以批为单位进行检查，不符合《公路沥青路面施工技术规范》(JTG F40—2004) 技术要求的材料不得进场。对各种矿料是以同一料源、同一次购入并运至生产现场的相同规格材料为一批；对沥青是指从同一来源、同一次购入且储入同一沥青罐的同一规格的沥青为一批。材料试样的取样数量与频度按现行试验规程的规定进行。

工程开始前，必须对材料的存放场地、防雨和排水措施进行确认，不符合《公路沥青路面施工技术规范》(JTG F40—2004) 要求时材料不得进场。进场的各种材料的来源、品种、质量应与招标及提供的样品一致，不符要求的材料严禁使用。

使用成品改性沥青的工程，应要求供应商提供所使用的改性剂型号、基质沥青的质量检测报告。使用现场改性沥青的工程，应对试生产的改性沥青进行检测。质量不合格的不可使用。

施工前应对沥青拌合楼、摊铺机、压路机等各种施工机械和设备进行调试，对机械设备的配套情况、技术性能、传感器计量精度等进行认真检查、标定，并得到监理的认可。

正式开工前，各种原材料的试验结果及据此进行的目标配合比设计和生产配合比设计结果，应在规定的期限内向业主及监理提出正式报告，待取得正式认可后，方可使用。

三、铺筑试验路段

高速公路和一级公路的沥青路面在施工前应铺筑试验段。其他等级公路在缺乏施工经验或初次使用重大设备时，也应铺筑试验段。当同一施工单位承包的工程在材料、机械设备及施工方法与其他工程完全相同时，也可利用其他工程的结果，不再铺筑新的试验路段。试验段的长度应根据试验目的确定，通常宜为 100～200 m，宜选在正线上铺筑。

热拌热铺沥青混合料路面试验段铺筑分试拌及试铺两个阶段，应包括下列试验内容。

(1) 检验各种施工机械的类型、数量及组合方式是否匹配。

(2) 通过试拌确定拌合机的操作工艺，考察计算机打印装置的可信度。

(3) 通过试铺确定透层油的喷洒方式和效果及摊铺、压实工艺，确定松铺系数等。

(4) 验证沥青混合料生产配合比设计，提出生产用的标准配合比和最佳沥青用量。

(5) 建立用钻孔法与核子密度仪无破损检测路面密度的对比关系。确定压实度的标准检测方法。核子仪等无破损检测在碾压成型后热态测定，取 13 个测点的平均值为一组数据，一个试验段不得少于 3 组。钻孔法在第 2 天或第 3 天以后测定，钻孔数不少于 12 个。

(6) 检测试验段的渗水系数。

试验段铺筑应由有关各方共同参加，及时商定有关事项，明确试验结论。铺筑结束后，施工单位应就各项试验内容提出完整的试验段施工、检测报告，取得业主或监理的批复。

知识点 3 沥青路面用料要求

一、一般规定

(1) 沥青路面使用的各种材料运至现场后必须取样进行质量检验，经评定合格后方可使用，不得以供应商提供的检测报告或商检报告代替现场检验。

（2）沥青路面集料的选择必须经过认真的料源调查，确定料源应尽可能就地取材。材料质量应符合使用要求，石料开采必须注意环境保护，防止破坏生态平衡。

（3）集料粒径规格以方孔筛为准。不同料源、品种、规格的集料不得混杂堆放。

二、道路石油沥青

（1）道路石油沥青的质量应符合技术要求。各个沥青等级的适用范围应符合表 2-2-1 的规定。经建设单位同意，沥青的 PI 值、60 ℃动力黏度，10 ℃延度可作为选择性指标。

表 2-2-1　道路石油沥青的适用范围

沥青等级	适用范围
A 级沥青	各个等级的公路，适用于任何场合和层次
B 级沥青	①高速公路、一级公路沥青下面层及以下的层次，二级及二级以下公路的各个层次； ②用作改性沥青、乳化沥青、改性乳化沥青、稀释沥青的基质沥青
C 级沥青	三级及三级以下公路的各个层次

（2）沥青路面采用的沥青标号，宜按照公路等级、气候条件、交通条件、路面类型及在结构层中的层位及受力特点、施工方法等，结合当地的使用经验，经技术论证后确定。

①对高速公路、一级公路，夏季温度高、高温持续时间长、重载交通、山区及丘陵区上坡路段、服务区、停车场等行车速度慢的路段，尤其是汽车荷载剪应力大的层次，宜采用稠度大、60 ℃动力黏度大的沥青，也可提高高温气候分区的温度水平选用沥青等级；对冬季寒冷的地区或交通量小的公路、旅游公路宜选用稠度小、低温延度大的沥青；对温度日温差、年温差大的地区宜注意选用针入度指数大的沥青。当高温要求与低温要求发生矛盾时应优先考虑满足高温性能的要求。

②当缺乏所需标号的沥青时，可采用不同标号掺配的调和沥青，其掺配比例由试验决定。

（3）沥青必须按品种、标号分开存放。除长期不使用的沥青可放在自然温度下存储外，沥青在储罐中的贮存温度不宜低于 130 ℃，并不得高于 170 ℃。桶装沥青应直立堆放，加盖苫布。

（4）道路石油沥青在贮运、使用及存放过程中应有良好的防水措施，避免雨水或加热管道蒸气进入沥青中。

三、乳化沥青

（1）乳化沥青适用于沥青表面处治路面、沥青贯入式路面、冷拌沥青混合料路面，修补裂缝，喷洒透层、粘层与封层等。乳化沥青的品种和适用范围宜符合表 2-2-2 的规定。

表 2-2-2　乳化沥青的品种及适用范围

分类	品种及代号	适用范围
阳离子乳化沥青	PC－1	表面处治、贯入式路面及下封层用
	PC－2	透层油及基层养护用
	PC－3	粘层油用
	BC－1	稀浆封层或冷拌沥青混合料用

续表

分类	品种及代号	适用范围
阴离子乳化沥青	PA－1	表面处治、贯入式路面及下封层用
	PA－2	透层油及基层养护用
	PA－3	粘层油用
	BA－1	稀浆封层或冷拌沥青混合料用
非离子乳化沥青	PN－2	透层油用
	BN－1	与水泥稳定集料同时使用（基层路拌或再生）

（2）在高温条件下宜采用黏度较大的乳化沥青，寒冷条件下宜使用黏度较小的乳化沥青。

（3）乳化沥青类型根据集料品种及使用条件选择。阳离子乳化沥青可适用于各种集料品种，阴离子乳化沥青适用于碱性石料。乳化沥青的破乳速度、黏度宜根据用途与施工方法选择。

（4）制备乳化沥青用的基质沥青，对高速公路和一级公路，宜符合道路石油沥青 A、B 级沥青的要求，其他情况可采用 C 级沥青。

（5）乳化沥青宜存放在立式罐中，并保持适当搅拌。贮存期以不离析、不冻结、不破乳为度。

四、液体石油沥青

（1）液体石油沥青适用于透层、粘层及拌制冷拌沥青混合料。根据使用目的与场所，可选用快凝、中凝、慢凝的液体石油沥青，其质量应符合相关规定。

（2）液体石油沥青宜采用针入度较大的石油沥青，使用前按先加热沥青后加稀释剂的顺序，掺配煤油或轻柴油，经适当的搅拌、稀释制成。掺配比例根据使用要求由试验确定。

（3）液体石油沥青在制作、贮存、使用的全过程中必须通风良好，并有专人负责，确保安全。基质沥青的加热温度严禁超过 140 ℃，液体沥青的贮存温度不得高于 50 ℃。

五、煤沥青

道路用煤沥青适用于下列情况。

（1）各种等级公路的各种基层上的透层，宜采用 T－1 或 T－2 级，其他等级不合喷洒要求时可适当稀释使用。

（2）三级及三级以下的公路铺筑表面处治或贯入式沥青路面，宜采用 T－5、T－6 或 T－7 级。

（3）与道路石油沥青、乳化沥青混合使用，以改善渗透性。

道路用煤沥青严禁用于热拌热铺的沥青混合料，作其他用途时的贮存温度宜为 70～90 ℃，且不得长时间贮存。

六、改性沥青

（1）改性沥青可单独或复合采用高分子聚合物、天然沥青及其他改性材料制作。

（2）天然沥青可以单独与石油沥青混合使用或与其他改性沥青混融后使用。天然沥青的质量要求宜根据其品种参照相关标准和成功的经验执行。

（3）用作改性剂的 SBR 胶乳中的固体物含量不宜少于 45%，使用中严禁长时间暴晒或遭冰冻。

（4）改性沥青的剂量以改性剂占改性沥青总量的百分数计算，胶乳改性沥青的剂量应以扣除水以后的固体物含量计算。

(5) 改性沥青宜在固定式工厂或在现场设厂集中制作，也可在拌合厂现场边制造边使用，改性沥青的加工温度不宜超过 180 ℃。胶乳类改性剂和制成颗粒的改性剂可直接投入拌合缸中生产改性沥青混合料。

(6) 用溶剂法生产改性沥青母体时，挥发性溶剂回收后的残留量不得超过 5%。

(7) 现场制造的改性沥青宜随配随用，需作短时间保存，或运送到附近的工地时，使用前必须搅拌均匀，在不发生离析的状态下使用。改性沥青制作设备必须设有随机采集样品的取样口，采集的试样宜立即在现场灌模。

七、改性乳化沥青

改性乳化沥青宜按表 2-2-3 选用，质量应符合相关技术要求。

表 2-2-3 改性乳化沥青的品种和适用范围

品种		代号	适用范围
改性乳化沥青	喷洒型改性乳化沥青	PCR	粘层、封层、桥面防水黏结层用
	拌和用乳化沥青	BCR	改性稀浆封层和微表处用

八、粗集料

(1) 沥青层用粗集料包括碎石、破碎砾石、筛选砾石、钢渣、矿渣等，但高速公路和一级公路不得使用筛选砾石和矿渣。粗集料必须由具有生产许可证的采石场生产或施工单位自行加工。

(2) 粗集料应该洁净、干燥、表面粗糙，质量应符合表 2-2-4 的规定。当单一规格集料的质量指标达不到表中要求，而按照集料配合比计算的质量指标符合要求时，工程上允许使用。对受热易变质的集料，宜采用经拌合机烘干后的集料进行检验。

表 2-2-4 沥青混合料用粗集料质量技术要求

指标	单位	高速公路、一级公路		其他等级公路	试验方法
		表面层	其他层次		
石料压碎值，不大于	%	26	28	30	T 0316
洛杉矶磨耗损失，不大于	%	28	30	35	T 0317
表观相对密度，不小于	—	2.60	2.50	2.45	T 0304
吸水率，不大于	%	2	3	3	T 0304
坚固性，不大于	%	12	12	—	T 0314
针片状颗粒含量（混合料），不大于 其中粒径大于 9.5 mm，不大于 其中粒径小于 9.5 mm，不大于	% % %	15 12 18	18 15 20	20 — —	T 0312
水洗法<0.075 mm 颗粒含量，不大于	%	1	1	1	T 0310
软石含量，不大于	%	3	5	5	T 0320

注： 1. 坚固性试验可根据需要进行。

2. 用于高速公路、一级公路时，多孔玄武岩的视密度可放宽至 2.45 t/m^3，吸水率可放宽至 3%，但必须得到建设单位的批准，且不得用于 SMA 路面。

3. 对 S14 即 3～5 规格粗集料，针片状颗粒含量可不予要求，<0.075 mm 颗粒含量可放宽到 3%。

(3) 采石场在生产过程中必须彻底清除覆盖层及泥土夹层。生产碎石用的原石不得含有土块、杂物，集料成品不得堆放在泥土地上。

（4）高速公路、一级公路沥青路面的表面层（或磨耗层）的粗集料的磨光值应符合要求。除 SMA、OGFC 路面外，允许在硬质粗集料中掺加部分较小粒径的磨光值达不到要求的粗集料，其最大掺加比例由磨光值试验确定。

（5）破碎砾石应采用粒径大于 50 mm、含泥量不大于 1%的砾石轧制，破碎砾石的破碎面应符合表 2-2-5 的要求。

表 2-2-5　粗集料对破碎面的要求

路面部位或混合料类型	具有一定数量破碎面颗粒的含量/%		试验方法
	1 个破碎面	2 个或 2 个以上破碎面	
沥青路面表面层 高速公路、一级公路 其他等级公路	 100 80	 90 60	T 0361
沥青路面中下面层、基层 高速公路、一级公路 其他等级公路	 90 70	 80 50	
SMA 混合料	100	90	
贯入式路面	80	60	

（6）筛选砾石仅适用于三级及三级以下公路的沥青表面处治路面。

（7）经过破碎且存放期超过 6 个月的钢渣可作为粗集料使用。除吸水率允许适当放宽外，各项质量指标应符合表 2-2-4 的要求。钢渣在使用前应进行活性检验，要求钢渣中的游离氧化钙含量不大于 3%，浸水膨胀率不大于 2%。

九、细集料

（1）沥青路面的细集料包括天然砂、机制砂、石屑。细集料必须由具有生产许可证的采石场、采砂场生产。

（2）细集料应洁净、干燥、无风化、无杂质，并有适当的颗粒级配，其质量应符合表 2-2-6 的规定。细集料的洁净程度，天然砂以小于 0.075 mm 含量的百分数表示，石屑和机制砂以砂当量（适用于 0～4.75 mm）或亚甲蓝值（适用于 0～2.36 mm 或 0～0.15 mm）表示。

表 2-2-6　沥青混合料用细集料质量要求

项目	单位	高速公路、一级公路	其他等级公路	试验方法
表观相对密度，不小于	—	2.50	2.45	T 0328
坚固性（>0.3 mm 部分），不小于	%	12	—	T 0340
含泥量（小于 0.075 mm 的含量），不大于	%	3	5	T 0333
砂当量，不小于	%	60	50	T 0334
亚甲蓝值，不大于	g/kg	25	—	T 0346
棱角性（流动时间），不小于	s	30	—	T 0345

注：坚固性试验可根据需要进行。

（3）天然砂可采用河砂或海砂，通常宜采用粗、中砂。砂的含泥量超过规定时应水洗后使用，海砂中的贝壳类材料必须筛除。开采天然砂必须取得当地政府主管部门的许可，并符合水利及环境保护的要求。热拌密级配沥青混合料中天然砂的用量通常不宜超过集料总量的 20%，SMA 和 OGFC 混合料不宜使用天然砂。

(4) 石屑是采石场破碎石料时通过 4.75 mm 或 2.36 mm 筛孔的筛下部分，其规格应符合表 2-2-7 的要求。采石场在生产石屑的过程中应具备抽吸设备，高速公路和一级公路的沥青混合料，宜将 S14 与 S16 组合使用，S15 可在沥青稳定碎石基层或其他等级公路中使用。

表 2-2-7 沥青混合料用机制砂或石屑规格

规格名称	公称粒径/mm	水洗法通过各筛孔的质量百分率/%							
		9.5	4.75	2.36	1.18	0.6	0.3	0.15	0.075
S15	0～5	100	90～100	60～90	40～75	20～55	7～40	2～20	0～10
S16	0～3	—	100	80～100	50～80	25～60	8～45	0～25	0～15

注：当生产石屑采用喷水抑制扬尘工艺时，应特别注意含粉量不得超过表中要求。

(5) 机制砂宜采用专用的制砂机制造，并选用优质石料生产，其级配应符合 S16 的要求。

十、填料

(1) 沥青混合料的矿粉必须采用石灰岩或岩浆岩中的强基性岩石等憎水性石料经磨细得到的矿粉，原石料中的泥土杂质应除净。矿粉应干燥、洁净，能自由地从矿粉仓流出，其质量应符合表 2-2-8 的要求。

表 2-2-8 沥青混合料用矿粉质量要求

项目	单位	高速公路、一级公路	其他等级公路	试验方法
表观密度，不小于	t/m^3	2.50	2.45	T 0352
含水量，不大于	%	1	1	T 0103 烘干法
粒度范围<0.6 mm <0.15 mm <0.075 mm	% % %	100 90～100 75～100	100 90～100 70～100	T 0351
外观	—	无团粒结块	—	—
亲水系数	—	<1	—	T 0353
塑性指数	—	<4	—	T 0354
加热安定性	—	实测记录	—	T 0355

(2) 拌合机的粉尘可作为矿粉的一部分回收使用。但每盘用量不得超过填料总量的 25%，掺有粉尘填料的塑性指数不得大于 4%。

(3) 粉煤灰作为填料使用时，用量不得超过填料总量的 50%，粉煤灰的烧失量应小于 12%，与矿粉混合后的塑性指数应小于 4%，其余质量要求与矿粉相同。高速公路、一级公路的沥青面层不宜采用粉煤灰做填料。

十一、纤维稳定剂

(1) 在沥青混合料中掺加的纤维稳定剂宜选用木质素纤维、矿物纤维等。木质素纤维的质量应符合表 2-2-9 的技术要求。

表 2-2-9 木质素纤维质量技术要求

项目	单位	指标	试验方法
纤维长度，不大于	mm	6	水溶液用显微镜观测
灰分含量	%	18±5	高温 590～600 ℃燃烧后测定残留物

续表

项目	单位	指标	试验方法
pH 值	—	7.5±1.0	水溶液用 pH 试纸或 pH 计测定
吸油率，不小于	—	纤维质量的 5 倍	用煤油浸泡后放在筛上经振敲后称量
含水率（以质量计），不大于	%	5	105 ℃烘箱烘 2 h 后冷却称量

（2）纤维应在 250 ℃的干拌温度不变质、不发脆，使用纤维必须符合环保要求，不危害身体健康。纤维必须在混合料拌和过程中能充分分散均匀。

（3）矿物纤维宜采用玄武岩等矿石制造，易影响环境及造成人体伤害的石棉纤维不宜直接使用。

（4）纤维应存放在室内或有棚盖的地方，松散纤维在运输及使用过程中应避免受潮、结团。

（5）纤维稳定剂的掺加比例以沥青混合料总量的质量百分率计算，通常情况下用于 SMA 路面的木质素纤维不宜低于 0.3%，矿物纤维不宜低于 0.4%，必要时可适当增加纤维用量。纤维掺加量的允许误差宜不超过±5%。

十二、沥青混合料

沥青混合料是由矿料与沥青结合料拌和而成的混合料的总称。

沥青混合料按材料组成及结构分为连续级配、间断级配混合料。

沥青混合料按矿料级配组成及空隙率大小分为密级配、半开级配、开级配混合料。

沥青混合料按最大公称粒径的大小分为特粗式（最大公称粒径大于或等于 31.5 mm）、粗粒式（最大公称粒径 26.5 mm）、中粒式（最大公称粒径 16 mm 或 19 mm）、细粒式（最大公称粒径 9.5 mm 或 13.2 mm）、砂粒式（最大公称粒径小于 9.5 mm）沥青混合料。

沥青混合料按制造工艺分为热拌沥青混合料、冷拌沥青混合料、再生沥青混合料等。

沥青路面按结构组成可分为密实-悬浮结构、骨架-空隙结构、密实-骨架结构，具体内容见表 2-2-10。

表 2-2-10 沥青路面按结构组成分类

类型	特点	代表	结构图
密实-悬浮结构	具有很大的密度，粗颗粒不能相互接触，不能直接互相嵌锁形成骨架	AC-Ⅰ型沥青混凝土	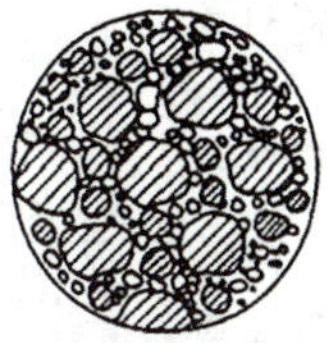
骨架-空隙结构	粗集料所占比例大，可互相嵌锁形成骨架，但细集料过少容易在粗集料之间形成空隙	改性沥青稳定碎石混合料和排水式沥青磨耗层混合料	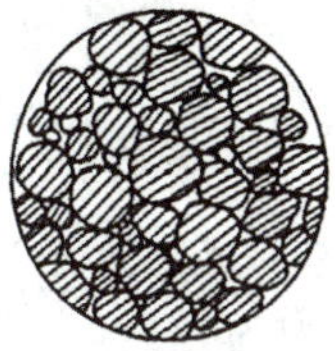

续表

类型	特点	代表	结构图
密实–骨架结构	较多数量的粗集料形成空间骨架，相当数量的细集料填充骨架间的空隙形成连续级配	沥青玛琋脂混合料	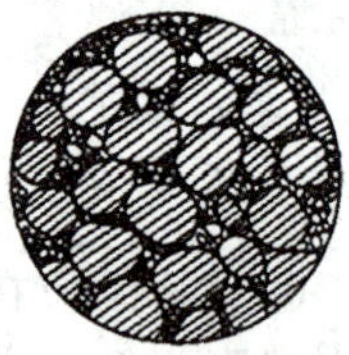

实战演练

［2023 真题 · 单选］矿料最大粒径为 16 mm 或 19 mm 的沥青混合料为（　　）沥青混合料。

A. 细粒式　　B. 中粒式

C. 粗粒式　　D. 特粗式

［解析］矿料最大粒径为 16 mm 或 19 mm 的沥青混合料为中粒式沥青混合料。

［答案］B

知识点 4　沥青路面面层施工

一、热拌沥青混合料路面

（一）一般规定

热拌沥青混合料（HMA）适用于各种等级公路的沥青路面。其种类按集料最大公称粒径、矿料级配、空隙率划分，分类见表 2-2-11。

表 2-2-11　热拌沥青混合料种类

混合料类型	密级配			开级配		半开级配	公称最大粒径/mm	最大粒径/mm
	连续级配		间断级配	间断级配				
	沥青混凝土	沥青稳定碎石	沥青玛琋脂碎石	排水式沥青磨耗层	排水式沥青碎石基层	沥青碎石		
特粗式	—	ATB－40	—	—	ATPB－40	—	37.5	53.0
粗粒式	—	ATB－30	—	—	ATPB－30	—	31.5	37.5
	AC－25	ATB－25	—	—	ATPB－25	—	26.5	31.5
中粒式	AC－20	—	SMA－20	—	—	AM－20	19.0	26.5
	AC－16	—	SMA－16	OGFC－16	—	AM－16	16.0	19.0
细粒式	AC－13	—	SMA－13	OGFC－13	—	AM－13	13.2	16.0
	AC－10	—	SMA－10	OGFC－10	—	AM－10	9.5	13.2
砂粒式	AC－5	—	—	—	—	AM－5	4.75	9.5
设计空隙率/%	3～5	3～6	3～4	＞18	＞18	6～12	—	—

注：设计空隙率可按配合比设计要求适当调整。

各层沥青混合料应满足所在层位的功能性要求，便于施工，不容易离析。各层应连续施工并联结成为一个整体。当发现混合料结构组合及级配类型的设计不合理时，应进行修改、调整，以确保沥青路面的使用性能。

沥青面层集料的最大粒径宜从上至下逐渐增大，并应与压实层厚度相匹配。对热拌热铺密级配沥青混合料，沥青层一层的压实厚度不宜小于集料最大公称粒径的 2.5～3 倍，对 SMA 和 OGFC 等嵌挤型混合料不宜小于最大公称粒径的 2～2.5 倍，以减少离析，便于压实。

（二）施工准备

铺筑沥青层前，应检查基层或下卧沥青层的质量，不符要求的不得铺筑沥青面层。旧沥青路面或下卧层已被污染时，必须清洗或经铣刨处理后方可铺筑沥青混合料。

石油沥青加工及沥青混合料施工温度应根据沥青标号及黏度、气候条件、铺装层的厚度确定。

（三）配合比设计

沥青混合料必须在对同类公路配合比设计和使用情况调查研究的基础上，充分借鉴成功的经验，选用符合要求的材料，进行配合比设计。

沥青混合料的矿料级配应符合工程设计规定的级配范围。密级配沥青混合料宜根据公路等级、气候及交通条件按规定选择采用粗型（C 型）或细型（F 型）混合料，并确定工程设计级配范围。

采用马歇尔试验配合比设计方法，沥青混合料技术要求应符合相关规定，并有良好的施工性能。

（四）混合料的拌制

沥青混合料必须在沥青拌合厂（场、站）采用拌合机械拌制。

（1）拌合厂的设置必须符合国家有关环境保护、消防、安全等规定。

（2）拌合厂与工地现场距离应充分考虑交通堵塞的可能，确保混合料的温度下降不超过要求，且不致因颠簸造成混合料离析。

（3）拌合厂应具有完备的排水设施。各种集料必须分隔贮存，细集料场应设防雨顶棚，料场及场内道路应做硬化处理，严禁泥土污染集料。

沥青混合料可采用间歇式拌和机或连续式拌和机拌制。高速公路和一级公路宜采用间歇式拌合机拌和。连续式拌合机使用的集料必须稳定不变，一个工程从多处进料，料源或质量不稳定时，不得采用连续式拌合机。

沥青混合料拌合设备的各种传感器必须定期检定，周期不少于每年一次。冷料供料装置需经标定得出集料供料曲线。间歇式拌合机应符合下列要求。

（1）总拌和能力满足施工进度要求。拌合机除尘设备完好，能达到环保要求。

（2）冷料仓的数量满足配合比需要，通常不宜少于 5～6 个。具有添加纤维、消石灰等外掺剂的设备。

集料与沥青混合料取样应符合现行试验规程的要求。从沥青混合料运料车上取样时必须设置取样台分几处采集一定深度下的样品。集料进场宜在料堆顶部平台卸料，经推土机推平后，铲运机从底部按顺序竖直装料，减小集料离析。

高速公路和一级公路施工用的间歇式拌合机必须配备计算机设备，拌和过程中逐盘采集并打印各个传感器测定的材料用量和沥青混合料拌和量、拌和温度等各种参数。每个台班结束时打印出一个台班的统计量，按《公路沥青路面施工技术规范》（JTG F40—2004）中附录 G 的方法进行沥青混合料生产质量及铺筑厚度的总量检验。总量检验的数据有异常波动时，应立即停止生产，分析原因。

沥青混合料的生产温度应符合相关的要求。烘干集料的残余含水量不得大于 1%。每天开始几盘集料应提高加热温度，并干拌几锅集料废弃，再正式加沥青拌和混合料。

拌合机的矿粉仓应配备振动装置以防止矿粉起拱。添加消石灰、水泥等外掺剂时，宜增加粉料仓，也可由专用管线和螺旋升送器直接加入拌合锅，若与矿粉混合使用时应注意二者因密度不同发生离析。拌合机必须有二级除尘装置，经一级除尘部分可直接回收使用，二级除尘部分可进入回收粉仓使用（或废弃）。对因除尘造成的粉料损失应补充等量的新矿粉。

沥青混合料拌和时间根据具体情况经试拌确定，以沥青均匀裹覆集料为度。间歇式拌合机每盘的生产周期不宜少于 45 s（其中干拌时间不少于 5～10 s）。改性沥青和 SMA 混合料的拌和时间应适当延长。

间歇式拌合机的振动筛规格应与矿料规格相匹配，最大筛孔宜略大于混合料的最大粒径，其余筛的设置应考虑混合料的级配稳定，并尽量使热料仓大体均衡，不同级配混合料必须配置不同的筛孔组合。

间隙式拌合机宜备有保温性能好的成品储料仓，贮存过程中混合料温降不得大于 10 ℃，且不能有沥青滴漏。普通沥青混合料的贮存时间不得超过 72 h；改性沥青混合料的贮存时间不宜超过 24 h；SMA 混合料只限当天使用；OGFC 混合料宜随拌随用。

生产添加纤维的沥青混合料时，纤维必须在混合料中充分分散，拌和均匀。拌合机应配备同步添加投料装置，松散的絮状纤维可在喷入沥青的同时或稍后采用风送设备喷入拌合锅，拌和时间宜延长 5 s 以上。颗粒纤维可在粗集料投入的同时自动加入，经 5～10 s 的干拌后，再投入矿粉。工程量很小时也可分装成塑料小包或由人工量取直接投入拌合锅。

使用改性沥青时应随时检查沥青泵、管道、计量器是否受堵，堵塞时应及时清洗。

沥青混合料出厂时应逐车检测沥青混合料的重量和温度，记录出厂时间，签发运料单。

（五）混合料的运输

热拌沥青混合料宜采用较大吨位的运料车运输，但不得超载运输，或急刹车、急弯掉头造成透层、封层损伤。运料车的运力应稍有富余，施工过程中摊铺机前方应有运料车等候。对高速公路、一级公路，宜待等候的运料车多于 5 辆后开始摊铺。

运料车每次使用前后必须清扫干净，在车厢板上涂一防止沥青黏结的隔离剂或防黏结剂薄层，但不得有余液积聚在车厢底部。从拌合机向运料车上装料时，应多次挪动运料车位置，平衡装料，以减少混合料离析。运料车运输混合料宜用苫布覆盖保温、防雨、防污染。

运料车进入摊铺现场时，轮胎上不得沾有泥土等可能污染路面的脏物，否则宜设水池洗净轮胎后进入工程现场。沥青混合料在摊铺地点凭运料单接收，若混合料不符合施工温度要求，或已经结成团块、已遭雨淋的不得铺筑。

摊铺过程中运料车应在摊铺机前 100～300 mm 处停住，空挡等候，由摊铺机推动前进开始缓缓卸料，避免撞击摊铺机。在有条件时，运料车可将混合料卸入转运车经二次拌和后向摊铺机连续均匀地供料。运料车每次卸料必须倒净，尤其是对改性沥青或 SMA 混合料，如有剩余，应及时清除，防止硬结。

SMA 及 OGFC 混合料在运输、等候过程中，如发现有沥青结合料沿车厢板滴漏时，应采取措施予以避免。

（六）混合料的摊铺

热拌沥青混合料应采用沥青摊铺机摊铺，在喷洒有粘层油的路面上铺筑改性沥青混合料或 SMA 混合料时，宜使用履带式摊铺机。摊铺机的受料斗应涂刷薄层隔离剂或防黏结剂。

铺筑高速公路、一级公路沥青混合料时，一台摊铺机的铺筑宽度不宜超过 6 m（双车道）～7.5 m（3 车道以上），通常宜采用 2 台或更多台数的摊铺机前后错开 10～20 m，呈梯队方式同步摊铺，两幅之间应有 30～60 mm 宽度的搭接，并躲开车道轮迹带，上、下层的搭接位置宜错开 200 mm 以上。

摊铺机开工前应提前 0.5～1 h 预热熨平板至不低于 100 ℃。铺筑过程中应确保熨平板的振捣或夯锤压实装置具有适宜的振动频率和振幅，以提高路面的初始压实度。熨平板加宽连接应仔细调节至摊铺的混合料没有明显的离析痕迹。

摊铺机必须缓慢、均匀、连续不间断地摊铺，不得随意变换速度或中途停顿，提高平整度，减少混合料的离析。摊铺速度宜控制在 2～6 m/min 的范围内，对改性沥青混合料及 SMA 混合料宜放慢至 1～3 m/min。当发现混合料出现明显的离析、波浪、裂缝、拖痕时，应分析原因，予以消除。

摊铺机应采用自动找平方式，下面层或基层宜采用钢丝绳引导的高程控制方式，上面层宜采用平衡梁或雪橇式摊铺厚度控制方式，中面层根据情况选用找平方式。直接接触式平衡梁的轮子不得黏附沥青。铺筑改性沥青或 SMA 路面时宜采用非接触式平衡梁。

沥青路面施工的最低气温应符合《公路沥青路面施工技术规范》(JTG F40—2004) 总则的要求，寒冷季节遇大风降温，不能保证迅速压实时不得铺筑沥青混合料。热拌沥青混合料的最低摊铺温度根据铺筑层厚度、气温、风速及下卧层表面温度按《公路沥青路面施工技术规范》(JTG F40—2004) 相关规定执行，且不得低于表 2-2-12 的要求。每天施工开始阶段宜采用较高温度的混合料。

表 2-2-12　沥青混合料的最低摊铺温度

下卧层的表面温度/℃	相应于下列不同摊铺层厚度的最低摊铺温度/℃					
	普通沥青混合料			改性沥青混合料或 SMA 沥青混合料		
	<50 mm	50～80 mm	>80 mm	<50 mm	50～80 mm	>80 mm
<5	不允许	不允许	140	不允许	不允许	不允许
5～10	不允许	140	135	不允许	不允许	不允许
10～15	145	138	132	165	155	150
15～20	140	135	130	158	150	145
20～25	138	132	128	153	147	143
25～30	132	130	126	147	145	141
>30	130	125	124	145	140	139

沥青混合料的松铺系数应根据混合料类型由试铺试压确定。摊铺过程中应随时检查摊铺层厚度及路拱、横坡，并按《公路沥青路面施工技术规范》(JTG F40—2004) 附录 G 的方法由使用的混合料总量与面积校验平均厚度。

摊铺机的螺旋布料器应相应于摊铺速度调整并保持一个稳定的速度均衡地转动，两侧应保持有不少于送料器 2/3 高度的混合料，以减少在摊铺过程中混合料的离析。

用机械摊铺的混合料，不宜用人工反复修整。当不得不由人工做局部找补或更换混合料时，需仔细进行，特别严重的缺陷应整层铲除。

在路面狭窄部分、平曲线半径过小的匝道或加宽部分，以及小规模工程不能采用摊铺机铺筑时可用人工摊铺混合料。人工摊铺沥青混合料应符合下列要求。

(1) 半幅施工时，路中一侧宜事先设置挡板。

(2) 沥青混合料宜卸在铁板上，摊铺时应扣锹布料，不得扬锹远甩。铁锹等工具宜沾防黏结剂或加热使用。

(3) 边摊铺边用刮板整平，刮平时应轻重一致，控制次数，严防集料离析。

(4) 摊铺不得中途停顿。应加快碾压，如因故不能及时碾压时，应立即停止摊铺，并对已卸下的沥青混合料覆盖苫布保温。

(5) 低温施工时，每次卸下的混合料应覆盖苫布保温。

在雨季铺筑沥青路面时，应加强与气象台（站）的联系，已摊铺的沥青层因遇雨未行压实的应予铲除。

(七) 沥青路面的压实及成型

压实成型的沥青路面应符合压实度及平整度的要求。沥青混凝土的压实层最大厚度不宜大于 100 mm，沥青稳定碎石混合料的压实层厚度不宜大于 120 mm，但当采用大功率压路机且经试验证明能达到压实度时允许增大到 150 mm。

沥青路面施工应配备足够数量的压路机，选择合理的压路机组合方式及初压、复压、终压（包括成型）的碾压步骤，以达到最佳碾压效果。高速公路铺筑双车道沥青路面的压路机数量不宜少于 5 台。施工气温低、风大、碾压层薄时，压路机数量应适当增加。压路机应以慢而均匀的速度碾压，压路机的碾压速度应符合表 2-2-13 的规定。压路机的碾压路线及碾压方向不应突然改变而导致混合料推移。碾压区的长度应大体稳定，两端的折返位置应随摊铺机前进而推进，横向不得在相同的断面上。

表 2-2-13　压路机碾压速度　　单位：km/h

压路机类型	初压		复压		终压	
	适宜	最大	适宜	最大	适宜	最大
钢筒式压路机	2～3	4	3～5	6	3～6	6
轮胎压路机	2～3	4	3～5	6	4～6	8
振动压路机	2～3 （静压或振动）	3 （静压或振动）	3～4.5 （振动）	5 （振动）	3～6 （静压）	6 （静压）

压路机的碾压温度应符合相关要求，并根据混合料种类、压路机、气温、层厚等情况经试压确定。在不产生严重推移和裂缝的前提下，初压、复压、终压都应在尽可能高的温度下进行。同时不得在低温状况下做反复碾压，使石料棱角磨损、压碎，破坏集料嵌挤。

碾压轮在碾压过程中应保持清洁，有混合料粘轮应立即清除。对钢轮可涂刷隔离剂或防黏结剂，但严禁刷柴油。当采用向碾压轮喷水（可添加少量表面活性剂）的方式时，必须严格控制喷水量且成雾状，不得漫流，以防混合料降温过快。轮胎压路机开始碾压阶段，可适当烘烤、涂刷少量隔离剂或防黏结剂，也可少量喷水，并先到高温区碾压使轮胎尽快升温，之后停止洒水。轮胎压路机轮胎外围宜加设围裙保温。压路机不得在未碾压成型路段上转向、调头、加水或停留。在当天成型的路面上，不得停放各种机械设备或车辆，不得散落矿料、油料等杂物。

1. 初压

沥青混合料的初压应符合下列要求。

（1）初压应紧跟在摊铺机后碾压，并保持较短的初压区长度，以尽快使表面压实，减少热量散失。对摊铺后初始压实度较大，经实践证明采用振动压路机或轮胎压路机直接碾压无严重推移而有良好效果时，可免去初压，直接进入复压工序。

（2）通常宜采用钢轮压路机静压 1～2 遍。碾压时应将压路机的驱动轮面向摊铺机，从外侧向中心碾压，在超高路段则由低向高碾压，在坡道上应将驱动轮从低处向高处碾压。

（3）初压后应检查平整度、路拱，有严重缺陷时进行修整乃至返工。

2. 复压

复压应紧跟在初压后进行，并应符合下列要求。

（1）复压应紧跟在初压后开始，且不得随意停顿。压路机碾压段的总长度应尽量缩短，通常不超过 60～80 m。采用不同型号的压路机组合碾压时宜安排每一台压路机做全幅碾压，防止不同部位的压实度不均匀。

（2）密级配沥青混凝土的复压宜优先采用重型的轮胎压路机进行搓揉碾压，以增加密水性，其总质量不宜小于 25 t，吨位不足时宜附加重物，使每一个轮胎的压力不小于 15 kN。冷态时的轮胎充气压力不小于 0.55 MPa，轮胎发热后不小于 0.6 MPa，且各个轮胎的气压大体相同，相邻碾压带应重叠 1/3～1/2 的碾压轮宽度，碾压至要求的压实度为止。

（3）对粗集料为主的较大粒径的混合料，尤其是大粒径沥青稳定碎石基层，宜优先采用振动压路机复压。厚度小于 30 mm 的薄沥青层不宜采用振动压路机碾压。振动压路机的振动频率宜为 35～50 Hz，振幅宜为 0.3～0.8 mm。层厚较大时选用高频率大振幅，以产生较大的激振力，厚度较薄时采用高频率低振幅，以防止集料破碎。相邻碾压带重叠宽度为 100～200 mm。振动压路机折返时应先停止振动。

（4）当采用三轮钢筒式压路机时，总质量不宜小于 12 t，相邻碾压带宜重叠后轮的 1/2 宽度，并不应少于 200 mm。

（5）对路面边缘、加宽及港湾式停车带等大型压路机难于碾压的部位，宜采用小型振动压路机或振动夯板做补充碾压。

3. 终压

终压应紧接在复压后进行，如经复压后已无明显轮迹时可免去终压。终压可选用双轮钢筒式压路机或关闭振动的振动压路机，碾压不宜少于 2 遍，至无明显轮迹为止。

4. SMA 路面压实

（1）除沥青用量较低，经试验证明采用轮胎压路机碾压有良好效果外，不宜采用轮胎压路机碾压，以防将沥青结合料搓揉挤压上浮。

（2）SMA 路面宜采用振动压路机或钢筒式压路机碾压。振动压路机应遵循“紧跟、慢压、高频、低幅”的原则，即紧跟在摊铺机后面，采取高频率、低振幅的方式慢速碾压。如发现 SMA 混合料高温碾压有推拥现象，应复查其级配是否合适。

（八）接缝

沥青路面的施工必须接缝紧密、连接平顺，不得产生明显的接缝离析。上、下层的纵缝应错开 150 mm（热接缝）或 300～400 mm（冷接缝）以上。相邻两幅及上、下层的横向接缝均应错位 1 m 以上。接缝施工应用 3 m 直尺检查，确保平整度符合要求。

纵向接缝部位的施工应符合下列要求。

（1）摊铺时采用梯队作业的纵缝应采用热接缝，将已铺部分留下 100～200 mm 宽暂不碾压，作为后续部分的基准面，然后做跨缝碾压以消除缝迹。

（2）当半幅施工或因特殊原因而产生纵向冷接缝时，宜加设挡板或加设切刀切齐，也可在混合料尚未完全冷却前用镐刨除边缘留下毛茬，但不宜在冷却后采用切割机做纵向切缝。加铺另半幅前应涂洒少量沥青，重叠在已铺层上 50～100 mm，再铲走铺在前半幅上面的混合料，碾压时由边向中碾压留下 100～150 mm，再跨缝挤紧压实，或者先在已压实路面上行走碾压新铺层 150 mm 左右，然后压实新铺部分。

高速公路和一级公路的表面层横向接缝应采用垂直的平接缝，以下各层可采用自然碾压的斜接缝，沥青层较厚时也可做阶梯形接缝。其他等级公路的各层均可采用斜接缝。横向接缝的几种型式如图 2-2-1 所示。

（a）斜接缝　（b）阶梯形接缝　（c）平接缝

图 2-2-1　横向接缝的几种型式

斜接缝的搭接长度与层厚有关，宜为 0.4～0.8 m。搭接处应洒少量沥青，混合料中的粗集料颗粒应予剔除，并补上细料，搭接平整，充分压实。阶梯形接缝的台阶经铣刨而成，并洒粘层沥青，搭接长度不宜小于 3 m。

平接缝宜趁尚未冷透时用凿岩机或人工垂直刨除端部层厚不足的部分，使工作缝成直角连接。当采用切割机制作平接缝时，宜在铺设当天混合料冷却但尚未结硬时进行。刨除或切割不得损伤下层路面。切割时留下的泥水必须冲洗干净，待干燥后涂刷粘层油。铺筑新混合料接头应使接茬软化，压路机先进行横向碾压，再纵向碾压成为一体，充分压实，连接平顺。

（九）开放交通及其他

热拌沥青混合料路面应待摊铺层完全自然冷却，混合料表面温度低于 50 ℃后，方可开放交通。需要提早开放交通时，可洒水冷却降低混合料温度。

沥青路面雨季施工应符合下列要求。

（1）注意气象预报，加强工地现场、沥青拌合厂及气象台站之间的联系，控制施工长度，各项工序紧密衔接。

（2）运料车和工地应备有防雨设施，并做好基层及路肩排水。

铺筑好的沥青层应严格控制交通，做好保护，保持整洁，不得造成污染。严禁在沥青层上堆放施工产生的土或杂物，严禁在已铺沥青层上制作水泥砂浆。

二、沥青贯入式路面

（一）一般规定

（1）沥青贯入式路面适用于三级及三级以下公路，也可作为沥青路面的联结层或基层。

（2）沥青贯入式路面的厚度宜为 4～8 cm，但乳化沥青的厚度不宜超过 5 cm。当贯入层上部加铺拌和的沥青混合料面层成为上拌下贯式路面时，拌合层的厚度宜不小于 1.5 cm。

（3）沥青贯入式路面的最上层应撒布封层料或加铺拌合层。沥青贯入层作为联结层使用时，可不撒表面封层料。

（4）沥青贯入式路面宜选择在干燥和较热的季节施工，并宜在日最高温度降低至 15 ℃以前半个月结束，使贯入式结构层通过开放交通碾压成型。

（二）施工准备

沥青贯入式路面施工前，基层必须清扫干净。当需要安装路缘石时，应在路缘石安装完成后施工。路缘石应予遮盖。

乳化沥青贯入式路面必须浇洒透层或粘层沥青。沥青贯入式路面厚度小于或等于 5 cm 时，也应浇洒透层或粘层沥青。

（三）施工方法

沥青贯入式路面的施工应按下列步骤进行。

（1）采用碎石摊铺机、平地机或人工摊铺主层集料。铺筑后严禁车辆通行。

（2）碾压主层集料。撒布后应采用 6～8 t 的轻型钢筒式压路机自路两侧向路中心碾压，碾压速度宜为 2 km/h，每次轮迹重叠约 30 cm，碾压一遍后检验路拱和纵向坡度，当不符合要求时，应调整找平后再碾压。然后用重型的钢轮压路机碾压，每次轮迹重叠 1/2 左右，宜碾压 4～6 遍，直至主层集料嵌挤稳定，无显著轮迹为止。

（3）浇洒第一层沥青。浇洒方法应按相关规定进行。采用乳化沥青贯入时，为防止乳液下漏过多，可在主层集料碾压稳定后，先撒布一部分上一层嵌缝料，再浇洒主层沥青。

（4）采用集料撒布机或人工撒布第一层嵌缝料。撒布后尽量扫匀，不足处应找补。当使用乳化沥青时，石料撒布必须在乳液破乳前完成。

（5）立即用 8～12 t 钢筒式压路机碾压嵌缝料，轮迹重叠轮宽的 1/2 左右，宜碾压 4～6 遍，直至稳定为止。碾压时随压随扫，使嵌缝料均匀嵌入。因气温较高使碾压过程中发生较大推移现象时，应立即停止碾压，待气温稍低时再继续碾压。

（6）按上述方法浇洒第二层沥青、撒布第二层嵌缝料，然后碾压，再浇洒第三层沥青。

(7) 按撒布嵌缝料方法撒布封层料。

(8) 采用 6～8 t 压路机做最后碾压，宜碾压 2～4 遍，然后开放交通。

沥青贯入式路面开放交通后应按相关要求控制交通，做初期养护。

铺筑上拌下贯式路面时，贯入层不撒布封层料，拌合层应紧跟贯入层施工，使上下成为一整体。贯入部分采用乳化沥青时应待其破乳、水分蒸发且成型稳定后方可铺筑拌合层，当拌合层与贯入部分不能连续施工，且要在短期内通行施工车辆时贯入层部分的第二遍嵌缝料应增加用量 2～3 m^3/1 000 m^2，在摊铺拌合层沥青混合料前，应做补充碾压，并浇洒粘层沥青。

三、乳化沥青碎石混合料路面

(一) 一般规定

(1) 乳化沥青碎石混合料适用于三级及三级以下的公路、城市道路支线的沥青面层、二级公路的罩面层施工，以及各级道路沥青路面的联结层或整平层。

(2) 乳化沥青的类型及规格应符合相关要求。

(3) 乳化沥青碎石混合料路面的沥青面层宜采用双层式。下层应采用粗粒式沥青碎石混合料，上层应采用中粒式或细粒式沥青碎石混合料。单层式只宜在少雨干燥地区或半刚性基层上使用。在多雨潮湿地区必须做上封层或下封层。

(二) 乳化沥青碎石混合料的配合比设计

乳化沥青碎石混合料可采用相关规定提供的矿料级配，并根据已有道路的成功经验经试拌确定配合比。

乳化沥青碎石混合料的乳液用量可按热拌沥青碎石混合料的沥青用量折算，实际的沥青用量宜根据当地实践经验以及交通量、气候、石料情况、沥青标号、施工机械等条件，比同规格热拌沥青混合料的沥青用量减少 15%～20%。

(三) 乳化沥青碎石混合料路面施工

乳化沥青碎石混合料宜采用拌合厂机械拌和。在条件限制时也可在现场用人工拌制。

当采用阳离子乳化沥青时，在与乳液拌和前应将集料用水湿润，集料总含水量应达到 5%左右。天气炎热宜多加，低温潮湿可少加。当集料湿润后仍不能与乳液拌和均匀时，应改用破乳速度更慢的乳液，或用 1%～3%浓度的氯化钙水溶液代替水预先润湿集料表面。

混合料的拌和时间应保证乳液与集料拌和均匀。拌和时间应根据施工现场使用的集料级配情况、乳液裂解速度、拌合机械性能、施工时的气候等具体条件通过试拌确定。机械拌和时间不宜超过 30 s (自矿料中加进乳液的时间算起)；人工拌和时间不宜超过 60 s。

混合料应具有充分的施工和易性，混合料的拌和、运输和摊铺应在乳液破乳前结束。已拌好的混合料应立即运至现场进行摊铺。在拌和与摊铺过程中已破乳的混合料，应予废弃。

袋装的乳化沥青混合料，存放时应密封良好，存放期不得超过乳液的破乳时间，拌和时应加入适量的稳定剂。

拌制的混合料宜用沥青摊铺机摊铺。当用人工摊铺时，应采取防止混合料离析的措施。乳化沥青碎石混合料的松铺系数可根据相关规定通过试验确定。

乳化沥青碎石混合料的碾压，可按热拌沥青混合料的规定进行，并应符合下列要求。

(1) 混合料摊铺后，应采用 6 t 左右的轻型压路机初压，宜碾压 1～2 遍，使混合料初步稳定，再用轮胎压路机或轻型钢筒式压路机碾压 1～2 遍。初压时应匀速进退，不得在碾压路段上紧急制动或快速启动。

(2) 当有粘轮现象时，可在碾轮上洒少量水。

(3) 当乳化沥青开始破乳、混合料由褐色转变成黑色时，应用 12～15 t 轮胎压路机或

10～12 t钢筒式压路机复压。复压 2～3 遍后，立即停止。待晾晒一段时间、水分蒸发后，再补充复压至密实为止。当压实过程中有推移现象时应立即停止碾压，待稳定后再碾压。如当天不能完全压实，应在较高气温状态下补充碾压。

(4) 碾压时发现局部混合料有松散或开裂时，应挖除并换补新料，整平后继续碾压密实。修补处应保证路面平整。

乳化沥青碎石混合料路面的上封层应在压实成型、路面水分蒸发后加铺。

压实成型后的路面应进行早期养护，并封闭交通 2～6 h。开放交通初期，应设专人指挥，车速不得超过 20 km/h，并不得刹车或调头。在未稳定成型的路段上，严禁兽力车和铁轮车通过。当路面有损坏时，应及时修补。

阳离子乳化沥青碎石混合料可在下层潮湿的情况下施工，施工过程中遇雨应停止铺筑。

乳化沥青碎石混合料施工的所有工序，包括路面成型及铺筑上封层等，均必须在冻前完成。

实战演练

[2023 真题 · 多选] 热拌沥青混合物的路面压实可以采用（　　）。

A. 单钢轮振动压路机　　B. 双轮双振压路机

C. 凸块压路机　　D. 冲击压路机

E. 胶轮压路机

[解析] 热拌沥青混合物的路面压实采用 2～3 台双轮双振压路机及 2～3 台重量不小于 16 t 的胶轮压路机组成。

[答案] BE

[2021 真题 · 多选] 热拌沥青混合料运输时，运料车应用篷布覆盖，其主要作用有（　　）。

A. 保温　　B. 防雨

C. 防老化　　D. 防污染

E. 防骨料离析

[解析] 热拌沥青混合料运输时，运料车应用篷布覆盖，用以保温、防雨、防污染。

[答案] ABD

知识点 5　沥青路面透层、粘层、封层施工

一、透层施工

透层是指为使沥青面层与非沥青材料基层结合良好，在基层上喷洒液体石油沥青、乳化沥青、煤沥青而形成的透入基层表面一定深度的薄层。

沥青路面各类基层都必须喷洒透层油，沥青层必须在透层油完全渗透入基层后方可铺筑。基层上设置下封层时，透层油不宜省略。气温低于 10 ℃或大风天气，即将降雨时不得喷洒透层油。

根据基层类型选择渗透性好的液体沥青、乳化沥青、煤沥青做透层油，喷洒后通过钻孔或挖掘确认透层油渗透入基层的深度宜不小于 5 mm（无机结合料稳定集料基层）～10 mm（无结合料基层），并能与基层联结成为一体。

透层油可通过调节稀释剂的用量或乳化沥青的浓度得到适宜的黏度，基质沥青的针入度通常宜不小于 100。透层用乳化沥青的蒸发残留物含量允许根据渗透情况适当调整，当使用成品乳化沥青时可通过稀释得到要求的黏度。透层用液体沥青的黏度通过调节煤油或轻柴油等稀释剂的品种和掺量经试验确定。

透层油的用量通过试洒确定，不宜超出表 2-2-14 要求的范围。

表 2-2-14　沥青路面透层材料的规格和用量表

用途	液体沥青		乳化沥青		煤沥青	
	规格	用量/（L·m⁻²）	规格	用量/（L·m⁻²）	规格	用量/（L·m⁻²）
无结合料粒料基层	AL（M）－1、2 或 3 AL（S）－1、2 或 3	1.0～2.3	PC－2 PA－2	1.0～2.0	T－1 T－2	1.0～1.5
半刚性基层	AL（M）－1 或 2 AL（S）－1 或 2	0.6～1.5	PC－2 PA－2	0.7～1.5	T－1 T－2	0.7～1.0

注：表中用量是指包括稀释剂和水分等在内的液体沥青、乳化沥青的总量。乳化沥青中的残留物含量以 50% 为基准。

用于半刚性基层的透层油宜紧接在基层碾压成型后表面稍变干燥，但尚未硬化的情况下喷洒。

在无结合料粒料基层上洒布透层油时，宜在铺筑沥青层前 1～2 d 洒布。

透层油宜采用沥青洒布车一次喷洒均匀，使用的喷嘴宜根据透层油的种类和黏度选择并保证均匀喷洒，沥青洒布车喷洒不均匀时宜改用手工沥青洒布机喷洒。洒布应符合相关要求。

喷洒透层油前应清扫路面，遮挡防护路缘石及人工构造物避免污染，透层油必须洒布均匀，有花白遗漏应人工补洒，喷洒过量的立即撒布石屑或砂吸油，必要时做适当碾压。透层油洒布后不得在表面形成能被运料车和摊铺机粘起的油皮，透层油达不到渗透深度要求时，应更换透层油稠度或品种。

透层油洒布后的养护时间根据透层油的品种和气候条件由试验确定，确保液体沥青中的稀释剂全部挥发，乳化沥青渗透且水分蒸发，然后尽早铺筑沥青面层，防止工程车辆损坏透层。

二、粘层施工

粘层是指为加强路面沥青层与沥青层之间、沥青层与水泥混凝土路面之间的黏结而洒布的沥青材料薄层。

符合下列情况之一时，必须喷洒粘层油。

（1）双层式或三层式热拌热铺沥青混合料路面的沥青层之间。

（2）水泥混凝土路面、沥青稳定碎石基层或旧沥青路面层上加铺沥青层。

（3）路缘石、雨水口、检查井等构造物与新铺沥青混合料接触的侧面。

粘层油宜采用快裂或中裂乳化沥青、改性乳化沥青，也可采用快、中凝液体石油沥青，其规格和质量应符合相关要求，所使用的基质沥青标号宜与主层沥青混合料相同。

粘层油品种和用量，应根据下卧层的类型通过试洒确定，并符合表 2-2-15 的要求。当粘层油上铺筑薄层大空隙排水路面时，粘层油的用量宜增加到 0.6～1.0 L/m^2。在沥青层之间兼作封层而喷洒的粘层油宜采用改性沥青或改性乳化沥青，其用量宜不少于 1.0 L/m^2。

表 2-2-15　沥青路面粘层材料的规格和用量表

下卧层类型	液体沥青		乳化沥青	
	规格	用量/（L·m⁻²）	规格	用量/（L·m⁻²）
新建沥青层或旧沥青路面	AL（R）－3～AL（R）－6 AL（M）－3～AL（M）－6	0.3～0.5	PC－3 PA－3	0.3～0.6

续表

下卧层类型	液体沥青		乳化沥青	
	规格	用量/（L·m^{-2}）	规格	用量/（L·m^{-2}）
水泥混凝土	AL（M）－3～AL（M）－6 AL（S）－3～AL（S）－6	0.2～0.4	PC－3 PA－3	0.3～0.5

注：表中用量是指包括稀释剂和水分等在内的液体沥青、乳化沥青的总量。乳化沥青中的残留物含量以50%为基准。

粘层油宜采用沥青洒布车喷洒，并选择适宜的喷嘴，洒布速度和喷洒量保持稳定。当采用机动或手摇的手工沥青洒布机喷洒时，必须由熟练的技术工人操作，均匀洒布。气温低于10 ℃时不得喷洒粘层油，寒冷季节施工不得不喷洒时可以分成2次喷洒。路面潮湿时不得喷洒粘层油，用水洗刷后需待表面干燥后喷洒。

喷洒的粘层油必须成均匀雾状，在路面全宽度内均匀分布成一薄层，不得有洒花漏空或成条状，也不得有堆积。喷洒不足的要补洒，喷洒过量处应予刮除。喷洒粘层油后，严禁运料车外的其他车辆和行人通过。

粘层油宜在当天洒布，待乳化沥青破乳、水分蒸发完成，或稀释沥青中的稀释剂基本挥发完成后，紧跟着铺筑沥青层，确保粘层不受污染。

三、封层施工

封层是指为封闭表面空隙、防止水分侵入而在沥青面层或基层上铺筑的有一定厚度的沥青混合料薄层。铺筑在沥青面层表面的称为上封层，铺筑在沥青面层下面、基层表面的称为下封层。

（一）一般规定

（1）各种封层适用于加铺薄层罩面、磨耗层、水泥混凝土路面上的应力缓冲层、各种防水和密水层、预防性养护罩面层。

（2）封层宜选择在干燥和较热的季节施工，并在最高温度低于15 ℃时期到来之前半个月及雨季前结束。

（二）上封层

（1）根据情况可选择乳化沥青稀浆封层、微表处、改性沥青集料封层、薄层磨耗层或其他适宜的材料。

（2）铺设上封层的下卧层必须彻底清扫干净，对车辙、坑槽、裂缝进行处理或挖补。

（3）上封层的类型根据使用目的、路面的破损程度选用。

①裂缝较细、较密的可采用涂洒类密封剂、软化再生剂等涂刷罩面。

②对二级及二级以下公路的旧沥青路面可以采用普通的乳化沥青稀浆封层，也可在喷洒道路石油沥青后撒布石屑（砂）后碾压做封层。

③对高速公路、一级公路有轻微损坏的宜铺筑微表处。

④对用于改善抗滑性能的上封层可采用稀浆封层、微表处或改性沥青集料封层。

（三）下封层

（1）多雨潮湿地区的高速公路、一级公路的沥青面层空隙率较大，有严重渗水可能，或铺筑基层不能及时铺筑沥青面层而需通行车辆时，宜在喷洒透层油后铺筑下封层。

（2）下封层宜采用层铺法表面处治或稀浆封层法施工。稀浆封层可采用乳化沥青或改性乳化沥青作结合料。下封层的厚度不宜小于6 mm，且应做到完全密水。

（3）以层铺法沥青表面处治铺筑下封层时，通常采用单层式，矿料用量宜为5～8 m^3/

1 000 m^2，沥青用量可采用要求范围的中高限。

(四) 稀浆封层与微表处

(1) 微表处主要用于高速公路及一级公路的预防性养护以及填补轻度车辙，也适用于新建公路的抗滑磨耗层。稀浆封层一般用于二级及二级以下公路的预防性养护，也适用于新建公路的下封层。

(2) 稀浆封层和微表处必须使用专用的摊铺机进行摊铺。单层微表处适用于旧路面车辙深度不大于 15 mm 的情况；超过 15 mm 的必须分两层铺筑，或先用 V 字形车辙摊铺箱摊铺；深度大于 40 mm 时不适宜微表处处理。

(3) 稀浆封层和微表处的最低施工温度不得低于 10 ℃，严禁在雨天施工，摊铺后尚未成型混合料遇雨时应予铲除。

(4) 稀浆封层和微表处两幅纵缝搭接的宽度不宜超过 80 mm，横向接缝宜做成对接缝。分两层摊铺时，第一层摊铺后至少应开放交通 24 h 后方可进行第二层摊铺。

(5) 稀浆封层和微表处铺筑后的表面不得有超粒径料拖拉的严重划痕，横向接缝和纵向接缝处不得出现余料堆积或缺料现象，用 3 m 直尺测量接缝处的不平整度不得大于 6 mm。对微表处不得有横向波浪和深度超过 6 mm 的纵向条纹。经养护和初期交通碾压稳定的稀浆封层和微表处，在行车作用下应不飞散且完全密水。

实战演练

[2019 真题 · 单选] 关于路面透层施工技术要求的说法，错误的是（　　）。

A. 气温低于 10 ℃或大风、即将降雨时不得喷洒透层油

B. 透层油洒布后应自由流淌，应渗入基层一定深度，在表面形成油膜

C. 应按设计喷油量一次均匀洒布，当有漏洒时，应人工补洒

D. 在摊铺沥青前，应将局部尚有多余的未渗入基层的沥青清除

[解析] 选项 B 错误，透层油洒布后应不致流淌，应渗入基层一定深度，不得在表面形成油膜。

[答案] B

[2018 真题 · 案例节选]

背景资料：

某三级公路，起讫桩号为 K0＋000～K5＋300，双向两车道，路面结构形式为水泥混凝土路面。由于当地旅游经济的发展，此三级公路已发展为重要的旅游支线公路。通车 10 年后，路面发生局部网状开裂、纵向裂缝等病害。

施工过程中，发生如下事件。

……

事件三：水泥混凝土路面破碎颗粒粒径满足要求并压实后，施工单位用智能洒布车均匀洒布乳化沥青做透层。洒布施工中发现局部有花白遗漏现象。

……

[问题]

4. 针对事件三中的花白遗漏处应如何处理？透层油还可选择哪些类型的沥青？

[答案]

4. (1) 事件三中的路面存在花白遗漏处应人工补洒。

(2) 该路面透层油还可选择液体沥青和煤沥青。

知识点6 路面改（扩）建施工

一、路面再生

沥青路面再生应采用沥青路面再生设备，将一定比例的新集料、再生结合料、沥青再生剂等新材料与沥青混合料回收料、无机回收料等沥青路面回收料进行拌和，并经摊铺、压实，形成路面结构层。

沥青路面再生方式分为厂拌热再生、就地热再生、厂拌冷再生、就地冷再生和全深式冷再生5种。

（1）厂拌热再生：在拌合厂将沥青混合料回收料破碎、筛分后，以一定的比例与新矿料、新沥青、沥青再生剂等加热拌和为混合料，然后铺筑形成沥青路面的技术。

（2）就地热再生：采用专用设备对沥青路面就地进行加热、翻松，掺入一定数量的新沥青、新沥青混合料、沥青再生剂等，经热态拌和、摊铺、碾压等工序，实现旧沥青路面面层再生的技术，也称现场热再生。就地热再生技术分为两种，分别为复拌再生和加铺再生。

①复拌再生：将旧沥青路面加热、翻松，就地掺加一定数量的沥青再生剂、新沥青混合料、新沥青（需要时），经热态拌和、摊铺、压实成型。

②加铺再生：将旧沥青路面加热、翻松，就地掺加一定数量的沥青再生剂、新沥青（需要时），拌和形成再生沥青混合料，利用再生复拌机的第一熨平板摊铺再生沥青混合料，利用再生复拌机的第二熨平板同时将新沥青混合料摊铺于再生混合料之上，两层一起压实成型。

（3）厂拌冷再生：在拌合厂将沥青混合料回收料或者无机回收料破碎、筛分后，以一定的比例与新矿料、再生结合料、水等在常温下拌和为混合料，然后铺筑形成沥青路面的技术。

（4）就地冷再生：采用专用设备对沥青层进行就地铣刨，掺入一定数量的新矿料、再生结合料、水，经过常温拌和、摊铺、压实等工序，实现旧沥青路面再生的技术，也称现场冷再生。

点拨

现场冷再生中的关键技术包括添加的胶粘剂与旧混合料的均匀拌和技术，旧沥青混合料的铣刨、破碎技术，胶粘剂配比性能也很关键。

（5）全深式冷再生：采用专用设备对沥青层及部分下承层进行就地翻松，或是将沥青层部分或全部铣刨移除后对部分下承层进行就地翻松，同时掺入一定数量的新矿料、再生结合料、水等，经过常温拌和、摊铺、压实等工序，实现旧沥青路面再生的技术。

二、局部加宽

（一）一般规定

（1）局部加宽适用于改善局部线形、通行能力与服务水平，包括局部路段、城镇出入口、平面交叉口、弯道路段的加宽和爬坡车道、避险车道、停车港湾的增设。

（2）单侧或双侧局部加宽方式应根据原公路等级、线形、局部加宽路段类型、交通量等因素，通过对原路面调查分析确定。

（3）对于不能采取两侧相等加宽的，两侧局部加宽的宽度差不大于1 m时，可不调整原路面的路拱横坡；两侧局部加宽的宽度差大于1 m时，宜调整原路面的路拱横坡。

（4）局部加宽路面结构层应与原路面相应的结构层一致；局部加宽与原路面功能性罩面或结构性补强同步实施时，其结构层宜一致，并同步施工。

（5）局部加宽路面结构层与原路面纵向搭接应与路中线平行，横向搭接应采取台阶式搭接、土工合成材料加筋等措施，上、下结构层搭接错开距离为 30 cm，保证搭接处不出现纵向裂缝。

(6) 原路面功能性罩面或结构性补强和局部加宽的结构层间应采取封层、粘层等处理措施，保证路面各结构层间具备有效的黏结防水和完整的使用功能。

(二) 基层施工与质量控制

新、旧基层横向搭接处理应符合下列规定。

(1) 基层厚度不小于 25 cm 时，宜采用相错搭接法，搭接长度不小于 30 cm，搭接部位应首先采用小型机具夯实至设计规定的压实度，然后再对整个加宽基层采用机械全面压实，压实质量应符合设计要求，压实成型的新基层应与原基层平齐。

(2) 基层厚度小于 25 cm 时，宜采用平头接头法，新铺筑的基层成型后，应与原路面基层平齐。

(3) 邻接加宽部位 30 cm 的旧沥青面层应揭掉，并使原路面露出坚硬的边缘，材料不可松动，保持沥青面层边缘垂直，基层顶面应平整。旧基层上的松散浮土、浮石渣应清扫干净，并将其顶面拉毛。

局部加宽基层需调拱时，加宽部分与调拱部分应按路面横坡一次调正与整型压实，并先铲掉旧面层，将原基层拉毛后再与调拱层结合，保证调拱部分新、旧基层结合良好。调拱基层的最小厚度应满足现行《公路沥青路面设计规范》(JTG D50—2017) 的要求，不足时可向下开挖原基层，保证调拱基层的最小厚度要求。

(三) 沥青面层施工与质量控制

局部加宽沥青面层原材料要求、混合料配合比设计与性能检验应按现行《公路沥青路面施工技术规范》(JTG F40—2004) 的有关规定执行，其混合料经试验验证可采用沥青面层再生材料，平面交叉口、弯道路段加宽和爬坡车道、停车港湾增设的沥青面层宜采用抗车辙或高模量沥青混合料。

新、旧沥青面层横向搭接宜采用立茬毛缝方法，并应符合下列规定。

(1) 在基层加宽的基础上将原路面边缘刨切整齐，使其露出坚硬的垂直边缘，原路面面层和新铺基层的粒料不可松动，并将加宽的基层表面清扫干净。

(2) 在接茬处应均匀涂覆黏结乳化沥青，以保证新铺混合料与原沥青面层更好地黏结。

(3) 单层沥青面层接茬，混合料摊铺应与原路面平齐对接，压实后的高度与原路面面层平齐。

(4) 双层或双层以上沥青面层接茬，上、下面层不宜接在同一垂直面上，应错开 30 cm 以上，做成台阶式。

新、旧沥青面层搭接施工应符合下列规定。

(1) 接茬部位沥青混合料的摊铺可视加宽宽度选择人工摊铺或机械摊铺。采用人工摊铺时，按松铺厚度摊平，并沿边缘用沥青混合料覆盖于原路面边缘并预热，及时用小型振动板沿纵向接茬部位朝向接茬处压实，新铺沥青面层可比原面层略高，再用重型压路机后轮对新铺沥青面层进行充分碾压，成型的高度应与原面层平齐；采用机械摊铺法施工时，可直接沿纵向接茬部位摊铺，并朝向接茬处压实，及时对接茬部位进行整平或补料。

(2) 加宽部位原路面不需要调拱时，新铺沥青混合料的碾压应朝向接茬处压实，保证满足设计要求的路拱；原路面需要调拱时，压实方法同新建沥青路面的有关规定，保证接缝位置平顺和路拱以及压实度满足设计要求。

实战演练

[2020 真题・多选] 现场冷再生中的关键技术包括（　　）。

A. 添加的胶粘剂与旧混合料的均匀拌和技术

B. 旧沥青混合料的环保弃置技术

C. 旧沥青混合料的铣刨、破碎技术

D. 胶粘剂配比性能

E. 旧沥青混合料的经济运输技术

[解析] 现场冷再生中的关键技术包括添加的胶粘剂与旧混合料的均匀拌和技术，旧沥青混合料的铣刨、破碎技术，胶粘剂配比性能也很关键。

[答案] ACD

第三节　水泥混凝土路面施工

知识点 1　水泥混凝土路面施工准备

一、一般规定

（1）应对施工现场及其附近的原材料、燃油、水资源储存及供应情况进行充分调研，收集当地气候特征、中长期天气预报、无线通信条件等与施工相关的资料。

（2）应根据标段施工条件、场地位置、沿线建筑物等情况，对现场施工便道、拌合站、钢筋加工场、生活与办公区等进行合理的总体布局。

（3）基层、封层或夹层应验收合格，并应测量校核平面和高程控制桩，恢复路面中心、边缘等全部基本标桩，测量精度应满足相应规范的规定。

（4）进场时，每批量原材料应有产品合格证。应建立能对原材料、配合比和施工质量进行检测和控制、符合相应资质要求的工地试验室。

（5）使用填缝料、外加剂、水泥或粉煤灰、矿渣粉时，现场操作人员应按规定配戴防护用具。

二、施工组织

施工组织设计应包括下列内容。

（1）施工机械设备种类与数量组合、进场计划、操作人员与设备调配方案。

（2）路面的施工工艺流程、质量检验计划、关键工序质量控制要求。

（3）配合比的试验、检验与控制程序，计划和质检人员安排。

（4）工程计划进度网络图及直方图。

（5）原材料进场计划，水资源、油料与电力获取方式、供应计划与备用方案。

（6）劳动力进场计划。

（7）拌合站、钢筋加工场、项目部与生活区建设方案。

（8）施工便道及临时导改方案，原材料与混凝土运输道路的建设计划与施工交通管制。

（9）安全生产计划等。

施工过程中，应结合工程的进展速度及变化情况，及时调整施工组织设计，使工程质量及进度始终处于可控状态。摊铺现场和拌合站之间应建立快速有效的通信联络，及时进行生产调度、指挥和应急处置。交通繁忙的路口应设立标志，疏导交通。夜间施工时，应保证施工照明，模板或基准线桩附近应设置警示灯或反光标志。

三、拌合站

（一）一般要求

（1）拌合站的选址应防止噪声扰民和粉尘污染，距摊铺路段的最长运输距离不宜大于20 km。

（2）拌合站应布置粗细集料储存区、水泥或掺合料罐仓、蓄水池、搅拌生产区、工地试验室、钢筋储备库和加工场。使用袋装水泥时尚应设置水泥库。

（3）拌合站的规模和场地布置应根据施工需求确定。应布置紧凑，节约用地。

（4）拌合站蓄水池容量应满足拌和、清洗、养护用水及洒水防尘的需要。

（5）拌合站的电力总容量应满足施工用电设备、施工照明及生活用电需要。

（6）应保证摊铺机械、运输车辆及发电机等动力设备的燃料供应。离加油站较远工地宜设燃料储备库，并确保其储备安全。

（二）材料储存和供应

水泥和掺合料的储存与供应符合下列规定。

（1）散装水泥和粉煤灰应使用罐仓储存。罐仓顶部应有过滤、防潮措施。不同厂家的水泥应分罐存放，更换水泥品种或厂家时应清仓再灌。粉煤灰不得与水泥混罐。

（2）罐仓中宜储备满足不少于3 d生产需要的水泥与掺合料。水泥库应防水防潮。

纤维混凝土的拌合楼应配备专用纤维均匀分散装置，并储备1个月的纤维用量。

外加剂应设置储液罐或稀释池。储液罐、稀释池应与拌合楼外加剂计量容器的管路及沉淀池上下接通，并便于清理沉淀。

（三）集料储备

（1）施工前，宜储备不少于正常施工10 d用量的粗、细集料。

（2）料场宜建在排水通畅的位置，底部应做硬化处理。不同规格的集料之间应设置隔离设施，并设置明显标志牌，避免混杂。

（3）应控制粗、细集料中粉尘与含泥量，并应架设顶棚，保证其含水率稳定。

（四）其他规定

（1）拌合站内的运输道路及拌合楼下应硬化处理，其结构和强度应满足施工车辆行驶的需要。

（2）拌合站内宜设置完善的排水设施，水泥库、备件库及集料堆场应重点进行防排水设计，拌合站四周应设置截水沟或排水沟。拌合楼应设置污水排放管沟、沉淀池或污水回收处理设备。

（3）拌合站应保持清洁，排除积水，并及时整治运输道路和停车场地，做到整洁、标准化施工。

（4）从拌合楼清理出的混凝土残渣应集中利用或掩埋处理。

四、原材料与设备检查

对各种原材料，应将相同料源、规格、品种的原材料作为一个批次，按规定的检测项目、检测频率和试验方法进行检测，检测合格并经配合比试验确认满足要求后，方可使用。不合格原材料不得进场。

施工前应对机械设备、测量仪器、基准线或模板、机具工具及各种试验仪器等进行全面检查、调试、校核、标定，并适量储备主要施工机械易损零部件。

五、路基沉降观测与基层检查修复

施工前应对桥头、软基、高填方、填挖方交界等处的路基段进行连续沉降观测，当发现局部路基段沉降尚未稳定时，不得进行该段面层施工。

面层施工前，应提供足够连续施工 7 d 以上的合格基层，并应严格控制表面高程和横坡。

局部破损的基层应按下列规定进行修复。

（1）存在挤碎、隆起、空鼓等病害的基层，应清除病害部位，并使用相同的基层料重新铺筑。

（2）当基层产生非扩展性温缩、干缩裂缝时，可先采用灌沥青密封防水后，再采用土工合成材料进行防裂处理。

（3）局部开裂、破碎的部位，应局部全厚度挖除，并采用贫混凝土修复。

六、夹层与封层施工

（一）薄膜封层铺设施工规定

（1）施工前，应清除基层表面的浮土、碎石等杂物，再铺设薄膜。

（2）封层铺设应完全覆盖基层表面，不得漏铺，并应做到平整、顺直，避免褶皱。一布一膜型复合土工膜或单面复合塑料编织布封层铺设应使膜面朝上，布面紧贴基层。

（3）封层搭接时，纵向搭接长度不应小于 500 mm，横向搭接宽度不应小于 300 mm。采用黏结方式连接时，纵向黏结长度不应小于 200 mm，横向黏结宽度不应小于 150 mm。重叠部分，沿纵坡或横坡下降方向高程较大一侧，封层应在上方。

（4）纵坡大于 5.0%路段和设超高的弯道封层宜采用二布一膜型复合土工膜，平曲线上宜采用折线形式铺设。

（5）薄膜封层宜与基层表面粘贴固定。

（6）应对铺设好的封层进行保护，损坏的封层应及时进行修补。

（7）封层铺设应在面层施工模板或基准线安装前完成。

（二）薄膜封层铺设质量检验规定

（1）薄膜封层铺设搭接偏差、宽度偏差不得超过规定值的 20%。

（2）因施工产生最大破口长度不得超过 60 mm；每 10 m^2 范围内长度超过 20 mm 的破口数量不得超过 3 个。所有破口均应贴补修复或更换新封层。

七、试验路段铺筑

二级及二级以上公路水泥混凝土面层施工前，应制订试验路段的施工方案和质量检测计划，并应铺筑试验路段。其他等级公路施工前宜铺筑试验路段。试验路段长度不应短于 100 m，高速公路、一级公路宜在主线路面以外进行试铺。

试验路段铺筑应达到下述目的。

（1）确定拌合楼的拌和参数、实际生产能力和配料精度。

（2）检验混凝土的施工性能、技术参数和实测强度。

（3）检验铺筑机械、工艺参数及与拌和能力匹配情况。

（4）检验施工组织方式、质量控制水平和人员配备。

拌合楼应通过动、静态标定检验合格后方可试拌。试拌应确定下列内容。

（1）每座拌合楼的生产能力、施工配合比的配料精度，以及全部拌合楼（机）的总产量。

（2）计算机拌和程序及粗细集料含水率的反馈控制系统满足要求。

（3）合理投料顺序和时间、纯拌和与总拌和时间。

（4）拌合物坍落度、VC 值、含气量等工艺参数。

（5）检验混凝土试件弯拉强度是否满足要求。

用于试验段的拌和楼（机）试拌合格后，方可进行试验路段铺筑。

知识点 2　水泥混凝土路面用料要求

根据《公路水泥混凝土路面施工技术细则》（JTG/T F30—2014），水泥混凝土路面用料要求如下。

一、水泥

极重、特重、重交通荷载等级公路面层水泥混凝土应采用旋窑生产的道路硅酸盐水泥、硅酸盐水泥、普通硅酸盐水泥，中、轻交通荷载等级公路面层水泥混凝土可采用矿渣硅酸盐水泥。高温期施工宜采用普通型水泥，低温期施工宜采用早强型水泥。

面层水泥混凝土所用水泥的技术要求除应满足现行《道路硅酸盐水泥》（GB/T 13693—2017）或《通用硅酸盐水泥》（GB 175—2023）的规定外，水泥各龄期的实测抗折强度、抗压强度尚应符合表 2-3-1 的规定。

表 2-3-1　面层水泥混凝土用水泥各龄期的实测强度值

混凝土设计弯拉强度标准值/MPa	5.5[a]		5.0		4.5		4.0	
龄期/d	3	28	3	28	3	28	3	28
水泥实测抗折强度/MPa≥	5.0	8.0	4.5	7.5	4.0	7.0	3.0	6.5
水泥实测抗压强度/MPa≥	23.0	52.5	17.0	42.5	17.0	42.5	10.0	32.5

注：[a]本栏也适用于设计弯拉强度为 6.0 MPa 的纤维混凝土。

面层水泥混凝土选用水泥时，除应满足上述要求外，还应对拟采用厂家的水泥进行混凝土配合比对比试验，根据所配制的混凝土弯拉强度、耐久性和工作性，选择适宜的水泥品种和强度等级。

采用滑模摊铺机铺筑时，宜选用散装水泥。高温期施工时，散装水泥的入罐最高温度不宜高于 60 ℃；低温期施工时，水泥进入搅拌缸前的温度不宜低于 10 ℃。

二、掺合料

使用道路硅酸盐水泥或硅酸盐水泥时，可在混凝土中掺入适量粉煤灰；使用其他水泥时，不应掺入粉煤灰。

面层水泥混凝土可单独或复配掺用符合规定的粉状低钙粉煤灰、矿渣粉或硅灰等掺合料，不得掺用结块或潮湿的粉煤灰、矿渣粉和硅灰。粉煤灰质量不应低于表 2-3-2 中的Ⅱ级粉煤灰的要求。不得掺用高钙粉煤灰或Ⅲ级及Ⅲ级以下低钙粉煤灰。粉煤灰进货应有等级检验报告。

表 2-3-2　低钙粉煤灰分级和质量标准

粉煤灰等级	细度（45 μm 气流筛，筛余量）/%	烧失量/%	需水量/%	含水率/%	游离氧化钙含量/%	SO_3/%	混合砂浆强度活性指数[a]	
							7 d	28 d
Ⅰ	≤12.0	≤5.0	≤95.0	≤1.0	<1.0	≤3.0	≥75	≥85（75）
Ⅱ	≤25.0	≤8.0	≤105.0	≤1.0	<1.0	≤3.0	≥70	≥80（62）
Ⅲ	≤45.0	≤15.0	≤115.0	≤1.0	<1.0	≤3.0	—	—

注：[a]混合砂浆强度活性指数为掺粉煤灰的砂浆与水泥砂浆的抗压强度比的百分数，不带括号的数值

适用于所配制混凝土强度等级不小于C40时；当配制的混凝土强度等级小于C40时，混合砂浆强度活性指数应满足28 d括号中数值的要求。

掺加于面层水泥混凝土中的矿渣粉、硅灰，其质量应符合规定。使用矿渣硅酸盐水泥时不得再掺加矿渣粉。高温期施工时，不宜掺用硅灰。

各种掺合料在使用前，应进行混凝土配合比试配检验与掺量优化试验，确认面层水泥混凝土弯拉强度、工作性、抗磨性、抗冰冻性、抗盐冻性等指标满足设计要求。

三、粗集料与再生粗集料

粗集料应使用质地坚硬、耐久、干净的碎石、破碎卵石或卵石。极重、特重、重交通荷载等级公路面层混凝土用粗集料质量不应低于Ⅱ级的要求；中、轻交通荷载等级公路面层混凝土可使用Ⅲ级粗集料。

中、轻交通荷载等级公路面层水泥混凝土可使用再生粗集料，其质量应符合规定。再生粗集料可单独或掺配新集料后使用，但应通过配合比试验验证，确定混凝土性能满足设计要求，并符合下列规定。

（1）有抗冰冻、抗盐冻要求时，再生粗集料不应低于Ⅱ级；无抗冰冻、抗盐冻要求时，可使用Ⅲ级再生粗集料。

（2）再生粗集料不得用于裸露粗集料的水泥混凝土抗滑表层。

（3）不得使用出现碱活性反应的混凝土为原料破碎生产的再生粗集料。

粗集料与再生粗集料应根据混凝土配合比的最大公称粒径分为2～4个单粒级的集料，并掺配使用。粗集料与再生粗集料的合成级配及单粒级级配范围宜符合相关要求。不得使用不分级的统料。

各种面层水泥混凝土配合比的不同种类粗集料与再生粗集料最大公称粒径宜符合表2-3-3的规定。

表2-3-3 各种面层水泥混凝土配合比不同种类粗集料与再生粗集料最大公称粒径 单位：mm

交通荷载等级		极重、特重、重		中、轻		试验方法
面层类型		水泥混凝土	纤维混凝土、配筋混凝土	水泥混凝土	碾压混凝土、砌块混凝土	
最大公称粒径	碎石	26.5	16.0	31.5	19.0	《公路工程集料试验规程》(JTG 3432—2024) T0302
	破碎卵石	19.0	16.0	26.5	19.0	
	卵石	16.0	9.5	19.0	16.0	
	再生粗集料	—	—	26.5	19.0	

四、细集料

细集料应使用质地坚硬、耐久、洁净的天然砂或机制砂，不宜使用再生细集料。极重、特重、重交通荷载等级公路面层水泥混凝土用天然砂的质量标准不应低于相关规定的Ⅱ级，中、轻交通荷载等级公路面层水泥混凝土可使用Ⅲ级天然砂。

天然砂的级配范围宜符合表2-3-4的规定。面层水泥混凝土使用的天然砂细度模数宜为2.0～3.7。

表 2-3-4　天然砂的推荐级配范围

砂分级	细度模数	方孔筛尺寸/mm（试验方法 JTG 3432 T0327）							
		9.5	4.75	2.36	1.18	0.60	0.30	0.15	0.075
		通过各筛孔的质量百分率/%							
粗砂	3.1～3.7	100	90～100	65～95	35～65	15～30	5～20	0～10	0～5
中砂	2.3～3.0	100	90～100	75～100	50～90	30～60	8～30	0～10	0～5
细砂	1.6～2.2	100	90～100	85～100	75～100	60～84	15～45	0～10	0～5

机制砂宜采用碎石作为原料，并用专用设备生产。极重、特重、重交通荷载等级公路面层水泥混凝土用机制砂的质量标准不应低于相关规定的Ⅱ级，中、轻交通荷载等级公路面层水泥混凝土可使用Ⅲ级机制砂。面层水泥混凝土使用的机制砂细度模数宜为 2.3～3.1。

细集料的使用尚应符合下列规定。

（1）配筋混凝土路面及钢纤维混凝土路面中不得使用海砂。

（2）细度模数差值超过 0.3 的砂应分别堆放，分别进行配合比设计。

（3）采用机制砂时，外加剂宜采用引气高效减水剂或聚羧酸高性能减水剂。

五、水

符合现行《生活饮用水卫生标准》（GB 5749—2022）的饮用水可直接作为混凝土搅拌与养护用水。非饮用水应进行水质检验，并应符合非饮用水质量标准的规定，还应与蒸馏水进行水泥凝结时间与水泥胶砂强度的对比试验；对比试验的水泥初凝与终凝时间差均不应大于 30 min，水泥胶砂 3 d 和 28 d 强度不应低于蒸馏水配制的水泥胶砂 3 d 和 28 d 强度的 90%。养护用水可不检验不溶物含量和其他杂质，其他指标应符合相关的规定。

六、外加剂

外加剂产品出厂报告中应标明其主要化学成分和使用注意事项。面层水泥混凝土的各种外加剂应经有相应资质的检测机构检验合格，并提供检验报告后方可使用。

外加剂产品应使用工程实际采用的水泥、集料和拌和用水进行试配，检验其性能，确定合理掺量。

➢ **知识拓展：** 面层水泥混凝土外加剂包括普通减水剂、高效减水剂、引气剂、引气减水剂、引气高效减水剂、缓凝剂、缓凝减水剂、缓凝高效减水剂、引气缓凝高效减水剂、早强剂、早强减水剂、早强高效减水剂、引气早强高效减水剂。

外加剂复配使用时，不得有絮凝现象，应使用工程实际采用的水泥、集料和拌和用水进行试配，确定其性能满足要求后方可使用。各种可溶外加剂均应充分溶解为均匀水溶液，按配合比计算的剂量加入。采用非水溶的粉状外加剂时，应保证其分散均匀、搅拌充分，不得结块。

滑模摊铺施工的水泥混凝土面层宜采用引气高效减水剂；高温施工混凝土拌合物的初凝时间短于 3 h 时，宜采用缓凝引气高效减水剂；低温施工混凝土拌合物终凝时间长于 10 h 时，宜采用早强引气高效减水剂。

有抗冰冻、抗盐冻要求时，各级公路水泥混凝土面层及暴露结构物混凝土应掺入引气剂；无抗冻要求地区的二级及二级以上公路水泥混凝土面层宜掺入引气剂。

处在海水、海风、氯离子环境或冬季撒除冰盐的路面或桥面钢筋混凝土、钢纤维混凝土中可掺用或复配阻锈剂。阻锈剂产品的质量标准、检验方法及应用技术应符合现行《钢筋阻锈剂应用技术规程》（JGJ/T 192—2009）的规定。

七、钢筋

水泥混凝土、钢筋混凝土及连续配筋混凝土面层所用钢筋、钢筋网、传力杆、拉杆等应符合国家和行业现行相关标准的规定。

钢筋不得有裂纹、断伤、刻痕、表面油污和锈蚀。配筋混凝土路面与桥面用钢筋宜采用环氧树脂涂层或防锈漆涂层等保护措施。传力杆应无毛刺，两端应加工成圆锥形或半径为 2～3 mm 的圆倒角。胀缝传力杆应在一端设置镀锌钢管帽或塑料套帽，套帽厚度不应小于 2.0 mm，并应密封不透水，套帽长度宜为 100 mm，套帽内活动空隙长度宜为 30 mm。传力杆钢筋应采取喷塑、镀锌、电镀或涂防锈漆等防锈措施，防锈层不得局部缺失。拉杆钢筋应在中部不小于 100 mm 范围内采取涂防锈漆等防锈措施。

八、纤维

用于路面和桥面水泥混凝土的钢纤维质量除应满足现行《纤维混凝土应用技术规程》(JGJ/T 221—2010) 等标准的要求外，尚应符合下列规定。

(1) 钢纤维抗拉强度等级不应低于 600 级。

(2) 钢纤维应进行有效的防锈蚀处理。

(3) 钢纤维的几何参数及形状精度应满足表 2-3-5 的要求。钢丝切断型钢纤维或波形、带倒钩的钢纤维不应使用。

表 2-3-5　钢纤维几何参数及形状精度要求

钢纤维几何参数及形状精度	长度/mm	长度合格率/%	直径（等效直径）/mm	形状合格率/%	弯折合格率/%	平均根数与标称根数偏差/%	杂质含量/%
技术要求	25～50	>90	0.3～0.9	>90	>90	±10	<1.0

(4) 钢纤维表面不应沾染油污及妨碍水泥黏结及凝结硬化的物质，结团、黏结连片的钢纤维不得使用。

用于面层水泥混凝土的玄武岩短切纤维的外观应为金褐色，匀质、表面无污染，二氧化硅含量应为 48%～60%。其表面浸润剂应为亲水型。用于面层水泥混凝土的合成纤维可采用聚丙烯腈（PANF）、聚丙烯（PPF）、聚酰胺（PAF）和聚乙烯醇（PVAF）等材料制成的单丝纤维或粗纤维，其质量应符合现行《水泥混凝土和砂浆用合成纤维》(GB/T 21120—2018) 的规定，且实测单丝抗拉强度最小值不得小于 450 MPa。

九、接缝材料

用于水泥混凝土面层的胀缝板的高度、长度和厚度应符合设计要求，并按设计间距预留传力杆孔。孔径宜大于传力杆直径 2 mm，高度和厚度尺寸偏差均应小于 1.5 mm。

高速公路、一级公路胀缝板宜采用塑胶板、橡胶（泡沫）板或沥青纤维板；其他等级公路也可采用浸油木板。

聚氨酯类常温施工式填缝料质量应符合相关规定。聚氨酯类填缝料中不得掺入碳黑等无机充填料。

硅酮类、聚氨酯类常温施工式填缝料可用于各等级公路水泥混凝土面层；橡胶沥青、改性沥青类填缝料可用于二级及二级以下公路，不宜用于高速公路和一级公路；道路石油沥青类填缝料可用于三、四级公路，不宜用于二级公路，不得用于高速公路和一级公路。

严寒及寒冷地区宜采用低模量型填缝料，其他地区宜采用高模量型填缝料。橡胶沥青应根据当地所处的气候区划选用 4 类中适宜的一类。严寒、寒冷地区宜使用 70 号石油沥青和/或 SBS 类Ⅰ-C；炎热、温暖地区宜使用 50 号石油沥青和/或 SBS 类Ⅰ-D。

填缝背衬垫条应具有弹性良好、柔韧性好、不吸水、耐酸碱腐蚀及高温不软化等性能。背衬垫条可采用橡胶条、发泡聚氨酯、微孔泡沫塑料等制成，其形状宜为可压缩圆柱形，直径宜比接缝宽度大 2～5 mm。

十、养护材料

水泥混凝土面层用养护剂应采用由石蜡、适宜高分子聚合物与适量稳定剂、增白剂经胶体磨制成的水乳液，不得采用以水玻璃为主要成分的养护剂。养护剂宜为白色胶体乳液，不宜为无色透明的乳液。使用养护剂时，高速公路、一级公路水泥混凝土面层应使用满足一级品要求的养护剂，其他等级公路可使用满足合格品要求的养护剂。水泥混凝土面层用节水保湿养护膜应由高分子吸水保水树脂和不透水塑料面膜制成。

高温期施工时，宜选用白色反光面膜的节水保湿养护膜；低温期施工时，宜选用黑色或蓝色吸热面膜的产品。

实战演练

[经典例题·多选] 极重、特重、重交通荷载等级公路面层水泥混凝土应采用（　　）。

A. 道路硅酸盐水泥　　B. 硅酸盐水泥

C. 普通硅酸盐水泥　　D. 矿渣硅酸盐水泥

E. 粉煤灰硅酸盐水泥

[解析] 极重、特重、重交通荷载等级公路面层水泥混凝土应采用旋窑生产的道路硅酸盐水泥、硅酸盐水泥、普通硅酸盐水泥，中、轻交通荷载等级公路面层水泥混凝土可采用矿渣硅酸盐水泥。

[答案] ABC

知识点 3　水泥混凝土路面施工技术

根据《公路水泥混凝土路面施工技术细则》(JTG/T F30—2014)，水泥混凝土路面施工流程如图 2-3-1 所示。

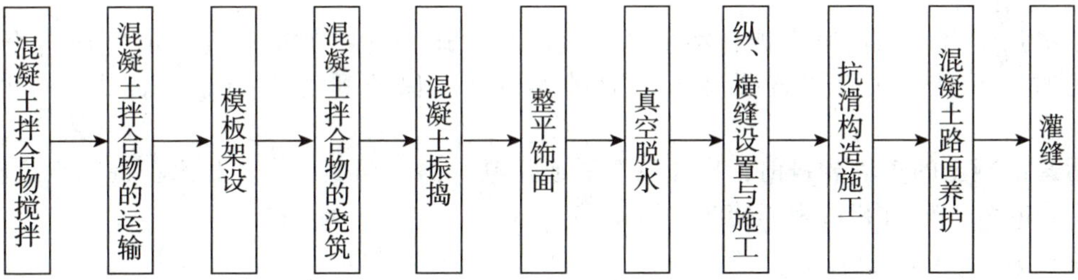

图 2-3-1　水泥混凝土路面施工流程

一、水泥混凝土拌合物搅拌

(1) 水泥混凝土拌和应采用间歇强制式拌合楼（机），或配料计量精度满足要求的连续式拌合楼（机），不宜使用自落式滚筒搅拌机。高速公路、一级及二级公路水泥混凝土面层施工时，应采用配备计算机自动控制的强制式拌合楼（机）。

在标定有效期满或拌合楼（机）搬迁安装后，应重新标定。施工中应每 15 d 校验一次拌合楼（机）计量精度。

(2) 采用计算机自动控制的拌合楼（机）时，应使用自动配料方式控制生产，并按需要打印对应路面摊铺桩号的混凝土配料统计数据及偏差。

(3) 拌合楼（机）拌和第一盘拌合物之前，应润湿搅拌锅，并排净积水。拌合楼（机）生产时，每台班结束后均应对搅拌锅进行清洗，剔除结硬的混凝土块，并更换严重磨损的搅拌叶片。

(4) 搅拌时间应根据拌合物的黏聚性、匀质性、强度稳定性及搅拌机类型，经试拌确定。

(5) 可溶解的外加剂应充分溶解、搅拌均匀后加入搅拌锅，并扣除溶液中的加水量。不可溶解的粉末外加剂加入前应过 0.30 mm 筛，可与集料同时加入，并适当延长纯搅拌时间。

(6) 混凝土中掺有引气剂时，拌合楼（机）一次搅拌量不应大于其额定搅拌量的 90%。

(7) 拌合物出料温度宜控制为 10～35 ℃。

(8) 拌合物应均匀一致。生料、干料、严重离析的拌合物，或有外加剂团块、粉煤灰团块的拌合物不得用于路面摊铺。

(9) 一座拌合楼（机）每盘之间，各拌合楼（机）之间，拌合物的坍落度偏差应小于 10 mm。

(10) 纤维混凝土的搅拌，除应符合水泥混凝土的规定外，尚应符合下列规定。

①搅拌纤维混凝土时，拌合楼（机）一次搅拌量不宜大于额定容量的 90%。拌和掺量较多的纤维混凝土时，不宜大于 80%。

②纤维混凝土搅拌宜采用纤维分散机在搅拌过程中分散加入纤维。可采用先将钢纤维或其他纤维与水泥、粗细集料干拌，基本均匀后再加水湿拌的方法改善纤维的均匀性。出机拌合物中不得有纤维结团现象。

③纤维混凝土的纯搅拌时间应比水泥混凝土规定的纯搅拌时间延长 20～30 s。

④应保证纤维在混凝土中的分散性及均匀性。

二、水泥混凝土拌合物运输

混凝土拌合物应在初凝时间之内运输到铺筑现场。可选配车况优良、载质量 2～20 t 的自卸车，自卸车后挡板应关闭紧密，运输时不漏浆撒料，车厢板应平整光滑。桥面铺装或远距离运输时，宜选配混凝土罐车。混凝土的运输应保证到现场的拌合物具有适宜摊铺的工作性。

不掺加缓凝剂的混凝土拌合物从搅拌机出料到运抵现场的最长允许时间应符合规定。不满足时，可通过试验调整缓凝剂的剂量等措施，保证到达现场的拌合物工作性满足要求。

运送混凝土的车辆装料前，应清洁车厢或车罐，洒水润壁，排干积水。混凝土运输过程中应防止漏浆、漏料和污染，防止拌合物离析。

三、模板架设与拆除

(一) 一般要求

(1) 模板应采用钢材、槽钢或方木制成。模板高度应为面层设计厚度，直线段模板长度不宜小于 3 m，小半径弯道及竖曲线部位可配备长度为 3 m 的短模板。

(2) 纵向施工缝侧模板应按照设计的拉杆直径和间距钻拉杆插入孔，模板每米长度应设置不少于 1 处支撑固定装置。

(3) 横向工作缝端模板应按设计规定的传力杆直径和间距设置传力杆插入孔和定位套管。两边缘传力杆到自由边距离不宜小于 150 mm。端模板每米长度应设置 1 个垂直固定孔套。

(4) 模板数量应根据施工进度和施工气温确定，并满足拆模周期周转需要。模板总量不宜少于 2 次周转的需要。

（二）模板安装

（1）模板安装前应进行测量放样，并核对路面高程、面板分块、胀缝和构造物位置。路面中心桩应每 20 m 设一处，水准点宜每 100 m 布设一处。测量放样的质量要求和允许偏差应符合相关规范的规定。

（2）安装水平曲线与纵曲线路面模板时，应将每块短模板中点安装在曲线的切点上。

（3）模板应采用三角形木块调整高度。厚度不足时，可会同设计调整设计线，不得在基层上挖槽，嵌入安装模板。

（4）模板应固定牢固，在振捣机、三辊轴整平机、滚杠等设备、机具往复作用下，不得出现推移、变形、跑模等现象。

（5）模板固定后，底部空隙宜采用干硬性砂浆填堵，相邻模板接头应粘贴胶带密封，并不得漏浆。与混凝土拌合物接触的表面应涂脱模剂或隔离剂。

（6）模板的安装应平整、顺适、稳固，相邻模板连接应紧密平顺，不得错茬与错台。模板安装应在混凝土面层铺筑之前完成，并满足封模砂浆固化要求。

（三）模板拆除

（1）模板拆除时，面层混凝土抗压强度不应小于 8.0 MPa。

（2）模板拆卸应使用专用工具。拆模不得损坏板边、板角，不得造成传力杆和拉杆松动或变形。

（3）拆下的模板应将黏附砂浆清除干净，并矫正变形。

四、水泥混凝土铺筑

（一）滑模摊铺机铺筑

1. 一般规定

（1）滑模摊铺工艺宜用于高速、一级、二级公路普通水泥混凝土面层、配筋混凝土面层、纤维混凝土面层、钢筋混凝土桥面、隧道混凝土面层、混凝土路缘石、路肩石及护栏等的滑模施工。

（2）采用滑模摊铺机在基层上行走的铺筑方案时，基层侧边缘到滑模摊铺面层边缘的宽度不宜小于 650 mm。

（3）传力杆和胀缝拉杆钢筋宜采用前置支架法施工，也可采用滑模摊铺机配备的自动插入装置（DBI）施工。

（4）应加强混凝土运输组织，保证供料速度与摊铺速度相适应，避免发生料多废弃或等料停机现象。

（5）滑模铺筑施工应编制安全生产作业指导书。

（6）上坡纵坡大于 5%、下坡纵坡大于 6%、半径小于 50 m 或超高超过 7%的路段，不宜采用滑模摊铺机进行摊铺。

2. 设备选择

（1）滑模摊铺机的选择应根据路面结构形式、路面板块划分等因素，并参考滑模摊铺机的性能确定。

（2）高速公路、一级公路宜选配能一次摊铺不少于 2 个车道宽度的滑模摊铺机。二级公路路面的最小摊铺宽度不得小于单个车道设计宽度。硬路肩宜选配可连体摊铺路缘石的中、小型多功能滑模摊铺机。

（3）滑模摊铺水泥混凝土路面时，摊铺机应配备自动抹平板装置。

（4）滑模摊铺机械系统应配套齐全，辅助设备的数量及生产能力应满足铺筑进度的要求。可按下列要求进行配备。

①滑模铺筑无传力杆水泥混凝土路面时，布料可使用轻型挖掘机或推土机。

②滑模铺筑连续配筋混凝土路面、钢筋混凝土路面、桥面和桥头搭板，路面中设传力杆钢筋支架、胀缝钢筋支架时，布料应采用侧向上料的布料机或供料机。

③应采用刻槽机制作宏观抗滑构造。

④面层切缝可使用软锯缝机、支架式硬锯缝机或普通锯缝机。

3. 摊铺前准备

(1) 摊铺段夹层或封层质量应检验合格，对于破损或缺失部位，应及时修复。表面应清扫干净并洒水润湿，并采取防止施工设备和车辆碾坏封层的措施。

(2) 应检查并平整滑模摊铺机的履带行走区。行走区应坚实，不得存在湿陷等病害，并应清除砖、瓦、石块、废弃混凝土块等杂物。履带行走部位基层存在斜坡时，应提前整平。

(3) 摊铺前应检查并调试施工设备。滑模摊铺机首次作业前，应挂线对其铺筑位置、几何参数和机架水平度进行设置、调整和校准，满足要求后方可用于摊铺作业。

(4) 横向连接摊铺前，前次摊铺路面纵向施工缝处溜肩胀宽部位应切割顺直；拉杆应校正扳直，缺少的拉杆应钻孔锚固植入。

(5) 横向连接摊铺时，纵向施工缝的上半部缝壁应按设计涂覆隔离防水材料。

(6) 滑模摊铺面层前，应准确架设基准线。基准线架设示意图如图 2-3-2 所示。

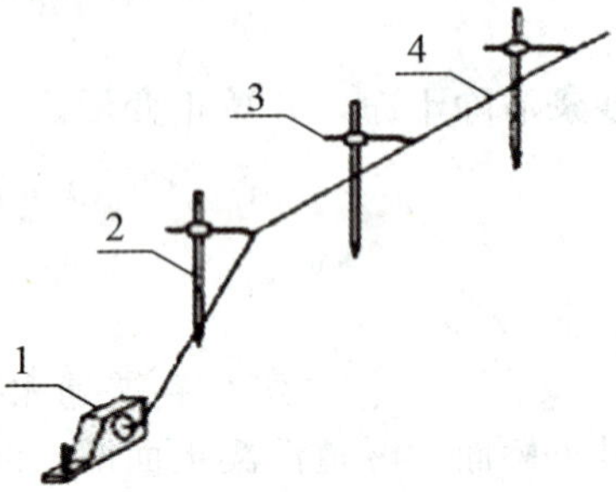

1—紧线器；2—准线桩；3—夹线臂；4—基准线。

图 2-3-2 基准线架设示意图

4. 水泥混凝土面层滑模摊铺机铺筑

水泥混凝土面层滑模摊铺机铺筑技术要求见表 2-3-6。

表 2-3-6 水泥混凝土面层滑模摊铺机铺筑技术要求

工序	技术要求
参数设定	(1) 振捣棒应均匀排列，间距宜为 300～450 mm；混凝土摊铺厚度较大时，应采用较小间距；两侧最边缘振捣棒与摊铺边缘距离不宜大于 200 mm；振捣棒下缘位置应位于挤压底板最低点以上； (2) 挤压底板前倾角宜设置为 3°；提浆夯板位置宜在挤压底板前缘以下 5～10 mm； (3) 边缘超铺高度应根据拌合物稠度确定，宜为 3～8 mm；板厚较厚、坍落度较小时，边缘超铺高度宜采用较小值； (4) 搓平梁前沿宜调整到与挤压底板后沿高程相同的位置；搓平梁的后沿应比挤压底板后沿低 1～2 mm，并与路面高程相同； (5) 符合铺筑精度要求的摊铺机设置应加以固定和保护；当基底高程等摊铺条件发生变化，铺筑精度超出范围时，可由操作手在行进中通过缓慢微调加以调整

续表

工序	技术要求
布料	滑模摊铺混凝土机前布料，应采用机械完成，布料高度应均匀一致，不得采用翻斗车直接卸料的方式。布料尚应符合下列规定。 (1) 卸料、布料速度应与摊铺速度协调一致，不得局部或全断面缺料；发生缺料时应立即停止摊铺； (2) 采用布料机布料时，布料机与滑模摊铺机之间的施工距离宜为5～10 m；现场蒸发率较大时，宜采用较小值； (3) 当坍落度在10～30 mm时，布料松铺系数宜为1.08～1.15； (4) 应保证滑模摊铺机前的料位高度位于螺旋布料器叶片最高点以下，最高料位高度不得高于松方控制板上缘；使用布料犁布料时，应按松方高度严格控制料位高度； (5) 当面层传力杆、胀缝与隔离缝钢筋采用前置支架法施工时，不得在支架顶面直接卸料；传力杆以下的混凝土宜在摊铺前采用手持振捣棒振实
振捣	(1) 滑模摊铺机起步时，应先开启振捣棒，在2～3 min内调整振捣到适宜振捣频率，使进入挤压底板前缘拌合物振捣密实，无大气泡冒出破灭，方可开动滑模机平稳推进摊铺；当天摊铺施工结束，摊铺机脱离拌合物后，应立即关闭振捣棒组； (2) 摊铺过程中应随时调整松方高度板位置控制摊铺机进料，保证进料充足；起步时宜适当调高，正常摊铺时宜保持振捣仓内料位高于振捣棒顶面100 mm左右，料位高低波动宜控制在±30 mm之内
摊铺	(1) 滑模摊铺应缓慢、匀速、连续不间断地作业；滑模摊铺速度应根据板厚、混凝土工作性、布料能力、振捣排气效果等确定，可在0.75～2.5 m/min之间选择，宜采用1 m/min； (2) 滑模摊铺水泥混凝土面层时，严禁快速推进、随意停机与间歇摊铺； (3) 滑模摊铺振捣频率应根据板厚、摊铺速度和混凝土工作性确定，以保证拌合物不发生过振、欠振或漏振；振捣频率可在100～183 Hz之间调整，宜为150 Hz； (4) 可根据拌合物的稠度大小，采取调整摊铺的振捣频率或速度等措施，保证摊铺质量稳定；当拌合物稠度发生变化时，宜先采取调振捣频率的措施，后采取改变摊铺速度的措施； (5) 滑模摊铺推进应匀速、平稳，滑出挤压底板或搓平梁的拌合物表面应平整、无缺陷，两侧边角应为90°，光滑规则，无塌边溜肩，表层砂浆厚度不宜大于3 mm；除露石混凝土路面外，滑模摊铺水泥混凝土面层表面不应裸露粗集料； (6) 摊铺上坡路段时，挤压底板前仰角宜适当调小，并适当调小抹平板压力；摊铺下坡路段时，前仰角宜适当调大，并适当调大抹平板压力； (7) 摊铺小半径水平弯道时，弯道外侧的抹平板到摊铺边缘的距离应向内调整，两侧的加长侧模应采用可水平转动的铰连接，不得固接； (8) 抗滑纹理做毕，应立即开始保湿养护；养护龄期不应少于5 d，且混凝土强度满足要求后，方可连接摊铺相邻车道面板；履带在新铺面层上行走时，钢履带底部应铺橡胶垫或使用有橡胶垫履带的摊铺机；纵缝横向连接高差不应大于2 mm； (9) 摊铺中应经常检查振捣棒的工作情况和位置；面层出现条带状麻面现象时，应停机检查振捣棒是否损坏；振捣棒损坏时，应更换振捣棒；摊铺面层上出现发亮的砂浆条带时，应检查振捣棒位置是否异常；振捣棒位置异常时，应将振捣棒调整到正常位置； (10) 当摊铺宽度大于7.5 m时，应加强左右两侧拌合物工作性检查；发现不一致时，摊铺速度应按偏干一侧进行微调，并采取将偏稀一侧的振捣棒频率调小等措施，避免局部过振；当拌合物严重离析或离散时，应停止摊铺，废弃已拌和混合料，查找并解决问题后，再重新开始摊铺

续表

工序	技术要求
修整	滑模摊铺的水泥混凝土面层纵缝边缘出现局部倒边、塌边、溜肩现象，或表面局部存在小缺陷时，可用人工进行局部修整。修整作业应符合下列规定。 (1) 局部修整后应精确整平，整平用抄平器长度不应短于 2 m； (2) 面层边缘应采用设置侧模或在上部支方形金属管，控制修整时的变形； (3) 纵、横向施工接头处存在明显高差时，可整平后采用手持振捣棒振捣密实并用水准仪测量，整平用的抄平器长度应不短于 3 m； (4) 表面修补作业需要补料时，可使用从摊铺拌合物中筛出的细料进行，不得洒水、撒水泥粉； (5) 不得采用薄层贴补的办法进行表面修补

(二) 三辊轴机组铺筑

(1) 三辊轴机组铺筑面层工艺流程宜按《公路水泥混凝土路面施工技术细则》(JTG/T F30—2014) 规定的顺序施工。

(2) 应有专人指挥车辆均匀卸料。布料应与摊铺速度相适应，不适应时应配备适当的布料机械。坍落度为 10～40 mm 的拌合物，松铺系数为 1.12～1.25。

(3) 混凝土拌合物布料长度大于 10 m 时，可开始振捣作业。密排振捣棒组间歇插入振实时，每次移动距离不宜超过振捣棒有效作用半径的 1.5 倍，并不得大于 500 mm，振捣时间宜为 15～30 s。排式振捣机连续拖行振实时，作业速度宜控制在 4 m/min 以内。

(4) 面板振实后，应随即安装纵缝拉杆。单车道摊铺的混凝土路面，在侧模预留孔中应按设计要求插入拉杆；一次摊铺双车道路面时，除应在侧模孔中插入拉杆外，还应在中间纵缝部位，使用拉杆插入机在 1/2 板厚处插入拉杆，插入机每次移动的距离应与拉杆间距相同。

(三) 小型机具铺筑

1. 摊铺

(1) 在混凝土拌合物摊铺前，应对模板的位置和支撑稳固情况及传力杆、拉杆的安设等进行全面检查。修复破损基层，并洒水润湿。用厚度标尺板全面检测板厚，与设计值相符，方可开始摊铺。

(2) 专人指挥自卸车尽量准确卸料。人工布料应用铁锹反扣，严禁抛掷和耧耙。人工摊铺混凝土拌合物的坍落度应控制为 5～20 mm，拌合物松铺系数宜控制为 1.10～1.25，料偏干，取较高值；反之，取较低值。

(3) 因故造成 1 h 以上停工或达到 2/3 初凝时间，致使拌合物无法振实时，应在已铺筑好的面板端头设置施工缝，废弃不能被振实的拌合物。

2. 插入式振捣棒振实

(1) 在待振横断面上，每车道路面应使用 2 根振捣棒，组成横向振捣棒组，沿横断面连续振捣密实，并应注意路面板底、内部和边角处不得欠振和漏振。

(2) 振捣棒的振捣方法及注意事项应按《公路水泥混凝土路面施工技术细则》(JTG/T F30—2014) 的有关规定执行。

3. 振动板振实

(1) 在振捣棒已完成振实的部位，可开始振动板纵横交错两遍全面提浆振实，每车道路面应配备 1 块振动板。

(2) 振动板移位时，应重叠 100～200 mm，移位控制以振动板底部和边缘泛浆厚度 (3±1) mm 为限。

（3）缺料的部位，应辅以人工补料找平。

4. 振动梁振实

（1）每车道路面宜使用1根振动梁。振动梁应具有足够的刚度和质量，底部应焊接或安装深度4 mm左右的粗集料压实齿，保证（4±1）mm的表面砂浆厚度。

（2）振动梁应垂直路面中线沿纵向拖行，往返2～3遍，使表面泛浆均匀平整。在振动梁拖振整平过程中，缺料处应使用混凝土拌合物填补，不得用纯砂浆填补；料多的部位应铲除。

5. 整平饰面

（1）每车道路面应配备1根滚杠（双车道2根）。振动梁振实后，应拖动滚杠往返2～3遍提浆整平。多余水泥浆应铲除。

（2）拖滚后的表面宜采用3 m刮尺，纵横各1遍整平饰面，或采用叶片式或圆盘式抹面机往返2～3遍压实整平饰面。每车道路面宜配备不少于1台抹面机。

（3）在抹面机完成作业后，应进行清边整缝，清除粘浆，修补缺边、掉角。应使用抹刀将抹面机留下的痕迹抹平，当烈日曝晒或风大时，应加快表面的修整速度，或在防雨篷遮阴下进行。整平饰面后的面板表面应无抹面印痕，致密均匀，无露骨，平整度应达到规定要求。

五、面层接缝施工

（一）一般规定

普通水泥混凝土、钢筋混凝土、碾压混凝土和钢纤维混凝土面层板的平面布局宜采用矩形分块，其纵向和横向接缝应垂直相交，纵缝两侧的横缝不得相互错位。纵向接缝的间距（板宽）宜为3.0～4.5 m。横向接缝的间距（板长）应按面层类型和厚度选定。

（1）普通水泥混凝土面层宜为4～6 m，面层板的长宽比不宜超过1.35，平面面积不宜大于25 m^2。

（2）碾压混凝土或钢纤维混凝土面层宜为6～10 m。

（3）钢筋混凝土面层宜为6～15 m，面层板的长宽比不宜超过2.5，平面面积不宜大于45 m^2。

（二）纵向接缝

纵向接缝的布设应视路面总宽度、行车道和硬路肩宽度以及施工铺筑宽度而定。

（1）一次铺筑宽度小于路面宽度时，应设置纵向施工缝。纵向施工缝应采用设拉杆平缝形式，上部应锯切槽口，深度宜为30～40 mm，宽度宜为3～8 mm，槽内应灌塞填缝料。纵向施工缝构造如图2-3-3（a）所示。

（2）一次铺筑宽度大于4.5 m时，应设置纵向缩缝。纵向缩缝应采用设拉杆假缝形式，锯切的槽口深度应大于施工缝的槽口深度。采用粒料基层时，槽口深度应为板厚的1/3；采用半刚性基层时，槽口深度应为板厚的2/5。纵向缩缝构造如图2-3-3（b）所示。

（3）碾压混凝土面层一次摊铺宽度大于7.5 m时，应设置纵向缩缝；钢纤维混凝土面层在摊铺宽度小于7.5 m时，可不设纵向缩缝。

（4）行车道路面与混凝土硬路肩之间的纵向接缝必须设置拉杆。

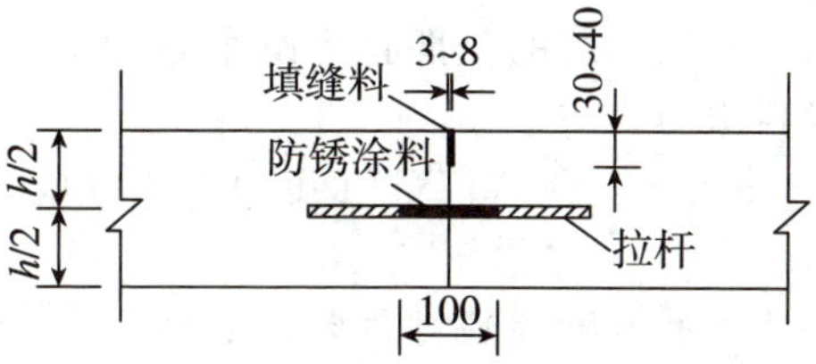

（a）纵向施工缝

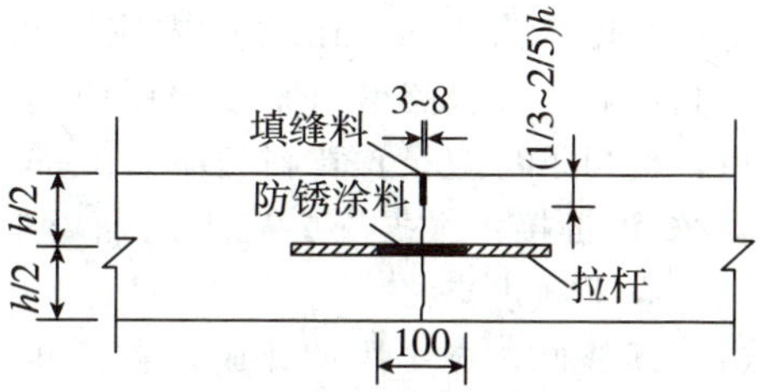

（b）纵向缩缝

图2-3-3　纵缝构造（单位：mm）

纵缝应与路线中线平行。在路面等宽的路段内或路面变宽路段的等宽部分，纵缝的间距和形式应保持一致。路面变宽段的加宽部分与等宽部分之间，应以纵向施工缝隔开。加宽板在变宽段起终点处的宽度不应小于 1 m。

拉杆应采用螺纹钢筋，设在板厚中央，并应对拉杆中部 100 mm 范围内进行防锈处理。施工布设时，拉杆间距应根据横向接缝的实际位置予以调整，最外侧的拉杆距横向接缝的距离不得小于 100 mm。

连续配筋混凝土面层的纵缝拉杆可由板内横向钢筋延伸穿过接缝代替。

（三）横向接缝

1. 横向施工缝

每日施工结束或因故临时中断施工时，必须设置横向施工缝，其位置宜选在缩缝或胀缝处。设在缩缝处的施工缝，应采用加传力杆的平缝形式，横向施工缝构造如图 2-3-4 所示；设在胀缝处的施工缝，其构造应与胀缝相同。

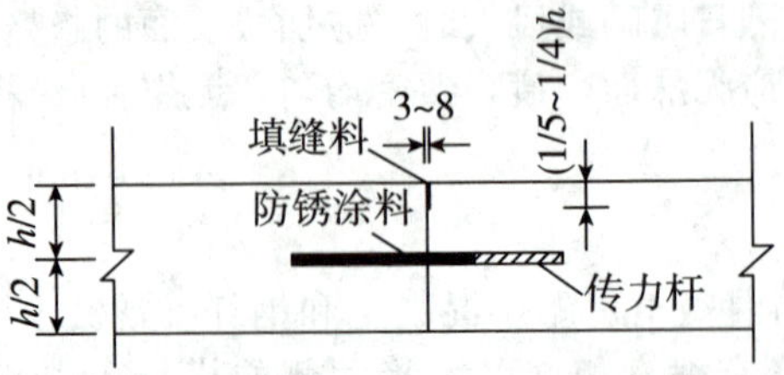

图 2-3-4　横向施工缝构造（单位：mm）

2. 横向缩缝

横向缩缝可等间距或变间距布置，应采用假缝形式。极重、特重和重交通荷载等级公路的横向缩缝，中、轻交通荷载等级公路邻近胀缝或自由端部的 3 条横向缩缝，收费广场的横向缩缝，应采用设传力杆假缝形式，如图 2-3-5（a）所示。其他情况可采用不设传力杆假缝形式，如图 2-3-5（b）所示。传力杆的设置不应妨碍相邻混凝土板的自由伸缩，钢筋表面应作防锈处理。

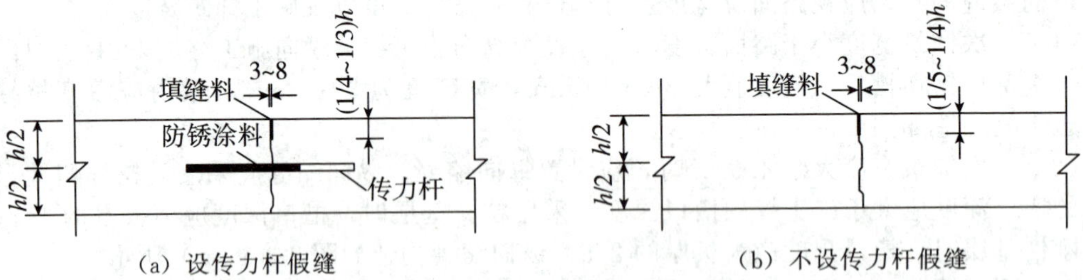

图 2-3-5　横向缩缝构造（单位：mm）

横向缩缝顶部应锯切槽口，设置传力杆时槽口深度宜为面层厚度的 1/4～1/3，不设置传力杆时槽口深度宜为面层厚度的 1/5～1/4。槽口宽度应根据施工条件、填缝料性能等因素而定，宽度宜为 3～8 mm，槽内应填塞填缝料。二级及二级以下公路的槽口可一次锯切成型。高速和一级公路槽口宜二次锯切成型，在第一次锯切缝的上部宜增设宽 7～10 mm 的浅槽口，槽口下部应设置背衬垫条，上部应用填缝料灌填。

➤ **知识链接：** 根据《公路水泥混凝土路面施工技术细则》（JTG/T F30—2014），缩缝灌缝应符合下列规定。

（1）灌缝时，应先按设计嵌入直径 9～12 mm 的多孔泡沫塑料背衬条或橡胶条。

（2）用双组分或多组分常温填缝料时，应准确按比例将几种原材料混拌均匀后灌缝，每次准备量不宜超过 1 h，且不应超过材料规定的操作时间。

(3) 使用热石油沥青、改性沥青或橡胶沥青灌缝时，应加热融化至易于灌缝温度，搅拌均匀，并保温灌缝。

(4) 灌缝应饱满、均匀、厚度一致并连续贯通，填缝料不得缺失、开裂和渗水。

(5) 高温期灌缝时，顶面应与板面刮齐平；一般气温时，应填刮为凹液面形，中心宜低于板面 3 mm。

3. 横向胀缝

在邻近桥梁或其他固定构造物处，或者与其他道路相交处，应设置横向胀缝。胀缝条数应根据膨胀量大小设置。胀缝宽宜为 20～25 mm，缝内应设置填缝板和可滑动的传力杆。胀缝构造如图 2-3-6 所示。

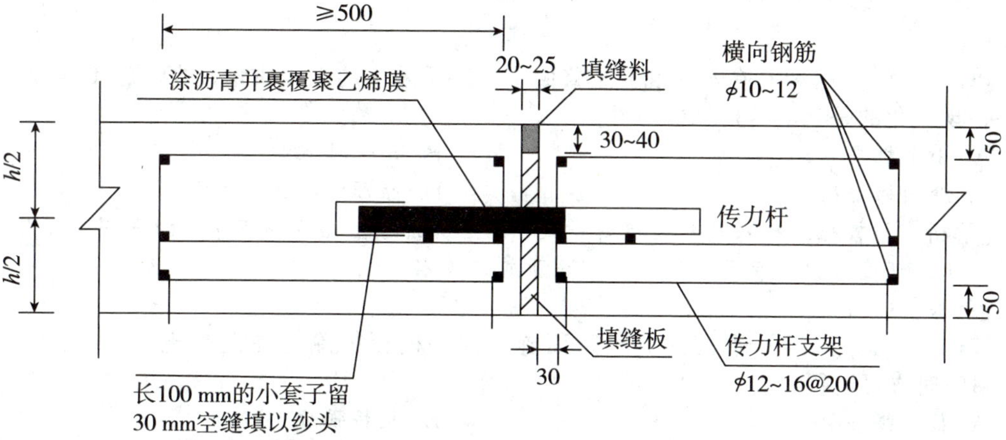

图 2-3-6 胀缝构造（单位：mm）

传力杆应采用光圆钢筋。横向缩缝传力杆的尺寸、间距和要求与胀缝相同，可按表 2-3-7 选用。最外侧传力杆距纵向接缝或自由边的距离宜为 150～250 mm。

表 2-3-7 传力杆尺寸和间距 单位：mm

面层厚度	传力杆直径	传力杆最小长度	传力杆最大间距
220	28	400	300
240	30	400	300
260	32	450	300
280	32～34	450	300
≥300	34～36	500	300

六、抗滑构造施工

(1) 极重、特重和重交通荷载等级公路水泥混凝土面层应采用刻槽法制作宏观抗滑构造。中、轻交通荷载等级公路水泥混凝土面层可使用拉槽法制作宏观抗滑构造。

(2) 在水平弯道路段、桥面、隧道路面宜使用纵向槽。当组合坡度小于 3%时，要求减噪的路段可使用纵向槽。组合坡度大于或等于 3%的纵坡路段，应使用横向槽。

(3) 采用刻槽法制作宏观抗滑构造时，刻槽机最小刻槽宽度不应小于 500 mm。衔接距离与槽间距相同。刻槽过程中应避免槽口边角损坏，不得中途抬起刻槽机或改变刻槽方向。刻槽不得刻穿纵、横缩缝。刻槽后表面应随即冲洗干净，并恢复路面的养护。

(4) 软拉宏观抗滑构造时，待面层混凝土泌水后，应及时采用齿耙拉槽。衔接距离应与槽间距相同，并始终保持一致，不得局部缺失。软拉后的表面砂浆应清扫干净。

(5) 矩形槽槽深宜为 3～4 mm，槽宽宜为 3～5 mm，槽间距宜为 12～25 mm。采用变间距时，槽间距可在规定尺寸范围内随机调整。

(6) 路面结冰地区，可采用上宽 6 mm、下宽 3 mm 的梯形槽或上宽 6 mm 的半圆形槽。

七、路面养护

(1) 混凝土路面铺筑完成或软作抗滑构造完毕后应立即开始养护。机械摊铺的各种混凝土路面、桥面及搭板宜采用喷洒养护剂同时保湿覆盖的方式养护。在雨天或养护用水充足的情况下，也可采用覆盖保湿膜、土工毡、土工布、麻袋、草袋、草帘等洒水养护方式。不宜使用围水养护方式。

(2) 混凝土路面采用喷洒养护剂养护和覆盖物保湿养护时应按《公路水泥混凝土路面施工技术细则》(JTG/T F30—2014) 的有关规定执行。

实战演练

[2024 真题 · 单选] 在水泥混凝土路面中，广泛采用的工程质量最高、施工速度最快、装备最现代化的是（　　）。

A. 小型机具　　B. 三辊轴机组

C. 滑模摊铺机　　D. 碾压混凝土

[解析] 滑模摊铺技术是我国在高等级公路水泥混凝土路面施工中广泛采用的工程质量最高、施工速度最快、装备最现代化的高新成熟技术。

[答案] C

[2021 真题 · 单选] 水泥混凝土路面施工时，模板拆除应在混凝土（　　）不小于 8.0 MPa时方可进行。

A. 抗压强度　　B. 抗拉强度

C. 抗剪强度　　D. 弯拉强度

[解析] 水泥混凝土路面施工时，模板拆除应在混凝土抗压强度不小于 8.0 MPa 时方可进行。

[答案] A

[2024 真题 · 多选] 水泥混凝土路面施工中，应采用的模板有（　　）。

A. 槽钢模板　　B. 木模板

C. 塑料模板　　D. 轨模

E. 钢制边侧模板

[解析] 水泥混凝土路面施工中，施工模板应采用刚度足够的槽钢、轨模或钢制边侧模板，不应使用木材、塑料等易变形模板。

[答案] ADE

[2022 真题 · 多选] 从功能上分类，水泥混凝土路面横缝可分为（　　）。

A. 横向反射缝　　B. 横向施工缝

C. 横向沉降缝　　D. 横向缩缝

E. 横向胀缝

[解析] 横缝从功能上可分为横向施工缝、横向缩缝和横向胀缝。

[答案] BDE

[2023 真题 · 案例节选]

背景资料：

某施工单位承建季节性冰冻区双向四车道高速公路水泥混凝土路面工程，设计路面结构为：26 cm 水泥混凝土面层、30 cm 水泥稳定碎石基层、20 cm 级配碎石底基层，硬路肩与行车道路面结构相同。

根据施工方案要求，中央分隔带每侧面层按全幅摊铺且设置 2 条纵向接缝，并采用滑模摊铺技术进行施工。其工艺流程为：基层质量检查验收测量放样→摊铺机就位→混凝土运输车卸料及布料→滑模摊铺机摊铺、振捣、整平→X→初期养护→Y→刻槽→Z→后期养护→质量检测→开放交通。用于面层施工的水泥为道路硅酸盐水泥，外加剂采用引气高效减水剂。另外，针对可能出现的特殊天气情况，以及水泥混凝土路面接缝多、构造复杂的特点，制定了专项施工组织方案和应急处理预案。

施工过程中发生以下事件。

事件一：面层水泥混凝土拌和中掺入了一定量符合规定要求的粉煤灰掺合料，并在施工前进行了混凝土配合比试配与粉煤灰掺量优化试验，对水泥混凝土弯拉强度等设计指标进行了符合性检验。

……

[问题]

1. 写出背景资料中 X、Y、Z 代表的工序名称及面层施工纵向接缝的形式。

2. 补充事件一中配合比设计需要检验的其他设计指标。

[答案]

1. (1) X——找平；Y——切缝；Z——灌缝。

(2) 面层施工纵向接缝的形式：设拉杆假缝。

2. 需要检验的其他设计指标：水泥混凝土工作性、抗磨性、抗冰冻性、抗盐冻性等。

[2022 真题 · 案例节选]

背景资料：

某施工单位在南方旅游区承建某一级公路水泥混凝土路面工程，起讫桩号为 K0＋000～K22＋000，当地建筑材料充足。该公路的设计速度为 80 km/h，双向四车道，单车道宽度为 3.75 m，硬路肩宽度为 2.5 m，公路左侧临河，填方路堤高度为 3～5 m，临河侧及中央分隔带侧均设置了安全防撞护栏。该工程主要的施工项目有：级配碎石底基层、水泥稳定碎石基层、水泥混凝土面层、中央分隔带、路面防排水及交通安全设施。路面结构示意图如图 2-3-7 所示。

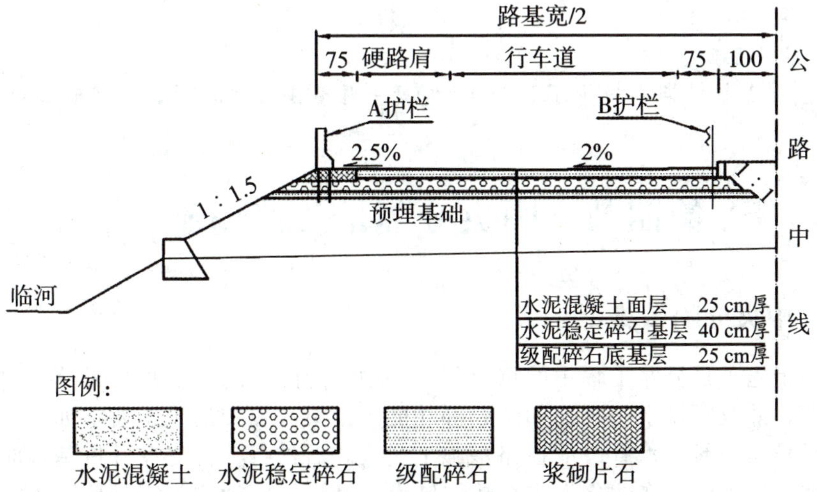

图 2-3-7 路面结构示意图（单位：cm）

施工中发生了如下事件。

事件一：为确保路面基层的施工质量，提高施工效率，项目部在底基层检验合格后，计划对路面基层分两层等厚度进行摊铺、碾压、成型。根据项目部配置的人员和设备，项目部铺筑了试验路段，确定了基层混合料的松铺系数为 1.32，并根据该松铺系数确定基层松铺厚度，以确保碾压成型后的基层厚度满足设计要求。

事件二：水泥混凝土路面采用滑模摊铺机进行施工。施工前，项目部技术人员编写了详细的施工方案，拟报上级部门审批。其中部分技术要求如下。

(1) 水泥混凝土拌合楼的配备应优先选配间歇式拌合楼，也可使用连续式拌合楼。

(2) 水泥混凝土搅拌时，外加剂应以稀释溶液加入，其稀释用水和原液中的水量不得从拌和加水量中扣除。

(3) 滑模摊铺机起步时，应先开启振捣棒，在 2～3 min 内调整振捣频率至适宜振捣频率，使进入挤压板前缘拌合物振捣密实，无大气泡冒出破灭，方可开动滑模机平稳推进摊铺。

(4) 抗滑纹理做毕，应立即开始保湿养护，并立即连续摊铺相邻车道面板。

[问题]

1. 按护栏的结构类型，写出图 2-3-7 中设置的 A 护栏和 B 护栏的类型名称。

2. 计算事件一中路面基层分层摊铺时的单层松铺厚度（单位：cm，精确到小数点后一位）。

3. 逐条判断事件二中的技术要求是否正确，若不正确，请写出正确做法。

[答案]

1. A——刚性（混凝土）护栏；B——柔性（波形梁）护栏。

2. 每层压实厚度：40/2=20（cm）。

路面基层单层松铺厚度：20×1.32=26.4（cm）。

3. 第（1）条正确。

第（2）条不正确。

正确做法：稀释用水和原液中的水量应从拌和加水量中扣除。

第（3）条正确。

第（4）条不正确。

正确做法：养护龄期不应少于5 d，且混凝土强度满足要求后，方可连续摊铺相邻车道面板。

第四节　中央分隔带及路肩施工

知识点 1　中央分隔带施工

中央分隔带施工是公路工程中的重要环节。中央分隔带的主要功能是分隔对向车道、提高行车安全性，并兼顾排水、绿化和防眩等功能。中央分隔带的施工要求如下。

(1) 埋设横向塑料排水管。应在路基施工完成之后进行。首先在开挖基槽时，沟底坡度应与路面横坡保持一致；在此之上进行垫层铺设，铺设厚度须均匀；最后再进行塑料排水管的埋设。

(2) 开挖中央分隔带。在路面基层施工完毕后即可开挖中央分隔带。施工时应先进行集水槽开挖，然后开挖纵向盲沟（人工开挖）。开挖的土料应及时清运，以防污染。

(3) 铺设防水层。沟槽开挖完毕且符合要求后，方可进行防水层的铺设。防水层可选择铺设土工布、PVC 防水板，或者在中央分隔带范围内的路基及路面结构层喷涂双层的防渗沥青来达到防水的目的。

(4) 铺设纵向碎石盲沟。碎石盲沟的铺设应表面平整。在碎石盲沟上铺设土工布，以隔离回填土。土工布包裹碎石用作排水系统，碎石的作用是排水，土工布的作用是反滤。对于高等级公路的反滤层，目前采用最多的是土工布。

(5) 安装路缘石。混凝土应按试验确定的配合比进行拌制及预制，路缘石的质量应符合图纸规定的要求；路缘石埋设的槽底基础和后背填料应夯击密实，压实度应符合图纸要求；安砌路缘石时应钉桩拉线，务必使顶面平整，线条直顺，曲线圆滑美观，埋砌稳固。

知识点 2 路肩施工

路肩是指公路两侧由路面边缘到路基边缘的部分，通常包括土路肩和硬路肩。

一、土路肩施工

土路肩是公路工程中常见的路肩类型，通常由天然土或改良土填筑而成，主要作用是为公路提供结构支撑、排水功能和紧急停车空间。其施工要求如下。

(1) 应准备符合要求的填土材料，按设计要求分层填筑土料，并对填土进行初步整理，厚度为松铺厚度，宽度可以大于路肩的设计宽度 10～15 cm 以保证有效路肩的压实度。

(2) 整理完成后采用压路机进行稳压，保证土路肩的初步稳定性。

(3) 由人工挂线进行内侧边缘的裁切和表面的整理，保证内侧的垂直度和表面的横坡度。

(4) 采用压路机进行压实，压实遍数为 5～6 遍，具体所需遍数应通过试验段来确定，压路机碾压不到的部位由人工采用小型夯实机具完成。

点拨

土路肩的施工工艺流程为：备料→推平→平整→稳压→切边→平整→碾压。

二、硬路肩施工

硬路肩是与行车道相连，具有一定路面强度的带状部分，主要作用是为行车提供侧向余宽，为路面结构提供横向保护。其施工要求如下。

(1) 基层施工完毕的路段，应及时浇筑路肩。

(2) 混凝土路肩模板安装。模板应采用钢板材料制成，所有模板均不应翘曲，并应有足够强度来承受混凝土压力，而不发生变形。模板组装要严格按照路肩设计图所标尺寸拼装成整体，模板在现场拼装时，要控制好相邻板面之间的拼缝，两板接头处要加设卡子，以防漏浆。

(3) 混凝土浇筑。所浇筑的混凝土要求外观良好，没有露石、蜂窝、裂缝、脱皮、啃边、掉角、漏浆等现象。

(4) 混凝土终凝后 8～10 h 拆模，拆模过程中，不得强行撬、砸混凝土，避免造成边角损坏及模具变形的后果。

第五节　路面工程质量通病及防治措施

知识点 1 无机结合料稳定类基层裂缝防治

一、无机结合料稳定类基层裂缝原因分析

(1) 混合料中石灰、水泥、粉煤灰等比例偏大；集料级配中细料偏多，或石粉中性指数

偏大。

(2) 土的塑性指数较高，黏性较大。

(3) 碾压时含水率偏大。

(4) 成型温度较高，形成强度较快。

(5) 碎石中含泥量较高。

(6) 路基沉降尚未稳定或路基发生不均匀沉降。

(7) 养护不及时、缺水或养护时洒水量过大。

(8) 拌和不均匀。

二、无机结合料稳定类基层裂缝防治措施

(1) 改善施工用土的性质，采用塑性指数较低的土或适量掺加粉煤灰。

(2) 掺加粗粒料，在石灰土中适量掺加砂、碎石、碎砖、煤渣及矿渣等。

(3) 保证拌和遍数，控制压实含水量（在最佳含水率±1%范围内），避免含水率过高或过低。

(4) 铺筑碎石过渡层。

(5) 设置伸缩缝，在石灰土层中，每隔 5～10 m 设一道伸缩缝。

(6) 在能保证水泥稳定土强度的前提下，尽可能采用低的水泥用量。

(7) 一次成型，尽可能采用慢凝水泥，加强对水泥稳定土的养护。

(8) 设计合理的水泥稳定土配合比，加强拌和，避免出现粗细料离析和拌和不均匀现象。

知识点 2 沥青路面接缝病害防治

一、沥青路面接缝病害原因分析

(1) 使用的沥青材料质量不达标，导致接缝处黏结力不足。

(2) 新、旧沥青层之间黏结不良。

(3) 新、旧混合料黏结不紧密。

(4) 接缝处压实度不够，导致密实度差，容易产生裂缝和松散。

(5) 摊铺过程中接缝处厚度不均匀。

(6) 采用平接缝施工时，边缘没有处理成垂直面或采用斜接缝时，施工方法不当。

二、沥青路面接缝病害防治措施

(1) 使用高质量的沥青和混合料，确保施工缝处理得当，使用合适的材料和工艺。

(2) 在设计时考虑温度变化对路面的影响。

(3) 提高施工质量，确保路基压实均匀。

(4) 尽量采用平接缝，即路面尽头边缘为垂直面，与纵向边缘成直角。

(5) 加强接缝处的压实工作，确保其密实度达到要求。

知识点 3 水泥混凝土路面裂缝防治

一、水泥混凝土路面裂缝原因分析

(1) 路基不均匀沉降，路面受到不同的应力，导致纵向裂缝。

(2) 所用水泥质量不达标，导致拌和的混凝土强度不足。

(3) 混凝土板的尺寸、厚度和强度不足。

(4) 长期的重载车辆碾压使混凝土路面承受过大的压力，产生纵向裂缝。

(5) 施工过程中没有严格按照规范操作，如混凝土配比不当、搅拌不均匀、浇筑不及时等。
(6) 未能控制好切缝时间或切缝深度，导致路面出现横向裂缝。
(7) 混凝土拌制时水胶比过大，使路面产生龟裂。
(8) 未及时洒水养护或不能保证路面中的养护水分，导致水分蒸发，产生路面龟裂。

二、水泥混凝土路面裂缝防治措施

(1) 选用高质量的水泥和骨料，保证混凝土的均匀性和强度。
(2) 控制水泥用量和水胶比，以减少混凝土的收缩。
(3) 合理确定混凝土板的尺寸和厚度，以适应不同的交通负荷和环境条件。
(4) 确保混凝土搅拌均匀且运输时间合适，避免材料离析。
(5) 采用合适的浇筑和振捣方法，确保混凝土的密实性。
(6) 严格控制切缝时间和方法。
(7) 设置施工缝和缩缝，以控制混凝土板的尺寸，限制裂缝的发展。
(8) 施工后及时进行养护，保持混凝土表面的湿润，防止过度失水。
(9) 施工过程中注意温度变化，避免在极端气候条件下施工。

知识点 4 水泥混凝土路面断板防治

一、水泥混凝土路面断板原因分析

(1) 原材料不合格：水泥安定性差，强度不足。
(2) 混凝土配合比不当：单位水泥用量偏大；水胶比控制失调。
(3) 施工工艺不当：搅拌不足或搅拌过分；振捣不均匀。
(4) 养护不及时或养护不当。
(5) 切缝不及时或切缝深度不足。
(6) 过早放行车辆。
(7) 基层标高不平整、未严格控制基层标高、基层材料强度不足等。

二、水泥混凝土路面断板防治措施

(1) 选用合格的原材料，禁止使用安全性差、游离氧化钙超标及强度不足的水泥。
(2) 严格控制混凝土配合比，避免水胶比过大及混合料离析。
(3) 严格控制施工工艺。
(4) 严格掌握切缝时间，切缝时间一般根据气温而定。
(5) 严格控制超限荷载。
(6) 严格控制基层的厚度，保证强度的均匀。

第三章

桥梁工程

本章导学

本章主要介绍桥梁工程施工，包括桥梁构造与施工准备，常用模板、支架和拱架设计与施工，钢筋、混凝土和钢结构施工，桥梁下部结构施工，桥梁上部结构施工，桥面及附属工程，桥梁工程质量通病及防治措施，桥梁工程改（扩）建等内容。

本章内容以最新考试大纲为基础，根据《公路桥涵施工技术规范》（JTG/T 3650—2020）、《公路桥涵设计通用规范》（JTG D60—2015）、《公路桥涵养护规范》（JTG 5120—2021）等相关规范编写。从历年考试来看，常用模板、支架和拱架设计与施工，钢筋、混凝土和钢结构施工，桥梁下部结构施工，桥梁上部结构施工是高频考点，所占分值较大，建议考生着重掌握。

第一节　桥梁构造与施工准备

知识点 1 桥梁构造

一、桥梁的组成

桥梁通常由 4 部分组成，即下部结构、支座、上部结构和附属设施，如图 3-1-1 所示。

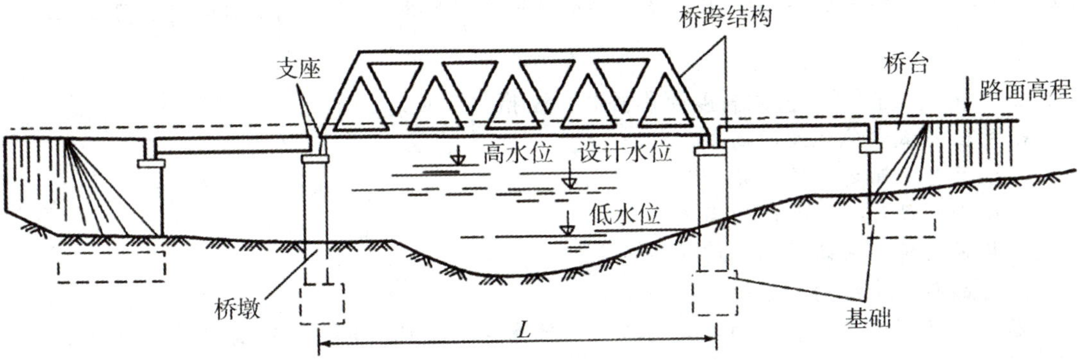

图 3-1-1　桥梁的基本组成

（1）下部结构：支承桥跨结构并将其荷载传递至地基的构造物，包括基础、桥墩和桥台。

（2）支座：上部结构与桥墩或桥台直接接触处所设置的传力装置，不仅要传递很大的荷载，而且要保证上部结构能产生一定的变形。

（3）上部结构：即桥跨结构，是在线路中断时跨越障碍的主要承重结构，承受桥上的行人和车辆荷载。

（4）附属设施：主要包括桥面系、伸缩缝、桥头搭板和锥形护坡。其中，桥面系指的是桥梁附属设施中直接承受车辆、人群等荷载并将其传递至主要承重构件的桥面构造系统，包括桥面铺装、排水防水系统、护栏、灯光照明等。

二、常用术语

桥梁工程中常用术语的含义见表 3-1-1。

表 3-1-1　桥梁工程中常用术语的含义

桥梁术语	含义
跨度	跨度也称跨径，是指桥梁两个相邻桥墩支座之间的距离
净跨径（L_0）	设计洪水位上相邻两个桥墩（或桥台）之间的净距
计算跨径（l）	（1）有支座的桥梁：桥跨结构相邻两个支座中心之间的距离； （2）不设支座的桥梁：上、下部结构相交面中心之间的水平距离
总跨径	各孔净跨径之和，反映桥下宣泄洪水的能力
标准跨径	两个桥墩中线之间的距离或桥墩中线与台背前缘之间的距离
多孔跨径总长	多孔标准跨径之和

续表

桥梁术语	含义
桥梁全长（L）	桥梁两端两个桥台的侧墙或八字墙后端点之间的距离
桥梁高度（h）	桥面与低水位（或地面）或桥下线路路面之间的高差，反映桥梁施工的难易程度
桥下净高（H）	设计洪水位、计算通航水位至桥跨结构最下缘之间的距离
净矢高（f_0）	从拱顶截面下缘至相邻两个拱脚截面下缘最低点之间连线的垂直距离
计算矢高	从拱顶截面形心至相邻两个拱脚截面形心之间连线的垂直距离
矢跨比（f/l）	矢跨比也称拱矢度，是指拱桥中拱圈（或拱肋）的计算矢高与计算跨径之比

实战演练

[2022 真题 · 多选] 桥梁高度简称桥高，是指（　　）。

A. 桥面与低水位之间的高差

B. 桥面与地面之间的高差

C. 桥面与设计水位之间的高差

D. 桥面与桥下线路路面之间的距离

E. 桥面与桥跨结构最下缘之间的距离

[解析] 桥梁高度简称桥高，是指桥面与低水位（或地面）之间的高差，或为桥面与桥下线路路面之间的距离。

[答案] ABD

知识点 2 桥梁计算荷载

一、作用分类、代表值和作用组合

作用是指施加在结构上的集中力或分布力（直接作用，也称为荷载）和引起结构外加变形或约束变形的原因（间接作用）。

(一) 作用分类

公路桥涵设计采用的作用分为永久作用、可变作用、偶然作用和地震作用 4 类，见表 3-1-2。

表 3-1-2 作用分类

序号	分类	名称
1	永久作用	结构重力（包括结构附加重力）
2		预加力
3		土的重力
4		土侧压力
5		混凝土收缩、徐变作用
6		水的浮力
7		基础变位作用

续表

序号	分类	名称
8	可变作用	汽车荷载
9		汽车冲击力
10		汽车离心力
11		汽车引起的土侧压力
12		汽车制动力
13		人群荷载
14		疲劳荷载
15		风荷载
16		流水压力
17		冰压力
18		波浪力
19		温度（均匀温度和梯度温度）作用
20		支座摩阻力
21	偶然作用	船舶的撞击作用
22		漂流物的撞击作用
23		汽车的撞击作用
24	地震作用	地震作用

（二）代表值

公路桥涵设计时，对不同的作用应按下列规定采用不同的代表值：

(1) 永久作用的代表值为其标准值。永久作用标准值可根据统计、计算，并结合工程经验综合分析确定。

(2) 可变作用的代表值包括标准值、组合值、频遇值和准永久值。组合值、频遇值和准永久值可通过可变作用的标准值分别乘以组合值系数 ψ_c、频遇值系数 ψ_f 和准永久值系数 ψ_q 来确定。

(3) 偶然作用取其设计值作为代表值，可根据历史记载、现场观测和试验，并结合工程经验综合分析确定，也可根据有关标准的专门规定确定。

(4) 地震作用的代表值为其标准值。地震作用的标准值应根据现行《公路工程抗震规范》(JTG B02—2013) 的规定确定。

（三）作用组合

(1) 公路桥涵结构设计应考虑结构上可能同时出现的作用，按承载能力极限状态、正常使用极限状态进行作用组合，均应按下列原则取其最不利组合效应进行设计。

①只有在结构上可能同时出现的作用，才进行组合。当结构或结构构件需做不同受力方向的验算时，则应以不同方向的最不利的作用组合效应进行计算。

②当可变作用的出现对结构或结构构件产生有利影响时，该作用不应参与组合。实际不可能同时出现的作用或同时参与组合概率很小的作用，按表 3-1-3 的规定不考虑其参与组合。

表 3-1-3　可变作用不同时组合表

作用名称	不与该作用同时参与组合的作用
汽车制动力	流水压力、冰压力、波浪力、支座摩阻力
流水压力	汽车制动力、冰压力、波浪力

续表

作用名称	不与该作用同时参与组合的作用
波浪力	汽车制动力、流水压力、冰压力
冰压力	汽车制动力、流水压力、波浪力
支座摩阻力	汽车制动力

③施工阶段的作用组合，应按计算需要及结构所处条件而定，结构上的施工人员和施工机具设备均应作为可变作用加以考虑。组合式桥梁，当把底梁作为施工支撑时，作用组合效应宜分两个阶段计算，底梁受荷为第一个阶段，组合梁受荷为第二个阶段。

④多个偶然作用不同时参与组合。

⑤地震作用不与偶然作用同时参与组合。

（2）公路桥涵结构按承载能力极限状态设计时，对持久设计状况和短暂设计状况应采用作用的基本组合，对偶然设计状况应采用作用的偶然组合，对地震设计状况应采用作用的地震组合，并应符合下列规定。

①基本组合：永久作用设计值与可变作用设计值相组合。

②偶然组合：永久作用标准值与可变作用某种代表值、一种偶然作用设计值相组合；与偶然作用同时出现的可变作用，可根据观测资料和工程经验取用频遇值或准永久值。

③作用地震组合的效应设计值应按现行《公路工程抗震规范》（JTG B02—2013）的有关规定计算。

（3）公路桥涵结构按正常使用极限状态设计时，应根据不同的设计要求，采用作用的频遇组合或准永久组合，并应符合下列规定。

①频遇组合：永久作用标准值与汽车荷载频遇值、其他可变作用准永久值相组合。

②准永久组合：永久作用标准值与可变作用准永久值相组合。

（4）钢结构构件抗疲劳设计时，除特别指明外，各作用应采用标准值，作用分项系数应取为1.0。

（5）结构构件当需进行弹性阶段截面应力计算时，除特别指明外，各作用应采用标准值，作用分项系数应取为1.0，各项应力限值应按各设计规范规定采用。

（6）验算结构的抗倾覆、滑动稳定时，稳定系数、各作用的分项系数及摩擦系数，应根据不同结构按各有关桥涵设计规范的规定确定。支座摩擦系数可按表3-1-4的规定采用。

表3-1-4　支座的种类及其摩擦系数

支座种类		支座摩擦系数 μ
滚动支座或摆动支座		0.05
板式橡胶支座	支座与混凝土面接触	0.30
	支座与钢板接触	0.20
	聚四氟乙烯板与不锈钢板接触	0.06（加5201硅脂润滑后；温度低于−25 ℃时为0.078）
		0.12（不加5201硅脂润滑时；温度低于−25 ℃时为0.156）
盆式支座		加5201硅脂润滑后，常温型活动支座摩擦系数不大于0.03（支座适用温度为−25～60 ℃时）
		加5201硅脂润滑后，耐寒型活动支座摩擦系数不大于0.06（支座适用温度为−40～60 ℃时）

续表

支座种类	支座摩擦系数 μ
球型支座	加 5201 硅脂润滑后，活动支座摩擦系数不大于 0.03（支座适用温度为 −25～60 ℃时）
	加 5201 硅脂润滑后，活动支座摩擦系数不大于 0.05（支座适用温度为 −40～60 ℃时）

二、永久作用

永久作用是指在设计基准期内始终存在且其量值变化与平均值相比可以忽略不计的作用，或其变化是单调的并趋于某个限值的作用。

结构重力包括结构自重及桥面铺装、附属设备等附加重力。结构重力标准值可按材料的重度根据下式计算：

$$G_k = \gamma V$$

式中　G_k——结构重力标准值，kN；

γ——材料的重度，kN/m^3；

V——体积，m^3。

预加力计算应满足下列要求：

（1）在结构进行正常使用极限状态设计和使用阶段构件应力计算时，预加力应作为永久作用计算其主效应和次效应，并计入相应阶段的预应力损失，但不计由于预加力偏心距增大引起的附加效应。

（2）在结构进行承载能力极限状态设计时，预加力不应作为作用，应将预应力钢筋作为结构抗力的一部分。但在连续梁等超静定结构中，应考虑预加力引起的次效应。

三、可变作用

可变作用是指在设计基准期内其量值随时间而变化，且变化值与平均值相比不可忽略不计的作用。

公路桥涵设计时，汽车荷载的计算图式、荷载等级及其标准值、加载方法和纵横向折减等应符合下列规定。

（1）汽车荷载分为公路—Ⅰ级和公路—Ⅱ级两个等级。

（2）汽车荷载由车道荷载和车辆荷载组成。桥梁结构的整体计算采用车道荷载；桥梁结构的局部加载、涵洞、桥台和挡土墙土压力等的计算采用车辆荷载。车道荷载与车辆荷载的作用不得叠加。

（3）各级公路桥涵设计的汽车荷载等级应符合表 3-1-5 的规定。

表 3-1-5　各级公路桥涵设计的汽车荷载等级

公路等级	高速公路	一级公路	二级公路	三级公路	四级公路
汽车荷载等级	公路—Ⅰ级	公路—Ⅰ级	公路—Ⅰ级	公路—Ⅱ级	公路—Ⅱ级

①二级公路作为集散公路且交通量小、重型车辆少时，其桥涵的设计可采用公路—Ⅱ级汽车荷载。

②对交通组成中重载交通比重较大的公路桥涵，宜采用与该公路交通组成相适应的汽车荷载模式进行结构整体和局部验算。

（4）车道荷载的计算图示如图 3-1-2 所示。

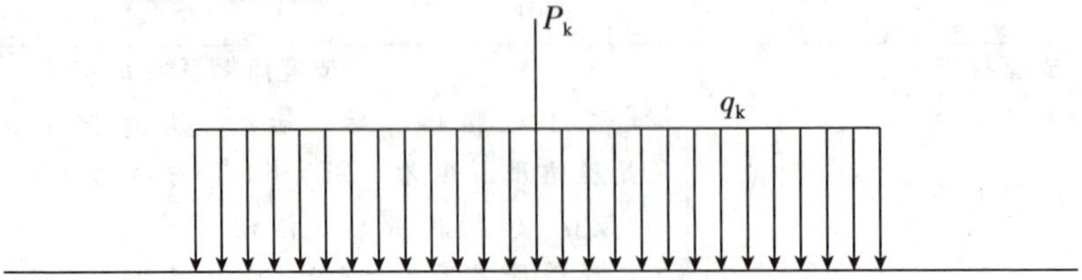

图 3-1-2　车道荷载的计算图示

①公路—Ⅰ级车道荷载均布荷载标准值为 $q_k=10.5$ kN/m；集中荷载 P_k 取值见表 3-1-6。计算剪力效应时，上述集中荷载标准值应乘以系数 1.2。

表 3-1-6　集中荷载 P_k 取值

计算跨径 L_0/m	$L_0 \leqslant 5$	$5<L_0<50$	$L_0 \geqslant 50$
P_k/kN	270	2（L_0+130）	360

注：计算跨径 L_0，设支座的为相邻两支座中心间的水平距离；不设支座的为上、下部结构相交面中心间的水平距离。

②公路—Ⅱ级车道荷载的均布荷载标准值 q_k 和集中荷载标准值 P_k 按公路—Ⅰ级车道荷载的 0.75 倍采用。

③车道荷载的均布荷载标准值应满布于使结构产生最不利效应的同号影响线上；集中荷载标准值只作用于相应影响线中一个影响线峰值处。

（5）公路—Ⅰ级和公路—Ⅱ级汽车荷载采用相同的车辆荷载标准值。

（6）横桥向布置多车道汽车荷载时，应考虑汽车荷载的折减；布置一条车道汽车荷载时，应考虑汽车荷载的提高。多车道布载的荷载效应不得小于两条车道布载的荷载效应。

（7）大跨径桥梁上的汽车荷载应考虑纵向折减。当桥梁计算跨径大于 150 m 时，应按规定的纵向折减系数进行折减。当为多跨连续结构时，整个结构应按最大的计算跨径考虑汽车荷载效应的纵向折减。

四、偶然作用

偶然作用是指在设计基准期内不一定出现，而一旦出现其量值很大，且持续时间很短的作用。

通航水域中的桥梁墩台，设计时应考虑船舶的撞击作用。规划航道内可能遭受大型船舶撞击作用的桥墩，应根据桥墩的自身抗撞击能力、桥墩的位置和外形、水流流速、水位变化、通航船舶类型和碰撞速度等因素做桥墩防撞设施的设计。当设有与墩台分开的防撞击的防护结构时，桥墩可不计船舶的撞击作用。

内河船舶的撞击作用点，假定为计算通航水位线以上 2 m 的桥墩宽度或长度的中点。海轮船舶撞击作用点需视实际情况而定。

桥梁结构必要时可考虑汽车的撞击作用。汽车撞击力设计值在车辆行驶方向应取 1 000 kN，在车辆行驶垂直方向应取 500 kN，两个方向的撞击力不同时考虑。撞击力应作用于行车道以上 1.2 m 处，直接分布于撞击涉及的构件上。

对设有防撞设施的结构构件，可视防撞设施的防撞能力，对汽车撞击力设计值予以折减，但折减后的汽车撞击力设计值不应低于上述规定值的 1/6。

五、地震作用

公路桥梁地震作用应符合现行《公路工程抗震规范》（JTG B02—2013）和《公路桥梁抗震设计规范》（JTG/T 2231—01—2020）的规定。

实战演练

[经典例题·单选] 计算桥梁作用时，不属于永久作用的是（　　）。

A. 混凝土收缩、徐变作用　　B. 汽车荷载

C. 土的重力　　D. 水的浮力

[解析] 永久作用包括结构重力（包括结构附加重力），预加力，土的重力，土侧压力，混凝土收缩、徐变作用，水的浮力，基础变位作用。汽车荷载属于可变作用。

[答案] B

知识点 3　桥梁施工准备

根据《公路桥涵施工技术规范》(JTG/T 3650—2020)，桥梁施工准备相关规定如下。

(1) 桥涵工程施工前应熟悉设计文件，对结构设计尺寸和关键施工参数进行核对，且应由设计单位进行设计交底。

(2) 应在对工程进行施工调查及现场核对后，根据设计要求、合同条件及现场情况等，编制实施性施工组织设计。

(3) 对技术复杂或危险性较大的分部分项工程，应制订安全可靠、技术可行、经济合理的专项施工方案。

(4) 对工程施工中所用的临时受力结构和大型临时设施，应进行专项设计与验算，明确质量和安全的验收标准，并应编制安装、使用、维护和拆除的作业方案。

➤ **知识拓展**："临时受力结构"主要指承重支架、作业平台、模板、悬浇挂篮、临时支挡、各种围堰、栈桥或便桥等；"大型临时设施"主要指混凝土搅拌站、码头、梁板构件的预制厂、钢筋加工制作厂房、库房等。

(5) 施工前应建立健全质量保证体系和质量管理体系，明确质量方针、质量目标和质量责任；同时应建立质量管理机构，制定质量管理制度和质量检测流程，提出质量保证措施，对工程的施工实施质量控制。

(6) 施工前应建立健全安全生产管理体系，落实安全责任，提出安全技术组织措施。对施工中存在的各种风险源应进行分析、评估，提出防范对策，制订必要的突发事件应急预案，使施工的全过程能安全地进行。

(7) 施工前应建立健全环保管理体系，制订保护环境、节能减排和文明施工的实施方案，减少工程施工过程中对环境的污染。

(8) 施工前应建立健全施工组织机构，施工人员的配备应满足工程施工的需要，并应在进场时对其进行岗前培训和技术、安全交底。

(9) 应根据工程的规模和有关规定，建立工地试验室。工地试验室配备的试验人员和试验仪器应满足工程施工的需要，且试验仪器应通过国家法定计量机构的检验标定。

(10) 水泥、砂、石、外加剂等施工原材料的选择应在工程开工前通过试验确定。各种原材料进场时，应按有关规定进行相应的质量检测和试验工作；进场后，应根据不同的品种、规格及用途分别妥善存放，对容易受潮、锈蚀的材料应有防雨、防潮或防锈的措施。

(11) 应结合工程的规模、工期、地形特点等情况，进行标准化施工的策划和实施，合理布置施工场地，所设置的各种临时设施应满足工程施工的需要及安全施工的要求。开工前应完成现场的"四通一平"工作。

点拨

"四通"是指水通、电通、路通、通信通；"一平"是指场地平整。

(12) 应根据工程施工的需要，配备足够的机械设备和生产工具，且应在施工前对施工

机具进行安装调试。

(13) 对拟采用新技术、新工艺、新材料和新设备的工程项目，应提前做好试验研究和论证等工作。

知识点 4 桥梁施工测量

桥涵工程施工前应根据其结构形式、跨径及精度要求等编制施工测量方案，选定控制测量等级，确定测量方法。

一、平面控制测量

各等级平面控制测量，其最弱点点位中误差为±50 mm，最弱相邻点间相对点位中误差为±30 mm，最弱相邻点边长相对中误差应不大于表 3-1-7 的规定。

表 3-1-7 平面控制测量精度要求

测量等级	最弱相邻点边长相对中误差	测量等级	最弱相邻点边长相对中误差
二等	1/100 000	四等	1/35 000
三等	1/70 000	一级	1/20 000

桥梁工程的平面控制测量等级应不低于表 3-1-8 的规定，同时桥梁轴线精度尚应符合表 3-1-9 的规定。对特大跨径及特殊结构桥梁，应根据其施工允许误差，确定控制测量的精度和等级。

表 3-1-8 平面控制测量等级

多跨桥梁总长 L/m	单跨桥梁跨径 L_K/m	其他构造物	测量等级
$L\geqslant 3\ 000$	$L_K\geqslant 500$	—	二等
$2\ 000\leqslant L<3\ 000$	$300\leqslant L_K<500$	—	三等
$1\ 000\leqslant L<2\ 000$	$150\leqslant L_K<300$	高架桥	四等
$L<1\ 000$	$L_K<150$	—	一级

表 3-1-9 桥梁轴线相对中误差

测量等级	桥梁轴线相对中误差	测量等级	桥梁轴线相对中误差
二等	≤1/150 000	四等	≤1/60 000
三等	≤1/100 000	一级	≤1/40 000

大桥、特大桥以及特殊结构桥梁的平面控制测量坐标系，其投影长度变形值应不大于10 mm/km，投影分带位置不得选在桥址处。

当采用独立坐标系、抵偿坐标系时，应确认与国家坐标系的转换关系。在布设平面控制点时，四等及以上平面控制网中相邻点之间的距离不得小于 500 m；一级平面控制网中相邻点之间的距离在平原、微丘区不得小于 200 m，重丘、山岭区不得小于 100 m；最大距离应不大于平均边长的 2 倍。特大桥及特殊结构桥梁的每一端应至少埋设 3 个平面控制点。

平面控制测量应采用卫星定位测量、导线测量、三角测量或三边测量等方法进行。平面控制测量的技术要求应符合相关规定。

二、高程控制测量

同一工程项目应采用同一高程系统，并应与相邻工程项目的高程系统相衔接。桥位水准点的高程应与路线控制高程联测。用于跨越水域和深谷的大桥、特大桥的高程控制网最弱点高程中误差为±10 mm。

高程控制网每千米观测高差中误差应符合表 3-1-10 的规定，附合或环线水准路线长度应小于表 3-1-10 的规定。

表 3-1-10　高程控制测量的技术要求

测量等级	每千米高差中数中误差/mm		附合或环线水准路线长度/km
	偶然中误差 M_Δ	全中误差 M_w	
二等	±1	±2	100
三等	±3	±6	10
四等	±5	±10	4

注：控制网节点间的长度应不大于表中长度的 0.7 倍。

桥梁工程的高程控制测量等级不得低于表 3-1-11 的规定。

表 3-1-11　高程控制测量等级

多跨桥梁总长 L/m	单跨桥梁跨径 L_K/m	其他构造物	测量等级
$L \geqslant 3\ 000$	$L_K \geqslant 500$	—	二等
$1\ 000 \leqslant L < 3\ 000$	$150 \leqslant L_K < 500$	—	三等
$L < 1\ 000$	$L_K < 150$	高架桥	四等

施工水准网中的各水准点，对于大桥和特大桥应构成连续闭合水准环。大桥和特大桥的每端应至少设置 2 个水准点，作为水准网的控制点。

高程控制测量应采用水准测量或三角高程测量的方法进行。其中，水准测量的技术要求应符合表 3-1-12 的规定。

表 3-1-12　水准测量的主要技术要求

测量等级	往返较差、附合或环线闭合差/mm		检测已测测段高差之差/mm
	平原、微丘	重丘、山岭	
二等	$\leqslant 4\sqrt{l}$	$\leqslant 4\sqrt{l}$	$\leqslant 6\sqrt{L_i}$
三等	$\leqslant 12\sqrt{l}$	$\leqslant 3.5\sqrt{n}$ 或 $\leqslant 15\sqrt{l}$	$\leqslant 20\sqrt{L_i}$
四等	$\leqslant 20\sqrt{l}$	$\leqslant 6.0\sqrt{n}$ 或 $\leqslant 25\sqrt{l}$	$\leqslant 30\sqrt{L_i}$

注：计算往返较差时，l 为水准点间的路线长度（km）；计算附合或环线闭合差时，l 为附合或环线的路线长度（km）；n 为测站数。L_i 为检测测段长度（km），小于 1 km 时按 1 km 计算。

对与相邻工程项目接合处的平面位置和高程，应在施工前进行联测校核。

三、宽阔水域和海上桥梁的基础工程施工测量

宽阔水域和海上桥梁的基础工程施工测量宜采用卫星定位测量，且宜在水域和海上建立专门的测量平台。宽阔水域和海上桥梁工程的卫星定位测量平面控制网宜分为首级网、首级加密网、一级加密网和二级加密网 4 个等级，一级和二级加密网的布设和使用应符合下列规定。

(1) 加密网应采用与全桥统一的坐标系统，且宜由三角形或大地四边形组成，并应一次完成网形设计、施测与平差。加密网应保证至少与最近的 2 个高级网点为起算点进行联测，任一加密网点应至少与另外 2 个控制点通视。加密网应按一级卫星定位测量精度施测，其精度应保证最弱相邻点点位中误差为±10 mm。

(2) 控制网点应安全、稳定，在使用过程中应进行定期或不定期检测，当对控制点

的稳定性有疑问时，应及时进行局部或全面复测。加密网两次复测的间隔时间应不超过 3 个月。

（3）宜每隔 1.5 km 左右选择一个桥墩先行施工其基础，并应在该基础上设立稳固可靠且带有强制对中观测装置的测量控制点，作为桥梁其他墩台施工放样的基准点。

宽阔水域和海上桥梁工程的高程控制网应采用全桥统一的高程基准。对首级网点、首级加密网点和全桥高程贯通测量，应采用不低于国家二等水准测量的精度进行联测；对一级和二级加密网点，应采用不低于国家三等水准测量的精度进行联测。先行施工桥墩的高程控制宜采用卫星定位测量，其间的其他桥墩、桥塔及上部结构可根据跨海和跨宽阔水域贯通测量的成果，采用常规的高程测量方法进行测量。采用卫星定位进行高程测量时，应符合下列规定。

（1）宜选用与桥位区大地水准面较密合的重力场模型，根据高程联测结果，采用曲面拟合法，求取先行施工桥墩或海中和宽阔水域中暂时无法进行水准测量的卫星定位测量点的高程异常值和正常高。当跨海水准贯通测量完成后，应根据贯通测量成果对正在施工桥墩的卫星定位测量高程值进行修正。

（2）采用拟合法求得的卫星定位测量点的正常高，在其精度情况得到确认后可代替四等以下精度的水准测量或三角高程测量。

采用卫星定位测量中的实时动态测量系统进行宽阔水域、海上桥梁工程的施工放样测量时，基准站的设置及测量方法宜符合所用产品的相应技术规定，测量精度应满足相关要求。

四、其他规定

（1）施工前应由勘测设计单位对控制性桩点进行现场交桩，并应在复测原控制网的基础上，根据施工需要适当加密、优化，建立施工测量控制网。

（2）对测量控制点，应编号绘于施工总平面图上，并应采取有效措施妥善保护。施工过程中，应对控制网（点）进行不定期的检测和定期复测，定期复测周期应不超过 6 个月。当对控制点的稳定性有疑问时，应及时进行局部或全面复测。

（3）施工测量所用的仪器、设备等应经法定计量机构检定和校验，合格后方可使用。测量平差计算时宜采用通过科技鉴定认证的专业软件。

（4）桥涵工程施工放样测量时，应对桥涵各墩台的控制性里程桩号、基础坐标、设计高程等数据进行复核计算，确认无误后再施测。

（5）施工放样测量需设置临时控制点时，其精度应符合相应等级的精度要求，并应与相邻控制点闭合。

实战演练

［经典例题·单选］关于桥梁工程施工测量要求的说法，错误的是（　　）。

A. 施工前应由建设单位对控制性桩点进行现场交桩

B. 施工单位在复测原控制网的基础上，根据需要适当加密、优化，建立施工测量控制网

C. 对测量控制点，应编号绘于施工总平面图上

D. 施工过程中，应对控制网（点）进行不定期的检测和定期复测，定期复测周期应不超过 6 个月

［解析］施工前应由勘测设计单位对控制性桩点进行现场交桩，选项 A 错误。

［答案］A

第二节　常用模板、支架和拱架设计与施工

知识点 1 常用模板、支架设计与施工

一、一般规定

模板宜采用钢材、胶合板或其他适宜的材料制作；支架宜采用钢材或常备式定型钢构件等材料制作。钢材的性能和质量应符合现行《碳素结构钢》（GB/T 700—2006）的规定；胶合板的性能和质量应符合现行《混凝土模板用胶合板》（GB/T 17656—2018）或现行《混凝土模板用竹材胶合板》（LY/T 1574—2000）的规定；其他材料应符合其相应国家或行业标准的规定，常备式定型钢构件应符合该产品相应的技术规定。

模板和支架应符合下列规定。

（1）模板和支架应具有足够的强度、刚度和稳定性，应能承受施工过程中所产生的各种荷载。

（2）模板、支架的构造应简单、合理，结构受力应明确，安装、拆除应方便。

（3）模板应能与混凝土结构或构件的特征、施工条件和浇筑方法相适应，应保证结构物各部位形状尺寸和相互位置的准确。

（4）模板的板面应平整，接缝处应严密且不漏浆；模板与混凝土的接触面应涂刷隔离剂，但不得采用废机油等油料，且不得污染钢筋及混凝土的施工缝。

（5）支架应稳定、坚固，应能抵抗在施工过程中可能发生的振动和偶然撞击。

（6）支架不得与应急安全通道相连接。

模板和支架均应进行施工图设计，且经批准后方可用于施工。施工图设计应包括下列内容。

（1）工程概况和工程结构简图。

（2）结构设计的依据和设计计算书。

（3）总装图和细部构造图。

（4）制作、安装的质量及精度要求。

（5）安装、拆除时的安全技术措施及注意事项。

（6）材料的性能质量要求及材料数量表。

（7）设计说明书和使用说明书。

➤ **知识拓展：** 承包人应在制作模板、拱架和支架前 14 d，向监理人提交模板、拱架和支架的施工工艺图、应力、稳定及预计挠度计算书，经监理人批准后才能制作和架设。监理人的批准及制作、架设过程中的检查，并不免除承包人对此应负的责任。

在模板上设置的吊环应采用 HPB300 钢筋，严禁采用冷加工钢筋制作。每个吊环应按两肢截面计算，在模板自重标准值作用下，吊环的拉应力应不大于 65 MPa。

二、模板、支架设计

模板、支架的设计应根据工程结构形式、荷载情况、地基土类别、施工设备和材料性能等条件进行，且宜优先采用标准化、定型化的构件。

（一）模板的构造要求

（1）模板背面应设置主肋和次肋作为其支承系统，主肋和次肋的布置应根据模板的荷载和刚度要求进行。次肋的配置方向应与模板的长度方向相垂直，应能直接承受模板传递的荷载，其间距应按荷载数值和模板的力学性能计算确定；主肋应承受次肋传递的荷载，且应能

起到加强模板结构的整体刚度和调整平直度的作用，支架或支撑的着力点应设置在主肋上。

(2) 模板的配板应根据配模面的形状、几何尺寸及支撑形式决定。配板时宜选用大规格的模板为主板，其他规格的模板作为补充；配板后的板缝应规则，不得杂乱无章。

(3) 对在墩柱、梁、板的转角处使用的模板及各种模板面的交接部分，应采用连接简便、结构牢固、易于拆除的专用模板。

(4) 当设置对拉螺杆或其他拉筋，需要在模板上钻孔时，应使钻孔的模板能多次周转使用，并应采取措施减少或避免在模板上钻孔。

(二) 支架的构造要求

(1) 支架的构造形式宜综合所采用的材料类别、所支承的结构及其荷载、地形及环境条件、地基情况等因素确定。

(2) 支架的立杆之间应根据其受力要求和结构特点设置水平和斜向等支撑连接杆件，增强支架的整体刚度和稳定性。

(3) 托架结构宜设置成三角形，且与预埋件的连接固定方式应可靠。

(4) 采用定型钢管脚手架材料做支架时，其构造应符合相应技术规范的规定。

(三) 荷载要求

模板、支架的设计应考虑下列各项荷载，并应按表 3-2-1 的规定进行荷载组合。

(1) 模板、支架自重。

(2) 新浇筑混凝土、钢筋、预应力筋或其他圬工结构物的重力。

(3) 施工人员及施工设备、施工材料等荷载。

(4) 振捣混凝土时产生的振动荷载。

(5) 新浇筑混凝土对模板侧面的压力。

(6) 混凝土入模时产生的水平方向的冲击荷载。

(7) 设于水中的支架所承受的水流压力、波浪力、流冰压力、船只及其他漂浮物的撞击力。

(8) 其他可能产生的荷载，如风荷载、雪荷载、冬季保温设施荷载、温度应力等。

表 3-2-1 模板、支架设计计算的荷载组合

模板、支架结构类别	荷载组合	
	强度计算	刚度验算
梁、板的底模板以及支承板、支架等	(1) + (2) + (3) + (4) + (7) + (8)	(1) + (2) + (7) + (8)
缘石、人行道、栏杆、柱、梁、板等的侧模板	(4) + (5)	(5)
基础、墩台等厚大结构物的侧模板	(5) + (6)	(5)

➤ **知识链接：** 振捣混凝土时产生的荷载，对水平面模板可采用 2.0 kN/m²，对垂直面模板可采用 4.0 kN/m²，且作用范围在新浇筑混凝土侧压力的有效压头高度之内。

当采用内部振捣器时，新浇筑混凝土作用于模板的侧压力，可按下列公式计算，并取其中的较小值：

$$F=0.22\gamma_c t_0 \beta_1 \beta_2 V^{1/2}$$

$$F=\gamma_c H$$

式中 F——新浇混凝土对模板的侧压力，kN/m^2；

γ_c——混凝土的重力密度，kN/m^2；

V——混凝土的浇筑速度，m/h；

t_0——新浇混凝土的初凝时间，可按试验确定；当缺乏试验资料时，可采用 $t_0=200/$

(T+15)(T 为混凝土的温度,℃);

β_1——外加剂影响修正系数;不掺外加剂时取 1.0,掺具有缓凝作用的外加剂时取 1.2;

β_2——混凝土坍落度影响修正系数;当坍落度小于 30 mm 时,取 0.85;坍落度为 50～90 mm 时,取 1.00;坍落度为 110～150 mm 时,取 1.15;

H——混凝土侧压力计算位置处至新浇混凝土顶面的总高度,m。

(四)刚度及抗倾覆稳定性验算

验算模板、支架的刚度时,其最大变形值不得超过下列允许值。

(1)结构表面外露的模板,挠度为模板构件跨度的 1/400。

(2)结构表面隐蔽的模板,挠度为模板构件跨度的 1/250。

(3)支架受载后挠曲的杆件(横梁、纵梁),其弹性挠度为相应结构计算跨度的 1/400。

(4)钢模板的面板变形为 1.5 mm,钢棱和柱箍变形为 $L/500$ 和 $B/500$(其中 L 为计算跨径,B 为柱宽)。验算模板、支架在自重和风荷载等作用下的抗倾覆稳定性时,其抗倾覆稳定系数应不小于 1.3。

三、模板的制作与安装

(一)模板的制作

(1)钢模板应按批准的加工图进行制作,成品经检验合格后方可使用。组装前应对零部件的几何尺寸和焊缝进行全面检查,合格后方可进行组装。面板变形及整体刚度应符合相关规定。

(2)制作钢木组合模板时,钢与木之间的接触面应贴紧。面板采用防水胶合板的模板,除应使胶合板与背楞之间密贴外,对在制作过程中裁切过的防水胶合板茬口,应按产品的要求及时涂刷防水涂料。

(3)木模板与混凝土接触的表面应刨光且应保持平整。木模板的接缝可制作成平缝、搭接缝或企口缝,当采用平缝时,应有防止漏浆的措施;转角处应加嵌条或做成斜角。

(4)采用其他材料(高分子合成材料面板、硬塑料或玻璃钢)制作模板时,其接缝应严密,边肋及加强肋应安装牢固,并应与面板成一整体。

(二)模板的安装

(1)模板应按设计要求准确就位,且不宜与脚手架连接。

(2)安装侧模板时,支撑应牢固,应防止模板在浇筑混凝土时产生移位。

(3)模板在安装过程中,必须设置防倾覆的临时固定设施。

(4)模板安装完成后,其尺寸、平面位置和顶部高程等应符合设计要求,节点联系应牢固。

(5)梁、板等结构的底模板宜根据需要设置预拱度。

(6)固定在模板上的预埋件和预留孔洞均不得遗漏,安装应牢固,位置应准确。

(三)其他规定

采用提升模板施工时,应设置脚手平台、接料平台、挂吊脚手及安全网等辅助设施。

采用翻转模板和爬升模板施工时,其结构应满足强度、刚度及稳定性要求。液压爬模应由专业单位设计和制造,并应有检验合格证明及操作说明书。施工应符合下列规定。

(1)混凝土的强度应达到规定的数值后方可拆模并进行模板的翻转或爬架爬升。作用于爬模上接料平台、脚手平台和拆模吊篮的荷载应均衡,不得超载,严禁混凝土吊斗碰撞爬模系统。

(2)模板沿墩身周边方向应始终保持顺向搭接。在施工过程中,应随时检查爬模的中线、水平位置和高程等，发现问题应及时纠正。

采用滑升模板时，除应符合现行《滑动模板工程技术标准》（GB/T 50113—2019）的规定外，尚应符合下列规定。

（1）模板的高度宜根据结构物的实际情况确定；模板的结构应具有足够的强度、刚度和稳定性；支承杆及提升设备应能保证模板竖直均衡上升。组装时应使各部尺寸的精度符合设计要求，组装完毕应经全面检查试验合格后，方可正式投入使用。

（2）模板的滑升速度宜不大于 250 mm/h，滑升时应检测并控制其位置。滑升模板的施工宜连续进行，因故中断时，宜在中断前将混凝土浇筑齐平，中断期间模板仍应继续缓慢地滑升，直到混凝土与模板不致粘住时为止。

四、支架的制作与安装

（一）支架制作

（1）支架宜采用标准化、系列化、通用化的钢构件制作拼装。

（2）制作木支架时，两相邻立柱的连接接头宜分设在不同的水平面上，并应减少长杆件接头。主要压力杆的接长连接，宜使用对接法，并宜采用木夹板或铁夹板夹紧；次要构件的连接可采用搭接法。

➤ **知识链接：** 支架主要有满布式支架、梁式支架及特殊支架等几大类，不论采用何种类型的支架，标准化、系列化、通用化都是简化制作拼装工序、加快进度、保证工程质量和施工安全的重要手段。

（二）支架安装

（1）支架应按施工图设计的要求进行安装。立柱应垂直，节点连接应可靠。

（2）高支架应设置足够的斜向连接、扣件或缆风绳，横向稳定应有保证措施。

（3）支架在安装完成后，应对其平面位置、顶部高程、节点连接及纵、横向稳定性进行全面检查，符合要求后，方可进行下一工序。

（三）支架预压

支架宜根据其结构形式、所用材料和地基情况的不同，在施工前确定是否对其进行预压，并应符合下列规定。

（1）对位于刚性地基上的刚度较大且非弹性变形可确定控制在一定范围内的支架，在经计算并通过一定审核程序，确认其满足强度、刚度和稳定性等要求的前提下，可不预压；但在施工过程中应对支架的材料和安装施工质量采取严格的管控措施。

（2）对位于软土地基或软硬不均地基上的支架，宜通过预压的方式，消除地基的不均匀沉降和支架的非弹性变形。

（3）对支架进行预压时，预压荷载宜为支架所承受荷载的 1.05～1.10 倍，预压荷载的分布宜模拟需承受的结构荷载及施工荷载。

（4）对采用定型钢管脚手架作为承重杆件的满布式支架进行预压时，可按现行《钢管满堂支架预压技术规程》（JGJ/T 194—2009）的规定执行。

（四）设置预拱度和卸落装置

支架应结合模板的安装一并考虑设置预拱度和卸落装置，并应符合下列规定。

（1）设置的预拱度值，应包括结构本身需要的预拱度和施工需要的预拱度 2 部分。

（2）施工预拱度应考虑下列因素：模板、支架承受施工荷载引起的弹性变形；受载后由于杆件接头的挤压和卸落装置压缩而产生的非弹性变形；支架地基在受载后的沉降变形。

（3）专用支架应按其产品的要求进行模板的卸落；自行设计的普通支架应在适当部位设

置相应的木楔、木马、砂筒或千斤顶等卸落模板的装置，并应根据结构形式、承受的荷载大小确定卸落量。

五、模板、支架的拆除

根据《公路桥涵施工技术规范》(JTG/T 3650—2020)，模板、支架的拆除规定如下。

(1) 模板、支架的拆除期限和拆除程序等应根据结构物特点、模板部位和混凝土所应达到的强度要求确定，并应严格按其相应的施工图设计要求进行。

(2) 非承重侧模板应在混凝土抗压强度达到 2.5 MPa，且能保证其表面及棱角不致因拆模而受损坏时方可拆除。

(3) 芯模和预留孔道的内模，应在混凝土强度能保证其表面不发生塌陷或裂缝现象时，方可拆除。

(4) 钢筋混凝土结构的承重模板、支架，应在混凝土强度能承受其自重荷载及其他可能的叠加荷载时，方可拆除。

(5) 对预应力混凝土结构，在符合相关规定的条件下，其侧模应在预应力钢束张拉前拆除；底模及支架应在结构建立预应力后方可拆除。

(6) 模板、支架的拆除应遵循后支先拆、先支后拆的原则顺序进行。墩、台的模板宜在其上部结构施工前拆除。

(7) 拆除梁、板等结构的承重模板时，在横向应同时、在纵向应对称均衡卸落。简支梁、连续梁结构的模板宜从跨中向支座方向依次循环卸落；悬臂梁结构的模板宜从悬臂端开始顺序卸落。

(8) 模板、支架拆除时，不得损伤混凝土结构。

➢ **知识链接**：卸落模板、支架时，总的原则要求是由变形最大处向变形最小或无变形处过渡，对称、少量、多次、逐渐完成，使结构物逐步承受荷载，其目的是避免结构物在卸落模板、支架的过程中发生开裂等质量事故。

实战演练

[2023 真题·单选] 现浇盖梁施工中，模板及支架变形的要求是（　　）。

A. 盖梁侧模板挠度不得超过盖梁跨度的 1/250

B. 钢模板的面板变形不得超过 2.5 mm

C. 盖梁支架的弹性挠度不大于其结构跨度的 1/400

D. 钢模板的钢棱变形不超过计算跨径的 1/300

[解析] 验算模板、支架的刚度时，其变形值不得超过下列允许值：①结构表面外露的模板，挠度为模板构件跨度的 1/400；②结构表面隐蔽的模板，挠度为模板构件跨度的 1/250；③支架受载后挠曲的杆件（盖梁、纵梁），其弹性挠度为相应结构跨度的 1/400；④钢模板的面板变形为 1.5 mm；⑤钢模板的钢棱和柱箍变形为 $L/500$ 和 $B/500$（其中 L 为计算跨径，B 为柱宽）。

[答案] C

[2023 真题·单选] 关于现浇预应力混凝土梁模板和支架拆除的说法，正确的是（　　）。

A. 梁芯模应在混凝土抗压强度达到 2.5 MPa 时，方可拆模

B. 支架应在混凝土强度能承受其自重荷载及其他可能的叠加荷载时，方可拆除

C. 支架的拆除顺序应遵循后支后拆的原则

D. 支架应在预应力钢束张拉前拆除

［解析］选项A错误，非承重侧模板应在混凝土抗压强度达到2.5 MPa，且能保证其表面及棱角不致因拆模而受损坏时方可拆除；芯模和预留孔道的内模，应在混凝土强度能保证其表面不发生塌陷或裂缝现象时，方可拆除。选项C错误，模板、支架的拆除应遵循后支先拆、先支后拆的原则顺序进行。选项D错误，对于预应力混凝土结构，其侧模应在预应力钢束张拉前拆除；底模及支架应在结构建立预应力后方可拆除。

［答案］B

［2024真题·案例节选］

背景资料：

某施工单位承建了某跨海桥梁工程，全长6.8 km，单幅桥宽16.5 m。非通航孔桥为50 m和70 m跨径的连续梁桥，上部结构为等截面预应力混凝土箱梁；通航孔桥为80 m+166 m+168 m+80 m四跨一联的连续刚构桥，上部结构为变截面预应力混凝土箱梁……

施工过程中发生以下事件。

事件一：通航孔桥主墩0号采用大直径钢管立柱+型钢梁支架法现浇，钢管立柱支撑在承台顶面。1号节段是第1块预制节段，采用浮吊安装，其他节段梁采用桥面吊机悬臂拼装，边跨无法采用悬臂拼装的节段梁采用水中钢管桩+贝雷梁支架法配合浮吊拼装，该处水深12～15 m，河床40 m厚度范围内的地层依次为淤泥、淤泥质黏土、粉质黏土和圆砾土。

……

［问题］

2. 事件一中，0号块支架和边跨支架安装完成后是否需要进行预压？分别写出理由。

［答案］

2.（1）0号块支架不需要预压。

理由：根据规定，对位于刚性地基上的刚度较大且非弹性变形可确定控制在一定范围内的支架，经计算并通过一定审核程序，确认其满足强度、刚度和稳定性等要求的前提下，可不预压；而0号块的支架采用的是大直径钢管立柱+型钢梁支架法，本身强度、刚度比较大，且支架支撑在承台顶面，因此可以不预压。

（2）边跨支架需要预压。

理由：根据规定，对位于软土地基或软硬不均地基上的支架，宜通过预压的方式，消除地基的不均匀沉降。边跨支架虽然采用水中钢管桩+贝雷梁支架法，但河床40 m厚度范围内的地层依次为淤泥、淤泥质黏土、粉质黏土和圆砾土，因此需要预压。

知识点 2 常用拱架设计与施工

一、拱架设计

（1）拱架的设计应遵循安全可靠、结构简单、受力明确、制作和安拆方便的原则。所采用材料的性能和质量应符合相应的国家或行业标准的规定；常备式构件用作拱架时，其设计与计算应依据该构件的技术要求进行。

（2）设计荷载除应符合相关规定外，尚应根据拱桥的结构特点和施工荷载特性分析取用，拱圈的自重荷载宜乘以1.2倍系数。在计算荷载作用下，应按可能产生的最不利荷载组合验算拱架的强度、刚度和稳定性。

（3）对拱架各截面的强度进行验算时，应根据拱架的结构形式和所承受的荷载大小，按分环分段浇筑或砌筑施工的工况，分别验算其拱顶、拱脚和1/4跨等特征截面的应力，并应对特征拱架节点进行受力分析。

（4）应严格控制拱架的刚度，拱架受载后，对落地式拱架，其弹性挠度应不大于相应结构跨度的1/2 000；对拱式拱架，其弹性挠度应不大于相应结构跨度的1/1 000。

（5）稳定性的验算应包括拱架的整体稳定和局部稳定，抗倾覆稳定系数应不小于1.5。对拱架在拼装过程中的稳定性也应进行验算，当不能满足拼装要求时，应采取必要的辅助稳定措施。

（6）拱架的地基与基础设计应符合现行《公路桥涵地基与基础设计规范》（JTG 3363—2019）的规定，并应对地基承载力进行验算。

二、拱架施工

（一）拱架的制作和安装

制作拱架所采用材料的规格和质量应符合施工设计要求。对钢拱架，宜采用标准化、通用化的常备式构件，或型钢、钢管等材料；在特殊情况下采用木拱架时，应选择材质坚硬、无损伤且湿度较小的材料。拱架的制作应保证杆件或构件的尺寸准确，连接节点处的螺栓孔或焊接质量应满足施工设计要求。

第三章

拱架在安装前，应对桥轴线、拱轴线、跨径和高程等进行校核，确认无误后方可进行拼装。拼装应根据拱架的构造确定适宜的方法进行，分片或分段拼装时应有保证拱架稳定的临时措施，必要时应设置缆风绳进行固定；拱架拼装时尚应设置足够的平联、斜撑和剪刀撑，保证其横向的稳定。

拱架应设置施工预拱度和卸落装置，其施工要求除应符合相关规定外，拱式拱架尚应考虑其受载后产生水平位移所引起的拱圈挠度。各类拱架的顶部高程应符合拱圈下缘加预拱度后的几何线形，允许偏差宜为±10 mm；拱架纵轴的平面位置偏差应不大于跨度的1/1 000，且宜不大于30 mm。

拱架安装完成后，应按设计荷载进行预压；并应对其平面位置、顶部高程、节点连接及纵横向的稳定性进行全面检查，符合要求后，方可进行下一工序。

拱架应稳定、牢固，应能抵抗在施工过程中可能发生的偶然碰撞和振动。

（二）拱架的拆卸

现浇混凝土拱圈的拱架，其拆除期限应符合设计规定；设计未规定时，应在拱圈混凝土强度达到设计强度的85%后，方可卸落拆除。

卸落拱架应按提前拟定的卸落程序进行，且宜分步卸落；在纵向应对称均衡卸落，在横向应同时一起卸落。满布式落地拱架卸落时，可从拱顶向拱脚依次循环卸落；拱式拱架可在两支座处同时均匀卸落；多孔拱桥卸架时，若桥墩允许承受单孔施工荷载，可单孔卸落，否则应多孔同时卸落，或各连续孔分阶段卸落。卸落拱架时，应设专人对拱圈的挠度和墩台的位移等情况进行监测，当有异常时，应暂停卸落，查明原因并采取相应措施后方可继续进行。

石拱桥的拱架卸落时间应符合下列规定。

（1）对浆砌石拱桥，应待砂浆强度达到设计强度的85%后方可卸落；设计另有规定时，应从其规定。

（2）对跨径小于10 m的小拱桥，宜在拱上建筑全部完成后卸架；中等跨径的实腹式拱桥，宜在护拱砌完后卸架；跨径较大的空腹式拱桥，宜在拱上小拱横墙砌好（未砌小拱圈）后卸架。

（3）当需要裸拱卸架时，应对裸拱进行截面强度及稳定性验算，并应采取必要的辅助稳定措施。

➤ **知识拓展：**承包人应在拟定拆模时间的12 h以前，向监理人报告拆模建议，并应取得监理人同意。

实战演练

[2020 真题·多选] 支架及拱架纵向应对称均衡卸落，横向应同时卸落，卸落顺序正确的有（　　）。

A. 满布式拱架卸落时，可从拱脚向拱顶依次循环卸落

B. 拱式拱架可在两支座处同时均匀卸落

C. 连续梁宜从支座向跨中依次循环卸落

D. 简支梁宜从跨中向支座依次循环卸落

E. 多孔拱桥卸落时，若桥墩允许承受单孔施工荷载，可单孔卸落

[解析] 满布式落地拱架卸落时，可从拱顶向拱脚依次循环卸落，选项 A 错误。简支梁、连续梁结构的模板宜从跨中向支座方向依次循环卸落，选项 C 错误。

[答案] BDE

第三节　钢筋、混凝土和钢结构施工

知识点 1　钢筋工程施工

一、一般规定

（1）桥涵工程中采用的普通钢筋、环氧涂层钢筋应符合现行相关标准的规定；其他特殊钢筋应符合其相应产品标准的规定。

（2）钢筋应具有出厂质量证明书和试验报告单，进场时除应检查其外观和标志外，应按不同的钢种、等级、牌号、规格及生产厂家分批抽取试样进行力学性能检验，检验试验方法应符合现行国家标准的规定。钢筋经进场检验合格后方可使用。

（3）钢筋分批检验时，可由同一牌号、同一炉罐号、同一尺寸的钢筋进行组批，每批的质量应不大于 60 t，超过 60 t 的部分，每增加 40 t（或不足 40 t 的余数）应增加一个拉伸和一个弯曲试验试样；钢筋的进场检验亦可由同一牌号、同一冶炼方法、同一浇注方法的不同炉罐号组成混合批进行，但各炉罐号的含碳量之差应不大于 0.02%，含锰量之差应不大于 0.15%。

（4）钢筋在运输过程中应避免锈蚀、污染或被压弯；在工地存放时，应按不同品种、规格，分批分别堆置整齐，不得混杂，并应设立识别标志，存放的时间宜不超过 6 个月；存放场地应有防、排水设施，且钢筋不得直接置于地面，应垫高或堆置在台座上，顶部应采用合适的材料予以覆盖，防止水浸和雨淋。

（5）在工程施工过程中，应采取适当的措施，防止钢筋产生锈蚀。对设置在结构或构件中的预留钢筋的外露部分，当外露时间较长且环境湿度较大时，宜采取包裹、涂刷防锈材料或其他有效方式，进行临时性防护。

（6）钢筋的级别、种类和直径应按设计规定采用，当需要代换时，应得到设计认可。

（7）预制构件的吊环，必须采用未经冷拉的热轧光圆钢筋制作，且其使用时的计算拉应力应不大于 65 MPa。

二、加工

（1）钢筋的表面应洁净、无损伤，使用前应将表面的油渍、漆皮、鳞锈等清除干净，带有颗粒状或片状老锈的钢筋不得使用。

（2）钢筋应平直、无局部弯折，成盘的钢筋和弯曲的钢筋在加工前均应调直。采用冷拉方法调直钢筋时，HPB300 钢筋的冷拉率宜不大于 2%，HRB400 钢筋的冷拉率宜不大于 1%。

（3）钢筋宜采用数控化机械设备在专用厂房中集中下料和加工，其形状、尺寸应符合设计的规定；加工后的钢筋，其表面不应有削弱钢筋截面的伤痕。

（4）箍筋的末端应做弯钩，弯钩的形状应符合设计规定。弯钩的弯曲直径应大于被箍受力主钢筋的直径，且 HPB300 钢筋应不小于箍筋直径的 2.5 倍，HRB400 钢筋应不小于箍筋直径的 5 倍。弯钩平直部分的长度，一般结构应不小于箍筋直径的 5 倍，有抗震要求的结构应不小于箍筋直径的 10 倍。设计对弯钩的形状未规定时，可按图 3-3-1（a）、（b）加工；有抗震要求的结构，应按图 3-3-1（c）加工。

（a）90°/180°　　（b）90°/90°　　（c）135°/135°

图 3-3-1　箍筋弯钩形式图

三、连接

钢筋的连接宜采用焊接接头或机械连接接头。绑扎接头仅当钢筋构造复杂、施工困难时方可采用，绑扎接头的钢筋直径宜不大于 28 mm，对轴心受压和偏心受压构件中的受压钢筋可不大于 32 mm；轴心受拉和小偏心受拉构件不应采用绑扎接头。

受力钢筋的连接接头应设置在内力较小区段，并应错开布置。对焊接接头和机械连接接头，在接头长度区段内，同一根钢筋不得有两个接头；对绑扎接头，两接头间的距离应不小于 1.3 倍搭接长度。配置在接头长度区段内的受力钢筋，其接头的截面面积占总截面面积的百分率应符合表 3-3-1 的规定。

表 3-1-1　接头长度区段内受力钢筋接头面积的最大百分率

接头形式	接头面积最大百分率/%	
	受拉区	受压区
主钢筋绑扎接头	25	50
主钢筋焊接接头	50	不限制

注：1. 焊接接头和机械连接接头长度区段内是指 35d（d 为钢筋直径）长度范围内，但不得小于 500 mm；绑扎接头长度区段内是指 1.3 倍搭接长度范围内。
2. 在同一根钢筋上宜少设接头。
3. 装配式构件连接处的受力钢筋焊接接头可不受此限制。
4. 接头部分钢筋的横向净距应不小于钢筋直径且不小于 25 mm。

钢筋的焊接接头应符合下列规定。

（1）钢筋的焊接接头宜采用闪光对焊，或采用电弧焊、电渣压力焊、气压焊，但电渣压力焊仅可用于竖向钢筋的连接，不得用于水平钢筋和斜筋的连接。钢筋焊接的接头形式、焊接方法和焊接材料应符合现行《钢筋焊接及验收规程》（JGJ 18—2012）的规定，质量验收标准应按相关规定执行。

（2）每批钢筋焊接前，应先选定焊接工艺和焊接参数，按实际条件进行试焊，并检验接头外观质量及规定的力学性能，试焊质量经检验合格后方可正式施焊。焊接时，对施焊场地应有适当的防风、雨、雪、严寒的设施。

（3）电弧焊宜采用双面焊缝，仅在双面焊无法施焊时，方可采用单面焊缝。采用搭接电弧焊时，两钢筋搭接端部应预先折向一侧，两接合钢筋的轴线应保持一致；采用帮条电弧焊时，帮条应采用与主筋相同强度等级的钢筋，其总截面面积应不小于被焊接钢筋的截面积。电弧焊接头的焊缝长度，对双面焊缝应不小于 5d，单面焊缝应不小于 10d（d 为钢筋直径）。电弧焊接与钢筋弯曲处的距离应不小于 10d，且不宜位于构件的最大弯矩处。

钢筋的机械连接宜采用镦粗直螺纹、滚轧直螺纹或套筒挤压接头，且适用于 HRB400、HRBF400、HRB500 和 RRB400 热轧带肋钢筋。各类接头的性能均应符合现行《钢筋机械连接技术规程》(JGJ 107—2016) 的规定，并应符合下列规定。

(1) 钢筋机械连接接头的等级应选用Ⅰ级或Ⅱ级，接头的性能指标应符合相关规定。

(2) 钢筋机械连接接头的材料、制作、安装施工及质量检验和验收，应符合现行《钢筋机械连接用套筒》(JG/T 163—2013) 和《钢筋机械连接技术规程》(JGJ 107—2016) 的规定。

(3) 钢筋机械连接件的最小混凝土保护层厚度，应符合设计受力主筋混凝土保护层厚度的规定，且不得小于 20 mm；连接件之间或连接件与钢筋之间的横向净距应不小于 25 mm。

(4) 连接套筒、锁母、丝头等在运输和储存过程中应采取防护措施，防止雨淋、沾污和损伤。

四、绑扎与安装

钢筋的绑扎与安装相关规定见表 3-3-2。

表 3-3-2 钢筋的绑扎与安装相关规定

工序	相关规定
钢筋的绑扎	(1) 钢筋的交叉点宜采用直径 0.7～2.0 mm 的铁丝扎牢，必要时可采用点焊焊牢；绑扎宜采取逐点改变绕丝方向的 8 字形方式交错扎结，对直径 25 mm 及以上的钢筋，宜采取双对角线的十字形方式扎结； (2) 结构或构件拐角处的钢筋交叉点应全部绑扎；中间平直部分的交叉点可交错绑扎，但绑扎的交叉点宜占全部交叉点的 40%以上； (3) 钢筋绑扎时，除设计有特殊规定者外，箍筋应与主筋垂直； (4) 绑扎钢筋的铁丝丝头不应进入混凝土保护层内
钢筋的安装	(1) 钢筋的级别、直径、根数、间距等应符合设计的规定； (2) 对多层多排钢筋，宜根据安装需要在其间隔处设立一定数量的架立钢筋或短钢筋，但架立钢筋或短钢筋的端头不得伸入混凝土保护层内； (3) 半成品钢筋和钢筋骨架采用整体方式安装时，宜设置专用胎架或卡具等进行辅助定位，安装过程中应采取保证整体刚度及防止变形的措施； (4) 当钢筋过密，将会影响到混凝土浇筑质量时，应及时与设计协商解决
垫块的制作、设置和固定	钢筋与模板之间应设置垫块，垫块的制作、设置和固定应符合下列规定。 (1) 混凝土垫块应具有不低于结构本体混凝土的强度，并应有足够的密实性；采用其他材料制作垫块时，除应满足使用强度的要求外，其材料中不应含有对混凝土产生不利影响的成分；垫块的制作厚度不应出现负误差，正误差应不大于 1 mm； (2) 用于重要工程或有防腐蚀要求的混凝土结构或构件中的垫块，宜采用专门制作的定型产品，且该类产品的质量同样应符合本条第 (1) 项的规定； (3) 垫块应相互错开，分散设置在钢筋与模板之间，但不应横贯混凝土保护层的全部截面进行设置；垫块在结构或构件侧面和底面所布设的数量应不少于 4 个/m^2，重要部位宜适当加密； (4) 垫块应与钢筋绑扎牢固，且绑丝及其丝头均不应进入混凝土保护层内； (5) 混凝土浇筑前，应对垫块的位置、数量和紧固程度进行检查，不符合要求时应及时处理，应保证钢筋的混凝土保护层厚度满足设计要求和相关规定

续表

工序	相关规定
钢筋骨架的焊接拼装	钢筋骨架的焊接拼装应在坚固的工作台上进行，操作时应符合下列规定。 (1) 拼装前应按设计图纸放大样，放样时应考虑焊接变形的预留拱度；拼装时，在需要焊接的位置宜采用楔形卡卡紧，防止焊接时局部变形； (2) 骨架焊接时，不同直径钢筋的中心线应在同一平面上，较小直径的钢筋在焊接时，下面宜垫以厚度适当的钢板；施焊顺序宜由中到边对称地向两端进行，先焊骨架下部，后焊骨架上部；相邻的焊缝应采用分区对称跳焊，不得顺方向一次焊成
灌注桩钢筋骨架的制作、运输与安装	(1) 制作时应采取必要措施，保证骨架的刚度，主筋的接头应错开布置；大直径长桩的钢筋骨架宜在胎架上分段制作，且宜编号，安装时应按编号顺序连接； (2) 应在骨架外侧设置控制混凝土保护层厚度的垫块，垫块的间距在竖向应不大于 2 m，在横向圆周应不少于 4 处； (3) 钢筋骨架在运输过程中，应采取适当的措施防止其变形； (4) 钢筋骨架在安装时，其顶端应设置吊环
注意：绑扎或焊接的钢筋骨架和钢筋网不得有变形、松脱和开焊	

实战演练

[经典例题·单选] 关于普通钢筋焊接施工的说法，错误的是（　　）。

A. 接头采用搭接电弧焊时，应使两接合钢筋轴线一致

B. 接头搭接双面焊时，两钢筋不得弯曲，应直接紧贴焊接

C. 电弧焊接与钢筋弯曲处的距离应不小于 $10d$

D. 焊接接头应错开布置

[解析] 选项 B 错误，钢筋接头采用搭接电弧焊时，两钢筋搭接端部应预先折向一侧，两接合钢筋的轴线应保持一致。

[答案] B

知识点 2 混凝土工程施工

一、一般规定

（1）混凝土工程所用的各种原材料均应符合现行国家标准或行业标准的规定，并应在进场时对其性能和质量进行检验。

（2）在进行试配和质量检测时，混凝土的抗压强度应以边长为 150 mm 的立方体标准试件测定，且应取其保证率为 95%。试件应以同龄期者 3 个为一组，每组试件的抗压强度以 3 个试件测值的算术平均值（计算精确至 0.1 MPa）为测定值，当有 1 个测值与中间值的差值超过中间值的 15%时，取中间值为测定值；当有 2 个测值与中间值的差值均超过 15%时，该组试件无效。

（3）混凝土的抗压强度，应以标准方式成型的试件置于标准养护条件下［温度（20±2）℃，相对湿度不低于 95%］养护 28 d 所测得的抗压强度值（MPa）进行评定。对采用蒸汽养护的混凝土，其测试抗压强度的试件应先随构件同条件蒸汽养护，再转入标准条件下养护，累计养护时间应为 28 d。

（4）公路桥涵混凝土宜使用非碱活性集料，当条件不具备必须使用时，其他材料中的碱含量及混凝土中的最大总碱含量应符合相关规定。

二、原材料要求

（一）水泥

桥涵工程采用的水泥应符合现行《通用硅酸盐水泥》（GB 175—2023）的规定，水泥的品种和强度等级应通过混凝土配合比试验选定，且其特性应不会对混凝土的强度、耐久性和工作性能产生不利影响。当混凝土中采用碱活性集料时，宜选用含碱量不大于 0.6%的低碱水泥。

水泥进场时，应附有生产厂的品质试验检验报告等合格证明文件，并应按批次对同一生产厂、同一品种、同一强度等级及同一出厂日期的水泥进行强度、细度、安定性和凝结时间等性能的检验，散装水泥应以每 500 t 为一批，袋装水泥应以每 200 t 为一批，不足 500 t 或 200 t 时，也按一批计。当对水泥质量有怀疑或受潮或存放时间超过 3 个月时，应重新取样复验，并应按其复验结果使用。水泥的检验试验方法应符合现行《公路工程水泥及水泥混凝土试验规程》（JTG 3420—2020）的规定。

公路桥涵混凝土工程宜采用散装水泥，散装水泥在工地应采用专用水泥罐储存；采用袋装水泥时，在运输和储存过程中应防止受潮，且不得长时间露天堆放，临时露天堆放时应设支垫并覆盖。不同品种、强度等级和出厂日期的水泥应分别按批存放。

（二）细集料

细集料宜采用级配良好、质地坚硬、颗粒洁净的河砂；当河砂不易得到时，可采用符合规定的其他天然砂或机制砂；细集料不得采用海砂。

细集料宜按同产地、同规格、连续进场数量不超过 400 m^3 或 600 t 为一验收批，小批量进场的宜以不超过 200 m^3 或 300 t 为一验收批进行检验；当质量稳定且进料量较大时，可以 1 000 t 为一验收批。检验内容应包括外观、筛分、细度模数、有机物含量、含泥量、泥块含量及机制砂的石粉含量等；必要时尚应对坚固性、有害物质含量、氯离子含量、碱活性及放射性等指标进行检验。

（三）粗集料

粗集料宜采用质地坚硬、洁净、级配合理、粒形良好、吸水率小的碎石或卵石。粗集料宜根据混凝土最大粒径采用连续两级配或连续多级配。单粒粒级宜用于组合成满足要求的连续粒级；也可与连续粒级混合使用，改善其级配或配成较大粒度的连续粒级。

粗集料在生产、运输与储存过程中，不得混入影响混凝土性能的有害物质。粗集料应按品种、规格分别堆放，不得混杂。在装卸及储存时，应采取措施，使集料颗粒级配均匀，并保持洁净。

（四）水

符合国家标准的饮用水可直接作为混凝土的拌制和养护用水；当采用其他水源或对水质有疑问时，应对水质进行检验。混凝土用水尚应符合下列规定。

（1）水中不应有漂浮明显的油脂和泡沫，且不应有明显的颜色和异味。

（2）严禁采用海水用于结构混凝土的拌制和养护。

（五）其他

公路桥涵工程使用的外加剂，与水泥、矿物掺合料之间应具有良好的相容性。所采用的外加剂，应是经过具备相关资质的检测机构检验并附有检验合格证明的产品，且其质量应符合现行规定。

采用膨胀剂时应符合下列规定。

（1）在公路桥涵混凝土工程中采用的膨胀剂，其性能应符合现行《混凝土膨胀剂》（GB/T 23439—2017）的规定。

（2）膨胀剂的品种和掺量应通过试验确定。

（3）掺入膨胀剂的混凝土宜采取有效的持续保湿养护措施，且宜按不同结构和温度适当延长养护时间。

混凝土中需要掺用粉煤灰、粒化高炉矿渣粉、硅灰等掺合料时，其掺入量应在使用前通过试验确定。掺合料在运输与储存中，应有明显标识，严禁与水泥等其他粉状材料混淆。

三、混凝土配合比

混凝土的配合比应以质量比表示，并应通过计算和试配选定。试配时应采用施工实际使用的材料，配制的混凝土拌合物应满足和易性、凝结时间等施工技术条件；制成的混凝土应满足配制强度、力学性能和耐久性能的设计要求。

普通混凝土的配合比，可按现行《普通混凝土配合比设计规程》（JGJ 55—2011）的规定进行设计，并应通过试配确定。混凝土的试配强度，应根据设计强度等级，并考虑施工条件的差异和变化以及原材料质量可能的波动。混凝土的坍落度和工作性能宜根据结构物情况和施工工艺要求确定。通过设计和试配确定的配合比，应经批准后方可使用，且应在混凝土拌制前将理论配合比换算为施工配合比。

混凝土进行耐久性设计时，环境类别和作用等级、原材料的选用、配合比设计等均应符合现行《公路工程混凝土结构耐久性设计规范》（JTG/T 3310—2019）的规定。不同强度等级混凝土的最大水胶比、胶凝材料用量宜符合表 3-3-3 的规定。

表 3-3-3　不同强度等级混凝土的最大水胶比和胶凝材料用量

混凝土强度等级	最大水胶比	最小水泥用量/（$kg \cdot m^{-3}$）	最大胶凝材料用量/（$kg \cdot m^{-3}$）
C25	0.55	275	400
C30	0.55	280	
C35	0.50	300	
C40	0.45	320	450
C45	0.40	340	
C50	0.36	360	480
C55	0.32	380	500
C60	0.30	400	530

注：1. 表中数据适用于最大粗集料粒径为 20 mm 的情况，粒径较大时可适当降低胶凝材料用量，粒径较小时可适当增加胶凝材料用量。

2. 大掺量矿物掺合料混凝土的水胶比应不大于 0.42。

3. 引气混凝土的胶凝材料用量与非引气混凝土要求相同。

4. 封底、垫层及其他临时工程的混凝土，可不受本表的限制。

在混凝土中掺入外加剂时，除应符合相关规定外，尚应符合下列规定。

（1）在钢筋混凝土和预应力混凝土中，均不得掺用氯化钙、氯化钠等氯盐。

（2）减水剂宜采用聚羧酸类减水剂。

（3）各种外加剂中的氯离子总含量宜不大于混凝土中胶凝材料总质量的 0.02%，硫酸钠含量宜不大于减水剂干重的 15%。

（4）从各种组成材料引入的氯离子总含量（折合氯盐含量）应不超过表 3-3-4 规定的限值。

（5）掺入引气剂的混凝土，其含气量应按不同环境类别和作用等级确定。

表 3-3-4　混凝土中游离氯离子含量最大限值

环境类别与作用等级	钢筋混凝土/%	预应力混凝土/%
Ⅱ、Ⅲ、Ⅳ	0.10	0.06
Ⅰ-B、Ⅰ-C、Ⅴ、Ⅵ	0.20	
Ⅰ-A、Ⅶ	0.30	

注：1. 表中氯离子含量以胶凝材料质量百分数计。

2. 环境类别和作用等级应符合现行《公路工程混凝土结构耐久性设计规范》（JTG/T 3310—2019）的规定。

除应对由各种组成材料带入混凝土中的碱含量进行控制外，尚应控制混凝土的总碱含量。每立方米混凝土的总碱含量，对一般桥涵宜不大于 3.0 kg/m^3，对特大桥、大桥和重要桥梁宜不大于 2.1 kg/m^3。当混凝土结构处于受严重侵蚀的环境时，不得使用有碱活性反应的集料。

泵送混凝土的配合比宜符合下列规定。

（1）胶凝材料用量宜不小于 300 kg/m^3。水泥宜选用硅酸盐水泥、普通硅酸盐水泥、矿渣硅酸盐水泥或粉煤灰硅酸盐水泥；细集料宜采用中砂，且其通过 300 μm 筛孔的颗粒含量宜不少于 15%，砂率宜为 35%～45%；粗集料宜采用连续级配，其针片状颗粒含量宜不大于 10%，粗集料的最大公称粒径与输送管径之比宜符合表 3-3-5 的规定。

（2）应通过试验掺用适量的泵送剂或减水剂，且宜掺用矿物掺合料。

（3）试配时应考虑坍落度经时损失。

表 3-3-5　粗集料的最大公称粒径与输送管径之比

粗集料品种	泵送高度/m	粗集料的最大公称粒径与输送管径之比
碎石	<50	≤1∶3.0
	50～100	≤1∶4.0
	>100	≤1∶5.0
卵石	<50	≤1∶2.5
	50～100	≤1∶3.0
	>100	≤1∶4.0

四、混凝土拌制

混凝土的配料宜采用自动计量装置，各种衡器的精度应符合要求，计量应准确。计量器具应定期标定，迁移后应重新进行标定。拌制混凝土所用的各项固体原材料应按质量进行计量投料，水和液体外加剂可按体积进行计量投料，配料数量的允许质量偏差应符合表 3-3-6 的规定。

表 3-3-6　配料数量的允许质量偏差

材料类别	允许偏差/%	
	现场拌制	预制厂或集中搅拌站拌制
水泥、干燥状态的掺合料	±2	±1
粗、细集料	±3	±2
水、外加剂	±2	±1

外加剂应以稀释溶液加入，其稀释用水和原液中的水量，应从拌和加水量中扣除。加入

搅拌筒的外加剂溶液应充分溶解，并搅拌均匀。掺合料应采用与水泥相同的输送、计量方式加入。

混凝土应采用机械拌制。拌制时，自全部材料装入搅拌筒开始搅拌至开始出料的最短搅拌时间，应按搅拌机产品说明书的要求和混凝土搅拌的技术要求经试验确定。

混凝土拌合物应搅拌均匀、颜色一致，不得有离析和泌水现象，对在施工现场集中拌制的混凝土，应检测其拌合物的均匀性。检测时，应在搅拌机的卸料过程中，从卸料流的1/4～3/4之间部位取试样进行试验，试验结果应符合下列规定。

(1) 混凝土中砂浆密度2次测值的相对误差应不大于0.8%。

(2) 单位体积混凝土中粗集料含量2次测值的相对误差应不大于5%。

混凝土搅拌完毕后，应按下列要求检测混凝土拌合物的各项性能。

(1) 混凝土拌合物的坍落度及其损失，宜在搅拌地点和浇筑地点分别取样检测，每一工作班或每一单元结构物应不少于2次，评定时应以浇筑地点的测值为准。当混凝土拌合物从搅拌机出料起至浇筑入模的时间不超过15 min时，其坍落度可仅在搅拌地点取样检测。

(2) 必要时，尚宜对工作性能、泌水率及含气量等混凝土拌合物的其他指标进行检测。

五、混凝土运输

运输能力应与混凝土的凝结速度和浇筑速度相匹配，应使浇筑工作不间断且混凝土运到浇筑地点时仍能保持其均匀性及适宜浇筑的坍落度。混凝土的运输宜采用搅拌运输车，或在条件允许时采用泵送方式输送，对寒冷、严寒或炎热的天气情况，搅拌运输车的搅拌罐和泵送管应有保温或隔热措施；采用吊斗或其他方式运输时，运距宜不超过100 m且不得使混凝土产生离析。

采用搅拌运输车运输混凝土时，途中应以2～4 r/min的慢速进行搅动，卸料前应采用快挡旋转搅拌罐不少于20 s。混凝土运至浇筑地点后发生离析、泌水或坍落度不符合要求时，应进行第二次搅拌，二次搅拌时不宜加水，确有必要时，可同时加水、相应的胶凝材料和外加剂并保持其原水胶比不变；二次搅拌仍不符合要求时，不得使用。

混凝土采用泵送方式时应符合下列规定。

(1) 混凝土的供应宜使输送混凝土的泵能连续工作，泵送的间歇时间宜不超过15 min。在泵送过程中，受料斗内应具有足够的混凝土，应防止吸入空气产生阻塞。

(2) 输送管应顺直，转弯处应圆缓，接头应严密不漏气。

(3) 向低处泵送混凝土时，应采取必要措施，防止混凝土离析或堵塞输送管。

六、混凝土浇筑

浇筑混凝土前应进行下列准备工作。

(1) 应根据待浇筑结构物的情况、环境条件及浇筑量等制订合理的浇筑工艺方案，工艺方案应对施工缝设置、浇筑顺序、浇筑工具、防裂措施、保护层的控制等作出明确规定。

(2) 应对支架、模板、钢筋和预埋件等进行检查，模板内的杂物、积水及钢筋上的污物应清理干净。模板如有缝隙或孔洞时，应堵塞严密且不漏浆。

(3) 应对混凝土的均匀性和坍落度等性能进行检测。

自高处向模板内倾卸混凝土时，应防止混凝土离析。直接倾卸时，其自由倾落高度宜不超过2 m；超过2 m时，应通过串筒、溜管（槽）或振动溜管（槽）等设施下落；倾落高度超过10 m时，应设置减速装置。

混凝土应按一定的厚度、顺序和方向分层浇筑，且应在下层混凝土初凝或能重塑前浇筑完成上层混凝土；上下层同时浇筑时，上层与下层的前后浇筑距离应保持1.5 m以上；在倾斜面上浇筑混凝土时，应从低处开始逐层扩展升高，并保持水平分层。混凝土分层浇筑厚度宜不超过表 3-3-7 的规定。

表 3-3-7 混凝土分层浇筑厚度

振捣方式		浇筑层厚度/mm
采用插入式振动器		300
采用附着式振动器		300
采用表面振动器	无筋或配筋稀疏时	250
	配筋较密时	150

采用振动器振捣混凝土时，应符合下列规定。

(1) 插入式振动器的移位间距应不超过振动器作用半径的 1.5 倍，与侧模应保持 50～100 mm 的距离，且插入下层混凝土中的深度宜为 50～100 mm。

(2) 表面振动器的移位间距应使振动器平板能覆盖已振实部分不小于 100 mm。

(3) 附着式振动器的布置距离，应根据结构物形状和振动器的性能通过试验确定。

(4) 每一振点的振捣延续时间宜为 20～30 s，以混凝土停止下沉、不出现气泡、表面呈现浮浆为度。

混凝土的浇筑宜连续进行，因故中断间歇时，其间歇时间应小于前层混凝土的初凝时间或能重塑时间。混凝土的运输、浇筑及间歇的全部允许时间宜不超出表 3-3-8 的规定；超出时应按浇筑中断处理，并应留置施工缝，同时应作出记录。

表 3-3-8 混凝土的运输、浇筑及间歇的全部允许时间 单位：min

混凝土强度等级	气温≤25 ℃	气温＞25 ℃
≤C30	210	180
＞C30	180	150

注：当混凝土中掺有促凝剂或缓凝剂时，其允许时间应通过试验确定。

施工缝的位置应在混凝土浇筑之前确定，并宜设置在结构受剪力和弯矩较小且便于施工的部位。对施工缝的处理应符合下列规定。

(1) 施工缝处混凝土表面的光滑表层、松弱层应予凿除，凿毛的最小深度应不小于 8 mm。对施工缝处混凝土的强度，当采用水冲洗凿毛时，应达到 0.5 MPa；人工凿除时，应达到 2.5 MPa；采用风动机凿毛时，应达到 10 MPa。

(2) 经凿毛处理后的混凝土面，新混凝土浇筑前，应采用洁净水冲洗干净。

(3) 对重要部位及有抗震要求的混凝土结构或钢筋稀疏的钢筋混凝土结构，宜在施工缝处补插适量的锚固钢筋，补插的锚固钢筋直径可比结构主筋小一个规格，间距宜不小于 150 mm，插入和外露的长度均不宜小于 300 mm；有抗渗要求的混凝土，其施工缝宜做成凹形、凸形或设置止水带；施工缝为斜面时应浇筑成或凿成台阶状。

在环境相对湿度较小、风速较大的条件下浇筑混凝土时，应采取适当措施防止混凝土表面过快失水。浇筑混凝土期间，应随时检查支架、模板、钢筋、预应力管道和预埋件等的稳固情况，并应及时填写混凝土施工记录。新浇筑混凝土的强度达到 2.5 MPa 之前，不得使其承受行人、运输工具、模板、支架及脚手架等荷载。

七、混凝土养护

对新浇筑混凝土的养护，应根据施工对象、环境条件、水泥品种、外加剂或掺合料以及混凝土性能等因素，制订具体的养护方案，并严格实施。

混凝土浇筑完成后，应在其收浆后尽快予以覆盖并洒水保湿养护。对干硬性混凝土、高强度和高性能混凝土、炎热天气浇筑的混凝土以及桥面等大面积裸露的混凝土，应加强初始保湿养护，具备条件的可在浇筑完成后立即加设棚罩，待收浆后再予以覆盖和洒水养护，覆盖时不得损伤或污染混凝土表面。

混凝土表面有模板覆盖时，应在养护期间使模板保持湿润。拆除模板后，仍应对混凝土进行覆盖和洒水养护，直至达到规定的养护期限；尤其在低温、干燥或大风环境下拆除模板时，应采取必要的覆盖、保温等措施，防止混凝土表面产生裂缝。

混凝土的养护严禁采用海水。混凝土的洒水保湿养护时间应不少于 7 d，对重要工程或有特殊要求的混凝土，应根据环境湿度、温度、水泥品种以及掺用的外加剂和掺合料等情况，酌情延长养护时间，并应使混凝土表面始终保持湿润状态。当气温低于 5 ℃时，应采取保温养护措施，不得向混凝土表面洒水。当采用喷洒养护剂对混凝土进行养护时，所使用的养护剂应不会对混凝土产生不利影响，且应通过试验验证其养护效果。

新浇筑的混凝土与流动的地表水或地下水接触时，应采取临时防护措施，保证混凝土在 7 d 以内且强度达到设计强度的 50%以前，不受水的冲刷侵袭；当环境水具有侵蚀作用时，应保证混凝土在 10 d 以内且强度达到设计强度的 70%以前，不受水的侵袭。混凝土处于冻融循环作用的环境时，宜在结冰期到来 4 周前完成浇筑施工，且在混凝土强度未达到设计强度等级的 80%前不得受冻，否则应采取技术措施，防止发生冻害。

八、特殊类型混凝土施工

（一）大体积混凝土

大体积混凝土是指体积较大的、可能由胶凝材料水化热引起的温度应力导致有害裂缝的结构混凝土。

大体积混凝土在选用原材料和进行配合比设计时，应按降低水化热温升的原则进行，并应符合下列规定。

（1）宜选用低水化热和凝结时间长的水泥品种。粗集料宜采用连续级配，细集料宜采用中砂。宜掺用可降低混凝土早期水化热的外加剂和掺合料，外加剂宜采用缓凝剂、减水剂；掺合料宜采用粉煤灰、粒化高炉矿渣粉等。

（2）进行配合比设计时，在保证混凝土强度、和易性及坍落度要求的前提下，宜采取改善粗集料级配、提高掺合料和粗集料的含量、降低水胶比等措施，减少单方混凝土胶凝材料中的水泥用量。

（3）大体积混凝土进行配合比设计及质量评定时，可按 60 d 龄期的抗压强度控制。

大体积混凝土的施工应提前制订专项施工方案，并应对混凝土采取温度控制措施。大体积混凝土的浇筑、养护和温度控制应符合下列规定。

（1）施工前应根据原材料、配合比、环境条件、施工方案和施工工艺等因素，进行温控设计和温控监测设计，并应在浇筑后按该设计要求对混凝土内部和表面的温度实施监测和控制。对大体积混凝土进行温度控制时，应使其内部最高温度不高于 75 ℃，内表温差不大于 25 ℃，混凝土表面与大气温差不大于 20 ℃。

（2）大体积混凝土可分层、分块浇筑，分层、分块的尺寸宜根据温控设计的要求及浇筑能力合理确定；当结构尺寸相对较小或能满足温控要求时，可全断面一次浇筑。

（3）分层浇筑时，在上层混凝土浇筑之前应对下层混凝土的顶面做凿毛处理，且新浇混凝土与下层已浇筑混凝土的温差宜小于 20 ℃，并应采取措施将各层间的浇筑间歇期控制在 7 d 以内。

（4）分块浇筑时，块与块之间的竖向接缝面应平行于结构物的短边，并应在浇筑完成拆模后按施工缝的要求进行凿毛处理。分块施工所形成的后浇段，应在对大体积混凝土实施温度控制且其温度场趋于稳定后方可浇筑；后浇段宜采用微膨胀混凝土，并应一次浇筑完成。

(5) 大体积混凝土的浇筑宜在气温较低时进行，但混凝土的入模温度应不低于 5 ℃；热期施工时，宜采取措施降低混凝土的入模温度，且其入模温度宜不高于 28 ℃。

(6) 大体积混凝土的温度控制宜按照“内降外保”的原则，对混凝土内部采取设置冷却水管通循环水冷却，对混凝土外部采取覆盖蓄热或蓄水保温等措施进行。在混凝土内部通水降温时，进出口水的温差宜小于或等于 10 ℃，且水温与内部混凝土的温差宜不大于 20 ℃，降温速率宜不大于 2 ℃/d；利用冷却水管中排出的降温用水在混凝土顶面蓄水保温养护时，养护水温度与混凝土表面温度的差值应不大于 15 ℃。

(7) 大体积混凝土采用硅酸盐水泥或普通硅酸盐水泥时，其浇筑后的养护时间宜不少于 14 d，采用其他品种水泥时宜不少于 21 d。在寒冷天气或遇气温骤降天气时浇筑的混凝土，除应对其外部加强覆盖保温外，尚宜适当延长养护时间。

(二) 抗冻与抗渗混凝土

有抗冻性要求的混凝土，宜选用硅酸盐水泥或普通硅酸盐水泥，不宜使用火山灰质硅酸盐水泥；粗集料宜选用连续级配，并应进行坚固性试验。有抗冻要求的混凝土宜掺入适量引气剂，同时宜掺入减水剂。

有抗渗要求的混凝土，宜采用普通硅酸盐水泥；粗集料宜选用连续级配，其最大粒径宜不大于 40.0 mm；细集料宜采用中砂。抗渗混凝土宜掺用外加剂和矿物掺合料；粉煤灰应采用 F 类，并不应低于Ⅱ级。胶凝材料总量宜不小于 320 kg/m^3；砂率宜为 35%～45%；最大水胶比应符合相关规定。掺引气剂的抗渗混凝土，应做含气量试验，其含气量宜控制在 3%～5%。

(三) 高强度混凝土

高强度混凝土是指强度等级 C60 及以上的混凝土。高强度混凝土的施工应符合表 3-3-9 的规定。

表 3-3-9 高强度混凝土的施工

工序	相关规定
原材料选用	(1) 水泥宜选用硅酸盐水泥或普通硅酸盐水泥； (2) 细集料除应符合相关规定外，尚宜选用质地坚硬、级配良好的中砂，细度模数应为 2.6～3.0，含泥量应不大于 2.0%，泥块含量应不大于 0.5%；配制 C70 及以上强度等级混凝土时，含泥量应不大于 1.5%，且不应有泥块存在，必要时应冲洗后使用； (3) 粗集料宜选用质地坚硬、级配良好、无风化颗粒的碎石；其质量指标除应符合相关规定外，粗集料的最大粒径尚不宜大于 25.0 mm，含泥量应不大于 0.5%，泥块含量应不大于 0.2%，针片状颗粒含量宜不大于 5.0%；配制 C80 及以上强度等级混凝土时，最大粒径宜不大于 20.0 mm； (4) 外加剂的性能应符合相关规定；所采用的减水剂应为高效减水剂或高性能减水剂，其掺量应根据试验确定； (5) 掺合料可选用粉煤灰、粒化高炉矿渣粉和硅灰等，粉煤灰等级应不低于Ⅱ级，其技术条件应符合相关规定，掺量应根据试验确定； (6) 拌制与养护用水应符合相关规定

续表

工序	相关规定
配合比设计	高强度混凝土的配合比应有利于减少温度收缩、干燥收缩和自身收缩引起的体积变形，避免早期开裂，配合比设计除应符合相关规定外，尚应符合下列规定。 (1) 配制高强度混凝土所用砂率及所采用的外加剂和矿物掺合料的品种、掺量等，均应通过试验确定； (2) 高强度混凝土的水泥用量宜不大于 500 kg/m^3，胶凝材料总量宜不大于 600 kg/m^3； (3) 当采用 3 个不同的配合比进行混凝土强度试验时，其中一个应为基准配合比，另外两个配合比的水胶比宜较基准配合比分别增加和减少 0.02～0.03； (4) 高强度混凝土的设计配合比确定后，尚应采用该配合比进行不少于 6 次的重复试验进行验证，其平均值应不低于配制强度
施工技术要求	(1) 混凝土应采用强制式搅拌机拌制，不得采用自落式搅拌机搅拌； (2) 应准确控制用水量，粗、细集料的含水率应及时测定，并应按测定值调整用水量和集料用量，不得在拌合物出机后再加水； (3) 搅拌混凝土时，高效减水剂或高性能减水剂宜采用后掺法，且宜制成溶液后再加入，并应在混凝土用水量中扣除溶液用水量；加入减水剂后，混凝土拌合料在搅拌机中继续搅拌的时间宜不少于 30 s； (4) 高强度混凝土的入模温度应根据环境状况和结构所受的内、外约束程度加以限制；保湿养护的时间应不少于 7 d

（四）高性能混凝土

高性能混凝土是指采用混凝土的常规材料、常规工艺，在常温下，以低水胶比、大掺量优质掺合料和严格的质量控制措施制作的，具有良好的施工工作性能且硬化后具有高耐久性、高尺寸稳定性及较高强度的混凝土。

1. 原材料要求

(1) 配制高性能混凝土时，应选用优质水泥和级配良好的优质集料，同时应掺加与水泥相匹配的高性能减水剂或高效减水剂及优质掺合料。

(2) 水泥宜选用品质稳定、标准稠度需水量低、强度等级不低于 42.5 级的硅酸盐水泥或普通硅酸盐水泥，不宜采用矿渣硅酸盐水泥、火山灰质硅酸盐水泥、粉煤灰硅酸盐水泥或复合硅酸盐水泥，也不宜采用早强水泥。

(3) 粗集料宜选用质地均匀坚硬、粒形良好、级配合理、线胀系数小的洁净碎石或卵石，不宜采用砂岩加工成的碎石，且应采用连续两级配或连续多级配。粗集料的技术要求除应符合相关规定外，其压碎指标尚应不大于 10%；坚固性试验结果失重率对钢筋混凝土结构应小于 8%，对预应力混凝土结构应小于 5%。粗集料的吸水率应小于 2%，当用于干湿循环、冻融循环下的混凝土时应小于 1%。粗集料的最大粒径宜不超过 26.5 mm（大体积混凝土除外），且不得超过保护层厚度的 2/3。

(4) 外加剂应选用高性能减水剂、高效减水剂或复合减水剂，并应选择减水率高、坍落度损失小、适量引气、与水泥之间具有良好的相容性、能明显改善或提高混凝土耐久性能且质量稳定的产品。引气剂或引气型外加剂应有良好的气泡稳定性。用于提高混凝土抗冻性的引气剂、减水剂和复合外加剂中均不得掺有木质磺酸盐组分，并不得采用含有氯盐的防冻剂。

(5) 矿物掺合料应选用品质稳定、来料均匀的粉煤灰、粒化高炉矿渣粉和硅灰等。

2. 配合比设计

高性能混凝土的配合比应根据原材料品质、设计强度等级、耐久性以及施工工艺对工作性能的要求，通过计算、试配和调整等步骤确定。进行配合比设计时应符合下列规定。

(1) 对不同强度等级混凝土的胶凝材料总量应进行控制，C40 以下宜不大于 400 kg/m^3；C40～C50 宜不大于 450 kg/m^3；C60 及以上的非泵送混凝土宜不大于 500 kg/m^3，泵送混凝土宜不大于 530 kg/m^3；且胶凝材料浆体体积宜不大于混凝土体积的 35%。

(2) 水胶比应根据混凝土的配制强度、抗氯离子渗透性能、抗渗性能和抗冻性能等要求确定。在满足混凝土工作性能的前提下，宜降低用水量，并控制在 130～160 kg/m^3。

(3) 混凝土中宜适量掺加优质的粉煤灰、粒化高炉矿渣粉或硅灰等矿物掺合料，用以提高其耐久性、改善其施工性能和抗裂性能，其掺量宜根据混凝土的性能要求通过试验确定，且宜不小于胶凝材料总量的 20%。当混凝土中粉煤灰掺量大于 30%时，混凝土的水胶比不得大于 0.45；在预应力混凝土及处于冻融环境的混凝土中，粉煤灰的掺量宜不大于 30%，且粉煤灰的含碳量宜不大于 2%。对暴露于空气中的一般构件混凝土，粉煤灰的掺量宜不大于 20%，且单方混凝土胶凝材料中的硅酸盐水泥用量宜不小于 240 kg。

(4) 对耐久性有较高要求的混凝土结构，试配时应进行混凝土和胶凝材料抗裂性能的对比试验，并从中优选抗裂性能良好的混凝土原材料和配合比。

(5) 混凝土中宜适量掺加符合相关规定的外加剂，且宜选用质量可靠、稳定的多功能复合外加剂。

(6) 冻融环境下的混凝土宜采用引气混凝土。冻融环境作用等级 D 级及以上的混凝土必须掺用引气剂；对处于其他环境作用等级的混凝土，也可通过掺加引气剂（含气量不小于 4%）提高其耐久性。混凝土的抗冻耐久性指数应符合现行《公路工程混凝土结构耐久性设计规范》(JTG/T 3310—2019) 的规定。

(7) 混凝土的坍落度宜根据施工工艺的要求确定，条件允许时宜选用低坍落度的混凝土。

3. 施工技术要求

(1) 高性能混凝土的施工对原材料的质量应严格控制，并应保证配料设备称量准确。所有混凝土原材料，除水可按体积计外，其余均应按质量进行称量，集料称量的允许偏差应为±2%，其他原材料称量的允许偏差应为±1%。

(2) 高性能混凝土的搅拌应采用搅拌效率高且均质性好的卧轴式、行星式或逆流式强制式搅拌机。搅拌时，宜先投入细集料和掺合料干拌均匀，再加水泥和部分拌和用水搅拌，最后加入粗集料、外加剂溶液及余额拌和用水，搅拌至均匀为止。上述每一阶段的搅拌时间均应不少于 30 s，总搅拌时间应比常规混凝土延长 40 s 以上。混凝土中掺加钢筋阻锈剂溶液时，拌合物的搅拌时间应延长 1 min，采用粉剂时应延长 3 min。

(3) 高性能混凝土的入模温度宜不超过 28 ℃，新浇混凝土与已浇并硬化混凝土或岩土介质之间的温差应不大于 20 ℃，混凝土表面的接触物与混凝土表面温度之差应不大于 15 ℃。

(4) 高性能混凝土的浇筑应连续进行，在振捣过程中应控制混凝土的均匀性和密实性，同时应在浇筑及静置过程中采取防止裂缝的有效措施，对混凝土的沉降及塑性干缩产生的表面裂纹，应及时予以处理。

(5) 混凝土的振捣应采用高频振捣器，且宜采用二次振捣及二次抹面的方式施工；每点的振捣时间宜不超过 30 s，并应防止过振和过度抹面，严禁通过洒水辅助抹面。

(6) 新浇筑的混凝土应及早养护，并应减少暴露时间，防止表面水分的蒸发；终凝后，应立即开始对混凝土进行持续潮湿养护。洒水养护时不得采用海水，应采用淡水。当缺乏淡水时可采用养护剂喷涂养护，养护剂应符合现行《水泥混凝土养护剂》(JC 901—2002）的规定。持续潮湿养护在养护期内不应间断，且不得形成干湿循环，在常温下养护应不少于14 d，气温较低时应适当延长潮湿养护的时间。

实战演练

[2020 真题·单选] 为防止混凝土离析，自高处向模板倾卸混凝土时，混凝土的自由倾落高度不宜超过（　　）。

A. 2 m　　B. 3 m

C. 4 m　　D. 7 m

[解析] 自高处向模板内倾卸混凝土时，应防止混凝土离析。直接倾卸时，其自由倾落高度宜不超过 2 m；超过 2 m 时，应通过串筒、溜管（槽）或振动溜管（槽）等设施下落；倾落高度超过 10 m 时，应设置减速装置。

[答案] A

[2019 真题·单选] 关于桥梁高强度混凝土拌制的说法，错误的是（　　）。

A. 不得使用立窑水泥

B. 胶凝材料总量宜大于 600 kg/m^3

C. 应采用强制式搅拌机拌制

D. 高效减水剂宜制成溶液后采用后掺法加入

[解析] 高强度混凝土水泥宜选用硅酸盐水泥和普通硅酸盐水泥，不得使用立窑水泥。掺合料可选用粉煤灰、粒化高炉矿渣粉和硅灰等，粉煤灰等级应不低于Ⅱ级。高强度混凝土的水泥用量不宜大于 500 kg/m^2，胶凝材料总量不宜大于 600 kg/m^2。高强度混凝土的施工应采用强制式搅拌机拌制，不得采用自落式搅拌机搅拌。搅拌混凝土时高效减水剂宜采用后掺法，且宜制成溶液后再加入，并应在混凝土用水量中扣除溶液用水量。

[答案] B

[2019 真题·多选] 用于生产桥梁高性能混凝土的水泥，不宜选用（　　）。

A. 强度等级为 32.5 级的硅酸盐水泥

B. 强度等级为 42.5 级的硅酸盐水泥

C. 强度等级为 52.5 级的普通硅酸盐水泥

D. 矿渣硅酸盐水泥

E. 粉煤灰硅酸盐水泥

[解析] 配制高性能混凝土的水泥宜选用品质稳定、标准稠度需水量低、强度等级不低于 42.5 级的硅酸盐水泥或普通硅酸盐水泥，不宜采用矿渣硅酸盐水泥、火山灰质硅酸盐水泥、粉煤灰硅酸盐水泥或复合硅酸盐水泥，也不宜采用早强水泥。

[答案] ADE

知识点 3　预应力混凝土工程施工

一、预应力筋及制作

预应力混凝土结构所采用的钢丝、钢绞线、螺纹钢筋等材料的性能和质量，应符合现行国家标准的规定。钢丝应符合现行《预应力混凝土用钢丝》(GB/T 5223—2014）的规定；钢绞线应符合现行《预应力混凝土用钢绞线》(GB/T 5224—2014）的规定；螺纹钢筋应符合现行《预应力混凝土用螺纹钢筋》(GB/T 20065—2016）的规定。有涂层的预应力筋应符合相应的现行国家标准的规定。进口材料的性能和质量应符合合同规定标准的要求。

(一) 预应力筋检验

预应力筋进场时应分批验收，验收时，除应按合同要求对其质量证明书、包装、标志和规格等进行检查外，尚应按下列规定进行检验。

(1) 钢丝分批检验时每批质量应不大于 60 t。检验时应先从每批中抽查 5%且不少于 5 盘，进行表面质量检查，如检查不合格，则应对该批钢丝逐盘检查。在表面质量检查合格的钢丝中抽取 5%，但不少于 3 盘，在每盘钢丝的两端取样进行抗拉强度、弯曲和伸长率的试验。试验结果如有一项不合格，则不合格盘报废，并从同批未试验过的钢丝盘中取双倍数量的试样进行该不合格项的复验；如仍有一项不合格，则该批钢丝为不合格。

(2) 钢绞线分批检验时每批质量应不大于 60 t。检验时应从每批钢绞线中任取 3 盘，并从每盘所选的钢绞线端部正常部位截取一组试样进行表面质量、直径偏差和力学性能试验。如每批少于 3 盘，则应逐盘取样进行上述试验。试验结果如有一项不合格时，则不合格盘报废，并再从该批未试验过的钢绞线中取双倍数量的试样进行该不合格项的复验；如仍有一项不合格，则该批钢绞线为不合格。

(3) 螺纹钢筋分批检验时每批质量应不大于 100 t。对表面质量应逐根目视检查，外观检查合格后在每批中任选 2 根钢筋截取试件进行拉伸试验。试验结果如有一项不合格时，则应另取双倍数量的试件重做全部各项试验；如仍有 1 根试件不合格，则该批钢筋为不合格。

● 点拨

钢丝、钢绞线和螺纹钢筋检验数量和项目比较见表 3-3-10。

表 3-3-10　钢丝、钢绞线和螺纹钢筋检验数量和项目比较

类型	检验质量、数量	检验项目
钢丝	每批质量应不大于 60 t；抽取 5%且不少于 5 盘	表面质量、抗拉强度、弯曲和伸长率
钢绞线	每批质量应不大于 60 t；任取 3 盘	表面质量、直径偏差和力学性能试验
螺纹钢筋	每批质量应不大于 100 t；任取 2 根	表面质量、拉伸试验

(4) 预应力筋的实际强度不得低于现行国家标准的规定。预应力筋的检验试验方法应按现行国家标准的规定执行，用作拉伸试验的试件，不得进行任何形式的加工。在对预应力筋的拉伸试验中，应同时测定其弹性模量。

(5) 对特大桥、大桥或重要桥梁工程中使用的钢丝、钢绞线和螺纹钢筋，进场时应按上述规定进行检验；对预应力材料用量较少的一般桥梁工程，其预应力钢材的力学性能，可仅进行抗拉强度检验，或由生产厂提供力学性能试验报告。

(二) 预应力筋存放

预应力筋应保持清洁，在存放和搬运过程中应避免使其产生机械损伤和有害的锈蚀。进场后的存放时间宜不超过 6 个月，且宜存放在干燥、防潮、通风良好、无腐蚀气体和介质的仓库内；在室外存放时，不得直接堆放在地面，应支垫并遮盖，防止雨露和各种腐蚀性介质对其产生不利影响。

(三) 预应力筋制作

预应力筋制作时的下料应符合下列规定。

(1) 下料长度应通过计算确定，计算时应考虑结构的孔道长度或台座长度、锚夹具厚度、千斤顶长度、镦头预留量、冷拉伸长值、弹性回缩值、张拉伸长值和张拉工作长度等因素。

(2) 钢丝束两端采用镦头锚具时，宜采用等长下料法对钢丝进行下料。

(3) 预应力筋的下料，应采用切断机或砂轮锯切断，严禁采用电弧切割。

高强钢丝的镦头宜采用液压冷镦，镦头前应确认钢丝的可镦性。钢丝镦头的强度不得低于钢丝强度标准值的 98%。

制作挤压锚时，应符合下列规定。

(1) 模具与挤压锚应配套使用，挤压锚具的外表面应涂润滑介质，挤压力和挤压操作应符合产品使用说明书的规定。

(2) 挤压后的预应力筋外端应露出挤压套筒 2～5 mm。

(3) 应从每一工作班制作的成型挤压锚中抽取至少 3 个试件，进行握裹力试验。

(4) 钢绞线压花锚挤压成型时，表面应清洁、无油污，梨形头的尺寸和直线段长度应不小于设计值。

(5) 环氧涂层钢绞线不得用于制作压花锚。

预应力筋由多根钢丝或钢绞线组成且当采取整束穿入孔道内时应预先编束，编束时应将钢丝或钢绞线逐根理顺，防止缠绕，并应每隔 1～1.5 m 捆绑一次，使其绑扎牢固、顺直。

二、锚具、夹具和连接器

锚具、夹具和连接器应按设计规定采用，其性能和质量应符合现行《预应力筋用锚具、夹具和连接器》(GB/T 14370—2015) 的规定。

锚具应满足分级张拉、补张拉以及放松预应力的要求；锚固多根预应力筋的锚具除应具有整束张拉的性能外，尚应具有单根张拉的性能；用于承受低应力或动荷载的夹片式锚具应具有防松性能；锚具的锚口摩阻损失率宜不大于 6%。

夹具应具有良好的自锚性能、松锚性能和安全的重复使用性能，主要锚固零件应具有良好的防锈性能，可重复使用的次数应不少于 300 次。需敲击才能松开的夹具，必须保证其对预应力筋的锚固没有影响，且对操作人员的安全不造成危险。

在混凝土结构或构件中的永久性预应力筋连接器，应符合锚具的性能要求；用于先张法施工且在张拉后还需进行放张和拆卸的连接器，应符合夹具的性能要求。

锚垫板应具有足够的强度和刚度，且宜设置锚具对中止口以及压浆孔或排气孔，压浆孔的内径宜不小于 20 mm。与后张预应力筋用锚具或连接器配套的锚垫板和局部加强钢筋，在规定的局部承压试件尺寸及混凝土强度下，应满足传力性能要求。

锚具、夹具和连接器进场时，应按合同核对其型号、规格和数量，以及适用的预应力筋品种、规格和强度等级，且生产厂应提供产品质保书、产品技术手册、锚固区传力性能型式检验报告，以及夹片式锚具的锚口摩阻损失测试报告或参数。产品按合同核对无误后，应按下列规定进行进场检验。

(1) 外观检验：应从每批产品中抽取 2%且不少于 10 套样品，检验表面裂纹及锈蚀情况。表面不得有裂纹及锈蚀。当有 1 个零件不符合要求时，本批全部产品应逐件检验，符合要求者判定该零件外观合格。对配套使用的锚垫板和螺旋筋可按上述方法进行外观检验，但允许表面有轻度锈蚀。

(2) 尺寸检验：应从每批产品中抽取 2%且不少于 10 套样品，检验其外形尺寸。外形尺寸应符合产品质保书所示的尺寸范围。当有 1 个零件不符合规定时，应另取双倍数量的零件重新检验；如仍有 1 个零件不符合要求，则本批全部产品应逐件检验，符合要求者判定该零件尺寸合格。

(3) 硬度检验：应从每批产品中抽取 3%且不少于 5 套样品（对多孔夹片式锚具的夹片，每套抽取 6 片），对其中有硬度要求的零件进行硬度检验，每个零件测试 3 点，其硬度应符合产品质保书的规定。当有 1 个零件不合格时，应另取双倍数量的零件重做检验；如仍有 1 个零件不合格，则应对本批产品逐个检验，合格者方可使用或进入后续检验。

(4) 静载锚固性能试验：应在外观检验和硬度检验均合格的同批产品中抽取样品，与相应规格和强度等级的预应力筋组成 3 个预应力筋-锚具组装件，进行静载锚固性能试验。如有 1 个试件不符合要求，则应另取双倍数量的样品重做试验；如仍有 1 个试件不符合要求，则该批锚具为不合格。静载锚固性能试验方法应符合现行《预应力筋用锚具、夹具和连接器》(GB/T 14370—2015) 的规定。

(5) 对特大桥、大桥和重要桥梁工程中使用的锚具产品，应进行上述 4 项检查和检验；对锚具用量较少的一般中、小桥梁工程，如生产厂能提供有效的静载锚固性能试验合格的证明文件，则可仅进行外观检验和硬度检验。

(6) 进场检验时，同种材料、同一生产工艺条件下、同批进场的产品可视为同一验收批。锚具的每个验收批宜不超过 2 000 套；夹具、连接器的每个验收批宜不超过 500 套；获得第三方独立认证的产品，其验收批可扩大 1 倍。检验合格的产品，在现场的存放期超过 1 年，再用时应进行外观检验。

锚具、夹具和连接器在存放、搬运及使用期间均应妥善防护，避免锈蚀、沾污、遭受机械损伤、混淆和散失，临时性的防护措施应不影响其安装和永久性防腐的实施。

预应力筋用锚具产品应配套使用，同一结构或构件中应采用同一生产厂的产品，工作锚不得作为工具锚使用。夹片式锚具的限位板和工具锚宜采用与工作锚同一生产厂的配套产品。

三、管道

在后张有黏结预应力混凝土结构或构件中，预应力筋的孔道宜由浇筑在混凝土中的刚性或半刚性管道构成，或采取钢管抽芯、胶管抽芯及金属伸缩套管抽芯等方法进行预留。设置于混凝土中的刚性或半刚性管道不应有漏浆现象，且应具有足够的强度和刚度，应能在浇筑混凝土重力的作用下保持原有的形状，并能按要求传递黏结应力。

管道的性能要求应符合下列规定。

(1) 刚性管道应是壁厚不小于 2 mm 的平滑钢管，且应具有光滑的内壁并可被弯曲成适当的形状而不出现卷曲或被压扁；半刚性管道应是波纹状的金属管或高密度聚乙烯塑料管，且金属波纹管宜采用镀锌钢带制作，壁厚宜不小于 0.3 mm。

(2) 金属波纹管的性能和质量应符合现行《预应力混凝土用金属波纹管》(JG/T 225—2020) 的规定；塑料波纹管的制作材料、性能和质量应符合现行《预应力混凝土桥梁用塑料波纹管》(JT/T 529—2016) 的规定。

管道的进场检验应符合下列规定。

(1) 进场时除应按合同检查出厂合格证和质量保证书，核对其类别、型号、规格及数量外，尚应对其外观、尺寸、集中荷载下的径向刚度、荷载作用后的抗渗漏及抗弯曲渗漏等进行检验。检验试验方法应分别符合现行《预应力混凝土用金属波纹管》(JG/T 225—2020) 和《预应力混凝土桥梁用塑料波纹管》(JT/T 529—2016) 的规定。

(2) 管道应按批进行检验。金属波纹管每批应由同一钢带生产厂生产的同一批钢带所制造的产品组成，每批数量应不超过 50 000 m；塑料波纹管每批应由同一配方、同一生产工艺、同设备稳定连续生产的产品组成，每批数量应不超过 10 000 m。

(3) 检验时应先进行外观质量的检验，合格后再进行其他指标的检验。当其他指标中有不合格项时，应取双倍数量的试件对该不合格项进行复验；复验仍不合格时，该批产品为不合格。

波纹管在搬运时应采用非金属绳捆扎，或采用专用框架装载，不得抛摔或在地面上拖拉。波纹管在存放时应远离热源及可能遭受各种腐蚀性气体、介质影响的地方，存放时间宜不超过 6 个月，在室外存放时不得直接堆于地面，应支垫并遮盖。

四、混凝土浇筑

浇筑混凝土前，除应符合相关规范的规定外，尚应对预埋于混凝土中的锚具、管道和钢筋等进行全面检查验收，符合要求后方可开始浇筑。

浇筑混凝土时，宜根据结构或构件的不同形式选用插入式、附着式或平板式等振动器进行振捣。对箱梁腹板与底板及顶板连接处的承托、预应力筋锚固区及其他预应力钢束与钢筋密集的部位，应采取有效措施加强振捣；对先张构件应避免振动器碰撞预应力筋；对后张结构应避免振动器碰撞预应力筋的管道、预埋件等。浇筑过程中应随时检查模板、管道、锚固端垫板等的稳固性，保证其位置及尺寸符合设计要求。

用于判断现场预应力混凝土结构或构件强度的混凝土试件，应置于现场与结构或构件同环境、同条件养护。

五、施加预应力

预应力张拉用的机具设备和仪表应符合下列规定。

（1）预应力筋的张拉宜采用穿心式双作用千斤顶，整体张拉或放张宜采用具有自锚功能的千斤顶；张拉千斤顶的额定张拉力宜为所需张拉力的 1.5 倍，且不得小于 1.2 倍。与千斤顶配套使用的压力表应选用防振型产品，其最大读数应为张拉力的 1.5～2.0 倍，标定精度应不低于 1.0 级。张拉机具设备应与锚具产品配套使用，并应在使用前进行校正、检验和标定。

（2）张拉用的千斤顶与压力表应配套标定、配套使用，标定应在经国家授权的法定计量技术机构定期进行，标定时千斤顶活塞的运行方向应与实际张拉工作状态一致。当处于下列情况之一时，应重新进行标定：①使用时间超过 6 个月；②张拉次数超过 300 次；③使用过程中千斤顶或压力表出现异常情况；④千斤顶检修或更换配件后。

（3）采用测力传感器测量张拉力时，测力传感器应按相关国家标准的规定每年送检一次。

施加预应力之前，施工现场的准备工作及结构或构件需达到的要求应符合下列规定。

（1）施工现场已具备经批准的张拉顺序、张拉程序和施工作业指导书，经培训掌握预应力施工知识和正确操作的施工人员，以及能保证操作人员和设备安全的防护措施。

（2）锚具安装正确，结构或构件混凝土已达到要求的强度和弹性模量（或龄期）。

对预应力筋施加预应力时，应符合下列规定。

（1）千斤顶安装时，工具锚应与前端的工作锚对正，工具锚和工作锚之间的各根预应力筋不得错位、扭绞。实施张拉时，千斤顶与预应力筋、锚具的中心线应位于同一轴线上。

（2）预应力筋的张拉顺序和张拉控制应力应符合设计规定。当施工中需要对预应力筋实施超张拉或计入锚圈口预应力损失时，可比设计规定提高 5%，但在任何情况下不得超过设计规定的最大张拉控制应力。

（3）预应力筋采用应力控制方法张拉时，应以伸长值进行校核。实际伸长值与理论伸长值的差值应符合设计规定；设计未规定时，其偏差应控制在±6%以内，否则应暂停张拉，待查明原因并采取措施予以调整后，方可继续张拉。对环形筋、U 形筋等曲率半径较小的预应力束，其实际伸长值与理论伸长值的偏差宜通过试验确定。

（4）预应力筋的理论伸长值 ΔL_{L}（mm）可按下式计算：

$$\Delta L_{\mathrm{L}}=\frac{P_{\mathrm{P}}L}{A_{\mathrm{P}}E_{\mathrm{P}}}$$

式中 P_{P}——预应力筋的平均张拉力（N），直线筋取张拉端的拉力；两端张拉的曲线筋，计算方法应符合《公路桥涵施工技术规范》(JTG/T 3650—2020)附录F的规定；

L——预应力筋的长度，mm；

A_P——预应力筋的截面面积，mm^2；

E_P——预应力筋的弹性模量，N/mm^2。

(5) 预应力筋张拉时，应先调整到初应力σ_0，该初应力宜为张拉控制应力σ_{con}的10%～25%，伸长值应从初应力时开始量测。预应力筋的实际伸长值除量测的伸长值外，尚应加上初应力以下的推算伸长值。预应力筋张拉的实际伸长值ΔL_S(mm)可按下式计算：

$$\Delta L_S = \Delta L_1 + \Delta L_2$$

式中 ΔL_1——从初应力至最大张拉应力间的实测伸长值，mm；

ΔL_2——初应力以下的推算伸长值，mm，可采用相邻级的伸长值。

(6) 预应力筋张拉控制应力的精度宜为±1.5%。

(7) 预应力筋的锚固，应在张拉控制应力处于稳定状态下进行。锚固阶段张拉端锚具变形、预应力筋的回缩量和接缝压缩值，应不大于设计规定或不大于表3-3-11所列容许值。

表3-3-11 锚具变形、预应力筋回缩和接缝压缩容许值

锚具、接缝类型		变形形式	容许值 ΔL_R/mm
钢制锥形锚具		预应力筋回缩、锚具变形	6
夹片式锚具	有顶压时	预应力筋回缩、锚具变形	4
	无顶压时		6
镦头锚具		缝隙压密	1
带螺帽锚具的螺帽缝隙		缝隙压密	1～3
每块后加垫板的缝隙		缝隙压密	2
水泥砂浆接缝		缝隙压密	1
环氧树脂砂浆接缝		缝隙压密	1

注：带螺帽锚具采用一次张拉锚固时，ΔL_R宜取2～3 mm；采用二次张拉锚固时，ΔL_R可取1 mm。

(8) 张拉锚固后，建立在锚下的实际有效预应力与设计张拉控制应力的相对偏差应不超过±5%，且同一断面中预应力束的有效预应力的不均匀度应不超过±2%。

(9) 在预应力筋张拉、锚固过程中及锚固完成后，均不得大力敲击或振动锚具。预应力筋锚固后需要放松时，对夹片式锚具宜采用专门的放松装置松开；对支撑式锚具可采用张拉设备缓慢地松开。

(10) 预应力筋在实施张拉或放张作业时，应采取有效的安全防护措施，预应力筋两端的正面严禁站人和穿越。

(11) 预应力筋张拉、锚固及放松时，均应填写施工记录。

(12) 施加预应力时宜采用信息化数据处理系统对各项张拉参数进行采集。

六、先张法

(一) 施工工序

先张法施工工序如图3-3-2所示。

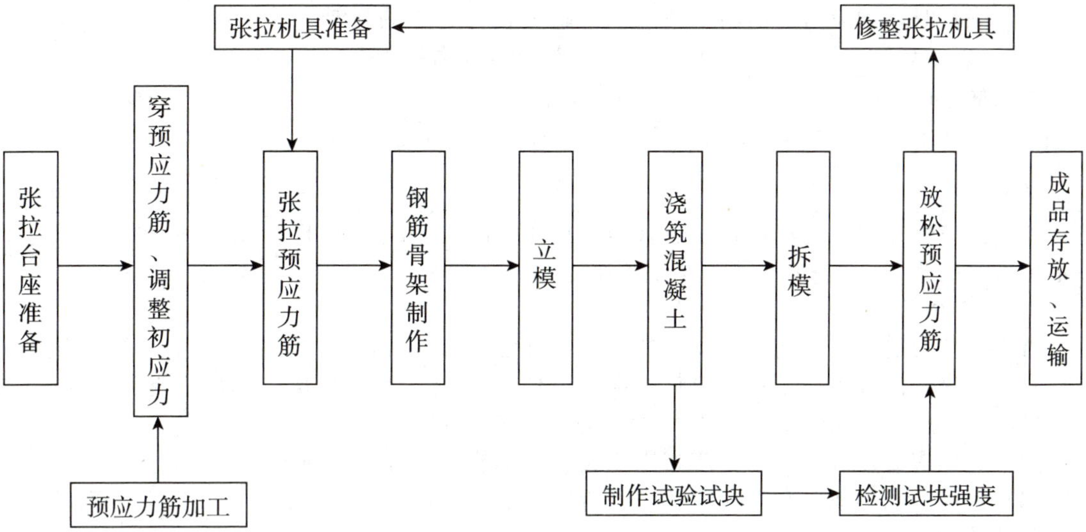

图 3-3-2　先张法施工工序

（二）施工规定

1. 墩式台座结构设计

（1）承力台座应进行专门设计，并应具有足够的强度、刚度和稳定性，其抗倾覆安全系数应不小于 1.5，抗滑移系数应不小于 1.3。

（2）锚固横梁应有足够的刚度，受力后挠度应不大于 2 mm。

2. 预应力筋安装

预应力筋的安装宜自下而上进行，并应采取措施防止其被台座上涂刷的隔离剂污染。预应力筋与锚固横梁间的连接，宜采用张拉螺杆。

3. 预应力筋张拉

（1）张拉前，应对台座、锚固横梁及各项张拉设备进行详细检查，符合要求后方可进行操作。

（2）同时张拉多根预应力筋时，应预先调整其单根力筋的初应力，使相互之间的应力一致，再整体张拉。张拉过程中，应使活动横梁与固定横梁始终保持平行，并应检查预应力筋的预应力值，其偏差的绝对值不得超过按一个构件全部预应力筋预应力总值的 5%。

（3）先张法预应力筋的张拉程序应符合设计规定；设计未规定时，其张拉程序可按表 3-3-12的规定进行。

表 3-3-12　先张法预应力筋张拉程序

预应力筋种类		张拉程序
钢丝、钢绞线	夹片式等具有自锚性能的锚具	低松弛预应力筋：0→初应力→σ_{con}（持荷 5 min 锚固）
	其他锚具	0→初应力→1.05σ_{con}（持荷 5 min）→0→σ_{con}（锚固）
螺纹钢筋		0→初应力→1.05σ_{con}（持荷 5 min）→0.9σ_{con}→σ_{con}（锚固）

注：1. 表中 σ_{con} 为张拉时的控制应力值，包括预应力损失值。

2. 超张拉数值超过《公路桥涵施工技术规范》（JTG/T 3650—2020）第 7.6.3 条规定的最大超张拉应力限值时，应按该条规定的限制张拉应力进行张拉。

3. 张拉螺纹钢筋时，应在超张拉并持荷 5 min 后放张至 0.9σ_{con} 时再安装模板、普通钢筋及预埋件等。

（4）张拉时，预应力筋的断丝数量不得超过表 3-3-13 的规定。

表 3-3-13 先张法预应力筋断丝限制

预应力筋种类	检查项目	控制数
钢丝、钢绞线	同一构件内断丝数不得超过钢丝总数的百分比	1%
螺纹钢筋	断筋	不容许

（5）预应力筋张拉完毕后，其位置与设计位置的偏差应不大于 5 mm，同时应不大于构件最短边长的 4%，且宜在 4 h 内浇筑混凝土。

4. 预应力筋放张

（1）预应力筋放张时构件混凝土的强度和弹性模量（或龄期）应符合设计规定；设计未规定时，混凝土的强度应不低于设计强度等级值的 80%；弹性模量应不低于混凝土 28 d 弹性模量的 80%，当采用混凝土龄期代替弹性模量控制时应不少于 5 d。

（2）在预应力筋放张之前，应将限制位移的侧模、翼缘模板或内模拆除。

（3）预应力筋的放张顺序应符合设计规定；设计未规定时，应分阶段、均匀、对称、相互交错地放张。

（4）多根整批预应力筋的放张，当采用砂箱放张时，放砂速度应均匀一致；采用千斤顶放张时，放张宜分数次完成；单根钢筋采用拧松螺母的方法放张时，宜先两侧后中间，并不得一次将一根力筋松完。

（5）放张后，预应力筋在构件端部的内缩值宜不大于 1.0 mm。

（6）预应力筋放张后，对钢丝和钢绞线，应采用机械切割的方式进行切断；对螺纹钢筋，可采用乙炔-氧气切割，但应采取必要措施防止高温对其产生不利影响。

（7）长线台座上预应力筋的切断顺序，应由放张端开始，依次向另一端切断。

七、后张法

（一）施工工序

后张法预制梁板施工工序如图 3-3-3 所示。

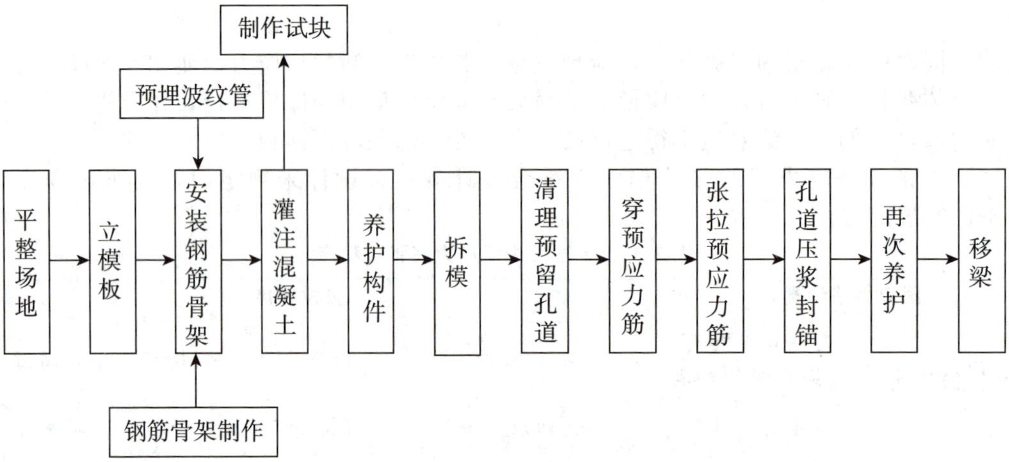

图 3-3-3 后张法预制梁板施工工序

（二）施工规定

1. 孔道要求

采用金属或塑料管道构成后张预应力混凝土结构或构件的孔道时，应符合下列规定。

（1）管道的规格、尺寸应符合设计规定，且其内横截面积应不小于预应力筋净截面积的 2 倍；对长度大于 60 m 的管道，宜通过试验确定其面积比是否可以进行正常的压浆作业。

（2）管道应按设计规定的坐标位置进行安装，并应采用定位钢筋固定，使其能牢固地置于模板内的设计位置，且在混凝土浇筑期间不产生位移。管道与普通钢筋重叠时，应移动普通钢筋，不得改变管道的设计坐标位置。固定各种成孔管道用的定位钢筋的间距，钢管宜不大于 1.0 m，波纹管宜不大于 0.8 m；位于曲线上的管道和扁平波纹管道应适当加密。定位后的管道应平顺，其端部的中心线应与锚垫板相垂直。

（3）管道接头处的连接管宜采用大一级直径的同类管道，其长度宜为被连接管道内径的 5～7 倍。连接时不应使接头处产生角度变化及在混凝土浇筑期间发生管道的转动或移位，并应缠裹紧密，防止水泥浆的渗入。塑料波纹管应采用专用焊接机进行热熔焊接或采用具有密封性能的塑料结构连接器连接。当采用真空辅助压浆工艺进行孔道压浆时，管道的所有接头应具有可靠的密封性能，并应满足真空度的要求。

（4）所有管道均应在每个顶点设排气孔，以及需要时在每个低点设排水孔，在每个顶点和两端设检查孔。压浆管、排气管和排水管应是最小内径为 20 mm 的标准管或适宜的塑性管，与管道之间的连接应采用金属或塑料结构扣件，长度应足以从管道引出结构物以外。

（5）管道安装完毕后，其端口应采取可靠措施临时封堵，防止水或其他杂物进入。

采用胶管抽芯法制孔时，胶管内应插入芯棒或充以压力水增加刚度；采用钢管抽芯法制孔时，钢管表面应光滑，焊接接头应平顺。抽芯时间应通过试验确定，以混凝土抗压强度达到 0.4～0.8 MPa 时为宜，抽拔时不得损伤结构混凝土。抽芯后，应采用通孔器或压气、压水等方法对孔道进行检查，如发现孔道堵塞或有残留物或与邻孔有串通，应及时处理。

2. 预应力筋安装

（1）预应力筋可在浇筑混凝土之前或之后穿入孔道，穿束前应检查锚垫板和孔道，锚垫板的位置应准确。孔道内应畅通，无水和其他杂物。

（2）宜将一根钢束中的全部预应力筋编束后整体穿入孔道中，整体穿束时，束的前端宜设置穿束网套或特制的牵引头，应保持预应力筋顺直，且仅应前后拖动，不得扭转。对钢绞线，可采用穿束机逐根将其穿入孔道内，但应保证其在孔道内不发生相互缠绕。

（3）对在混凝土浇筑之前安装在孔道中但在规定时限内未压浆的预应力筋，应采取防止锈蚀或其他防腐蚀措施，直至压浆。

（4）预应力筋安装在管道中后，应将管道端部开口密封，防止湿气进入。采用蒸汽养护混凝土时，在养护完成之前不应安装预应力筋。

（5）在任何情况下，当在安装有预应力筋的结构或构件附近进行电焊作业时，均应对全部预应力筋、管道和附属构件进行保护，防止溅上焊渣或造成其他损坏。

（6）对在混凝土浇筑之前穿束的管道，预应力筋安装完成后，应进行全面检查，查出可能被损坏的管道。在混凝土浇筑之前，应将管道上所有非有意留的孔、开口或损坏之处修复，并应在浇筑混凝土过程中随时检查预应力筋能否在管道内自由移动。

3. 锚具、夹具和连接器安装

锚具、夹具和连接器在安装前，应擦拭干净，安装时应符合下列规定。

（1）锚具和连接器的安装位置应准确，且应与孔道对中。锚垫板上设置有对中止口时，应防止锚具偏出止口。安装夹片时，应使夹片的外露长度基本一致。

（2）采用螺母锚固的支撑式锚具，安装时应逐个检查螺纹的配合情况，应保证在张拉和锚固过程中能顺利旋合拧紧。

4. 预应力筋张拉和锚固

（1）预应力张拉之前，宜对不同类型的孔道进行至少一个孔道的摩阻测试，通过测试所确定的 μ 值和 k 值宜用于对设计张拉控制应力的修正，对长度大于 60 m 的孔道宜适当增加摩阻测试的数量。摩阻损失的测试方法宜符合相关规定。

(2) 张拉时，结构或构件混凝土的强度、弹性模量（或龄期）应符合设计规定；设计未规定时，混凝土的强度应不低于设计强度等级值的80%，弹性模量应不低于混凝土28 d弹性模量的80%，当采用混凝土龄期代替弹性模量控制时应不少于5 d。

(3) 预应力筋的张拉顺序应符合设计规定；当设计未规定时，宜采用分批、分阶段的方式对称张拉。

(4) 预应力筋应整束张拉锚固。对扁平管道中平行排放的预应力钢绞线束，在保证各根钢绞线不会叠压时，可采用小型千斤顶逐根张拉，但应考虑逐根张拉时预应力损失对控制应力的影响。

(5) 预应力筋张拉端的设置应符合设计要求；当设计未要求时，应符合下列规定。

①对钢束长度小于20 m的直线预应力筋可在一端张拉；对曲线预应力筋或钢束长度大于或等于20 m的直线预应力筋，应采用两端张拉。

②当同一截面中有多束一端张拉的预应力筋时，张拉端宜分别交错设置在结构或构件的两端。

③预应力筋采用两端张拉时，宜两端同时张拉，或先在一端张拉锚固后，再在另一端补足预应力值进行锚固。

(6) 两端张拉时，各千斤顶之间同步张拉力的允许误差宜为±2%。

(7) 后张法预应力筋的张拉程序应符合设计规定；设计未规定时，可按表3-3-14的规定进行。

表3-3-14 后张法预应力筋张拉程序

锚具和预应力筋类别		张拉程序
夹片式等具有自锚性能的锚具	钢绞线束、钢丝束	低松弛力筋：0→初应力→σ_{con}（持荷5 min锚固）
其他锚具	钢绞线束	0→初应力→1.05σ_{con}（持荷5 min）→σ_{con}（锚固）
	钢丝束	0→初应力→1.05σ_{con}（持荷5 min）→0→σ_{con}（锚固）
螺母锚固锚具	螺纹钢筋	0→初应力→σ_{con}（持荷5 min）→0→σ_{con}（锚固）

注：1. 表中σ_{con}为张拉时的控制应力，包括预应力损失值。

2. 两端同时张拉时，两端千斤顶升降压、画线、测伸长等工作应基本一致。

3. 超张拉数值超过《公路桥涵施工技术规范》(JTG/T 3650—2020) 第7.6.3条规定的最大超张拉应力限值时，应按该条规定的限值进行张拉。

(8) 后张预应力筋断丝及滑移的数量不得超过表3-3-15的控制数。

表3-3-15 后张预应力筋断丝、滑移限制

类别	检查项目	控制数
钢丝束、钢绞线束	每束钢丝断丝或滑丝	1根
	每束钢绞线断丝或滑丝	1丝
	每个断面断丝之和不超过该断面钢丝总数的百分比	1%
螺纹钢筋	断筋或滑移	不容许

注：1. 钢绞线断丝系指单根钢绞线内钢丝的断丝。

2. 超过表列控制数时，原则上应更换；当不能更换时，在许可的条件下，可采取补救措施，如提高其他束预应力值，但必须满足设计各阶段极限状态的要求。

(9) 预应力筋在张拉控制应力达到稳定后方可锚固。对夹片式锚具，锚固后夹片顶面应平齐，其相互间的错位宜不大于2 mm，且露出锚具外的高度应不大于4 mm。锚固完毕并经检验确认合格后方可切割端头多余的预应力筋，切割时应采用砂轮锯，严禁采用电弧进行切割，同时不得损伤锚具。

（10）切割后预应力筋的外露长度应不小于 30 mm，且应不小于 1.5 倍预应力筋直径。锚具应采用封端混凝土保护，当需长期外露时，应采取防止锈蚀的措施。

（11）对长度较小的竖向或横向预应力钢束，可采用低回缩锚具。低回缩锚具的张拉和锚固施工要求宜符合相应产品标准的规定。

八、后张孔道压浆及封锚

（一）时间要求

预应力筋张拉锚固后，孔道应尽早压浆，且应在 48 h 内完成，否则应采取避免预应力筋锈蚀的措施。

（二）原材料要求

后张预应力孔道应采用专用压浆料或专用压浆剂配制的浆液进行压浆。所用原材料应符合下列规定。

（1）水泥应采用性能稳定、强度等级不低于 42.5 级的低碱硅酸盐或低碱普通硅酸盐水泥，水泥的性能要求应符合相关规定。

（2）外加剂应与水泥具有良好的相容性，且不得含有氯盐、亚硝酸盐或其他对预应力筋有腐蚀作用的成分。减水剂应采用高效减水剂或高性能减水剂，且应满足现行《混凝土外加剂》（GB 8076—2008）中高效减水剂一等品的要求，其减水率应不小于 20%。

（3）矿物掺合料的品种宜为Ⅰ级粉煤灰、粒化高炉矿渣粉或硅灰，并应符合《公路桥涵施工技术规范》（JTG/T 3650—2020）相关规定。

（4）水不应含有对预应力筋或水泥有害的成分，每升水中不得含有 350 mg 以上的氯化物离子或任何一种其他有机物，宜采用符合国家卫生标准的清洁饮用水。

（5）膨胀剂宜采用钙矾石系或复合型膨胀剂，不得采用以铝粉为膨胀源的膨胀剂或总碱量 0.75%以上的高碱膨胀剂。

（6）压浆材料中的氯离子含量应不超过胶凝材料总量的 0.06%，比表面积应大于 350 m^2/kg，三氧化硫含量应不超过 6.0%。

（三）设备要求

用于后张孔道压浆的设备性能应符合下列规定。

（1）搅拌机的转速应不低于 1 000 r/min，搅拌叶的形状应与转速相匹配，其叶片的线速度宜不小于 10 m/s，最高线速度宜限制在 20 m/s 以内，且应能满足在规定的时间内搅拌均匀的要求。

（2）用于临时储存浆液的储料罐亦应具有搅拌功能，且应设置网格尺寸不大于 3 mm 的过滤网。

（3）压浆机应采用活塞式可连续作业的压浆泵，其压力表的最小分度值应不大于 0.1 MPa，最大量程应使实际工作压力在其 25%～75%的量程范围内。不得采用风压式压浆泵进行孔道压浆。

（4）真空辅助压浆工艺中采用的真空泵应能达到 0.10 MPa 的负压力。

（四）准备工作

孔道压浆前的准备工作应符合下列规定。

（1）应在工地试验室对压浆材料加水进行试配验证，各种材料的称量（均以质量计）应精确到±1%。经试配的浆液其各项性能指标均满足相关要求后方可用于正式压浆。

（2）应对孔道进行清洁处理。对抽芯成型的孔道应冲洗干净并应使孔壁完全湿润，金属和塑料管道在必要时也应冲洗清除附着于孔道内壁的有害材料。对孔道内可能存在的油污等，可采用已知对预应力筋和管道无腐蚀作用的中性洗涤剂或皂液，用水稀释后进行冲洗；冲洗后，应使用不含油的压缩空气将孔道内的所有积水吹出。

(3) 应对压浆设备进行清洗，清洗后的设备内不应有残渣和积水。

(五) 压浆施工

(1) 压浆时，对曲线孔道和竖向孔道应从最低点的压浆孔压入；对水平直线孔道可从任意一端的压浆孔压入；对结构或构件中以上下分层设置的孔道，应按先下层后上层的顺序进行压浆。同一孔道的压浆应连续进行，一次完成。压浆应缓慢、均匀地进行，不得中断，并应将所有最高点的排气孔依次打开和关闭，使孔道内排气通畅。

(2) 浆液自拌制完成至压入孔道的延续时间宜不超过 40 min，且在使用前和压注过程中应连续搅拌，对因延迟使用所致流动度降低的水泥浆，不得通过额外加水增加其流动度。

(3) 对水平或曲线孔道，压浆的压力宜为 0.5～0.7 MPa；对超长孔道，最大压力宜不超过 1.0 MPa，当超过时可采用分段的方式进行压浆；对竖向孔道，压浆的压力宜为 0.3～0.4 MPa。压浆的充盈度应达到孔道另一端饱满且排气孔排出与规定流动度相同的水泥浆为止。关闭出浆口后，宜保持一个不小于 0.5 MPa 的稳压期，该稳压期的保持时间宜为 3～5 min。

(4) 采用真空辅助压浆工艺时，在压浆前应对孔道进行抽真空，真空度宜稳定在−0.10～−0.06 MPa 范围内。真空度稳定后，应立即开启孔道压浆端的阀门，同时启动压浆泵进行连续压浆。

(5) 压浆时，每一工作班应制作留取不少于 3 组尺寸为 40 mm×40 mm×160 mm 的试件，标准养护 28 d，进行抗压强度和抗折强度试验，作为评定质量的依据。试验方法应按现行《水泥胶砂强度检验方法（ISO 法）》（GB/T 17671—2021）的规定执行；质量检验评定方法应符合《公路工程质量检验评定标准 第一册 土建工程》(JTG F80/1—2017) 附录 M 的规定。

(6) 压浆过程中及压浆后 48 h 内，结构或构件混凝土的温度及环境温度不得低于 5 ℃，否则应采取保温措施，并应按冬期施工的要求处理，浆体中可适量掺用引气剂，但不得掺用防冻剂。当环境温度高于 35 ℃时，压浆宜在夜间进行。

(7) 压浆后应通过检查孔抽查压浆的密实情况，如有不实，应及时进行补压浆处理。

(六) 封锚

压浆完成后，应及时对锚固端按设计要求进行封闭保护或防腐处理，需要封锚的锚具，应在压浆完成后对梁端混凝土凿毛并将其周围冲洗干净，设置钢筋网浇筑封锚混凝土；封锚应采用与结构或构件同强度的混凝土并应严格控制封锚后的梁体长度。长期外露的锚具，应采取防锈措施。

(七) 其他规定

(1) 对后张预制构件，在孔道压浆前不得安装就位；压浆后，应在浆液强度达到规定的强度后方可移运和吊装。

(2) 孔道压浆宜采用信息化数据处理系统对相关参数进行采集，并填写施工记录，记录的项目宜包括压浆材料、配合比、压浆日期、搅拌时间、出机初始流动度、浆液温度、环境温度、压浆量、稳压压力及时间；采用真空辅助压浆工艺时尚应包括真空度。

九、无黏结预应力

无黏结预应力筋的下料长度应经计算确定。下料宜采用砂轮锯成束切割，且宜采用先粗后精、略长于计算长度的二次下料法。无黏结预应力筋在运输、存放和安装过程中应采取可靠措施，防止对其产生任何损伤。

无黏结预应力筋的铺放和安装应符合下列规定。

（1）铺放前应检查其规格、数量及是否有破损，并应在逐根确认其端部组装配件可靠无误后，方可铺放。

（2）安装时应按设计规定的位置，采用定位钢筋控制定位，并应保持其顺直、牢固，浇筑混凝土时不应出现移位和变形。

（3）当与其他构件位置有矛盾时，不应将无黏结预应力筋垂直位置抬高或降低。

（4）当集束配置多根无黏结预应力筋时，应保持平行走向，宜适当增加分丝器，防止其相互扭绞。

无黏结预应力筋的张拉和防护应符合下列规定。

（1）施加预应力之前，应对结构或构件进行检验，符合要求后方可进行张拉。

（2）张拉完毕后应及时对锚固区进行保护处理，应采用防腐油脂通过灌注孔将张拉形成的空腔全部灌注密实。将多余的预应力筋切割后，应先在锚具部位套上内涂防腐油脂的塑料封端罩，再采用细石混凝土或微膨胀砂浆进行封堵。

（3）对不能使用细石混凝土或微膨胀砂浆封堵的部位，应将锚具全部涂以与无黏结预应力筋涂料层相同的防腐油脂，并采用具有可靠防腐和防火性能的保护罩将锚具全部密封。

实战演练

[2024 真题 · 单选] 后张法低松弛力筋采用夹片式锚具时的张拉程序是（　　）。

A. 0→初应力→1.05σ_{con}（持荷 5 min）→σ_{con}（锚固）

B. 0→初应力→σ_{con}（持荷 5 min 锚固）

C. 0→初应力→1.05σ_{con}（持荷 5 min）→0→σ_{con}（锚固）

D. 0→初应力→σ_{con}（持荷 5 min）→0→σ_{con}（锚固）

[解析] 后张法低松弛力筋采用夹片式等具有自锚性能的锚具时，张拉程序为：0→初应力→σ_{con}（持荷 5 min 锚固）。

[答案] B

[2022 真题 · 单选] 钢丝、钢绞线、螺纹钢筋检验时应分别抽取（　　）t。

A. 60，100，60　　B. 100，60，60

C. 60，60，100　　D. 100，60，100

[解析] 钢丝分批检验时每批质量应不大于 60 t，检验时应先从每批中抽查 5%且不少于 5 盘，进行表面质量检查。钢绞线分批检验时每批质量应不大于 60 t，检验时应从每批钢绞线中任取 3 盘，并从每盘所选的钢绞线端部正常部位截取一组试样进行表面质量、直径偏差和力学性能试验。螺纹钢筋分批检验时每批质量应不大于 100 t，对表面质量应逐根目视检查，外观检查合格后在每批中任选 2 根钢筋截取试件进行拉伸试验。

[答案] C

[2021 真题 · 单选] 预应力筋下料时应采用（　　）。

A. 切断机切断　　B. 电弧切割

C. 拉伸机拉断　　D. 乙炔-氧气切割

[解析] 预应力筋的下料，应采用切断机或砂轮锯切断，严禁采用电弧切割。

[答案] A

[2020 真题 · 单选] 后张法预应力施工中，直径 32 mm 预应力钢筋施工封锚完毕，切割后其外露长度不应小于（　　）mm。

A. 16　　B. 30

C. 32　　D. 48

[解析] 后张法预应力施工中，切割后预应力筋的外露长度不应小于 30 mm，且不应小于 1.5 倍预应力筋直径。

[答案] D

[2023 真题·多选] 关于后张法预应力孔道压浆的说法，正确的有（　　）。

A. 曲线孔道应从最低点的压浆孔压入

B. 水平直线孔道可从任意一端的压浆孔压入

C. 竖向孔道可以从中间压浆孔压入

D. 对分层设置的孔道，应按先下层后上层的顺序进行压浆

E. 同一孔道的压浆应缓慢均匀进行，可多次压浆

[解析] 压浆时，对曲线孔道和竖向孔道应从最低点的压浆孔压入；对水平直线孔道可从任意一端的压浆孔压入；对结构或构件中以上下分层设置的孔道，应按先下层后上层的顺序进行压浆。同一孔道的压浆应连续进行，一次完成。

[答案] ABD

[2020 真题·案例节选]

背景资料：

某桥上部为 3×25 m 预应力钢筋混凝土连续箱梁，下部为圆柱式墩，桩基础。桥面宽度为 8.5 m，桥面纵坡 3.5%，双向横坡 1.5%，桥梁高度 24 m。地基土层从上到下依次为杂填土、砂岩。施工过程中发生了如下事件。

……

事件四：本桥箱梁为 C40 混凝土，低松弛钢绞线，夹片式锚具。施工单位在张拉压浆过程中采取了如下做法：

(1) 预应力张拉程序为：$0 \rightarrow \sigma_{con}$（持荷 5 min 锚固）。

(2) 在水泥浆中加入铝粉膨胀剂。

(3) 压浆自高处向低处进行。

[问题]

5. 逐条判断事件四中施工单位的做法是否正确？若不正确，写出正确做法。

[答案]

5. 第 (1) 条不正确。正确做法：应为 $0 \rightarrow$ 初应力 $\rightarrow \sigma_{con}$（持荷 5 min 锚固）。

第 (2) 条不正确。正确做法：膨胀剂宜采用钙矾石系或复合型膨胀剂，不得采用以铝粉为膨胀源的膨胀剂或总碱量 0.75% 以上的高碱膨胀剂。

第 (3) 条不正确。正确做法：应由低处向高处压浆。

知识点 4 钢结构与钢混组合结构工程施工

一、钢结构工程

（一）一般规定

(1) 钢结构在制造前，制造厂应对设计图进行工艺性审查，且应绘制加工图，编制制造工艺；当需要修改设计时，应取得原设计单位的同意，并应签署设计变更文件。

(2) 钢结构的制造应按确定的加工图和制造工艺进行。制造及验收应使用经检定合格的计量器具，并应按有关规定进行操作。

(3) 钢结构的制造宜推广采用数字化、自动化和信息化的先进技术、工艺和设备。

（二）材料

制造钢结构桥梁所用材料的品种、规格、性能等应符合设计文件的要求和现行国家标准的规定。进场材料除应有生产厂家的质量证明书外，制造厂还应按相关标准的规定对其进行抽样检验，检验合格后方可使用。具体规定见表 3-3-16。

表 3-3-16　钢结构桥梁所用材料相关规定

材料	相关规定
钢材	（1）钢材应按同一厂家、同一材质、同一板厚、同一出厂状态，每 10 个炉（批）号抽验一组试件；若订货为探伤钢板，尚应抽取每种板厚的 10%（至少一块）进行超声波探伤； （2）进口钢材产品的质量应符合设计和合同规定标准的要求，并应进行进口商检及按规定标准进行抽样检验，检验不合格的钢材不得使用； （3）当钢材表面有锈蚀、麻点或划痕等缺陷时，其深度不得大于该钢材厚度允许偏差值的 1/2；钢材端边或断口处不应有分层、夹渣等缺陷
焊接材料	（1）焊接材料原则上应与设计选用的钢材相匹配； （2）焊接材料的质量及检验应符合现行国家和行业相关标准的规定； （3）制造厂首次使用的焊接材料应按相关标准进行化学成分和熔敷金属力学性能检验；同一型号焊接材料在更换厂家后，首个批号也应进行化学成分和熔敷金属力学性能检验
涂装材料	（1）涂装材料的质量及检验应符合现行国家标准的规定； （2）每个品种的涂装材料应按不同生产批号各抽取一组样品进行检验，检验结果中有某项指标存在争议时，允许在该批涂装材料中再随机抽取一个样品，重新进行检验

钢结构工程材料的存放和管理应符合下列规定。

（1）焊接材料的管理应符合现行《焊接材料质量管理规程》（JB/T 3223—2017）的规定。

（2）涂装材料应存放在专用仓库内，涂装时不得使用超出保质期的涂料。

（3）高强度螺栓连接副进场后应按包装箱上注明的批号、规格分类存放保管，不得混淆；在室内应架空存放，不得直接置于地面上，并应采取措施防止受潮生锈。高强度螺栓连接副在安装使用前不得任意开箱。

（三）零件制造

零件机加工应符合下列规定。

（1）零件边缘的加工深度应不小于 3 mm，当边缘硬度不超过 HV350 时，加工深度不受此限；加工面的表面粗糙度 R_a 不得大于 25 μm；顶紧加工面与板面垂直度偏差应小于 0.01 倍板厚，且不得大于 0.3 mm。

（2）零件应根据预留加工量及平直度要求，两边均匀加工，并应磨去边缘的飞刺、挂渣，使端面光滑匀顺。

（四）组装

（1）组装前，应熟悉图纸和工艺文件，并应按图纸核对零件编号、外形尺寸和坡口方向，确认无误后方可组装。

（2）对采用埋弧焊、CO_2 气体保护焊及低氢型焊条手工焊等方法焊接的接头，在组装前应将待焊区域的铁锈、氧化皮、污垢、水分等有害物清除干净，使其表面露出金属光泽。

（3）采用埋弧焊焊接的焊缝，应在焊缝的端部连接引出板，引出板的材质、厚度、坡口应与所焊件相同；引出板长度应不小于 100 mm。

（4）需做产品试板检验时，应在焊缝端部连接试板，试板的材质、厚度、轧制方向及坡口应与所焊对接板材相同，试板尺寸应满足试验取样要求。

（5）钢构件的组装应在胎架或平台上完成，每次组装前均应对胎架或平台进行检查，确认合格后方可组装。组装时应将相邻焊缝错开，错开的最小距离应符合图 3-3-4 的规定。

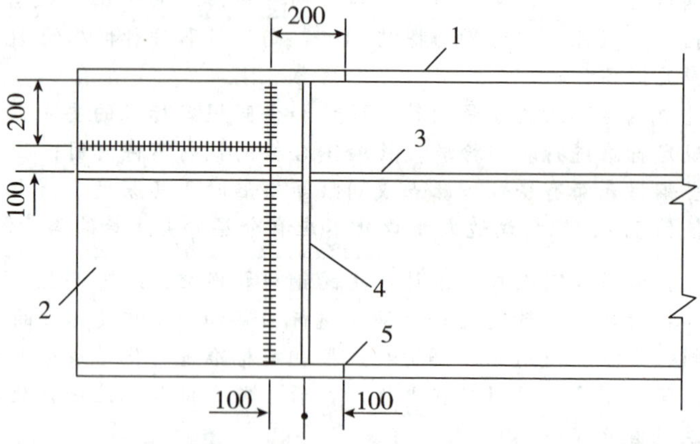

1—盖板；2—腹板；3—板梁水平肋或箱形梁纵肋；4—板梁竖肋或箱形梁横肋；5—盖板对接焊缝。

图 3-3-4　焊缝错开的最小距离（单位：mm）

（6）采用先孔法的钢构件，组装时必须以孔定位；采用胎型组装时，每一孔群应打入的定位冲钉不得少于 2 个，冲钉直径应不小于设计孔径 0.1 mm。

（7）大型钢箱梁的梁段应在胎架上组装，胎架应具有足够的刚度和几何尺寸精度，且在横向应预设上拱度，组装前应按工艺文件要求检测胎架的几何尺寸，监控测量应避开日照的影响。

（五）焊接及焊接检验

1. 焊接的一般要求

（1）在工厂或工地焊接工作之前，对首次使用的钢材和焊接材料应进行焊接工艺评定。

（2）焊接工艺应根据焊接工艺评定报告编制，施焊时应严格遵守焊接工艺，不得随意改变焊接参数。焊接材料应根据焊接工艺评定确定，焊剂、焊条应按产品说明书烘干使用，对储存期较长的焊接材料，使用前应重新按标准检验。二氧化碳气体保护焊的气体纯度应大于 99.5%。

（3）焊接工作宜在室内进行，焊接环境的相对湿度应小于 80%；焊接环境的温度，对低合金高强度结构钢应不低于 5 ℃，普通碳素结构钢应不低于 0 ℃。主要钢构件应在组装后 24 h 内焊接。

（4）钢构件在露天焊接时，除应满足上述第（3）项的要求外，必须采取防风和防雨措施；主要钢构件应在组装后 12 h 内焊接，当钢构件的待焊部位结露或被雨淋后，应采取相应措施去除水分和浮锈。

（5）施焊前应清除焊接区的有害物。施焊时母材的非焊接部位严禁焊接引弧，焊接后应及时清除熔渣及飞溅物。多层焊接时宜连续施焊，且应控制层间温度，每一层焊缝焊完后应及时清理检查，应在清除药皮、熔渣、溢流和其他缺陷后，再焊下一层。

（6）焊前预热温度应通过焊接性能试验和焊接工艺评定确定；预热范围宜为焊缝每侧 100 mm 以上，且宜在距焊缝 30～50 mm 范围内测温。

2. 定位焊

定位焊所采用焊接材料的型号应与焊接材质相匹配。施焊前应按施工图及工艺文件检查坡口尺寸、根部间隙等，如不符合要求应处理改正。

定位焊焊缝应距设计焊缝端部 30 mm 以上，焊缝长应为 50～100 mm，间距应为 400～600 mm，焊缝的焊脚尺寸不得大于设计焊脚的 1/2。定位焊缝不得有裂纹、气孔、夹渣、焊瘤等缺陷，否则应处理改正；如有焊缝开裂应查明原因，清除后重焊。

3. 埋弧自动焊

埋弧自动焊应在距设计焊缝端部 80 mm 以外引出板上起、熄弧。焊接中不宜断弧，如有断弧应将停弧处刨成 1∶5 斜坡，并搭接 50 mm 再引弧施焊，焊后搭接处应修磨圆顺。

（六）焊接检验

焊接完毕且待焊缝冷却至室温后，应对所有焊缝进行外观检查，焊缝不应有裂纹、未熔合、夹渣、未填满弧坑、漏焊以及超出规范规定的缺陷。

焊缝经外观检查合格后方可进行无损检测，无损检测应在焊接 24 h 后进行。箱形构件棱角焊缝探伤的最小有效厚度为 $\sqrt{2t}$（t 为水平板厚度，以 mm 计），当设计有熔深要求时应从其规定。

进行局部超声波探伤的焊缝，当发现裂纹或较多其他缺陷时，应扩大该条焊缝探伤范围，必要时可延至全长。进行射线探伤或磁粉探伤的焊缝，当发现超标缺陷时应加倍检验。

采用超声波、射线、磁粉等多种方法检验的焊缝，应达到各自的质量要求，该焊缝方可认为合格。焊缝的射线探伤应符合现行相关标准的规定，射线透照技术等级采用 B 级（优化级），焊缝内部质量应达到Ⅱ级；磁粉探伤应符合现行相关标准的规定。

对构造复杂或厚板钢构件的焊缝，可采用相控阵或 TOFD 等作为辅助技术手段进行探伤检测。

（七）钢构件矫正

冷矫的环境温度宜不低于 5 ℃，矫正时应缓慢加力，冷矫的总变形量应不大于变形部位原始长度的 2%。时效冲击值不满足要求的拉力钢构件，不得矫正。

热矫时加热温度应控制在 600～800 ℃，严禁过烧，且不宜在同一部位多次重复加热。

矫正后的钢构件表面不应有凹痕和其他损伤。

当设计对钢构件矫正有特殊要求时，矫正的方法和温度应符合其规定。

（八）高强度螺栓连接副与摩擦面处理

高强度螺栓连接副应由制造厂按批配套供货，并应提供出厂质量保证书。运输或搬运时应轻装轻卸，防止损伤螺纹。进场后除应检查出厂质量保证书外，尚应从每批螺栓中抽取 8 副进行检验，检验试验方法和结果应符合现行相关标准的规定，合格者方可使用。

摩擦面处理应符合下列规定。

（1）在工地以高强度螺栓栓接的构件和梁段板面（摩擦面）应进行处理，处理后抗滑移系数值应符合设计规定；设计未规定时，抗滑移系数出厂时应不小于 0.55，工地安装前的复验值应不小于 0.45。

（2）抗滑移系数试验用的试件应按制造批每批制作 6 组，其中 3 组用于出厂试验，3 组用于工地复验。抗滑移系数试件应与构件同材质、同工艺、同批制造，并应在同条件下运输、存放且试件的摩擦面不得损伤。抗滑移系数的试验应符合《公路桥涵施工技术规范》（JTG/T 3650—2020）附录 J 的规定。

（九）试拼装

钢结构桥梁应按试装图进行厂内试拼装，未经试拼装检验合格，不得成批生产。

试拼装应在胎架上进行，胎架应有足够的刚度，其基础应有足够的承载力。胎架顶面（梁段底）纵、横向线形应与设计要求的梁底线形相吻合。试拼时钢构件应解除与胎架间的临时连接，处于自由状态。

板梁应整孔试拼装；简支桁梁的试拼装长度宜不小于半跨，且桁梁宜采用平面试拼装；连续梁试拼装应包括所有变化节点；对大跨径桥的钢梁，每批梁段制造完成后，应进行连续匹配试拼装，每批试拼装的梁段数量应不少于 3 段，试拼装检查合格后，应留下最后一个梁段并前移参与下一批次试拼装。

钢桥墩和钢索塔的塔柱、钢锚箱应采取两节段立位匹配试拼装，合格后还应进行多节段水平位置的试拼装，每一批次的多节段水平位置试拼装应不少于 5 个节段。

试拼装时应使板层密贴，冲钉宜不少于螺栓孔总数的 10%，螺栓宜不少于螺栓孔总数的 20%；有磨光顶紧要求的构件，应有 75%以上面积密贴，采用 0.2 mm 的塞尺检查时，其塞入面积应不超过 25%。

试拼装时，应采用试孔器检查所有螺栓孔，桁梁主桁的螺栓孔应能 100%自由通过较设计孔径小 0.75 mm 的试孔器，桥面系和联结系的螺栓孔应 100%自由通过较设计孔径小 1.0 mm 的试孔器，板梁和箱梁的螺栓孔应 100%自由通过较设计孔径小 1.5 mm 的试孔器，方可认为合格。

试拼装检验应在无日照影响的条件下进行，并应有详细的检查记录。

（十）涂装

1. 涂装前要求

桥梁的钢构件在涂装前，应对其表面进行除锈处理。除锈应采用喷丸或抛丸的方法进行，除锈等级应符合设计规定；设计未规定时，应达到现行《涂覆涂料前钢材表面处理表面清洁度的目视评定 第 1 部分：未涂覆过的钢材表面和全面清除原有涂层后的钢材表面的锈蚀等级和处理等级》（GB/T 8923.1—2011）规定的 Sa2.5 级，表面粗糙度 R_a 应达到 25～60 μm；对高强度螺栓连接面，除锈等级应达到 Sa3 级，表面粗糙度 R_a 应达到 50～100 μm，且除锈后的连接面宜进行喷铝处理或涂装无机富锌防滑涂料，同时应清除高强度螺栓头部的油污及螺母、垫圈外露部分的皂化膜。涂装前，应对钢构件的自由边双侧倒弧，倒弧半径应不小于 2.0 mm。

涂装方案应符合设计文件要求，并应符合现行《公路桥梁钢结构防腐涂装技术条件》（JT/T 722—2023）的规定。

2. 涂装施工要求

涂装施工时，钢构件表面不应有雨水或结露，相对湿度应不高于 80%；环境温度对环氧类漆不得低于 10 ℃，对水性无机富锌防锈底漆、聚氨酯漆和氟碳面漆不得低于 5 ℃。在风沙天、雨天和雾天不应进行涂装施工；涂装后 4 h 内应采取保护措施，避免遭受雨淋。

底漆、中间漆涂层的最长暴露时间宜不超过 7 d，两道面漆的涂装间隔时间也宜不超过 7 d；若超过，应先采用细砂纸将涂层表面打磨成细微毛面，再涂装后一道面漆。喷铝应在表面清理后 4 h 内完成，涂层间隔的时间要求应符合现行相关标准的规定。

3. 涂装后要求

涂装后，应在规定的位置涂刷钢构件标记。钢构件码放必须在涂层干燥后进行，对局部损伤的涂层，应按相关规定进行表面处理，并按原设计涂层补涂各层涂料。

涂料涂层的表面应平整均匀，不应有漏涂、剥落、起泡、裂纹和气孔等缺陷，颜色应与比色卡一致；金属涂层的表面应均匀一致，不应有起皮、鼓包、大熔滴、松散粒子、裂纹和掉块等缺陷。每涂完一道涂层应检查干膜厚度，出厂前应检查漆膜总厚度。

面漆的工地涂装宜在桥梁钢结构安装施工完成后进行。对在施工过程中将厂内涂装层损伤的部位，应进行表面清理并按设计涂装方案规定的涂料、层数和漆膜厚度重新补涂。

（十一）包装、存放与运输

1. 包装与存放

桥梁的钢构件应在涂层干燥后对高强度螺栓连接部位进行包装，包装和存放时应采取措施避免损坏摩擦面。拼接板、螺栓、螺母、垫圈等小件应分类装箱，并加标记。

存放场地应坚实、平整、有排水设施。存放时，钢构件的支承处不应产生不均匀沉降，所有支承点均应受力均匀。

2. 运输

运输应符合相应运输方式的有关安全规定。采用船舶运输时，装船前应进行稳定性验算，其抗倾覆安全系数应不小于 1.5。提供工地抗滑移系数试验用的试件，应随同构件运至工地。

在包装、存放和运输过程中，应采取有效措施，保证钢构件不变形、不损坏、不散失。

（十二）工地连接

1. 高强度螺栓连接施工

桥梁钢结构安装时的高强度螺栓连接施工应符合下列规定。

（1）由制造厂处理的钢结构构件的摩擦面，在安装前应复验所附试件的抗滑移系数，合格后方可安装，并应符合设计要求。

（2）高强度螺栓连接副的安装应在钢构件中心位置调整准确后进行，高强度螺栓、螺母和垫圈应按制造厂提供的批号配套使用。安装时钢构件的摩擦面应保持清洁、干燥，并不得在雨中进行安装作业。

（3）高强度螺栓连接副组装时，应在板束外侧各设置一个垫圈，有内倒角的一侧应分别朝向螺栓头和螺母支承面。高强度螺栓的长度应与安装图一致，安装时其穿入方向应全桥一致，且应自由穿入孔内，不得强行敲入；对不能自由穿入螺栓的孔，应采用铰刀进行铰孔修整，铰孔前应将该孔四周的螺栓全部拧紧，使板层密贴，防止钢屑或其他杂物掉入板层缝隙中，铰孔的位置应做施工记录。严禁采用气割方法扩孔。

（4）安装施工时，高强度螺栓不得作为临时安装螺栓使用，亦不得采用塞焊对螺栓孔进行焊接。

（5）高强度螺栓连接副施拧前，应在施工现场按出厂批号分批测定其扭矩系数。每批号的抽验数量应不少于 8 套，其平均值和标准偏差应符合设计要求；设计未要求时，平均值偏差应在 0.11～0.15 范围内，其标准偏差应小于或等于 0.01。测定数据应作为施拧的主要参数。

（6）高强度螺栓的设计预拉力、施工预拉力应符合表 3-3-17 的规定。

表 3-3-17　高强度螺栓的预拉力

性能等级	预应力/kN	螺纹规格 d/mm				
		M20	M22	M24	M27	M30
8.8S	设计预拉力 P	125	150	175	230	280
	施工预拉力 P_c	140	165	195	255	310
10.9S	设计预拉力 P	155	190	225	270	355
	施工预拉力 P_c	170	210	250	300	390

（7）施工高强度螺栓时，应按一定顺序，从板束刚度大、缝隙大之处开始，对大面积节点板应从中间部分向四周的边缘进行施拧，并应在当天终拧完毕；施拧时，不得采用冲击拧紧和间断拧紧的方式作业。大六角头高强度螺栓的施拧，仅应在螺母上施加扭矩。

(8) 高强度螺栓施拧采用的扭矩扳手，在作业前后均应进行校正，其扭矩误差不得超过使用扭矩值的±5%。

(9) 采用扭矩法施拧高强度螺栓连接副时，初拧、复拧和终拧应在同一工作日内完成。初拧扭矩宜为终拧扭矩的50%，复拧扭矩等于初拧扭矩，终拧扭矩应按下式计算：

$$T_c = K \cdot P_c \cdot d$$

式中 T_c——终拧扭矩，N·m；

K——高强度螺栓连接副的扭矩系数平均值，按上述第（5）项要求测得；

P_c——高强度螺栓的施工预拉力，kN；

d——高强度螺栓公称直径，mm。

(10) 高强度螺栓终拧完成后，应按下列规定进行质量检查。

①检查应由专职质量检查员进行，检查用的扭矩扳手必须标定，其扭矩误差不得超过使用扭矩的±3%，且应进行扭矩抽查。

②采用松扣、回扣法检查时，应先在螺栓与螺母上做标记，然后将螺母退回30°，再用检查扭矩扳手将螺母重新拧至原来位置测定扭矩，该值不小于规定值的10%时为合格。

③对主桁节点、板梁主体及纵、横梁连接处，每栓群应以高强度螺栓连接副总数的5%抽检，但不得少于2套，其余每个节点不少于1套进行终拧扭矩检查。扭矩检查应在螺栓终拧1 h以后、24 h之前完成。

④每个栓群或节点检查的螺栓，其不合格者宜不超过抽验总数的20%；如果超过此值，则应继续抽验，直至累计总数80%的合格率为止。对欠拧者应补拧，不符合扭矩要求的螺栓应更换后重新补拧。

⑤高强度螺栓拧紧检查验收合格后，连接处的板缝应及时采用腻子封闭，并应按设计要求涂漆防锈。

2. 桥梁钢结构焊接

桥梁钢结构在工地焊接连接时应符合下列规定。

(1) 钢构件的工地施焊连接应按设计规定的顺序进行。

(2) 箱形梁梁段间的焊接连接，应按顶板、底板、纵隔板的顺序对称进行；梁段间的焊缝经检验合格后，应按先对接后角接的顺序焊接U形肋嵌补件。

(3) 当桥梁钢结构为焊接与高强度螺栓合用连接时，栓接结构应在焊缝检验合格后再终拧高强度螺栓连接副。

(4) 工地焊接前应做工艺评定试验，施焊应严格按已评定的焊接工艺进行。焊接前应对接头坡口、焊缝间隙和焊接板面高低差等进行检查，并对焊缝区域进行除锈，且工地焊接应在除锈后的12 h内进行。

(5) 工地焊接时应设立防风、防雨设施，遮盖全部焊接处。工地焊接的环境要求为：风力应小于5级；温度应大于5 ℃；相对湿度应小于80%；在箱梁内焊接时应有通风防护安全措施。

(6) 焊接施工时的技术要求和工地焊接接缝应按规范的规定检验。

二、钢混组合结构工程

钢混组合结构的主要桥梁类型包括组合钢板梁桥、组合钢桁梁桥、组合钢箱梁桥、钢桁腹杆组合梁桥、波形钢腹板组合梁桥以及各种形式的钢-混凝土接头等，涵盖的范围很广。钢混组合结构除大量应用在梁式桥中，在斜拉桥、拱桥、悬索桥这些桥型中也有较多应用。

施工前应制订专项施工方案，并应根据结构的特点和受力特性确定施工程序和施工工艺，且应有防止桥面板混凝土和接头混凝土开裂的预防措施。对预制桥面板各单元之间的湿接缝和钢–混凝土接头，宜采用微膨胀补偿收缩混凝土。钢–混凝土接头在浇筑施工时，宜进行温度控制，防止其产生温度应力裂缝。

（一）钢构件安装

1. 一般要求

（1）钢构件在安装施工前，应根据跨径大小或结构构造的特点、地形地物、河流或海域情况、起重机或起重船的起吊能力、环境条件等因素，综合考虑选择安装方法和安装工艺。对钢–混凝土组合梁，在确定钢构件的安装方法时，尚应适当考虑预制混凝土桥面板安装的可行性和方便性。

（2）安装前应对各种承重支架、支承系统、吊架和吊具等临时受力结构，以及钢构件本身在安装过程中不同受力工况下的强度、刚度及稳定性进行验算，保证安装施工的安全和结构的安全。

（3）安装钢–混凝土组合梁中的钢构件之前，应对桥梁的墩台顶面高程、中线及各孔跨径进行复测；安装钢–混凝土接头中的钢构件之前，应对混凝土结合面的高程、纵横向轴线和表面平整度等进行复测。各项误差在允许偏差内方可进行安装。

（4）起吊安装钢构件时，吊点和吊具的设置应满足各点均匀受力的要求，应避免钢构件在起吊安装过程中发生扭转或侧倾，并应采取有效措施保证钢构件的涂装不受到损伤。

（5）钢梁宜对钢构件采用预先组拼、栓合或焊接，扩大拼装单元组成节段后进行安装的方法，对容易变形的钢构件应进行刚度和稳定性验算，必要时应采取临时加固措施。组拼前应清除钢构件上的附着物，摩擦面或焊接面应保持干燥、清洁。安装时应根据外界环境和焊接等变形因素的影响，采取有效措施，保证钢梁的线形、拱度及轴线位置满足设计或施工控制的要求。工地安装时，不得在现场对钢构件进行未被批准的临时性的焊接和切割作业。

2. 支架上安装钢梁施工

（1）在支架顶部钢梁的支承处，宜设置具有三维调节功能的装置，该装置应能对钢梁就位后的高程、纵横向平面位置和倾斜度等进行精确调整。

（2）钢梁节段宜从孔跨的一端向另一端顺序安装。吊装节段时，应待其完全固定后方可松钩卸载。

（3）安装过程中，每完成一节段的就位后应测量其纵横向平面位置、高程和预拱度，不满足要求时应及时进行调整。

（4）拼装栓接连接的钢梁时，冲钉和粗制螺栓的总数不得少于栓孔总数的 1/3，其中冲钉不得多于 2/3；栓孔较少的部位，冲钉和粗制螺栓的总数应不少于 6 个或将全部栓孔插入冲钉或粗制螺栓。拼装高强度螺栓连接的钢梁时，冲钉数量应符合上述规定，其余栓孔宜布置高强度螺栓。

（5）拼装用的冲钉直径（中段圆柱部分）应较栓孔设计直径小 0.2～0.3 mm，其长度应大于板束厚度。拼装用精制螺栓的直径应较栓孔设计直径小 0.4 mm，拼装板束用的粗制螺栓直径应较栓孔直径小 1.0 mm。冲钉和螺栓可采用 35 号碳素结构钢制造。

（6）拼装焊接连接的钢梁时，宜将节段之间拼接错台的偏差控制在 2 mm 以内，并应严格控制钢梁的平面位置、高程和拱度。

（7）钢梁安装完成并连接固定，在落梁就位前，应复测支座的平面位置和顶面高程，并应将支座顶面清理干净，确认符合设计要求后方可进行钢梁的落梁就位；钢梁在落梁就位前后均应对其线形、拱度和平面位置尺寸等进行检查，并应做施工记录。

3. 钢梁悬臂拼装施工

(1) 拼装栓接连接的钢梁时，连接处所需冲钉的数量应按所承受荷载经计算确定，但不得少于栓孔总数的一半，其余栓孔宜布置精制螺栓，冲钉和精制螺栓应均匀地布置。

(2) 钢梁的悬臂拼装应结合预制混凝土桥面板的安装进行施工过程控制，保证其内力、变形、线形及高程符合设计或施工控制的要求。预制混凝土桥面板的安装顺序、浇筑湿接缝的时机及加载程序等应符合施工控制的规定。

4. 钢-混凝土接头中钢构件安装施工

(1) 宜根据钢构件的构造特点、起吊设备的能力、环境条件等因素，选择适宜的安装方法和安装工艺。

(2) 钢构件在安装前，应通过计算或模拟起吊试验确定其重心位置和吊点的位置；起吊安装时，应采取有效措施保证其空中姿态平稳，使其不产生过大的倾斜和摆动；安装就位时，应对其平面位置和高程进行准确控制，就位后应通过调节装置进行精确调整。

(3) 对拱座等安装在倾斜混凝土结合面上的钢构件，安装时应设置必要的导向装置；正式起吊安装时，应使钢构件始终保持平稳状态，且在导向装置的引导下能顺利就位，就位后应尽快将其固定。

(4) 对索塔塔柱、墩身等安装在水平混凝土结合面上的钢构件，安装前应设置必要的定位和调节装置；安装时应严格控制钢构件的平面位置和高程，安装精度应符合设计的规定。

(5) 对混合梁中在竖直面上结合的钢-混凝土接头，钢构件应安装在稳定可靠的支架或吊架上，支架或吊架应进行专门设计，其强度、刚度和稳定性应满足接头施工时承载能力和使用的要求，并应考虑施工过程中各种因素对支架系统产生的不利影响。应在精确调整钢构件的三维坐标位置，使其符合设计要求且固定牢靠后，方可进行后续工序的施工。

(二) 混凝土桥面板

1. 一般要求

混凝土桥面板宜采用预制安装的方式施工，对跨径较小的组合梁或某些特殊部位或设计规定时，可采用现场浇筑的方式施工。

混凝土桥面板的预制台座应坚固、稳定，地基应不会产生局部的不均匀沉陷。当预制台座设置在软弱地基上时，除应对地基进行加固处理外，宜在混凝土台座基础上配置适量的钢筋，增强其整体受力的能力。预制台座的顶面可设置成水磨石或钢板，顶面的平整度在 2 m 范围内宜不大于 2 mm。

2. 预制桥面板混凝土施工

(1) 桥面板混凝土应符合设计的规定，其配合比应进行专门设计。混凝土中可适量掺加能提高抗裂性能的材料，但应得到设计的认可并应通过试验确定其掺量和效果。配制混凝土时应严格控制混凝土的水胶比和水泥用量，宜采用较低坍落度的混凝土进行施工。

(2) 混凝土浇筑施工时，应采取有效措施保证桥面板顶面的平整度。对桥面板的顶面可进行拉毛处理，使其顶面形成粗糙面；当后续的桥面沥青混凝土铺装层施工需要对桥面板顶面进行抛丸处理时，可不拉毛，但宜进行粗平。浇筑施工完成后，应及时覆盖适宜的材料洒水保湿养护，养护的时间应不少于 7 d。

(3) 拆除模板并在混凝土强度达到 2.5 MPa 后，应及时对桥面板侧面的混凝土进行凿毛，凿毛可采用人工方式或采用高压水冲法，凿毛的深度宜为 5～8 mm，且应使粗集料出露。

3. 场内移运、存放与运输

（1）桥面板混凝土的强度应在达到设计强度的 85%后，方可从预制台座上起吊进行场内的移运。

（2）起吊预制混凝土桥面板时，吊点的位置应符合设计规定，且应采用四点吊，对吊点处的局部应力应进行验算。吊运过程中，应采取必要措施防止对桥面板产生碰撞、坠落等损伤而开裂。

（3）预制混凝土桥面板的存放台座应进行专门设计，当台座位于软弱地基上时，应采取加固处理措施，防止地基产生不均匀沉降。存放时，桥面板在台座上叠放的层数应根据地基的承载能力情况经计算确定；分层叠放时，其支点应设置在紧邻吊点的位置，并应使其顶面在同一水平面上，桥面板与支点的接触处应采用适宜的弹性材料进行支垫。

（4）对未达到养护时限的混凝土桥面板，应在存放时采用覆盖洒水保湿的方式继续养护。

（5）预制混凝土桥面板的存放时间按混凝土龄期计，宜不少于 6 个月。

（6）预制混凝土桥面板的运输宜采用平板车或其他适合的车辆，车辆的长度和宽度应满足设置桥面板支点的要求。桥面板分层叠放在运输车上进行运输时，应符合存放时的叠放规定，叠放运输的层数宜不超过 3 层，并应对其采取固定措施。

4. 预制混凝土桥面板安装

（1）预制混凝土桥面板的安装施工应遵循先预制、先安装的原则，且宜采用对号入座的方式进行预制和安装。

（2）预制混凝土桥面板的安装方法宜结合钢梁的安装综合考虑，安装的顺序及加载程序应符合设计和施工控制的规定。

（3）安装前，应将钢梁与桥面板的结合面及剪力连接装置表面清理干净，并应在钢梁上按设计要求粘贴橡胶带，橡胶带的粘贴应保证能达到密贴、顺直的要求；应在钢梁上准确放样，且宜在现场核对相邻桥面板钢筋、剪力钉、连接件等的相对位置。

（4）安装时应采用四点起吊并配置相应的吊具。起吊安装时，应保证各吊点的受力均衡，并应防止对桥面板产生碰撞或其他损伤。

（5）桥面板安装就位过程中，应使各桥面板中的预应力管道对准、顺直，与相邻桥面板预应力管道的错位偏差宜不超过 2 mm。当安装桥面板的钢筋与相邻桥面板的钢筋、剪力钉或连接件等有位置上的冲突时，应采取适当的措施进行调整，且该调整应以弯折钢筋改变其位置为主，不得因桥面板就位困难而随意切断钢筋或破坏剪力连接装置。

（6）桥面板安装就位后，应及时检查其在钢梁上的支承状况，当有翘曲、脱空、偏位等情况时，应吊起重新安装。

5. 混凝土湿接缝现场浇筑

（1）湿接缝混凝土的配合比应进行专门设计。

（2）湿接缝的浇筑时机和浇筑顺序应符合设计和施工控制的要求。

（3）湿接缝在浇筑混凝土之前，应对在安装过程中变形的连接钢筋和剪力钉予以校正和调直，对损坏的连接件和剪力钉等应进行修复，并应按设计要求进行连接钢筋的绑扎或焊接。

（4）在连接湿接缝处的预应力管道时，应保证连接管道顺直、无弯折，对接头处的管道应包缠严密，使之不漏浆。

（5）混凝土浇筑前，应将湿接缝内的杂物清理干净，并应对混凝土结合面进行充分湿润，保证湿接缝混凝土与预制桥面板混凝土的接缝严密。

(6) 浇筑湿接缝混凝土时，应对其进行充分振捣，湿接缝混凝土的顶面宜比预制安装桥面板略高出 2～3 mm；浇筑完成后，应对混凝土的顶面进行拉毛或采取其他增加粗糙度的处理措施。

(7) 对湿接缝混凝土进行保温、保湿养护的时间应不少于 7 d，对桥面板预应力钢束的张拉也宜在混凝土龄期达 7 d 后进行。

(8) 湿接缝混凝土的强度在未达到设计强度的 85%之前，不得在桥面上通行车辆、堆放材料或进行影响其受力的其他施工作业。

6. 现场浇筑混凝土桥面板施工

(1) 应采用符合设计规定的混凝土，且其配合比应进行专门设计。

(2) 当利用钢梁设置支架对模板进行支承时，在安装、拆除支架和模板的过程中，应采取有效措施避免损伤钢梁及其表面的防腐涂层。

(3) 浇筑桥面板混凝土前，应将钢梁上翼缘和连接件上的锈蚀、污垢及模板内的其他杂物清理干净。

(4) 现场浇筑混凝土桥面板的施工顺序应符合设计的规定。

(5) 浇筑混凝土时，除应保证其振捣密实外，尚应采取对桥面板顶面进行严格整平以及防止混凝土开裂的有效措施。

(6) 桥面板混凝土浇筑完成后，宜采用塑料薄膜、土工布等材料及时覆盖进行保温、保湿养护，养护的时间应不少于 7 d。

(7) 现场浇筑混凝土桥面板的施工全部完成，在桥面上通行车辆、堆放材料或进行其他施工作业的条件，应符合相关规范的规定。

➢ **知识拓展**：桥面板施工时的混凝土浇筑一般分为顺序浇筑和间断浇筑 2 种方法。对桥面板施加预设应力的方法，除常规地对在桥面板中设置的纵横向预应力钢束进行张拉外，主要还有支点位移法和反拱法等。

(三) 组合节段制作与拼装

钢-混凝土组合梁的施工，有“先拼装后组合”和“先组合后拼装”2 种方式，前者是先安装钢梁，再安装预制混凝土桥面板；后者则先在场地的台座上放置钢梁，浇筑桥面板混凝土，组合形成一个主梁的节段，然后再运输到桥位进行节段的拼装。以下主要针对后者进行规定。

组合节段宜匹配制作。钢梁的制造、运输、匹配试拼装、涂装等应符合规范的规定。制作组合节段的台座除应符合相关规定外，尚应符合下列规定。

(1) 台座应进行专门设计，并应根据拟组合节段的构造特点、重力、施工方法和施工工艺等因素进行设置。

(2) 设置台座时，应明确钢梁的支承方式，同时应考虑地基的不均匀沉降对组合梁节段形成时的不利影响。

(3) 应在台座上设置钢梁起吊就位后进行平面位置和高程调整的装置。

起吊钢梁至台座上就位时，宜采取有效措施对其进行临时加固，增加钢梁的整体刚度，防止其产生变形；就位后，应通过调节装置对钢梁的平面位置和高程进行精确调整，使之处于水平状态，不倾斜、不扭曲，各支承点处受力均匀。

组合节段制作施工时，钢筋、模板、支架、混凝土、预应力等的施工除应符合规范相关规定外，尚应符合下列规定。

(1) 在进行钢筋和预应力管道的安装时，应保证其位置准确；对预应力管道的端口宜采用合适的材料或工具进行临时封闭，或在管道内放置芯棒。

（2）模板与钢梁之间应密贴，各接缝应严密不漏浆。

（3）设置支架时，其支承点应避开钢梁底板处较薄弱的部位，防止钢梁底板的局部产生变形。对支承在钢梁以外的支架，应对其地基进行必要的加固处理，或采取预压的方式消除地基的不均匀沉降。

（4）桥面板应采用设计要求的混凝土，且宜在混凝土中添加防止其开裂的适宜材料。浇筑施工时，应采取有效措施保证桥面板顶面的平整度；浇筑完成后，对桥面板顶面的处理应符合规范规定。

（5）对桥面板混凝土应制订专门的养护方案，保湿养护的时间应不少于 14 d。

（6）预应力钢束的张拉顺序应符合设计的规定；设计未规定时，应按对称、均衡的原则进行张拉。

组合节段的场内移运和存放除应符合相关规定外，尚应符合下列规定。

（1）桥面板混凝土的抗压强度应在达到设计强度的 85%后，方可对组合节段进行起吊和场内移运作业；设计对此有规定时，应从其规定。

（2）从制作台座上起吊及移运组合节段时，吊点的位置应符合设计规定，且宜采用四点吊并设置必要的吊架进行作业。

（3）组合节段的存放台座应满足平整、地基不沉陷的要求，支点的位置应符合设计规定，各支点位置的高程应一致；支点处宜设置垫木或其他适宜的物体对节段进行支承，并应防止各支点受力不均。

（4）组合节段的存放高度不宜超过 2 层，2 层之间应采用垫木或其他适宜的物体隔开支承。

（5）组合节段的存放时间应符合设计规定；设计未规定时，宜不少于 90 d。

（四）钢-混凝土接头施工

1. 钢-混凝土接头中连接件施工

（1）焊钉连接件、开孔板及型钢连接件的制造加工应符合规范相关规定。

（2）在安装普通钢筋时，应采取有效措施防止对连接件产生碰撞或其他损伤，并应避免普通钢筋与连接件的位置重叠，当普通钢筋或局部加强钢筋与连接件有位置上的冲突时，不得随意切断或破坏剪力连接装置，而应适当调整钢筋的位置。穿过开孔板的钢筋应在栓孔上居中贯通布置安装，其偏差应不超过 5 mm，并不得与开孔板焊接。

（3）连接件就位后，应对其安装质量进行检查，不符合要求时应及时进行调整。

（4）连接件中的混凝土施工，宜采用有利于混凝土振捣密实的体位方式进行浇筑，且宜通过必要的工艺试验，验证混凝土的性能，同时验证浇筑振捣的方式和工艺能否保证混凝土填充密实并与连接件接触良好。当在顶面有钢板的情况下浇筑混凝土时，应在钢板上设置适当数量的通气开孔，使混凝土浇筑时空气气泡能顺利地逸出，保证混凝土振捣的密实性。

2. 混合梁中钢-混凝土接头施工

（1）钢构件按规范规定进行安装并精确定位后，应将其锁定在支架或吊架上，并应与混凝土梁进行刚性连接，刚性连接装置的形式应符合设计的规定。

（2）接头混凝土施工的模板在安装设置时，应保证其稳定，在浇筑施工时不移位，且应与结构之间密贴、不漏浆。

（3）钢-混凝土接头中的混凝土应符合设计的规定，且宜采用经专门设计的高流动性、低收缩率的自密实混凝土；混凝土中可适量掺加能提高抗裂性能的材料，但应得到设计的认可并应通过试验确定其掺量和效果。

(4) 浇筑接头混凝土之前，应对混凝土梁的结合面进行严格凿毛处理，凿毛的深度应不小于 8 mm，凿毛后的结合面上不应有浮浆和光滑的表面；同时应对钢构件部分的浮锈和其他杂物等进行清洁处理。处理完成后应将全部结合面清理干净，对混凝土的结合面应进行充分湿润。

(5) 浇筑接头混凝土时，宜按《公路桥涵施工技术规范》(JTG/T 3650—2020) 第 6 章中大体积混凝土的要求进行温度控制，且宜选择在夜间温度场较为稳定的时段进行施工；宜采取有效措施，使新浇筑混凝土与钢构件、混凝土梁体及模板之间的温差小于 15 ℃。浇筑完成后，应及时覆盖进行保温、保湿养护，养护的时间宜不少于 14 d。

(6) 预应力钢束张拉时，接头混凝土的强度、弹性模量（或龄期）应符合设计规定；设计未规定时，混凝土的强度应不低于设计强度的 85%，弹性模量应不低于混凝土 28 d 弹性模量的 85%，采用混凝土龄期代替弹性模量控制时宜不少于 7 d。预应力钢束的张拉应对称、均衡地进行。

(7) 接头混凝土在未达到设计强度的要求之前，不得承受荷载。

3. 拱座钢-混凝土接头施工

(1) 对拱座中钢构件与基座的混凝土结合面，应进行严格磨平，并应采取有效措施，使钢构件与基座混凝土结合面的端面接触率符合设计的规定。

(2) 拱座的钢构件部分整体安装并精确调整定位后，应按设计规定的方式，将钢构件与混凝土基座可靠地连接锚固。

4. 索塔塔柱、墩身钢-混凝土接头施工

(1) 对设置在混凝土结构中用于连接锚固钢-混凝土接头的锚杆或预应力钢束，应按设计要求的数量、位置和深度进行埋设。安装锚杆或预应力钢束管道时，宜采用型钢劲性骨架作为其定位支架，且宜在锚杆或预应力钢束管道的上下两端设置与钢构件底板预留孔位置和尺寸一致的套板进行固定，使其能保证安装位置的精确度；浇筑混凝土时，应采取有效措施防止锚杆或预应力钢束管道在浇筑过程中产生移位。

(2) 索塔塔柱、墩身的钢构件直接安装在混凝土结构顶面时，应采取有效措施对钢构件的端面和混凝土顶面（或预埋钢板的端面）的平整度进行严格磨平，安装后两端面之间的接触率应符合设计的规定。

(3) 采用先安装钢构件、再在其底座下灌注混凝土连接的方式施工时，应保证钢构件安装的平面位置和高程准确，其精度应符合设计的规定，并应按设计要求的支承和固定方式对钢构件进行临时锁定。应采用符合设计规定且具有高流动性、低收缩率特性的混凝土，并应对其配合比进行专门设计，或采用符合要求的专用产品；在对底座下灌注混凝土时，底座的周边应封堵严密，不漏浆。

(4) 在混凝土达到设计规定的强度后，方可对锚杆或预应力钢束进行张拉。张拉宜分 2～3 次进行，且首次张拉时其张拉力应不小于设计控制力的 50%；张拉应遵循对称、均衡的原则，且宜按先中间、再向两边的顺序进行。

(五) 波形钢腹板梁

波形钢腹板的安装施工应符合下列规定。

(1) 安装前应对波形钢腹板采取适当的临时加固措施，增加刚度，防止其在起吊安装过程中产生变形。

(2) 起吊安装波形钢腹板时，应轻吊轻放，支垫平稳，并应防止碰撞连接件。

(3) 宜在底部设置三维调节装置，对波形钢腹板安装就位后的平面位置和高程进行精确调整。

(4) 安装时，应对首块波形钢腹板的定位精度进行严格控制；当梁体有纵坡时，波形钢腹板纵向的倾斜角度可通过在其底部设置衬垫的方式进行调整，并应采取有效措施对相邻波形钢腹板之间的接缝位置进行控制，其错口的偏差宜不超过 2 mm。

(5) 安装完成后，应采用支撑结构将波形钢腹板临时固定成整体，且该支撑结构应具有调整波形钢腹板竖直度、保证其稳定的功能。

实战演练

[2018 真题 · 案例节选]

背景资料：

某施工单位承建了一条全长 1 310 m 横跨一条二级公路与某生态湿地公园景区的钢结构步行桥工程。该桥梁主桥上部结构采用（55＋2×90＋55）m 圆筒形镂空钢桁架结构，其外径 4.15 m，内径 3.55 m，桥面全宽 6.0 m。为保护生态湿地环境，节约施工用地，保证施工进度，主桥采用顶推施工方案。引桥为 30 m 跨径的钢箱梁桥，采用分段吊装安装方式。主桥钢桁梁总长 290 m，结合现场情况拟将主桥钢桁梁在主桥 3～4 号墩之间搭设拼装支架逐段拼焊，并在支架上采用步履式智能顶推装置配合竖向千斤顶将钢桁梁顶推至设计位置，最后 20 m 钢桁梁在拼装支架上拼装成整体。

主桥钢桁梁在工厂内制造成构件运至现场，在卧拼胎架上拼焊成圆形小节段，然后用龙门吊运至拼装支架上立拼焊成顶推节段，各顶推钢桁梁节段间主要采用焊接，部分杆件采用焊接与高强度螺栓合用连接。桥面系构件在工厂内制造，运至现场采用焊接与高强度螺栓合用连接成整体。

施工中发生如下事件。

事件一：主桥钢桁梁拼装与顶推架设施工中，施工单位采取了如下做法。

(1) 工地焊接前采用钢丝砂轮对焊缝进行除锈，并在除锈后的 48 h 内进行焊接。

(2) 高强度螺栓施拧采用扭矩扳手，在作业前后均应进行校正。

(3) 当钢桥为焊接与高强度螺栓合用连接时，完成终拧高强度螺栓连接副后应进行焊缝检验。

(4) 工地焊接时应设立防风、防雨设施，遮盖全部焊接处；焊接时风力应小于 5 级，温度应高于 5 ℃，相对湿度应小于 85%。

(5) 主梁顶推完成后，永久支座应在落梁后进行安装。

……

[问题]

2. 事件一中，逐条判断施工单位的做法是否正确，并改正错误。

[答案]

2. 第 (1) 条错误。

改正：并在除锈后的 12 h 内进行焊接。

第 (2) 条正确。

第 (3) 条错误。

改正：应先检验焊缝合格后再终拧高强度螺栓连接副。

第 (4) 条错误。

改正：相对湿度应小于 80%。

第 (5) 条错误。

改正：永久支座应在落梁前进行安装。

第四节　桥梁下部结构施工

知识点 1　桩基础施工

桩基础的种类很多，按承受作用不同，可分为摩擦桩、柱桩和嵌岩桩；按施工方法不同，又可分为钻孔灌注桩、挖孔灌注桩和沉入桩。本知识点主要介绍钻孔灌注桩、挖孔灌注桩和沉入桩的施工规定。

一、钻孔灌注桩

灌注桩施工前应具有工程地质和水文地质资料，对地质情况复杂地区的大直径嵌岩桩，宜适当增加地质钻孔数量。施工前应制订专项施工方案。对工程地质、水文地质或技术条件特别复杂的灌注桩，宜在施工前进行工艺试桩，获得相应的工艺参数后再正式施工。钻孔或挖孔时，相邻两桩孔不得同时施工，应间隔交错进行作业。

钻孔灌注桩施工工艺流程如图 3-4-1 所示。

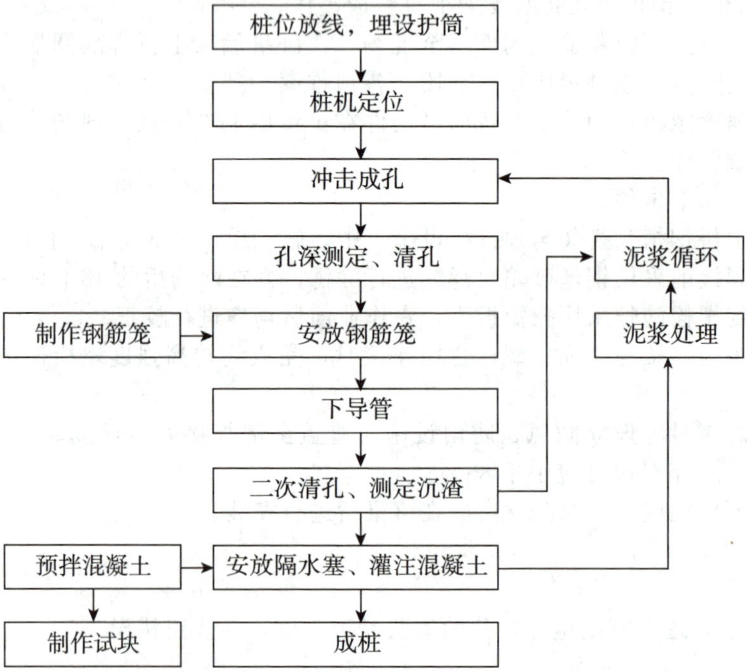

图 3-4-1　钻孔灌注桩施工工艺流程

（一）搭设平台

桩位位于旱地时，可在原地适当平整并填土压实形成工作平台；位于浅水区时，宜采用筑岛法施工；位于深水区时，宜搭设钢制平台，当水位变动不大时，也可采用浮式工作平台，但在水流湍急或潮位涨落较大的水域，不应采用浮式平台。各类施工平台的平面面积大小，应满足钻孔成桩作业的需要；其顶面高程应高于桩施工期间可能的最高水位 1.0 m 以上，在受波浪影响的水域，尚应考虑波高的影响。

钢制固定式施工平台应牢固、稳定，应能承受钻孔桩施工期间的全部静荷载和动荷载。平台应进行专项施工设计，并应符合下列规定。

（1）对钢管桩施工平台，钢管桩的位置偏差宜在 300 mm 以内，倾斜度宜在 1%以内；

平台的顶面应平整，各连接处应牢固。

（2）利用双壁钢围堰或钢套箱等作为钻孔桩的施工平台时，应验算平台结构的刚度和稳定性；利用钢护筒搭设钻孔施工平台时，除应对钢护筒的受力情况进行验算外，应使其位置保持准确、相互连接稳定、倾斜度不超过允许偏差；采用冲击钻成孔时，钢护筒不宜兼作工作平台。

（3）平台位于有冲刷的河流或水域，且当有超过设计允许冲刷深度的风险时，应采取必要的措施对其基础进行冲刷防护；位于有流冰、漂浮物的河段时，应设置临时防撞设施，保证平台在施工期间的稳定。

（4）在通航水域中搭设的平台，除应有临时防撞措施外，尚应设置明显的安全警示标志。

（5）水中施工平台均应配备水上救生设施。

（二）埋设护筒

钻孔灌注桩施工中，埋设护筒的作用主要有保护孔口地面、隔离地表水、固定桩孔位置、对钻头进行导向、稳定孔壁防塌孔等。

护筒宜采用钢板卷制。在陆上或浅水区筑岛处的护筒，其内径应大于桩径至少 200 mm，壁厚应能使护筒保持圆筒状且不变形；在水中以机械沉设的护筒，其内径和壁厚的大小，应根据护筒的平面、垂直度偏差要求及长度等因素确定，并应在护筒的顶、底口处采取适当的加强措施，保证其在沉设过程中不变形；对参与结构受力的护筒，其内径、壁厚及长度应符合设计的规定。

护筒埋设施工的相关规定见表 3-4-1。

表 3-4-1　护筒埋设施工的相关规定

<table>
<tr><th>项目</th><th colspan="2">相关规定</th></tr>
<tr><td rowspan="3">埋设定位</td><td colspan="2">护筒中心与桩中心的平面位置偏差应不大于 50 mm，护筒在竖直方向的倾斜度应不大于 1%</td></tr>
<tr><td>在旱地和筑岛处</td><td>采用挖坑埋设法实测定位，且护筒的底部和外侧四周应采用黏质土回填并分层夯实，使护筒底口处不致漏失泥浆</td></tr>
<tr><td>在水中</td><td>宜采用导向架定位；焊接连接处的内壁应无突出物，且应耐拉、压，不漏水</td></tr>
<tr><td rowspan="3">筒顶高度</td><td colspan="2">护筒顶宜高于地面 0.3 m 或水面 1.0～2.0 m，同时应高于桩顶设计高程 1 m</td></tr>
<tr><td>有潮汐影响的水域</td><td>应高出施工期最高潮水位 1.5～2.0 m</td></tr>
<tr><td>桩孔内有承压水时</td><td>护筒顶应高于稳定后的承压水位 2.0 m 以上</td></tr>
<tr><td rowspan="3">埋置深度</td><td>在旱地或筑岛处</td><td>宜为 2～4 m</td></tr>
<tr><td>在水中或特殊情况下</td><td>应根据设计要求或桩位的水文、地质情况经计算确定</td></tr>
<tr><td>对有冲刷影响的河床</td><td>宜沉入施工期局部冲刷线以下 1.0～1.5 m，且宜采取防止河床在施工期过度冲刷的防护措施</td></tr>
</table>

（三）钻孔

1. 钻孔施工规定

钻机的选型宜根据孔径、孔深、桩位处的水文和地质情况、施工环境条件等因素综合确定，所选用的钻机及钻孔方法应能满足施工质量和施工安全的要求。

钻机就位前，应对钻孔的各项准备工作进行检查；钻机安装后，其底座和顶端应平稳。不论采用何种方法钻孔，开孔的孔位必须准确；开钻时应慢速钻进，待导向部位或钻头全部进入地层后，方可正常钻进。钻机在钻进施工时不应产生位移或沉陷，否则应及时处理。分级扩孔钻进施工时应保持桩轴线一致。

钻孔方法及相关规定见表 3-4-2。

表 3-4-2　钻孔方法及相关规定

钻孔方法	相关规定
正、反循环法钻孔	(1) 采用正、反循环回旋钻机（含潜水钻）钻孔时，宜根据成孔的不同阶段、不同地层及岩层坡面等情况，采取不同的钻进工艺； (2) 减压钻进时，钻机的主吊钩始终应承受部分钻具的重力，孔底承受的钻压应不超过钻具重力之和（扣除浮力）的 80%
冲击成孔	采用冲击钻机冲击成孔时，应小冲程开孔，并应使初成孔的孔壁坚实、竖直、圆顺，能起到导向的作用。待钻进深度超过钻头全高加冲程后，方可进行正常的冲击。冲击钻进过程中，应采取有效措施防止坍孔；掏取钻渣和停钻时，应及时向孔内补浆，保持水头高度
全护筒法钻孔	采用全护筒法钻进时，钻机应安装平正，压进的首节护筒应竖直。钻孔开始后应随时检测护筒的水平位置和竖直线，如发现偏移超出容许范围，应将护筒拔出，调整后重新压入钻进
旋挖钻机钻孔	应根据不同的地质条件选用相应的钻头。钻进过程中应采取有效措施严格控制钻进速度，避免进尺过快造成坍孔埋钻事故。钻头的升降速度宜控制在 0.75～0.80 m/s，在粉砂层或亚砂土层中，升降速度应更加缓慢。泥浆初次注入时，应垂直向桩孔中间进行注浆

在钻孔排渣、提钻头除土或因故停钻时，应保持孔内具有规定的水位及要求的泥浆相对密度和黏度。处理孔内事故或因故停钻时，必须将钻头提出孔外。

2. 钻孔泥浆规定

(1) 泥浆的配合比和配制方法宜通过试验确定，其性能应与钻孔方法、土层情况相适应。

(2) 钻孔过程中，应随时对孔内泥浆的性能进行检测，不符合要求时应及时调整。

(3) 钻孔泥浆宜进行循环处理后重复使用，减小排放量。对重要工程的钻孔桩施工，宜采用泥沙分离器进行泥浆的循环。

(4) 施工完成后，废弃的泥浆应采取先集中沉淀再处理的措施，严禁随意排放，污染环境。

3. 终孔检验

钻孔灌注桩在终孔后，应对桩孔的孔位、孔径、孔形、孔深和倾斜度进行检验；清孔后，应对孔底的沉淀厚度进行检验。挖孔桩终孔并对孔底处理后，应对桩孔孔位、孔径、孔深、倾斜度及孔底处理情况等进行检验。

(四) 成孔检查

孔径、孔形、倾斜度和孔底沉淀厚度宜采用专用仪器检测，孔深可采用专用测绳检测。采用钻杆测斜法量测桩的倾斜度时，量测应从钻孔平台顶面起算至孔底。

➢ **知识链接：** 钻杆测斜法的量测方法是，将带有钻头的钻杆放入孔内封底，在孔口处的钻杆上装一个与孔径或护筒内径一致的导向环，使钻杆保持在桩孔中心线位置。然后采用带有扶正圈的钻孔测斜仪对钻杆进行分点测斜，并将测得的各点数值在坐标仪上描点作图，即求得桩孔的偏斜值。

（五）清孔

（1）钻孔深度达到设计高程后，应对孔径、孔深和孔的倾斜度进行检验，符合要求后方可清孔。

（2）清孔方法应根据设计要求、钻孔方法、机具设备条件和地层情况决定。不论采用何种清孔方法，在清孔排渣时，必须保持孔内水头，防止坍孔。

（3）清孔后，泥浆的相对密度宜控制在 1.03～1.10，对冲击成孔的桩可适当提高，但宜不超过 1.15，黏度宜为 17～20 Pa·s，含砂率宜小于 2%，胶体率宜大于 98%。孔底沉淀厚度应不大于设计的规定；设计未规定时，对桩径小于或等于 1.5 m 的摩擦桩宜不大于 200 mm，对桩径大于 1.5 m 或桩长大于 40 m 以及土质较差的摩擦桩宜不大于 300 mm，对支承桩宜不大于 50 mm。

（4）在吊入钢筋骨架后，灌注水下混凝土之前，应再次检查孔内泥浆的性能指标和孔底沉淀厚度，如超过规定，应进行第二次清孔，符合要求后方可灌注水下混凝土。

（5）不得采用加深钻孔深度的方式代替清孔。

（六）安装钢筋骨架

安装钢筋骨架时，不得直接将钢筋骨架支承在孔底，应将其吊挂在孔口的钢护筒上，或在孔口地面上设置扩大受力面积的装置进行吊挂，且不应采用钢丝绳或其他容易变形的材料进行吊挂。安装时应采取有效的定位措施，减小钢筋骨架中心与桩中心的偏位，使钢筋骨架的混凝土保护层满足要求。

（七）安设导管

水下混凝土宜采用钢导管灌注，导管内径宜为 200～350 mm。导管使用前应进行水密承压和接头抗拉试验，严禁采用压气试压。进行水密试验的水压应不小于孔内水深 1.3 倍的压力，也应不小于导管壁和焊缝可能承受灌注混凝土时最大内压力 p 的 1.3 倍，p 可按以下公式计算：

$$p=\gamma_c h_c-\gamma_w H_w$$

式中　p——导管可能受到的最大内压力，kPa；

γ_c——混凝土拌合物的重度，取 24 kN/m^3；

h_c——导管内混凝土柱最大高度，m，以导管全长或预计的最大高度计；

γ_w——桩孔内水或泥浆的重度，kN/m^3；

H_w——桩孔内水或泥浆的深度，m。

（八）灌注水下混凝土

水下混凝土的配制应符合下列规定。

（1）水泥可采用火山灰水泥、粉煤灰水泥、普通硅酸盐水泥或硅酸盐水泥，采用矿渣水泥时应采取防离析的措施；粗集料宜选用卵石，如采用碎石宜适当增加混凝土配合比中的含砂率，粗集料的最大粒径应不大于导管内径的 1/8～1/6 和钢筋最小净距的 1/4，同时应不大于 37.5 mm；细集料宜采用级配良好的中砂。

（2）混凝土的配合比，可在保证水下混凝土顺利灌注的条件下，按有关规定计算确定。掺用外加剂、粉煤灰等材料时，其技术条件及掺用量亦应符合相关规定。混凝土的初凝时间应根据气温、运距及灌注时间长短等因素确定，并满足现场使用要求。混凝土可经试验掺配适量缓凝剂。

（3）混凝土拌合物应具有良好的和易性，灌注时应能保持足够的流动性，坍落度宜为 160～220 mm，且应充分考虑气温、运距及施工时间的影响导致的坍落度损失。

灌注水下混凝土应符合下列规定。

(1) 水下混凝土的灌注时间不得超过首批混凝土的初凝时间。

(2) 混凝土运至灌注地点时，应检查其均匀性和坍落度等，不符合要求时不得使用。

(3) 首批灌注混凝土的数量应能满足导管首次埋置深度 1.0 m 以上的需要，所需混凝土数量可按以下公式计算：

$$V=\frac{\pi D^2}{4}(H_1+H_2)+\frac{\pi d^2}{4}h_1$$

式中 V——灌注首批混凝土所需数量，m^3；

D——桩孔直径，m；

H_1——桩孔底至导管底端间距，m，一般为 0.3～0.4 m；

H_2——导管初次埋置深度，m；

d——导管内径，m；

h_1——桩孔内混凝土达到埋置深度 H_2 时，导管内混凝土柱平衡导管外（或泥浆）压力所需的高度，m，即 $h_1=H_w\gamma_w/\gamma_c$。

(4) 首批混凝土入孔后，应连续灌注，不得中断。

(5) 在灌注过程中，应保持孔内的水头高度。导管的埋置深度宜控制在 2～6 m，并应随时测探桩孔内混凝土面的位置，及时调整导管埋深；在确保能将导管顺利提升的前提下，方可根据现场的实际情况适当放宽导管的埋深，但最大埋深应不超过 9 m。应将桩孔内溢出的水或泥浆引流至适当地点处理，不得随意排放。

(6) 灌注时应采取措施防止钢筋骨架上浮。当灌注的混凝土顶面距钢筋骨架底部以下 1 m 左右时，宜降低灌注速度；混凝土顶面上升到骨架底部 4 m 以上时，宜提升导管，使其底口高于骨架底部 2 m 以上后再恢复正常灌注速度。

(7) 对变截面桩，应在灌注过程中采取措施，保证变截面处的水下混凝土灌注密实。

(8) 采用全护筒钻机施工的桩在灌注水下混凝土时，护筒应随导管的提升逐步上拔，上拔过程中除应保证导管的埋置深度外，同时应使护筒底口始终保持在混凝土面以下。施工时应边灌注、边排水，并应保持护筒内的水位稳定。

(9) 混凝土灌注至桩顶部位时，应采取措施保持导管内的混凝土压力，避免桩顶泥浆密度过大而产生泥团或桩顶混凝土不密实、松散等现象；在灌注将近结束时，应核对混凝土的灌入数量，确定所测混凝土的灌注高度是否正确。灌注桩桩顶高程应比设计高程高出不小于 0.5 m，当存在地质条件较差、孔内泥浆密度过大、桩径较大等情况时，应适当提高其超灌的高度；超灌的多余部分在承台施工前或接桩前应凿除，凿除后的桩头应密实、无松散层，混凝土应达到设计规定的强度等级。

(10) 灌注中发生故障时，应尽快查明原因，确定合适的处置方案，进行处理。

➢ **知识链接：** 特殊地区钻孔灌注桩施工规定如下。

(1) 钻孔施工时，护筒底部宜进入不透水层；泥浆的密度可比一般地区所用泥浆密度稍大；并应加强对钻进过程和孔内泥浆面高程的检测，避免发生坍塌、埋钻等事故。

(2) 当发生漏浆及坍孔等问题时，应按应急预案及时进行补浆或回填，避免出现大面积坍塌，并应采取措施保证平台、钻机和施工人员的安全。

(3) 在山坡上进行钻孔灌注桩的施工时，应清除坡面上的危石和浮土；若坡面有裂缝或可能坍塌时，应采取必要的防护措施。

(4) 在砂性土或粉性土层较厚的地区，钻孔施工应采取防止地层液化、缩颈、坍孔的有效措施；在软土地区，应采取防止缩颈、坍孔的有效措施。

(5) 多年冻土地区的钻孔灌注桩施工，宜采用能减少对冻土层扰动的钻机成孔，且宜采用低温或负温早强耐久性混凝土。

(九) 灌注桩后压浆

灌注桩成桩后，通过预设在桩身内的压浆管，向桩底、桩侧压注水泥浆的方式称为灌注桩后压浆，其目的是增加桩的承载力，减少桩的沉降。此部分适用于灌注桩成桩后对桩底和桩侧进行后压浆的施工。

1. 一般要求

(1) 后压浆宜采用普通硅酸盐水泥，其强度等级宜不低于 42.5；压浆材料中可掺入适量的微膨胀剂、膨润土或减水剂等外加剂；后压浆所用水泥浆的配合比应经试验确定。

(2) 后压浆所用的压浆管应符合设计规定。设计未规定时，宜采用低压液体输送管或其他适宜的材料制作，低压液体输送管的质量应符合现行《低压流体输送用焊接钢管》(GB/T 3091—2015) 的规定；当桩内有声测管时，可利用其兼作压浆管。压浆管的内径宜为 25～38 mm，壁厚宜不小于 2.5 mm。

(3) 压浆阀应能承受至少 1 MPa 的静水压力，并应具有逆止的功能，其外部的保护层应能抵抗砂、石等或其他硬物的刮碰而不致受损。

2. 后压浆设备

(1) 浆液搅拌机的转速宜大于 1 000 r/min，其容量应与额定压浆流量相匹配，并应在浆液的出口处或储浆桶的入口处设置滤网。

(2) 储浆桶的容量宜根据压浆流量的大小和其他施工条件综合考虑确定。

(3) 压浆泵的额定压力宜为 6～12 MPa，且应大于施工要求压浆终止压力的 1.5 倍；额定流量宜为 30～100 L/min。压浆泵应配备有压力表和流量计，并应具有自动计量、实时显示和实时传输的功能，压力表的量程宜为额定泵压的 1.5～2.0 倍。

(4) 压浆设备宜配备必要的备用件。

3. 压浆管路布设

压浆管路的布设应符合设计要求，设计未要求时应符合下列规定。

(1) 位于地面的压浆管路输送系统应具有良好的密封性，输送管应采用能承受 2 倍以上最大压浆压力的高压胶管或无缝钢管，其长度应不大于 50 m。采用开式压浆时，输送管与桩内压浆管的连接处应设泄压阀；采用闭式压浆时，输送管与桩内压浆管的连接处应设止浆阀。

➤ **知识链接：**“开式压浆”是指水泥浆通过压浆管直接注入桩底或其他需要补强的部位，并与桩底沉渣、周围土体混合的压浆方式。“闭式压浆”是指将预制的弹性良好的腔体或压力注浆室随钢筋骨架放入灌注桩孔底，灌注水下混凝土成桩后，在压力作用下将水泥浆注入腔体内；随着压浆压力和压浆量的增加，弹性腔体逐渐膨胀、扩张，在桩底土层中形成浆泡；然后浆泡逐渐扩大，压密桩底的沉渣和土体，取代或置换部分桩底土层的压浆方式。

(2) 位于灌注桩内的压浆管及其压浆阀应沿灌注桩钢筋骨架的圆周均匀布置，其布置应能保证压浆的均匀性。

(3) 桩底后压浆时，对直径小于 1 200 mm 的桩，宜布置 2 根压浆管；直径大于或等于 1 200 mm、小于 2 500 mm 的桩，宜布置 3 根压浆管；直径大于或等于 2 500 mm 的桩，宜布置 4 根压浆管。压浆阀宜布设在压浆管的底部。压浆管底部进入桩底土层的深度宜根据不同类别土确定，对黏性土、粉土和砂土层宜不小于 100 mm；对碎石土和全风化、强风化岩层宜不小于 50 mm；桩基持力层为较软弱土层或桩底沉渣较厚时宜适当加深，持力层强度较高时可适当减小进入的深度。

(4) 桩侧后压浆时，可在距离桩顶 8 m 以下、桩底 5～15 m 以上，每隔 5～12 m 设置一处压浆阀。当桩侧有粗粒土层时，压浆阀宜位于该土层底面以下 0.5 m 处；对采取干作业方式成孔的灌注桩，压浆阀宜设于粗粒土层的中部。

(5) 桩侧后压浆时，压浆管弧形部分的外切圆直径应大于桩孔直径 200 mm。对直径小于 2 500 mm 的桩，压浆管与桩孔壁接触的压浆点宜不少于 4 个；对直径大于或等于 2 500 mm 的桩，宜随桩径的增大而适当增加压浆点的数量。

(6) 压浆管应固定在灌注桩钢筋骨架上并随其一起下放，安装时应保证其固定牢靠。管的接头处应密封，不漏水。

4. 灌注桩后压浆施工

(1) 桩身混凝土灌注后应及时采用高压水冲洗压浆管，打开压浆阀，疏通压浆通道。

(2) 压浆作业应在桩身混凝土达到设计强度等级的 75%后，且桩身的无损检测合格后方可进行。正式压浆前，宜选取至少一根桩做压浆工艺试验，获得相关的经验参数后再进行大面积施工。

(3) 对群桩基础的桩实施压浆作业时，宜按先周边、后中间的顺序，且宜按对称、间隔的原则依次进行。

(4) 采取桩底和桩侧组合方式压浆时，应按先桩侧、后桩底的顺序进行。在桩的多个断面实施桩侧压浆时，应按先上、后下的顺序进行。

(5) 在压浆施工的影响范围内，不得同时进行其他灌注桩的施工作业。压浆作业与其他灌注桩作业点的距离宜不小于 10 m 或 10 倍桩径。

(6) 拌制浆液时，应先加水，然后加入外加剂，混合均匀后再加入水泥进行充分搅拌。浆液搅拌的时间应不少于 3 min，拌制好的浆液应具有良好的流动性，不离析、不沉淀。

(7) 压浆时，宜遵循“细流慢注”的原则，最大压浆流量宜不超过 100 L/min。同一根桩中的全部压浆管宜同时均匀压入水泥浆，并应随时监测桩顶的位移和桩周土层的变化情况。

(8) 桩底压浆时，对同一根桩的压浆宜分 3 次进行，且宜依次按 40%、40%、20%的压浆量循环等量压入。

(9) 采用 U 形管法压浆时，每次循环压浆完成后，应立即采用清水将压浆软管清洗干净，再关闭阀门；压浆停顿时间超过 30 min，应对管路进行清洗。压浆完成后，应在阀门关闭 40 min 后，方可拆卸阀门。

(10) 对多根桩进行压浆时，各桩压浆的间隔时间宜不少于 2 h。

(11) 压浆作业时，实际的压浆压力应小于控制压力。

(12) 灌注桩后压浆的施工应记录压浆的起止时间、压浆量、压浆流量、压浆压力及桩的上抬量等参数。

5. 灌注桩后压浆施工控制

(1) 宜采用压浆量与压力双控，以压浆量控制为主，压力控制为辅。

(2) 压浆量和压浆压力均应按单个回路或单个管路分别控制。

(3) 符合下列条件之一时，可终止压浆。

①压浆量满足设计要求，同时压浆的平均压力达到设计要求的终止压力并持荷 5 min。

②压浆量满足设计要求，但压浆的平均压力未达到设计要求的终止压力，在大于或等于 0.8 倍设计要求终止压力的情况下，增加压浆量至 120%后。

③压浆量满足设计要求，但压浆的平均压力未达到设计要求的终止压力，在小于 0.8 倍设计要求终止压力的情况下，增加压浆量至 150%后。

④压浆的平均压力大于设计要求的终止压力，当压浆总量大于设计要求的80%时。

(4) 当一根桩中某一压浆管的压浆量达不到设计要求，而压力值过大无法继续正常压浆时，其不足的量可通过该桩中的其他压浆管均匀分配压入。

在后压浆的施工过程中，应对其各项工艺参数进行检查，当压浆量或压浆压力等主要参数达不到设计要求值时，应根据工程的具体情况采取相应措施进行处置。

二、挖孔灌注桩

(一) 适用条件

在无地下水或有少量地下水且较密实的土层或风化岩层中，或无法采用机械成孔或机械成孔非常困难且水文、地质条件允许的地区，可采用人工挖孔施工；岩溶地区和采空区不宜采用人工挖孔施工；孔内空气污染物超过现行《环境空气质量标准》(GB 3095—2012) 规定的三级标准浓度限值，且无通风措施时，不得采用人工挖孔施工；桩径或最小边宽度小于1 200 mm时不得采用人工挖孔施工。

(二) 人工挖孔施工

(1) 施工前应编制专项施工方案，并应对作业人员进行安全技术交底。

(2) 挖孔作业前，应详细了解地质、地下水文等情况，不得盲目施工。

(3) 桩孔内的作业人员必须戴安全帽、系安全带，人员上下时必须系安全绳。

(4) 桩孔内应设防水带罩灯泡照明，电压应为安全电压，电缆应为防水绝缘电缆，并应设置漏电保护器。当需要设置水泵、电钻等动力设备时，应严格接地。

(5) 人工挖孔作业时，应始终保持孔内空气质量符合相关规定。孔深大于10 m或空气质量不符合要求时，孔内作业必须采取机械强制通风措施。

(6) 桩孔内遇岩层需爆破作业时，应进行爆破的专门设计，且宜采用浅眼松动爆破法，并应严格控制炸药用量，在炮眼附近应对孔壁加强防护或支护。孔深大于5 m时，必须采用导爆索或电雷管引爆。桩孔内爆破后应先通风排烟15 min并经检查确认无有害气体后，施工人员方可进入孔内继续作业。爆破作业的安全管理应符合现行《爆破安全规程》(GB 6722—2014) 的有关规定。

(三) 挖孔桩施工

(1) 人工挖孔施工应根据工程地质和水文地质情况，因地制宜选择孔壁支护方式。

(2) 孔口处应设置高出地面不小于300 mm的护圈，并应设置临时排水沟，防止地表水流入孔内。

(3) 挖孔施工时相邻两桩孔不得同时开挖，宜间隔交错跳挖。

(4) 采用混凝土护壁支护的桩孔，护壁混凝土的强度等级，当桩径小于或等于1.5 m时应不小于C25，桩径大于1.5 m时应不小于C30。挖孔作业时必须挖一节浇筑一节护壁，护壁的节段高度必须严格按专项施工方案执行，严禁只挖不及时浇筑护壁的冒险作业。护壁外侧与孔壁间应填实，不密实或有空洞时，应采取措施进行处理。

(5) 桩孔直径应符合设计规定，孔壁支护不得占用桩径尺寸。挖孔过程中，应经常检查桩孔尺寸、平面位置和竖轴线倾斜情况，如偏差超出规定范围应随时纠正。

(6) 挖孔的弃土应及时转运，孔口四周作业范围内不得堆积弃土及其他杂物。

(7) 挖孔达到设计高程并经确认后，应将孔底的松渣、杂物和沉淀泥土等清除干净。当孔底地质条件复杂且与设计条件不符时，应进一步探明孔底以下的地质能否满足设计要求，并采取适当的处置措施。

(8) 孔内无积水时，混凝土的灌注可按有关规定进行干施工；孔内有积水且无法排净

第三章

时，宜按水下混凝土灌注的要求施工。

（四）成桩检验

灌注桩的混凝土质量检验应符合下列规定。

（1）桩身混凝土和后压浆中水泥浆的抗压强度应符合设计规定。每桩的试件取样组数、混凝土和水泥浆的检验要求均应符合现行《公路工程质量检验评定标准 第一册 土建工程》（JTG F80/1—2017）的规定。

（2）对桩身的完整性进行检验时，检测的数量和方法应符合设计或合同的规定。宜选择有代表性的桩采用无破损法进行检测，重要工程或重要部位的桩宜逐桩进行检测；设计有规定或对无破损法检测和桩的质量有疑问时，应采用钻取芯样法对桩进行检测；当需检验柱桩的桩底沉淀与地层的结合情况时，其芯样应钻至桩底 0.5 m 以下。

（3）经检验桩身质量不符合要求时，应研究处理方案，报批处理。

三、沉入桩

此部分内容适用于预制钢筋混凝土桩、预应力混凝土桩和钢管桩等的施工。沉入桩施工包括桩的制作、吊运、存放与运输，试桩与桩基承载力，沉桩等。此处主要介绍沉桩施工相关规定。

（一）一般规定

沉桩前应在陆域或水域建立平面测量与高程测量的控制网点，桩基础轴线的测量定位点应设置在不受沉桩作业影响处；应根据桩的类型、地质条件、水文条件及施工环境条件等确定沉桩的方法和机具，并应对地上和地下的障碍物进行妥善处理。

沉桩顺序宜由一端向另一端进行，当基础尺寸较大时，宜由中间向两端或四周进行；如桩埋置有深浅，宜先沉深的，后沉浅的；在斜坡地带，应先沉坡顶的，后沉坡脚的。在桩的沉入过程中，应始终保持锤、桩帽和桩身在同一轴线上。

桩的连接应符合设计要求，并应符合下列规定。

（1）在同一墩、台的桩基中，同一水平面内的桩接头数不得超过基桩总数的 1/4，但采用法兰盘按等强度设计的接头，可不受此限制。

（2）接桩时，应保持各节桩的轴线在同一直线上，接好后应进行检查，符合要求方可进行下道工序。

（3）接桩可采用焊接或法兰盘连接。当采用焊接连接时，焊接应牢固，位置应准确；采用法兰盘接桩时，法兰盘的结合处应密贴，法兰螺栓应对称逐个拧紧，并加设弹簧垫圈或加焊，锤击时应采取有效措施防止螺栓松动。

（4）在宽阔水域沉设的大直径管桩和钢管桩，宜在厂内制作时按设计桩长拼接成整根，不宜在现场连接接长；必须在现场连接时，每根桩的接头数不得超过 1 个。

（二）锤击沉桩施工

（1）预制钢筋混凝土桩和预应力混凝土桩在锤击沉桩前，桩身混凝土强度应达到设计要求。

（2）桩锤的选择宜根据地质条件、桩身结构强度、单桩承载力、锤的性能并结合试桩情况确定，且宜选用液压锤和柴油锤。其他辅助装备应与所选用的桩锤相匹配。

（3）开始沉桩时，宜采用较低落距，且桩锤、送桩与桩宜保持在同一轴线上；在锤击过程中，应采用重锤低击。

（4）沉桩过程中，若遇到贯入度剧变，桩身突然发生倾斜、移位或有严重回弹，桩顶出现严重裂缝、破碎，桩身开裂等情况时，应暂停沉桩，查明原因，采取有效措施后方可继续沉桩。

（5）锤击沉桩应考虑锤击振动对其他新浇筑混凝土结构物的影响，当结构物混凝土强度未达到 5 MPa 时，距结构物 30 m 范围内，不得进行沉桩；锤击能量超过 280 kN・m 时，应适当加大沉桩处与结构物的距离。

（6）锤击沉桩控制，应根据地质情况、设计承载力、锤型、桩型和桩长综合考虑，并应符合表 3-4-3 规定。

表 3-4-3　锤击沉桩控制相关规定

项目	相关规定
一般黏性土	高程控制
砾石、密实砂土或风化岩	①贯入度控制； ②达到控制贯入度，而桩端未达到设计高程时，应继续锤击贯入 100 mm 或锤击 30～50 击，且桩端距设计高程宜不超过 1～3 m
硬塑状黏性土或粉细砂	①以高程控制为主，贯入度作为校核； ②桩尖已达到设计高程而贯入度仍较大时，应继续锤击使其贯入度接近控制贯入度

对发生“假极限”“吸入”“上浮”现象的桩，应进行复打。

（三）振动沉桩施工

（1）振动沉桩在选锤或换锤时，应验算振动上拔力对桩身结构的影响。振动沉桩机、机座、桩帽应连接牢固，与桩的中心轴线应保持在同一直线上。

（2）开始沉桩时，宜利用桩自重下沉或射水下沉，待桩身入土达一定深度确认稳定后，再采用振动下沉。每一根桩的沉桩作业，宜一次完成，不宜中途停顿过久，避免土的阻力恢复，使继续下沉困难。

（3）振动沉桩时，应以设计规定的或通过试桩验证的桩尖高程控制为主，以最终贯入度（mm/min）作为校核。当桩尖已达到设计高程，而与最终的贯入度相差较大时，应查明原因，会同监理和设计单位研究处理。

（4）在沉桩过程中，如发生类似上述“（二）锤击沉桩施工”第（4）项中的情况，或振动沉桩机的振幅有异常现象时，应立即暂停沉桩，查明原因，采取有效措施后再恢复施工。

（四）射水沉桩施工

（1）在砂类土层、碎石类土层中，锤击沉桩困难时，可采用射水锤击沉桩，以射水为主，锤击配合；在黏性土、粉土中采用射水锤击沉桩时，应以锤击为主，射水配合；在湿陷性黄土中采用射水沉桩时，应按设计要求进行。

（2）射水锤击沉桩时，应根据土质情况随时调节射水压力，控制沉桩速度。当桩尖接近设计高程时，应停止射水，改用锤击，保证桩的承载力。停止射水的桩尖高程，可根据沉桩试验确定的数据及施工情况决定，当缺乏资料时，距设计高程不得小于 2 m。

（3）钢筋混凝土桩或预应力混凝土桩采用射水配合锤击沉桩时，宜采用较低落距锤击。

（4）采用中心射水法沉桩时，应在桩垫和桩帽上留有排水通道；采用侧面射水法沉桩时，射水管应对称设置。

（5）采用射水锤击沉桩后，应及时与邻桩或稳定结构夹紧固定，防止桩倾斜位移。

（五）水上沉桩施工

（1）水上沉桩应根据地形、水深、风向、水流和船舶性能等具体情况，充分利用有利条件，使沉桩施工能正常进行。沉桩应根据水上施工的特点采取有效措施，保证作业安全。

（2）在浅水中沉桩，可采用设置筑岛围堰或固定平台等方法进行施工；在深水或有潮汐影响的水域沉桩，宜采用打桩船施打，在宽阔水域宜采用具有卫星测量定位功能的打桩船；在风浪条件恶劣的深水水域，宜采用自升式平台进行施工。

（3）沉桩应设置导向设施，防止桩发生偏移或倾倒。若桩的自由长度较大，应适当增设支点。

（4）已沉好的水中桩，应及时采用钢制杆件夹桩，将相邻桩连成一体加以防护，并应在水面设置标志。严禁在已沉好的桩上系缆。

（六）钢管桩沉桩施工

（1）钢管桩锤击沉桩时，锤的选择除应符合相关规定外，尚应考虑钢管桩桩尖形式的影响因素。沉入封闭式桩尖的钢管桩时，应采取必要措施防止其上浮；在砂土中沉入开口或半封闭桩尖的钢管桩时，应防止管涌。

（2）环境温度在−10 ℃以下时，应暂停钢管桩锤击沉桩和焊接接桩施工。

实战演练

[2023 真题 · 单选] 钻孔灌注桩施工中，适用于淤泥质土钻孔的钻机是（　　）。

A. 冲抓钻机　　B. 螺旋钻机

C. 冲击钻机　　D. 旋挖钻机

[解析] 旋挖钻机一般适用于黏土、粉土、砂土、淤泥质土、人工回填土及含有部分卵石、碎石的地层。

[答案] D

[2022 真题 · 案例节选]

背景资料：

某施工单位承建一座平原区跨河桥梁，主桥上部结构为（70＋120＋120＋70）m 的连续箱梁，对应的桥墩编号依次为 0#、1#、2#、3#、4#。0#桥墩和 4#桥墩位于河滩岸上，基础均由 4 根长 40 m、直径 2.0 m 的桩基础和方形承台组成，桩基础穿越的地层从上至下依次为黏土、砂土、砂卵石、强风化砂岩及弱风化砂岩……

施工过程中发生了如下事件。

事件一：基于 0#桥墩位于岸上且地质情况较好的实际情况，施工单位将原桩基础的冲击钻孔工艺改为人工挖孔工艺，监理单位依据《公路水运工程淘汰落后工艺、设备、材料目录》的相关规定制止了施工单位的做法。

事件二：第一根桩成孔验收合格后，施工单位按照规定安装了钢筋笼，利用氧气瓶对灌注水下混凝土的导管进行试压，被监理制止。之后，施工单位规范了导管的检验方法，对导管进行了 C 和 D 试验，未发现异常。

事件三：第一根桩首批混凝土灌注顺利，当混凝土正常灌注至 20 m 桩长位置时，导管顶部往下 2～3 m 位置发生堵管，经取样测得混凝土坍落度为 26 cm，及时采用型钢冲散堵管混凝土，后续混凝土灌注未发生异常。

[问题]

3. 写出事件二中 C、D 的具体内容。

4. 写出事件三中处理导管堵管的另一种方法，并从坍落度的角度分析导管堵管的原因。

[答案]

3. C——水密承压试验。D——接头抗拉试验。（C、D 内容可互换）

4.（1）处理导管堵管的另一种方法：可以迅速提出导管，用高压水冲掉堵管混凝土后，重新放入导管浇筑混凝土，或者采用拔插抖动导管的方法疏通导管，但要注意不能将导管口拔出混凝土面。或者在导管上固定附着式振捣器进行振动来疏通导管内的混凝土。

（2）从坍落度的角度分析导管堵管的原因：钻孔灌注桩混凝土的坍落度要求在16～22 cm，而事件三中混凝土坍落度为26 cm，坍落度过大，混凝土和易性差，容易离析，导致堵管。

知识点 2　沉井施工

沉井是指通过将井筒（通常为钢筋混凝土或钢结构）沉入水中或土层中，利用其自重穿透土层，并作为桥梁或其他结构的基础来支撑上部的结构。沉井的施工通常用于河流或其他水域中需要桥梁基础的地方。

根据《公路桥涵施工技术规范》（JTG/T 3650—2020），沉井施工的相关规定如下。

一、一般规定

沉井施工前，应根据设计文件提供的工程地质和水文地质资料及现场的实际情况决定是否补充地质钻探，并应对洪汛、凌汛、河床冲淤变化、通航及漂流物等进行调查，制订专项施工方案。需要在施工中度汛、度凌的沉井，应制订防护措施，保证安全。对水中特大型沉井的施工，应在施工前进行河床冲淤变化的数学模型分析计算，必要时应进行物理模型的模拟试验。沉井下沉前，应对周边的堤防、建筑物和施工设备采取有效的防护措施，并应在下沉过程中对其沉降及位移进行监测。

二、沉井制作

沉井位于浅水或可能被水淹没的岸滩上时，宜就地筑岛制作；位于无水的陆地时，若地基承载力满足设计要求，可就地整平夯实形成平台制作，地基承载力不足时应对地基采取加固措施；在地下水位较低的岸滩，土质较好时，可在开挖后的基坑内制作。

制作沉井的岛面、平台面和开挖基坑的坑底高程，应比施工期可能的最高水位（包括波浪影响）高出0.5～0.7 m；有流冰时，应再适当加高。

（一）水中筑岛

（1）筑岛的尺寸应满足沉井制作及抽垫等施工的要求，对无围堰的筑岛，应在沉井周围设置不小于1.5 m宽的护道。

（2）筑岛材料应采用透水性好、易于压实的砂性土或碎石土等，且不应含有影响岛体受力及抽垫下沉的块体。在斜坡上筑岛时应进行设计计算，并应有抗滑措施；在淤泥等软土上筑岛时，应将软土挖除，换填或采取其他加固措施。

（3）岛面及地基承载力应满足设计要求；无围堰筑岛的临水面坡度宜为1∶1.75～1∶3。在施工期内，应采取必要的防护措施保证岛体的稳定，坡面、坡脚不应被水冲刷损坏。

（二）沉井底节制作

在支垫上立模制作钢筋混凝土沉井底节时，应符合下列规定。

（1）支垫的布置应满足设计要求并应使抽垫方便。支垫顶面应与钢刃脚底面紧贴，应使沉井重力均匀分布于各支垫上。模板及支撑应具有足够的强度和刚度。内隔墙与井壁连接处的支垫应连成整体，底模应支承于支垫上，并应防止不均匀沉陷；外模应平直且光滑。

（2）沉井的混凝土强度满足抽垫后受力的要求时方可将支垫抽除。支垫应分区、依次、对称、同步地向沉井外抽出，并应随抽随用砂土回填捣实；抽垫时应防止沉井偏斜。定位支点处的支垫，应按设计要求的顺序尽快抽出。

沉井的分节制作高度，应能保证其稳定，且有适当重力便于顺利下沉。底节沉井的最小高度，应能抵抗拆除支垫后的竖向挠曲，土质条件许可时，可适当增加高度。混凝土浇筑前应检查沉井纵、横向中轴线位置是否符合设计要求。

（三）钢沉井制作

（1）钢沉井宜在工厂内加工，并应根据设计文件编制制造工艺，绘制加工图和拼装图。

（2）钢沉井的分段、分块吊装单元应在胎架上组装、施焊。

（3）首节钢沉井应在坚固的台座上或支垫上进行整体拼装，台座表面的高度误差应小于4 mm，并应有足够的承载能力，在拼装过程中不得发生不均匀沉降。

（四）浮式沉井制作

位于深水中的沉井，宜采用浮式沉井。浮式沉井的制作应根据沉井规模、河岸地形、设备条件等，进行技术经济比较，确定制作场地及下水方案。在浮船上或支架平台上制作沉井时，浮船、支架平台的承载力应满足制作的要求。

三、浮运、定位与着床

（一）准备工作

沉井在浮运前应进行下列准备工作。

（1）应制订专项施工方案，并应对沉井的定位系统以及浮运、就位的稳定性进行验算；当沉井的实际重力与设计重力不符时，应对其重新进行验算。各类浮式沉井在下水、浮运前，均应进行水密性检查，对底节尚应根据其工作压力进行水压试验，合格后方可下水。

（2）应根据浮运沉井的具体情况确定相应的浮运设备，浮运前应对拖运、定位、导向、锚碇、潜水、起吊及排、灌水等相关设备设施进行检查。

（3）应掌握水文、气象和航运等情况，并应与海事或航道管理部门取得联系、配合，必要时宜在浮运及定位施工过程中进行航道管制。

浮式沉井的底节可采用滑道、气囊、干坞或直接起吊等方法下水。入水后，对其悬浮接高时的初步定位位置，应根据下水方法、沉井的结构形式、环境条件等情况综合分析确定。

（二）浮运、定位

（1）沉井的浮运宜在气象和水文条件有利于施工时，以拖轮拖运或绞车牵引进行。对水深和流速大的河流，可在沉井两侧设置导向船增加其稳定性。在浮运、定位的任何时间内，沉井露出水面的高度应不小于1.5 m。

（2）定位前应对所有缆绳、锚链、锚碇和导向设备进行检查调整，使定位工作能顺利进行，并应考虑水位涨落时对锚碇的影响。布置锚碇体系时，应使锚绳受力均匀，并应采取适当措施避免导向船和沉井产生过大摆动或折断锚绳。

（三）着床

浮式沉井在水中着床时，除应充分考虑风力、浮力、水流压力、波浪力、冰压力等对沉井的作用外，尚应符合下列规定。

（1）沉井准确定位并接高后，应向井壁腔格内对称、均衡地灌水，使沉井迅速落至河（海）床着床。

（2）应随时监测由于沉井水中下沉的阻力和压缩流水断面后引起流速增大而造成的河（海）床局部冲刷及因冲淤引起的河（海）床高差，必要时可在沉井位置处采用卵、碎石垫填整平，增加沉井着床后的稳定；或在着床后利用沉井外弃土进行调整，但弃土应避免对沉井形成偏压。

四、下沉与接高

应根据水文、地质情况和沉井的结构特点确定其下沉的施工方法，并应按下沉的不同工况进行必要的验算。沉井的下沉应符合下列规定。

（1）宜采用不排水的方式除土下沉；在稳定的土层中，可采用排水方式除土下沉，但应有安全措施，防止发生事故。

（2）下沉过程中，宜对下沉的状况进行信息化管理，应随时掌握土层情况，进行下沉的监测和控制，及时分析和检验土的阻力与沉井重力的关系，采取最有利的下沉措施。下沉困难时，可采用空气幕、泥浆润滑套、井外高压射水、压重或接高沉井等方法助沉。

（3）正常下沉时，应自井孔中间向刃脚处均匀对称除土。采取排水除土下沉的底节沉井，对设计支承位置处的土，应在分层除土中最后同时挖除；由数个井室组成的沉井，应控制各井室之间除土面的高差，使下沉不发生倾斜，并应避免内隔墙底部在下沉时受到下面土层的顶托。采用吸泥吹砂等方法下沉时，必须备有向井内补水的设施，应保持井内外的水位平衡或井内水位略高于井外水位；吸泥吹砂在井内应均匀进行，应防止局部吸吹过深导致沉井的偏斜。

（4）下沉时应随时进行纠偏，保持竖直下沉，每下沉 1 m 至少应检查 1 次；当沉井出现倾斜时，应及时校正。下沉至设计高程以上 2 m 左右时，应适当放慢下沉速度并控制井内的除土量和除土位置，使沉井能平稳下沉，准确到位。

（5）特大型沉井在下沉时，宜对沉井井壁的中心点进行高程监测。

沉井的接高应符合下列规定。

（1）接高前应将沉井的倾斜纠正到允许偏差范围内，接高各节的竖向中轴线应与前一节的中轴线重合。

（2）水中沉井着床前的接高应均匀、对称地进行，并应采取措施防止沉井在悬浮状态接高过程中发生倾斜。

（3）对水中沉井着床后的接高，应结合沉井下沉所需要的重力确定接高的适宜高度，并不得提前将刃脚下部的土层掏空。

（4）陆上沉井在地面上接高时，井顶露出地面应不小于 0.5 m；水中沉井在水上接高时，井顶露出水面应不小于 1.5 m。

沉井下沉到倾斜岩层上时，沉井刃脚的 2/3 以上宜嵌搁在岩层上，嵌入深度最小处宜不小于 0.25 m，其余未到岩层的刃脚部分，可采用袋装混凝土等填塞缺口。对刃脚以内井底岩层的倾斜面，应凿成台阶或榫槽后再清渣封底。当必须采用爆破方法清除岩层时，爆破作业应符合现行《爆破安全规程》（GB 6722—2014）的规定。

五、基底检验与沉井封底

沉井下沉至设计高程后，应检验基底的地质情况是否与设计相符。不排水下沉的沉井基底面应整平，基底为岩层时，岩面残留物应清除干净，清理后的有效面积不得小于设计要求，岩面倾斜时的处理应符合相关规定；排水下沉沉井的基底处理应符合相关规定。井壁隔墙及刃脚与封底混凝土接触面处的泥污也应清除干净。对下沉至设计高程后的沉井尚应进行沉降观测，沉降稳定且满足设计要求后方可封底。

沉井基底检验合格及沉降稳定后，应及时封底。不排水下沉的沉井应采用水下混凝土进行封底；对排水下沉的沉井，基底渗水的上升速度不大于 6 mm/min 时，可按普通混凝土的浇筑方法进行封底，但应设置引流排水设施，及时排除明水，且应采取可靠措施使混凝土强度在达到 5 MPa 前不受到压力水的作用；渗水上升速度大于上述规定时，宜采用水下混凝土进行封底。沉井的封底设计为水下压浆混凝土时，应按设计要求施工。

沉井的水下混凝土封底宜全断面一次连续灌注完成；对特大型沉井，可划分区域进行封底，但任一区域的封底工作应一次连续灌注完成。

采用刚性导管法进行水下混凝土封底时，应符合下列规定。

（1）封底混凝土的原材料、配合比等可按钻孔灌注桩水下混凝土的相关规定执行。每根导管开始灌注时所用的混凝土坍落度宜采用下限，首批混凝土需要数量应通过计算确定。

（2）灌注封底水下混凝土时，需要的导管间隔及根数，应根据导管作用半径及封底面积确定。采用多根导管灌注时，其灌注的顺序应进行专门设计，并应采取有效措施防止发生混凝土夹层；若同时灌注，当基底不平时，应逐步使混凝土保持大致相同的高程。

（3）在灌注过程中，导管应随混凝土面升高而逐步提升，导管的埋深宜与导管内混凝土下落深度相适应，且宜不小于表 3-4-4 的规定；采用多根导管灌注时，导管的埋深宜不小于表 3-4-5 的规定。同时应根据混凝土的堆高和扩展情况，调整坍落度和导管埋深，使每盘混凝土灌注后形成适宜的堆高和不陡于 1∶5 的流动坡度。抽拔导管时应防止导管进水。

（4）水下混凝土面的最终灌注高度，应比设计值高出 150 mm 以上。

表 3-4-4　不同灌注深度导管的最小埋深　　单位：m

灌注深度	≤10	11～15	16～20	＞20
导管最小埋深	0.6～0.8	1.1	1.3	1.5

表 3-4-5　导管不同间距的最小埋深　　单位：m

导管间距	≤5	6	7	8
导管最小埋深	0.6～0.9	0.9～1.2	1.2～1.4	1.3～1.6

封底混凝土在灌注过程中发生事故或对封底施工的质量有疑问时，应对其进行检查鉴定，必要时可钻孔取芯检验。

封底混凝土应在强度满足设计要求后方可进行井内抽水，进行下一道工序。

实战演练

［经典例题·单选］下列关于沉井施工基本要求的说法，错误的是（　　）。

A. 沉井下沉宜采用不排水的方式除土下沉

B. 下沉困难时，可采用空气幕、泥浆润滑套、井外高压射水、压重或接高沉井等方法助沉

C. 正常下沉时，应自井孔中间向刃脚处均匀对称除土

D. 所有沉井阶段接高完成后，再整体纠正沉井的倾斜

［解析］选项 D 错误，下沉时应随时进行纠偏，保持竖直下沉，每下沉 1 m 至少应检查 1 次；当沉井出现倾斜时，应及时校正。

［答案］D

知识点 3　地下连续墙施工

地下连续墙是一种在桥梁施工和其他地下工程中常用的，由多个连续、密闭的混凝土墙体构成的基础结构，用于支撑周围土体、抵抗水压或提供必要的隔离功能。地下连续墙施工工艺流程如图 3-4-2 所示。

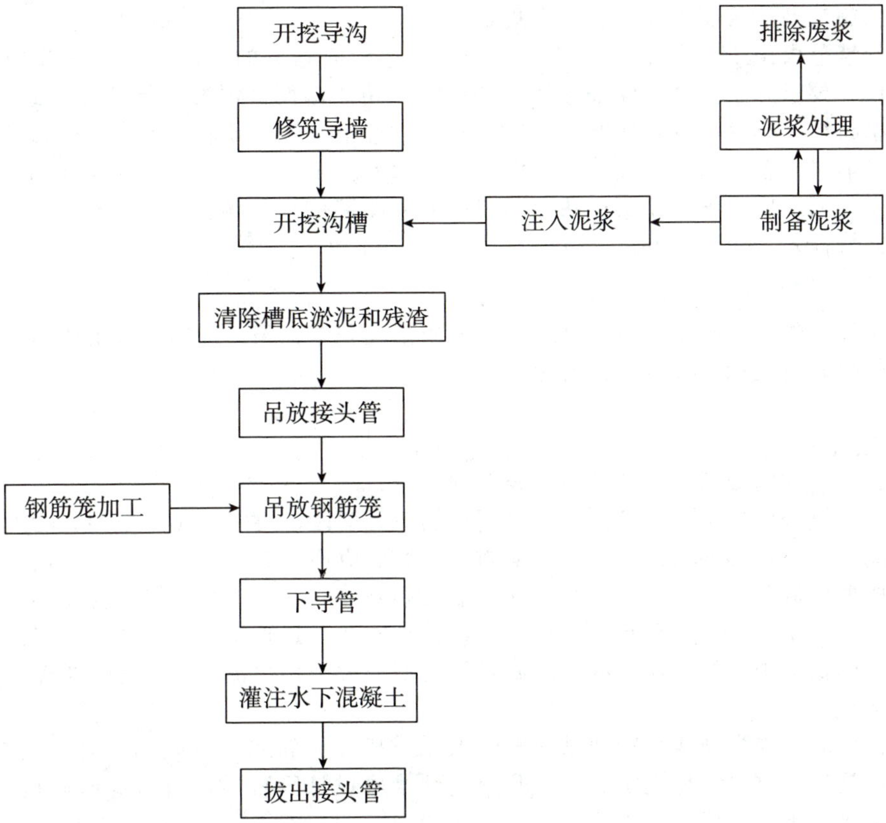

图 3-4-2　地下连续墙施工工艺流程

根据《公路桥涵施工技术规范》（JTG/T 3650—2020），地下连续墙施工的相关规定如下。

一、一般规定

地下连续墙工程施工前，应具备水文、地质、区域内障碍物和有关试验等资料，必要时应补充地质勘察，并应制订专项施工方案。

在堤防等水利、防洪设施及其他既有构筑物周边进行地下连续墙工程施工时，应就施工可能会导致对其不利的影响进行评估，必要时应采取有效措施进行保护。

二、施工平台与导墙

施工平台应坚固、平整，适合于重型设备和运输车辆通行，平面尺寸及高度应满足施工需要。

采用泥浆护壁挖槽构成的地下连续墙应先构筑导墙。导墙的材料、平面位置、形式、埋置深度、墙体厚度、顶面高程应符合设计要求；设计未要求时，应符合下列规定。

（1）导墙宜采用钢筋混凝土构筑，混凝土强度等级宜不低于 C20。导墙的形式根据土质情况可采用板墙形、匚形或倒 L 形，墙体的厚度应满足施工需要。

（2）导墙的平面轴线应与地下连续墙轴线平行，两导墙的内侧间距宜比地下连续墙墙体的厚度大 40～60 mm。导墙应每隔 1～1.5 m 距离设置一道支撑。

（3）导墙底端埋入土内的深度宜大于 1 m；基底土层应夯实，地基土较松散或较软弱时，构筑导墙前应采取加固措施；导墙顶端应高出地面，遇地下水位较高时，导墙顶端应高于稳定后的地下水位 1.5 m 以上。

导墙的施工及质量要求应符合下列规定。

(1) 导墙分段施工时，段落的划分应与地下连续墙划分的节段错开。安装预制导墙块时，应按设计要求施工，并应保证连接处的质量，防止渗漏。混凝土导墙在浇筑及养护时，应避免重型机械、车辆在附近作业和行驶。施工过程中，应对导墙的沉降和位移进行监测。

(2) 导墙平面轴线与地下连续墙平面轴线的偏差应不大于 10 mm；导墙内墙面应竖直，顶面应水平，墙后应回填并压实；两导墙内墙面间距离的允许偏差为－5～20 mm；导墙顶面高程的允许偏差为±10 mm。

三、地下连续墙施工要求

地下连续墙的槽孔施工，应根据水文、地质情况和施工条件选用能满足成槽要求的机具与设备，必要时可选用多种设备组合施工。

(一) 槽孔开挖

1. 开挖规定

槽壁式地下连续墙的槽孔开挖应符合下列规定。

(1) 槽孔宜分段施工，开挖前应按已划分的单元槽段，决定各段开挖的先后次序，且相邻槽孔之间应留有足够的安全距离。挖槽施工开始后应连续进行，直到槽段完成。

(2) 成槽机械开挖一定深度后，应立即输入调制好的泥浆，并宜保持槽内的泥浆面不低于导墙顶面 300 mm。挖掘的槽壁及接头处应保持竖直，其倾斜率应不大于 0.5%；接头处相邻两槽段的挖槽中心线在任一深度的偏差值均不得大于墙厚的 1/3；槽底高程不得高于墙底的设计高程。

(3) 挖槽时应加强观测，如遇槽壁发生坍塌或槽孔偏斜超过允许偏差时，应查明原因，采取相应措施后，方可继续施工。槽段开挖达到槽底设计高程后，应对成槽质量进行检验，合格后方可进行下一工序。

(4) 挖槽施工应做好施工记录，并应妥善处理废弃泥浆及钻渣，防止污染环境。

2. 开挖方法

(1) 钻劈法。采用钻劈法施工槽孔时，钻头直径应满足设计墙厚的要求，且开孔钻头的直径应大于终孔钻头的直径。副孔长度应合理选择，且宜在主孔终孔后再劈打副孔。

(2) 钻抓法。采用钻抓法施工槽孔时，宜先采用钻机钻进主孔，再采用抓斗抓取副孔；采用两钻一抓法时，主孔的中心距宜不大于抓斗的开度。

(3) 抓取法和铣削法。采用抓取法和铣削法施工槽孔时，主孔长度宜等于抓斗开度和一次铣削长度，副孔长度宜为主孔长度的 1/2～2/3。当采用铣削法进行Ⅱ期槽施工时，宜根据槽孔的深度、斜率要求以及先期地下连续墙混凝土的强度，确定铣削先期墙段的长度和铣削接头的施工时间，且应对先期墙段混凝土铣削后的端部进行清理。施工槽孔时应随时测量接缝处端孔的孔斜率，并进行控制。接缝的位置应准确，并应将其标记在导墙上。

(二) 槽孔清底

槽孔的清底工作应在吊放接头装置之前进行。清底工序应包括清除槽底沉淀的泥渣和置换槽中的泥浆。清底应符合下列规定。

(1) 清底之前应检测槽段的平面位置、横截面和竖面；当槽壁的竖向倾斜、弯曲和宽度超出允许偏差时，应进行修槽工作，使其符合要求。修槽后的槽段接头处应进行清理。

(2) 清底的方法宜根据槽孔的形状、尺寸、施工环境条件及设备条件等确定。

(3) 清理槽底和置换泥浆工作结束 1 h 后，应进行检验，槽底以上 200 mm 处的泥浆相对密度应不大于 1.15，槽底沉淀物厚度应符合设计要求。

(三) 接头施工

(1) 对管式接头，当初期的单元槽段开挖完成并清底后，应将钢制接头管竖直吊放入槽内，紧靠单元槽段两端。接头管可分节在管内用销子连接固定；管外应平顺无凸出物，管外径宜比墙厚小 50 mm。灌注水下混凝土时，应经常转动及小量提升接头管，待混凝土初凝后将接头管拔出，拔管时不得损坏接头处的混凝土。

(2) 对箱式和隔板式接头，在其吊放的钢筋骨架一端应带堵头钢板，堵头钢板向外伸出的水平钢筋应插入接头箱与槽壁之间的空隙处。灌注水下混凝土时，应使混凝土不流入接头箱管内；混凝土初凝后，应逐步吊出接头箱管，且先灌节段骨架的外伸钢筋应伸入邻段混凝土内。

(3) 当地下连续墙设计与梁、承台或墩柱连接时，结构接头的施工应在连接处按设计要求埋设连接钢筋，预埋的连接钢筋应与后浇的梁、承台或墩柱上的主钢筋可靠连接。

(四) 钢筋骨架的制作和吊放

(1) 钢筋骨架应根据设计图和单元槽段的划分长度制作，并宜在胎架上试装配成型；骨架主筋的接长宜采用机械连接，骨架中间应留出上下贯通的导管位置。

(2) 对钢筋骨架的刚度及吊点位置设置，应在制作前进行必要的验算。

(3) 吊放钢筋骨架时，应使其中心对准单元槽段中心。钢筋骨架应竖直、不变形并能顺利地下放插入槽内，下放时不得使骨架发生摆动。

(4) 全部钢筋骨架入槽后，应固定在导墙上，并应使骨架顶端高程符合设计要求。

(5) 当钢筋骨架不能顺利插入槽内时，应将骨架吊起，查明原因并采取措施后，重新放入，不得强行压入槽内。

(五) 水下混凝土灌注

水下混凝土应采用导管法灌注。单元槽段长度小于或等于 4 m 时，可采用 1 根导管灌注；单元槽段长度超过 4 m 时，宜采用 2 根或 3 根导管同时灌注。采用多根导管灌注时，导管间净距宜不大于 3 m，导管距节段端部宜不大于 1.5 m；各导管灌注的混凝土表面高差宜不大于 0.3 m；导管内径宜不小于 200 mm。

实战演练

[经典例题·多选] 地下连续墙的槽段接头一般采用（　　）。

A. 预埋钢筋　　B. 预埋钢板

C. 预埋导管　　D. 设置剪力键

E. 设置导墙

[解析] 地下连续墙的槽段接头一般采用预埋钢筋、钢板，设置剪力键等连接方式。

[答案] ABD

知识点 4 基坑施工

一、一般规定

基坑施工前，应全面了解水文、地质、周边构筑物和地下管线等情况，确定开挖方式，制订专项施工方案。

基坑开挖前应根据水文、地质、开挖方式及施工环境条件等因素，验算基坑边坡的稳定，确定是否对坑壁采取支护措施。当基坑深度较小且坑壁土层稳定时，可直接放坡开挖；坑壁土层不易稳定且有地下水影响，或放坡开挖场地受到限制，或放坡开挖工程量过大时，应按设计要求对坑壁进行支护，设计未要求时，应结合实际情况选择适宜的坑壁支护方案，并应进行支护的专项设计。

基坑开挖时，应根据其等级和规模，对基坑结构的受力、变形、稳定性、坑外重要构筑物和地下管线的位移变形等进行监测控制，保证施工安全以及周边重要构筑物和地下管线的安全。对危险性较大的基坑，除应按边开挖、边支护的原则进行施工外，尚应建立信息化实时监控系统，指导施工。

基坑的开挖施工如需爆破，爆破作业的安全管理应符合现行《爆破安全规程》（GB 6722—2014）的规定。

开挖基坑所产生的弃土应进行妥善处置，不得阻塞河道，影响泄洪，污染环境。

二、土石围堰

土石围堰工程应符合下列规定。

（1）围堰顶面的高程应高出施工期间可能出现的最高水位（包括浪高）0.5～0.7 m。

（2）围堰的外形和尺寸应考虑河流断面被压缩后流速增大导致水流对围堰本身和河床的集中冲刷，以及对河道泄洪、通航和导流的影响等不利因素。堰内的平面尺寸应满足基础施工作业的需要。

（3）围堰的填筑应分层进行，应达到防水严密，减少渗漏，并应满足堰身强度和整体稳定的要求。

各类围堰施工规定及适用范围见表 3-4-6。

表 3-4-6　各类围堰施工规定及适用范围

类型	施工规定	适用范围
土围堰	（1）边坡的坡度应按围堰位置的不同、高度及基坑开挖深度等条件确定； （2）筑堰材料宜采用黏性土或砂夹黏土，填筑应自上游开始至下游合龙，超出水面之后应进行夯实； （3）堰外坡面有受水流冲刷的危险时，应采用合适的材料对其进行防护	水深在 1.5 m 以内，流速在 0.5 m/s 以内，河床土质渗水性较小且满足泄洪要求时
土袋围堰	（1）袋内填土宜采用黏性土，装填量宜为 60% 左右；水流流速较大时，在过水面及迎水面，袋内可装填粗砂或卵石； （2）堆码时土袋的上下层和内外层应相互错缝，搭接长度宜为 1/2～1/3，堆码应密实平整； （3）堰外边坡宜为 1∶0.5～1∶1，堰内边坡宜为 1∶0.2～1∶0.5	水深在 3 m 以内，流速在 1.5 m/s 以内，河床土质渗水性较小且满足泄洪要求时
竹笼、木笼、铅丝笼围堰	（1）各种笼体的制作应坚固，并应满足使用要求； （2）围堰的层数宜根据水深、流速、基坑大小及防渗要求等因素确定，宽度宜为水深的 1.0～1.5 倍； （3）宜在堰底外围堆填土袋，防止堰底渗漏	水深在 4 m 以内，流速较大，且能满足泄洪要求时
钢笼围堰		水深超过 4 m，流速较大，且能满足泄洪要求时
膜袋围堰	（1）膜袋的缝合应牢固严密，袋内可采用砂或水泥固化土材料填充，填充后应采取有效措施减少膜袋内的水分； （2）围堰沉降稳定后方可进行基坑的排水，排水时应控制水位降速	水深在 5 m 以内，流速在 3.0 m/s 以内，且河床较平缓时

三、基坑开挖

基坑边缘的顶面应设置防止地面水流入基坑的设施。基坑开挖时，应对基坑边缘顶面的各种荷载进行严格限制，并应在基坑边缘与荷载之间设置护道，护道宽度及施工要求见表 3-4-7。

表 3-4-7　护道宽度及施工要求

<table>
<tr><th>基坑深度</th><th>护道宽度</th><th>施工要求</th></tr>
<tr><td>≤4 m</td><td>≥1 m</td><td rowspan="2">(1) 宜安排在枯水或少雨季节进行；
(2) 应连续施工，对有支护的基坑应采取防碰撞的措施；
(3) 在基坑坑壁稳定的情况下，可进行基坑内的排水；
(4) 排水困难时，宜采用水下挖基方法，但应保持基坑中的原有水位高程；
(5) 采用机械开挖时应避免超挖；如超挖，应对基底进行处理；
(6) 开挖施工完成后不得长时间暴露、被水浸泡或被扰动</td></tr>
<tr><td>>4 m</td><td>按边坡稳定计算的结果进行适当加宽</td></tr>
</table>

不支护坑壁进行基坑开挖施工时应符合下列规定。

(1) 基坑坑壁坡度宜按地质条件、基坑深度、施工方法等情况确定。当为无水基坑且土层构造均匀时，基坑坑壁坡度可按表 3-4-8 确定；当土质较差、有可能使坑壁不稳定而引起坍塌时，基坑坑壁坡度应适当缓于表 3-4-8 的坡度。

表 3-4-8　基坑坑壁坡度

坑壁土类别	坑壁坡度		
	坡顶无荷载	坡顶有静荷载	坡顶有动荷载
砂类土	1∶1	1∶1.25	1∶1.5
卵石、砾类土	1∶0.75	1∶1	1∶1.25
粉质土、黏质土	1∶0.33	1∶0.5	1∶0.75
极软岩	1∶0.25	1∶0.33	1∶0.67
软质岩	1∶0	1∶0.1	1∶0.25
硬质岩	1∶0	1∶0	1∶0

注：1. 坑壁有不同土层时，基坑坑壁坡度可分层选用，并酌设平台。
2. 坑壁土的类别按现行《公路土工试验规程》(JTG 3430—2020) 划分；岩面单轴抗压强度小于 5 MPa、为 5～30 MPa、大于 30 MPa 时，分别定为极软、软质、硬质岩。
3. 当基坑深度大于 5 m 时，基坑坑壁坡度可适当放缓或加设平台。

(2) 当有地下水时，地下水位以上的基坑部分可放坡开挖；地下水位以下部分，若土质易坍塌或水位在基坑底以上较高时，应采用加固土体或降低地下水位等方法开挖。

(3) 基坑为渗水性的土质基底时，坑底的平面尺寸应根据排水要求（包括排水沟、集水井、排水管网等）和基础模板所需基坑大小确定。

对坑壁采取支护措施进行基坑的开挖时，应符合表 3-4-9 规定。

表 3-4-9　坑壁采取支护措施进行基坑开挖时的施工要求

基坑类型	支护结构	施工要求
较浅且渗水量不大	采用竹排、木板、混凝土板或钢板等	支护结构应进行设计计算，支护结构受力过大时应加设临时支撑
深度≤4 m且渗水量不大	采用槽钢、H型钢或工字钢等	
地下水位较高，深度>4 m	采用锁口钢板桩或锁口钢管桩围堰；条件许可时，也可采用水泥土墙、混凝土围圈或桩板墙	

四、基坑降排水

（一）采用集水坑排水

基坑开挖时，宜在坑底基础范围之外设置集水坑并沿坑底周围开挖排水沟，使水流入集水坑内，排出坑外。集水坑的尺寸宜视渗水量的大小确定。排水设备的能力宜为总渗水量的1.5～2.0倍。

（二）采用井点降水法排水

（1）井点降水法宜用于粉砂、细砂、地下水位较高、有承压水、挖基较深、坑壁不易稳定的土质基坑，在无砂的黏质土中不宜采用。井点类别的选择，宜按土层的渗透系数、要求降低水位的深度以及工程特点确定。

（2）井管的成孔可根据土质分别采用射水成孔或冲击钻机、旋转钻机及水压钻探机成孔。井点降水曲线应低于基底设计高程或开挖高程至少0.5 m。

（3）应做好沉降及边坡位移监测，保证水位降低区域内构筑物的安全，必要时应采取防护措施。

（三）采用止水帷幕法防渗

（1）采用帷幕防渗方法施工时应进行施工设计。帷幕防渗层的厚度应满足基坑防渗的要求，止水帷幕的渗透系数宜小于 10×10^{-6} mm/s。

（2）采用防水土工膜在围堰外侧铺底防渗时，应将河床面杂物清除干净并整平。土工膜应从围堰外侧的水位以上铺起，并超过堰脚不小于3 m；土工布之间的接头应搭接严密。铺底土工膜上应满压不小于300 mm厚的砂土袋。

五、基底处理

对符合设计要求的细粒土、特殊土等基底，经修整完成后，应尽快设置混凝土垫层并进行基础的施工，不得使基底浸水或长期暴露；基坑开挖后，如基底的地质情况与设计不符，则应按程序进行设计变更并应对地基进行处理。

（一）地基处理

地基处理应根据地基土的种类、强度和密度，按照设计要求，并结合现场情况，采用相应的处理方法，不同类型地基处理要求见表3-4-10。地基处理的范围应宽出基础之外不小于0.5 m。

表 3-4-10　不同类型地基处理要求

地基类型	处理要求
强度低、稳定性差的细粒土及特殊土地基	饱和软弱黏土层、粉砂土层、湿陷性黄土、膨胀土、季节性冻土等，处理时应视该类土的处治深度和含水率等情况，采取固结、换填等措施，使之满足设计要求

续表

地基类型	处理要求
粗粒土和巨粒土地基	(1) 对于强度和稳定性满足设计要求的粗粒土及巨粒土基底，应将其承重面平整夯实； (2) 基底有水不能彻底排干时，应先将水引至排水沟，然后再在其上进行基础的施工
岩层基底	(1) 对风化岩层，应在挖至设计高程并满足地基承载力要求后尽快进行封闭，防止其继续风化； (2) 在未风化的平整岩层上，基础施工前应先将淤泥、苔藓及松动的石块清除干净，并凿出新鲜岩面； (3) 对坚硬的倾斜岩层，宜将岩层面凿平；倾斜度较大无法凿平时，可按设计要求凿成多级台阶，台阶的宽度宜不小于0.3 m
多年冻土地基	(1) 基础不应置于季节性冻融土层上，并不得直接与冻土接触； (2) 基础位于多年冻土层（即永冻土）上时，基底之上应设置隔温层或保温层材料，其铺筑宽度应在基础外缘加宽1 m； (3) 按保持冻结原则设计的明挖基坑的地基，其多年平均地温大于或等于−3 ℃时，应在冬季施工；多年平均地温低于−3 ℃时，可在其他季节施工，但应避开高温季节，并应按下列规定处理。 ①严禁地表水流入基坑； ②应及时排除季节冻层内的地下水和冻土本身的融化水； ③必须搭设遮阳棚和防雨棚； ④施工前应做好充分准备，组织快速施工；施工完成的基础应立即回填封闭，不宜间歇；必须间歇时，应采用保温材料加以覆盖，防止热量侵入； (4) 施工期间如有明水，应在距坑顶边缘10 m之外设置排水沟，并应将水引向远离基坑的位置排出；有融化水时也应及时排除
岩溶地基	(1) 处理岩溶地基时，不得堵塞溶洞的水路； (2) 对干溶洞可采用砂砾石、碎石、干砌或浆砌片石、灰土、混凝土等回填密实；基底的干溶洞较大，回填处理有困难时，可设置桩基进行处理，桩基的设置应履行设计变更手续，并应由设计单位进行设计
泉眼地基	(1) 可采用有螺口的钢管紧密打入泉眼，盖上螺帽并拧紧，阻止泉水流出，或向泉眼内压注速凝的水泥砂浆，再打入木塞堵眼； (2) 堵眼困难时，可采用管子塞入泉眼，将水引流至集水坑排出，也可在基底下设盲沟引流至集水坑排出，待基础施工完成后，再向盲沟压注水泥浆堵塞；采用引流方式排水时，应防止砂土流失，引起基底沉陷； (3) 不论采用何种方法处理基底的泉眼，均不应使基底饱水

（二）基底检验

地基基底的检验应包括下列内容。

（1）基底的平面位置、尺寸和基底高程。

（2）基底的地质情况和承载力是否与设计资料相符。

（3）基底处理和排水情况是否符合相关要求。

（4）施工记录及有关试验资料等。

特大桥或特殊结构桥梁的地基基底检验应符合设计规定，其余可按桥涵大小、地基土质复杂情况及结构对地基有无特殊要求等，采用下列方法进行地基的检验。

（1）小桥涵的地基检验可采用直观或触探方法，必要时可进行土质试验。

（2）大、中桥和地基土质复杂、结构对地基有特殊要求的地基检验，宜采用触探和钻探

（钻深至少 4 m）取样做土工试验，也可按设计的特殊要求进行荷载试验。

基底的平面位置应符合设计要求，且应满足基础施工作业的需要。基底高程的允许偏差应符合现行《公路工程质量检验评定标准 第一册 土建工程》（JTG F80/1—2017）的规定。

实战演练

［2022 真题 · 单选］关于基坑开挖安全防护要求的说法，正确的是（　　）。

A. 在基坑边缘与荷载之间应设置护道，基坑深度不大于 4 m 时，护道宽度不大于 0.5 m

B. 在基坑边缘与荷载之间应设置护道，基坑深度大于 4 m 时，护道宽度为 1 m

C. 深基坑四周距基坑边缘不大于 0.5 m 处应设立钢管护栏、挂密目式安全网

D. 基坑周边 1 m 范围内不得堆载和停放设备

［解析］ 选项 A、B 错误，在基坑边缘与荷载之间应设置护道，基坑深度小于或等于 4 m 时，护道宽度应不小于 1 m；基坑深度大于 4 m 时，护道宽度应按边坡稳定计算的结果进行适当加宽，水文和地质条件较差时应采取加固措施。选项 C 错误，深基坑四周距基坑边缘不小于 1 m 处应设立钢管护栏、挂密目式安全网，靠近道路侧应设置安全警示标志和夜间警示灯带。

［答案］ D

知识点 5 浅基础与承台施工

一、浅基础施工

浅基础是桥梁工程中常见的一种基础形式，通常埋深较浅，适用于地质条件较好、地基承载力较强的区域。浅基础施工工艺流程如图 3-4-3 所示。

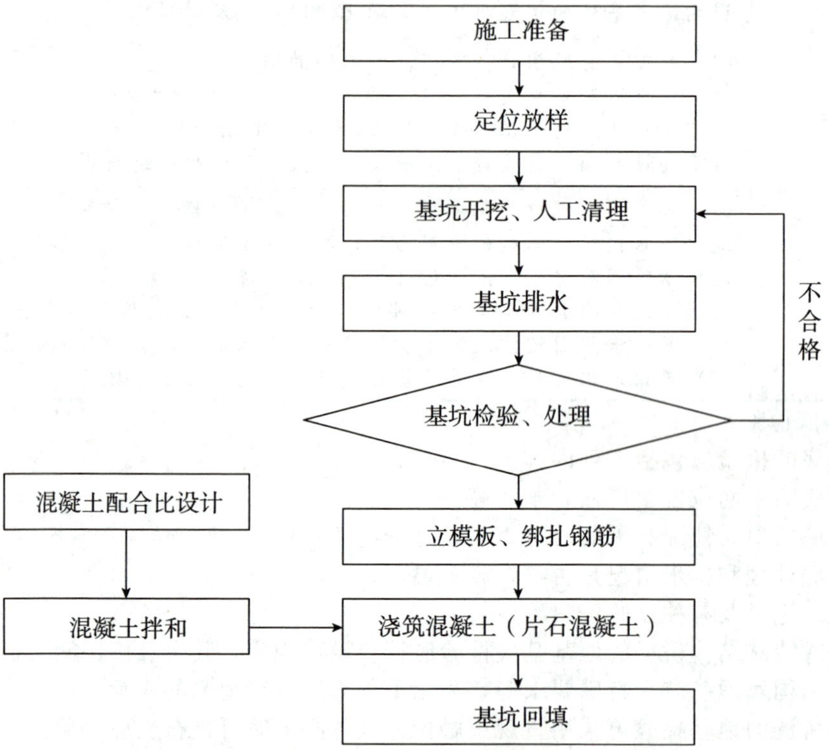

图 3-4-3　浅基础施工工艺流程

浅基础的基底为非黏性土或干土时，在施工前应将其润湿，并应按设计要求浇筑混凝土垫层，垫层顶面不得高于基础底面设计高程；地基为淤泥或承载力不足时，应按设计要求处理后方可进行基础的施工；基底为岩石时，应用水冲洗干净，且在基础施工前铺设一层不低于基础混凝土强度等级的水泥砂浆。

浅基础的施工宜采用钢模板。混凝土宜在全平截面范围内水平分层进行浇筑，且机械设备的能力应满足混凝土浇筑施工的要求；当浇筑量过大、设备能力难以满足施工要求，或大体积混凝土温控需要时，可分层或分块浇筑。

二、承台施工

承台施工采用钢围堰作为挡水（土）设施时，应根据承台的结构特点、水文、地质和施工条件等因素确定适宜的围堰形式，并应对围堰进行专项设计；施工期间环境条件发生较大变化时，应对围堰设计方案重新进行论证。

承台施工前应进行桩基等隐蔽工程的质量验收，桩顶的混凝土面应按水平施工缝的要求凿毛，桩头预留钢筋上的泥土及鳞锈等应清理干净。承台基底为软弱土层时，应按设计要求采取措施，避免在浇筑承台混凝土过程中产生不均匀沉降。

承台的钢筋和混凝土应在无水条件下进行施工，施工时应根据地质、地下水位和基坑内的积水等情况采取防水或排水措施。应采取有效措施，使承台钢筋的混凝土保护层厚度符合设计规定。桩伸入承台的长度以及边桩外侧与承台边缘的净距应不小于设计规定值。

（一）钢围堰的设计与施工

（1）围堰的平面尺寸宜根据承台的结构尺寸、安装及放样误差等确定，且宜满足承台施工操作空间的需要，围堰内侧距承台边缘的净距宜不小于 1 m（围堰内侧兼作模板时除外）。围堰的顶面高程应高出施工期间可能出现的最高水位（包括浪高）0.5～0.7 m；在有潮汐的水域，应同时考虑最高和最低施工潮位对围堰的不利影响。

（2）围堰除应满足自身的强度、刚度和稳定性要求外，尚应考虑河床断面被压缩后，流速增大导致的河床冲刷和对通航、导流等的影响。

（3）对围堰结构进行计算时，除应考虑施工荷载及结构重力、水流压力、浮力、土压力等荷载外，尚应根据现场的具体情况考虑可能出现的冲刷、风力、波浪力、流冰压力、施工船舶或漂浮物撞击力等作用。

（4）围堰结构应根据施工过程中的各种工况，按最不利荷载组合进行强度、刚度及稳定性计算。在围堰内设置支撑的，除应对内支撑结构本身进行局部验算外，尚应将其与围堰作为整体进行总体稳定性验算；设置内支撑时，对支撑与堰壁的连接处应设置纵横向分配梁予以局部加强，并应考虑其对承台及后续墩身施工的干扰影响。

（5）钢围堰的混凝土封底厚度应符合设计规定；设计未规定时，应根据桩周摩擦力、浮力、围堰结构自重及封底混凝土自身强度等因素经计算后确定。

（6）钢围堰在施工前应制订专项施工方案，明确施工工艺流程。

（7）围堰钢结构的制造可按照相关规定执行，并应保证其在施工过程中防水严密，不渗漏。

（8）在岸上整体加工制造的钢围堰，当通过滑道或其他装置下水时，其进入的水域面积和水深应足够，并应采取措施控制其下水的速度；采用起重船吊装时，起重船的吊装能力应能满足整体吊装的要求，各吊点的受力应控制均匀，必要时宜进行监控。

（9）钢围堰在灌注封底混凝土之前，应将桩身和堰壁上附着的泥浆冲洗干净，经检验合格后方可进行封底混凝土的施工。封底的施工要求可按相关规定执行。

（10）钢围堰拆除时，除应采取措施防止撞击墩身外，对水下按设计规定可不拆除的结构，尚应保证其不会对通航产生不利的影响。

（二）钢板桩围堰施工

（1）钢板桩的材质、性能和尺寸应符合产品的相应规定。钢板桩在存放、搬运和起吊时，应采取措施防止其变形及锁口损坏。经过整修或焊接后的钢板桩，应采用同类型的短桩进行锁口通过试验，合格者方可继续使用。

（2）钢板桩施打前应设置测量观测点，控制其施打的定位。

（3）钢板桩在施打前，其锁口宜采用止水材料捻缝，防止在使用过程中漏水。

（4）施打钢板桩应有导向装置，应能保证桩的位置准确。施打顺序应按既定的施工技术方案进行，并宜从上游开始分两头向下游方向合龙。施打时应随时检查其位置和垂直度是否准确，不符合要求的应立即纠正或拔起重新施打。施打完成后所有钢板桩的锁口均应闭合。

（5）同一围堰内采用不同类型的钢板桩时，宜将不同类型桩的各半拼焊成一根异型钢板桩，分别与相邻桩进行连接。接长的钢板桩，其相邻桩的接头位置应上下错开。

（6）拔除钢板桩之前，应向堰内注水使堰内外的水位保持平衡。拔桩应从下游侧开始逐步向上游侧进行，拔除的钢板桩应对其锁口进行检修并涂油，堆码妥善保存。

（三）锁口钢管桩围堰施工

（1）钢管的材质和截面特性应满足围堰受力的要求。锁口的形式应根据土层地质情况和止水要求确定，当用于水中或透水性土层中的围堰时，应对锁口采取可靠的止水处理措施。

（2）施打钢管时，如土层中有孤石、片石或其他障碍物，其底口应作加强处理。

（四）钢套箱围堰施工

（1）对有底钢套箱，除应进行结构的计算和验算外，尚应针对套箱内抽干水后的工况进行抗浮验算。钢套箱采用悬吊方式安装时，应验算悬吊装置及吊杆的强度是否满足受力要求。

（2）钢套箱应根据现场设备的起吊能力和移运能力确定采用整体式或装配式制作，制作时应采取防止接缝渗漏的措施。

（3）钢套箱下沉就位时，在下沉过程中应保持平稳，当采用多个千斤顶吊放时，应使各千斤顶的行程同步，且宜设置导向装置或利用已成桩作为导向的承力结构进行准确定位。钢套箱就位后应对其平面位置和高程进行精确调整，并应及时予以固定；当水流速度过大会使套箱的位置发生改变时，应具有稳定套箱的可靠措施。

（4）有底钢套箱在浇筑封底混凝土之前，应对底板和钢护筒的表面进行清理，并应采用适宜的止水装置或材料对底板与桩基之间的缝隙进行封堵。

（5）钢套箱内的排水应在封底混凝土符合设计规定的强度后或达到设计强度的80%及以上时方可进行，在封底混凝土未达到规定强度之前，应打开套箱上设置的连通器，保持套箱内外水头一致，排水时不应过快，并应在排水过程中加强对套箱情况变化的监测；对有底钢套箱，必要时可设反压装置抵抗过大的浮力。

（6）钢套箱侧壁兼作承台模板时，其位置和尺寸应符合承台结构的允许偏差规定。

（五）双壁钢围堰施工

（1）围堰的双壁间距应根据下沉时需要克服的浮力、土层摩阻力及基底抗力等经计算确定，并应在双壁之间分设多个对称的、横向互不相通的隔水仓。

（2）双壁钢围堰兼作钻孔平台时，应将钻孔施工产生的全部荷载及各种工况加入围堰结构的最不利荷载组合中进行设计和验算。钢围堰需度汛或度凌施工时，应制订稳定和防撞击、防冲刷的可靠方案，并应进行相应的验算。

（3）双壁钢围堰结构的制作宜在工厂按设计要求进行，各节、块应按预定的顺序对称组装拼焊，制作完成后应进行焊接质量检验，并应进行水密性试验。

（4）围堰应根据现场的水文、地质和通航等情况，设置可靠的定位系统和导向装置，其浮运、下沉、定位等工序的施工及允许偏差应符合相关规定。

（5）围堰下沉至设计高程，在灌注封底混凝土之前，应对河床面进行清理和整平。围堰置于岩面上时，宜将岩面整平；基岩岩面倾斜或凹凸不平时，宜将围堰底部制作成与岩面相应的异形刃脚，增加其稳定性并减少渗漏。

实战演练

[2024 真题 · 单选] 关于钢围堰设计与施工的说法，正确的是（　　）。

A. 钢围堰结构应按最有利荷载组合进行强度、刚度及稳定性计算

B. 钢围堰下沉至设计高程，在灌注封底混凝土前，应对河床面进行清理和整平

C. 钢围堰的混凝土封底厚度应根据桩周摩擦力、施工船舶或漂浮物撞击等因素经计算后确定

D. 钢围堰内侧距承台边缘的净距宜不小于 1.5 m

[解析] 选项 A 错误，钢围堰结构应根据施工过程中的各种工况，按最不利荷载组合进行强度、刚度及稳定性计算。选项 C 错误，钢围堰的混凝土封底厚度应符合设计规定；设计未规定时，应根据桩周摩擦力、浮力、围堰结构自重及封底混凝土自身强度等因素经计算后确定。选项 D 错误，钢围堰内侧距承台边缘的净距宜不小于 1 m。

[答案] B

[2023 真题 · 案例节选]

背景资料：

施工单位承建了某特大桥工程，该大桥主桥为跨径 160 m＋160 m、桥宽 30.5 m 的独塔双索面斜拉桥，主梁采用预应力混凝土箱梁结构，塔梁固结体系。大桥主塔采用群桩基础，由于河水较深且流速较快，基础施工时采用双壁钢围堰。施工单位对钢围堰结构进行设计，鉴于河流水情及施工各环节，设计计算中考虑了施工荷载及结构重力、水流压力、浮力、土压力、风力、波浪力、漂浮物撞击力等作用。

……

[问题]

1. 补充钢围堰设计计算中应考虑的其他两个主要作用。

[答案]

1. 钢围堰设计计算中应考虑的其他两个主要作用：冲刷、流冰压力。

[2022 真题 · 案例节选]

背景资料：

某施工单位承建一座平原区跨河桥梁，主桥上部结构为（70＋120＋120＋70）m 的连续箱梁，对应的桥墩编号依次为 0#、1#、2#、3#、4#。0# 桥墩和 4# 桥墩位于河滩岸上，基础均由 4 根长 40 m、直径 2 m 的桩基础和方形承台组成，桩基础穿越的地层从上至下依次为黏土、砂土、砂卵石、强风化砂岩及弱风化砂岩。1# 桥墩、2# 桥墩和 3# 桥墩位于水中，基础均由 7 根直径 2.2 m 的桩基础和圆形承台组成，其中 1# 桥墩和 3# 桥墩的桩长为 60 m，深水区域 2# 桥墩的桩长为 70 m。2# 桥墩桩基础施工示意图如图 3-4-4 所示，图中 h_1 为围堰顶与最高水位的竖向间距，L 为围堰内边缘与承台边缘的水平距离。桩基础穿越的地层从上至下依次为 3 m 深的淤泥、5 m 深的砂卵石、强风化砂岩及弱风化砂岩。

第三章

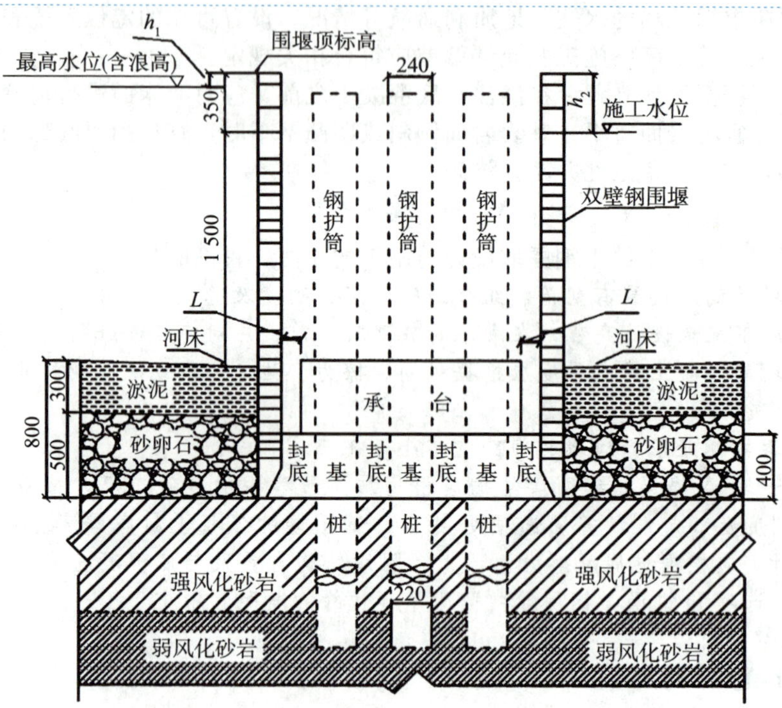

图 3-4-4　2# 桥墩基础施工示意图（单位：cm）

施工过程中发生了如下事件。

……

事件四：2# 桥墩桩基础施工完成后，施工单位拆除了钻孔工作平台，将圆形双壁钢围堰下沉至设计位置，对围堰基底进行认真清理和整平后，随即灌注了水下封底混凝土。封底混凝土的厚度经计算确定为 4 m，计算时考虑了桩周摩阻力、围堰结构自重等因素。封底混凝土达到龄期要求后，施工承台前，围堰内侧周边发生渗漏，处理后未对后续工序造成影响。

[问题]

5. 写出图 3-4-4 中 L、h_1 的技术要求（以 m 为单位）。说明事件四中围堰渗漏的原因及封底混凝土厚度计算重点还应考虑的其他两个因素。

[答案]

5. (1) L 的技术要求：围堰内侧距承台边缘的净距宜不小于 1 m。

h_1 的技术要求：围堰顶面高程要高出施工期间最高水位（包括浪高）0.5～0.7 m。

(2) 围堰渗漏的原因：钢围堰在灌注封底混凝土之前，还应将桩身和堰壁上附着的泥浆冲洗干净，经检验合格后方可浇筑封底混凝土。

(3) 封底混凝土厚度计算重点还应考虑浮力和封底混凝土自身强度两个因素。

知识点 6　桥墩与桥台施工

一、桥墩

桥墩是桥梁结构的重要组成部分，位于桥梁的中间，承受桥梁上部结构的荷载，并将其传递到桥基或基础。

（一）高度小于 40 m 的桥墩施工规定

（1）桥墩施工前，应对其施工范围内基础顶面的混凝土进行凿毛处理，并应将表面的松散层、石屑等清理干净；对分节段施工的桥墩，其接缝也应作相同的凿毛和清洁处理。

（2）应尽量缩短首节桥墩墩身与承台之间浇筑混凝土的间隔时间，间歇期宜不大于 10 d，当不能满足间歇期要求时，应采取防止墩、台身混凝土开裂的有效措施。墩身平面尺寸较大时，首节墩身可与承台同步施工。

（3）桥墩高度小于或等于 10 m 时可整体浇筑施工；高度超过 10 m 时，可分节段施工，节段的高度宜根据施工环境条件和钢筋定尺长度等因素确定。上一节段施工时，已浇节段的混凝土强度应不低于 2.5 MPa。各节段之间浇筑混凝土的间歇期宜控制在 7 d 以内。

（4）桥墩的钢筋可分节段制作和安装，且应保证其连接精度；条件具备时，也可采用整体制作、整体安装的方式施工，但在制作、存放、运输和安装时应采取有效措施保证其刚度，避免产生过大的变形。

（5）在模板安装前，应在基础顶面放出桥墩的轴线及边缘线；对分节段施工的桥墩，其首节模板安装的平面位置和垂直度应严格控制。模板在安装过程中应通过测量监控措施保证桥墩的垂直度，并应有防倾覆的临时措施；对风力较大地区的墩身模板，应考虑其抗风稳定性。

（6）浇筑混凝土时，串筒、溜槽等的布置应便于混凝土的摊铺和振捣，并应明确划分工作区域。混凝土浇筑完成后，应及时进行养护，养护时间应不少于 7 d。

（7）作业人员的上下步梯宜采用钢管脚手架或专用产品搭设，并应进行专项设计，设置时应固定在已浇筑完成的墩身上。

（二）高度大于或等于 40 m 的高墩施工规定

（1）施工前应编制专项施工方案，对各项临时受力结构和临时设施应进行必要的施工设计计算和验算。

（2）宜设置塔吊或其他可靠的起重设备，用于施工期间钢筋或其半成品材料以及其他材料的垂直起吊运输。

（3）宜设置施工电梯作为运送作业人员和小型机具、操作工具的垂直运输设施。

（4）对塔吊和施工电梯的平面位置宜根据环境条件和桥墩的结构特点进行比较选择，其布置除应方便施工操作外，也不应影响到其他作业的安全。塔吊和施工电梯均应有可靠的附墙安全措施。

（5）模板体系宜根据施工的环境条件、桥墩截面形式的特点、分节段施工高度、施工作业人员的经验等因素综合选择确定。

（6）绑扎和安装钢筋时，应在作业面设置具有外围护的操作平台。当采用劲性骨架辅助钢筋安装时，劲性骨架宜在地面上制作好后再起吊就位安装。整体制作安装的钢筋应有保证刚度防止变形的可靠措施。钢筋的主筋宜采用机械方式连接。

（7）混凝土的垂直输送宜采用泵送方式，泵管可沿已施工完成的墩身或搭设专用支架进行布设，而不应布设在塔吊和施工电梯上。

（8）混凝土的浇筑施工要求应符合相关规定，每一节段混凝土的养护时间应不少于 7 d。养护用的水管可布设在墩身上，且应与电缆分开设置。

（9）高墩施工前应编制测量控制方案，施工过程中应对墩身的平面位置和垂直度进行监控，条件具备时宜采用激光铅垂仪进行控制。施工测量中应考虑日照对墩身扭转的影响，当日照影响较大时，测量宜在夜间气温相对稳定的时段进行。

二、桥台

桥台位于桥梁的两端，通常连接着桥梁的主桥部分与陆地或其他结构。桥台的主要功能是支撑桥梁的两端，承受来自上部结构的荷载，并将荷载传递到基础。

桥台在施工前应在基础顶面测量放样出台身的纵横向轴线和内外轮廓线，其平面位置应准确。当台身较长需要设置沉降缝时，应在施工前确定其设置位置。

各类桥台的施工规定见表 3-4-11。

表 3-4-11　各类桥台的施工规定

类型	施工规定
重力式桥台	(1) 混凝土或钢筋混凝土台身宜一次连续浇筑完成，当台身较长或截面积过大，一次连续浇筑完成难以保证混凝土质量时，可分段或分层浇筑；分段浇筑时，其接缝宜设置在沉降缝处；分层浇筑时，应采取有效措施控制接缝的外观质量，防止产生过大的层间错台； (2) 采用片石混凝土浇筑圬工台身时，应选用无裂纹、无夹层、未煅烧过并具有抗冻性的石块； (3) 翼墙、八字墙施工时，其顶面坡度的变化应与台后边坡的坡度相适应； (4) 桥台后背与回填土接触面的防水处理应符合设计规定
肋板式埋置式桥台	(1) 肋板的斜面方向应符合设计规定的方向，避免反置； (2) 柱式和肋板式等埋置式桥台施工完成后的填土要求均应符合《公路桥涵施工技术规范》(JTG/T 3650—2020) 的规定，台前溜坡的坡度及其坡面防护应符合设计的规定
薄壁轻型桥台	(1) 对混凝土的浇筑应采取有效措施，保证其浇筑质量； (2) 对设置有支撑梁的，尚应在支撑梁安装完成后再填土
加筋土桥台	(1) 露于面板混凝土外面的钢拉环、钢板锚头应做防锈处理，加筋带与钢拉环的接触面应做隔离处理；筋带的强度和受力后的变形应满足设计要求，筋带应能与填料产生足够的摩擦力，接长与面板的连接应简单； (2) 面板应按要求的垂度挂线安砌，安砌时单块面板可内倾 1/200～1/100，作为填料压实时面板外倾的预留度；不得在未完成填土作业的面板上安砌上一层面板； (3) 钢带应平顺铺设于已压实整平的填料上，不得弯曲或扭曲；钢筋混凝土带可直接铺设在已压实整平的填料上或在填料上挖槽铺设；加筋带应呈扇形辐射状铺设，不宜重叠，不得卷曲或折曲，并不得与尖锐棱角的粗粒料直接接触；在与桥台立柱或肋板相互干扰时，筋带可适当避让； (4) 台背筋带锚固段的填筑宜采用粗粒土或改性土等填料；当填料为黏性土时，宜在面板后不小于 0.5 m 范围内回填砂砾材料； (5) 填料摊铺厚度应均匀一致，表面平整，并应设置不小于 3% 的横坡；当采用机械摊铺时，摊铺机械距面板应不小于 1.5 m；机械的运行方向应与筋带垂直，并不得在未覆盖填料的筋带上行驶或停车； (6) 台背填料应严格分层碾压，碾压时宜先轻后重，并不得使用羊足碾；压实作业应先从筋带中部开始，逐步碾压至筋带尾部，再碾压靠近面板部位，且压实机械距面板应不小于 1 m；台背填筑施工过程中应随时观测加筋土桥台的变化
位于软土地基处的桥台	可先填筑路堤并待其沉降基本稳定后，再以反开挖的方式进行基础和台身的施工

三、预制安装墩台身、盖梁

预制安装墩台身和盖梁的施工应制订专项施工方案，其施工方法、施工工艺、临时设施和设备等宜根据结构的构造特点和施工环境条件综合确定，对施工中使用的受力装置和受力临时结构应进行专门设计和验算。

（一）墩台身和盖梁的预制

1. 预制场地布置

墩台身和盖梁的预制场地应进行专门规划和设计，并应符合下列规定。

（1）场地的布置应有利于预制、存放、移运和装车（船）的施工作业。

（2）场地内的道路、料场等均应硬化处理，且场地应有防排水设施。

（3）场地内各种临时设施的地基应具有足够的承载能力，不满足要求时应对地基进行加固处理。

（4）对在水域中安装的墩台身，应在预制场地设置构件的出运线路和出运码头。

2. 台座设置

预制台座的设置应符合下列规定。

（1）台座的地基应具有足够的承载能力、稳定性和抗变形能力，必要时应对地基进行加固处理，施工过程中应定期监测台座的整体和不均匀沉降量。

（2）预制台座可采用混凝土结构和钢结构组合而成，并应与墩台预制节段底部的预留钢筋和预埋件相适应，以及进行必要的受力分析计算。

（3）采用混凝土底座时，宜在混凝土结构中通过计算配置必要的受力钢筋，底座的基础宜采用整体式钢筋混凝土板。

（4）钢结构台座宜采用钢板和型钢进行制作，且可将墩台预制节段的底模与台座连接成整体，并在底模处开孔，开孔处应采取局部加强的措施，开孔位置应准确，应使预制节段底部的预留钢筋和预埋件能顺利通过。

（5）预制台座的设置数量宜根据墩台身安装施工的规模和进度要求综合考虑确定。

存放台座的设置除应符合上述相关规定外，尚应满足地基不沉陷和稳定的要求。当能满足预制和安装的进度要求时，可不设存放台座。

3. 墩台身节段预制

墩台身预制的节段尺寸划分应符合设计规定。设计未规定时，宜根据墩台结构的构造特点、运输能力、安装时的起重能力以及施工的方便性等因素综合考虑确定；对海上桥梁，尺寸划分时宜将节段之间的接缝设置在浪溅区以上。高度不大或运输能力和安装起重能力足够时，宜进行整体预制、整体安装。

4. 模板的制作、安装和拆除

墩台身和盖梁的预制宜采用整体式定型钢模板，模板应具有足够的强度、刚度和稳定性。模板的制作、安装和拆除除应符合相关规定外，尚应符合下列规定。

（1）模板应以刚度控制设计，并应满足多次重复使用不变形的要求。

（2）模板安装时位置应准确，各部位的连接应牢固可靠，接缝应严密不漏浆。

（3）底模应平整，其平整度在 2 m 长度范围的允许偏差应不超过 2 mm，并应垂直于预制墩身的中轴线；侧模的平整度在 1 m 长度范围的允许偏差应不超过 2 mm。

（4）剪力键（槽）处的模板尺寸应准确，表面应平整。

5. 钢筋的制作

钢筋宜在专用胎架上制作成钢筋骨架或分片钢筋网后再进行整体起吊安装，必要时可增设劲性骨架增强其整体刚度。钢筋的下料、加工制作、安装、绑扎、连接等应符合规定。

6. 预制混凝土施工

（1）每一预制节段的混凝土应一次浇筑完成。

（2）浇筑混凝土时，应采取有效措施保证预应力管道和各种预埋件的位置准确，不产生移位。

(3) 混凝土浇筑完成后，带模洒水养护的时间宜不少于 3 d，对混凝土的外露面应覆盖、保湿和保温；拆除模板后仍宜对混凝土表面进行覆盖并保湿养护至少 7 d。对高性能混凝土，其保湿养护的时间宜适当延长。

7. 墩台身预制

墩台身宜采用立式的方式在台座上预制，并应符合下列规定。

(1) 对多节段预制的墩台身，当节段安装采用湿接缝连接时，可将节段分别预制；节段安装采用胶接缝连接时，应按底节、中间节、顶节的顺序从下至上匹配预制，或采用工具式端模匹配预制。

(2) 各节墩台身预制时，应采取有效措施保证其线形和外形尺寸准确，其垂直度的精度应满足设计要求，设计未要求时，垂直度误差应不超过其高度的 0.1%且不大于 10 mm。

(3) 各节墩台身在预制时均应设置吊装孔，孔的位置和形式应符合设计规定，并应在设置前对吊点的受力进行必要的复核和验算。安装施工所用导向装置和锁定装置的位置应准确，并应满足设计规定的精度要求。

(4) 墩台身整体预制或顶节墩台身预制时，支座垫石的位置应准确，锚栓孔的位置、直径和深度应满足支座安装就位的精度要求，锚栓孔的位置相对于墩中轴线的偏差应不大于 5 mm，且在安装时不得改变锚栓的直径和形状。

(二) 预制节段的起吊、场内移运和存放

(1) 墩台身的预制节段或整体墩身宜采用龙门吊机进行起吊。当采用其他起重设备起吊时，除应有足够的起重能力外，尚应具有较好的稳定性，应能保证起吊作业的安全。

(2) 起吊用的吊架、吊具和索具等应进行专门设计和受力分析计算，且应与起吊节段的构造形式及其吊装孔相适应，同时宜结合不同节段、安装起吊中采用的起重设备等进行必要的配置组合。

(3) 节段起吊时，混凝土的强度应满足设计规定。

(4) 在场内移运墩台预制节段时，可采用滑道或轨道式台车进行立式移运，也可采用轮胎式台车、气囊等方式进行移运。不论采用何种方式，均应在场地布置时预设相应的移运通道，且该通道的地基应坚固、不沉陷；对移运过程，应提前对节段的支点受力、稳定性等进行分析计算和验算，并应在节段的中、下部设置必要的扶稳装置，以及下部与台车固定的装置，或采取其他稳定措施，保证移运作业的安全。

(5) 墩台预制节段宜采用立式的方式在台座上进行存放，存放时应采取有效措施保证其稳定，且不应产生受力不均、偏斜、倾倒等现象。存放的时间应符合设计要求，设计未要求时，自混凝土浇筑完成后起算至安装的时间应不少于 28 d。

(三) 预制节段的运输

1. 陆地运输规定

(1) 在陆地上运输墩台身预制节段时，宜采用专用运输台车，或采用经改装能适应节段运输的车辆。

(2) 运输线路的路面应平坦，路基或桥涵应有足够的承载能力。

(3) 采用立式方式运输节段时，除应通过合适的装置将节段固定在车上外，尚应具有防止节段倾倒的可靠稳定措施；采用平卧方式运输节段时，应提前对节段的受力进行验算，合理设置支点，并应在支点处设置缓冲材料，使节段的受力均匀，对节段的捆绑固定措施应可靠。

2. 水上运输

(1) 水运墩台身预制节段时，宜采用自航式运输驳船，且其有效使用面积和载质量应满

足节段装载和载重的要求，并应有足够的稳定性。

（2）运输前，应按装载和运输条件下的各种工况，对船舶的强度进行核算和加固计算，并应对船体进行必要的加固处理；同时应对船舶的稳定性进行验算。运输船的所有状态应满足《船舶与海上设施法定检验规则——内河船舶法定检验技术规则》的要求后，方可使用。

（3）在运输船上装载墩台身预制节段时，应采用型钢设计用于固定节段的专用支架和底座，保证节段在水上运输过程中各种工况条件下的稳定性。

（4）运输时除应采取可靠措施保证预制墩台身节段在风浪颠簸中不产生移位和倾覆外，尚应符合海事和航道管理部门对水上运输的相关规定，保证水上运输的安全。

（四）墩台身安装

1. 墩台身预制节段安装

（1）墩台身预制节段的安装应采用满足吊装施工能力的起重机械和设备，在陆地上安装时，宜采用履带式起重机或龙门吊机；在水上安装时，宜采用起重船。对吊架、吊具和索具的要求除应符合相关规定外，尚应满足预制墩台身节段吊装的各项力学性能要求，并具有较好的通用性。

（2）墩台身预制节段安装的调位装置应具有三维调节功能，并应能满足节段安装的精度要求；导向装置、定位装置和锁定装置等应能满足实施快速、准确安装作业的功能要求。

2. 在承台顶设置槽口、安装墩台身的规定

（1）预制墩台身构件宜与承台基座对应编号、对应安装，且宜在基座的适当位置预设导向装置。

（2）安装前应检查各墩台身预制构件的尺寸以及基座支承的顶面高程是否符合设计要求；基座槽口四周与预制墩台身构件之间的空隙宜不小于 20 mm，经检验合格后方可进行安装施工。

（3）起吊安装就位后，应对墩台身的平面位置和竖直度进行检测，确认符合设计要求后，应尽快对其进行固定或锁定。固定装置或锁定装置应牢固可靠，应能保证墩台身的稳定和位置准确，在后续施工中不产生倾斜和移位。

（4）槽口湿接头内钢筋的安装绑扎与混凝土的浇筑施工应符合相关规定。

3. 采用胶接缝分节段安装墩台身的规定

（1）墩台身应按节段匹配预制的顺序，进行匹配安装。

（2）宜在下节墩台身顶部的适当位置预设安装导向装置。

（3）安装施工前，对已安装和待安装节段的匹配面应进行检查、清理，应保证匹配面平整，无异物和凸出。

（4）安装前应在节段上部的适宜位置设置操作平台，以及在墩侧的承台上设置供作业人员上下的步梯。作业平台和步梯宜采用钢结构制作，且应进行受力计算和验算，其安装应牢固、稳定；步梯应附着在已安装完成的墩台身上。

（5）采用的胶黏剂应符合设计规定的质量和力学性能要求，接缝处理的施工应符合相关规定。

（6）墩台身节段起吊安装就位后，应立即检查复核其平面位置、高程与竖直度，不符合要求时应及时进行调整。安装应保证节段之间的剪力键（槽）密贴，上下墩台身应顺直。

（7）墩台身节段安装完成并经检测其平面位置与竖直度符合要求后，应进行临时固定，并应按设计的规定对预应力钢束施加预应力，同时对胶接缝进行挤压。挤压时应采取措施对预应力孔道的端口处进行防护，防止胶黏剂进入孔道内。

（8）预应力张拉和孔道压浆的施工应符合设计的要求，设计未要求时应符合相关规定。

孔道压浆完成后应按设计要求浇筑封锚混凝土。

4. 采用湿接缝分节段安装墩台身的规定

(1) 除顶节墩台身外，应在承台顶面和各节段的顶面设置具有支承功能和导向功能的装置。承台顶面的该类装置可单独预制、单独安装；各节段顶面的该类装置宜与墩台身节段同时预制。

(2) 墩台身节段起吊安装时，应进行测量控制，通过导向装置使节段缓慢地落在支承装置上；就位后应立即检查复核其平面位置、高程与竖直度，不符合要求时应及时进行调整，并应采取可靠措施进行临时固定。

(3) 湿接头处钢筋的安装绑扎施工应符合设计的要求和相关规定。

(4) 湿接头处的模板应专门设计。模板板面应与墩台身表面密贴；模板的固定方式应可靠，且应与墩台身的构造相适应，安装拆除应方便。

(5) 湿接头应采用设计规定的混凝土，其配合比应进行专门设计并经试验验证。

(6) 湿接头混凝土的施工应严格控制原材料的质量和计量；拌制时应保证其达到规定的搅拌时间；浇筑时的分层厚度应严格控制在 300 mm 以内；振捣时应根据不同部位，采用不同规格的振捣器，必要时应进行二次振捣。

(7) 湿接头混凝土的保湿养护时间应不少于 14 d。

5. 环管式预制墩台身的安装施工规定

(1) 管节或环圈安装时，应严格控制设计轴线的位置，不应出现倾斜或上下错位现象。

(2) 基础顶部预留钢筋的数量、伸入管节或环圈内钢筋的锚固长度均应符合设计规定，应采用设计规定的混凝土或砂浆将管节或环圈的接缝填塞、捣实并抹平。

(五) 盖梁的预制安装

(1) 盖梁的预制安装方式应符合设计规定。设计未规定时，宜根据盖梁结构的构造特点、运输能力、起重能力以及施工的方便性等因素综合考虑，确定采用整体预制安装或分节段预制安装。

(2) 盖梁分节段预制安装时，应采用匹配预制、匹配安装的方式进行施工。

(3) 盖梁预制安装施工对场地布置、预制台座、存放台座、钢筋、模板、混凝土、预应力、运输、安装等的施工要求应符合相关规定。

(4) 盖梁预制构件的吊点位置应符合设计的规定，设计未规定时，应通过计算确定。

(5) 安装盖梁预制构件前，应先检查盖梁预留槽（孔）的位置是否与墩台身的相应位置一致，有偏差时应采取适当的措施进行调整。

(6) 匹配安装盖梁预制构件时，应采取可靠的临时固定措施，在构件精确就位后对其进行临时固定，未固定之前不得将起重机的吊钩松脱。

(7) 匹配安装时，对接缝处理的施工应符合相关规定。

(8) 预应力张拉和孔道压浆的施工应符合设计和相关规定。

(9) 安装完成进行体系转换时，应符合设计规定的程序和步骤。

四、现浇墩台帽、盖梁、系梁和挡块

(1) 墩台帽、盖梁、系梁和挡块的施工应在墩、台身质量检验合格后方可进行。

(2) 对墩台帽、盖梁和系梁施工所采用的托架、支架或抱箍等临时结构，应进行受力分析计算与验算。支架宜直接支承在承台顶部；当必须支承在承台以外的软弱地基上时，应对地基进行妥善加固处理，并应对支架进行预压。

(3) 在墩台帽、盖梁和系梁与墩身的连接处，模板与墩台身之间应密贴，不得出现漏浆

现象。钢筋安装施工时，应避免在钢筋的接头处起弯，并应保证钢筋的混凝土保护层厚度。对支座垫石的预埋钢筋及上部结构所需要的预埋件，其位置应准确。

（4）挡块施工时，其位置的测量放样定位应准确，模板应牢固且在浇筑混凝土时不产生移位。

（5）施工过程中应采取措施防止对墩、台身成品造成损伤和污染。

实战演练

［经典例题・单选］关于高度小于 40 m 的桥墩施工的说法，错误的是（　　）。

A. 桥墩高度小于或等于 10 m 时可整体浇筑施工

B. 分节段施工时，节段的高度宜根据施工环境条件和钢筋定尺长度等因素确定

C. 上一节段施工时，已浇节段的混凝土强度应不低于 2.5 MPa

D. 各节段之间浇筑混凝土的间歇期宜控制在 3 d 以内

［解析］各节段之间浇筑混凝土的间歇期宜控制在 7 d 以内。

［答案］D

［经典例题・多选］墩台身预制节段在陆地上安装时，宜采用的机械有（　　）。

A. 履带起重机　　B. 龙门式起重机

C. 双导梁架桥机　　D. 起重船

E. 浮吊

［解析］墩台身预制节段的安装应采用满足吊装施工能力的起重机械和设备进行墩台身预制节段的安装。陆地上安装时，宜采用履带起重机或龙门式起重机；水上安装时，宜采用起重船。

［答案］AB

知识点 7　圬工结构施工

圬工结构是指通过砌筑工艺，将天然或人工材料（如石材、砖、砌块等）按一定规则叠砌或铺设形成的结构形式。圬工结构广泛应用于桥梁的支撑部分、基础、桥墩、桥台等地方，是桥梁建设中常见的传统构造方式之一。天然地基上的圬工基础砌体，施工前应按相关规定，对基底进行检验和处理。圬工砌体中沉降缝、伸缩缝、泄水孔及防水层的设置，应符合设计规定。

根据《公路桥涵施工技术规范》(JTG/T 3650—2020)，圬工结构施工的相关规定如下。

一、材料要求

（一）石料

圬工砌体工程所用的石料应符合下列规定。

（1）石料应符合设计规定的类别和强度，石质应均匀、不易风化、无裂纹。1 月份平均气温低于−10 ℃的地区，除干旱地区的不受冰冻部位外，所用石料应通过冻融试验，其抗冻性指标合格后方可使用。

（2）片石的厚度应不小于 150 mm。用作镶面的片石，应选择表面较平整、尺寸较大者，并应稍加修整。

（3）块石的形状应大致方正，上下面应大致平整，厚度应为 200～300 mm，宽度应为厚度的 1.0～1.5 倍，长度应为厚度的 1.5～3.0 倍。块石如有锋棱锐角，应敲除。块石用作镶面时，应从外露面四周向内稍作修凿；后部可不作修凿，但应略小于修凿部分。

（4）粗料石的外形应方正，成六面体，厚度应为 200～300 mm，宽度应为厚度的 1.0～

1.5 倍，长度应为厚度的 2.5～4.0 倍，表面凹陷深度应不大于 20 mm。加工镶面粗料石时，丁石长度应比相邻顺石宽度大 150 mm；修凿面每 100 mm 长应有錾路 4～5 条，侧面修凿面应与外露面垂直，正面凹陷深度应不超过 15 mm；外露面带细凿边缘时，细凿边缘的宽度应为 30～50 mm。

（二）混凝土预制块

用于圬工砌体工程的混凝土预制块，其规格、形状和尺寸应统一，表面应平整，强度应符合设计要求。采用轻质混凝土等特殊材料制作预制块时，所用混凝土的配合比应经试验验证后确定。

（三）砂浆

圬工砌筑采用的砂浆应符合下列规定。

（1）砌筑用砂浆的类别和强度等级应符合设计规定。

（2）砂浆中所用水泥、砂、水等材料的质量应符合相关规定。砂宜采用中砂或粗砂，当缺乏天然中砂或粗砂时，可采用满足质量要求的机制砂代替；在保证砂浆强度的基础上，也可采用细砂，但应适当增加水泥用量。砂的最大粒径，当用于砌筑片石时，宜不超过5 mm；当用于砌筑块石、粗料石时，宜不超过 2.5 mm。

（3）砂浆的配合比应通过试验确定，当变更砂浆的组成材料时，其配合比应重新经试验确定。砂浆应具有良好的和易性，用于石砌体时，其稠度宜为 50～70 mm，气温较高时可适当增大。砂浆的配制宜采用质量比，并应随拌随用，保持适宜的稠度，且宜在 3～4 h 内使用完毕；气温超过 30 ℃时，宜在 2～3 h 内使用完毕。在运输过程或在储存器中发生离析、泌水的砂浆，砌筑前应重新拌和；已凝结的砂浆，不得使用。

（4）各类砂浆均宜采用机械拌和，拌和时间宜为 3～5 min。

（四）小石子混凝土

小石子混凝土应符合下列规定。

（1）配合比设计、材料规格、强度试验及质量检验标准应符合相关规定。

（2）粗集料可采用细卵石或碎石，最大粒径宜不大于 20 mm。

（3）小石子混凝土的拌合物应具有良好的和易性。对片石砌体，其坍落度宜为 50～70 mm；对块石砌体，其坍落度宜为 70～100 mm。

二、墩、台身圬工砌体

（一）砌体的砌筑施工

（1）砌块在使用前应浇水湿润，砌块的表面如有泥土、水锈，应清洗干净。

（2）砌筑基础的第一层砌块时，如基底为土质，可直接坐浆砌筑；如基底为岩层或混凝土地基，应先将基底表面清洗、湿润，再坐浆砌筑。

（3）砌体宜分层砌筑，砌体较长时可分段分层砌筑，但两相邻工作段的砌筑高差宜不超过 1.2 m；分段位置宜设在沉降缝或伸缩缝处，各段的水平砌缝应一致。

（4）各砌层应先砌外圈定位行列，再砌筑里层，其外圈砌块应与里层砌块交错连成一体。砌体外露面石料的镶面种类应符合设计规定，对有流冰或有漂浮物河流中的墩台，当设计未明确要求时，其镶面宜选用强度等级不低于 MU30 且较坚硬的石料或 C30 以上较高强度等级的混凝土预制块进行镶砌。砌体里层应砌筑整齐，分层应与外圈一致，应先铺一层适当厚度的砂浆再安放砌块和填塞砌缝。砌体的外露面应进行勾缝，并应在砌筑时靠外露面预留深约 20 mm 的空缝备作勾缝之用。砌体隐蔽面的砌缝可随砌随刮平，不另勾缝。

（5）各砌层的砌块应安放稳固，砌块间的砂浆应饱满，黏结牢固，不得直接贴靠或脱空。砌筑时，底浆应铺满，竖缝砂浆应先在已砌石块侧面铺放一部分，然后在石块放好后用砂浆填满捣实。用小石子混凝土填竖缝时，应捣固密实。

(6) 砌筑上层砌块时，应避免振动下层砌块。砌筑工作中断后恢复砌筑时，对已砌筑的砌层表面应加以清扫和湿润。

(二) 浆砌片石的砌筑施工

(1) 片石应分层砌筑，宜以 2～3 层砌块组成一工作层，每一工作层的水平缝应大致找平。各工作层竖缝应相互错开，不得贯通。

(2) 外圈定位行列和转角石，应选择形状较为方正及尺寸较大的片石，并长短相间地与里层砌块咬接。砌缝宽度宜不大于 40 mm；采用小石子混凝土砌筑时，可为 30～70 mm。

(3) 较大的砌块应用于下层，安砌时应选取形状和尺寸较为合适的砌块，尖锐凸出部分应敲除。竖缝较宽时，应在砂浆中塞以小石块，但不得在石块下面用高于砂浆砌缝的小石片支垫。

(三) 浆砌块石的砌筑施工

(1) 块石应平砌，每层石料高度应大致相同。对外圈定位行列和镶面石块，应丁顺相间或两顺一丁排列，砌缝宽度应不大于 30 mm，上下竖缝的错开距离应不小于 80 mm。

(2) 砌体里层平缝宽度应不大于 30 mm，竖缝宽度应不大于 40 mm，用小石子混凝土砌筑时应不大于 50 mm。

(四) 浆砌粗料石及混凝土预制块的砌筑施工

(1) 砌筑前，应先计算层数并选好料，砌筑时应严格控制平面位置和高度。镶面石应一丁一顺排列，砌缝应横平竖直。砌缝的宽度，对粗料石应不大于 20 mm，对混凝土预制砌块应不大于 10 mm；上下层竖缝错开的距离应不小于 100 mm，同时在丁石的上层或下层不宜有竖缝。砌体里层为浆砌块石时，应符合块石浆砌的规定。

(2) 桥墩破冰体镶面的砌筑应符合下列规定。

①破冰棱与垂线的夹角大于 20°时，镶面横缝应垂直于破冰棱；夹角小于或等于 20°时，镶面横缝可呈水平。

②破冰体镶面的砌筑层次应与墩身一致。砌缝的宽度应为 10～12 mm。

③不得在破冰棱中线上及破冰棱与墩身相交线上设置砌缝。

三、附属工程圬工砌体

(1) 锥坡、护坡和河床铺砌层等圬工砌体工程，应在坡面或基面夯实、整平后，方可开始铺砌。

(2) 片石锥坡、护坡的外露面和坡顶、边口，应选用较大、较平整并略加修凿的石块。

(3) 浆砌片石锥坡、护坡和河床铺砌的石块应相互咬接，砌缝砂浆应饱满，砌缝宽度宜为 40～70 mm。浆砌卵石护坡和河床铺砌层，应采用栽砌法，砌块应相互咬接。

(4) 干砌片石护坡和河床铺砌时，铺砌应紧密、稳定、表面平顺，且不得采用小石块塞垫或找平。干砌卵石河床铺砌时，应采用栽砌法。用于防护急流冲刷的护坡、河床铺砌层，其石块尺寸不得小于设计规定。

(5) 铺砌层的砂砾垫层材料的粒径宜不大于 50 mm，含泥量宜不超过 5%，含砂量宜不超过 40%。铺砌层的厚度应符合设计要求，设计未要求时，铺砌厚度宜不小于 300 mm。垫层与铺砌层应配合铺筑，随铺随砌。

(6) 防护工程采用石笼时，石笼的构造、形状和尺寸应适应水流及河床的实际情况。笼网钢丝应符合设计要求，笼内填充料宜采用质地坚硬、不易崩解和水解的片石、块石或大卵石，且石料的尺寸应大于笼网孔眼。笼内石料应塞紧、装满，笼网应锁口牢固；石笼应铺放整齐，笼与笼间的空隙应采用石块填满。

四、后背回填

（1）桥涵台背及锥坡、护坡后背的填料应符合设计规定。设计未规定时，宜采用天然砂砾、二灰土、水泥稳定土或粉煤灰等轻质材料，不得采用含有泥草、腐殖质或冻块的土。采用膨胀性聚苯乙烯泡沫塑料、泡沫轻质土等特殊材料回填施工时，应符合现行相关标准的规定。

（2）后背回填应顺路线方向，自台身起，其填土的长度在顶面应不小于桥台高度加 2 m，在底面应不小于 2 m；拱桥台背填土的长度应不小于台高的 3～4 倍。锥坡填土应与台背填土同时进行，并应按设计宽度一次填足。

（3）后背回填应严格控制土的分层厚度和压实度，应设专人负责监督检查，检查频率应每 50 m^2 检验一点，不足 50 m^2 时应至少检验一点，每点均应合格，且宜采用小型机械压实。桥涵台背填土的压实度应不小于 96%。

（4）后背回填的顺序应符合设计规定。设计未规定时，拱桥的台背填土宜在主拱圈安装或砌筑以前完成；梁式桥轻型桥台的台背填土宜在梁体安装完成以后，在两端桥台平衡地进行；埋置式桥台的台背填土宜在柱侧对称、平衡地进行。

五、圬工砌体勾缝和养护

（1）圬工砌体的勾缝，宜采用凸缝或平缝；浆砌较规则的块料时，可采用凹缝。勾缝应在砌体砌筑完并经检验合格后进行，并应对勾缝位置清理干净并充分湿润后，按从上至下的顺序进行。

（2）勾缝砂浆的强度等级应不低于砌体砂浆的强度等级，主体工程砂浆强度等级应不低于 M10，附属工程砂浆强度等级应不低于 M7.5，对流冰和严重冲刷的部位应采用高强度等级砂浆。

（3）石砌体的勾缝应嵌入砌缝内 20 mm 深，缝槽深度不足时，应凿够深度后再勾缝。干砌片石勾缝时，应嵌入缝内 20 mm 以上；干砌片石护坡、锥坡的勾缝，宜待坡体稳定后进行，除设计另有规定外，宜做成平缝。

（4）浆砌砌体应在砂浆初凝后，洒水覆盖养护 7～14 d。养护期间应避免碰撞、振动或承重。

实战演练

[2020 真题 · 案例节选]

背景资料：

某施工单位承接了某高速公路合同段的施工任务，该合同段起讫桩号为 K9＋060～K14＋270，公路沿线经过大量水田，水系发育，有大量软土地基。其中在 K11＋350 附近软土厚度为 4.5～8.0 m，设计采用水泥粉体搅拌桩进行处理，水泥掺量为 14%，桩径为 50 cm，桩间距为 150 cm，呈正三角形布置。桩顶地基设砂砾垫层，厚度为 30 cm。另有一座中心桩号为 K13＋050 的大桥，其桥台后填土较高、荷载较大，需按规范要求进行台背回填。

施工过程中发生了如下事件。

……

事件二：施工组织设计中，桥台台背回填的技术方案部分内容如下。

（1）台背填料选用砂石料或二灰土。

(2) 自台身起，顺路线方向，填土的长度在顶面处不小于桥台的高度。
(3) 锥坡填土与台背填土同时进行。
(4) 采用小型机械进行压实，压实度不小于 94%。
(5) 台背回填在结构物强度达到设计强度 65%以上时进行。
……

[问题]

4. 逐条判断事件二中施工单位的技术方案是否正确？若不正确，请改正。

[答案]

4. 第 (1) 条正确。
第 (2) 条错误。
改正：台背填土顺路线方向，应自台身起，填土的长度在顶面不小于桥台高度加 2 m。
第 (3) 条正确。
第 (4) 条错误。
改正：压实度不小于 96%。
第 (5) 条错误。
改正：台背回填在结构物强度达到设计强度 75%以上时进行。

第五节　桥梁上部结构施工

知识点 1　梁式桥施工

一、一般规定

用于梁式桥施工的各种材料、模板、支架、构件、混凝土及预应力混凝土等应符合相关规定；所有临时性承重结构及其地基基础均应进行设计计算，并应保证其在施工过程中有足够的强度、刚度和稳定性，且变形值应在允许范围内。

对大跨径连续梁桥和连续刚构桥，应进行施工过程控制，使结构的变形、内力及线形符合设计要求，并应保证结构在施工过程中的安全。

二、装配式梁、板预制安装

(一) 一般要求

装配式梁、板施工的一般要求应符合下列规定。

(1) 装配式梁、板等构件在脱底模、移运、存放和安装时，混凝土的强度应不低于设计规定的吊装强度；设计未规定时，应不低于设计强度的 80%。

(2) 构件安装前应检查其外形、预埋件的尺寸和位置，允许偏差不得超过设计规定；设计未规定时，不得超过相关规定。

(3) 安装构件时，支承结构（墩台、盖梁）的混凝土强度和预埋件（包括预留锚栓孔、锚栓、支座钢板等）的尺寸、高程及平面位置应符合设计要求。

(4) 构件安装就位完毕并经检查校正符合要求后，方可焊接或浇筑混凝土固定构件。简支梁的安装应采取措施保证梁体的稳定性，防止倾覆。

(5) 对分层、分段安装的构件，应在先安装的构件可靠固定且受力较大的接头混凝土达到设计强度的 80%后，方可继续安装；设计有规定时，应从其规定。

(6) 分段拼装梁的接头混凝土或砂浆，其强度应不低于构件的设计强度；不承受内力的构件的接缝砂浆，其强度等级应不低于 M10。需与其他混凝土或砌体结合的预制构件的砌筑面应按施工缝处理。

(7) 构件吊运安装时，其起重安全应符合相关规定。吊运工具、设备的使用技术要求，应按起重吊装的有关规定执行。

(二) 构件预制

构件预制厂的布置应满足预制、移运、存放及架设安装的施工作业要求；场地应平整、坚实，应根据地基情况和气候条件，设置必要的防排水设施，并应采取有效措施防止场地沉陷。

构件的预制台座应符合下列规定。

(1) 预制台座的地基应具有足够的承载能力和稳定性。当用于预制后张预应力混凝土梁、板时，宜对台座两端及适当范围内的地基进行特殊加固处理。

(2) 预制台座应采用适宜的材料和方式制作，且应保证其坚固、稳定、不沉陷。

(3) 预制台座的间距应能满足施工作业的要求；台座表面应光滑、平整，在 2 m 长度上平整度的允许偏差应不超过 2 mm，且应保证底座或底模的挠度不大于 2 mm。

(4) 对预应力混凝土梁、板，应根据设计提供的理论拱度值，结合施工的实际情况，正确预计梁体拱度的变化情况，在预制台座上按梁、板构件跨度设置相应的预拱度。当预计后张预应力混凝土梁的上拱度值较大，将会对桥面铺装的施工产生不利影响时，宜在预制台座上设置反拱。

(5) 预制台座应具有对梁底的支座预埋钢板或楔形垫块进行角度调整的功能，并应在预制施工时严格按设计要求的角度进行设置。

(三) 构件混凝土浇筑

(1) 腹板底部为扩大断面的 T 形梁和 I 形梁，应先浇筑扩大部分并振实后，再浇筑其上部腹板。

(2) U 形梁可上下一次浇筑或分两次浇筑。一次浇筑时，宜先浇筑底板至底板承托顶面，待底板混凝土振实后再浇筑腹板；分两次浇筑时，宜先浇筑底板至底板承托顶面，按施工缝处理后，再浇筑腹板混凝土。

(3) 箱形梁宜一次浇筑完成，且宜先浇筑底板至底板承托顶面，待底板混凝土振实后再浇筑腹板、顶板。

(4) 中小跨径的空心板浇筑混凝土时，对芯模应有防止上浮和偏位的可靠措施。

对高宽比较大的预应力混凝土 T 形梁和 I 形梁，应对称、均衡地施加预应力，并应采取有效措施防止梁体产生侧向弯曲。

(四) 构件的场内移运

(1) 对后张预应力混凝土梁、板，在施加预应力后可将其从预制台座吊移至场内的存放台座上后再进行孔道压浆，但必须满足下列要求。

①从预制台座上移出梁、板仅限一次，不得在孔道压浆前多次倒运。

②吊移的范围必须限制在预制厂内的存放区域，不得移往他处。

③吊移过程中不得对梁、板产生任何冲击和碰撞。

④不得将构件安装就位后再进行预应力孔道压浆。

(2) 后张预应力混凝土梁、板在预制台座上进行孔道压浆后再移运的，移运时其压浆浆体的强度应不低于设计强度的 80%。

(3) 梁、板构件移运时的吊点位置应符合设计规定；设计未规定时，应根据计算确定。

(4) 在构件上设置的吊环必须采用未经冷拉的 HPB300 钢筋制作；吊具应采用经专门

设计的定型产品，且应符合相关产品标准或设计规范的要求。

（5）吊绳与起吊构件的交角小于 60°时，应设置吊架或起吊扁担，使吊点垂直受力。

（6）吊移板式构件时，不得吊错上下面。

（五）构件的存放

（1）存放台座应坚固稳定，且宜高出地面 200 mm 以上。存放场地应有相应的防排水设施，并应保证梁、板等构件在存放期间不致因支点沉陷而受到损坏。

（2）梁、板构件存放时，其支点应符合设计规定的位置，支点处应采用垫木和其他适宜的材料进行支承，不得将构件直接支承在坚硬的存放台座上；存放时混凝土养护期未满的，应继续养护。

（3）构件应按其安装的先后顺序编号存放。预应力混凝土梁、板的存放时间宜不超过 3 个月，特殊情况下应不超过 5 个月；存放时间超过 3 个月时，应对梁、板的上拱度值进行检测，当上拱度值过大将会严重影响后续桥面铺装施工或梁、板混凝土产生严重开裂时，则不得使用。

（4）当构件多层叠放时，层与层之间应以垫木隔开，各层垫木的位置应设在设计规定的支点处，上下层垫木应在同一条竖直线上。叠放的高度宜按构件强度、台座地基的承载力、垫木强度及叠放的稳定性等经计算确定，大型构件以 2 层为宜，应不超过 3 层；小型构件宜为 6～10 层。

➤ **知识拓展：** 大型构件是指箱梁、T 形梁、I 形梁和板梁；小型构件是指宽厚比大于 5 的板。

（5）雨季或春季融冻期间，应采取有效措施防止地基软化下沉而造成构件断裂及损坏。

（六）构件的运输

（1）板式构件运输时，宜采用特制的固定架稳定构件。对小型构件，宜顺宽度方向侧立放置，并应采取措施防止倾倒；如平放，在两端吊点处必须设置支搁方木。

（2）梁的运输应按高度方向竖立放置，并应有防止倾倒的固定措施；装卸梁时，必须在支撑稳妥后，方可卸除吊钩。

（3）采用平板拖车或超长拖车运输大型梁、板构件时，车长应能满足支点间的距离要求，支点处应设活动转盘防止搓伤构件混凝土；运输道路应平整，当有坑洼或高低不平时，应事先处理平整。

（4）水上运输梁、板构件时，应有相应的封舱加固措施，并应根据天气状况安排装卸和运输作业时间，同时应满足水上（海上）作业的相关安全规定。

（七）简支梁、板的安装

（1）安装前应制订专项施工方案，安装的方法和安装设备应根据构件的结构特点、重力及施工环境条件等综合确定；对安装施工中的各种临时受力结构和安装设备的工况应进行必要的安全验算，所有施工设施均宜进行试运行和荷载试验。

（2）安装前应对墩台的施工质量进行检验，并应对支座或临时支座的平面位置和高程进行复测，合格后方可进行梁、板等构件的安装。

（3）采用架桥机进行梁、板构件的安装作业时，其抗倾覆稳定系数应不小于 1.3。架桥机过孔时，应将起重小车置于对稳定最有利的位置，且抗倾覆稳定系数应不小于 1.5；不得采用将梁、板吊挂在架桥机后部配重的方式进行过孔作业。

（4）采用起重机吊装构件时，如采用一台起重机起吊，则应在吊点位置的上方设置吊架或起吊扁担；如采用两台起重机抬吊，则应统一指挥，协调一致，使构件的两端同时起吊、同时就位。

(5) 采用缆索吊机进行安装时，应事先对缆索吊机进行 1.2 倍最大设计荷载的静力试验和设计荷载下的试运行，全面验收合格后方可使用。

(6) 梁、板安装施工期间及架桥机移动过孔时，严禁行人、车辆和船舶在作业区域的桥下通行。

(7) 梁、板就位后，应及时设置锁定装置或支撑将构件临时固定，对横向自稳性较差的 T 形梁和 I 形梁等，应与先安装的构件进行可靠的横向连接，防止倾倒。

(8) 安装在同一孔跨的梁、板，其预制施工的龄期差宜不超过 10 d，特殊情况应不超过 30 d。梁、板上有预留相互对接的预应力孔道的，其中心应在同一轴线上，偏差应不大于 4 mm。梁、板之间的横向湿接缝，应在一孔梁、板全部安装完成后方可进行施工。

(9) 对弯、坡、斜桥的梁、板，其安装的平面位置、高程及几何线形应符合设计要求。

(10) 当安装条件与设计规定的条件不一致时，应对构件在安装时产生的内力进行复核。

(八) 先简支后连续的梁施工

(1) 先简支安装梁的施工应符合相关规定，当设置临时支座进行支承时，对一片梁中的各临时支座，其顶面的相对高差应不大于 2 mm。

(2) 简支变连续的施工程序应符合设计规定。

(3) 对湿接头处的梁端，应按施工缝的要求进行凿毛处理。永久支座应在设置湿接头底模之前安装。湿接头处的模板应具有足够的强度和刚度，与梁体的接触面应密贴并具有一定的搭接长度，各接缝应严密不漏浆。负弯矩区的预应力管道应连接平顺，与梁体预留管道的接合处应密封；预应力锚固区预留的张拉齿板应保证其外形尺寸准确且不被损坏。

(4) 湿接头的混凝土宜在一天中气温相对较低的时段浇筑，且一联中的全部湿接头应尽快浇筑完成。湿接头混凝土的养护时间应不少于 14 d。

(5) 湿接头按设计要求施加预应力、孔道压浆且浆体达到规定强度后，应立即拆除临时支座，按设计规定的顺序完成体系转换。同一片梁的临时支座应同时拆除。

(6) 仅为桥面连续的梁、板，应按设计要求进行施工。

三、支架上现浇

梁式桥梁、板的现场浇筑可采用满布支架或梁式支架。现浇支架除应符合相关规定外，尚应符合下列规定。

(1) 支架应稳定、牢固，其地基应有足够的承载力。支架位于水中时，其基础宜采用桩基；对弯、坡、斜桥，其支架的设置应适应梁体相应几何线形的变化，且应采取有效措施保证支架的稳定性。

(2) 满布支架的地基表面应平整，并应有防排水措施；满布支架位于坡地上时，宜将地基的坡面挖成台阶；在软弱地基上设置满布支架时，应采取措施对地基进行处理，使其承载力满足施工要求。

(3) 梁式支架各支点的基础应设在可靠的地基上，当地基沉降过大或承载力不能满足要求时，宜设置桩基或采取其他有效措施进行处理。梁式支架不宜采用拱式结构；必须采用时，应按拱架的要求施工。

(4) 对梁式桥现浇支架，应根据支架的类型和结构形式、地基的沉降量和承载能力，以及荷载大小等因素，按相关规定确定是否采取预压措施。

(5) 梁式桥跨越需要维持正常通行（航）的道路（水域）时，对其现浇支架应采取防碰撞的安全措施，并应设置必要的交通导流标志，保证施工安全和交通安全。

梁式桥现浇施工时，梁体混凝土在顺桥向宜从低处向高处进行浇筑，在横桥向宜对称进行浇筑。混凝土浇筑过程中，应对支架的变形、位移、节点和卸架设备的压缩及支架地基的沉降等进行监测，如发现超过预警值的变形、变位，应及时采取措施予以处理。

四、移动模架逐孔现浇

移动模架宜采用定型产品，模架的功能、承载能力、长度、模板的尺寸及支承系统等，应与所施工的预应力混凝土连续梁的各项要求相适应，设计制造厂家应提供模架的产品出厂质量合格证书以及操作手册等相关技术文件。当采用非定型模架用于中小跨径梁、板的施工时，应对模架进行专门的设计计算，并应进行荷载试验，确认其能保证施工的安全和质量后方可投入使用。

➢ **知识拓展：**移动模架分为上行式和下行式 2 种类型，因其机械化程度较高，通常均采用定型产品。

模架的拼装应按产品的操作手册进行，并应保证拼装期间的施工安全；拼装完成后应对其拼装质量进行检验，并应在首孔梁的浇筑位置就位后进行荷载试压试验，检验和试压合格后方可正式使用。

模架的支承系统应安全可靠，并应具有足够的承载能力、刚度和稳定性。模架的后端宜设置后吊点，应使模架中的模板与已浇梁段的悬臂端梁体紧密贴合，防止该处产生错台或漏浆。模架应设置预拱度，预拱度值应经计算并参考荷载试验结果确定。

首孔梁浇筑混凝土前，应做好施工前的各项准备工作，制订详细的施工方案、施工工艺、各项保障措施及应急预案；浇筑施工时，应对模架进行挠度监测，监测的数据及分析结果应作为修正模架预拱度的依据。首孔梁的混凝土在顺桥向宜从桥台（或过渡墩）开始向悬臂端进行浇筑，中间孔宜从悬臂端开始向已浇梁段推进浇筑，末孔宜从一联中最后一个墩位处向已浇梁段推进浇筑，最终与已浇梁段接合；梁体混凝土在横桥向应对称浇筑。连续梁逐跨现浇的纵向分段接缝位置应符合设计规定；设计未规定时，宜设在 1/5 跨的弯矩零点附近。

任一孔梁的混凝土浇筑施工完成后，内模中的侧向模板应在混凝土抗压强度达到 2.5 MPa 后，顶面模板应在混凝土抗压强度达到设计强度的 75%后，方可拆除；外模架应在梁体建立预应力后方可卸落。

模架横移和纵向移动过孔前，应解除作用于模架上的全部约束。纵向移动时两侧的承重钢梁应保持基本同步，不同步的最大距离偏差应符合产品设计的规定，且应有限位和紧急制动装置；移动到下一孔位置后，应立即对模架进行准确就位并固定。模架在移动过孔时的抗倾覆稳定系数应不小于 1.5。

模架的拆除应根据不同的施工环境条件确定相应的拆除方案，并应有可靠的起吊和拆除的安全措施，防止发生事故。

移动模架在使用期间尚应符合下列规定。

(1) 在梁体混凝土的浇筑施工过程中，应随时对模架的关键受力部位和支承系统进行检查，有异常时应采取有效措施及时处理；在移动过孔时，应对模架的运行状态进行监控。

(2) 模架所有操作平台的边缘处均应设置防护栏杆，必要时应挂安全网，同时应在模架的适当部位配备消防器材。

(3) 模架中的动力和照明线路应由专业人员敷设，并应定期检查清理，消除漏电、短路等隐患。

(4) 每完成一孔梁的施工，均应对模架的关键部位及支承系统等进行检查，发现问题后应及时处理。

五、悬臂浇筑

悬臂浇筑是指在以桥墩为中心的顺桥向两侧，采用专用设备对称、平衡地逐段向跨中浇筑混凝土梁体，并逐段施加预应力的施工方法。

（一）挂篮技术要求

挂篮是悬臂浇筑混凝土梁体时，用于承受梁体自重及施工荷载，能逐段向前移动并经特殊设计的主要工艺设备。其主要组成部分有承重系统、提升系统、锚固系统、行走系统、模板与支架系统。

挂篮结构如图 3-5-1 所示。

（a）挂篮结构示意图　　（b）挂篮结构实物图

图 3-5-1　挂篮结构

用于悬臂浇筑施工的挂篮，其结构除应满足强度、刚度和稳定性要求外，尚应符合下列规定。

（1）挂篮与悬浇梁段混凝土的质量比宜不大于 0.5，且挂篮的总重应控制在设计规定的限重之内。

（2）挂篮的最大变形（包括吊带变形的总和）应不大于 20 mm。

（3）挂篮在浇筑混凝土状态和行走时的抗倾覆安全系数、锚固系统的安全系数、斜拉水平限位系统的安全系数及上水平限位的安全系数均应不小于 2。

（4）挂篮的支承平台应有足够的平面尺寸，应能满足梁段现场施工作业的需要。

（5）挂篮模板的制作与安装应准确、牢固，安装误差应符合相关规定。后吊杆和下限位拉杆孔道应严格按设计尺寸准确预留。

（6）挂篮锚固系统所用的轴销、键、拉杆、垫板、螺母、分配梁等应专门设计、加工，并不得随意更换或替代。

（7）悬挂系统两端应能与承压面密贴配合，混凝土承压面不规则、不平整时应事前处理，应使吊杆能轴向受拉而不承受额外的弯矩和剪力。

（8）挂篮制作加工完成后应进行试拼装。挂篮在现场组拼后，应全面检查其安装质量，并应进行模拟荷载试验，符合挂篮设计要求后方可正式投入使用。

（二）钢筋的制作及安装

（1）底板钢筋与腹板钢筋的连接应牢固，且宜采用焊接；底板上下两层的钢筋网应采用两端带弯钩的竖向筋进行连接，使之形成整体；顶板底层的横向钢筋宜采用通长筋。

（2）钢筋与预应力管道、预应力施工作业相互影响时，钢筋仅可移动，不得切断。若挂篮的下限位器、下锚带、斜拉杆等部位影响下一步操作必须切断钢筋时，应在该工序完成后，将切断的钢筋重新连接。

（三）墩顶梁段施工

（1）预应力混凝土连续梁的墩顶梁段施工时，应按设计规定在墩梁之间设置临时固结装置，并应进行必要的施工验算，且临时固结装置的结构和采用的材料应满足方便、快速拆除的要求。

(2) 墩顶及墩顶邻近梁段可采用落地支架或托架施工，支架和托架应符合相关规定。墩顶梁段宜全断面一次浇筑完成，当梁段过高一次浇筑完成难以保证质量时，可沿高度方向分两次浇筑，但首次浇筑的高度宜超过底板承托顶面以上至少 500 mm，且宜将两次浇筑混凝土的龄期差控制在 7 d 以内。

(四) 悬臂浇筑施工

(1) 悬臂浇筑施工应对称、平衡地进行，两端悬臂上荷载的实际不平衡偏差不得超过设计规定值；设计未规定时，宜不超过梁段重的 1/4。悬臂梁段应全断面一次浇筑完成，并应从悬臂端开始，向已完成梁段推进分层浇筑。

(2) 悬臂浇筑的施工过程控制宜遵循变形和内力双控的原则，且宜以变形控制为主。

(3) 悬臂浇筑施工时，立模高程的误差应不大于±5 mm，立模轴线的偏位应不大于 5 mm。

(4) 挂篮前移时，宜在其后方设置控制其滑动的装置或在滑道上设置止动装置；前移就位后，应立即将后锚固点锁定，防止倾覆。

(5) 每一节段悬臂浇筑施工完成后，除应进行质量检验外，尚应对预应力孔道进行检查，防止有杂物堵塞孔道的情况发生。

(6) 悬臂浇筑施工时，应对桥面上的各种临时施工荷载进行控制。

(7) 当悬臂浇筑施工跨越铁路、公路、航道及其他建筑物时，应采取有效的安全施工防护措施。

(五) 悬臂浇筑时预应力施工

悬臂浇筑时预应力的施工除应符合相关规定外，尚应符合下列规定。

(1) 预应力管道的安装定位应准确，备用管道和长束的管道应采取措施保证其在使用时的有效性。

(2) 对纵向预应力长钢束的张拉，宜通过必要的试验确定其张拉程序和各项参数，张拉持荷时间宜增加 1 倍；当钢束的伸长值不能满足要求时，可采取补张拉或多次张拉的措施，但张拉应力不得超过设计规定的最大控制应力。横向预应力采用一端张拉时，其张拉端宜在梁两侧交错设置。竖向预应力宜采用多次张拉的方式进行，多次张拉的次数应以钢束的伸长值是否达到要求且是否可靠锚固而定。

(3) 对钢束施加预应力时，不得随意将锚具附近的普通钢筋切断；当该处的钢筋影响到张拉操作不能进行正常作业时，应会同设计人员协商处理。

(4) 对竖向预应力孔道，压浆时应从下端的压浆孔压入，压力宜为 0.3～0.4 MPa，且压入的速度不宜过快。

(六) 混凝土梁的合龙和体系转换

(1) 合龙的程序和顺序应符合设计规定。

(2) 合龙施工前，应对两端悬臂梁段的轴线、高程和梁长受温度影响的偏移值进行观测，并应根据实际观测值进行合龙的施工计算，确定准确的合龙温度、合龙时间及合龙程序。

(3) 对连续刚构两端的悬臂梁段采用施加水平推力的方式调整梁体的内力时，千斤顶的施力应对称、均衡。

(4) 合龙时，宜采取措施将合龙口两侧的悬臂端予以临时刚性连接后，再浇筑合龙段混凝土。宜在合龙口两侧的梁体顶面设置等重压载水箱，并在浇筑合龙段混凝土时同步卸载。

(5) 合龙段的混凝土宜在一天中气温最低且稳定的时段内浇筑，浇筑后应及时覆盖洒水养护，养护时间宜不少于 14 d。

(6) 合龙时在桥面上设置的全部临时施工荷载应符合施工控制的要求。对预应力混凝土连续梁，合龙后应在规定的时间内尽快拆除墩梁临时固结装置，按设计规定的程序完成体系转换和支座反力调整。

(七) 施工监控

(1) 施工前应编制施工监控方案，进行结构分析复核，确定主梁施工监控目标高程和应力控制标准，建立指令、监测数据等信息传递和反馈的控制流程。施工监控方案应依据批准的图纸和实施性施工组织设计编制，结构分析的参数和结果应经设计认可。

(2) 施工监控应考虑环境温度、桥上施工设备及临时荷载的影响；监控测量应考虑日照温差、季节性温差、大风等因素的影响；施工荷载应不超出规定的限值。

(3) 每节段施工应在混凝土浇筑后、预应力张拉后、挂篮前移就位后等阶段，测量梁段的高程，并据此预测、确定下一梁段的立模高程。应力监测应按预定的频次实施，不得随意改变。

(4) 当需要改变施工顺序、进度和作业条件时，应复核施工监控的可行性，并制订措施保证桥梁线形和应力符合设计要求。如果施工顺序、进度或作业条件发生了重大偏差，应重新进行施工监控结构分析，确定目标高程和应力控制标准。

(八) 节段预制拼装

(1) 桥梁节段可采用短线法或长线法进行预制，预制场地的布置应便于节段的预制、移运、存放及装车（船）出运；预制台座应稳定、坚固，在荷载作用下，其顶面的沉降应控制在 2 mm 以内。

(2) 节段预制前，应在预制场地建立精密测量的平面控制网和高程控制网，并设置测量控制点、测量塔及靶标。测量控制点应设在远离热源和震动源的位置，且应具有良好的通视条件，必要时应设置备用的测量控制点。

(3) 节段预制时，应对其预制线形进行控制，使成桥后的线形符合设计要求。节段预制的测量控制宜采用专用线形控制软件进行。

(4) 节段预制宜采用专门设计的钢模板，钢模板及其支撑除应满足强度、刚度和稳定性的要求外，尚应满足多次重复使用不变形及保证节段预制精度的要求。采用长线法预制节段时，同一连续匹配浇筑的梁段应在同一长线台座上制作；采用短线法时，应在台座上匹配预制，并应符合下列规定。

①内模系统应是可调整的，且宜安装在可移动的台车支架上。

②端模应垂直、牢固，外侧模与底模应能适应节段的线形变化要求。

③模板与匹配节段的连接应紧密、不漏浆。

(5) 节段的钢筋宜在专用胎架上制成整体骨架后，吊入模板内进行安装；吊装整体骨架时应设置吊架，吊点的布置应合理，且宜采用多点起吊，防止变形。对预埋件的安装和预留孔的设置，应采用定位钢筋将其准确固定；当有体外预应力钢束转向器时，其安装必须准确可靠。

(6) 节段预制混凝土的性能除应符合相关规定外，尚应符合设计对其弹性模量、收缩和徐变等性能的要求。节段预制混凝土的浇筑应符合相关规定，并应根据环境温度、水泥品种、外加剂、施工进度及对混凝土性能的要求等制订养护方案，总体养护时间宜不少于 14 d，对节段的外立面混凝土宜采用喷湿或其他适宜的方式进行养护。

(7) 节段的脱模时间应符合设计规定；设计未规定时，应在混凝土强度达到设计强度的

75%后方可脱模并拆除。在脱模、拆除或移动节段时，应采取措施防止损伤节段混凝土的棱角和剪力键。

(8) 模板拆除后应及时对节段进行检查验收，测量其外形尺寸，并标出梁高及纵横轴线。

(九) 节段的起吊、移运与存放

(1) 节段从预制台座起吊时，混凝土的强度应符合设计规定。

(2) 节段的移运应满足运输安全和施工安全的要求。在移运时，应采取措施防止对节段产生冲击或碰撞。

(3) 节段在存放台座的叠放层数宜不超过两层，并应对存放台座及其地基的承载力进行验算。节段支点的位置应符合设计规定，且宜采用垫木或橡胶板等弹性支撑物进行支承。

(4) 节段的存放时间应符合设计要求；设计未要求时，宜不少于 90 d。对未达到养护时间的节段，应在存放时继续养护。

(十) 悬臂拼装施工

(1) 节段拼装施工前，应对预制节段的匹配面进行必要的处理，并应确定接缝施工的方法和工艺。在拼装施工过程中，应跟踪监测各节段梁体的挠度变化情况，控制其中轴线及高程；当实测梁体线形与设计值有偏差时，应及时进行调整。

(2) 施工前应按施工荷载对起吊设备进行强度、刚度和稳定性验算，其安全系数应不小于 2。节段起吊安装前，应对起吊设备进行全面安全技术验收，并应分别进行 1.25 倍设计荷载的静载和 1.1 倍设计荷载的动载试验。

(3) 墩顶节段安装前，应在每一联梁中建立其独立的三维坐标系，对该联各墩顶节段安装的平面位置和高程进行测量放样，X、Y 两个方向的放样精度宜不大于 1 mm，Z 方向的放样精度宜不大于 2 mm。安装时，应对其安装精度进行严格控制。

(4) 墩顶梁段采用现浇方式施工时，对与之相邻的拼装起始节段的放样精度控制，也应符合上述第 (3) 条的规定。

(5) 节段悬臂拼装时，桥墩两侧的节段应对称起吊，且应保证桥墩两侧平衡受力，最大不平衡力应符合设计规定。

(十一) 逐跨拼装施工

(1) 应根据整跨桥梁的设计重力、施工荷载和现场的环境条件等因素，选择用于安装施工的架桥机。

(2) 节段正式拼装前宜进行试拼装。

(3) 拼装节段时，应对基准节段的空间位置进行测量放样，测量放样的精度要求应符合上述“(十) 悬臂拼装施工”中第 (3) 条的规定，定位后应及时进行固定。

(4) 采用上行式架桥机拼装节段时，各节段应错层悬挂，且节段之间应设置防止碰撞的垫块，错层的节段数量和节段之间的纵向间距应能满足拼装工艺的要求；采用下行式架桥机拼装节段时，应采取有效措施抵抗支承面倾斜时节段重力对装载车产生的水平分力。

(5) 各节段与匹配节段的预应力孔道应连接顺畅，在节段拼装后的匹配面接缝处，孔道位置不应有超过 2 mm 的错台现象，且应保证其密封性。

(6) 拼装后整跨梁体的三维位置不符合设计要求时，应对其进行调整，直至满足设计规定的精度要求。

(7) 节段拼装完成并施加预应力后，应进行支承的转换，转换顺序应通过计算确定。当架桥机不具备支承转换功能时，可通过事先设置在墩顶的临时千斤顶顶升节段完成支承转换，连续梁的中支点则宜采用临时支座进行支承。支承转换前应使梁底与支座接触，但不应使支座承受压力。采用上行式架桥机拼装时，应在支承转换全部完成后，方可拆除在架桥机上的固定装置。

（8）节段逐跨拼装完成后，梁体应处于简支状态，在对结构进行体系转换后方可形成连续梁。

（十二）接缝处理

（1）各节段间的接缝施工应符合设计规定。

（2）采用胶接缝拼装的节段，涂胶前应就位试拼。胶黏剂进场后应进行力学性能及作业性能的抽检，其各项性能应满足结构设计与节段拼装施工的要求。节段的匹配面应平整，尘土、油脂等污染物及松散混凝土和浮浆应清除干净。涂胶前的匹配面应进行干燥处理。

（3）胶黏剂宜采用机械拌和，且在使用过程中应连续搅拌并保持其均匀性。胶黏剂应涂抹均匀，覆盖整个匹配面，涂抹厚度宜不超过 3 mm。对胶接缝施加临时预应力进行挤压时，挤压力宜为 0.2 MPa，胶黏剂应在梁体的全断面挤出，且胶接缝的挤压应在 3 h 以内完成；当施工时间超过明露时间的 70%时，在固化之前应清除被挤出的胶结料。胶黏剂在涂抹和挤压时，应采取措施对预应力孔道的端口处进行防护，防止胶黏剂进入孔道内。

（十三）节段拼装的预应力施工

（1）对采用胶接缝的节段，在拼装工作结束并经检查符合要求后，应立即施加预应力对接缝进行挤压；对采用湿接缝的节段，应在接缝混凝土强度达到设计强度的 80%以上时方可对其施加预应力。

（2）临时预应力钢束的布置和张拉控制应力应符合设计规定，并应满足多次重复张拉的作业要求；临时预应力钢束在结构永久预应力施工完成后方可拆除。

（3）节段拼装完成并施加预应力后，方可放松起吊吊钩，并应立即对预应力孔道进行压浆和封锚。

（4）对梁顶面明槽内已张拉的预应力钢束应加以保护，严禁在其上堆放物体或抛物撞击。

六、顶推

顶推是指梁体逐段浇筑或拼装时，在梁前端安装导梁，采用专用设备纵向顶推或牵引，使梁体到达各墩顶设计位置的施工方法。顶推施工如图 3-5-2 所示。

图 3-5-2 顶推施工

（一）梁段的预制、拼装

梁段的预制或拼装场地除应符合相关规定外，尚应符合下列规定。

（1）预制或拼装场地宜设在桥台后方的引道或引桥上，其长度、宽度应满足梁段预制或拼装施工作业的需要。

（2）宜在场地上搭设固定或活动的作业棚，使梁段的施工作业不受天气影响，并便于混凝土养护。

梁段预制或拼装台座的设置应符合下列规定。

（1）在桥头路基或引桥上设置预制或拼装台座时，路基或引桥的强度、刚度和稳定性应满足顶推施工的要求，并应设置台座地基的防水、排水设施，防止沉陷。在荷载作用下，台座顶面的沉降变形应不大于 2 mm。

（2）台座的轴线应与桥梁轴线的延长线重合，纵坡应一致，两轴线间的偏差应不大于 5 mm；相邻两支承点上台座中滑移装置的纵向顶面高程差应不大于 2 mm；同一支承点上滑移装置的横向顶面高程差应不大于 1 mm；台座（包括滑移装置）和梁段底模板顶面高程差应不大于 2 mm。

混凝土梁段的预制应符合下列规定。

（1）模板宜采用钢模板。底模与底架宜连成一体且可升降；侧模宜采用旋转式的整体模板；内模宜采用可移动台车加升降旋转式的整体模板。模板应保证刚度，制作精度应符合相关规定。

（2）梁段混凝土的浇筑除应符合相关规定外，尚应符合下列规定。

①混凝土梁体在支座位置处的横隔板，宜在整联梁顶推到位并完成解联后再进行浇筑，振捣时应避免振动器碰撞预应力管道和预埋件等。

②梁段的工作缝表面应凿毛并清洗干净。若工作缝为多联连续梁的解联断面，宜设为干接缝并采用临时预应力束张拉使之连接紧密。干接缝的断面尺寸应准确，表面应平整，解联时应分开方便。

③对与顶推导梁连接的梁体端部的混凝土，应保证其振捣密实，不得出现空洞等缺陷。

（二）梁体预应力的施工

（1）预应力钢束的布置、张拉顺序、临时束的拆除次序等，应符合设计规定。

（2）各种因顶推施工需要所设置的临时预应力束，在顶推施工过程中应予以妥善保护。

（3）导梁和临时墩的设置应符合下列要求。

①导梁的长度宜为顶推跨径的 0.6～0.8 倍，刚度宜为主梁的 1/15～1/9，导梁与主梁梁体连接处的刚度应协调，预埋件的连接强度应满足梁体顶推时的受力要求，导梁前端的最大挠度应不大于设计规定。

②导梁全部节间的拼装应平整，其中线的允许偏差应不大于 5 mm，纵、横向底面高程的允许偏差应为±5 mm。

③桥跨中间设有临时墩时，其施工技术要求应符合设计规定及相关规定；梁体顶推施工完成并落位到永久支座上后，应及时将其拆除。

（三）梁体的顶推

1. 梁体顶推的规定

（1）顶推施工宜根据梁体长度、顶推跨度、桥墩所能承受的水平推力等条件，选择适宜的顶推方式。

（2）采用单点或多点水平千斤顶方式顶推时，顶推滑道的长度应大于水平千斤顶行程加滑块的长度，宽度应为滑板宽度的 1.2～1.5 倍；相邻墩滑道顶面高程的允许偏差宜为±2 mm，同墩两滑道高程的允许偏差宜为±1 mm；滑动装置的摩擦系数宜经试验确定。

（3）采用单点或多点水平千斤顶方式顶推时，实际总顶推力应不小于计算顶推力的 2 倍；采用单点或多点拉杆方式顶拉时，拉杆的截面积和根数应满足顶拉力的要求，拉锚器的锚固和放松应方便、快速，设置在各墩顶的反力台应牢固且应满足顶拉反力的要求。多点顶推（拉）时，各点的水平千斤顶应同步运行。

（4）宜在墩台上设置导向装置，防止梁体在顶推过程中产生偏移。顶推过程中，宜对梁体的轴线位置、墩台的变形、主梁及导梁控制截面的挠度和应力变化等进行施工监测；发生异常情况时，应停止顶推，查明原因并进行处理后方可继续施工。

（5）顶推时至少应在两个墩上设置保险千斤顶。如遇顶推故障需采用竖向千斤顶将梁顶高时，最大顶升高度不得超过设计规定或不得大于 10 mm，起顶的反力值不得大于计算反力的 1.1 倍。

（6）平曲线连续梁顶推施工时，预制台座的平面及梁体均应按设计线形设置成圆弧形；导梁宜设置成直线形，但与主梁连接处应偏转一定角度，使导梁前端的中心落在设计线形的中线上。顶推应使梁体沿圆弧曲线前进。

（7）竖曲线连续梁顶推施工时，预制台座的底模板顶面应符合设计竖曲线的曲率；所需水平顶推力的大小，应考虑正负纵坡的影响。

（8）采用步履式顶推时，垫梁应有足够的长度和刚度，且应与梁体底部完全接触（垫 50 mm 厚橡胶垫），保证梁体腹板可靠受力。顶推过程中竖向顶升和水平顶推各墩的同步精度应控制在 5 mm 以内，同墩两侧的同步精度应控制在 4 mm 以内。

2. 梁体顶推到位后落梁的规定

（1）落梁前应按设计规定的顺序，对预应力钢束进行张拉、锚固和压浆，拆除全部临时预应力钢束。拆除墩、台上的滑动装置时，梁体的各支点应均匀顶起，其顶力应按设计支点反力的大小进行控制，顶起时相邻墩各顶点的高差应不大于 5 mm，同墩两侧梁底顶起时高差应不大于 1 mm。

（2）落梁时，应按设计规定的顺序和每次的下落量分步进行，同一墩、台的千斤顶应同步运行；落梁反力的允许偏差应为±10%设计反力。

（3）永久支座应在落梁前进行安装。

3. 钢梁的顶推施工规定

（1）顶推方式宜根据钢梁的结构特点选择确定。

（2）导梁与钢梁之间宜采用焊接连接或采用螺栓连接。钢梁结构的支点和顶推施力点处宜适当加固，并应采取措施防止结构在顶推过程中产生变形。

七、箱梁整孔预制安装

（一）箱梁预制

箱梁预制场地的建设除应符合相关规定外，尚应符合下列规定。

（1）预制场地应进行专门设计，其布置应有利于制梁、存梁、运梁和架梁的施工作业；制梁台座、存梁台座及运梁线路的地基应具有足够的承载能力，并应有防排水设施；场地内的道路、料场等应硬化处理。

（2）对在水域中架设安装的箱梁，应在预制场地设置箱梁的出运码头；从岸的一侧开始延伸至水域中或在陆上架设安装的箱梁，应设置必要的提梁设施和装置。

钢筋宜在专用胎架上绑扎制作成整体骨架后，进行整体起吊安装；采用拼装式内模时，钢筋宜分片制作、分片起吊安装。

箱梁的预制宜采用定型钢模板，模板应具有足够的强度和刚度，并应能满足多次重复使用不变形的要求。模板的制作、安装与拆除除应符合相关规定外，尚应符合下列规定。

（1）钢模板在加工制作时，模板的全长和跨度应考虑箱梁反拱度的影响及预留压缩量。

附着式振捣器的支座应交错布置，安设牢固，并应使振动力先传向模板的骨架，再由骨架传向面板。

(2) 模板安装时，其位置应准确，各部位的连接应牢固可靠，接缝应严密且不漏浆。模板安装的允许偏差应符合相关规定。

(3) 模板的拆除期限除应符合相关规定外，对外侧模和端模，尚应满足箱梁混凝土的表层温度与环境温度之差不大于 15 ℃的要求。当气温急剧变化时，不宜进行拆模作业。

(二) 箱梁混凝土施工

箱梁混凝土宜一次连续浇筑完成，且宜采用水平分层、斜向推进的方式浇筑，水平分层的厚度不得大于 300 mm，各层间混凝土的间隔浇筑时间不应超过其初凝时间。梁体腹板下部的底板混凝土宜采用设于底模处的附着式振捣器振动；腹板混凝土宜采用插入式振捣器及附着式振捣器辅助振捣；对钢筋和预应力管道密布区域的混凝土，应提前按一定间距设置混凝土溜槽和插入式振捣器辅助导向等装置，保证该区域的混凝土能振捣密实。

箱梁混凝土浇筑完成后，应按相关规定及时进行覆盖和养护，并应符合下列规定。

(1) 当采用蒸汽养护时，除应符合相关规定外，尚宜分为静停、升温、恒温、降温及自然养护 5 个阶段。静停期间应保持蒸养棚内的温度不低于 5 ℃；混凝土浇筑完成 4 h 后方可升温，且升温的速度应不大于 10 ℃/h；恒温时应将温度控制在 50 ℃以下，恒温时间宜由试验确定；降温的速度应不大于 5 ℃/h；蒸汽养护结束后，应立即进入自然养护阶段，且养护时间宜不少于 7 d。蒸养期间、拆除保温设施及模板时，梁体混凝土表层的温度与环境温度之差应不大于 15 ℃。

(2) 当采用自然养护时，对暴露于大气环境中的混凝土表面应采用适宜的材料进行覆盖，并洒水养护；拆模后尚未达到养护时间的梁体混凝土表面，宜采用喷淋方式或采用养护剂喷洒养护。当环境相对湿度小于 60%时，自然养护的时间宜不少于 28 d；相对湿度大于或等于 60%时，宜不少于 14 d。

梁体混凝土的抗压强度达到设计强度的 1/3 以上，弹性模量不低于设计值的 50%时，可对部分预应力钢束进行初张拉，但其张拉应力不应超过设计张拉控制应力的 1/3，且初张拉的预应力钢束编号及张拉应力应符合设计的规定。对箱梁预应力钢束的终张拉，应在其混凝土抗压强度达到设计强度的 80%，弹性模量不小于设计值的 80%后进行。设计对张拉有具体规定时，应从其规定。

梁体预应力孔道的压浆应符合相关规定。压浆结束后应将锚具外部清理干净，并应对梁端混凝土进行凿毛，对锚具进行防锈处理，按设计要求设置钢筋网片，浇筑封端混凝土。封端应采用无收缩混凝土，其强度应符合设计规定，并应严格控制梁体长度。

(三) 箱梁的场内移运及存放

(1) 箱梁在场内的移运可采用龙门吊机、轮胎式移梁机或滑移方式，且应预设相应的移运通道。

(2) 采用滑移方式移梁时，滑道应设在坚固稳定的地基基础上。滑道应保持平整，滑移时 4 个支点的相对高差不得超过 4 mm，两滑道之间的高差不得超过 50 mm。滑移的动力设施应经计算及试验确定。滑移过程中，应采取有效措施保证梁体不受损伤。

(3) 梁体预应力钢束初张拉后进行吊运或滑移时，箱梁顶面严禁堆放重物或施加其他额外荷载；终张拉后吊运或滑移箱梁，应在预应力孔道压浆浆体达到设计规定强度后方可进行。

(4) 箱梁的存放台座应坚固稳定，且应有相应的防排水设施，应保证箱梁在存放期间不致因台座下沉受到损坏。箱梁在存放时，其支点距梁端的距离应符合设计规定。

（四）箱梁的运输

（1）采用运梁车运输箱梁时，运梁线路的路面应平坦，地基应有足够的承载能力，纵向坡度应不大于3%，横向坡度（人字坡）应不大于4%，最小曲率半径应不小于运梁车的允许转弯半径。在运梁车通过的限界内，不得有任何障碍物。

（2）运梁车装载箱梁时，其支承应牢固，起步和运行应缓慢，应平稳前进，严禁突然加速或紧急制动。重载运行时的速度宜控制在5 km/h以内，曲线、坡道地段应严格控制在3 km/h以内。当运梁车接近卸梁地点或架桥机时，应减速徐停。

（3）采用水运方式运输箱梁时，除支承应符合结构受力及运输要求外，尚应对梁体进行固定，并应采取防止船体摆动的有效措施，保证其在风浪颠簸中不移位。

（4）不论采用何种方式运输箱梁，均不得使其在装卸和运输过程中产生任何形式的损伤及变形。

（五）箱梁的架设安装

（1）箱梁应采用通过技术质量监督部门产品认证的专用架桥机，或由海事部门颁发船舶证书及起重检验证书的起重船进行架设安装，且起重参数应能满足架梁的要求，起重船的锚泊系统应能满足作业水域的条件。吊架和吊具应专门设计。起重设备、吊架和吊具等应经试吊确认安全后方可用于正式施工，吊具应定期进行探伤检查。

（2）采用架桥机安装作业时，其抗倾覆稳定系数应不小于1.3；架桥机过孔时，起重小车应位于对稳定最有利的位置，且抗倾覆稳定系数应不小于1.5。

（3）采用起重船安装作业时，起重船在进入安装位置后应根据流速、流向、风向和浪高等情况抛锚定位，定位时不得利用桥墩墩身带缆；在起重船定位和箱梁架设安装过程中，船体和梁体均不得对桥墩或承台产生碰撞。

（4）架设安装时，箱梁在起落过程中应保持水平；顶落梁时，梁体的两端应同步缓慢起落，并不得冲击临时支座。箱梁就位时，应设置必要的装置对梁体的空间位置进行精确调整。

（5）在墩顶设置的临时支座，其形式和位置应符合设计规定，梁底与支座应密贴；4个临时支座的顶面相对高差不得超过4 mm。

（6）箱梁架设安装后的吊梁孔应采用收缩补偿混凝土封填。

（六）箱梁简支变连续时的体系转换

（1）需浇筑湿接头的箱梁端部的形状应符合设计规定，预应力钢束及其他预留孔道的位置偏差应不大于4 mm。

（2）宜先将一联箱梁采用型钢在纵向予以临时固结，并宜在一天中气温最低且温度场均匀稳定的时段浇筑湿接头混凝土。

八、大节段钢箱梁安装

大节段钢箱梁的安装应制订专项施工方案，且应根据大节段构件的构造特点、重力、作业环境条件和起重能力等因素综合考虑选择安装方法。

安装施工前，应对施工中使用的各种临时设施、受力装置和临时受力结构，以及吊架、吊具和索具等，进行专门设计和受力分析的计算验算。

对运输大节段钢箱梁的船舶，应按装载和运输条件下的各种工况，对船舶的强度进行核算和加固计算，并应对船体进行必要的加固处理，同时应对船舶的稳定性进行安全验算。

大节段钢箱梁的水上运输除应符合相关规定外，尚应根据大节段钢箱梁的构造特点，在装载、固定、航行和抛锚定位等环节采取可靠措施保证水上运输的安全。

安装施工前，应对拟安装施工孔跨的跨径、墩台顶面的高程、纵横向轴线、支座的安装情况等进行复核测量，确认其各项误差在允许偏差范围内，且墩台满足规定的质量标准后，方可进行安装。

大节段钢箱梁的架设安装施工除应满足相关要求外，尚应符合下列规定。

(1) 安装施工前，应在详细了解施工水域的水深、流速、潮位、水下的管线和障碍物、河（海）床地质等情况的基础上，制订相应的施工应急预案，保证安装施工能顺利进行。

(2) 起重船的吊重、吊高和吊幅等技术性能应能满足大节段钢箱梁架设安装施工的要求。

(3) 大节段钢箱梁的起吊安装应采用专门制作的吊架和吊具，且在吊装时对大节段钢箱梁纵横方向水平倾斜度的调整应灵活、方便。

(4) 安装前，宜进行船舶抛锚定位、运输船舶出位、起重船移动以及各船舶在统一指挥下协同作业的模拟吊装试验，获取相应的施工参数，用于指导正式安装施工。

(5) 起重船和运输船的锚泊系统应可靠，应保证其在进行正式安装施工作业时不产生移位。

(6) 正式起吊安装时应进行试吊，检验起重船、吊架、吊具、索具以及相应的装置、设施等是否满足施工要求。

(7) 起吊安装应在风力小于 6 级时进行，起重船的移位和大节段钢箱梁的就位宜在高、低平潮时进行。

(8) 采用双起重船抬吊安装大节段钢箱梁时，分配给单起重船的重力不得超过其允许起重力的 80%，大节段钢箱梁的总重力不得高于两起重船额定起重量之和的 75%。抬吊时，应统一指挥，协调作业，各起重船的运转速度宜基本一致。

(9) 起吊安装时，应对大节段钢箱梁的倾角和钢丝绳的拉力进行实时监测，如超出预定的范围，应及时进行调整。

(10) 大节段钢箱梁的安装定位应按初定位和精确定位两个步骤进行。初定位时宜设置导向装置，使大节段钢箱梁在导向装置的引导下较为准确地就位；精确定位时宜采用三维调节装置，对大节段钢箱梁的平面位置和高程进行反复精确调整，使之达到设计要求的安装精度。

(11) 顺桥向相邻大节段钢箱梁构件的连接施工应符合相关规定，并应采取有效措施保证其连接可靠。

九、斜腿刚构

斜腿可采用有支架或无支架的方式进行施工。采用有支架方式施工时，对支架的要求应符合《公路桥涵施工技术规范》(JTG/T 3650—2020) 第 5 章的规定；采用拉杆扣拉或转体等无支架方式施工时，应按《公路桥涵施工技术规范》(JTG/T 3650—2020) 第 19 章的相关规定执行。不论采用何种方式施工，均应采取有效措施，防止斜腿的截面产生过大的局部应力或变形。

主梁的施工应符合下列规定。

(1) 采用支架现浇方式施工时，除应符合相关规定外，对多跨斜腿刚构桥的主梁不宜一次浇筑成型，而应在分跨浇筑后，再设置合龙段合龙。

(2) 采用悬臂法施工时，除应符合相关规定外，对斜腿部分尚应设置具有足够强度和刚度的临时支撑或拉杆进行固定，抵抗主梁悬浇过程中产生的不均衡弯矩，且其基础应满足承载力的要求；主梁与斜腿的连接处应一次性浇筑完成，对有V形墩的斜腿刚构桥，应选择适宜的温度先使V形墩与其上的主梁合龙形成闭合三角形结构，再进行其余主梁的悬臂浇筑施工。

实战演练

[2022 真题·单选] 下列关于悬臂浇筑边跨合龙施工流程的表述，正确的是（　　）。

A. 施工准备及模架安装→设置平衡重→合龙锁定→普通钢筋及预应力管道安装→浇筑合龙段混凝土→预应力施工→拆模、落架

B. 施工准备及模架安装→设置平衡重→普通钢筋及预应力管道安装→合龙锁定→浇筑合龙段混凝土→预应力施工→拆模、落架

C. 施工准备及模架安装→普通钢筋及预应力管道安装→设置平衡重→合龙锁定→浇筑合龙段混凝土→预应力施工→拆模、落架

D. 施工准备及模架安装→普通钢筋及预应力管道安装→合龙锁定→设置平衡重→浇筑合龙段混凝土→预应力施工→拆模、落架

[解析] 悬臂浇筑边跨合龙施工流程：施工准备及模架安装→设置平衡重→普通钢筋及预应力管道安装→合龙锁定→浇筑合龙段混凝土→预应力施工→拆模、落架。

[答案] B

[2024 真题·案例节选]

背景资料：

某施工单位承建了某跨海桥梁工程，全长6.8 km，单幅桥宽16.5 m。非通航孔桥为50 m和70 m跨径的连续梁桥，上部结构为等截面预应力混凝土箱梁；通航孔桥为80 m+166 m+168 m+80 m四跨一联的连续刚构桥，上部结构为变截面预应力混凝土箱梁。为减少海上作业时间，全线上部结构采用节段预制拼装施工工艺。节段梁在预制厂集中预制，存放3个月后，采用驳船运至现场进行安装。通航孔桥节段梁预制模板系统示意图如图3-5-3所示。

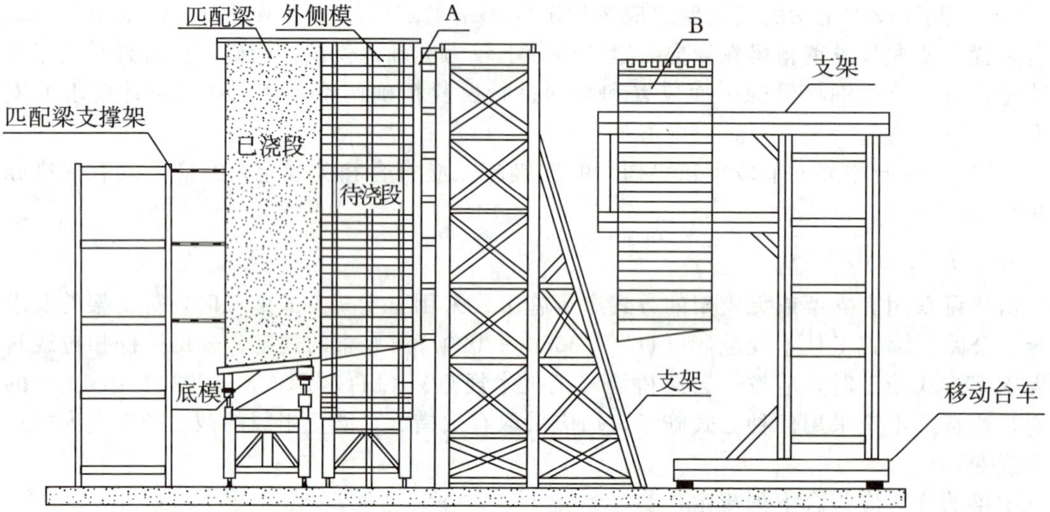

图 3-5-3　通航孔桥节段梁预制模板系统示意图

施工过程中发生以下事件。

……

事件二：桥面吊机悬臂拼装工艺流程为吊机安装及调试→梁端就位→X→节段胶结层涂抹→Y→胶结层养护固化→悬拼预应力钢束张拉→吊机解钩前移至下一节段施工。施工前，施工单位就施工荷载对桥面吊机进行了强度验算，且安全系数不小于 2。

……

［问题］

1. 写出图 3-5-3 中模具 A、B 的名称，图 3-5-3 中节段梁采用的是哪种预制法？

3. 写出事件二中工序 X、Y 的名称。施工单位还应对桥面吊机进行哪些验算？

［答案］

1. (1) A——端模（端部模板）；B——内模。

(2) 节段梁采用的预制法是短线法。

3. (1) X——起吊梁段、试拼；Y——临时预应力张拉。

(2) 施工单位还应对吊机进行刚度和稳定性验算。

知识点 2 拱桥施工

一、一般规定

施工前应根据拱桥的结构特点和受力特性，进行施工设计和施工计算；对危险性较大的分部分项工程，应制订专项施工方案。

大跨度拱桥的施工应进行过程控制，使拱的轴线、内力等满足设计的要求；关键工序的施工应尽量避开可能发生的灾害性天气，并应在施工中采取必要的预防措施保证结构安全。

二、拱架

拱架的设计、制作与安装、拆卸应符合常用模板、支架和拱架的设计与施工的规定。

三、拱（支）架上现浇混凝土拱圈

跨径较小的拱圈或拱肋，应按拱圈的全宽从两端拱脚向拱顶对称地连续浇筑混凝土，并应在拱脚混凝土初凝前全部完成。跨径较大的拱圈或拱肋，应沿拱跨方向分段对称浇筑，分段的位置应以拱架受力对称、均匀和变形小为原则，且宜设置在拱顶、1/4 跨部位、拱脚及拱架节点等处；各段的接缝面应与拱轴线垂直，各分段点应预留间隔槽，其宽度宜为 0.5～1.0 m，槽内有钢筋接头时，其宽度尚应满足钢筋接头的需要。

浇筑拱圈混凝土时，应严格按照预先制定的浇筑程序对称于拱顶进行，并应控制两端的浇筑速度，避免产生过大的偏差。分段浇筑时，各分段内的混凝土宜一次连续浇筑完成，因故中断时，应浇筑成垂直于拱轴线的施工缝；如已浇筑成斜面，应凿成垂直于拱轴线的平面或台阶式结合面。

间隔槽混凝土的浇筑应符合设计规定，设计未规定时，应在拱圈混凝土的强度达到设计强度的 85%后，由拱脚向拱顶对称进行浇筑；拱顶及拱脚间隔槽的混凝土应在最后封拱时浇筑。

大跨径拱圈采用分环（层）、分段法浇筑混凝土时，纵向钢筋宜分段设置，且其接头应设在最后的几个间隔槽内，待浇筑间隔槽混凝土时再连接。

大跨径钢筋混凝土箱形拱圈采用在拱架上组装部分预制部件然后现浇混凝土的方法进行施工时，组装和现浇均应从两拱脚向拱顶对称进行。箱形拱圈的底板施工时，应按拱架的变形情况设置间隔缝，缝内的混凝土应在底板合龙时浇筑；拱圈的底、腹板混凝土强度达到设计强度的 85%后方可安装盖板，铺设钢筋，现浇顶板混凝土。

拱圈合龙的温度应符合设计要求，设计未要求时，宜选择夜间气温较稳定时段的温度。

拱圈合龙前如采用千斤顶对两侧拱圈施加压力的方法调整拱圈应力，拱圈混凝土的强度应达到设计规定的强度。

拱圈在浇筑过程中，应随时监测拱架的变形，如变形量超过计算值，应停止浇筑，及时查明原因，并采取加固拱架或调整加载顺序等措施后再继续浇筑，保证施工安全。

四、无支架和少支架预制安装

（一）拱圈预制与安装

采用无支架和少支架方法施工时，拱圈的预制应符合下列规定。

（1）拱肋宜采用立式方法预制，且宜先在样台上放出拱肋大样，然后制作样板。放样时，应将横隔板、吊孔、接头位置准确放出。

（2）箱形拱预制时，可先预制横隔板、腹板，然后在拱胎上进行组装，并浇筑底、顶板和接头混凝土。混凝土强度达到设计强度的85%后，方可起吊运输到存放场地存放。

采用无支架方法安装拱圈时，宜根据桥梁规模、构件重力、施工环境条件等，选用适宜的吊装方式和吊装机具。施工前应对吊装所采用非定型产品的特殊设施和机具进行专门设计，应对跨径、起拱线高程、预制拱圈节段长度等进行复核，应对安装后形成的拱圈基肋进行稳定性验算。

（二）缆索吊装法施工

采用缆索吊装法进行拱桥的无支架安装施工时，缆索吊装系统应符合下列规定。

（1）主塔和扣塔宜采用常备式定型钢构件在墩、台顶上拼装，其基础应牢固可靠，周围应设置防排水设施；塔的纵横向宜设置风缆，且风缆的安全系数应不小于2，当塔自身能满足横向受力及抗风要求时，可不设横向风缆；塔顶部应设置可靠的避雷装置。

（2）塔顶分配梁应与塔身结构可靠连接；主索鞍在横向应设支撑装置，防止倾倒；如需移动索鞍，应做专项设计、采取有效措施后方可进行。扣塔上索鞍顶面的高程应高于拱肋扣点高程。

（3）主缆宜采用钢丝绳，其直径和数量应根据吊装构件的重量通过计算确定，安全系数应不小于3，且每根主缆应受力均匀；抗风钢丝绳的安全系数应不小于2；起吊绳的安全系数应不小于5；牵引绳的安全系数应不小于3；钢丝绳扣索的安全系数应不小于3，钢绞线扣索的安全系数应大于2。地锚的设置应满足主缆可靠锚固的要求，抗拔安全系数应不小于2，抗滑、抗倾覆安全系数应不小于1.4，主缆与地锚连接处的水平夹角宜为25°～35°。采用旧钢丝绳时，应按现行《钢丝绳 安全 使用和维护》(GB/T 29086—2012) 的规定进行检验，并应对其承载能力予以折减。

（4）缆索吊装系统设计时，应对可能出现的各种工况进行强度、刚度和稳定性验算；吊装前应对吊装系统进行检查验收，并应按设计荷载进行试吊，检验其安全性和可靠性，检验合格后方可用于正式吊装。

（5）吊装施工时，对投影面垂直的拱肋，各扣索的位置应与所吊挂的拱肋在同一竖直面内；对内倾或外倾的拱肋，各扣索的位置与所吊挂的拱肋可不在同一竖直面内，但应对扣塔、扣索和拱肋的强度、刚度和稳定性进行专门验算。主塔塔顶的最大偏位宜根据索塔的强度和稳定性经验算确定，塔底为固接时，其塔顶的最大偏位宜不大于塔高的1/400；塔底为铰接时，其塔顶的最大偏位宜不大于塔高的1/150。扣塔塔顶的最大偏位应根据扣塔和拱肋的强度、刚度和稳定性等经验算确定。

（6）缆索吊装系统的安装、使用和拆除均应制订专项施工方案，保证施工安全。

点拨

缆索吊装主要施工工序：拱肋和拱上钢结构加工预制→陆运至桥位附近临时码头→船运分段拱肋至安装位置→首阶段起吊安装就位→用扣索对分段拱肋临时固定→安装平联单元→吊装其他分段拱肋→各段拱肋轴线调整→主拱圈合龙→灌注主管内混凝土→安装拱上结构。

采用缆索吊装拱肋时，风缆的设置与安装应符合下列规定。

(1) 风缆系统及地锚应进行专门设计，风缆及地锚的受力应满足拱肋稳定的要求，并应有足够的安全储备。风缆的安全系数应不小于 2；地锚的设置应满足风缆可靠锚固的要求，抗拔安全系数应不小于 2，抗滑、抗倾覆安全系数应不小于 1.4。

(2) 固定的风缆应待全孔合龙、横向联结构件混凝土的强度满足设计要求后方可撤除。

(3) 在河流中设置风缆时，必须采取可靠的防护措施，防止风缆和地锚受到碰撞、冲刷。

拱桥的拱圈采取单肋吊装或单肋合龙时，单肋的横向稳定必须满足安全验算的要求，且其稳定安全系数应不小于 4；当不能满足时，应采用双肋合龙松索成拱的方式施工，且应在双肋合龙后采取有效的横向联结措施增强其稳定性，使之形成基肋后再安装其他肋段。

拱肋安装时，各段拱肋的高程和线形应根据施工控制的要求确定，且宜从拱脚段开始，依次向拱顶分段吊装就位。扣索的扣挂应稳妥可靠，应使拱肋断面不产生扭斜，且各段拱肋的上端头均应通过扣索的调整使其略高于设计高程。多跨拱桥安装时，应根据桥墩承受不平衡水平推力的能力，经计算确定相邻孔拱肋的安装顺序。

各段拱肋在松索过程中，应符合下列规定。

(1) 松索的流程应根据施工控制的要求经计算确定，松索前应校正拱轴线位置及各接头高程，使之符合要求。松索应按拱脚段扣索、次拱脚段扣索、起重索三者的先后顺序，并按比例定长、对称、均匀地松卸。

(2) 每次松索时均应采用仪器观测，并应控制各接头、拱顶及 1/4 跨处的高程，防止拱肋接头发生非对称变形而导致拱肋失稳或开裂。每次的松索量宜小，各接头高程变化宜不超过 10 mm，松索压紧接头缝后应普遍旋紧接头螺栓一次。当接头高程接近设计值时，宜先采用钢板嵌塞接头缝隙，再将扣索、起重索放松到基本不受力，压紧接头缝，拧紧接头螺栓，同时利用风缆调整拱肋轴线的横向偏位，并应观测拱肋各接头、1/8 跨及拱顶的高程，使其在允许偏差之内。

(3) 大跨径拱桥分多节段吊装合龙成拱后，根据拱肋接头密合情况及拱肋的稳定度，可保留起重索和扣索部分受力，待拱肋接头的连接工序基本完成后再全部松索。

拱肋接头的焊接作业应在调整完轴线偏差、嵌塞并压紧接头缝钢板之后且全部松索成拱之前进行。焊接拱肋接头部件时，应采用分层、间断、交错的方法施焊，并应采取措施避免损伤周围的混凝土。

(三) 采用少支架方法安装拱圈

采用少支架方法安装拱圈时，应符合下列规定。

(1) 对支架及地基的要求，应符合相关规定。设于河中的支架，应验算基础的冲刷深度，并应有可靠的防冲刷和防漂浮物影响的措施。支架基础不得设置在有冰胀影响的地层。

(2) 吊装构件时，应结合实际情况和设备条件采用适宜的起吊设备和起吊方式进行吊装。拱肋分段吊装到支架上后，其接头的连接处理应符合设计规定。

少支架施工时对支架安装和拆卸的技术要求，除应符合相关规定外，尚应符合下列规定。

(1) 卸架前应对主拱圈的混凝土质量、拱轴线的坐标尺寸、卸架设备、气温引起拱圈变化及台后填土等情况进行全面检查。

(2) 当拱肋接头混凝土及拱肋横向联结构件混凝土的强度符合设计规定或达到设计强度的85%时，方可开始卸架。卸架宜在主拱圈安装完成后，分次缓慢卸落，使拱圈及墩、台逐渐成拱受力，卸架时应监测拱圈挠度和墩、台变位等情况，并应避免拱圈发生较大变形。

(3) 在严寒地区，主拱圈不宜在支架上过冬，支架宜在冰冻前拆除。

五、转体施工

采用转体法施工时，拱圈的预制及拼装应符合下列规定：应按设计确定的位置、高程，充分利用地形，合理布置预制场地，在适当的支架和模板上进行，支架应稳固且安装方便。应严格控制拱肋的制作尺寸，构件尺寸的允许偏差应为±5 mm，质量偏差应为±2%，拱肋轴线平面、立面的允许偏差应为±10 mm。

（一）有平衡重平转施工规定

(1) 对跨径较大、转动体系重心较高的拱桥，宜采用环道与中心支承相结合的转盘结构；对中、小跨径的拱桥，可采用中心支承的转盘结构。平衡重宜视情况利用桥台或设置临时配重。转体前，应核对平衡体的重量和转动体系的重心；如采用临时配重，应保证锚固设施安全、可靠。

(2) 拱圈混凝土达到设计规定的强度后，方可分批、分级张拉扣索，对扣索的索力应进行检测，其允许偏差应为±3%。张拉达到设计控制应力时，拱圈应脱离支架成为以转盘为支点的悬臂平衡状态，且应根据合龙高程（考虑合龙温度）的要求精调张拉扣索。

(3) 采用内、外锚扣体系时，扣索宜采用钢绞线或带镦头锚的高强钢丝等高强材料，其安全系数应大于2。扣点应设在拱顶点附近，当大跨径拱桥单点扣索力太大或因其他原因需采用多扣点时，应控制好扣索的同步张拉，使拱圈的截面应力处于允许的受力状态。

(4) 扣索和锚索之间宜通过置于扣、锚支承（桥台或立柱）的顶部交换梁相连接。扣索的锚点高程不宜低于扣点，宜与通过锚点的水平线形成0°～5°的角度。采用千斤顶张拉扣索时应分级进行，并应同时对结构内力及挠度进行监测，直至拱圈脱架。

(5) 扣索张拉到位、拱圈卸架后，应有24 h的观测阶段，检验锚固、支承体系的可靠程度。同时应观测拱结构的变形状态及随气温变化的规律，确定转体前拱顶的高程。

(6) 转体的牵引索可采用钢绞线或高强钢丝束，其一端引出，另一端应绕固于上转盘上，牵引动力可采用连续作业液压千斤顶等。转动时宜控制速度，角速度宜不大于0.01～0.02 rad/min或拱圈悬臂端的线速度宜不大于1.5～2.0 m/min。采用钢丝绳牵引转动时，应在千斤顶直接顶推启动后再进行。

(7) 转体牵引力应有一定的富余，转体牵引力可按以下公式计算：

$$T=\frac{2fGR}{3D}$$

式中 T——牵引力，kN；

G——转体总重力，kN；

R——铰柱半径，m；

D——牵引力偶臂，m；

f——摩擦系数，无试验数据时，可取静摩擦系数为0.1～0.12，动摩擦系数为0.06～0.09。

(8) 转体合龙应在当日最低温度时进行，当合龙温度与设计计算温度相差较大时，应考虑温度差带来的影响，修正合龙高程。合龙时，宜采取先打入钢楔的快速合龙措施，然后施焊接头钢筋、浇筑接头混凝土、封固转盘；合龙应严格控制拱肋的高程和轴线，合龙接口的高程允许偏差应为±10 mm，轴线允许偏差应为±5 mm。合龙段混凝土达到设计强度后，应分批、分级松扣，拆除扣、锚索。

（二）无平衡重平转施工规定

（1）转体系统宜由锚固体系、转动体系和位控体系等构成。对尾索张拉、扣索张拉、拱体平转、合龙卸扣等工序，施工时应进行索力、轴线、高程等监测。

（2）张拉尾索时，两组尾索应按上下左右对称、均衡的原则，对桥轴向和斜向的尾索进行分次、分组交叉张拉，并应使各尾索的内力均衡。张拉达到设计规定的荷载后，应对其内力进行量测；不符合要求时，应重新进行张拉，使之达到设计内力且均衡。

（3）张拉扣索前，应在桥轴向和斜轴向支撑以及拱顶、3/8、1/4、1/8 跨径处设立平面位置和高程监测点，且应在全面检查支撑、锚梁、轴套、拱铰、拱体和锚碇等的质量，经分析确认安全后，方可开始张拉。扣索分级张拉时，应对称于拱体按由下向上的次序进行，张拉过程中应随时进行监测，各索内力的相对偏差应控制在 5 kN 以内。

（4）转体前应对全桥各部位进行检查，符合要求后方可正式转动；转体不能自行起动时，宜采用千斤顶在拱顶处施力使拱体起动，并宜以风缆控制拱体的转速，风缆的走速在起动和就位阶段宜控制在 0.5～0.6 mm/min，中间阶段宜控制在 0.8～1.0 mm/min。当拱体采用双拱肋在同一岸上下游预制并进行平转达到一定角度后，上下游拱体宜同步对称向桥轴线旋转。

（5）两岸拱体平转至桥轴线位置就位后，应对其高程和轴线进行测量，不符合设计要求时应进行调整，且宜按设计要求的合龙温度或修正后的合龙温度进行合龙施工。

（6）合龙口混凝土符合设计规定的强度或达到设计强度的 85%后，应按对称均衡的原则，分级卸除扣索，卸除过程中应对拱体的拱轴线和高程以及扣索的内力进行监测；全部扣索卸除后，应测量拱体的最终轴线位置和高程。

（三）竖转法施工规定

（1）竖转法施工中的转动系统宜由转动铰、提升或下放体系、锚固体系等构成。竖转施工宜采用横向联结成整体的双肋为一个转动单元。

（2）扣索宜选用钢丝绳或钢绞线，扣索的锚碇宜采用钢筋混凝土结构。扣索系统应经计算确定，钢丝绳的安全系数应不小于 6；钢绞线的安全系数应不小于 2；锚碇的抗拔、抗滑安全系数应不小于 2。

（3）索塔的设计应充分考虑偏载、荷载变化和风力等因素的不利影响，应保证其强度、刚度及稳定性满足拱肋竖转施工的要求。

（4）转动铰宜根据推力大小选用钢制的轴销铰、钢板包裹混凝土的弧形柱面铰或球面铰；转动铰应转动灵活，接触面应满足局部承压的要求。

（5）转动前应进行试转，检验转动系统的可靠性。竖转速度宜控制在 0.005～0.01 rad/min 范围内，提升或下放重力大者宜采用较低的转速，转动过程中应保持平稳。

（6）两岸拱体竖转就位后的合龙施工，应符合相关规定。

（四）平转加竖转法施工规定

采用平转加竖转的方法进行拱桥的转体施工时，宜先将拱肋平转到桥轴线位置，然后再竖转到设计高程。平转和竖转宜采用各自独立的转动系统，并应分别按平转和竖转的相关规定施工。

六、劲性骨架拱

劲性骨架的制作加工可参照《公路桥涵施工技术规范》（JTG/T 3650—2020）第 8 章及

第 19 章钢管混凝土拱的相关规定执行。劲性骨架的安装宜采用无支架或少支架法进行节段拼装，拱轴线及桥轴线的控制标准可按钢管混凝土拱的要求执行。

劲性骨架拱圈的浇筑施工应符合下列规定。

(1) 施工前，应在分析计算劲性骨架或劲性骨架与混凝土组合结构受力行为的基础上，进行混凝土浇筑程序设计；在施工过程中，应对结构的应力和变形进行监控。

(2) 采用分环多工作面均衡浇筑法施工时，各工作面的工作段长度可根据模板长度划分，且其浇筑进度差宜不超过一个工作段。

(3) 采用水箱压载分环浇筑法施工时，应严格控制 1/4 跨截面附近的劲性骨架的变形，预防混凝土开裂；必要时可在浇筑该处第一层（环）混凝土时设置约 200 mm 的变形缝，待浇完第一层（环）后再采用混凝土填实。

(4) 采用斜拉扣挂分环连续浇筑法施工时，应选用可靠且操作方便的扣索系统，并应确定扣索的索力、位移和张拉程序，控制连续浇筑混凝土过程中拱圈（拱肋）的变形。

(5) 分阶段浇筑拱圈时，应严格控制每一施工阶段劲性骨架及劲性骨架与混凝土形成组合结构的变形形态、位置、拱圈高程和轴线横向偏位，其变形值、高差和偏位等应符合设计要求，否则应采取纠正措施。

七、钢管混凝土拱

（一）钢管拱肋的制造加工

(1) 用于制造加工的各种材料应符合设计及相关标准的规定。

(2) 钢管拱肋的制造应在工厂内进行。制造加工前应根据设计文件编制制造工艺，绘制加工图和拼装图等，公差范围应考虑加工误差和焊接变形的影响合理确定，并应进行焊接工艺评定；制造完成后，应在厂内进行不少于 3 个安装节段的试拼装。

(3) 拱肋的分段长度应根据材料、工艺、运输和吊装等因素确定，并应按不少于 3 个安装节段的长度进行 1∶1 精确放样，其拱轴线应符合设计规定。合龙节段的尺寸应计入制造误差、温度及焊接变形等影响。

(4) 制造加工时，钢管对接的端头宜校圆，其失圆度宜不大于钢管外径的 3/1 000，在钢管的端口处宜适当加设内支撑，减少运输、安装过程中端口的失圆变形。钢管环向对接时，其接头应采用有衬管的单面坡口或无衬管的双面坡口熔透焊缝。环向焊缝的间距应符合设计规定，设计未规定时，对直缝焊接管应不小于管的直径，对螺旋焊接管应不小于 3 m；纵向焊接时，其焊缝应错开 1/4 圆周。钢管对接的径向偏差应不超过管壁厚的 0.2 倍。

(5) 拱肋节段的对接接头宜与母材等强度焊接。所有焊缝均应进行外观检查，焊缝内部质量应达到Ⅱ级以上标准，熔透焊缝应进行 100%的超声波探伤。

(6) 主管与腹管采用相贯焊接时，腹管的相贯线及坡口制作应采用全自动相贯线切割机完成。对相贯焊接接头中焊接材料和焊接工艺的选择，应在满足强度的原则下保证接头的韧性；对受疲劳控制的相贯焊缝，应按设计要求对焊接处进行焊后修磨处理。

(7) 焊缝的超声波探伤质量检验应符合相关规定。

(8) 钢管拱肋加工时，应设置泵送混凝土压注孔、防倒流截止阀、排气孔及吊点、扣点、节点板等。对压注混凝土过程中易产生局部变形的部位（如腹箱）应设置内拉杆。

（二）钢管拱肋安装

(1) 钢管拱肋在成拱过程中，宜同时安装横向联结系，未安装联结系的拱肋不得超过一个节段，否则应采取临时横向稳定的措施。特殊情况下采用单肋合龙的安装方案时，应设置可靠的节段连接装置和足够的横向抗风缆，保证单拱肋的横向稳定。

(2) 拱肋节段间的焊接宜按安装顺序同步进行，且宜对称施焊。施焊前应保证节段间有可靠的临时连接，并应有效地控制焊缝间隙；施焊时结构应处于无应力状态。合龙口的焊接或栓接作业应选择在环境温度相对稳定的时段内尽快完成。

（3）采用斜拉扣挂悬拼法施工时，拱肋上的扣挂节点应进行专门设计，并应在工厂制造时设置。扣索宜采用多根钢绞线或高强钢丝束，并应根据使用环境设防腐护套，扣索的强度安全系数应大于2；对钢绞线扣索，应有防止扣索松弛以及减少风致振动影响的可靠措施。

（三）混凝土施工

（1）混凝土应采用泵送顶升压注施工，混凝土输送泵的性能应能满足顶升压注施工的需要；混凝土应具有低含气量、大流动性、收缩补偿、延后初凝和早强等性能，其配合比应经试验确定。

（2）压注前应先对管内进行清洗、润湿管壁并泵入适量水泥浆，然后再正式压注混凝土。

（3）混凝土应由拱脚至拱顶对称、均衡地压注，有腹箱的断面应先管后腹，除拱顶外不宜在拱肋内的其他部位设置横隔板。压注应连续进行，不得中断，直至拱顶端的溢流管排出正常混凝土时方可停止，溢流管的高度应为1.5～2.0 m。压注时尚应考虑上下游拱肋的对称性和均衡性，并应将施工时间控制在混凝土初凝时间内。混凝土压注完成后应及时关闭设于压注口的倒流截止阀。

（4）缀板间的混凝土不宜采用压注施工。

（5）大跨径钢管混凝土拱桥宜采用多级泵送工艺，且对其混凝土的配合比和泵送工艺应在试验室试验的基础上，根据需要进行模拟压注试验。

（6）管壁与混凝土应结合紧密，管内的混凝土应密实，其质量检验可按现行《超声法检测混凝土缺陷技术规程》（CECS 21：2000）的规定执行。

（四）吊索和系杆索安装

（1）吊索和系杆索应采用符合设计规定的产品。安装应顺直、无扭转；防护层应完整、无破损。

（2）纵横梁安装完成后，对吊索应按高程和内力双控制的原则进行调整，并应在完善上下锚头处细部构造的防腐处理后，方可进行桥面系的施工。

（3）系杆索的张拉值应符合设计规定，并应与加载工况相对应，上下游应对称张拉。施工时除应对系杆索进行内力和伸长量的双控外，还应监测结构关键部位的变形，并将其控制在设计允许范围以内。

（4）对吊索和系杆索的上下锚头，应按设计要求采取防排水、防腐蚀及防老化的措施。

（5）对吊索和系杆索应进行防护，在制造工艺和各施工环节上应对索的意外损伤进行控制，保证索处于无腐蚀或低腐蚀的工作环境，防止其产生应力腐蚀。

（6）对可更换的吊索和系杆索，其护套管内不应采用环氧砂浆等固化材料填充。

八、悬臂浇筑

拱圈的首段可采用支架法或其他适宜的方法浇筑，然后在其上拼装挂篮。采用支架法浇筑施工时，对支架的要求应符合相关规定。

悬臂浇筑拱圈的挂篮除应符合相关规定外，尚应符合下列规定。

（1）挂篮应具有可靠的稳定性和良好的调节性能，应能适应各拱段倾斜角度的变化。

（2）挂篮的行走轨道应与拱圈的弧度相适应，并应与拱圈可靠连接，避免行走时下滑。

（3）挂篮应设置可伸缩的抗剪装置，抵抗在浇筑拱圈混凝土时产生的下滑力，且不应影响挂篮的正常行走。

（4）底模宜设计成可调节式的弧形模板，满足拱圈弧度不断变化的要求。

（5）后锚系统应稳固可靠，且应适应拱圈的弧度变化，后支点宜反顶在拱圈上。

（6）对拱圈的两个半拱，应各配备一套挂篮，按从拱脚至拱顶的施工顺序，对称浇筑拱圈混凝土。两个半拱的施工进度应保持基本对称同步，且应符合设计的规定。

悬臂浇筑拱圈的扣索和锚索应采用钢绞线或带镦头锚的高强钢丝束，其安全系数应大于2；锚碇可采用钢筋混凝土桩锚、重力式锚或岩锚等，锚碇的抗拔、抗滑安全系数应不小于2；扣塔应具有足够的强度、刚度和稳定性，除应符合相关规定外，塔顶的最大偏位宜不大于50 mm。

在悬臂浇筑拱圈的施工过程中，应对扣索和锚索系统、拱圈的应力和变形等进行监控，并应确定适当的扣索张拉次数，保证拱圈混凝土在悬臂施工过程中不出现拉应力。大跨度拱桥悬浇拱圈时，应对拱肋在悬臂状态下的控制工况进行压屈分析计算，其压屈稳定系数应大于4。

对支架浇筑的首段和悬臂浇筑段的拱圈，均应严格控制其尺寸、轴线平面及立面的精度。各节段质量的允许偏差应为±2%或符合设计规定。

悬臂浇筑拱圈应选择在当天温度最低且温度场较为稳定的时段合龙，且宜先焊接劲性骨架，达到受力状态下的合龙；然后绑扎钢筋，浇筑合龙段混凝土，完成结构状态的合龙。

扣索和锚索应在合龙段混凝土强度符合设计规定的强度或达到设计强度的85%后方可拆除。所有的拆除工作均应按施工设计规定的程序分步、对称进行，并应采取措施保证施工安全。

九、钢拱桥

钢拱桥构件的制造、涂装及运输等应符合相关规定，钢拱肋的制造线形应满足设计和监控的要求。钢拱肋制造加工完成后应在厂内进行试拼装。

钢拱桥的安装程序应符合设计规定，且宜采用无支架或少支架的安装方法施工。采用拱上悬臂吊机安装构件时，除应具有足够的安全系数外，拱上悬臂吊机的行走系统尚应适应拱顶坡度和形状的变化；采用缆索系统吊装构件时，应符合相关规定；采用起重船安装施工时，起重船的性能应满足构件吊装的要求。

钢拱桥可单构件安装或拼装成节段进行安装。当拼装成节段进行安装时，应防止节段在施工过程中产生过大的变形，必要时应采取临时加固措施增加其刚度。

拱肋节段间的安装应对称进行。拱肋的端头应设临时连接装置，安装时应先临时连接后再进行正式连接，并应对称施焊或栓接。

钢拱桥合龙时，合龙段的安装应符合设计规定，并应按设计要求采取相应的辅助措施；设计未规定时，对钢桁拱宜采用单构件安装合龙；对钢箱拱应提前设置临时刚性连接再进行合龙钢构件的焊接或栓接连接。

十、石拱桥

石拱桥的拱架宜采用钢拱架、满布式钢管拱架、组合式钢拱架或木拱架等结构形式，拱架的设计、制作、拼装和拆卸应符合相关规定。当小跨径石拱桥采用土牛拱胎时，土牛拱胎在制作时应设防排水设施，土石应分层夯实，密实度应不小于95%，拱顶部分应选用含水率适宜的黏土。

用于砌筑拱圈的拱石应采用粗料石或块石按拱圈放样尺寸加工成楔形。拱石的厚度应不小于200 mm，加工成楔形时其较薄端的厚度应符合设计要求的尺寸或按施工放样的要求确定；其高度应为最小厚度的1.2～2.0倍；长度应为最小厚度的2.5～4.0倍。拱石应按立纹破料，岩层面应与拱轴线垂直，各排拱石沿拱圈内弧的厚度应一致。对砌筑拱圈所用砂浆的要求应符合相关规定。

拱圈的砌筑施工应符合下列规定。

（1）拱圈及拱上结构施工时，均应按设计要求留置施工预拱度。

（2）砌筑施工前，应先详细检查拱架和模板，符合要求后方可开始砌筑。

（3）拱圈的辐射缝应垂直于拱轴线，辐射缝两侧相邻两行拱石的砌缝应互相错开，错开距离应不小于 100 mm。同一行内上下层砌缝可不错开。

（4）浆砌粗料石和混凝土预制块拱圈的砌缝宽度应为 10～20 mm；块石拱圈的砌缝宽度应不大于 30 mm；采用小石子混凝土砌块石时，应不大于 50 mm。

砌筑拱圈前，应根据拱圈的跨径、矢高、厚度及拱架等情况，设计并确定拱圈砌筑的程序。砌筑时，应在适当的位置设置变形观测缝，随时监测拱架的变形情况，必要时应对砌筑程序进行调整，控制拱圈的变形。拱圈砌筑的程序见表 3-5-1。

表 3-5-1　拱圈砌筑的程序

拱圈类型	砌筑程序	
跨径小于 10 m 的拱圈	满布式拱架	从两端拱脚起顺序向拱顶方向对称、均衡地砌筑，最后砌拱顶石
	拱式拱架	宜分段、对称地先砌筑拱脚和拱顶段，后砌 1/4 跨径段
跨径 10～20 m 的拱圈	每半跨均应分成 3 段砌筑，先砌拱脚段和拱顶段，后砌 1/4 跨径段，且两半跨应同时对称地进行	
跨径大于 20 m 的拱圈	砌筑程序应符合设计规定；设计未规定时，宜采用分段砌筑或分环分段相结合的方法砌筑，必要时应对拱架预加一定的压力	
多孔连续拱桥拱圈	应考虑连拱的影响，并应专门制订相应的砌筑程序	

砌筑拱圈时，应在拱脚、拱顶石两侧和分段点等部位临时设置空缝；小跨径拱圈不分段砌筑时，应在拱脚附近临时设置空缝。设置和填塞空缝时，应符合下列规定。

（1）空缝的宽度，在拱圈外露面应与相应类别砌块的一般砌缝相同；当拱圈采用粗料石时，空缝的内腔可加大至 30～40 mm。

（2）用于空缝两侧的拱石，靠空缝一侧的石面应加工凿平。

（3）空缝的填塞应在砌缝砂浆强度达到设计强度的 85%后进行，填塞时应分层捣实。

（4）空缝的填塞顺序，可由拱脚逐次向拱顶对称填塞；或首先填塞拱脚处，其次填塞拱顶处，最后自拱顶向两端对称逐条填塞。所有空缝也可同时填塞。

采用小石子混凝土砌筑拱圈时，靠拱模一面应选用底面较大且较平整的石块，必要时应稍加修整，拱背面应大致平顺；砌筑施工设置空缝时，在空缝的两侧应选用较大且较平整的石块。砌缝中的小石子混凝土应饱满、密实；对较宽的竖缝，可在填塞小石子混凝土的同时，填塞一部分小石块，将砌缝挤满。砌缝宽度应不大于 50 mm。

拱圈的封拱合龙应符合下列规定。

（1）封拱合龙宜在当日最低温度且温度场较为稳定的时段进行。

（2）分段砌筑的拱圈应待填塞空缝的砂浆强度达到设计强度的 85%后再进行合龙。

（3）封拱合龙前如采用千斤顶施加压力的方法调整拱圈应力，砌筑砂浆的强度应达到设计规定的强度后方可合龙。

十一、拱上结构

主拱圈的混凝土强度达到设计规定强度后，方可进行拱上结构的施工。施工前应对拱上结构立柱、横墙等基座的位置和高程进行复测检查，如超过允许偏差应予以调整，基座与主拱的联结应牢固；同时应解除拱架、扣索等约束。

对大跨径拱桥的拱上结构，施工时应严格按设计加载程序进行，设计未提供加载程序时，应根据施工验算由拱脚至拱顶均衡、对称加载。施工中应对主拱圈进行监测和控制。

对在支架或拱架上浇筑拱圈的中、小跨上承式拱桥，当不卸除支架或拱架进行拱上结构施工时，其主拱圈的混凝土强度应全部达到设计规定的强度；对下承式或中承式拱桥，其悬吊桥面系的混凝土应在支架或拱架卸落后进行浇筑，吊杆混凝土应在桥面系完成后再对称浇筑。

安装预制桥面板时，应按纵横向对称的原则进行，且宜从拱的一端至另一端分阶段往复安装，改善主拱圈的受力。

采用无支架施工的大、中跨径拱桥，其拱上结构宜充分利用缆索吊装施工。

十二、施工控制

拱桥施工时应对其进行过程控制，应保证拱结构在施工过程中的稳定性、变形和内力始终处于安全范围内。对大跨径拱桥，应按相关规定进行施工过程控制；对中、小跨径拱桥，可采用相对简便易行的方法进行施工控制。

拱桥的施工控制方法应根据拱结构的特点、受力特性、施工方法和施工环境条件等因素综合选择确定。对施工控制的管理工作、监控测试及测试的环境要求等，可参照相关规定执行。

拱桥的施工控制应以主拱圈的稳定性、变形和内力作为监测和控制目标。

实战演练

[2021 真题 · 单选] 拱桥拱肋采用缆索吊装法施工时，各段拱肋松索的先后顺序是（　　）。

A. 起重索、次拱脚段扣索、拱脚段扣索

B. 次拱脚段扣索、拱脚段扣索、起重索

C. 拱脚段扣索、起重索、次拱脚段扣索

D. 拱脚段扣索、次拱脚段扣索、起重索

[解析] 松索应按拱脚段扣索、次拱脚段扣索、起重索三者的先后顺序，并按比例定长、对称、均匀地松卸。

[答案] D

[2019 真题 · 案例节选]

背景资料：

某施工单位承建了一座桥梁工程。主桥为上承式钢管混凝土拱桥，跨度为 220 m，左右分幅布置。每幅拱桥由两片拱肋组成，每片拱肋采用钢管混凝土桁架，拱肋桁架主管采用 4 根钢管，内灌 C50 混凝土。拱桥位于山间河流水库区域，桥梁设计按Ⅲ级航道净空控制。桥位处谷深狭窄，山体陡峻，呈 V 形，岸坡地段基岩浅埋或者裸露，出露或钻孔揭露的基岩为片麻岩、花岗片麻岩。

施工中发生如下事件。

事件一：施工单位在施工前进行了施工调查，根据桥位处水文、工程地质和地质情况，拟采用缆索吊装主拱肋施工方案，主拱肋缆索吊装示意图如图 3-5-4 所示。

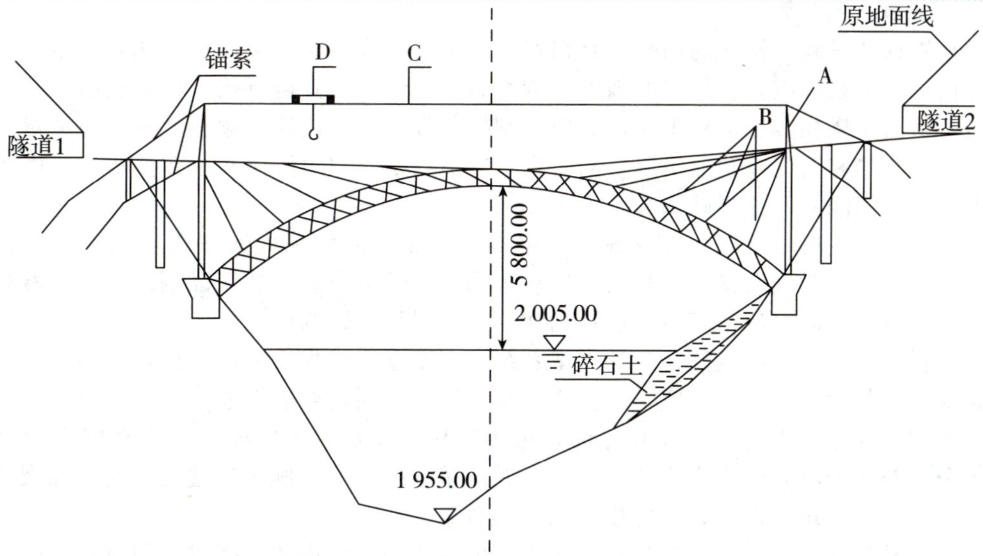

图 3-5-4　主拱肋缆索吊装示意图（图中标高以 m 计，其余以 cm 计）

事件二：施工单位根据自身资源及技术条件做了施工总体部署。主拱肋施工方案中拟采用的缆索吊装主要施工工序为：拱肋和拱上钢结构加工预制→陆运至桥位附近临时码头→船运分段拱肋至安装位置→G→用扣索对分段拱肋临时固定→安装平联单元→吊装其他分段拱肋→各段拱肋轴线调整→H→灌注主管内混凝土→安装拱上结构。

……

[问题]

1. 说明事件一中施工单位采用缆索吊装方案的理由。

2. 写出图 3-5-4 中 A、B、C、D 对应的设备或结构名称。

4. 写出事件二拟采用的缆索吊装主要施工工序中 G、H 的内容。

[答案]

1. 事件一中采用缆索吊装方案的理由：该桥位于山间河流水库区域，有通航要求，两侧谷深狭窄，山体陡峻，呈 V 形的峡谷，而缆索吊装施工适用于峡谷或水深流急的河段上，或在通航的河流上需要满足船只的顺利通行的情形，故施工单位采用了缆索吊装方案。

2. A 为缆索吊机塔架，B 为扣索，C 为承重索，D 为跑车（天车、骑马滑车）。

4. G 为首阶段起吊安装就位，H 为主拱圈合龙。

知识点 3　斜拉桥施工

一、一般规定

此部分内容适用于预应力混凝土梁斜拉桥、钢梁斜拉桥、钢-混凝土组合梁和混合梁斜拉桥，以及部分斜拉桥和无背索斜拉桥的施工。

斜拉桥施工前应全面了解设计要求，根据结构特点和受力特性，制订专项施工方案。施工时应做好施工过程控制，使成桥线形、内力符合设计要求。

二、索塔

索塔的施工方法宜根据结构特点、施工环境和设备能力等综合确定。索塔施工期间，宜设置必要的起重设备、工作电梯和安全通道。

(一) 混凝土索塔施工

(1) 塔柱节段施工长度的划分，宜根据索塔结构形式、钢筋定尺长度和施工条件等因素确定；塔柱模板系统应具有足够的强度、刚度和稳定性，且宜进行抗风稳定性验算。

(2) 塔座及塔柱实心段施工时，除应控制好模板的平面位置和倾斜度外，尚应对混凝土采取降低水化热和温度控制的措施；同时宜采取适当措施缩短塔座与承台、塔柱与塔座之间浇筑混凝土的间隔时间，间歇期宜不大于 15 d。

(3) 索塔与主梁不宜同时交叉施工，必须交叉施工时应采取保证质量和施工安全的措施。索塔塔柱施工时宜设置劲性骨架，所设置的劲性骨架应能起到保证钢筋架立、模板安装和拉索预埋导管空间定位精度的作用；劲性骨架宜采用型钢制作。

(4) 横梁施工时，应设置可靠的支架系统。支架系统应进行专门设计，其强度、刚度和稳定性应满足使用要求，同时应考虑变形和日照温差等因素对支架系统的不利影响。对设置在承台顶部的支架，当符合相关规定时，可不预压。体积过大的横梁可沿高度方向分次浇筑，但分次浇筑的时间间隔宜不超过 15 d，并应采取措施防止施工接缝处产生收缩裂缝；分次浇筑时，支架系统的设计宜考虑横梁的全部自重。

(5) 塔柱和横梁可同步施工或异步施工，但异步施工时塔柱与横梁之间浇筑混凝土的间隔时间应不超过 30 d，并应采取措施使塔梁之间的接缝可靠连接，不得产生收缩裂缝。倾斜塔柱施工时，应对各施工阶段塔柱的强度和变形进行验算，分高度设置主动横撑或拉杆，使其线形、内力和倾斜度满足设计要求并保证施工期结构的安全。

(6) 在起吊条件具备时，塔柱节段的钢筋可整体制作成骨架、整体安装，但在起吊安装时，应对钢筋骨架采取适当的临时加固措施，增加其刚度，防止其变形。

(7) 混凝土应根据索塔的高度及混凝土供应能力选择适宜的输送方式，采用输送泵时宜一泵到顶；当采用接力方式泵送混凝土时，上下泵的输送能力应相互匹配，且应对设置接力泵位置的结构进行承载能力的验算，必要时应采取加固措施。浇筑混凝土时，分层布料应均匀，应控制混凝土的自由倾落高度不超过 2 m，保证混凝土不产生离析，并应采取有效措施避免上部塔体施工时对下部已完成塔体的表面造成污染。混凝土浇筑完成后，应及时养护，养护的方法和措施应根据结构特点、气温、环境条件等因素综合确定，每一节段现浇混凝土的养护时间应不少于 7 d。

(8) 索塔横梁和拉索锚固区的预应力施工，应符合相关规定。对拉索锚固区曲率半径较小的环向预应力钢束，宜按设计要求进行模型试验，取得经验数据后方可正式施工。

(9) 对拉索预埋导管的安装，应在施工前认真复核施工图中拉索的垂度修正值；定位安装时宜利用劲性骨架控制导管进出口处的中心坐标，并应采取其他辅助措施进行调整和固定；预埋导管不宜有接头。

(10) 对支承钢锚梁的牛腿，施工时应采取有效措施控制其顶面的高程，其顶面高程的偏差宜为±2 mm；对索塔的边跨侧与中跨侧，两侧牛腿预埋钢板顶面的相对高差应不大于 2 mm，预埋钢板中心线的相对差值应不大于 2 mm。

(二) 锚梁的安装

对分节段制造、安装、现场连接的钢锚梁，应在厂内进行试拼装。钢锚梁的安装施工应符合下列规定。

(1) 采用塔吊或其他起重设备吊装钢锚梁时，其起重能力应能满足吊重的要求。

(2) 安装前应对索塔内牛腿的顶面高程和支承位置进行复测，确认符合设计要求后方可进行安装。

(3) 钢锚梁的起吊安装宜选择在 6 级风以下且气候条件较好的条件下进行。

（4）钢锚梁的安装方式宜结合其结构构造特点、起重设备的能力及现场的实际情况综合确定。

（5）采用在索塔施工完成后再安装钢锚梁的方式时，安装前宜通过计算机模拟钢锚梁在塔内狭窄空间中的就位状况，保证钢锚梁能实现顺利安装和就位，并应在起吊安装过程中采取有效措施，避免钢锚梁与索塔塔壁之间产生碰撞。分节段安装钢锚梁时，应设置必要的支架对其连接处附近进行临时支承，分节安装后连接的施工要求应符合相关规定。

（6）采用随索塔塔柱节段施工同步安装的方式时，钢锚梁可整根起吊安装就位，其两端头附近塔柱内壁的模板接缝应封堵严密、不漏浆，浇筑塔柱节段混凝土时，应采用适宜的材料对钢锚梁进行包裹防护。

（7）不论采用何种安装方式，在安装上层钢锚梁时，均应设置作业平台，并应对下层已安装完成的钢锚梁进行必要的防护，防止损伤其表面的防腐涂层。

（8）钢锚梁在安装就位后，应采用三维调节装置对其纵横桥向的平面位置和锚固点的位置进行精确调整定位，各平面位置的偏差应控制在±5 mm 以内，锚固点高程的偏差应控制在±2 mm 以内。

（三）钢锚箱安装施工

对分节段制造、安装、现场连接的钢锚箱，应在厂内进行试拼装。钢锚箱的安装施工应符合下列规定。

（1）安装前应编制专项施工方案，确定起吊安装的方法、机具设备和安全措施。

（2）吊装前，应按钢锚箱节段的起吊重力，对起重设备、吊架、吊具和索具等进行必要的受力验算和安全技术验收，保证其能满足起吊安装的各项要求，并应进行试吊，确认安全后方可正式开始起吊安装作业。

（3）起吊安装时，吊点和吊具的设置应满足各点均匀受力的要求，应避免钢锚箱在起吊安装过程中发生扭转或侧倾，并应采取有效措施保证钢锚箱不受到碰撞而产生损伤。

（4）钢锚箱安装时，宜设置必要的导向装置，且该装置应能较为准确地引导钢锚箱就位；首节钢锚箱在精确定位时宜采用三维调节装置，通过对钢锚箱节段的平面位置、竖直度和高程进行反复精确调整，使之达到设计要求的安装精度。

（四）钢索塔施工

（1）索塔的钢构件在工厂制造时应进行试拼装，试拼装合格后方可启运，并应根据不同的运输方式对钢构件进行必要的临时加固和保护。节段钢构件安装的吊点、导向件及临时匹配件宜在厂内制造时设置。

（2）安装施工前，应根据高空作业的特点制订专项施工方案。应编制详细的节段钢构件吊装施工工艺，并应核对各节段构件的编号和起吊重力。在吊装前应对节段钢构件起吊的稳定性进行验算，并应对各关键部位进行临时加固后试吊，确认无误方可正式起吊安装。

（3）钢索塔节段的起吊安装应充分考虑气候对安装施工的影响，宜选择在 6 级风以下且天气条件较好的条件下进行，保证施工安全。

（4）安装倾斜索塔时，应验算索塔内力，控制成塔线形，分高度设置水平横撑或拉杆。在安装过程中，应按设计要求分阶段对已完成的索塔采取必要的抑振措施，保证后续施工中永久结构和临时结构的安全性，以及施工操作人员的舒适性。

（5）对钢索塔节段安装的精确定位控制测量，宜选择在日落后 4 h 至日出前 2 h 且温度场较为稳定的时段进行。

（6）钢索塔塔柱与混凝土塔柱或基座接头的施工应符合相关规定。

（7）钢索塔节段在工地现场连接的施工应符合相关规定。

三、主梁

主梁应严格按照预定的程序、方法和措施进行施工。对设计为飘浮或半飘浮体系的斜拉桥，在主梁施工期间应使塔梁临时固结。主梁在悬臂施工时，应保持两端的施工荷载对称平衡，其最大不平衡荷载不得超过设计允许的范围，并应严格控制桥面上的各种临时施工荷载。

（一）混凝土主梁施工

混凝土主梁采用悬臂浇筑法施工时，除应符合相关规定外，尚应符合下列规定。

（1）主梁 0 号梁段及相邻梁段浇筑施工时，应设置可靠的支架系统。支架系统应进行专门设计，其强度、刚度和稳定性应满足使用要求，同时应考虑变形、地基的不均匀沉降和日照温差等因素对支架系统的不利影响；施加在支架上的临时施工荷载应包括悬浇挂篮的重力。辅助跨梁段的现浇支架也应符合上述规定。

（2）用于悬浇施工的挂篮应进行专门设计，挂篮应满足使用期的强度和稳定性要求，同时应考虑主梁在浇筑混凝土时抗风振的刚度要求。挂篮的全部构件制作完成后应进行检验和试拼，合格后再运至现场整体组装，并应按设计荷载及技术要求进行预压。挂篮在预压时应测定其弹性挠度的变化、高程调整的性能及其他技术性能。

混凝土主梁采用悬臂拼装法施工时，除应符合相关规定外，尚应符合下列规定。

（1）梁段的预制可采用长线法或短线法台座。预制台座的设计应考虑主梁成桥线形的影响，并应保证预制梁段的截面尺寸能满足拼装的精度要求。预制梁段的混凝土端面应密实饱满，不得随意修补。

（2）对梁段拼装用的非定型桥面悬臂吊机或其他起吊设备，应进行专门设计并宜委托具有相应资质的专业单位加工制造，加工完成后应进行出厂质量验收。起吊设备在现场组装后应进行试吊，确认安全后方可用于正式施工。

（3）0 号及其相邻的梁段为现浇时，在现浇梁段和第一节预制安装梁段间宜设湿接头，对湿接头结合面的梁段混凝土应进行凿毛并清洗干净。湿接头混凝土宜采用微膨胀低收缩混凝土，设计有规定时，应从其规定。

（4）梁段拼装的预应力施工应符合相关规定。

（二）钢主梁施工

（1）钢梁制造完成后应在工厂内进行试拼装和涂装，经质量检验合格后方可运至工地现场。加工制造应符合相关规定，钢构件上的吊点、导向件及临时匹配件宜按设计要求在工厂加工制造时设置。

（2）钢梁的钢构件或梁段在运输过程中，应采取可靠的临时加固措施，避免受到损伤。在工地临时存放时，应对存放场地进行规划，存放场地应平整、稳固、排水良好，存放的钢构件或梁段应支离地面一定高度，基础应具有足够的强度，并应防止地基的不均匀沉降；同时应采取必要的防护措施，防止钢梁积水锈蚀和栓接板面损坏、污染。

（3）钢梁架设安装采用的桥面悬臂吊机或其他起吊设备，其基本要求应符合相关规定。桥面悬臂吊机的前支点和后锚固点应严格按设计要求可靠设置，保证架设安装期的起吊安全。

（4）钢梁安装施工前应编制详细的梁段吊装的施工工艺，并应制订梁段间连接的工艺标准、焊接或栓接的工艺检验标准以及施工的安全技术规程。在吊装前应核对各钢构件或梁段的起吊重量，对钢构件或梁段起吊的稳定性进行验算，经试吊确认无误后方可正式起吊安装。

（5）在支架上进行索塔附近无索区梁段安装施工时，应设置可调节梁段空间位置的装置，保证梁体在安装时的精确定位。

（6）应采取必要措施减少钢箱梁安装时的接缝偏差，在内、外腹板位置，高度方向和宽度方向的拼接错口宜不大于 2 mm。

（7）采用高强度螺栓连接或焊接连接的钢梁，其工地现场连接的施工要求均应符合相关规定。

➢ **知识链接：** 钢主梁一般包括钢箱梁、钢桁梁 2 种形式。钢箱梁为全焊结构，钢桁梁为栓焊或全焊结构。

（三）主梁合龙施工

（1）主梁的合龙应按设计和施工控制的要求进行，施工前应确定施工程序并进行合龙施工计算，制订详细的施工工艺及各项保障措施的方案。

（2）对合龙前最后若干个悬臂施工梁段的高程、线形、轴线偏差及索力应进行严格控制，使合龙口两侧主梁的自然相对偏差满足合龙的误差要求。

（3）混凝土主梁和全焊钢主梁在合龙时，应按设计要求设置临时刚性连接，控制合龙口长度及主梁轴线与高程的变化；栓接钢主梁合龙时，应提前调整合龙口两侧钢主梁的姿态，并应对两侧钢主梁螺栓孔之间的间距进行控制。

（4）主梁合龙施工期间，应对桥面上的临时施工荷载进行严格控制，不得随意施加除合龙施工需要的其他附加荷载。

（5）主梁中跨合龙后，应按设计要求的程序在规定时间内拆除塔梁临时固结装置，保证结构体系的安全转换。

（6）边跨合龙应根据主梁的结构特点按相关要求进行施工。

（7）多塔斜拉桥主梁的合龙顺序应符合设计的规定。

四、拉索

拉索及其附件应符合设计规定，进场后应进行质量验收。平行钢丝拉索应符合现行国家标准《斜拉桥用热挤聚乙烯高强钢丝拉索》（GB/T 18365—2018）的要求，成品拉索在出厂前应做放索试验，同时应做 1.2～1.4 倍设计索力的超张拉检验，检验后冷铸锚板的内缩值宜不大于 5 mm；钢绞线拉索采用的钢绞线、锚具等应分别符合现行国家标准《预应力混凝土用钢绞线》（GB/T 5224—2014）和《预应力筋用锚具、夹具和连接器》（GB/T 14370—2015）的要求，镀锌或环氧涂层钢绞线拉索应分别符合其相应产品标准的要求。成品拉索和钢绞线应缠绕成盘进行运输，在起吊、运输和存放时应采取措施防止其产生破损、变形或腐蚀。

拉索在安装施工前，应按设计要求及拉索结构的不同制订相应的专项施工方案和施工工艺。安装前尚应全面检查预埋拉索导管的位置是否准确，发现问题应及时采取措施予以处理，同时应将导管内可能有的杂物清理干净。

拉索的安装施工应按设计和施工控制的要求进行，在安装和张拉拉索时应采用专门设计制作的施工平台及其他辅助设施进行操作，保证施工安全。张拉拉索用的千斤顶、油泵等机具及测力设备应按规范要求进行配套校验；为施工配备的张拉机具，其能力应大于最大拉索所需要的张拉力。

拉索可在塔端或梁端单端进行张拉，张拉时应按索塔的顺桥向两侧及横桥向两侧对称同步进行。同步张拉时不同步索力之间的差值不得超出设计和施工控制的规定；两侧不对称或设计拉力不同的拉索，应按设计规定的索力分级同步张拉，各千斤顶同步之差不得大于油表读数的最小分格。拉索张拉的顺序、级次数和量值应符合设计和施工控制的规定；张拉宜以测定的索力或油压表量值为准，以延伸值作为校核；对大跨度斜拉桥，宜采用无应力索长和索力双控的方法，且宜以索长控制为主，以索力作为校核。

平行钢丝拉索的安装和张拉施工应符合下列规定。

(1) 施工前应根据索长、索重、斜度和风力等因素，计算拉索在安装时锚头距索管口不同距离以及满足锚环支承时的牵引力；张拉杆、连接套和软牵引等施工辅助设施应经专门设计，并应在正式使用前进行1.2倍设计牵引力的对拉试验。

(2) 吊装时不宜使用起重钩或容易对索体产生集中应力的吊具直接挂扣拉索，宜采用带胶垫的管形夹具和尼龙吊带并设置多吊点进行起吊。放索时索体应在柔软的滚轮或皮带输送机上拖拉，并应控制索盘的转速，防止转速过快导致索盘倾覆。

(3) 安装施工时不得挤压、弯折索体，不得损伤索体的保护层和索端的锚头及螺纹；应在索管管口处设置对中控制的装置或限位器进行调控，防止锚头和索体在穿入索管时偏位而产生摩擦受损。当拉索的索体防护层和锚头已发生不影响使用的损伤时，应及时进行修复并记录在案，施工结束后对损伤部位尚应进行跟踪维护。

(4) 拉索的内置式减振圈和外置式抑振器未安装前，应采取有效措施，保证塔、梁两端的索管和锚头不受到水或其他介质的污染和腐蚀。

(5) 张拉平行钢丝拉索时，其施工的方法和设备应根据索型、锚具、布索方式、塔和梁的构造特点确定。

钢绞线拉索的安装施工应符合下列规定。

(1) 安装施工前，应在桥面上的适当位置设置钢绞线的放线架、导向轮和切割工作平台，以及切割和镦头的相关设备，并应在塔柱外的顺桥向两侧附近安装操作平台和起吊设备。

(2) 拉索外套管的连接接长采用热熔焊接接头时，热熔焊接的温度应符合外套管材料的要求。对外套管进行移动时，不得将其在未加支垫保护的桥面上拖拽；起吊过程中，其下方严禁站人。与外套管有连接关系或承套关系的所有部件均应与其临时固定，临时固定时宜在塔、梁两端各留出1 m左右的空间。

(3) 钢绞线的下料长度应计入牵引、张拉时的工作长度；下料时对钢绞线的切割应采用砂轮锯，不得采用电弧焊或氧乙炔进行切断。

(4) 牵引安装钢绞线时，其牵引装置必须安全可靠，牵引过程中钢绞线不得产生弯折，转向时应通过导向轮实现。每根钢绞线安装就位后，均应及时采用夹片锁定。

钢绞线拉索的张拉施工应符合下列规定。

(1) 钢绞线拉索宜采用单根安装、单根张拉、最后再整体张拉的施工方法。单根钢绞线的张拉应按分级、等值的原则进行，整体张拉时应以控制所有钢绞线的延伸量相同为原则。拉索整体张拉完成后，宜对各个锚固单元进行顶压，并安装防松装置。

(2) 在一根斜拉索中，单根张拉后，各钢绞线索力的离散误差宜不超过±2%；整体张拉完成后，各钢绞线索力的离散误差宜不超过±1%。

(3) 拉索的张拉工作全部完成后，应及时对塔、梁两端的锚固区进行最后的组装以及抗震防护与防腐处理。

拉索索力实测值与设计值的偏差宜为±5%，超过时宜进行调整。调整索力时应对索塔和相应的主梁梁段进行变形和应力的监测，并做记录。

拉索安装施工期间，应及时将索塔内张拉工作面处的油污和各种杂物清理干净，并应有可靠的防火措施。

五、施工控制

斜拉桥施工时，应通过施工控制，保证结构在施工过程中始终处于安全范围内，使成桥后的线形和内力符合设计的要求。

施工前，应确定斜拉桥的施工技术方案、施工工艺、施工程序和施工步骤，并作为编制施工控制方案的依据；施工过程中，应严格执行施工控制的指令，对各项参数进行监测和控制。

斜拉桥的索塔施工时，应对其平面位置、倾斜度、应力和线形等进行监测和控制；上部结构施工时，应对其施工过程中的索力、高程以及索塔偏位等参数进行监测和控制。

施工控制应贯穿斜拉桥施工的全过程，除施工应按确定的控制程序进行外，对各类施工荷载应加强管理，并应对施工过程中的变形、应力和温度等参数进行监控测试，且采集的数据应准确、可靠。监控测试时应满足下列要求。

（1）宜选择无风或微风的天气进行测试，减小风对量测的不利影响。

（2）测试时应停止桥上的机械施工作业，消除机械设备的振动及不平衡荷载等对测试产生的不利影响。

（3）各种测试均应在尽可能短的时间内完成，应避免测试条件产生较大的变化。测量宜在夜间气温相对稳定的时段进行。

实战演练

［2023 真题・案例节选］

背景资料：

施工单位承建了某特大桥工程，该大桥主桥为跨径 160 m+160 m、桥宽 30.5 m 的独塔双索面斜拉桥，主梁采用预应力混凝土箱梁结构，塔梁固结体系……斜拉桥主塔为花瓶形，高度为 107.6 m，主塔轮廓及塔吊安装示意图如图 3-5-5 所示。

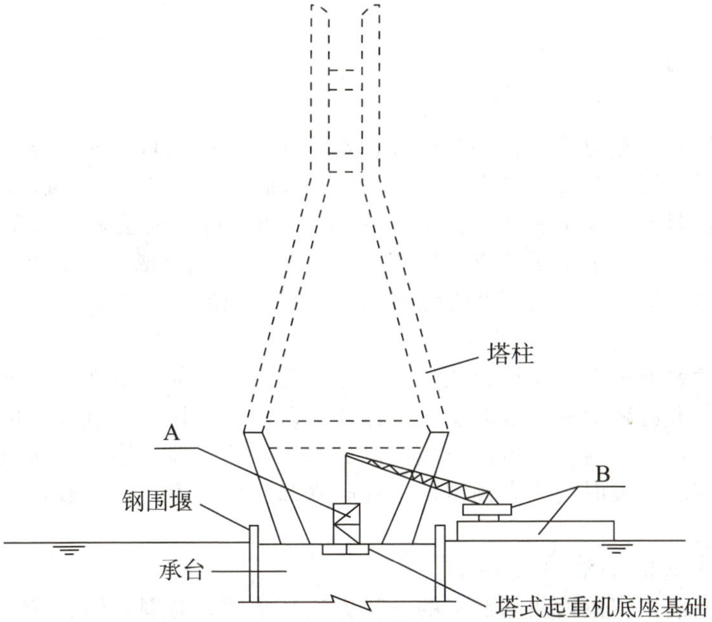

图 3-5-5 主塔轮廓及塔吊安装示意图

施工中发生以下事件。

事件一：主塔施工配置的主要机械设备有塔式起重机、浮吊、液压爬模系统、电焊机切割设备、张拉与压浆设备、水上运输与混凝土拌和设备、混凝土垂直运输泵送与浇筑设备、供水设备、混凝土喷淋养护设备、测量与监控设备等。

事件二：主塔塔柱施工中设置了型钢制作的劲性骨架，其主要作用是保证钢筋架立等工序施工的精度。主塔施工时加强了监测和控制，监控的主要参数包括主塔倾斜度与应力、风力、温度及温差等。

……

[问题]

2. 写出图 3-5-5 中结构物（或设备设施）A、B 的名称。

4. 事件二中，劲性骨架的主要作用还应包括保证哪两道工序施工的精度？补充主塔施工还应监控的两个主要参数。

[答案]

2. A——塔式起重机标准节；B——浮吊。

4. (1) 劲性骨架的主要作用还有保证模板安装和拉索预埋导管空间定位的精度。

(2) 主塔施工还应监控的两个主要参数：平面位置、线形。

知识点 4 悬索桥施工

一、一般规定

悬索桥施工应根据其结构特点和受力特性，在全面了解设计要求的基础上，制订专项施工方案，同时应做好各种钢构件的加工、特殊机械设备的设计制作和必要的试验等工作。对索股、索鞍、索夹和吊索等，应按现行国家标准或行业标准的规定制作，并应对其制作质量进行检测和验收。悬索桥施工应进行施工过程控制，并应使成桥线形和内力符合设计的要求。

二、锚碇

（一）重力式锚碇的基坑开挖和基础施工

(1) 基坑开挖施工除应符合相关规定外，基坑应沿等高线自上而下分层进行开挖，在坑外和坑底应分别设置截水沟和排水沟，并应防止地面水流入坑内而引起塌方或破坏基底土层。采用机械开挖时，应在基底高程以上预留 150～300 mm 土层采用人工清理，且不得破坏基底岩土的原状结构；采用爆破方法施工时，宜使用预裂爆破法，避免对边坡造成破坏。对深大基坑，应采取边开挖边支护的措施保证其边坡的稳定，边坡支护的方法应符合设计规定。

(2) 地下连续墙的施工除应符合相关规定外，基坑开挖前对地下连续墙基底的基岩裂隙宜进行压浆封闭，并应减少地下水向基坑的渗透；采用“逆作法”进行基坑开挖和内衬施工时应进行施工监测，监测内容宜包括环境监测、水工监测、地下连续墙体监测、土工监测及内衬监测等。对基坑底板混凝土宜预留地下孔隙水卸压的通道，具体数量宜根据现场实际情况确定。

（二）隧道锚洞室和岩锚的开挖施工

(1) 开挖施工前，宜根据两侧洞室的开挖方法和步骤，对围岩的侧壁收敛、拱顶下沉和底部隆起等变形进行模拟仿真计算，并应根据其计算分析结果提出开挖施工中变形量控制的标准。

(2) 开挖施工前尚应进行地表排水系统和工作坑的设计，确定防止洞外地表水流入开挖作业面的有效措施。地下水较丰富时，宜在隧洞的侧墙处设排水沟，在开挖作业面的底部设集水坑，并应采取必要的措施将水引出洞外；在衬砌混凝土的施工缝处应沿隧洞轴线方向预埋止水板。

（3）在条件许可的情况下，宜在附近选取一地质相似的地方进行爆破监控试验，对爆破施工方案的各种参数进行试验和修正，据此正式确定爆破方案。开挖施工时宜采用光面控制爆破方式，并应严格控制爆破，减少对围岩的扰动。

（4）洞口处宜设置护拱，并应采取有效措施防止落石等物体进入洞内。

（5）洞室开挖施工时，宜对水平净空收敛、地表及边坡位移、拱顶下沉、底板隆起等进行监控量测，监控量测的断面布置和频率宜根据实际情况确定。

（6）岩锚施工时的钻孔宜采用破碎法施工，在成孔过程中应对钻孔深度和孔空间轴线位置进行检查和记录；达到设计深度后，应采用洁净高压水冲洗孔道并采用有效方法将钻渣掏出。锚索下料时宜采用砂轮机切割，穿束时应设置定位环，保证锚索在孔中位于对中位置，同时应避免锚索扭转，锚索安装完成后应及时对孔道进行压浆。

（三）锚碇锚固体系施工

（1）型钢锚固体系施工时，所有钢构件的制作均应按相关要求进行。锚杆、锚梁在制造时应进行抛丸除锈、表面防腐涂装和无损检测等工作；出厂前应对钢构件连接进行试拼装，试拼装应包括锚杆拼装、锚杆与锚梁连接、锚支架及其连接系平面试装。当锚杆为无黏结预应力时，应使其与锚体混凝土隔离，并可自由伸缩。

（2）预应力锚固体系的施工应符合设计及相关规定。锚具应安装防护套，无黏结预应力系统应注入保护性油脂；对加工件应进行超声波和磁粉探伤检查。

（四）锚碇混凝土施工

（1）锚碇的基础和锚体应按大体积混凝土的要求组织施工，施工前应根据结构特点和施工条件制订专项施工方案。

（2）隧道锚的锚塞体混凝土施工时，锚塞体混凝土应与岩体结合良好，且宜采用自密实型微膨胀混凝土，保证混凝土与拱顶基岩紧密黏结；浇筑混凝土时洞内应具备排水和通风条件，且宜在锚塞体混凝土的水平施工缝与洞壁交界处设置消除水压力的盲管，并使盲管与锚室的排水管道联通，形成系统。

（3）锚碇混凝土施工时应保证上部结构施工预埋件的安装质量。

三、索塔与索鞍

（一）索塔施工

索塔在施工过程中应对其施工状况进行监测和控制，施工完成后，应测定裸塔的倾斜度、塔顶高程及塔的中心线里程，并做好沉降、变位观测点标记。

（二）索鞍施工

索鞍的性能和质量应符合现行《悬索桥索鞍索夹》（JT/T 903—2024）的规定，并应由专业单位加工制造。制造完成后应在厂内进行试装配和防腐涂装，并应对各部件的相对位置作出永久性定位标记，经检验合格后方可运至工地现场安装。

索鞍在安装前，应根据鞍体的形状和重力、施工环境条件、起吊高度等因素选用吊装设备；对设置在塔顶的起重支架及附属起重装置等应进行专门设计，其强度、刚度和稳定性应满足使用的要求，并应有足够的安全系数。

起重安装的所有准备工作完成后，应对起重设备和设施进行全面检查。索鞍在正式起吊前，应先将鞍体吊离地面 0.1～0.2 m，并持荷 10 min 以上，检验起重设备和设施各部位的受力和变形状况，并应在离地面 1～3 m 范围内将鞍体提升起降 2 次，检验提升系统的性能。

经上述检验并确认起重设备和设施的各部位均正常后方可进行正式起吊作业。

起吊安装索鞍时，吊点和吊具的设置应满足各点均匀受力的要求，应避免索鞍在起吊安装过程中发生扭转、侧倾或碰撞，并应采取有效措施保证索鞍的涂装不受到损伤。

主索鞍在起吊安装时应缓慢、平稳，就位时应保证其位置准确；散索鞍在安装前应通过计算或模拟起吊试验确定其重心位置和吊点位置，正式起吊安装时，应使其始终保持平稳状态，且在导向装置的引导下能顺利就位，就位后应尽快将其临时固定。

主索鞍底座钢格栅和散索鞍底座安装调整完成后，应进行全桥联测检查，确认无误后方可灌注底座下的混凝土。

索鞍在安装时应根据设计规定的预偏量进行就位和固定，且应在主缆加载过程中根据监控数据分次顶推到设计位置。顶推前应确认滑动面的摩阻系数，严格控制顶推量。

四、猫道

（一）猫道设计

猫道应根据悬索桥的跨径、主缆线形、施工环境条件等因素进行专门设计，其结构形式及各部尺寸应满足主缆工程施工的需要。猫道设计应符合下列规定。

（1）猫道的线形宜与主缆空载时的线形基本平行，猫道对索塔产生的纵桥向变位应小于索塔高度的1/5 000。猫道面层宜由阻风面积小的两层大、小方格钢丝网组成，面层顶部与主缆下沿的净距宜为1.3～1.5 m；猫道的净宽宜为3～4 m，扶手高宜为1.5 m。猫道在桥纵向应左右对称于主缆中心线布置，猫道间宜设置若干条横向人行通道。

（2）承重索在设计时应充分考虑猫道的恒载及可能作用于其上的其他荷载。对承重索进行强度计算时，其荷载组合及安全系数应符合表3-5-2的规定。承重索的锚固系统应有足够的调整范围，每端宜设±2 m以上的调节长度。

表3-5-2　猫道承重索强度计算的荷载组合与安全系数

荷载组合		安全系数	备注
静力结构强度验算	恒载	≥3.2	—
	恒载＋施工荷载	≥2.7	—
	恒载＋施工荷载＋温度荷载	≥2.7	温度荷载按温降15 ℃考虑
风荷载组合结构强度验算	恒载＋施工荷载＋施工阶段风荷载组合	≥2.7	按6级风考虑
	恒载＋最大阵风荷载组合	≥2.5	—

（3）设计时宜根据桥位处的施工环境条件和当地的气象条件对猫道进行抗风稳定验算；对特大跨径悬索桥，必要时可通过猫道风洞试验，获得试验参数后对猫道进行结构动力分析及抗风稳定性验算。可采取适当增加猫道间横向联结的措施增强其抗风稳定性。

（4）猫道的门架绳在其锚固系统可靠的情况下，可与猫道承重绳共同受力。

（二）猫道钢构件制作

猫道钢构件的制作要求可参照相关规定执行，面层和承重索的材料均应符合相应产品的质量要求。承重索和抗风缆采用钢丝绳时，架设前应对钢丝绳进行预张拉处理，消除其非弹性变形，预张拉的荷载应不小于其破断荷载的0.5倍，且应持荷60 min，并进行2次；预张拉时的测长和标记宜在温度较稳定的夜间进行。采用旧钢丝绳时，应按现行《钢丝绳　安全　使用和维护》（GB/T 29086—2012）的规定进行检验，并应对其承载能力予以折减。承重索端部的锚头应垂直于承重索，并应对锚头部位进行静载检验，符合受力要求后方可使用。

（三）猫道架设

猫道的架设应按横桥向对称、顺桥向边跨和中跨平衡的原则进行，且应将裸塔塔顶的变位及扭转控制在设计允许的范围内。架设施工应符合下列规定。

（1）先导索的架设方法宜根据桥跨跨径、地形等条件综合确定，且应减少对通航的影响。

（2）承重索架设时，在横桥向，两侧应保持基本同步，数量差不宜超过 1 根；在顺桥向，边跨与中跨应连续架设，且中跨的承重索宜采用托架法架设。架设后，应对其线形进行调整，各根索在跨中的高程相对误差宜控制在±30 mm 以内。

（3）面层及横向通道宜从索塔塔顶开始，同时向跨中和锚碇方向对称、平衡地进行架设安装，并应设置牵引及反拉系统，控制面层铺设时可能产生的下滑等现象，保证施工安全；中跨、边跨猫道面层的架设进度，应以索塔两侧的水平力差异不超过设计要求为准进行控制。猫道面层在架设过程中应对索塔塔顶的偏移和承重索的垂度进行监测。

在主缆架设完成、加劲梁安装之前，应将猫道改挂于主缆上，改挂前应拆除横向通道。改挂宜分段进行，并应分次逐步放松承重索的锚固系统，最终放松至承重索设计要求的放松量。改挂后的悬挂点应设在猫道的底梁处，在桥纵向的间距宜不超过 24 m。

（四）猫道拆除

主缆的防护工程及检修道安装施工完成后，可进行猫道的拆除工作。拆除前应利用锚固调节系统适当收紧承重索，减小猫道改挂绳的受力；猫道拆除时，宜分节段拆除其面层和底梁，拆除宜按中跨从塔顶向跨中方向、边跨从塔顶向锚碇方向的顺序进行；在拆除过程中，应采取措施保证改挂绳的受力在允许范围内，并应采取适当措施保护主缆、吊索和桥面附属设施等已施工完成的结构。

五、主缆

主缆用热镀锌钢丝的技术条件和索股的技术指标应符合现行相关标准的规定。主缆采用预制平行钢丝索股时，宜在工厂内将对应索鞍位置的索股六角形截面调整为四边形截面，并作出相应标记。

（一）索股架设

预制平行钢丝索股的架设施工应符合下列规定。

（1）索股的牵引系统宜结合工程特点、施工安全、工艺水平及环境条件等因素综合确定。索股滚筒的间距宜为 8 m 左右，在索鞍或坡度变化较大的位置应适当加密。

（2）索股的放索工艺应与索股的包装工艺相匹配，并应采取适当措施防止索股在索盘上突然释放。放索牵引过程中应有专人跟踪牵引锚头，且宜在沿线设观测点监测索股的运行状况，发现问题应及时采取措施加以纠正。

（3）架设时对前 3 根索股宜低速牵引，对牵引系统进行试运转，在保证运转正常后方可进行正式的索股架设工作。索股在牵引架设时应在其后端施加反拉力；牵引过程中如绑扎带有连续 2 处被绷断，应停机进行修补。索股锚头牵引到位后，在卸下锚头前应将索股临时固定，防止滑移；索股在架设过程中如出现鼓丝现象，在入锚前应进行梳理，不得将其留在锚跨内。

（4）索股在现场整形入鞍时，应在该段索股处于无应力状态下采用整形器完成，整形时应保持钢丝平顺，不得交叉、扭转或损伤钢丝。索股横移时，应将索股从猫道滚筒上提起，确认全跨径的索股已脱离滚筒后，方可移至索鞍的正上方；横移时的拽拉量不宜过大，且操作人员不得处于索股下方。

（5）索股锚头入锚后应进行临时锚固。在跨中位置应对索股设定 200～300 mm 的抬高量，并做好编号标志。

采用空中纺线法架设主缆时，应符合下列规定。

（1）钢丝接头的性能必须通过试验确定。在梨形蹄铁处或索鞍座附近不得存在工厂钢丝接头。

（2）编缆前应先挂一根基准钢丝作为参照，并以此为准确定第一条编织索股的正确高程。

（3）完成一条索股的纺线后应对丝股进行梳理，对不符合线形要求的钢丝必要时应进行接长或截短处理。

（4）一条丝股抖开、梳理、裁切完成后，应采用手动液压千斤顶将其挤压成圆形，并采用纤维强力带每 3 m 一道包扎定型。

（5）空中纺线完成一条索股后，其后续工序可按预制平行钢丝索股的要求进行施工。

（二）索股的线形调整

（1）对索股线形的垂度调整应在夜间温度稳定时进行。温度稳定的条件为：长度方向索股的温差 Δt 应不大于 2 ℃；横截面索股的温差 ΔT 应不大于 1 ℃。

（2）对基准索股的线形应采用绝对垂度进行调整。调整完成后，应连续数天对其线形进行观测，观测宜在风力小于 5 级的夜间且温度稳定时进行，并应记录对应的跨中高程、气温、索股温度及索鞍 IP 点的偏量；对基准索股的线形，尚宜考虑索股非弹性变形滞后的影响，在进行垂度控制时适当进行预抬高，并应在确认基准索股的线形稳定后方可进行其他索股的架设。其他索股的线形应以基准索股为准，进行相对垂度调整。调整好的索股在索鞍位置应临时压紧固定，不得使其在鞍槽内滑移。

（3）对索股线形进行垂度调整时，其精度宜以索股高程的允许误差控制：索股中跨跨中为 $\pm L/20\ 000$（L 为相邻主索鞍 IP 点间距）；边跨跨中为 $\pm L_1/10\ 000$（L_1 为散索鞍与主索鞍 IP 点间距）；上下游基准索股的高差应不大于 10 mm，一般索股（相对于基准索股）为 −5 mm，+10 mm。

（4）三塔或多塔悬索桥的索股线形调整可按双塔悬索桥的标准进行控制。

（三）索力调整

主缆索力的调整应以设计和施工控制提供的数据为依据，其调整量应根据调整装置中测力计的读数和锚头移动量双控确定。其精度要求为：实际拉力与设计值之间的允许误差为设计锚固力的 3%。

（四）紧缆

主缆的紧缆应分为预紧缆和正式紧缆 2 个阶段进行，并应符合下列规定。

（1）预紧缆应在温度稳定的夜间且应将主缆全长分为若干区段分别进行。预紧缆完成处应采用不锈钢带捆紧，并应保持主缆的形状，不锈钢带的间距可为 5～6 m，外缘索股上的绑扎带宜边紧缆边拆除。预紧缆的目标空隙率宜为 26%～28%。

（2）正式紧缆时，应采用紧缆机将主缆挤压整形成圆形，其作业可在白天进行。紧缆的顺序宜从跨中向两侧方向进行，紧缆挤压点的间距宜为 1 m；紧缆的空隙率应符合设计规定，其允许误差为 0～3%，不圆度宜不超过主缆设计直径的 5%。紧缆点空隙率达到要求后，应在靠近紧缆机的压蹄两侧打上两道钢带，带扣宜设在主缆的侧下方，其间距宜为 100 mm。

（五）缠丝

主缆的缠丝工作宜在二期恒载完成后进行，并应符合下列规定。

（1）缠丝的总体方向宜由高处向低处进行，2 个索夹之间则应自低到高进行。

（2）缠丝始端应嵌入索夹内不少于 2 圈或符合设计规定，并宜施加固结焊。

（3）钢丝的缠绕应密贴，缠绕张力应符合设计规定，设计未规定时宜为 2 kN。缠绕钢丝的接头宜采用碰接焊工艺。

(4) 节间缠丝每间隔 1～1.5 m 宜进行一次并接焊，并焊部位应在主缆上表面 30°圆心角所对应的圆弧范围内。

(六) 防护涂装

主缆的防护涂装应符合设计规定或现行《悬索桥主缆系统防腐涂装技术条件》(JT/T 694—2007) 的规定，且宜在桥面铺装完成后进行。防护前应清除主缆表面的灰尘、油和水分等污物并临时覆盖，进行防护涂装等作业时方可将覆盖物分段揭开。

六、索夹与吊索

索夹的性能和质量应符合现行《悬索桥索鞍索夹》(JT/T 903—2024) 的规定。索夹的安装应符合下列规定。

(1) 安装前，应测定主缆的空缆线形，并在对设计规定的索夹位置进行确认后，方可于温度稳定时在空缆上放样定出各索夹的具体位置并编号。安装前尚应清除索夹内表面及索夹位置处主缆表面的油污及灰尘，涂上防锈漆。

(2) 索夹在场内运输和安装过程中应注意保护，防止损坏其表面。

(3) 索夹在主缆上精确定位后，应立即紧固螺栓，且在紧固同一索夹的螺栓时，应保证各螺栓的受力均匀。索夹安装位置的纵向误差应不大于 10 mm。

(4) 索夹螺栓的紧固应按安装时、加劲梁吊装后、全部二期恒载完成后 3 个荷载阶段分步进行，对每次紧固的数据应进行记录并存档。

(5) 在工程交工验收前宜对索夹的位置是否滑移做专项检查，且宜对索夹的螺栓进行紧固。

吊索的性能和质量应符合现行《公路悬索桥吊索》(JT/T 449—2021) 的规定，在运输和安装过程中应保证其不受到任何损伤。

七、加劲梁

加劲梁安装前应制订专项施工方案，对特大跨径或处于风环境恶劣地区的悬索桥，应就加劲梁安装的方法、程序和工艺进行专门研究。加劲梁在安装施工过程中，应严格遵守高空作业及水上作业的安全规定；在台风季节进行加劲梁安装时应制订防风预案。钢加劲梁应由专业单位加工制造，制造完成后应在厂内进行试拼装和防腐涂装。

(一) 钢箱梁安装

(1) 安装钢箱梁的非定型吊机应进行专门设计，在安装前必须进行试吊，检验其安全性和可靠性。

(2) 钢箱梁的运输方式应满足安装的要求。采用水上运输时，应保证安装时船舶定位的精度，必要时宜进行现场驳船定位试验；陆上运输时，应使钢箱梁能到达吊机起吊安装位置的正下方。

(3) 安装的顺序应符合设计规定。从吊装第二节段开始，应与相邻节段间预偏 0.5～0.8 m 的工作间隙，吊至高程后再牵拉连接，并应避免吊装过程中与相邻节段发生碰撞。安装合龙段前，应根据实际的合龙长度，对合龙段长度进行修正。

(4) 安装过程中应监测索塔的变位情况，并应根据设计要求和实测塔顶位移量分阶段调整索鞍偏移量。

(5) 钢箱梁工地接头的焊接连接和高强度螺栓连接施工应符合相关规定。采用焊接连接时，应先将待连接钢箱梁的节段与已安装节段临时刚性连接，接头焊缝的施焊宜从桥面中轴线向两侧对称进行；接头焊缝形成并具有足够的强度和刚度时，方可解除临时刚性连接。

(6) 对三塔悬索桥，2 个主跨的钢箱梁应对称安装，且 2 个主跨安装时的梁段差宜不大于 2 个节段。

（二）钢桁梁安装

（1）钢桁梁的架设安装方法宜根据钢桁架的结构特点、施工安全、设备和现场环境条件等因素综合确定。

（2）采用单构件方式安装时，宜根据钢桁梁和吊索的受力情况及桥位的气候条件，选择全铰接法或逐次固结法。架设的顺序可从索塔处开始，向中跨跨中及边跨的端部方向进行。

（3）采用全铰接法架设时，在钢桁梁逐渐接近设计线形后，可对部分铰接点逐次固结；采用无铰逐次固结法架设时，宜采用接长杆牵引吊索与钢桁梁连接，且宜在不同架设阶段采用千斤顶调整吊索张力，直至最后拆除接长杆入锚。架设过程中应逐一对钢桁梁及吊索的内力及变形进行分析，并应将钢桁梁斜杆及吊索的最大应力控制在允许范围内。

（4）应对缆索吊机、桥面吊机、铰接设备、吊索牵引机具、片架运输台车、行走轨道铰点过渡梁和移动操作平台等设备做专项设计、加工及试验。桥面吊机应满足拼装过程中顺桥向坡度变化的要求，底盘应设止滑保险装置。

（5）在短吊索区，单片主桁不宜直接架设，宜采用临时吊索并对吊具进行改装后进行架设。合龙段宜采用单根杆件架设安装。

（6）采用预拼成节段进行安装时，应符合相关规定。

（三）加劲梁梁段架设安装

采用荡移法转移或架设安装加劲梁梁段时，应符合下列规定。

（1）进行荡移作业前，应对吊具、销轴、转向耳板等的连接以及设备的固定情况进行检查，保证其能正常运转。

（2）用于施加主动力进行提升和牵引的设备、索具、滑轮组及其固定方式，均应符合现行《起重机械安全规程 第1部分：总则》（GB 6067.1—2010）和现行《建筑施工起重吊装工程安全技术规范》（JGJ 276—2012）的相关规定。

（3）悬挂梁段用的吊索、吊杆等构件的强度及其连接强度应不小于计算荷载的2倍。当利用索夹作为临时吊点时，应对索夹进行验算和安全评价，并不得影响其正常使用功能，荡移施工过程中应防止其产生松动或滑移。

（4）荡移过程中，当需要在悬空的加劲梁梁段上进行检验、测量、转换吊点等作业时，应设置作业人员专用进出通道，且人员在梁段稳定可靠后方可进入作业区；梁段荡移时，所有人员必须撤离。

（5）荡移作业宜快速、连贯完成，当因故中断且停滞时间较长时，除应采取稳定梁段的措施外，尚应采取有效措施消除天气等因素造成的安全隐患。

八、自锚式悬索桥

自锚式悬索桥各部位的施工除应符合相关规定外，尚应根据其结构特点和受力特性，制订针对特殊部位的施工方案、施工工艺和控制方法。加劲梁为钢箱且采用大节段现场起重安装时，应对起吊安装的施工工艺进行专项设计。

加劲梁为钢箱且采用顶推工艺安装时，应符合下列规定。

（1）拼装平台的长度宜不小于3节钢箱的节段长度，两侧滑道应对应设置在钢箱纵隔板位置。顶推导梁应具有足够的强度和刚度，其长度宜为最大顶推跨径的0.75倍左右。

（2）施工前应制定钢箱节段在拼装平台上进行接口拼装、焊接的工艺细则。接口处的中线和高程误差应不大于2 mm；接口的焊接均应符合Ⅰ级焊缝的要求，并应进行无损检测。

加劲梁为预应力混凝土箱梁时，宜采用分段现浇的方式施工，其施工技术要求应符合相关规定。

不论采用何种方法安装不同类型的加劲梁，对其支架的结构均应进行专项设计。支架的设计荷载除应符合相关规定外，尚应考虑主缆架设、索夹和吊索安装施工时的临时荷载。支架顶部应预留高程调整的操作空间和位置，且应使支承点与加劲梁的加劲位置相对应。

加劲梁的线形控制应充分考虑支架的沉降和变形、体系转换及二期恒载等因素的影响，预拱度的设置应满足施工过程中的荷载变化及受力体系转换顺序的要求。支架的顶面高程应按“设计高程＋预拱度”设置，当加劲梁为钢箱时，宜略低于该高程；当加劲梁为预应力混凝土箱梁时，宜等于该高程。

主缆锚固系统的施工应符合下列规定。

(1) 钢锚导管应与锚垫板先组焊后再安装，组焊时导管的轴线应与钢垫板平面成正交，误差应不大于0.5°，且管的内壁应进行防腐处理；钢锚导管的安装位置应符合设计三维坐标的要求，其误差应不大于3 mm。

(2) 对索股锚固体导管密集区的混凝土应进行专门的配合比设计，浇筑时应保证其密实性。钢锚导管的支架应稳固，应保证其在绑扎钢筋和浇筑混凝土时不移位。

(3) 散索套宜根据其构造特点进行安装。宜先安装临时套，待主缆索股架设完成后，拆除临时套，再正式安装散索套和施拧高强度螺栓。

主缆的架设安装方法宜根据结构特点和施工环境条件等因素综合确定。在安装过程中为铅垂线形的空间线形主缆，其安装要求与铅垂线形主缆相同；在安装过程中及成桥状态均为空间线形的主缆，其猫道的宽度应满足索股牵引及入锚的要求，索股应先入鞍后入锚。

索夹的制作与安装除应符合相关规定外，尚应符合下列规定。

(1) 索夹应经过厂内工艺试验确定其与主缆间的摩阻力、握裹力满足设计要求。索夹的紧固力宜通过滑移试验确定。

(2) 索夹的安装顺序在中跨宜从跨中向塔顶进行，边跨宜从锚固点附近向塔顶进行。对于空间线形主缆，索夹在安装时应注意偏角的变化。

吊索的张拉及体系转换应符合下列规定。

(1) 吊索张拉前应确定张拉施工方案，明确张拉的顺序、步骤和方法；应制订鞍座顶推步骤，确定分次顶推的时机和顶推量；同时应配备接长杆、千斤顶、作业台架等施工机具。

(2) 吊索宜分2～3次进行张拉，逐步到位。张拉顺序宜从索塔向跨中进行，张拉时应同步、分级、均匀施力，且应以拉力和拉伸长度进行双控，并以拉力为主；同时在张拉过程中应根据吊索张拉实施步骤，适时顶推鞍座，并应对索塔的倾斜度、主缆和加劲梁的线形进行严密的监测和控制。

(3) 张拉吊索使加劲梁脱离临时支墩后，主梁、主缆的线形应符合设计要求；体系转换后，吊索的拉力误差应控制在±2%以内。

桥面铺装等二期恒载施工时，应对其施工顺序进行重点控制，控制时应遵循均衡加载、保证吊索受力平衡的原则；对于预应力混凝土箱梁，尚应控制其结构变形，防止开裂。

九、施工控制

悬索桥上部构造施工时应进行施工监测和控制，保证各关键结构的应力、应变在施工的全过程中始终处于安全可控范围内，成桥后主缆和加劲梁的线形符合设计的要求。

施工前应根据悬索桥的结构特点、施工的方法和程序、环境条件等因素，编制施工监测和控制的方案。监控方案在实施过程中，宜根据监控的结果进行必要的动态调整。

悬索桥上部构造施工时，应对下列部位或项目进行监测和控制。

(1) 索塔、锚碇的沉降和位移。

(2) 在主索鞍的钢格栅定位前，应对索塔裸塔进行36 h连续变形观测；在主缆架设安装前，应进行索塔和锚碇的联测。

（3）在主缆架设安装过程中，对基准索股的连续监测应不少于 3 d，对索塔和锚碇的沉降及位移监测应不少于 3 次。

（4）在索夹安装前，对主缆的线形以及两侧主缆的相对误差，应进行不少于 3 d 的连续观测。

（5）每一节段加劲梁吊装后，均应对索塔和锚碇的沉降及变位、主缆的线形、加劲梁的线形等进行监测。

对悬索桥上部构造施工监测和控制的管理工作、监控测试及测试的环境条件要求等，可按相关规定执行。

实战演练

［2020 真题·单选］关于悬索桥施工猫道的说法，错误的是（　　）。

A. 线形宜与主缆空载时的线形平行

B. 架设过程中须监测塔的偏移量和承重索的垂度

C. 承重索可采用钢丝绳或钢绞线

D. 猫道上不宜设置抗风缆

［解析］猫道设计时，宜根据桥位处的施工环境条件和当地的气象条件对猫道进行抗风稳定验算；对特大跨径悬索桥，必要时可通过猫道风洞试验，获得试验参数后对猫道进行结构动力分析及抗风稳定性验算。可采取适当增加猫道间横向联结的措施增强其抗风稳定性，因此，猫道上不宜设置抗风缆的说法不准确。

［答案］D

知识点 5 桥梁施工监控

桥梁施工监控是指在桥梁施工过程中，通过实时测量、数据分析、调整施工参数等手段，对结构的受力状态、变形情况、施工精度进行动态管理，以确保桥梁安全、质量符合设计要求，并有效控制施工风险。

桥梁施工监控的主要内容如下。

（1）桥梁结构监测：监测主梁、拱肋、索塔等关键部位的应力和变形。

（2）施工环境监测：评估温度、湿度、风速等环境因素对施工的影响。

（3）施工设备监测：确保起重机械、模板支撑系统的安全稳定。

桥梁施工监控通常采用传感器技术、远程监控技术、智能化监测设备等技术手段。

为适应现代化桥梁建设的需求，实现高效管理，专家和学者开始将建筑信息模型（BIM）技术引入桥梁建设。BIM 技术具备高度的真实性和可模拟性，近年来基于 BIM 技术的桥梁施工控制已成为研究热点。BIM 技术在桥梁施工监测中的应用主要集中在以下方面：利用 BIM 技术实现监测数据的三维可视化；通过二次开发将监测数据与传感器模型关联，实现监测数据的自动预警；将 BIM 技术应用于异形桥塔的施工控制辅助设计和施工中。

第六节　桥面及附属工程

知识点 1 支座与伸缩装置施工

一、一般规定

桥面及附属工程的内容适用于支座、伸缩装置、桥面防水与排水、桥面铺装、桥面防护设施及桥头搭板等的施工。金属防撞护栏的施工应符合现行《公路交通安全设施施工技术规范》（JTG/T 3671—2021）的有关规定。

支座、伸缩装置等桥梁专用产品应由具有资质的专业厂家制造，且在进场时应按相应产品标准的要求进行抽样复验检测。桥面防水材料的进场抽样复验检测，应按相应产品标准的要求进行。

桥面铺装施工时，运料车辆的等候排队应按施工组织设计的规定保持足够的距离，应避免车辆过于集中导致超载或偏载，损伤桥梁结构。

二、支座

（一）进场检查

支座进场后，应对其规格、数量、产品合格证等进行检查，不符合设计要求的不得用于工程中。对有包装箱保护的支座，应开箱对其规格、部件数量及装箱单等进行核对，无误后应将支座重新装入包装箱内，安装时方可再开箱；对活动支座进行开箱检查时，应注意对改性聚四氟乙烯板和不锈钢冷轧钢板的保护，防止划伤其表面，同时应检查硅脂是否注满。支座在开箱检查时，以及直至安装前，均不得随意拆卸其上的固定件。

（二）存放与运输

支座应存放在干燥通风的库房内，并不得直接置于地面，应垫高堆放整齐，保持清洁；支座不得与酸、碱、油类和有机溶剂等相接触，且应距热源至少 1 m 以上。支座在场内运输和装卸时，应采取有效措施防止对其产生碰撞或其他机械损伤。

（三）复核检查

支座在安装前，应对支座垫石的混凝土强度、平面位置、顶面高程、预留地脚螺栓孔和预埋钢垫板等进行复核检查，确认符合设计要求后方可进行安装。支座垫石的顶面高程应准确，表面应平整、清洁；对先安装后填灌浆料的支座，其垫石的顶面应预留出足够的灌浆料层的厚度。

支座安装时，应分别在垫石和支座上标出纵横向的中心十字线，就位后两者的中心十字线应对准，并应采取有效措施保证支座处于水平状态且支座的顶面高程符合设计要求。调整支座的顶面高程时，应采用钢垫片对支座进行支垫，支垫处在支座安装完成后留下的空隙应采用环氧树脂砂浆填实。

（四）安装与调整

安装双向活动或单向活动支座时，应保证支座滑板的主要滑移方向符合设计要求。在安装活动支座的顶板时，宜考虑安装温度与设计要求不符时对位移的影响，必要时宜通过计算在顺桥向设置预偏量；对跨数较多、连续长度较长的连续梁，宜考虑温度、预应力、混凝土收缩与徐变等因素影响导致的梁长方向的位移变化，位移量较大时宜将支座顶板顺桥向的尺寸适当加长，保证支座能正常工作。

支座安装完成后，其顺桥方向的中心线应与梁顺桥方向的中心线水平投影重合或相平行，且支座应保持水平，不得有偏斜、不均匀受力和脱空等现象。安装完成后，应及时拆除支座上的各种临时固定构件和装置，并应全面核对检查支座的形式、规格和安装方向等是否符合设计要求，如有误应及时调整处理。

当桥梁体系转换需要切割临时锚固装置，或施工过程中需要在支座附近进行焊接作业时，应在支座周围采取有效的隔热措施，避免损伤支座部件。

（五）板式橡胶支座安装施工

（1）支座在安装时，应对其顶面和底面进行检查核对，避免反置。对矩形滑板支座，应按产品表面顺桥向和横桥向的方向标注进行安装。

（2）支座垫石的顶面高程应准确无误。在平坡情况下，一片梁（板）中两端的垫石和同一墩（台）上的垫石，其顶面高程应一致，相对高差应不超过±1.5 mm，同一垫石上的四角高差应小于0.5 mm；当顺桥向有纵坡导致两相邻墩（台）的垫石顶面高程不同时，对高程的控制应符合设计的规定，且同一片梁（板）在考虑坡度后其相邻墩垫石顶面高程的相对误差应不超过3 mm。

（3）梁、板吊装时，应采取有效措施防止对支座产生偏压或产生过大的初始剪切变形。梁、板的就位应准确且其底面应与支座顶面密贴，否则应将梁、板吊起，对支座进行重新调整安装；梁、板在安装时，不得采用撬棍移动梁、板的方式进行就位。

（六）盆式支座安装施工

（1）梁、板底面和垫石顶面的钢垫板应埋置稳固。垫板与支座间应平整密贴，支座四周不得有0.3 mm以上的缝隙，并应保持清洁。

（2）活动支座的改性聚四氟乙烯板和不锈钢冷轧钢板不得有刮伤、撞伤。改性聚四氟乙烯板应密封在钢盆内，应排除空气，保持紧密。

（3）活动支座安装前应采用适宜的清洁剂擦洗各相对滑移面，擦净后应在四氟滑板的储油槽内注满硅脂类润滑剂。

（4）盆式支座的顶板和底板可采用焊接或锚固螺栓栓接在梁体底面和垫石顶面的预埋钢板上。采用焊接时，应对称、间断焊接，并应防止温度过高对改性聚四氟乙烯板和不锈钢冷轧钢板以及对周边混凝土的影响；安装锚固螺栓时，其外露螺杆的高度不得大于螺母的厚度。锚固螺栓和焊接部位均应做防腐处理。

（七）球型支座安装施工

（1）支座的安装高度应符合设计要求，安装时应保证支座平面的水平，支座支承面的四角高差应不大于2 mm。

（2）安装支座板及地脚螺栓时，在下支座板四周宜采用钢楔块进行调整，使支座水平。支座在安装过程中，不得松开上顶板与下底盘的连接固定板。

（3）灌浆料应采用质量可靠的专用产品，灌浆应饱满、密实。灌浆料硬化并达到规定的强度后，应及时拆除支座四角的临时钢楔块，楔块抽出的位置应采用相同的灌浆料填塞密实。

（4）在梁体安装完毕或现浇混凝土梁体形成整体并达到设计要求的强度后，张拉梁体预应力之前，应拆除支座上顶板与下底盘的连接固定板，解除约束使梁体能正常转动和位移。

（5）拆除连接固定板后，应对支座进行清洁，检查无误后灌注硅脂，并应及时安装支座外防尘罩。

（6）当支座采用焊接连接时，应在支座准确定位后，采用对称、间断的方式焊接。焊接时应采取适当措施防止损伤支座的钢构件、聚四氟乙烯板、硅脂以及周边的混凝土等；焊接后应对焊接部位做防腐处理。

三、伸缩装置

伸缩装置的钢构件外观应光洁、平整，不得扭曲变形，且应进行有效的防腐处理。伸缩装置应在工厂进行组装，出厂时应附有效的产品质量合格证明文件；吊装位置应采用明显颜色标明；在运输和存放过程中应避免阳光直接暴晒或雨淋雪浸，并应保持清洁，防止变形。

伸缩装置安装预留槽口的尺寸应符合设计规定，锚固钢筋的位置应准确。伸缩装置安装前，应对预留槽口的混凝土进行凿毛并清理干净。

伸缩装置宜在桥面铺装施工完成后，采用反开槽的方式进行安装；当采用先安装再铺装桥面的方式时，应采取有效措施对安装好的伸缩装置进行妥善保护。

伸缩装置安装前，应按现场的实际气温调整其安装定位值。

伸缩装置在吊装时，应按制造工厂标明的吊点位置进行起吊，安装就位时，应使其中心线与桥梁的中心线相重合；在桥面的横坡方向，应按每米一点的间距进行其顶面高程的测量控制和调整。伸缩装置的安装位置和高程经检查确认符合设计要求后，应对其进行临时固定，并设置横向水平连接钢筋，将其与槽口的预埋钢筋焊接固定。

伸缩装置安装固定后，应在其能自由伸缩的开放状态下进行两侧过渡段混凝土的浇筑施工，过渡段宜采用环氧树脂混凝土或纤维混凝土。浇筑时应采取措施防止已定位固定的构件移位，并应防止混凝土渗入伸缩装置位移控制箱内或洒落在密封橡胶带缝中及表面，如发生此现象，应立即清除；对溢入桥台台帽和桥墩盖梁顶部的混凝土也应及时清理干净。混凝土在浇筑完成后应及时对其进行覆盖洒水养护，养护时间应不少于 7 d。过渡段混凝土在未达到设计要求的强度前，不得开放交通。

不同类型伸缩装置的安装施工规定见表 3-6-1。

表 3-6-1　不同类型伸缩装置的安装施工规定

伸缩装置类型	安装施工规定
梳齿板式伸缩装置	安装时，应采取措施防止产生梳齿不平、扭曲和变形等现象，并应对梳齿间隙的偏差进行控制，在气温最高时，梳齿的横向间隙应不小于 5 mm，齿板的间隙应不小于 15 mm
橡胶伸缩装置	(1) 安装前应检查桥面端部预留槽口的尺寸及钢筋，确认无误后方可进行安装； (2) 采用后嵌式橡胶伸缩体时，应在桥面混凝土干燥收缩完成且徐变也大部分完成后再进行安装； (3) 安装前应将预留槽口的混凝土表面清理干净，并涂防水胶黏材料，根据气温和缝宽进行必要的调整后，再将伸缩装置安装就位，且安装后应使其处于受压状态； (4) 应根据安装时的环境温度计算并设置伸缩装置的模板宽度与螺栓间距，将加强钢筋与螺栓焊接就位后，再浇筑过渡段的混凝土； (5) 向伸缩装置螺栓孔内灌注防蚀剂后，应及时安装盖帽
模数式伸缩装置	(1) 安装时宜采用专用卡具将其固定，其平面位置和顶面高程应符合设计要求； (2) 绑扎其他钢筋和铺设防裂钢筋网等工作，应在按桥面横坡定位、焊接固定后进行； (3) 浇筑过渡段混凝土前应将所有间隙填塞紧密，浇筑完成后应将填塞物及时取出
其他特殊形式和特殊规格的伸缩装置	宜按产品推荐的方法进行安装施工

实战演练

[2019·案例节选]

背景资料：

某山区 5×40 m 分离式双向四车道公路简支 T 梁桥，2019 年 3 月 25 日开标，2019 年 4 月 12 日下发中标通知书，某承包商以 2 580 万元价款中标。该桥梁整体处于 3.0% 的纵曲线上，单幅桥设计横坡为 2.0%，桥两端为重力式桥台，中间墩为桩柱墩，桥台、墩身盖梁与 T 梁之间设置板式橡胶支座。

施工过程中发生了如下事件。

……

事件三：预制施工时，施工单位对梁长、梁端竖直度参数进行严格控制，T 梁安装严格按放样位置进行。T 梁安装完成后，发现梁端顶面与桥台台背之间间隙为 20～30 mm，小于伸缩缝安装间隙要求。经检验，预制 T 梁和台背各项检验指标均满足规范要求，可以排除施工误差对梁端顶面与台背间隙的影响。施工单位采取调整支座垫石倾斜度、支座倾斜安装的做法弥补支座垫板未做调坡处理的缺陷。

……

[问题]

3. 说明事件三中 T 梁梁端顶面与桥台台背之间间隙过小的原因。指出事件三中支座安装方法的错误，并说明理由。

[答案]

3. (1) 原因：由于 T 梁需按纵坡倾斜安装，T 梁上端面侵占了伸缩缝的安装空间。

(2) 错误之处：施工单位调整支座垫石倾斜度、支座倾斜安装。

理由：支座垫石必须水平设置，支座必须水平安装，不得有脱空或不均匀受力等现象。

知识点 2 桥面铺装与防排水施工

一、桥面铺装

（一）混凝土桥面铺装

1. 沥青混凝土桥面铺装

(1) 铺装的层数和厚度应符合设计规定，铺装前应对桥面进行检查，桥面应平整、粗糙、干燥、整洁。

(2) 沥青混凝土桥面铺筑前应洒布粘层沥青。

(3) 沥青混凝土的配合比设计、铺筑及碾压等施工，应符合现行《公路沥青路面施工技术规范》(JTG F40—2004) 的有关规定。

2. 水泥混凝土桥面铺装

(1) 铺装的厚度、材料、铺装层结构、混凝土强度、防水层设置等均应符合设计规定。

(2) 桥面铺装工作应在梁体的横向联结钢板焊接工作或湿接缝浇筑完成后，方可进行。

(3) 铺装施工前应使梁、板顶面粗糙，清洗干净，并应按设计要求铺设纵向接缝钢筋和桥面钢筋网。

(4) 水泥混凝土桥面铺装，其做面应采取防滑措施，做面宜分两次进行，第二次抹平后，应沿横坡方向拉毛或采用机具压槽，拉毛或压槽的深度应符合现行《公路水泥混凝土路面施工技术细则》(JTG/T F30—2014) 的有关规定。

(5) 水泥混凝土桥面铺装如设计为防水混凝土，施工时应按防水混凝土的相关规定执行。

(6) 纤维水泥混凝土桥面铺装的施工，可按现行《纤维混凝土结构技术规程》(CECS 38：2004) 的规定执行。

（二）钢桥面铺装

钢桥面铺装的结构层、厚度、材料等应符合设计的规定。

钢桥面铺装施工前应制订专项施工方案，并应做好人员培训、材料的调查试验以及机具设备的检查维护等准备工作。

钢梁顶面在出厂时应按设计要求涂防锈漆，在桥面铺装施工前应喷丸或抛丸除锈并做防锈处理。

铺装施工前宜做试验段，试验段的铺设应包括钢桥面铺装的全部工序。

铺装施工在一道工序完成之后，下道工序应连续进行；上一层铺装施工前，其下层应保持干燥、整洁，不得有尘土、杂物、油污或损坏，不符合要求时应予处理。完工后的铺装层表面应规定时限，严禁车辆通行。

钢桥面铺装宜避开雨季施工。钢桥面铺装的每个层次均不得在雨天施工，施工中遇雨应立即停工，在消除雨水所带来的危害后，方可重新施工。钢桥面铺装也不宜在夜间施工。

对钢桥面沥青混凝土铺装进行检测时，不得采用钻孔法，而应采用无损检测法。

二、防排水施工

桥面防水层的层数和采用的材料应符合设计要求，材料的性能和质量应符合产品相应标准的规定。

铺设桥面防水层时应符合下列规定。

（1）防水层材料应在进场时进行检测，在符合产品的相应标准后方可使用。

（2）铺设防水材料前应清除桥面的浮浆和各类杂物。

（3）防水层在横桥向应闭合铺设，底层表面应平顺、干燥、干净。防水层不宜在雨天或低温下铺设。

（4）防水层通过伸缩缝或沉降缝时，应按设计规定铺设。

（5）水泥混凝土桥面铺装层当采用织物与沥青黏合的防水层时，应设置隔断缝。

（6）防水层施工完成后，在未达到规定的时间内，不得开放交通。

泄水孔的顶面不宜高于水泥混凝土调平层的顶面，且在泄水孔的边缘宜设渗水盲沟，使桥面上的积水能顺利排出。泄水管的安装施工应符合设计规定，并应合理设置泄水口的位置，使排水不会冲刷墩台的基础。

实战演练

［2024 真题 · 多选］ 关于钢桥面铺装施工的说法，正确的有（　　）。

A. 铺装前宜做试验段

B. 铺装前应喷丸或抛丸除锈并做防锈处理

C. 桥面铺装宜避开雨期施工

D. 可采用钻孔法检测钢桥面沥青混凝土铺装质量

E. 铺装层完工后，应规定严禁车辆通行的时限

［解析］ 应采用无损检测法检测钢桥面沥青混凝土铺装质量，不得采用钻孔法，选项 D 错误。

［答案］ ABCE

知识点 3　桥面防护设施与桥头搭板施工

一、桥面防护设施

（一）防撞护栏施工

混凝土防撞护栏的施工应符合下列规定。

（1）防撞护栏应在桥面的两侧对称进行施工；对结构重心位于梁体以外的悬臂式防撞护栏，应在与主梁横向联结或拱上结构完成后方可施工。

（2）对就地现浇的防撞护栏，宜在顺桥向每间隔 5～8 m 设一道断缝或假缝；在温差较大的地区，断缝或假缝的设置间距宜再适当减小。

（3）防撞护栏的钢筋应与梁体的预留钢筋可靠连接。

（4）模板宜采用钢模，支模时宜在其顶部和底部各设一道对拉螺杆，或采用其他固定模板的可靠装置。

（5）宜采用坍落度较低的干硬性混凝土，浇筑时应分层进行，分层厚度宜不超过 200 mm；振捣时应采取适当的措施使模板表面的气泡逸出。

（6）对预制安装的防撞护栏，在搬运和安装时，应采取适当的保护措施，防止损伤棱角处的混凝土。连接钢板的焊接质量应符合设计要求和相关规定。

（7）施工完成后的防撞护栏，其顶面高程和位置应准确，位于弯道上的护栏其线形应平顺。

小型构件宜在振动台上振动浇筑。混凝土砌块、小型盖板、路缘石和栏杆等小型构件，可在移动式底模上浇筑。

栏杆构件应在人行道板铺设完毕后方可安装。安装栏杆柱时，应全桥对直、校平，弯桥、坡桥应平顺。

（二）人行道安装施工

（1）悬臂式人行道构件应在与主梁横向联结或拱上结构完成后方可安装。

（2）人行道梁应采用 M20 稠水泥砂浆坐浆安装，并应使人行道顶面形成设计规定的横向排水坡。

（3）人行道板应在人行道梁锚固后方可铺设，对设计无锚固的人行道梁、人行道板，应按由里向外的次序铺设。

（4）在安装有锚固的人行道梁时，其焊接的质量应符合相关规定。

（三）桥面安全带和缘石安装施工

（1）悬臂式安全带构件应在与主梁横向联结或拱上结构完成后方可安装。

（2）安全带梁应采用 M20 稠水泥砂浆坐浆安装，并应使顶面形成设计规定的横向排水坡。

（3）桥面上的缘石宜采用混凝土现浇施工。当缘石为混凝土预制块或石材时，应采用 M20 稠水泥砂浆坐浆安装。

二、桥头搭板施工

桥头搭板下台后填土的填料宜以透水性材料为主，并应分层填筑、压实。

台后地基如为软土，应按设计要求对地基进行处理并对台后填土进行预压，预压应在搭板施工前完成。

钢筋混凝土桥头搭板的施工应符合下列规定。

（1）钢筋混凝土搭板及枕梁宜采用就地浇筑的方式施工。

（2）搭板钢筋与其下的垫层间宜设置垫块并应交错布置。在上下两层钢筋之间应设置支撑，保证其位置的准确。

（3）浇筑搭板混凝土时应按搭板的坡度由低处向高处进行，振捣时应避免碰撞钢筋、模板。

第七节　桥梁工程质量通病及防治措施

知识点 1　钻孔灌注桩断桩防治

一、钻孔灌注桩断桩原因分析

（1）混凝土质量问题。混凝土坍落度过大或过小都会影响混凝土的流动性，导致断桩。混凝土在运输或浇筑过程中发生离析或者未达到初凝强度时受到扰动，都有可能影响其强度。

（2）导管提升速度过快可能导致导管脱离混凝土，形成断桩。浇筑不连续，混凝土初凝后无法有效结合。埋深过浅可能导致泥浆渗入，影响混凝土质量，造成断桩。

（3）设计参数不合理可能导致地基承载力不足；钢筋间距过大或保护层不足，影响桩身强度。

二、钻孔灌注桩断桩防治措施

（1）控制混凝土质量：根据施工条件调整坍落度，确保流动性；优化运输和浇筑过程，避免离析；确保混凝土在初凝前完成浇筑。

（2）规范化施工操作：控制导管提升速度，确保导管始终埋入混凝土中；连续浇筑，避免中断；根据施工条件调整导管埋深，防止泥浆渗入。

（3）进行地质勘察与处理：施工前进行详细地质勘察，了解地下情况；处理软弱地层，采用加固措施提高地层承载力；提前处理地下空洞，防止不均匀沉降。

（4）施工过程中实时监测混凝土质量和浇筑情况，施工完成后进行桩身完整性检测，及时发现问题。

知识点 2　钢筋混凝土梁桥预拱度偏差防治

一、预制梁预拱度偏差原因分析

（1）混凝土强度并不是一成不变的，而是有一定差异的，混凝土弹性模量也会出现不稳定的状况，就会导致梁的起拱值也会不稳定；施加预应力的时间不确定、架梁时间出现差异，都会使理论计算预拱度时的各种假定条件与实际情况有差异，从而使预拱度出现偏差。

（2）理论计算的公式是根据一些试验数据确定的，理论计算与实际情况本身存在一定偏差。

（3）施工工艺的原因。

二、预制梁预拱度偏差防治措施

（1）提高模板的施工质量，确保模板标高的偏差在允许范围内；提高支架和支架基础的施工质量，按要求对其进行预压。

（2）加强施工过程的控制，发现预拱度出现误差要及时调整。

（3）严格控制张拉时的混凝土的强度，控制张拉的试块要与梁板在同一条件下进行养护，如果是预制梁，还要对混凝土的弹性模量进行严格控制。

（4）确保波纹管的安装定位准确无误，结构中的预应力筋的位置也要严格控制；控制好张拉时的应力值，要按规范及设计图纸要求，控制好持荷时间。

（5）计算钢绞线的伸长值时，应采用同批钢绞线实测的弹性模量值。预制梁的存梁时间也不宜过长。

(6) 在设计中，除了要对主梁强度进行计算、对应力进行验算，还要计算梁的变形，也就是竖向挠度。

知识点 3 箱梁两侧腹板混凝土厚度不均防治

一、箱梁两侧腹板混凝土厚度不均原因分析

(1) 模板内模刚度不足，导致混凝土浇筑过程中发生胀模变形。

(2) 混凝土未对称浇筑，造成模板受力不均发生移位。

(3) 模板设计不合理。

(4) 模板强度不够或者箱梁内模固定不牢固，造成内、外模相对水平位置发生偏差。

二、箱梁两侧腹板混凝土厚度不均防治措施

(1) 根据实际施工要求和相应规范选用模板内模，确保模板内模的强度、刚度符合设计要求。

(2) 混凝土的浇筑应对称进行，避免模板移位造成浇筑厚度不均。

(3) 模板设计要符合实际施工和规范要求，确保安全合理。

(4) 混凝土浇筑前要按规定对模板内模进行固定，确保内、外模的位置符合规定要求。

知识点 4 钢筋混凝土结构构造裂缝防治

一、钢筋混凝土结构构造裂缝原因分析

(1) 水泥质量不合格，如水泥安定性不达标，浇筑后易产生不规则的裂缝。

(2) 集料含泥量过大，随着混凝土干燥和收缩，表面会出现不规则的花纹状裂缝。

(3) 混凝土搅拌和运输时间过长，会导致结构产生细裂缝。

(4) 模板移动或鼓出、基础与支架问题、接头处理不当，均有可能造成结构构造裂缝。

(5) 混凝土振捣不充分或析水过多，会导致沿钢筋方向的裂缝。

(6) 在塑性收缩状态下，混凝土表面易产生方向不定的收缩裂缝。

(7) 环境温度、湿度变化引起混凝土胀缩，从而产生裂缝。

二、钢筋混凝土结构构造裂缝防治措施

(1) 材料控制：选用优质水泥和集料，确保材料质量符合标准；采用较小水胶比和较低坍落度的混凝土；优化混凝土配合比，掺加粉煤灰或缓凝剂等外加剂。

(2) 施工控制：保证模板质量和安装效果，防止模板移动或鼓出；浇筑时分层要合理，振捣要密实、均匀；确保及时浇筑，避免搅拌混凝土；混凝土二次振捣和抹压后应立即覆盖塑料薄膜；认真检查模板和支架的强度、刚度和稳定性，避免不均匀沉降；施工过程中实时监测混凝土的温度、湿度等参数，及时调整施工措施。

(3) 环境控制：在高温或低温环境下施工时，采取保温或降温措施，减少温度应力。在干燥环境下施工时，采取保湿措施，防止混凝土过快失水。

知识点 5 桥面铺装病害防治

一、桥面铺装病害原因分析

(1) 梁体预拱度过大，桥面铺装设计厚薄难以调整施工允许误差。

(2) 未严格控制施工质量，桥面铺装混凝土质量差。

(3) 桥头跳车和伸缩缝破坏导致的继发破坏。

(4) 桥梁结构变形过大、水害等原因导致的沥青混凝土铺装层破坏；铺装防水层破损导致桥面铺装的破坏等。

二、桥面铺装病害防治措施

(1) 防止预拱度过大，严格控制主梁的预拱度。

(2) 加强控制桥面铺装质量。

(3) 提高桥面防水混凝土的强度。

(4) 优化桥面铺装的混凝土配合比设计，选用优质集料，提高施工和养护质量。

知识点 6 桥梁伸缩缝病害防治

一、桥梁伸缩缝病害原因分析

(1) 设计问题：伸缩缝设计未能充分考虑温度变化、混凝土收缩徐变等因素，导致伸缩量不足或过大；选用的伸缩缝类型与桥梁结构不匹配；伸缩缝排水不畅，积水渗入导致锈蚀或冻融破坏；使用的橡胶、钢材等材料性能不达标，易老化、磨损或腐蚀。

(2) 施工问题：伸缩缝安装时未按设计要求施工，导致位置偏差或固定不牢；伸缩缝周边混凝土浇筑不密实，易开裂或脱落；在低温或潮湿环境下施工，影响材料性能和黏结效果。

(3) 荷载作用：频繁的超载车辆通过，导致伸缩缝承受过大应力；车辆通过时产生的冲击力，导致伸缩缝构件松动或断裂。

(4) 维护不足：缺乏定期检查，未及时发现和处理小病害，导致问题扩大；伸缩缝内杂物堆积，清理不及时，影响其正常伸缩功能。

二、桥梁伸缩缝病害防治措施

(1) 合理计算伸缩量，优化结构设计，采用耐老化、耐腐蚀的橡胶和钢材。

(2) 确保伸缩缝安装位置准确、固定牢固，周边混凝土浇筑密实；避免在低温或潮湿环境下施工，确保材料性能和黏结效果；对施工过程进行全程监控，确保质量达标。

(3) 加强交通管理，限制超载车辆通行；在伸缩缝两端设置缓冲装置。

(4) 在伸缩缝周围设置防水层，防止水分渗入。

(5) 及时清理伸缩缝内的杂物，确保其正常伸缩功能。

(6) 建立定期检查制度，及时发现和处理伸缩缝病害。

知识点 7 桥头跳车防治

一、桥头跳车原因分析

桥头跳车主要是桥台和台后路基的不均匀沉降差造成的，具体来说包括以下因素。

(1) 桥台通常采用桩基或深基础，沉降量较小；路基填土压实不足或地基处理不充分，导致沉降量较大。桥台与路基之间的沉降差异形成台阶，导致跳车，且沉降差越大，跳车现象越严重。

(2) 台背回填材料不符合要求，压实机具与压实厚度不配套，压实度不足等。

二、桥头跳车防治措施

(1) 采用轻质填料（如石灰土、粉煤灰等）填筑路基，减小地基的附加应力，从而达到减小路基沉降量的目的。

(2) 提前进行路基填筑，保证路基土体及地基有充分的固结时间，待其充分沉降后再进行搭板及路面的施工。

(3) 采用地基处理的方法对软土路基进行处理，改善地基性能，提高地基承载力，以减小其工后沉降。

第八节 桥梁工程改（扩）建

知识点 桥梁工程改（扩）建施工要求

一、梁式桥拓宽改建

梁式桥拓宽改建拼接施工前，应做好下列准备工作。

(1) 应收集既有桥梁的设计图纸、竣工文件及相关资料，或进行必要的勘测和调研，了解既有桥梁的结构形式和现状。

(2) 应对桥位处地下管线和隐蔽物等的位置、尺寸进行调查，并应采取保护、避让及处理的措施。

(3) 应根据现场的具体情况，制订专项施工方案，确定施工顺序和施工工艺，合理配备施工机具设备。

(4) 应在对交通流量调查的基础上，提出交通导流和安全防护的方案，保证施工期间的施工安全和交通安全。

对既有桥梁进行部分凿除或拆除时，应采取措施防止对拟保留的部分造成损伤或破坏。拆除施工过程中不宜将大型施工机具置于既有桥梁上进行作业，必须置于其上作业时，应对既有桥梁的承载能力进行验算，验算通过后方可实施；施工时应采取临时封闭交通等措施，保证安全，并应对既有桥梁的沉降及裂缝等情况进行监测，发现异常应及时采取措施进行处理。

二、新、旧混凝土结合面处理和拼接

(1) 旧混凝土结合面的凿毛应凿至完全露出新鲜密实混凝土的粗集料，并应清洗干净；对较大体积的结构混凝土的结合面，应将其凿成台阶式，且阶长宜为阶高的 2 倍。对结合面处外露钢筋表面的锈皮、浮浆等，应采用适宜的工具刷净。

(2) 拼接连接的方式应符合设计规定。设计未规定时，对竖向结合面的接缝，可采用新设接头钢筋再浇筑混凝土的方式进行拼接，接头钢筋的直径宜为 6～10 mm，其所需截面面积宜为梁、板截面面积的 0.2%～0.3%，插入长度新、旧混凝土均为 30 倍钢筋直径，且在新混凝土的一端宜设弯钩；或在既有桥梁的梁、板上按一定的间距钻孔并植入抗剪钢筋，植入的钢筋应采用环氧树脂将其孔洞灌注密实。

(3) 拼接施工浇筑新混凝土前，应采用清水冲洗旧混凝土的表面使其保持湿润。需要在旧混凝土的结合面上涂刷界面剂时，应符合设计的规定；设计未规定时，宜通过试验确定。

(4) 新浇混凝土的施工应符合相关规定。

三、桥面铺装层清理

拓宽拼接的主体工程结构施工完成后，应先将既有桥梁的桥面铺装层全部凿除并清理干净，再进行全桥桥面铺装层施工。施工应符合下列规定。

(1) 对既有桥梁原铺装层的结合面应进行处理，凿除原结构表面的浮浆，使集料外露，形成 4～6 mm 自然凹凸粗糙面或采用机械刻槽形成糙面，并清洗干净；凿除和清理施工时不得损坏原结构混凝土，且不应有局部光滑结合面。

（2）凿除既有桥梁铺装层后，对存在缺陷的部位，应进行修补。对空洞和破损处，应在凿除疏松部分混凝土后，采用高一级强度的细石混凝土填筑密实；当有钢筋锈蚀引起混凝土胀裂时，应先剔除松动开裂的混凝土，再进行钢筋表面的除锈和防护等处理。

（3）桥面铺装新浇混凝土前，对原结构的结合面应充分湿润，但不应有明水。桥面铺装的施工技术要求应符合相关规定，混凝土的养护时间宜不少于 14 d。

第四章

隧道工程

本章导学

本章主要介绍隧道围岩分级与隧道构造、隧道地质超前预报和监控量测技术、隧道施工、特殊地段施工、隧道工程质量通病及防治措施。本章内容以最新考试大纲为基础，根据《公路隧道设计规范 第一册 土建工程》（JTG 3370.1—2018）、《公路隧道施工技术规范》（JTG/T 3660—2020）编写。其中，隧道施工是本章的核心知识点，多以案例分析题的形式进行考查，考查频率较高，考生应重点掌握；隧道围岩分级与隧道构造、隧道地质超前预报和监控量测技术、特殊地段施工，多以选择题的形式进行考查，分值占比较低，可作为次重点来学习。

第一节　隧道围岩分级与隧道构造

知识点 1 隧道围岩分级

围岩分级是指根据岩体完整程度和岩石强度等指标，按稳定性对围岩进行的分级，主要用于评估隧道开挖过程中周围岩体（围岩）的稳定性和支护要求。

隧道围岩级别的综合评判宜采用下列两步分级方法。

（1）根据岩石的坚硬程度和岩体完整程度两个基本因素的定性特征和定量的岩体基本质量指标 BQ，进行初步分级。

（2）在岩体基本质量分级基础上，考虑修正因素的影响，修正岩体基本质量指标值，得出基本质量指标修正值［BQ］，再结合岩体的定性特征进行综合评判，确定围岩的详细分级。

岩质围岩详细定级时，应根据地下水、主要软弱结构面产状、初始应力状态的影响程度，对岩体基本质量指标 BQ 进行修正，按下式计算。

$$[BQ]=BQ-100(K_1+K_2+K_3)$$

式中　［BQ］——岩体修正质量指标；

K_1——地下水影响修正系数；

K_2——主要软弱结构面产状影响修正系数；

K_3——初始应力状态影响修正系数。

隧道岩质围岩定性特征、岩体基本质量指标 BQ 或岩体修正质量指标［BQ］、土质围岩中的土体类型、密实状态等定性特征可根据调查、勘探、试验等资料，按表 4-1-1 确定围岩级别，并应符合下列规定。

（1）围岩分级中岩石坚硬程度、岩体完整程度两个基本因素的定性划分，可按《公路隧道设计规范 第一册 土建工程》（JTG 3370.1—2018）相关规定确定。

（2）围岩岩体主要特征定性划分与根据 BQ 或［BQ］值确定的级别不一致时，应重新审查定性特征和定量指标计算参数的可靠性，并对它们重新观察、测试。

（3）在工程可行性研究（简称“工可”）和初勘阶段，可采用定性或工程类比的方法进行围岩级别划分。

表 4-1-1　公路隧道围岩级别划分

围岩级别	围岩岩体或土体主要定性特征	岩体基本质量指标 BQ 或岩体修正质量指标［BQ］
Ⅰ	坚硬岩，岩体完整	>550
Ⅱ	（1）坚硬岩，岩体较完整； （2）较坚硬岩，岩体完整	550～451
Ⅲ	（1）坚硬岩，岩体较破碎； （2）较坚硬岩，岩体较完整； （3）较软层，岩体完整，整体状或巨厚层状结构	450～351

续表

围岩级别	围岩岩体或土体主要定性特征	岩体基本质量指标 *BQ* 或岩体修正质量指标［*BQ*］
Ⅳ	(1) 坚硬岩，岩体破碎； (2) 较坚硬岩，岩体较破碎～破碎； (3) 较软岩，岩体较完整～较破碎； (4) 软岩，岩体完整～较完整	350～251
	土体： (1) 压密或成岩作用的黏性土及砂性土； (2) 黄土（Q_1、Q_2）； (3) 一般钙质、铁质胶结的碎石土、卵石土、大块石土	—
Ⅴ	(1) 较软岩，岩体破碎； (2) 软岩，岩体较破碎～破碎； (3) 全部极软岩和全部极破碎岩	≤250
	一般第四系的半干硬至硬塑的黏性土及稍湿至潮湿的碎石土，卵石土、圆砾、角砾土及黄土（Q_3、Q_4）。非黏性土呈松散结构，黏性土及黄土呈松软结构	—
Ⅵ	软塑状黏性土及潮湿、饱和粉细砂层、软土等	—

注：本表不适用于特殊条件的围岩分级，如膨胀性围岩、多年冻土等。

各级岩质围岩的物理力学参数，宜通过室内或现场试验获取。

➤ **知识链接：**围岩分级作为主要依据的应用领域广泛，在隧道工程中，主要用以确定施工方法、隧道施工劳动定额、衬砌结构类型与尺寸、材料消耗标准等。

实战演练

［2022 真题·多选］隧道工程中，以围岩分级为主要依据进行确定的有（　　）。

A. 设计时速

B. 施工方法

C. 公路等级

D. 隧道施工劳动定额

E. 衬砌结构类型与尺寸

［解析］隧道围岩分级是设计、施工的基础。施工方法的选择、衬砌结构类型及尺寸的确定、隧道施工劳动定额、材料消耗标准的制订都要以围岩分级作为主要依据。

［答案］BDE

［2020 真题·案例节选］

背景资料：

某施工单位承建一分离式双向六车道高速公路山岭隧道工程，其起讫桩号为 K19＋720～K21＋450，全长 1 730 m。隧道两端洞口 100 m 范围内为偏压浅埋段，其围岩级别为Ⅴ级。隧道洞口开挖断面宽度为 13.5 m，左右洞口中心线间距为 50 m。隧道左右洞的地质情况相同。隧道最大埋深为 80 m，隧道纵断面示意图如图 4-1-1 所示。该隧道设计支护结构为复合式衬砌（即初期支护＋混凝土二次衬砌）。

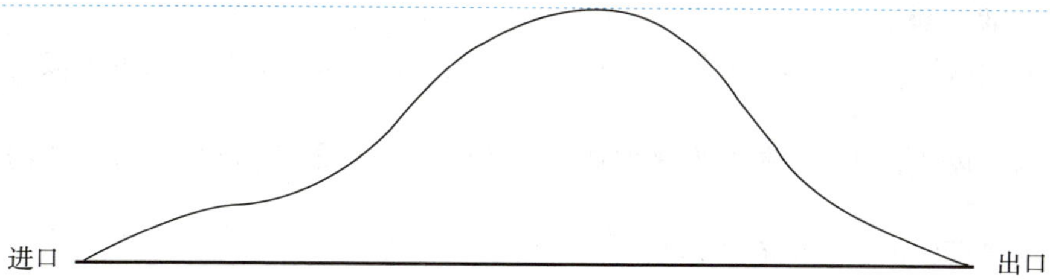

里程桩号 K19+720	K19+820	K20+230	K20+970	K21+350	K21+450
围岩特性	强风化灰质泥岩，岩质较软，岩体较破碎~破碎，夹层有黏性土，稍湿～潮湿的角砾土 $BQ<250$	中风化泥质灰岩，岩质较坚硬，裂隙发育，岩体破碎 BQ=251~350	中～弱风化灰岩，岩质坚硬，裂隙较发育，岩体较破碎 BQ=351~400	中风化泥质灰岩，岩质较坚硬，裂隙发育，岩体破碎 BQ=251~350	强风化灰质泥岩，岩质较软，岩体较破碎～破碎，夹层有黏性土，稍湿～潮湿的角砾土 $BQ<250$
长度/m	100	410	740	380	100

图 4-1-1　隧道纵断面示意图

开工前，有关单位根据围岩特性对该隧道各段围岩的级别进行了核实，并计算了各级围岩段占全隧长的百分比。

［问题］

2. 写出图 4-1-1 中 BQ 的中文名称，判断 K20＋230～K20＋970 段、K20＋970～K21＋350 段的围岩级别，计算Ⅳ级围岩总长与全隧长度的百分比（结果保留小数点后一位）。

［答案］

2.（1）BQ：岩体基本质量指标。

（2）K20＋230～K20＋970 段的围岩级别为Ⅲ级。K20＋970～K21＋350 段的围岩级别为Ⅳ级。

（3）Ⅳ级围岩总长与全隧长度的百分比＝［（410＋380）/1730］×100%≈45.7%。

知识点 2　隧道构造

隧道构造包括主体构造物和附属设施两个部分。主体构造物一般是指洞门构造物和洞身衬砌，附属设施包括避车洞、消防设施、应急通信和防排水设施等。

一、洞口及洞门

（一）洞口

1. 洞口位置确定

（1）应设于山体稳定、地质条件较好的位置。

（2）隧道轴线宜与地形等高线呈大角度相交。

（3）跨沟或沿沟进洞时，应考虑水文情况，结合防护工程、防排水工程，综合分析确定。

（4）缓坡地段进洞时，应结合隧道进洞条件、洞外路堑设置条件、边仰坡防护、排水、施工和占用耕地等因素，综合分析确定。

2. 洞口设计规定

(1) 减少洞口边坡及仰坡开挖，避免形成高边坡、高仰坡，最大限度地减少对原地面的扰动。

(2) 洞口边坡、仰坡根据情况采取放坡、喷锚、设置支挡结构物、接长明洞等措施进行防护，宜采用绿化护坡。

(3) 受暴雨、洪水、泥石流影响时，应设置防洪设施。

(4) 位于陡崖下的洞口，应清除危石，不宜切削山坡，宜接长明洞。

(5) 附近地面建筑及地下埋设物与洞口相互影响时，应采取防范措施。

(二) 洞门

洞门形式应根据洞口地形、地质条件及周边环境条件确定。洞门宜与隧道轴线正交。

1. 端墙式洞门设计规定

(1) 洞门端墙和翼墙应具有抵抗来自仰坡、边坡土压力的能力，应按挡土墙结构进行设计。洞门端墙墙身最小厚度不应小于 0.5 m，翼墙墙身厚度不应小于 0.3 m。

(2) 洞顶仰坡与洞顶回填顶面的交线至洞门端墙墙背的水平距离不宜小于 1.5 m；洞顶排水沟沟底至拱顶衬砌外缘的最小厚度不应小于 1.0 m；洞门端墙墙顶应高出墙背回填面 0.5 m。

(3) 洞门端墙应根据需要设置伸缩缝、沉降缝和泄水孔。

(4) 洞门端墙基础应置于稳固地基上，并埋入地面下一定深度。嵌入岩石地基的深度不应小于 0.2 m；埋入土质地基的深度不应小于 1.0 m。基底埋置深度应大于靠墙设置的各种沟、槽底的埋置深度。地基为冻胀土层时，基底高程应在最大冻结深度以下不小于 0.25 m。

(5) 地基承载能力不足时，应进行加固处理。

(6) 洞门结构设计应满足抗震要求。

2. 明洞式洞门设计规定

(1) 洞口段衬砌应采用钢筋混凝土结构。

(2) 洞口段衬砌应伸出原山坡坡面或设计回填坡面的高度不小于 500 mm。

(3) 洞口段衬砌端面可呈直削、削竹、倒削竹或喇叭形。

(4) 采用削竹式洞门时，削竹面仰斜坡率应陡于或等于原山坡坡率或设计回填坡面坡率。

(5) 设计回填坡面宜按自然山坡坡度回填。采用土石回填时，坡率不宜陡于 1∶1，表面宜植草覆盖。

二、衬砌结构

(一) 一般规定

公路隧道应设置衬砌，并根据隧道围岩级别、施工条件和使用要求选择采用喷锚衬砌、整体式衬砌、复合式衬砌，衬砌类型选用见表 4-1-2 。

表 4-1-2 衬砌类型选用

围岩级别及隧道类型	衬砌类型
Ⅰ～Ⅲ级围岩洞身段	喷锚衬砌
三级及三级以下公路的隧道洞口段、Ⅳ～Ⅵ级围岩洞身段	复合式衬砌或整体式衬砌
高速公路、一级公路、二级公路的隧道	复合式衬砌

隧道衬砌设计应综合考虑围岩地质条件、断面形状、支护结构、施工条件等，充分利用围岩的自承能力。衬砌应有足够的强度、稳定性和耐久性，保证隧道长期使用安全。

衬砌结构类型、支护参数，应根据使用要求、围岩级别、工程地质和水文地质条件、隧道埋置深度、结构受力特点，并结合周边工程环境、支护手段、施工方法，通过工程类比和结构计算综合分析确定。在施工阶段，尚应根据现场监控量测结果调整支护参数，实行动态设计，必要时可通过试验分析确定。

隧道衬砌设计应符合下列规定。

（1）衬砌断面宜采用曲边墙拱形断面。

（2）围岩较差、侧压力较大、地下水丰富的地段可设仰拱，仰拱曲率半径应根据地质条件、地下水、隧道断面形状、隧道宽度等条件确定。路面与仰拱之间可采用混凝土或片石混凝土填充。隧底围岩较好、边墙基底承载力和稳定性满足要求时，可不设仰拱。

（3）洞口段应设加强衬砌，加强衬砌段长度应根据地形、地质和环境条件确定，两车道隧道不应小于 10 m，三车道隧道不应小于 15 m。

（4）围岩较差地段衬砌应向围岩较好地段延伸 5～10 m。

（5）偏压衬砌段应向一般衬砌段延伸，延伸长度应根据偏压情况确定，不宜小于 10 m。

（6）净宽大于 3.0 m 的横通道与主洞的交叉段，主洞与横通道衬砌均应加强。加强段衬砌应向各交叉洞延伸，主洞延伸长度不应小于 5.0 m，横通道延伸长度不应小于 3.0 m。延伸长度范围内不宜设变形缝。

（二）明洞衬砌

1. 衬砌适用条件

（1）洞顶覆盖层薄，不宜大开挖修建路堑且难于用暗挖法修建隧道的地段。

（2）受塌方、岩堆、落石、泥石流等不良地质危害的路基或隧道洞口。

（3）修建路堑会危及附近重要建（构）筑物安全的地段。

（4）公路、铁路、沟渠和其他人工构造物在隧道上方通过，不宜采用暗挖施工或立交桥跨越的地段。

（5）为减少洞口开挖、保护洞口自然景观，需延伸隧道长度的地段。

2. 结构类型选择

选择明洞结构类型，应根据地形、地质、施工条件，考虑结构安全、经济实用、美观等因素分析确定，并应符合下列规定。

（1）洞顶回填土层较厚或一次塌方量大、落石较多时，宜采用拱形明洞。

（2）明洞需要克服来自仰坡方向滑坡推力时，宜采用拱形结构。

（3）高度受到限制的地段，可采用矩形框架明洞。

3. 衬砌设计规定

（1）明洞应采用钢筋混凝土结构。

（2）半路堑拱形明洞应考虑偏压，拱形明洞外侧边墙宜适当加厚。地形条件允许时，可采用反压回填或设置反压墙。

（3）当拱形明洞侧压力较大或地基承载力不足时，应设仰拱。

（4）当明洞作为整治滑坡的措施时，应按支挡工程设计，并采取综合治理措施。

（5）在地质条件有明显变化的地段，应设置沉降缝；气温变化较大地区，可根据明洞长度设置伸缩缝。

（6）防落石危害的明洞，应验算落石冲击荷载下明洞结构的安全性。

➢ **知识拓展：**根据《公路隧道施工技术规范》（JTG/T 3660—2020），隧道按跨度可分为 4 类，见表 4-1-3。

表 4-1-3 隧道按跨度分类

按跨度分类	开挖宽度 B/m	说明
小跨度隧道	$B<9$	(1) 平行导洞； (2) 服务隧道； (3) 车行横洞、人行横洞、风道及施工通道
一般跨度隧道	$9\leqslant B<14$	单洞双车道隧道
中等跨度隧道	$14\leqslant B<18$	(1) 单洞三车道隧道； (2) 单洞双车道＋紧急停车带隧道
大跨度隧道	$B\geqslant 18$	单洞四车道隧道、单洞三车道＋紧急停车带隧道、其他跨度大于 18 m 的隧道

根据《公路工程技术标准》(JTG B01—2014)，隧道按长度也可分为 4 类，见表 4-1-4。

表 4-1-4 隧道按长度分类

隧道分类	特长隧道	长隧道	中隧道	短隧道
隧道长度 L/m	$L>3\ 000$	$1\ 000<L\leqslant 3\ 000$	$500<L\leqslant 1\ 000$	$L\leqslant 500$

实战演练

[2024 真题 · 单选] 下列隧道洞门形式中，属于明洞式的是（　　）。

A. 削竹式洞门　　B. 端墙式洞门

C. 翼墙式洞门　　D. 台阶式洞门

[答案] A

[解析] 明洞式洞门包括直削式洞门、削竹式洞门、倒削式洞门、喇叭口式洞门、棚洞式洞门和框架式洞门。

[2021 真题 · 案例节选]

背景资料：

某高速公路双向四车道分离式隧道，左洞起讫桩号为 ZK4＋120～ZK5＋435，右洞起讫桩号为 YK4＋125～YK5＋445，隧道围岩等级为Ⅲ、Ⅳ级。右洞进洞口处仰坡陡峻，采用的洞门如图 4-1-2 所示。

……

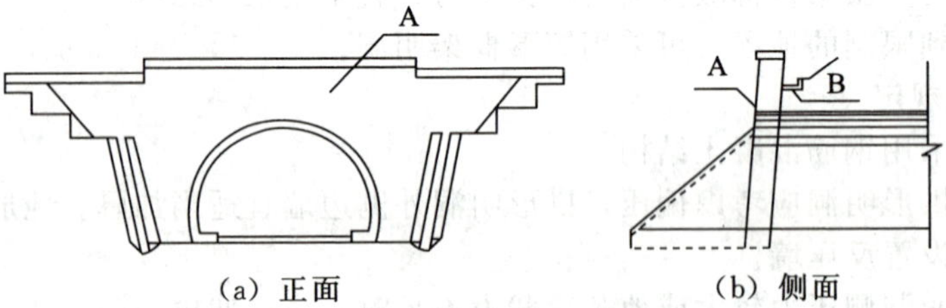

图 4-1-2 隧道洞门示意图

[问题]

1. 图中所示的隧道洞门属于哪一种类型？写出构造物 A、B 的名称。

[答案]

1. (1) 洞门是翼墙式洞门。

(2) A——洞门端墙；B——截（排）水沟。

第二节　隧道超前地质预报和监控量测技术

知识点 1　隧道超前地质预报

隧道超前地质预报是指采用物探、钻探等手段，对隧道开挖面前方的地质条件进行探测、分析与评价的活动。通过超前地质预报工作，可以及时掌握和反馈隧道地质条件信息，调整和优化隧道设计参数、防护措施，为优化隧道施工组织、制订施工安全应急预案、控制工程变更设计提供依据。

一、一般规定

跟踪地质调查与超前地质预报，应达到下列主要目的。

（1）在施工前期地质勘察成果的基础上，进一步查明掌子面前方一定范围内围岩的地质条件，进而预测前方不良地质以及隐伏的重大地质问题。

（2）为信息化设计和施工提供依据。

（3）为降低地质灾害发生风险提供预警。

（4）为编制交竣工文件提供地质资料。

隧道超前地质预报应以地质分析为基础，运用地质调查与物探相结合、长短探测相结合、洞内与洞外相结合、物探与钻探相结合、超前导洞与主洞探测相结合、地质构造探测与水文探测相结合的综合预报方法，并相互验证。

隧道施工前应根据区域地质资料和设计文件的地勘资料，编制超前地质预报方案和实施细则，报批后实施。

隧道超前地质预报应包括下列主要内容。

（1）地层岩性预报，特别是对软弱夹层、破碎地层、煤层及特殊性岩土的岩性预报。

（2）地质构造预报，特别是对断层、节理裂隙密集带、褶皱等影响岩体完整性的构造发育情况的预报。

（3）不良地质预报，特别是对岩溶、人为坑洞、瓦斯等发育情况的预报。

（4）地下水预报，特别是对岩溶管道水以及富水断层、富水褶皱轴、富水地层中的裂隙水等发育情况的预报。

超前地质预报按预报距离可分为 3 类，见表 4-2-1。

表 4-2-1　超前地质预报按预报距离分类

按预报长度分类	预报长度 L/m	说明
短距离预报	$L<30$	可采用地质调查法、地质雷达法及超前钻探法等
中距离预报	$30\leqslant L<100$	可采用地质调查法、弹性波反射法及超前钻探法等
长距离预报	$L\geqslant 100$	可采用地质调查法、弹性波反射法及超前钻探法等

应根据隧道工程地质与水文地质条件和复杂程度、地质因素对隧道施工影响程度、诱发环境问题程度等，针对不同类型地质问题，按表 4-2-2 选择不同方法和手段，分段、分级进行超前地质预测预报。

表 4-2-2　地质预测预报分级

地质预测预报分级影响因素		地质预测预报分级			
		A	B	C	D
地质复杂程度（含物探异常）	岩溶发育程度	极强，厚层块状质纯灰岩，大型溶洞、暗河发育，岩溶密度每平方千米>15 个，最大泉流量>50 L/s，钻孔岩溶率>10%	强烈，中厚层灰岩夹白云岩，地表溶洞落水洞密集、地下以管道水为主，岩溶密度每平方千米5～15 个，最大泉流量 10～50 L/s，钻孔岩溶率5%～10%	中等，中薄层灰岩，地表出现溶洞，岩溶密度每平方千米1～5 个，最大泉流量5～10 L/s，钻孔岩溶率 2%～5%	微弱，不纯灰岩与碎屑岩互层，地表地下以溶隙为主，最大泉流量<5 L/s，钻孔岩溶率<2%
	涌水涌泥程度	特大突水（涌水量>1×10^5 m^3/d）、大型突水（涌水量 1×10^4 ～ 1×10^5 m^3/d）、突泥，高水压	中小型突水（涌水量 1×10^3～1×10^4 m^3/d）、突泥	小型涌水（涌水量 1×10^2～1×10^3 m^3/d）、涌泥	涌水量<1×10^2 m^3/d，涌突水可能性极小
	断层稳定程度	大型断层破碎带、自稳能力差、富水，可能引起大型失稳坍塌	中型断层带，软弱，中～弱富水，可能引起中型坍塌	中小型断层，弱富水，可能引起小型坍塌	中小型断层，无水，无掉块
	地应力影响程度	极高应力，严重岩爆（岩石点荷载强度与围岩最大切向应力的比值<0.083），大变形	高应力，中等岩爆（岩石点荷载强度与围岩最大切向应力的比值 0.083～0.15），中～弱变形	弱岩爆（岩石点荷载强度与围岩最大切向应力的比值 0.15～0.20），轻微变形	无岩爆（岩石点荷载强度与围岩最大切向应力的比值>0.20），无变形
	瓦斯影响程度	瓦斯突出：瓦斯压力 $P\geqslant0.74$ MPa，瓦斯放散初速度指标 $\Delta P\geqslant10$，煤的坚固性系数 $f\leqslant0.5$，煤的破坏类型为Ⅲ类及以上	高瓦斯：全工区的瓦斯涌出量≥0.5 m^3/min	低瓦斯：全工区的瓦斯涌出量<0.5 m^3/min	—
地质因素对隧道施工影响程度		危及施工安全，可能造成重大安全事故	存在安全隐患	可能存在安全问题	局部可能存在安全问题

二、预报方法

（一）地质调查法

地质调查法应包括隧道地表补充地质调查和隧道内地质素描，可适用于各种地质条件下的隧道超前地质预报。

（1）地表补充地质调查应在隧道内实施超前地质预报前进行，并在洞内超前地质预报实施过程中根据需要及时补充修正。

（2）隧道内地质素描应包括掌子面地质素描、洞身地质素描。

➢ **知识链接**：地质调查法不占用开挖工作面施工时间、不干扰施工、设备简单、操作方便，提交资料及时，可随时掌握隧道开挖工作面的地层、岩性、地质构造、地下水等地质条件的变化，是隧道工程全过程地质工作的重要一环，也是隧道超前地质预报的基础工作。

（二）物理勘探法

物理勘探法适用范围广、方法多、设备轻便、效率高，是超前地质预报的重要手段。地质条件复杂的隧道和存在多种干扰因素的隧道，应根据被探测对象的物性条件开展综合物探，并与其他探测方法相互配合，对所测得的物探资料进行综合分析。各种物理勘探法适用范围及相关规定见表 4-2-3。

表 4-2-3　各种物理勘探法适用范围及相关规定

方法	适用范围	相关规定
弹性波反射法	适用于划分地层界线、查找地质构造、探测不良地质体的厚度和范围	弹性波反射法包括地震波反射法、水平声波剖面法、地震反射负视速度法和陆地声呐法等方法
		地震波反射法与地震反射负视速度法可长距离预报具有一定规模的溶洞、洞穴和断层破碎带、软硬岩接触带等。软弱破碎地层或岩溶发育区的有效探测距离宜取 100 m 左右，不宜超过 150 m；岩体完整的硬岩地层的有效探测距离宜取 150～180 m，不宜超过 200 m
		连续预报时前后两次宜重叠 10 m 以上
地质雷达法	适用于岩溶、采空区、空洞、断层破碎带、软弱夹层等不均匀地质体的探测	探测区域不应有较强的电磁波干扰
		坚硬岩层的有效探测距离宜取 20～30 m；泥质和软弱破碎地层、潮湿含水层或岩溶发育区的有效探测距离宜取 10～20 m
		连续预报时前后两次宜重叠 5 m 以上
高分辨直流电法	适用于预报开挖工作面前方储水、导水构造分布和发育情况的探测	应尽量排除金属物体等导电体、低阻体的干扰
		有效探测距离不宜超过 80 m
		连续探测时前后两次宜重叠 10 m 以上

➢ **知识链接**：物理勘探法适用于特长、长隧道或地质条件复杂隧道的超前地质预报。除上述介绍的弹性波反射法、地质雷达法和高分辨直流电法，物理勘探法还包括瞬变电磁法、陆地声呐法、红外探测法等。

（三）超前钻探法

富水构造破碎带、富水岩溶发育地段、煤系或油气地层、瓦斯发育区、采空区以及重大物探异常地段和水下隧道应采用超前钻探法预测、预报、评价前方地质情况，包括超前地质钻探、加深炮孔探测及孔内摄影。

超前地质钻探法应结合地质调查和物探报告综合预报，并应符合下列规定。

（1）宜采用中距离钻探，必要时可采用长距离钻探，连续钻探时前后两次宜重叠 5～10 m。

（2）利用加深炮孔进行短距离钻探时，应符合相关规定。

（3）一般地段可采用冲击钻，复杂地段宜采用回转取芯钻。

（四）超前导洞法

超前导洞法可采用平行超前导洞和主洞超前导洞，两座并行隧道可根据先行开挖的隧道预测后开挖隧道的地质条件。

岩溶发育可能性较大地段，或可能存在人为坑道、采空区地段，可利用超前导洞采用物探、钻探手段横向探测隧道主洞。

应做好超前导洞的地质超前预报与评价工作，并根据超前导洞地质复杂程度，采取地质调查、物探、超前钻探等预报方法。

实战演练

[2021 真题·单选] 下列隧道超前地质预报方法中，属于物理勘探法的是（　　）。

A. 地质调查法

B. 超前导洞法

C. 地质雷达法

D. 水力联系观测法

[解析] 物理勘探法适用于特长、长隧道或地质条件复杂隧道的超前地质预报，主要方法包括弹性波反射法、地质雷达法、高分辨直流电法、瞬变电磁法、陆地声呐法、红外探测法等。

[答案] C

[2024 真题·案例节选]

背景资料：

某双向四车道高速公路山岭隧道，地质岩性为板岩，岩体节理较发育，地下水不发育。

……

施工过程中发生以下事件。

事件一：在穿越煤系地层，超前地质预报单位对隧道实施超前地质预报时，以地质调查法为基础，以 M 预报方法为主，结合物理勘探法进行预报。每次预报长度为 50 m。

……

[问题]

1. 写出事件一中 M 预报方法的名称。按照超前地质预报长度划分，该隧道超前地质预报属于哪一类？

[答案]

1. (1) M——超前钻探法。

(2) 按照超前地质预报长度划分，该隧道超前地质预报属于中距离预报。

知识点 2 隧道施工监控量测技术

一、一般规定

监控量测应纳入施工工序管理。监控量测应达到下列目的。

(1) 掌握围岩和支护动态，及时反馈信息，指导施工作业。

(2) 围岩和支护的变形、应力量测信息，可为修改设计提供依据。

➤ **知识链接：** 监控量测的主要目的是掌握围岩和支护工作状态、判断围岩稳定性、支护结构的合理性和隧道整体安全性，确定二次衬砌合理的施作时间，为施工中调整围岩级别、变更设计方案及参数、优化施工方案及为施工工艺提供依据，直接为设计和施工管理服务。

隧道开工前，应根据设计要求，结合隧道规模、地形地质条件、施工方法、支护类型和参数、工期安排等编制施工全过程监控量测方案。编制内容应包括量测项目、量测仪器选择、测点布置、量测频率、数据处理、信息反馈、组织机构、管理体系等。量测计划应与施工进度计划相适应。

监控量测工作应结合开挖、支护作业的进程，按量测方案布点和监测，根据现场量测情况及时调整补充，量测数据应及时分析、处理和反馈。

现场量测仪器，应根据量测项目及测试精度选用。宜选择简单适用、稳定可靠、操作方便、量程合理、便于进行结果处理和分析的测试仪器，并经过有效检校。

监控量测数据应真实、有效、规范，并经过复核有可追溯性，及时填报反馈报表。

在复合式衬砌和喷锚衬砌隧道施工时，必须对表 4-2-4 所列项目进行量测，其作业应符合表 4-2-4 的规定。

表 4-2-4　隧道现场监控量测必测项目

序号	项目名称	方法及工具	测点布置	精度	量测间隔时间			
					1～15 d	16 d～1 个月	1～3 个月	大于 3 个月
1	洞内、外观察	现场观测、地质罗盘等	开挖及初期支护后进行	—	—			
2	周边位移	各种类型收敛计、全站仪或其他非接触量测仪器	每 5～100 m 一个断面，每断面 2～3 对测点	0.5 mm（预留变形量不大于 30 mm 时）； 1 mm（预留变形量大于 30 mm 时）	1～2 次/d	1 次/2 d	1～2 次/周	1～3 次/月
3	拱顶下沉	水准仪、铟钢尺、全站仪或其他非接触量测仪器	每 5～100 m 一个断面		1～2 次/d	1 次/2 d	1～2 次/周	1～3 次/月
4	地表下沉	水准仪、铟钢尺、全站仪	洞口段、浅埋段（$h \leqslant 2.5b$），布置不少于 2 个断面，每断面不少于 3 个测点	0.5 mm	开挖面距量测断面前后＜$2.5b$ 时，1～2 次/d； 开挖面距量测断面前后＜$5b$ 时，1 次/（2～3）d； 开挖面距量测断面前后≥$5b$ 时，1 次/（3～7）d			
5	拱脚下沉	水准仪、铟钢尺、全站仪	富水软弱破碎围岩、流沙、软岩大变形、含水黄土、膨胀岩土等不良地质和特殊性岩土段	0.5 mm	仰拱施工前，1～2 次/d			

注： b 为隧道开挖宽度；h 为隧道埋深。

全断面法测点布置如图 4-2-1 所示，台阶法测点布置如图 4-2-2 所示，中隔壁法或交叉中隔壁法测点布置如图 4-2-3 所示，双侧壁导洞法测点布置如图 4-2-4 所示。

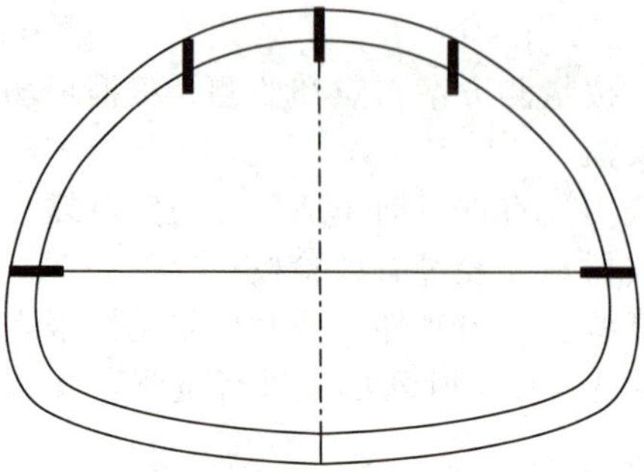

图 4-2-1　全断面法测点布置

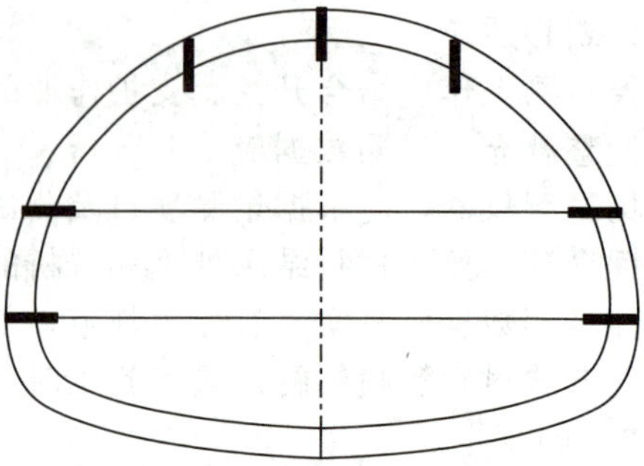

图 4-2-2　台阶法测点布置

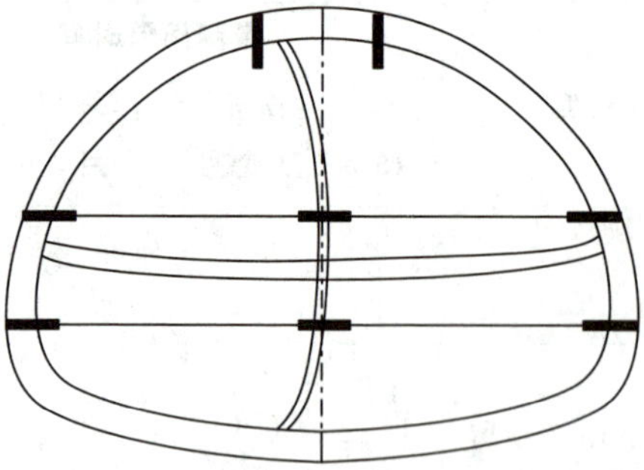

图 4-2-3　中隔壁法或交叉中隔壁法测点布置

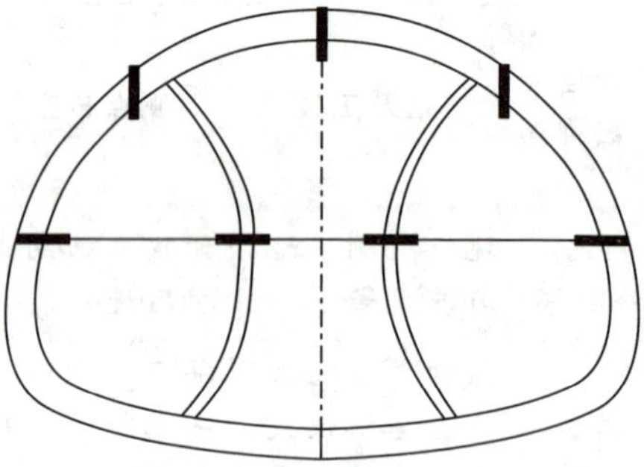

图 4-2-4　双侧壁导洞法测点布置

应根据设计要求、隧道横断面形状和断面大小、埋深、围岩条件、周边环境条件、支护类型和参数、施工方法等综合确定选测项目。隧道现场监控量测选测项目见表 4-2-5。

表 4-2-5　隧道现场监控量测选测项目

序号	项目名称	方法及工具	布置	测试精度	量测间隔时间			
					1～15 d	16 d～1 个月	1～3 个月	大于 3 个月
1	钢架内力及外力	支柱压力计或其他测力计	每代表性地段 1～2 个断面，每断面钢架内力 3～7 个测点，或外力 1 对测力计	0.1 MPa	1～2 次/d	1 次/2 d	1～2 次/周	1～3 次/月
2	围岩内部位移(洞内设点)	洞内钻孔中安设单点、多点杆式或钢丝式位移计	每代表性地段 1～2 个断面，每断面 3～7 个钻孔	0.1 mm	1～2 次/d	1 次/2 d	1～2 次/周	1～3 次/月
3	围岩内部位移(地表设点)	地面钻孔中安设各类位移计	每代表性地段 1～2 个断面，每断面 3～5 个钻孔	0.1 mm	同地表下沉要求			
4	围岩压力	各种类型岩土压力盒	每代表性地段 1～2 个断面，每断面 3～7 个测点	0.01 MPa	1～2 次/d	1 次/2 d	1～2 次/周	1～3 次/月
5	两层支护间压力	压力盒	每代表性地段 1～2 个断面，每断面 3～7 个测点	0.01 MPa	1～2 次/d	1 次/2 d	1～2 次/周	1～3 次/月

续表

序号	项目名称	方法及工具	布置	测试精度	量测间隔时间			
					1～15 d	16 d～1个月	1～3个月	大于3个月
6	锚杆轴力	钢筋计、锚杆测力计	每代表性地段1～2个断面，每断面3～7根锚杆（索），每根锚杆2～4个测点	0.01 MPa	1～2次/d	1次/2 d	1～2次/周	1～3次/月
7	支护、衬砌内应力	各类混凝土内应变计及表面应力解除法	每代表性地段1～2个断面，每断面3～7个测点	0.01 MPa	1～2次/d	1次/2 d	1～2次/周	1～3次/月
8	围岩弹性波速度	各种声波仪及配套探头	在有代表性地段设置	—	—			
9	爆破振动	测振及配套传感器	邻近建（构）筑物	—	随爆破进行			
10	渗水压力、水流量	渗压计、流量计	—	0.01 MPa	—			
11	地表下沉	水准测量的方法，水准仪、铟钢尺等	有特殊要求段落	0.5 mm	开挖面距量测断面前后$<2.5b$时，1～2次/d；开挖面距量测断面前后$<5b$时，1次/2～3 d；开挖面距量测断面前后$>5b$时，1次/3～7 d			
12	地表水平位移	经纬仪、全站仪	有可能发生滑移的洞口段高边坡	0.5 mm	—			

注：b为隧道开挖宽度。

洞内必测项目中，各测点宜在靠近掌子面、不受爆破影响范围内尽快安设，初读数应在每次开挖后12 h内、下一循环开挖前取得，最迟不得超过24 h。选测项目测点埋设时间宜根据实际需要确定。

测点应牢固、可靠、易于识别，应能真实反映围岩、支护的动态变化信息。洞内必测项目各测点应埋入围岩中，深度不应小于0.2 m，不应焊接在钢架上，外露部分应有保护装置。

各项量测作业均应持续到量测断面开挖支护全部结束，临时支护拆除完成，且变形基本稳定后15～20 d。

二、监控量测数据的处理与应用

监控量测应及时进行数据整理和数据分析，并绘制监控量测数据时态曲线和距开挖面距离变化曲线图；应绘制地表下沉值沿隧道纵向、横向变化量和变化速率曲线。

监控量测数据整理、分析与反馈应符合下列规定。

（1）对初期的时态曲线应进行回归分析，预测可能出现的最大值和变化速度，掌握位置变化的规律。

(2) 数据异常时，应及时分析原因，提出对策和建议，并及时反馈给有关单位。

(3) 信息反馈程序如图 4-2-5 所示。

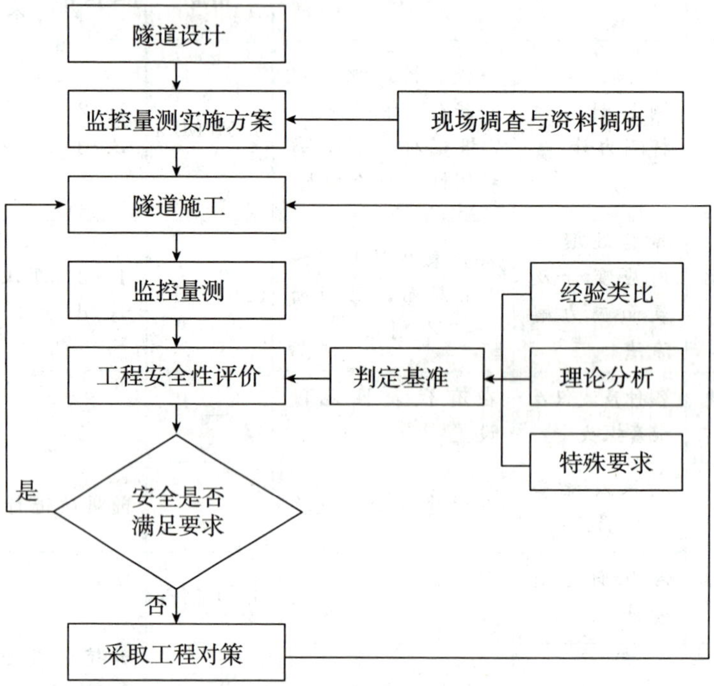

图 4-2-5　信息反馈程序

● **点拨**

量测的偶然误差所造成的离散性，绘制的散点图总是上下波动和不规则的，因此必须进行数字处理才能获得合理的典型曲线，并以相应公式进行描述。回归分析是处理测读数据、最终绘制典型曲线的一种较好方法。

在监测过程中，发现数据异常时，需要分析原因，制订对策。位移与时间关系曲线(正常曲线和反常曲线) 如图 4-2-6 所示。其中，反常曲线是指非工序变化所引起的位移急骤增大现象。此时需要加密监视，必要时需要立即停止开挖并进行施工处理。

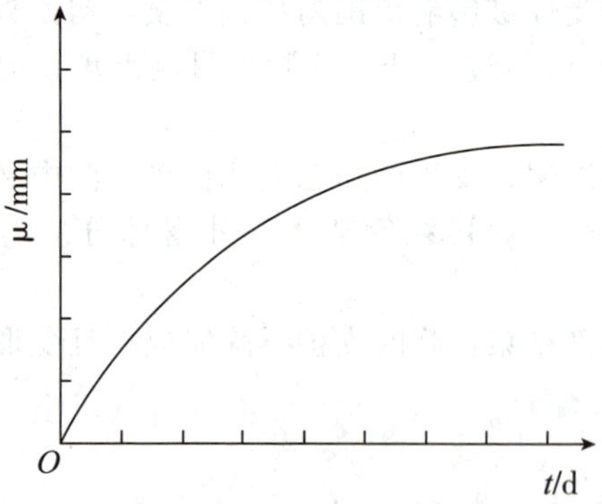

(a) 正常曲线

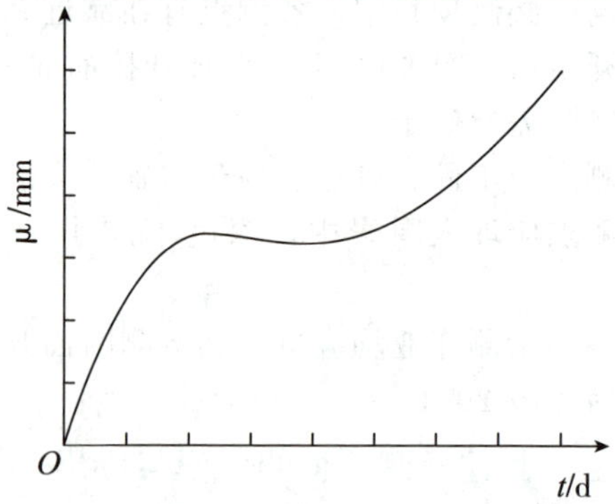

(b) 反常曲线

图 4-2-6　位移与时间关系曲线

围岩稳定性的综合判别，应根据监控量测结果，按下列指标判定。

(1) 实测位移值不应大于隧道的极限位移，并按表 4-2-6 位移管理等级管理。一般情况下，将隧道设计的预留变形量作为极限位移，设计变形量应根据检测结果不断修正。

表 4-2-6　位移管理等级

管理等级	管理位移/mm	施工状态
Ⅲ	$U<(U_0/3)$	可正常施工
Ⅱ	$(U_0/3)\leqslant U\leqslant(2U_0/3)$	应加强支护
Ⅰ	$U>(2U_0/3)$	应采取特殊措施

注：U 为实测位移值；U_0 为设计极限位移值。

（2）根据位移速率判断。速率大于 1.0 mm/d 时，围岩处于急剧变形状态，应加强初期支护；速率变化在 0.2～1.0 mm/d 时，应加强观测，做好加固的准备；速率小于 0.2 mm/d 时，围岩达到基本稳定。在高地应力软岩、膨胀岩土、流变蠕变岩土和挤压地层等不良地质和特殊性岩土中，应根据具体情况制订判别标准。

（3）根据位移速率变化趋势判断。当围岩位移速率不断下降时，围岩处于稳定状态；当围岩位移速率保持不变时，围岩尚不稳定，应加强支护；当围岩位移速率上升时，围岩处于危险状态，必须立即停止掘进，采取应急措施。

（4）初期支护承受的应力、应变、压力实测值与允许值之比大于或等于 0.8 时，围岩不稳定，应加强初期支护；初期支护承受的应力、应变、压力实测值与允许值之比小于 0.8 时，围岩处于稳定状态。

三、监控量测资料整理

监控量测资料整理应包括下列内容，并纳入交竣工文件：①现场监控量测计划；②实际测点布置图；③围岩和支护位移-时间曲线图、空间关系曲线图，以及监控量测记录汇总表；④变更设计和改变施工方法地段的信息反馈记录；⑤现场监控量测说明。

实战演练

［2023 真题·单选］下列隧道监控量测项目中，属于必测项目的是（　　）。

A. 围岩内部位移　　B. 爆破震动

C. 拱脚下沉　　D. 地表水平位移

［解析］隧道必测项目包括：洞内、外观察，周边位移，拱顶下沉，地表下沉，拱脚下沉。

［答案］C

第三节　隧道施工

知识点 1　隧道施工准备与施工测量

一、隧道施工准备

（一）一般规定

（1）隧道施工前，应熟悉设计文件和地质勘察报告，领会设计意图，做好现场调查和图纸核对工作。

（2）隧道施工前，应编制施工组织设计，并做好施工准备和组织落实工作。编制时，应根据隧道长度、跨度、工期、地质和自然条件、重点及难点工程、施工方法、施工进度等因素，配备适宜、充足的施工机械，组织均衡生产，提高劳动生产效率。

(3) 隧道施工应具备满足隧道施工需要和质量控制要求的试验检测能力。

(4) 隧道开工前，应完成分项工程划分、先期工程施工方案编制及混凝土配合比设计等技术准备工作。

(二) 施工场地与临时工程

施工场地与临时工程施工的相关规定见表 4-3-1。

表 4-3-1 施工场地与临时工程施工的相关规定

类型	施工规定
施工场地	布置原则：因地制宜、统一规划、安全方便、节地环保 (1) 应考虑工程规模、工期、地形特点、弃渣场和水源等情况； (2) 应事先规划，以洞口为中心布置并减少与现有道路交叉和干扰； (3) 应不影响隧道和其他工程施工； (4) 运输便道、场区道路和临时排水设施等，应统一规划、合理布局、形成网络； (5) 隧道洞外宜设置机械设备安装、维修和停放的场地；机械设备、附属车间、加工场宜相对集中； (6) 砂石料应分仓存放；大宗材料、施工备品及回收材料堆放场地，应满足使用要求； (7) 施工场地周边开挖应采取降低开挖高度、缩小开挖面积、设置挡护等保持边坡稳定的措施； (8) 施工场地周边应有防治边坡失稳、崩塌、落石危害的措施
临时工程	(1) 应满足安全和施工活动正常开展的需要； (2) 应在隧道开工前完成； (3) 布置应考虑滑坡、洪水等突发性自然灾害的影响，制订相应的应急预案； (4) 应适用当地暴雪、暴雨、大风、台风、高温、高寒等极端天气条件，制订预警、预防和应急措施； (5) 布置宜考虑永临结合方案
临时设施	(1) 应满足安全和施工活动正常开展的需要； (2) 应设置对人员、设备进出洞进行管理的设施，并配备专人管理； (3) 风、水、电设施宜靠近洞口布设，并满足隧道施工需要； (4) 机械、设备安装和管线架设应符合相关规定，并及早实施； (5) 爆炸物品储存库必须符合现行《小型民用爆炸物品储存库安全规范》(GA 838—2009) 的规定
临时房屋	(1) 应满足施工人员工作和生活的需要； (2) 不宜建在电力线路保护区内，与架空电力线路的距离应符合相关规定； (3) 应符合消防安全规定； (4) 应设有排水系统； (5) 生活用水的排放不得影响施工和污染周围环境
施工便道	(1) 线形、纵坡、宽度、路基及路面结构应满足大型设备、材料及出渣运输的需要； (2) 应设置必要的安全防护、排水设施和警示、提醒标志； (3) 使用期间应养护

(三) 施工人员、材料和设备

施工人员、材料和设备配置的相关规定见表 4-3-2。

表 4-3-2 施工人员、材料和设备配置的相关规定

资源配备	相关规定
施工人员	(1) 应根据工程规模、工期、技术难度等，配备满足工程需要的管理、技术、测量、试验、质检和安全人员； (2) 隧道施工人员应经过岗前专业培训，接受安全、职业健康等教育；特种作业人员应持证上岗； (3) 施工前应对施工人员进行技术交底
材料	材料进场时应按批次和规定频率进行试验、检测，并应满足设计和相关规范、规定的要求
设备	(1) 应根据安全、可靠、经济、适用的原则配置隧道施工机械和设备，并应符合下列规定。 ①应与施工方法相配套，与隧道长度、断面大小、施工工期相适应； ②应按相关工序流水施工配套配置，提高机械的总体效率； ③宜优先选用污染小、噪声小的机械设备； ④应方便维修； (2) 二次衬砌模板台车宜在隧道开挖进洞前准备到位； (3) 应配备满足工程需要的检测仪器和设备，并在检校有效期内使用

（四）风险控制

（1）应建立健全隧道施工安全质量风险控制体系。

（2）隧道施工应按相关规定进行安全质量风险辨识、评估以及其他风险控制工作。

（3）应依据风险评估结论，对风险等级较高的分部分项工程编制专项施工方案。

（4）应编制应急预案，储备应急物资，开展应急演练。

二、隧道施工测量

（一）一般规定

（1）隧道施工测量的平面坐标系和高程系统宜与定测隧道控制网坐标系和高程系统一致。

（2）平面控制网的运算及平差计算的基准平面宜与定测控制网一致，或者采用隧道纵断面设计高程的平均高程面。

（3）投影分带位置不宜设在隧道处。

（4）施工前应建立测量复核体系，并进行测量方案设计。应根据隧道规模和贯通误差要求，综合考虑控制网等级和图形、测量仪器精度和测量方法，估算误差范围，确保测量结果能够满足工程需要。

（5）对勘测设计用隧道平面和高程控制网桩点，应向施工单位逐桩逐点交付资料、确认桩点，遗失的桩点应补桩，资料与现场不符的应更正。

（6）控制测量对隧道相向施工贯通面的贯通误差影响极限值应符合表 4-3-3 的规定。

表 4-3-3 贯通误差影响极限值

测量部位	不同贯通长度 L（m）的横向贯通误差/mm			高程贯通误差/mm
	$L<3\ 000$	$3\ 000\leqslant L<6\ 000$	$6\ 000\leqslant L<9\ 000$	
洞外	45	60	90	25
洞内	60	80	120	25

续表

测量部位	不同贯通长度 L（m）的横向贯通误差/mm			高程贯通误差/mm
	$L<3\ 000$	$3\ 000\leqslant L<6\ 000$	$6\ 000\leqslant L<9\ 000$	
整个贯通区间	75	100	150	35

注：上表不适用于利用竖井联系测量和贯通长度超过 9 km 的隧道。

（7）地震多发区和影响区应加强对特长、长隧道的控制测量工作，震后应复测控制网。

（8）当洞内有瓦斯等易燃易爆气体时，测量工作应采取下列防爆措施。

①测量前检测测站附近 20 m 范围内瓦斯等易燃易爆气体浓度，小于 0.5%时方可进行测量作业。

②高瓦斯和煤（岩）与瓦斯突出隧道应采用防爆型测量仪器。

（二）控制测量

控制测量应符合下列规定。

（1）控制测量桩点应稳固、可靠。

（2）测量工作中的各项计算，均应由两组人员独立进行。计算过程中应及时校核，发现问题应及时检查，并找出原因。

（3）隧道洞外控制测量应在隧道进洞施工前完成。

（4）用于测量的设计图资料应认真核对，确认无误后方可使用，引用的数据资料应核对。

（5）在控制网误差调整时，不得将低等级平面和高程控制网的误差传入隧道控制网。

平面控制测量可采用卫星定位测量、导线测量。洞外平面控制测量宜利用已有的定测控制网，并应符合《公路隧道施工技术规范》（JTG/T 3660—2020）关于隧道贯通误差的有关规定和隧道施工要求。隧道平面控制测量等级应按表 4-3-4 确定。

表 4-3-4　隧道平面控制测量等级

隧道贯通长度 L/m	测量等级
$L\geqslant 6\ 000$	二等
$3\ 000\leqslant L<6\ 000$	三等
$1\ 000\leqslant L<3\ 000$	四等
$L<1\ 000$	一级

卫星定位控制测量、导线测量、高程控制测量、洞内平面控制测量等应符合表 4-3-5 的规定。

表 4-3-5　测量方法及相关规定

测量方法	相关规定
卫星定位控制测量	（1）根据隧道贯通精度的要求按静态相对定位原理建网； （2）卫星定位基线测量的中误差应小于标准差； （3）每个观测时段，观测前、后应分别量取天线高，两次量取差值应不大于 3 mm，取其平均值作为计算天线高
导线测量	导线测量的技术要求应符合相关规定，应根据仪器要求进行气象改正

续表

测量方法	相关规定
高程控制测量	(1) 隧道高程控制测量等级和误差应符合规定；高程控制测量宜采用水准测量，洞外四等高程控制测量也可采用光电测距三角高程测量；光电测距三角高程测量能够满足三等高程测量要求，并满足高程贯通误差的要求时，对长度为 3～6 km 的隧道，也可在洞外高程测量中采用光电测距三角高程测量； (2) 高程控制点可利用稳固坚硬的基岩刻凿，如无稳固坚硬的基岩可以利用，应埋设有金属标志的混凝土桩； (3) 高程控制网的竖井联系测量应采用全站仪或光电测距仪传递高程
洞内平面控制测量	(1) 洞内平面控制测量宜采用导线测量； (2) 洞内导线，应布置成多边形导线环；应根据贯通精度的要求布点，宜选择在施工干扰小、稳固可靠、通视良好的地方；导线边长在直线地段不宜小于 200 m，在曲线地段不宜小于 70 m； (3) 掘进长度超过 2 倍导线边长时，应进行一次洞内导线延伸测量；导线测量视线与障碍物距离不应小于 0.2 m； (4) 联系洞外和洞内的控制测量，宜选在洞外和洞内观测条件接近的时段进行观测； (5) 平面控制测量的竖井联系测量可采用光学垂准仪投点、陀螺仪辅助定向；应根据竖井长度和贯通精度要求选择测量仪器和测量方法，估算贯通误差，确定测量方案； (6) 施工时不应损毁导线点

➤ **注意：**洞外平面控制网和高程控制网应不定期复测，复测周期宜不大于 6 个月，复测精度应与建网精度相同。沙漠、冻土、软土区、地震多发区和影响区、地面沉降地区、施工期间出现异常地段等特殊地区，复测频率应根据变形规律和控制桩情况分析确定，宜适当缩短复测周期，或临时增加复测。

(三) 放样测量

(1) 用导线法进行洞内控制测量的隧道，需要使用施工中线点放样时，应由洞内导线测设施工中线。

(2) 用中线法进行洞内测量的隧道，中线点点位横向偏差不得大于 5 mm。中线点间距曲线部分不宜小于 50 m，直线部分不宜小于 100 m。直线地段宜采用正倒镜延伸直线法。

(3) 开挖前应校核中线点，并在开挖断面上标出设计断面轮廓线。

(4) 供衬砌用的临时中线点的间距宜与模板长度一致。

(5) 防水板施工前，应复核中线位置和高程，检查断面尺寸，确定衬砌施工后的衬砌厚度和净空满足规范和设计要求。衬砌模板立模后应进行检查和校正。

(6) 洞内施工用的水准点，应根据洞外、洞内已设定的水准点，按施工需要加设。为方便施工，在导坑内拱部、边墙施工地段宜每 100 m 设立一个临时水准点，并定期复核。

(7) 直线段可使用激光设备导向。

(8) 在开挖断面形成后，应及时进行断面测量，根据测量数据修正开挖参数，控制超欠挖。

(四) 贯通误差测定及调整

贯通误差的测定应符合下列规定。

(1) 采用导线法测量时，在贯通面附近定一临时点，由两端分别测量该点的坐标，所得的闭合差分别投影至贯通面及其垂直方向，得出实际的横向和纵向贯通误差，再置镜于该临时点测求方位角贯通误差。

（2）采用中线法测量时，由两端向中间进行测量，并在贯通面上分别得出中线点，量出两点的横向和纵向距离，即为该隧道的实际贯通误差。

（3）由两端向中间进行水准测量，分别测至贯通面附近的同一高程控制点或中线点上，所测得的高程差值即为实际的高程贯通误差。

隧道贯通后，洞内导线、施工中线及高程的实际贯通误差，应在贯通面两侧未衬砌段调整，该贯通误差调整段的长度应根据中线形式、贯通误差值、支护和衬砌（包括仰拱）施工情况综合确定，长度宜大于 100 m，贯通面两侧对称。该段的后续工序均应以调整后的中线及高程为准进行放样。

两端开挖至贯通误差调整地段时，开挖断面宜适当加宽，二次衬砌在贯通前施工时，贯通误差调整地段开挖断面应加宽；加宽值宜不超过贯通极限误差允许值的一半。贯通误差宜符合表 4-3-6 的规定。

表 4-3-6　贯通误差的限值

不同贯通长度 *L*（m）的横向贯通误差限值/mm			高程贯通误差/mm
$L<3\ 000$	$3\ 000\leqslant L<6\ 000$	$L\geqslant 6\ 000$	—
≤150	≤200	≤300	≤70

注：利用竖井联系测量的贯通误差限值应根据测量设计确定。

高程贯通误差调整应符合下列规定。

（1）由两端分别引测贯通点附近的高程控制点，采用其平均值作为该点调整后的高程，并作为放样依据。

（2）高程贯通误差的一半，分别在贯通面两端未衬砌地段按水准线路长度的比例调整。

（五）交（竣）工测量

应在中线复测的基础上埋设永久中线点，永久中线点应用混凝土包埋金属标志。直线上的永久中线点，每 200～250 m 设一个，曲线上应在缓和曲线的起终点各设一个；曲线中部，可根据通视条件适当增加。永久中线点设立后，应在隧道边墙上画出标志。

应在直线地段每 50 m、曲线地段每 20 m 及需要加测断面处，测绘以路线中线为准的隧道实际净空，标出拱顶高程、起拱线宽度、路面水平宽度。

洞内水准点每 1 km 应埋设一个，短于 1 km 的隧道应至少设一个，并应在隧道边墙上画出标志。

应提交贯通测量技术成果书，贯通误差的实测成果和说明，净空断面测量和永久中线点、水准点的实测成果及示意图。

应提交隧道总体实测项目，并应符合表 4-3-7 的规定。

表 4-3-7　隧道总体实测项目

序号	检查项目	允许偏差	检验频率	检验方法
1	车行道宽/mm	±10	每 20 m（曲线）或 40 m（直线）检查一处	尺量、全站仪、激光断面仪
2	净总宽	不小于设计	每 20 m（曲线）或 40 m（直线）检查一处	尺量、全站仪、激光断面仪

续表

序号	检查项目	允许偏差	检验频率	检验方法
3	隧道净高	不小于设计	每 20 m（曲线）或 40 m（直线）测一断面，每个断面测拱顶和拱腰 3 个点	全站仪
4	隧道偏位/mm	20	每 20 m（曲线）或 40 m（直线）检查一处	全站仪
5	引道中心线与隧道中心线的衔接/mm	20	—	全站仪。分别将引道中心线和隧道中心线延长至两侧洞口，比较其平面位置
6	边坡、仰坡的坡度	不大于设计	检查 10 处	尺量

实战演练

[经典例题·单选] 隧道洞内施工用的水准点，可按施工需要加设，在导坑内拱部、边墙施工地段宜每（　　）设立一个临时水准点。

A. 50 m　　　　B. 100 m

C. 200 m　　　　D. 250 m

[解析] 隧道洞内施工用的水准点，应根据洞外、洞内已设定的水准点，按施工需要加设。为使施工方便，在导坑内拱部、边墙施工地段宜每 100 m 设立一个临时水准点，并定期复核。

[答案] B

知识点 2　隧道洞口、明洞施工

一、隧道洞口施工

洞口开挖和进洞施工宜避开雨季和融雪期。当不能避免时，应采取防止坍塌的安全保证措施。

➤ **知识链接：** 洞口工程指洞口土石方、边仰坡防护、洞门及其相邻的翼墙、挡土墙及洞口排水系统等。

对洞口不稳定的地表土及山坡危石等，应进行清除、防护或加固。

隧道洞口开挖前，应结合设计文件，遵循“早进晚出”的原则，复核确认明暗分界位置的合理性，控制边仰坡开挖高度。

洞口段存在偏压时，应采取偏压防治措施。

洞口开挖与防护应符合下列规定。

(1) 洞口边坡及仰坡应自上而下开挖，不得掏底开挖或上下重叠开挖。

(2) 宜采用人工配合机械开挖，或者采用控制爆破措施减少对边坡和仰坡及围岩的扰动。

(3) 边坡和仰坡防护应及时施作。

(4) 应随时检查监测边坡和仰坡的变形状态。

洞口边坡、仰坡开挖及地表恢复应符合环境保护规定，做好水土保持。

洞口截排水设施应符合下列规定。

(1) 应结合地形条件设置，具备有效拦截、排水顺畅的能力。

(2) 不应冲刷路基坡面及桥涵锥坡等设施。

(3) 洞口截排水设施应在雨季和融雪期之前完成。

(4) 截水沟迎水面不得高于原地面，回填应密实，不易被水掏空。

(5) 截水沟应采取防止渗漏和变形的措施。

洞内排水应与洞外排水设施合理连接。

开挖进洞前，应完成管棚、地层加固、降水等设计要求的辅助工程施工。

洞口永久性挡护工程应紧跟土石方开挖及早完成。

洞口爆破开挖影响邻近建（构）筑物或已建工程时，应采取措施控制爆破振动，并进行爆破振动监测。

洞门墙施工应符合下列规定。

(1) 洞门墙宜在洞口衬砌施工完成后及时施作。

(2) 洞门墙基底虚渣、杂物、泥、水等应清除干净，地基承载力应符合设计规定。

(3) 洞口衬砌两侧端墙砌筑和墙背回填应对称进行。

(4) 洞门墙背排水设施应与洞门墙同步施工。

管棚导向墙基础尺寸和承载力应符合设计规定。

二、明洞施工

明洞工程宜尽早施工。

基底承载力不足时，基底处理应符合设计规定。严禁超挖后回填虚土。

明洞防水层铺设前应检查并清除拱墙背面露出的尖锐突出物，明洞拱墙背面混凝土表面应平整圆顺，必要时可用砂浆抹平。防水层的铺设应保证各方向的搭接宽度。

明洞回填施工应遵循对称均衡原则，并应符合下列规定。

(1) 明洞拱背回填应在外模拆除、防水层和排水盲管施工完成后进行。人工回填时，拱圈混凝土强度应不小于设计强度的75%。机械回填时，拱圈混凝土强度应不小于设计强度。

(2) 明洞两侧回填水平宽度小于1.2 m的范围应采用浆砌片石或同级混凝土回填。

(3) 回填料不宜采用膨胀岩土。

(4) 回填顶面0.2 m可用耕植土回填。

(5) 明洞土石回填应对称分层夯实，分层厚度不宜大于0.3 m，两侧回填高差不应大于0.5 m。回填到拱顶以上1.0 m后，方可采用机械碾压。回填土压实度应符合设计规定。

(6) 单侧设有反压墙的明洞回填应在反压墙施工完成后进行。

(7) 回填时不得倾填作业。

(8) 明洞回填时，应采取防止损伤防水层的措施。

(9) 洞门顶排水沟砌筑在填土上时，应在夯实后砌筑。

➢ **知识链接：** 浅埋段工程施工应符合下列规定。

(1) 浅埋段的开挖施工应遵循“管超前、严注浆、短开挖、强支护、早封闭、勤量测、速反馈、控沉陷”的原则。

(2) 围岩自稳能力差或三车道及三车道以上跨度隧道的浅埋段，可选择地表降水、地表加固、管棚、超前小导管、预注浆等辅助工程措施。

(3) 浅埋隧道应加强初期支护和减小爆破振动，及时施作初期支护，尽早施作二次衬砌。

实战演练

[2020 真题 · 单选] 关于隧道洞门工程施工的说法，错误的是（　）。

A. 基础应设于稳固的地基上

B. 洞口墙砌筑与回填应两侧对称进行

C. 洞口边坡、仰坡严禁使用大爆破

D. 洞口的排水沟应在洞门工程完成后再施工

[解析] 选项 D 错误，洞门墙背排水设施应与洞门墙同步施工。

[答案] D

[2022 真题 · 案例节选]

背景资料：

某高速公路双向六车道分离式隧道，左洞长 825 m，起讫桩号为 ZK16＋435～ZK17＋260；右洞长 840 m，起讫桩号为 YK16＋440～YK17＋280。隧道进出口均为Ⅴ级围岩，洞身包含Ⅱ、Ⅲ和Ⅳ级围岩。由于地形和地质条件限制，隧道采用出口向进口单向掘进的施工方案。隧道出口段浅埋且以软弱破碎地层为主，属于不良地质。隧道出口端设计为端墙式洞门，隧道洞门示意图如图 4-3-1 所示。

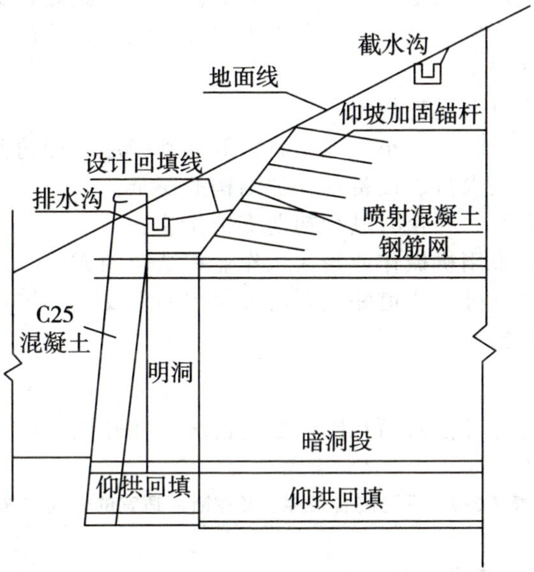

图 4-3-1　隧道洞门示意图

施工过程中发生了如下事件。

事件一：为降低地表水对隧道施工的影响，洞口排水系统的技术要求如下。

(1) 仰坡坡顶的截水沟应结合永久排水系统在洞口开挖前修建。

(2) 洞顶截水沟不应与路基边沟顺接组成排水系统。

(3) 洞门排水沟应与洞门结构同时完成。

(4) 洞口截排水设施不应在融雪期之前完成。

(5) 截水沟迎水面不得低于原地面，回填应密实且不易被水掏空。

……

[问题]

1. 逐条判断事件一中洞口排水系统的技术要求是否正确。若不正确，写出正确做法。

[答案]

1. 第（1）条正确。

第（2）条不正确。

正确做法：洞顶截水沟应与路基边沟顺接组成排水系统。

第（3）条正确。

第（4）条不正确。

正确做法：洞口截排水设施应该在融雪期之前完成。

第（5）条不正确。

正确做法：截水沟迎水面不得高于原地面。

知识点 3 隧道开挖

一、一般规定

应根据隧道长度、跨度、结构形式、掌子面稳定性、地质条件等选择适宜的开挖方法，并应根据开挖方法选择配套的机械设备。开挖前应核实掌子面地质情况，结合超前地质预报结果，根据地质变化情况及时调整开挖方法和支护参数，并做好各工序的衔接。开挖后可能发生失稳、坍塌、涌水等现象的地段，应预先采取针对性的处理措施。

开挖作业应符合下列规定。

（1）开挖断面尺寸应符合设计规定。

（2）应根据开挖方法、断面大小、地质条件等因素确定合理的循环进尺。

（3）开挖作业不得危及人员、设备及支护结构的安全。

（4）开挖后应清除危石，并及时进行初期支护作业。

（5）危石清除工作应采用机械作业与人工作业相结合的方式。

隧道爆破应采用光面爆破。隧道邻近有需要保护的重要建（构）筑物时，应严格控制爆破振动，也可选择机械开挖。

二、开挖方法

应根据地质条件、隧道开挖断面和围岩稳定情况选择开挖方法。不同围岩条件和开挖断面适宜的开挖方法见表 4-3-8。

表 4-3-8 不同围岩条件和开挖断面适宜的开挖方法

序号	开挖方法		围岩级别	
			双车道隧道	三车道隧道
1	全断面法		Ⅰ～Ⅲ	Ⅰ～Ⅱ
2	台阶法	长台阶法	Ⅲ～Ⅳ	Ⅱ～Ⅲ
		短台阶法	Ⅳ～Ⅴ	Ⅲ～Ⅳ
		超短台阶法	Ⅴ	Ⅳ
3	分部开挖法	环形开挖留核心土法	Ⅴ～Ⅵ	Ⅲ～Ⅳ
		中隔壁法	Ⅴ～Ⅵ	Ⅳ～Ⅴ
		交叉中隔壁法	Ⅴ～Ⅵ	Ⅳ～Ⅵ
		双侧壁导坑法	—	Ⅴ～Ⅵ

（一）全断面法

全断面法是指按隧道设计开挖断面一次开挖成形的开挖方法。全断面法作业空间较大，工序少、干扰小，有利于大型机械配套作业和提高施工速度，便于施工组织和管理。

1. 施工工序

全断面法施工工序如图 4-3-2 所示。

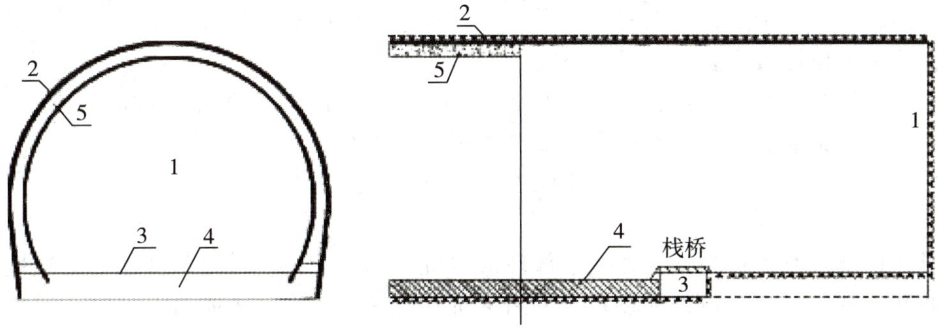

1—全断面开挖；2—初期支护；3—隧道底部开挖（捡底）；
4—底板（仰拱及填充）浇筑；5—拱墙二次衬砌。

图 4-3-2　全断面法施工工序示意图

2. 施工规定

（1）宜采用机械化作业，各种机械设备应合理配套。

（2）应控制一次同时起爆的单段最大爆破药量。

（3）应根据掌子面围岩稳定情况、爆破振动、钻孔和出渣效率、超挖控制等确定循环进尺：Ⅲ级围岩宜控制在 3 m 左右；Ⅰ、Ⅱ级围岩，使用气腿式凿岩机时可控制在 4 m 左右，使用凿岩台车时可根据围岩稳定情况适当调整。采用特殊设计的其他情况，每循环进尺应符合设计规定。

（二）台阶法

台阶法是指将设计开挖断面分成上、下断面（或上、中、下断面），先上后下，分次开挖成形的开挖方法。台阶法因其灵活多变、适用性强等优点，已成为大断面隧道施工的主流施工方法。实际施工中，视围岩条件和机械设备情况可派生出各种台阶法。

1. 施工工序

两台阶法施工工序如图 4-3-3 所示。

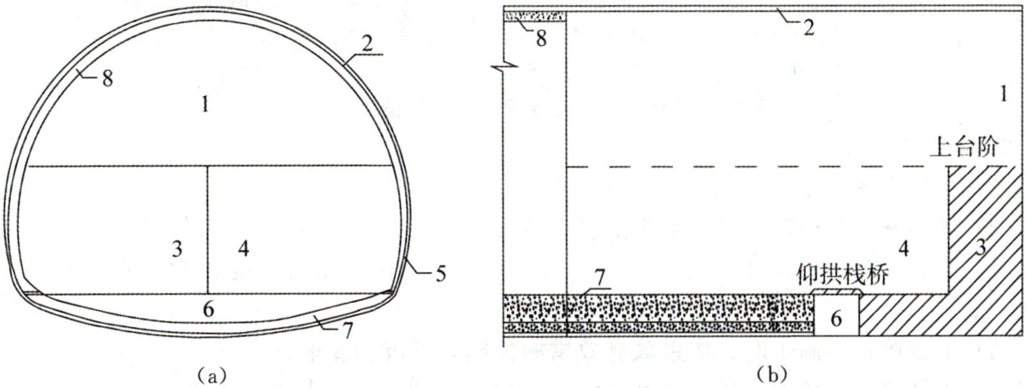

1—上台阶开挖；2—上台阶初期支护；3、4—下台阶错开开挖；
5—下台阶初期支护；6—底部开挖（捡底）；7—仰拱及填充（底板）；8—二次衬砌。

图 4-3-3　两台阶法施工工序示意图

2. 施工规定

（1）台阶数量和台阶高度应综合考虑隧道断面高度、机械设备及围岩稳定性等因素确定。台阶开挖高度宜为 2.5～3.5 m。可采用两台阶法或者三台阶法，台阶数量不宜多于 3 个。

（2）上台阶开挖每循环进尺，Ⅲ级围岩宜不大于 3 m，Ⅳ级围岩宜不大于 2 榀钢架间距，Ⅴ级围岩宜不大于 1 榀钢架间距。Ⅳ、Ⅴ级围岩下台阶每循环进尺宜不大于 2 榀钢架间距。下台阶单侧拉槽长度宜不超过 15 m。

（3）下台阶左、右侧开挖宜前后错开 3～5 m，同一榀钢架两侧不得同时悬空。

（4）下部施工应减少对上部围岩、支护的干扰和破坏。

（5）下台阶应在上台阶喷射混凝土强度达到设计强度的 70%以后开挖。

（三）环形开挖留核心土法

环形开挖留核心土法是指先开挖上部环形导坑并进行支护，再分部开挖两侧边墙及中部核心土的开挖方法。当地质条件较差，采用台阶法开挖掌子面自稳能力不足时，可采用环形开挖留核心土法。环形开挖留核心土法可分为两台阶环形开挖留核心土法和三台阶环形开挖留核心土法。

1. 施工工序

两台阶环形开挖留核心土法施工工序如图 4-3-4 所示。仰拱与掌子面距离需要根据围岩和初期支护稳定情况调整控制。

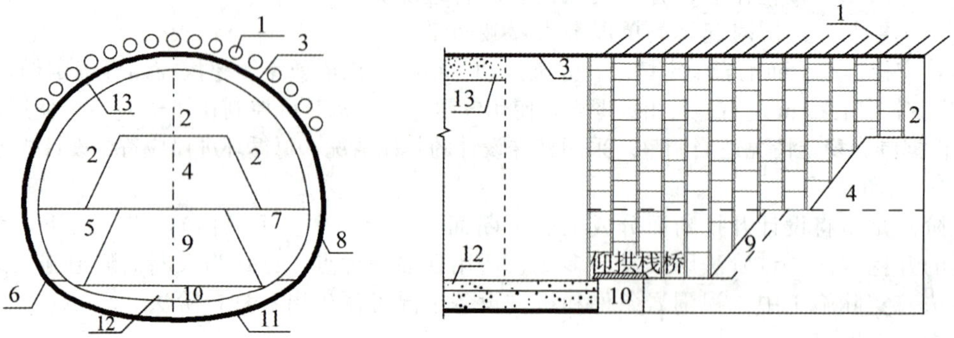

（a）　　　　（b）

1—超前支护；2—上部环形导坑开挖；3—上部初期支护；4—上部核心土开挖；
5、7—两侧开挖；6、8—两侧初期支护；9—下部核心土开挖；10—仰拱开挖；
11—仰拱初期支护；12—仰拱及填充混凝土；13—拱墙二次衬砌。

图 4-3-4　两台阶环形开挖留核心土法施工工序示意图

2. 施工规定

（1）台阶开挖高度宜为 2.5～3.5 m。

（2）环形开挖每循环进尺，Ⅴ级围岩宜不大于 1 榀钢架间距，Ⅳ级围岩宜不大于 2 榀钢架间距。中、下台阶每循环进尺，不得大于 2 榀钢架间距。核心土面积宜不小于断面面积的 50%。

（3）上台阶钢架施工时，应采取有效措施控制其下沉和变形。

（4）拱部超前支护完成后，方可开挖上台阶环形导坑；留核心土长度宜为 3～5 m，宽度宜为隧道开挖宽度的 1/3～1/2。

（5）各台阶留核心土开挖每循环进尺宜与其他分部循环进尺相一致。

（6）核心土与下台阶开挖应在上台阶支护完成且喷射混凝土强度达到设计强度的 70%后进行。下台阶左、右侧开挖应错开 3～5 m，同一榀钢架两侧不得同时悬空。

（7）仰拱施作应紧跟下台阶，以及时闭合成稳固的支护体系。

（四）中隔壁法

中隔壁法（center diagram method，CD 法）是指将设计开挖断面分成左、右两个断面，先开挖隧道一侧，并施工中隔壁竖向支撑，再开挖另一侧的开挖方法。

1. 施工工序

中隔壁法施工工序如图 4-3-5 所示。

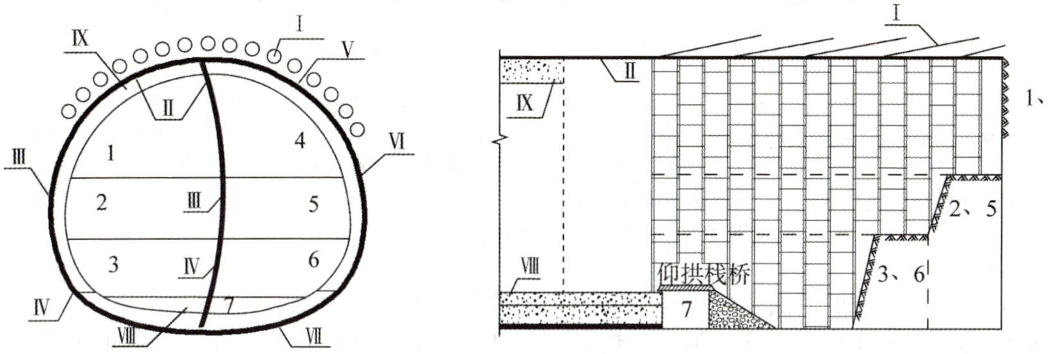

（a）　　　　（b）

Ⅰ—超前支护；1—左侧上部开挖；Ⅱ—左侧上部初期支护；2—左侧中部开挖；Ⅲ—左侧中部初期支护；3—左侧下部开挖；Ⅳ—左侧下部初期支护；4—右侧上部开挖；Ⅴ—右侧上部初期支护；5—右侧中部开挖；Ⅵ—右侧中部初期支护；6—右侧下部开挖；Ⅶ—右侧下部初期支护；7—拆除中隔壁；Ⅷ—仰拱及填充混凝土；Ⅸ—拱墙二次衬砌。

图 4-3-5　中隔壁法施工工序示意图

2. 施工规定

（1）各分部开挖时，周边轮廓应圆顺。开挖进尺不得大于 1 榀钢架间距。

（2）初期支护完成、强度达到设计规定后方可进行下一分部开挖。

（3）当开挖形成全断面时，应及时完成全断面初期支护闭合。

（4）临时支护拆除宜在仰拱施工前进行，一次拆除长度应与仰拱浇筑长度相适用。临时支护拆除后，应及时浇筑仰拱和仰拱填充、施作拱墙二次衬砌。

（5）临时支护拆除前后，应进行变形量测。

（五）交叉中隔壁法

交叉中隔壁法（center cross diagram method，CRD 法）是指将设计开挖断面分成左、右两个断面，先按台阶法开挖隧道一侧，施工中隔壁竖向支撑和横隔板，再按台阶法开挖隧道另一侧，并施工横隔板的开挖方法。

1. 施工工序

交叉中隔壁法施工工序如图 4-3-6 所示。

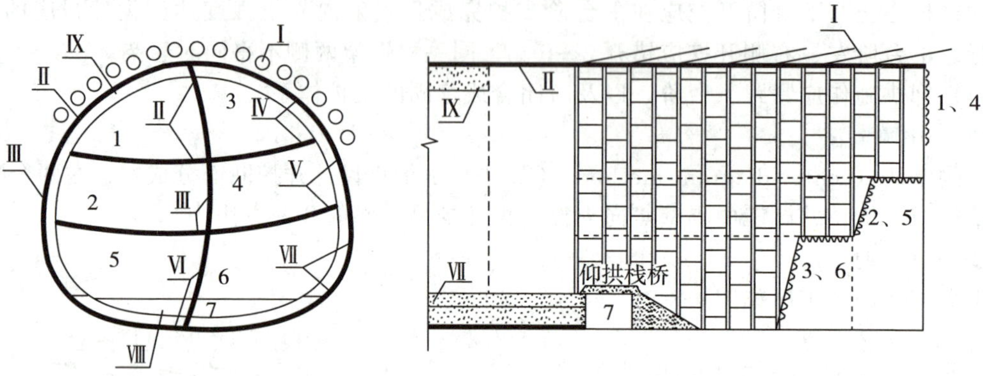

(a)　　　　　　　　　　　　(b)

Ⅰ—超前支护；1—左侧上部开挖；Ⅱ—左侧上部初期支护成环；2—左侧中部开挖；
Ⅲ—左侧中部初期支护成环；3—右侧上部开挖；Ⅳ—右侧上部初期支护成环；4—右侧中部开挖；
Ⅴ—右侧中部初期支护成环；5—左侧下部开挖；Ⅵ—左侧下部初期支护成环；6—右侧下部开挖；
Ⅶ—右侧下部初期支护成环；7—拆除中隔壁及临时仰拱；Ⅷ—仰拱及填充混凝土；Ⅸ—拱墙二次衬砌。

图 4-3-6　交叉中隔壁法施工工序示意图

2. 施工规定

(1) 各分部开挖时，周边轮廓应圆顺。开挖进尺不得大于 1 榀钢架间距。

(2) 初期支护完成、强度达到设计规定后方可进行下一分部开挖。每个台阶底部均应按设计规定及时施工临时钢架或临时仰拱。

(3) 当开挖形成全断面时，应及时完成全断面初期支护闭合。

(4) 临时支护拆除宜在仰拱施工前进行，一次拆除长度宜与仰拱浇筑长度相适用。临时支护拆除后，应及时浇筑仰拱和仰拱填充、施作拱墙二次衬砌。

(5) 临时支护拆除前后，应进行变形量测。

(六) 双侧壁导坑法

双侧壁导坑法是指将设计开挖断面分成左、中、右 3 个断面，先开挖隧道两侧断面，并施工隔离墙竖向支撑，再分部开挖中间断面的开挖方法。

1. 施工工序

双侧壁导坑法施工工序如图 4-3-7 所示。

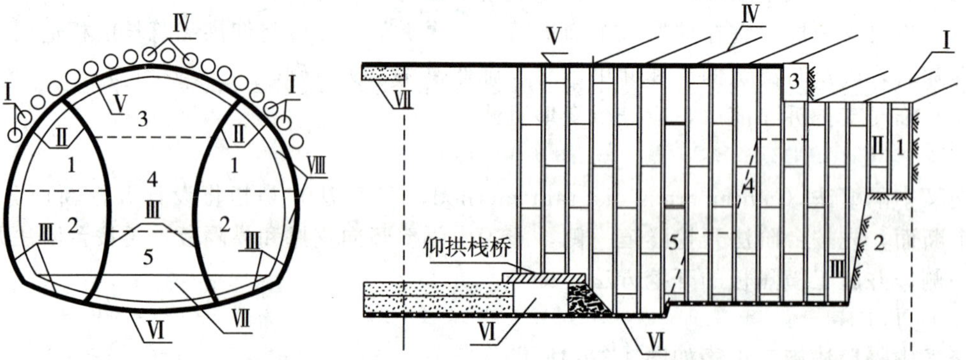

(a)　　　　　　　　　　　　(b)

Ⅰ—两侧超前支护；1—左（右）导坑上部开挖；Ⅱ—左（右）侧导坑上部初期支护；
2—左（右）侧导坑下部开挖；Ⅲ—左（右）侧导坑下部支护成环；Ⅳ—拱部超前小导管；
3—中壁上部开挖；Ⅴ—中壁拱部初期支护与左右Ⅱ闭合；4—中壁中部开挖；5—中壁下部开挖；
Ⅵ—中壁下部初期支护与左右Ⅲ闭合；Ⅶ—仰拱及填充混凝土施工；Ⅷ—拱墙二次衬砌。

图 4-3-7　双侧壁导坑法施工工序示意图

2. 施工规定

(1) 侧壁导坑开挖时，周边轮廓应圆顺。导坑跨度宜为整个隧道开挖宽度的三分之一。

(2) 导坑与中间土体同时施工时，导坑应超前 30～50 m。

(3) 侧壁导坑开挖后，应及时施工初期支护并尽早形成封闭环。

(4) 临时支护拆除宜在仰拱施工前进行，一次拆除长度宜与仰拱浇筑长度相适用。临时支护拆除后，应及时浇筑仰拱和仰拱填充、施作拱墙二次衬砌。

(5) 临时支护拆除前后，应进行变形量测。

➤ **知识拓展：** 仰拱部位开挖应符合下列规定。①应控制仰拱到掌子面的距离。必要时，仰拱应紧跟掌子面。②仰拱开挖时，应采取交通安全措施。③仰拱开挖长度：土和软岩应不大于 3 m，硬岩应不大于 5 m。开挖后应及时施作仰拱初期支护、二次衬砌及填充。④应做好排水设施，清除底面积水和松渣，严禁松渣回填。

开挖方法转换应符合下列规定。①转换前应进行围岩级别核对，确认开挖方法和支护参数适用于前方围岩。②分部断面变大、支护变弱应在较好的围岩段中进行。③转换前应进行技术交底。④转换应逐渐过渡。⑤转换过程中各开挖分部应及时支护、及时闭合。

三、超欠挖控制

隧道开挖轮廓应根据设计开挖轮廓和围岩变形量确定，规定预留变形量可根据设计预测值或表 4-3-9 选择初始值，并根据监控量测信息调整。

表 4-3-9 开挖轮廓预留变形量

围岩级别	预留变形量/mm		围岩级别	预留变形量/mm	
Ⅰ	双车道隧道	—	Ⅳ	双车道隧道	50～80
	三车道隧道	—		三车道隧道	80～120
	四车道隧道	—		四车道隧道	120～150
Ⅱ	双车道隧道	—	Ⅴ	双车道隧道	80～120
	三车道隧道	10～50		三车道隧道	100～150
	四车道隧道	30～80		四车道隧道	150～250
Ⅲ	双车道隧道	20～50	Ⅵ	双车道隧道	依据设计和现场监控量测信息确定
	三车道隧道	50～80		三车道隧道	
	四车道隧道	80～120		四车道隧道	

注：1. 围岩破碎取大值，围岩完整取小值。

2. 膨胀性岩体或者围岩有明显流变时，应根据监控量测信息反馈计算分析选定。

当采用钢架支撑时，如围岩变形较大，支撑可能沉落或局部支撑难以拆除时，宜适当加大开挖断面，预留支撑沉落量，保证衬砌设计厚度。应根据围岩性质和围岩压力预留支撑沉落量，并在施工过程中根据监控量测结果调整。

应严格控制欠挖。当岩层完整、岩石抗压强度大于 30 MPa 并确认不影响衬砌结构稳定和强度时，每 1 m^2 内欠挖面积不宜大于 0.1 m^2，欠挖隆起量不得大于 50 mm。拱脚、墙脚以上 1 m 范围内及净空图折角对应位置严禁欠挖。

宜减少超挖，不同围岩地质条件下平均和最大超挖控制值应符合表 4-3-10 的规定。平均超挖值可按下式计算。

$$\text{平均超挖值}=\frac{\text{超挖面积}}{\text{爆破设计开挖断面周长（不包括隧道底部）}}$$

表 4-3-10　平均和最大超挖控制值

<table>
<tr><th colspan="2">项目</th><th>超挖控制值/mm</th><th>检查方法和频率</th></tr>
<tr><td rowspan="3">拱部</td><td>破碎岩、土（Ⅳ级、Ⅴ级、Ⅵ级围岩）</td><td>平均 100，最大 150</td><td rowspan="3">全站仪或断面仪，每 20 m 检查一个断面</td></tr>
<tr><td>中硬岩、软岩（Ⅱ级、Ⅲ级、Ⅳ级围岩）</td><td>平均 150，最大 250</td></tr>
<tr><td>硬岩（Ⅰ级围岩）</td><td>平均 100，最大 200</td></tr>
<tr><td rowspan="2">边墙</td><td>每侧</td><td>+100，0</td><td rowspan="2">尺量，每 20 m 检查 1 处</td></tr>
<tr><td>全宽</td><td>+200，0</td></tr>
<tr><td colspan="2">仰拱、隧道底部</td><td>平均 100，最大 250</td><td>水准仪，每 20 m 检查 3 处</td></tr>
</table>

注：1. 最大超挖值是指最大超挖处至设计开挖轮廓切线的垂直距离。
2. 表列数值不包括测量贯通误差、施工误差。
3. 炮孔深度大于 3 m 时，允许超挖值可根据实际情况另行确定。

超挖应回填密实。超挖回填应符合设计规定，设计中没有规定时应符合下列规定。

（1）拱部坍塌形成的超挖处理应编制方案，并经审批后按方案处理。

（2）沿设计轮廓线的均匀超挖，有钢架时，可采用喷射混凝土回填，或增大钢架支护断面尺寸，使钢架贴近开挖轮廓，在施工二次衬砌时，以二次衬砌混凝土回填；无钢架时，可在施工二次衬砌时，以二次衬砌混凝土回填。

（3）局部超挖，超挖量不超过 200 mm 时，宜采用喷射混凝土回填密实。

（4）边墙部位超挖，可采用混凝土或片石混凝土回填。

四、钻爆

（一）钻爆设计

（1）施工前应进行钻爆设计。

（2）钻爆设计应根据工程地质、地形环境、开挖断面、开挖方法、循环进尺、钻孔机具、爆破材料和出渣能力等因素综合考虑。

（3）钻爆设计的内容宜包括：爆破方法，炮孔（掏槽孔、辅助孔、周边孔）的布置、数目、深度和角度，炸药种类、装药量和装药结构，起爆方法，起爆器材和爆破顺序等。钻爆设计图应包括炮孔布置图、周边孔装药结构图、钻爆参数表、主要技术经济指标及必要的说明。

（4）钻爆设计应根据爆破效果优化调整。

➤ **知识链接：** 钻爆作业应按钻爆设计实施。爆破器材应具备相关的检验合格证、技术指标及说明书。

（二）光面爆破

（1）应根据围岩特点合理选择周边孔间距及周边孔的最小抵抗线。

（2）应严格控制周边孔的装药量，并使药量沿炮孔全长合理分布。

（3）周边孔宜采用小直径药卷不耦合装药或装填低威力炸药。可借助导爆索实现空气间隔装药。

（4）宜采用毫秒雷管微差顺序起爆，使周边爆破时产生临空面。周边孔宜采用导爆索网路同时起爆，同时起爆药量超过安全允许药量时，也可分段起爆。

（5）初始光面爆破参数，可根据工程类比选择，也可按表 4-3-11、表 4-3-12 选用。光面爆破参数应根据爆破效果及时调整，优化爆破效果。

表 4-3-11 光面爆破参数

岩石种类	饱和单轴抗压极限强度 R_b/MPa	装药不耦合系数 D	周边孔间距 E/mm	周边孔最小抵抗线 V/mm	相对距 E/V	周边孔装药集中度 q/ (kg·m^{-1})
硬岩	>60	1.25～1.50	550～700	700～850	0.8～1.0	0.30～0.35
中硬岩	30～60	1.50～2.00	450～600	600～750	0.8～1.0	0.20～0.30
软岩	<30	2.00～2.50	300～500	400～600	0.5～0.8	0.07～0.15

注：1. 装药不耦合系数为炮孔孔径与药卷直径的比值。
2. 断面较小或围岩软弱破碎或在曲线、折线处开挖成形要求高时，周边孔间距应取较小值。
3. 软岩在取较小的周边孔间距的同时，应适当增大抵抗线。
4. 软岩或破碎性围岩，相对距宜取小值。
5. 装药集中度按 2 号岩石硝铵炸药考虑；当采用其他炸药时，应进行换算。

表 4-3-12 预留光面层光面爆破参数

岩石种类	饱和单轴抗压极限强度 R_b/MPa	装药不耦合系数 D	周边孔间距 E/mm	周边孔最小抵抗线 V/mm	相对距 E/V	周边孔装药集中度 q/ (kg·m^{-1})
硬岩	>60	1.25～1.50	600～700	700～800	0.7～1.0	0.30～0.35
中硬岩	30～60	1.50～2.00	400～500	500～600	0.8～1.0	0.20～0.30
软岩	<30	2.00～2.50	400～500	500～600	0.7～0.9	0.07～0.15

注：上表的适用范围为炮孔深度 1.0～3.5 m、炮孔直径 40～50 mm、药卷直径 20～32 mm。

(三) 炮孔布置

(1) 掏槽孔宜布置在开挖断面的中央稍靠下部。

(2) 开挖断面底面两隅处，宜合理布置辅助孔，适当增加药量，消除爆破死角。断面顶部应控制药量。

(3) 两个掏槽孔间距不宜小于 200 mm。

(4) 在岩层层理或节理发育时，斜孔掏槽的炮孔方向宜与层理面或节理面垂直。

(5) 掏槽孔宜比辅助孔孔底深 100～200 mm。爆破后开挖面凹凸较大时，应按实际情况调整炮孔深度及装药量。

(四) 装药作业

(1) 严禁装药与钻孔平行作业。

(2) 严禁作业人员穿戴化纤衣物。

(3) 装药前，无关人员与机具等应撤至安全地点。

(4) 应使用木质或竹质炮棍装药。非间隔装药各药卷间应彼此密接。

(5) 已装药的炮孔应及时堵塞密封。除膨胀岩土地段和寒区隧道外，炮泥宜采用水炮泥、黏土炮泥。严禁用块状材料、煤粉或其他可燃材料做炮泥。

实战演练

[2022 真题·单选] 关于隧道开挖方法及其适用范围的说法，正确的是（　　）。

A. Ⅴ级围岩中小跨度隧道在采用了有效的加固措施后，可采用全断面法开挖

B. 台阶法适用于Ⅲ～Ⅳ级围岩的单向四车道隧道

C. 环形开挖留核心土法适用于Ⅳ～Ⅴ级围岩的中小跨度隧道

D. 中隔壁法（CD 法）适用于围岩较差、浅埋、地表沉降需要控制的单向四车道隧道

[解析] 选项A错误，全断面法适用于Ⅰ～Ⅲ级围岩（双车道隧道）、Ⅰ～Ⅱ级围岩（三车道隧道）。选项B错误，台阶法分为长台阶法、短台阶法、超短台阶法，其中长台阶法适用于Ⅲ～Ⅳ级围岩（双车道隧道）、Ⅱ～Ⅲ级围岩（三车道隧道）；短台阶法适用于Ⅳ～Ⅴ级围岩（双车道隧道）、Ⅲ～Ⅳ级围岩（三车道隧道）；超短台阶法适用于Ⅴ级围岩（双车道隧道）、Ⅳ级围岩（三车道隧道）。选项D错误，中隔壁法适用于Ⅴ～Ⅵ级围岩（双车道隧道）、Ⅳ～Ⅴ级围岩（三车道隧道）。

[答案] C

[2024 真题·多选] 隧道开挖方法转换应符合的要求有（　　）。

A. 转换前应进行围岩级别核对

B. 转换前无须进行技术交底

C. 支护变弱应在较好的围岩段中进行

D. 转换过程中各开挖分部的支护应及时闭合

E. 转换应迅速过渡

[解析] 隧道开挖方法转换应符合的要求：①转换前应进行围岩级别核对，确认开挖方法和支护参数适用于前方围岩。②分部断面变大、支护变弱应在较好的围岩段中进行。③转换前应进行技术交底。④转换应逐渐过渡。⑤转换过程中各开挖分部应及时支护、及时闭合。

[答案] ACD

[2024 真题·案例节选]

背景资料：

某双向四车道高速公路山岭隧道，地质岩性为板岩，岩体节理较发育，地下水不发育。施工中采用的开挖方法为：Ⅲ级围岩采用全断面法；Ⅳ级围岩采用两台阶法；Ⅴ级围岩采用环形开挖留核心土法，其施工工序示意图如图4-3-8所示，支护采用复合式衬砌。隧道穿越区域存在煤系地层，其起讫桩号为K18＋427～K18＋440。根据设计文件，该隧道绝对瓦斯涌出量最大值为1.5 m^3/min。

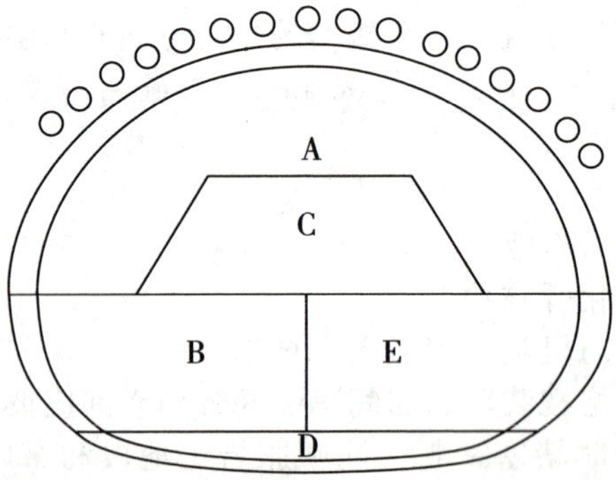

A—环形导坑开挖；B—下台阶左侧开挖；C—上部核心土开挖；D—仰拱开挖；E—下台阶右侧开挖。

图4-3-8　环形开挖留核心土法施工工序示意图

[问题]

2. 根据图4-3-8，写出环形开挖留核心土法的正确开挖顺序（写出代号即可，如A→B→C……）。写出D工序的紧后工序。

[答案]

2. (1) 环形开挖留核心土法的正确开挖顺序：A→C→B→E→D或A→C→E→B→D。

(2) D工序的紧后工序：仰拱初期支护。

[2023 真题·案例节选]

背景资料：

某双向四车道高速公路山岭隧道，全长 1 850 m，地质岩性主要为强风化至弱风化花岗岩，节理较发育，地下水较丰富，穿越区域发育一条断层破碎带；隧道最大埋深为 310 m，隧道纵断面示意图如图 4-3-9 所示。隧道采用单向掘进的方式进行施工，支护采用初期支护加二次衬砌的复合衬砌，其初期支护为：Ⅲ、Ⅳ级围岩采用锚喷支护；Ⅴ、Ⅵ级围岩采用钢架锚喷支护。

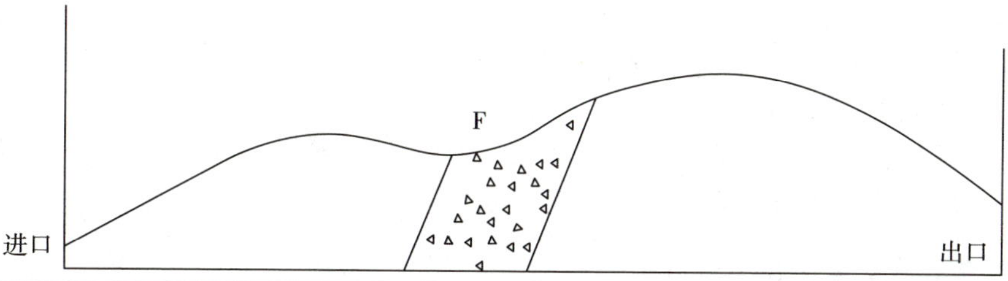

围岩级别	Ⅴ	Ⅲ	Ⅳ	Ⅴ	Ⅵ	Ⅴ	Ⅳ	Ⅲ	Ⅳ	Ⅴ
长度/m	120	400	100	100	150	120	120	470	80	190
里程 0+000	0+120	0+520	0+620	0+720	0+870	0+990	1+110	1+580	1+660	1+850

图 4-3-9　隧道纵断面示意图

施工过程中发生以下事件。

事件一：项目部根据本工程特点、工程地质和水文地质情况，制订了施工方案，部分地段采取了如下相应的施工方法。

（1）K0＋120～K0＋520 地段采用全断面法施工。

（2）K0＋520～K0＋620 地段采用台阶法施工。

（3）K0＋720～K0＋870 地段采用交叉中隔壁法施工。

（4）K1＋660～K1＋850 地段采用台阶法施工。

……

[问题]

1. 逐条判断事件一中施工单位针对各级围岩制定的施工方法是否适用，不适用的予以改正。

[答案]

1.（1）K0＋120～K0＋520 地段采用全断面法施工。

（2）K0＋520～K0＋620 地段采用台阶法施工。

（3）K0＋720～K0＋870 地段采用交叉中隔壁法施工。

（4）K1＋660～K1＋850 地段采用台阶法施工。

[2021 真题·案例节选]

背景资料：

某高速公路双向四车道分离式隧道，左洞起讫桩号为 ZK4＋120～ZK5＋435，右洞起讫桩号为 YK4＋125～YK5＋445，隧道围岩等级为Ⅲ、Ⅳ级……

施工过程中发生了如下事件。

事件一：隧道开挖过程中，技术人员采用激光隧道界限测量仪测定了隧道断面的超欠挖，提出欠挖控制要求及处理措施。

（1）拱脚、墙脚以上 1 m 范围内等位置严禁欠挖。

（2）对于其他位置，当岩层完整、岩石抗压强度大于 30 MPa，并确认不影响衬砌结构稳定和强度时，每 1 m^2 内欠挖面积不宜大于 0.1 m^2，欠挖隆起量不得大于 C 值，当欠挖面积及隆起量较大时，采用补炮措施进行处理。

……

[问题]

3. 事件一中，隧道开挖时还有哪个位置严禁欠挖？C 值为多少？采用技术人员提出的措施处理欠挖时，对欠挖部位通常会造成哪些不利影响？

[答案]

3. （1）严禁欠挖的位置还包括净空图折角对应位置。

（2）C＝50 mm。

（3）采用技术人员提出的措施处理欠挖时，对欠挖部位通常会造成的不利影响有：局部超挖、二次扰动围岩、围岩较差时可能引起坍塌。

知识点 4 隧道支护与衬砌

隧道衬砌结构包括喷锚衬砌和模筑混凝土衬砌。喷锚衬砌也称喷锚支护，在复合式衬砌结构中，通常称为初期支护；模筑混凝土衬砌在复合式衬砌结构中通常称为二次衬砌。支护与衬砌是隧道结构的一部分，是隧道施工安全和使用安全的基本保障。

一、一般规定

支护与衬砌的强度、形状和尺寸应能保持围岩稳定、满足设计要求。隧道喷锚支护应紧随开挖及时施作。

点拨

喷锚支护是喷混凝土支护、喷混凝土＋锚杆支护、喷混凝土＋锚杆＋钢筋网支护、喷混凝土＋锚杆＋钢筋网＋钢架支护的统称。及时施作喷锚支护是喷锚支护施工的关键，是维护围岩稳定的需要。

隧道衬砌中线、高程应满足设计要求，施工误差不得导致衬砌结构厚度减薄、侵入隧道设计内轮廓线。

隧道衬砌施工应结合超前地质预报和现场监控量测结果，与设计配合对支护结构和开挖、支护方式进行合理调整。

二、喷射混凝土

（一）准备工作

喷射混凝土施工应做好下列准备工作。

（1）清理受喷岩面的浮石、岩屑、杂物和粉尘等。

（2）检查开挖断面净空尺寸，凿除欠挖凸出部分。

（3）岩面渗水处采取引排措施。

（4）设置控制喷射混凝土厚度的标识。

（5）检查作业机具、设备、风水管路、电缆线路，并试运转正常。

（6）检查作业场地的通风和照明条件。

（二）材料要求

（1）应选用硅酸盐水泥或普通硅酸盐水泥。有特殊要求时，可采用特种水泥。采用特种水泥时应进行现场试验，强度指标应满足设计要求。

（2）粗集料应采用坚硬耐久的碎石或卵石，粒径不宜大于 12 mm。细集料应采用坚硬耐久的中砂或粗砂，细度模数宜大于 2.5，集料级配宜采用连续级配。

（3）外加剂应符合现行《混凝土外加剂应用技术规范》（GB 50119—2013）的规定。

（4）应选择速凝效果好，对喷射混凝土强度和收缩影响小的速凝剂，其初凝时间应不大于 3 min，终凝时间应不大于 12 min，并应符合国家现行标准《混凝土外加剂应用技术规范》（GB 50119—2013）的规定。

（5）应根据水泥品种、水灰比等通过试验确定速凝剂掺量。

（6）拌和用水应符合相关规定。

（三）配合比

喷射混凝土配合比应满足设计强度和喷射工艺的要求。喷射混凝土 1 d 龄期的抗压强度不应低于 8 MPa。

（四）施工要求

1. 工艺与机具要求

喷射混凝土施工宜采用湿喷工艺。

喷射混凝土机具应具有连续、均匀的工作性能，技术条件应能满足喷射作业需要。喷射混凝土混合料应采用机械搅拌，并拌和均匀，搅拌时间不应少于 2 min。

2. 作业规定

喷射混凝土作业前，应清除被钢筋网网住的松动岩块或混凝土块。

喷射混凝土作业应符合下列规定。

（1）喷射混凝土应直接喷在围岩面上，与围岩密贴，受喷面不得填塞杂物。

（2）喷射混凝土作业应按初喷混凝土和复喷混凝土分别进行，复喷混凝土可分层多次施作。

（3）喷射混凝土应分段、分片、分层按由下而上的顺序进行，拱部喷射混凝土应对称作业。

（4）初喷混凝土厚度宜控制为 20～50 mm，岩面有较大凹洼时，可结合初喷找平。

（5）根据喷射混凝土设计厚度、喷射部位和钢架、钢筋网设置情况，复喷可采用一次作业或分层作业。拱顶每次复喷厚度不宜大于 100 mm。边墙每次复喷厚度不宜大于 150 mm。复喷最小厚度不宜小于 50 mm。

（6）后一层喷射混凝土应在前一层喷射混凝土终凝后进行，若终凝后初喷混凝土表面已蒙上粉尘时，后一层喷射混凝土作业前，受喷面应吹洗干净。

（7）未掺入速凝剂的混合料存放时间不宜大于 2 h。

（8）喷射混凝土作业时，喷嘴宜垂直岩面，喷枪头到受喷面的距离宜为 0.6～1.5 m。喷射机工作压力宜根据混凝土坍落度、喷射距离、喷射机械、喷射部位确定，可先在 0.2～0.7 MPa 之间选择，并根据现场试喷效果调整。

（9）喷射混凝土不得挂模喷射。

（10）喷射混凝土回弹物不得重新用作喷射混凝土材料。

有钢架的地段，喷射混凝土作业应符合下列规定。

（1）钢架安装就位后应及时进行复喷混凝土，由下至上进行，钢架背后与围岩之间的空隙不得填塞杂物，应喷密实。

（2）喷射混凝土应将钢架包裹、覆盖。

3. 冬期施工规定

（1）喷射混凝土作业区的气温不宜低于 5 ℃。

（2）在结冰的层面上不得进行喷射混凝土作业。

(3) 喷射混凝土强度未达到 6 MPa 前不得受冻。

(4) 喷射混凝土拌和条件应符合冬期施工方案的要求。喷射混凝土在洞内拌和时，喷射混凝土材料应提前运进洞内。

(五) 养护规定

(1) 喷射混凝土与下一循环爆破作业的间隔时间应符合相关规定。

(2) 喷射混凝土终凝 2 h 后，应进行养护，养护时间不应少于 7 d。

(3) 隧道内环境日均温度低于 5 ℃时不得洒水养护。

三、锚杆

隧道的锚杆有砂浆锚杆、药卷锚杆、中空注浆锚杆、自进式锚杆、组合中空锚杆、树脂锚杆、楔缝式端头锚固型锚杆等类型。砂浆锚杆、药卷锚杆、中空注浆锚杆、自进式锚杆、组合中空锚杆、树脂锚杆为全长黏结式锚杆。采用的锚杆种类应满足设计要求，锚杆杆体规格、性能应符合国家现行技术标准。

在设有系统锚杆的地段，系统锚杆宜在下一循环开挖前完成。锚杆施作时序应符合下列规定。

(1) 无钢架地段，锚杆在初喷混凝土、挂钢筋网后施作，或在初喷混凝土、挂钢筋网、复喷后施作。

(2) 有钢架地段，锚杆在初喷混凝土、挂钢筋网、立钢拱架、复喷混凝土后施作。

(一) 钻孔

(1) 锚杆孔宜采用锚杆钻孔机或（多臂）钻孔台车钻孔。

(2) 钻孔前应按设计布置要求，标出钻孔位置，钻孔数量不得少于设计数量。

(3) 系统锚杆钻孔方向应为设计开挖轮廓法线方向，垂直偏差不宜大于 20°。

(4) 局部锚杆应与岩层层面或主要结构面成大角度相交。

(5) 锚杆钻孔直径应大于锚杆杆体直径 15 mm。

(6) 钻孔深度应满足设计要求，与设计锚杆长度允许偏差为±50 mm。

系统锚杆在初期支护中的施作时序如图 4-3-10 所示。

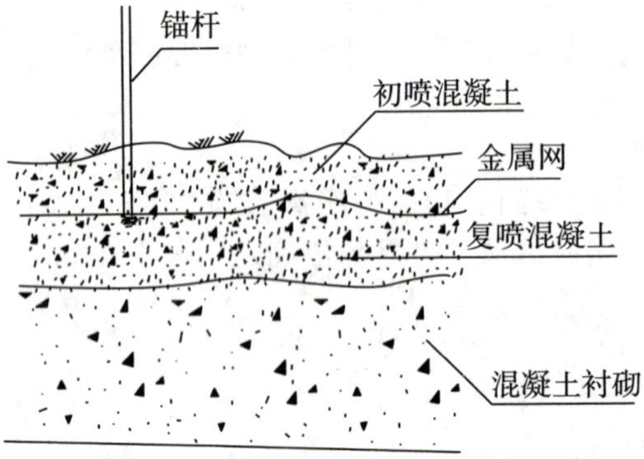

(a) 无钢架地段

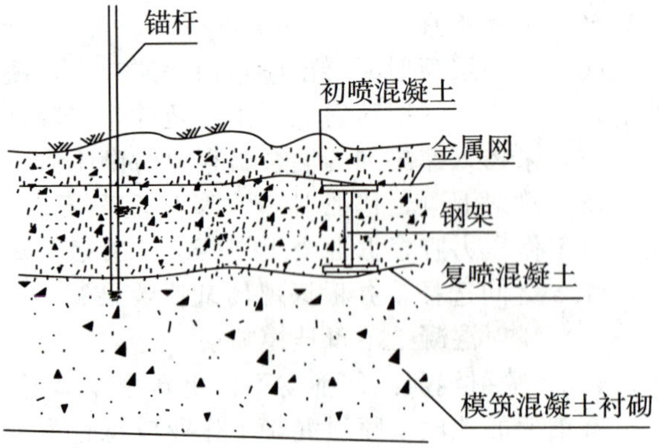

(b) 有钢架地段

图 4-3-10 锚杆施作时序

(二) 锚杆安装

1. 做好检查

锚杆安装前应进行下列检查工作，并做好原始记录。

(1) 锚杆原材料型号、规格及锚杆各部件质量和技术性能应满足设计要求。

（2）锚杆孔位、孔径、孔深及布置形式应满足设计要求。

（3）孔内积水、岩粉应吹洗干净。

（4）锚杆杆体应调直、除锈、清除油污。

（5）锚杆外露端应有螺纹，应逐根检查并与螺母试装配。

2. 砂浆锚杆安装

（1）锚杆外露端应加工 120～150 mm 的螺纹，锚杆前端应削尖。

（2）应配有止浆塞、垫板和螺母等配件。

（3）锚杆砂浆应拌和均匀、随拌随用，已初凝的砂浆不得使用。

（4）锚杆孔灌浆时，灌浆管应插至距孔底 50～100 mm 处，并随砂浆的灌入缓慢匀速拔出。

（5）灌浆后应及时插入锚杆杆体，锚杆杆体插到设计深度时，孔口应有砂浆流出。孔口无砂浆流出或杆体插不到设计深度时，应将杆体拔出，清孔，重新安装。

（6）应及时安装止浆塞。

（7）砂浆终凝后应及时安装垫板、螺母，垫板应紧贴岩面，垫板与岩面不平整接触时，应用砂浆填实，螺母应拧紧。

锚杆钻孔深度说明图如图 4-3-11 所示。

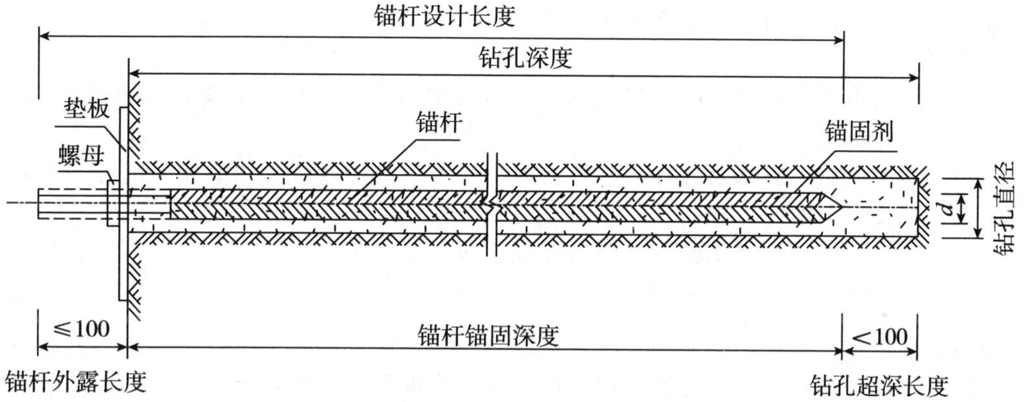

图 4-3-11　锚杆钻孔深度说明图（尺寸单位：mm）

3. 药包锚杆安装

（1）药包应进行泡水检验。

（2）不应使用受潮结块的药包。

（3）药包砂浆的初凝时间应不小于 3 min，终凝时间应不大于 30 min。

（4）药包宜在清水中浸泡，随用随泡。

（5）药包宜采用专用工具推入钻孔内，并应防止中途药包纸破裂。

（6）锚杆插到设计深度时，孔口应有浆液溢出。孔口无浆液流出或杆体插不到设计深度时，应将杆体拔出，清孔，重新安装。

（7）锚杆应安装垫板并拧紧螺母。

4. 中空锚杆安装

（1）中空锚杆应有锚头、止浆塞、中空杆体、垫板、螺母等配件。

（2）插入中空锚杆后，应安装止浆塞。止浆塞应留有排气孔。

（3）应对锚杆中孔吹气或注水疏通。

（4）待排气孔出浆后，方可停止注浆。

(5) 浆体终凝后应安装垫板、拧紧螺母。

5. 组合中空锚杆安装

(1) 组合中空锚杆应有锚头、连接套、止浆塞、排气管、中空杆体、垫板、螺母等配件。

(2) 锚杆前端应安上锚头、接上连接套、连接中空杆体。

(3) 应从中空杆体插入排气软管，从连接套穿至锚头，并与钢筋绑扎固定。

(4) 插入组合中空锚杆后，应塞上止浆塞将锚杆固定。

(5) 接上注浆接头后，应对排气管吹气或注水疏通。

(6) 排气软管口出浆后，方可停止注浆。

(7) 浆体终凝后应安装垫板、拧紧螺母。

6. 锁脚锚杆安装

(1) 应在钢架安装就位后立即施作。

(2) 安装位置应在钢架连接钢板以上 100～300 mm，采用型钢钢架时设于钢架两侧；采用格栅钢架时设在钢架主筋之间。

(3) 锁脚锚杆方向应符合设计规定。

(4) 锁脚锚杆杆体可采用螺纹钢或钢管，采用钢管时管内应注满砂浆。

(5) 锁脚锚杆外露头与型钢钢架焊接时，可采用 U 形钢筋辅助焊接。

(6) 上部台阶锁脚锚杆砂浆强度达到设计强度的 70%时，方可进行下一台阶开挖。

7. 其他规定

(1) 锚杆垫板应与喷射混凝土层接触，垫板与喷射混凝土间的间隙应用 M20 水泥砂浆填实。

(2) 安装完成后，应截断锚杆杆体外露多余长度，锚杆外露头和垫板应进行防锈处理并满足防水板铺设对基面的要求。

(3) 锚杆孔内注浆应密实饱满，浆体强度等级不应低于 M20。

四、模筑混凝土衬砌

边墙基底高程、基坑断面尺寸、基底承载力应符合设计要求。模板台车及拼装式模板支架应进行设计，应满足混凝土浇筑过程中的强度、刚度和稳定性要求。

模筑混凝土衬砌应按设计要求设置沉降缝和伸缩缝。衬砌施工缝应结合沉降缝、伸缩缝调整设置，拱墙衬砌沉降缝、伸缩缝应与仰拱混凝土衬砌沉降缝、伸缩缝竖向对齐。

混凝土混合料搅拌应符合下列规定。

(1) 衬砌混凝土应采用强制式混凝土搅拌机搅拌。自全部材料装入搅拌筒至开始出料的搅拌时间不应小于 60 s；坍落度小于 100 mm，且搅拌机出料量大于 500 L 时，搅拌时间不应小于 90 s；含有粉煤灰等掺合料时，搅拌时间不应小于 120 s。

(2) 混凝土拌和后应尽快浇筑，已经初凝的剩余混凝土，不得重新搅拌使用。

混凝土运送中不应产生离析、撒落及混入杂物。

衬砌混凝土浇筑应采用混凝土输送泵送料入模、均匀布料。混凝土入模温度应控制在 5～32 ℃。

衬砌混凝土振捣应符合下列规定。

(1) 宜采用附着式和插入式振捣相结合的方式振捣。

(2) 采用高频机械振捣时，振捣时间宜为 10～30 s。

(3) 振捣不应使模板、钢筋和预埋件移位。

冬期施工的混凝土，可掺加引气剂，并按冬期施工有关要求进行施工。

五、仰拱衬砌、仰拱回填和垫层

（一）施工准备

仰拱衬砌施工前应进行下列工作。

（1）隧底开挖断面形状、尺寸、基底高程、基底承载力应符合设计规定。

（2）应凿除欠挖。

（3）应清除隧底虚渣、杂物、淤泥，并抽干积水。

（4）隧底超挖可采用强度等级不低于 C15 的混凝土或 C20 的喷射混凝土回填，回填后应再次检查断面形状、尺寸。

（5）隧底溶洞、采空区或其他空穴应按设计要求进行处理。

（二）初期支护

（1）仰拱初期支护应随开挖及时施作。

（2）仰拱初期支护喷射混凝土不得与仰拱混凝土衬砌一次浇筑。

（3）仰拱初期支护钢架应与拱墙钢架对齐，误差不应大于 20 mm。

（4）仰拱钢架节段之间的连接及相邻钢架之间的横向连接方式应与拱墙钢架连接要求相同。

（三）仰拱混凝土衬砌

（1）仰拱混凝土衬砌应先于拱墙混凝土衬砌施工，超前距离应根据围岩级别、施工机械作业环境要求确定，一般不宜大于拱墙衬砌浇筑循环长度的 2 倍。

（2）仰拱衬砌混凝土应整幅一次浇筑成形，不得左右半幅分次浇筑，一次浇筑长度不宜大于 5.0 m。

（3）仰拱混凝土应使用模板浇筑，模板应留振捣窗，振捣窗纵横向间距不宜大于 2.0 m，振捣窗不宜小于 450 mm×450 mm，振捣窗周边模板应加强刚度，窗门应平整、严密、不漏浆。

（4）挡头模板应采用可重复使用并能同时固定止水带的定型模板。

（5）仰拱混凝土衬砌与拱墙混凝土衬砌连接面应规整、密实。

（6）仰拱混凝土衬砌和拱墙混凝土均为素混凝土时，仰拱与拱墙连接面应插连接钢筋，钢筋级别应不低于 HRB400、钢筋直径不应小于 20 mm、长度不应小于 500 mm，插入深度和外露长度均不应小于 250 mm，连接钢筋沿衬砌内外缘两侧布置，纵向间距不应大于 300 mm。当拱墙衬砌为钢筋混凝土、仰拱为素混凝土时，插入钢筋直径和布置间距应与拱墙受力主筋相同，并与拱墙受力主筋焊接。

（四）仰拱填充

（1）仰拱填充混凝土不得与仰拱衬砌混凝土一次浇筑。

（2）仰拱填充混凝土施工前应清除仰拱表面积水、杂物等。

（3）仰拱衬砌横向施工缝与填充混凝土横向施工缝宜错开设置，错开距离不宜小于 0.5 m。

（4）在设有变形缝的位置，仰拱衬砌变形缝与填充混凝土变形缝应在同一断面位置。

（5）仰拱填充混凝土顶面应平顺，坡度应符合设计规定。

（6）仰拱填充采用片石混凝土时，片石距挡头模板的距离应大于 50 mm，片石间距应大于混凝土粗集料的最大粒径，并应分层掺放。

仰拱和仰拱填充混凝土应在其强度达到 2.5 MPa 后方可拆模。

（五）垫层混凝土施工

无仰拱地段隧道底部垫层混凝土施工应符合下列规定。

(1) 隧道底部开挖高程应满足设计要求。

(2) 清除隧道底部洞渣、杂物、淤泥、积水。

(3) 隧道底部超挖采用垫层同级混凝土回填时应与垫层混凝土同时浇筑，超挖较大时，可采用浆砌片石回填，承载力和稳定性应满足设计要求，不得采用洞渣回填。

(4) 垫层顶面应平顺、坡度应符合设计规定。

(5) 垫层混凝土可半幅浇筑，接缝应平顺。

(6) 垫层混凝土底部应做好排水处理，隧道底部围岩有地下水冒出时，应设盲沟引排。

仰拱填充和垫层混凝土强度达到设计强度的100%后方可允许运渣车辆通行。

仰拱、仰拱填充和垫层混凝土浇筑宜采用插入式振捣器振捣密实。

六、衬砌钢筋

钢筋应符合下列规定。

(1) 钢筋表面的油渍、水泥浆和浮皮铁锈等均应清除干净。

(2) 钢筋在加工弯制前应调直。

(3) 当利用冷拉方法矫直钢筋时，钢筋的矫直伸长率：热轧光圆钢筋（HPB级）不得超过2%，热轧带肋钢筋（HRB级）不得超过1%。

(4) 加工后的钢筋表面不应有削弱钢筋截面的伤痕。

(5) 钢筋应集中加工后运至现场安装。

钢筋弯钩、弯折、弯曲应采用冷加工。

衬砌钢筋连接应符合下列规定。

(1) 环向受力筋与纵向分布筋每个节点应进行绑扎或焊接。

(2) 环向受力筋的搭接应采用焊接或机械连接。

(3) 相邻环向受力筋搭接位置应错开，错开距离应不小于1 000 mm。

(4) 同一受力钢筋的两个搭接距离应不小于1 500 mm。

(5) 箍筋连接点应在环向受力筋与纵向分布筋的交叉连接处，并应进行绑扎或焊接。

(6) 内外层受力钢筋之间的限位钢筋应与环向受力筋进行焊接。

(7) 仰拱衬砌钢筋或预埋连接钢筋应与拱墙环向受力筋焊接或机械连接。

七、明洞衬砌

(1) 明洞衬砌应尽早施作，明洞衬砌施工应仰拱先行、拱墙整体浇筑。

(2) 不设仰拱的明洞衬砌边墙基础嵌入岩层深度应满足设计要求，有仰拱的明洞拱墙衬砌应与仰拱衬砌形成有效封闭环结构。明洞基底承载力应符合设计规定，当基底承载力不足时应按设计要求进行处理。

(3) 明洞衬砌内模板应采用衬砌模板台车，应制作外模、支架，并应安装牢固、定位准确，模板接缝应紧密、不漏浆。

(4) 明洞衬砌钢筋应在模板台车就位后安装，受力主筋与模板之间应安装满足设计厚度要求的混凝土垫块，垫块纵向、环向间距不宜大于1.5 m。

(5) 明洞衬砌混凝土浇筑时，拱圈混凝土混合料坍落度宜控制在120 mm以下。

(6) 混凝土入模温度应控制在5～32 ℃范围内。

(7) 应在明洞混凝土强度达到2.5 MPa后拆除外模，明洞混凝土强度达到设计强度的75%后拆除内模。

(8) 明洞开挖、防水、回填等应符合相关规定。

实战演练

[2024 真题・单选] 关于喷射混凝土作业的说法，正确的是（　　）。

A. 初喷混凝土可分多次施作

B. 后一层应在前一层喷射混凝土终凝后进行

C. 宜挂模喷射

D. 收集混凝土回弹物，重新做喷射混凝土材料

[解析] 喷射混凝土作业应符合下列规定：应按初喷混凝土和复喷混凝土分别进行，复喷混凝土可分层多次施作。初喷混凝土厚度宜控制为 20～50 mm，岩面有较大凹洼时，可结合初喷找平。后一层喷射混凝土应在前一层喷射混凝土终凝后进行。喷射混凝土不得挂模喷射。喷射混凝土回弹物不得重新做喷射混凝土材料。

[答案] B

[2022 真题・案例节选]

背景资料：

某高速公路双向六车道分离式隧道，左洞长 825 m，起讫桩号为 ZK16＋435～ZK17＋260；右洞长 840 m，起讫桩号为 YK16＋440～YK17＋280。隧道进出口均为Ⅴ级围岩，洞身包含Ⅱ、Ⅲ和Ⅳ级围岩……

施工过程中发生了如下事件。

……

事件三：隧道洞口段施工时，明洞衬砌施作应遵循以下技术要求。

（1）明洞衬砌内模板应采用衬砌模板台车，并应设置外模和固定支架。

（2）明洞衬砌拱圈混凝土混合料坍落度宜控制在 150 mm 以下。

（3）混凝土入模温度应控制为 5～32 ℃。

（4）明洞混凝土强度达到 80％后方可拆除内模。

[问题]

4. 逐条判断事件三中明洞衬砌施工遵循的技术要求是否正确。若不正确，写出正确做法。

[答案]

4. 第（1）条正确。

第（2）条不正确。

正确做法：明洞衬砌混凝土浇筑时，拱圈混凝土混合料坍落度宜控制在 120 mm 以下。

第（3）条正确。

第（4）条不正确。

正确做法：明洞混凝土强度达到 75％后可以拆除内模。

知识点 5　隧道防水与排水

一、一般规定

（1）隧道防排水措施应遵循“防、排、截、堵相结合，因地制宜，综合治理”的原则，应对地表水、地下水妥善处理，形成完整的防排水系统，应使防水可靠、排水畅通。

（2）二次衬砌施工前，应严格按设计做好衬砌背后的防排水设施，防水层不得有影响衬砌厚度的皱褶、绷弦现象，二次衬砌背后纵向盲管，不得侵占二次衬砌结构空间。

（3）防排水材料应满足国家、行业标准和设计要求，有出厂合格证明，并按相关规范进行检验。不得使用有毒、污染环境的材料。

(4) 隧道排水不得污染环境。环境敏感区、可能对饮用水源造成影响的隧道，应制订专项施工排水方案。

(5) 隧道排水不得造成农田水利设施、既有排水设施的损害。

(6) 隧道施工期间排水设施宜与永久排水相结合，不得造成排水设施堵塞。

(7) 施工中应对洞内的出水部位、水量大小、涌水情况、变化规律、补给来源、排泄去向等做好观测和记录。

(8) 隧道施工期间应配备足够的抽水设备和排水器材。

二、施工期间排水

(一) 准备工作

隧道洞口、辅助坑道洞口、斜（竖）井洞口进洞开挖前应做好排水系统，完善排水设施，并应符合下列规定。

(1) 边坡、仰坡坡顶的截水沟出水口应接入周边排水沟渠。

(2) 洞外路堑向隧道内为下坡时，路堑边沟应做成反坡，不应将洞外水排入洞内。

(3) 洞顶排水沟应与洞门结构同时完成。

(二) 地表水处理

隧道开挖前应对影响隧道施工和运营的地表水进行处理。

地表水处理是保证隧道施工和运营安全的重要环节，特别是隧道覆盖层薄和渗透性强的地层需在进洞前先处理。地表水处理主要包括下列几个方面。

(1) 洞口附近和浅埋段洞顶积水需要疏干，地表需要铺平，以便于排水。

(2) 对隧道施工和运营造成影响的地表井、泉、池沼、水田等，需要采取措施防止渗水侵入隧道。

(3) 地表已有排水沟槽需要进行铺砌或改移。

(4) 隧道地表沟谷（槽）、坑洼、钻孔、探坑等，需要采取疏导、勾补、铺砌、填平、抹面、封孔等措施。

(5) 特殊的黄土陷穴、漏斗、溶隙、废弃的坑洞等需要根据情况进行处理。

(6) 在洞顶设高压水池时，水池需要有防渗措施和溢水疏导设施。

(三) 顺坡、反坡排水

隧道施工为顺坡排水时，宜尽早修筑永久排水沟并保持畅通。隧道施工为反坡排水时，应采用水泵抽水，并应符合下列规定。

(1) 应根据排水距离、坡度、水量和施工组织，编制反坡排水方案，选择排水设备、设置集水坑位置和容积、布置抽水管路。

(2) 集水坑位置不得造成围岩失稳和衬砌结构承载能力降低，不应影响隧道内运输。

(3) 井下工作水泵的排水能力应不小于1.2倍正常涌水量，并应配备备用水泵；井下备用水泵排水能力应不小于工作水泵排水能力的70%。

(4) 高冒水风险隧道反坡施工时，应准备一定的抢险物资、设备，宜设置两个独立的供电系统和排水管路。

(5) 应做好停电时的应急排水预案和人员、设备的安全保障措施。

(四) 井点降水措施

隧道浅埋地段地下水位较高，且影响隧道施工时，可采用井点降水措施，井点降水施工应符合下列规定。

(1) 应根据降水要求，配备降水设备，编制降水施工方案。

（2）降水井应布置在隧道两侧，降水井井底高程应在隧道底部高程以下 3～5 m。

（3）工作水泵的排水能力应不小于预测抽水量的 1.2 倍。

（4）应设水位观测井，监测水位高程，掌握水位变化情况，调整降水参数。

（5）隧道施工期间围岩地下水位应保持在开挖线以下 0.5 m。

（6）降水期间应监测周边地表沉降大小和沉降范围，并应制定控制措施。

（7）降水施工完成后，降水井应按设计要求进行回填。

➢ **知识链接：**井点降水是隧道开挖前在隧道两侧布置降水井点，利用抽水设备抽水，排出隧道开挖范围内的地下水，使隧道在无水状态下进行开挖。适用于地下水位高、透水性好的地层。在浅埋富水地层的隧道施工中，对于降低围岩地下水位已有很多成功案例，效果较好。

隧道通过暗河、采空区、承压水带等富水地层时，应判明地下水体位置、规模、流向、补给条件等，并应制订防排水方案和防止涌水、突水、突泥的安全措施。

（五）排泄前方地下水

隧道开挖前方地下水必须排放时，可采用超前钻孔排水或开挖泄水洞排水等方式排放，并制订防止涌水、突水、突泥的安全措施。对岩溶地区应注意保留或恢复原有排水通道。

钻泄水孔排泄前方地下水时，应符合下列规定。

（1）应根据工程地质与水文地质条件，以及地下水流的方向等因素确定钻孔位置、方向、数目和每次钻进深度。

（2）超前钻孔深度不宜小于 10 m，且应超出距开挖面 3～6 倍开挖循环进尺的距离。

（3）钻孔时孔口应有保护装置，钻孔结束后，对水压较高的出水孔应安装闸阀。

（4）隧道反坡开挖时，应配备足够的抽水设备。

（5）非作业人员应撤出钻孔作业区。

（六）斜井、竖井施工排水

（1）井下工作水泵的排水能力应不小于 1.2 倍正常涌水量，并应配备备用水泵；井下备用水泵排水能力应不小于工作水泵排水能力的 70%。

（2）水下隧道或通过承压水层等高冒水风险隧道宜设置两个独立的供电系统和排水管路。

（3）排水泵站应高于临时水仓，并有人值守。

（4）临时水仓应定期清理。

（七）其他规定

（1）隧道内施工废水、围岩渗水不应形成漫流和积水，应汇流集中引排。排水沟断面应满足排水需要。通过暴露的膨胀围岩、土质围岩和松软围岩地段宜采用管槽排水，或对排水沟进行浆砌、硬化。

（2）隧道内边墙基坑、仰拱基坑积水应及时抽排。

（3）围岩有股水出露时，宜直接引排。

（4）寒冷地区隧道施工排水，应将受冻区段的沟、管等埋设在冻结线以下或采取防冻保温措施，可结合永久性防冻保温排水工程进行施工排水。

三、防排水结构施工

（一）路侧边沟施工

（1）边沟沟槽开挖及预留沟槽宽度和深度应满足边沟断面尺寸和施工安装的要求。

（2）边沟盖板应采用预制方式生产，其强度应符合设计规定，预制件应无毛刺，尺寸、平整度、光滑度应满足外观要求。

(3) 断面尺寸、沟底高程和排水纵坡应符合设计规定。

(4) 边沟沟壁和沟底采用预制边沟时，开挖沟槽底应采用 M20 砂浆或 C15 混凝土铺底找平，安放平稳、接缝紧密，沟壁外侧应回填密实。

(5) 盖板安放应连续、顺直、平稳，盖板顶面高程应符合设计规定。

(6) 盖板安放前应清除沟内杂物、泥沙。

(二) 中心水沟施工

(1) 开挖沟槽宽度和深度应满足中心水沟断面尺寸和施工安装的要求。

(2) 无仰拱地段中心水沟开挖宜采用切割开挖。

(3) 圆形中心水沟预制圆管安放应施作底座，底座应采用混凝土浇筑，应密实、平顺，不得堵塞管壁泄水孔，底座混凝土强度等级应不小于 C20。

(4) 圆形中心水沟预制圆管应安放平稳、顺直、接缝紧密。

(5) 圆形中心水沟预留泄水孔部分应采用虑水砂、砾石回填，砂、砾石粒径应满足渗水要求。

(6) 矩形中心水沟盖板应采用预制。

(7) 矩形中心水沟沟壁和沟底采用预制时，开挖沟槽底应采用 M20 砂浆或 C15 混凝土铺底找平，安放平稳、接缝紧密，沟壁外侧应回填密实。

(8) 矩形中心水沟盖板安放前应清除沟内杂物、泥沙，沟底应无积水。

(9) 中心水沟盖板顶面、虑水砂石和砾石层顶面在浇筑上部混凝土时应铺设隔离层。

(10) 中心水沟施工期间作为施工排水通道时，进水口应设格栅遮挡，施工完成后应进行冲洗、疏通。

(三) 环向、纵向、横向排水（盲）管施工

(1) 排水（盲）管的材质、强度、透水性应符合相关规范的规定，尺寸规格应满足设计要求，盲管不得有凹瘪、扭曲。

(2) 环向排水盲管、竖向排水盲管应紧贴初期支护表面敷设，布置间距应满足设计要求，应在有集中渗水位置敷设，在地下水较大地段应适当加密。

(3) 纵向排水盲管敷设的纵向坡度应与隧道纵坡一致，不得起伏不平，不得侵占衬砌结构空间。

(4) 环向排水盲管、竖向排水盲管与纵向排水盲管应采用三通连接，并应连接牢固。

(5) 横向泄水管应采用硬质不透水管，横向泄水管与纵向排水盲管应采用三通连接，并应连接牢固，衬砌混凝土浇筑时应露出横向泄水管管头。

(6) 横向导水管应与泄水管管头连接牢固。

(7) 横向导水管宜采用切槽方式铺设，浇筑路面混凝土时，槽顶面应采取隔离措施。

(8) 横向导水管排水坡度不应小于设计值。

(9) 环向排水盲管、竖向排水盲管、纵向排水盲管及透水的横向导水管的管体应用土工布包裹。

➤ **知识链接：** 隧道衬砌背后的环向、竖向、纵向排水（盲）管，横向泄水（盲）管、横向导水（盲）管通常采用定型产品，产品材质、强度、透水性应符合相关标准规范的规定和设计要求。排水盲管设置图如图 4-3-12 所示。横向管分为两段，穿过衬砌结构的一段称为横向泄水管；埋在路面结构以下的一段称为横向导水管。

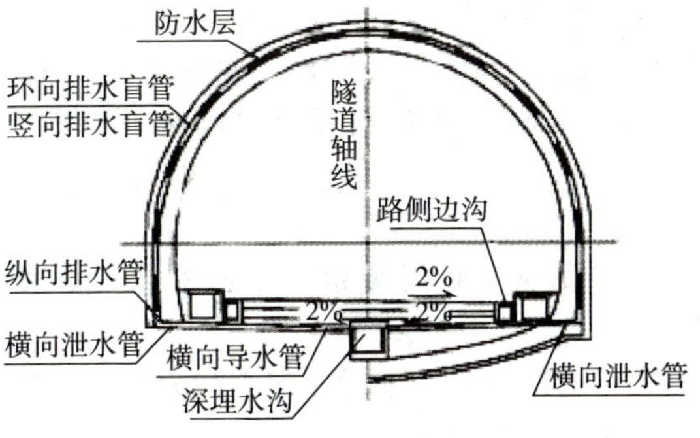

(a) 排水管路横断面布置图

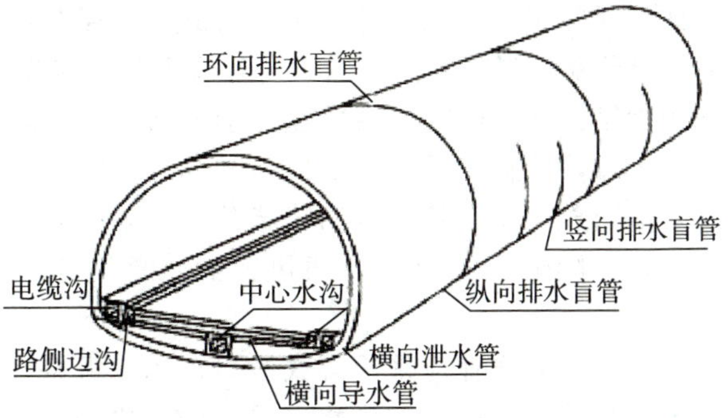

(b) 排水管路布置示意图

图 4-3-12　排水盲管设置图

(四) 防水板焊接

(1) 防水板的搭接宽度不应小于 100 mm，应采用自动爬焊机双缝焊接，双缝焊每条焊缝宽度不应小于 10 mm；无法采用自动爬焊机焊接的个别局部搭接位置，可采用手持焊枪焊接，焊缝宽度不应小于 20 mm。

(2) 焊接时，焊缝接头应平整、不应有皱褶和空隙，焊接面应擦拭干净。

(3) 防水板焊接前应进行焊接试验，确定适宜的焊接温度和速度，不得出现烧焦和溶穿现象。

(4) 双焊缝焊接质量应采用充气法检查，充气压力在 0.25 MPa 保持 15 min 后，压力下降应小于 10%。

实战演练

[经典例题·单选] 关于隧道洞内反坡排水的说法，错误的是（　　）。

A. 应根据距离、坡度、水量、设备和施工组织布置管路，一次或分段接力将水排出洞外

B. 集水坑的容积应按实际排水量确定

C. 井下工作水泵的排水能力应等于正常涌水量，并配备备用水泵

D. 应做好停电时的应急排水预案

[解析] 井下工作水泵的排水能力应不小于 1.2 倍正常涌水量，并配备备用水泵；井下备用水泵排水能力应不小于工作水泵排水能力的 70%。

[答案] C

知识点 6　隧道通风防尘及水电作业

一、通风防尘

应根据隧道长度、断面大小、施工方法、设备条件等综合确定通风方式，并应符合下列规定。

(1) 独头掘进长度超过 150 m 时，应采用机械通风。

(2) 独头掘进长度超过 1.5 km 时，宜进行通风设计。

(3) 主风流不顺畅、主风流改向、风速不符合规定等情况下，宜设置局部或诱导通风系统。

(4) 巷道式通风宜优先利用辅助坑道。

(5) 常用通风方式有抽出式（集中式、串联式）、压入式（集中式、串联式）、送排风并

用式、送排风混合式、巷道通风方式、局部风机（风扇）方式等。

隧道施工通风应能提供洞内各项作业所需要的最小风量。每人应供应新鲜空气 3 m^3/min，采用内燃机械作业时，供风量不宜小于 4.5 m^3/（min・kW）。全断面开挖时风速不应小于 0.15 m/s，导洞内不应小于 0.25 m/s，但均不应大于 6 m/s。

隧道施工应采用综合防尘措施并应符合下列规定。

（1）隧道施工应采取通风、洒水等防尘措施，并按规定时间测定粉尘和有害气体的浓度。

（2）钻孔作业应采用湿式凿岩，当水源缺乏、容易冻结或岩性不适于湿式凿岩时，可采用带有捕尘设备的干式凿岩，采用防尘措施后应达到规定的粉尘浓度。

（3）凿岩机钻孔时应先送水后送风。

（4）放炮后应喷雾、洒水，出渣前应用水淋湿石渣和附近的岩壁。

（5）施工人员应佩戴防尘口罩。

二、供水

隧道工作面供水压力不应小于 0.3 MPa。水管的直径应根据最大的供水量、管路长度、弯头、闸阀等条件计算确定。

供水方案的选择及设备的配置应符合下列规定。

（1）水源的水量应满足工程和生活用水的需要。有高山自然水源时应蓄水利用，水池高度应能保证洞内最高用水点的水压。

（2）水池的容量应有一定的储备量，满足洞内外集中用水的需要。

（3）采用机械站供水时，应有备用的抽水机。

（4）工程和生活用水使用前应经过水质鉴定。

供水管路的安装使用，应符合下列规定。

（1）洞内供水管不宜与电缆电线敷设在同一侧。

（2）在水池总输出管上应设总闸阀；主管上每隔 300～500 m 应分装闸阀。

（3）供水管在安装前应进行检查，有裂纹、创伤、凹陷等现象时不得使用，管内不应保留有残余物和其他脏物。

（4）管路应敷设牢固、平顺，接头严密，不漏水。

（5）洞内供水管不应妨碍运输、影响边沟施工。

（6）供水管使用中应有专人负责检查、养护。

（7）洞内水管前端至开挖面宜保持 30 m，并用高压软管连接分水器。洞内软管的长度不宜大于 50 m；分水器与凿岩机间连接的胶皮管长度不宜大于 15 m。应采取措施避免爆破飞石损坏水管。

（8）管路使用中应有专人负责检查、养护。冬期应注意管道保温。

三、供电与照明

隧道施工低压供电，应采用 220/380 V 三相五线制电力系统，并且必须符合下列规定。

（1）宜采用总配电箱、分配电箱、末级配电箱三级配电系统。

（2）应采用二级漏电保护系统。

（3）应采用电源中性点直接接地。

（4）应采用 TN-S 接零保护系统。TN-S 接零保护系统供配电不能满足设备安全使用要求时，设备的供配电应符合产品标准和产品使用手册的规定。

瓦斯隧道各级配电电压和各种机电设备额定电压等级应符合下列规定。

（1）高压应不大于 10 000 V，低压应不大于 1 140 V。

（2）照明、信号、电话和手持式电气设备的供电额定电压，微瓦斯、低瓦斯工区应不大于 220 V，高瓦斯工区、煤（岩）与瓦斯突出工区应不大于 127 V。

（3）远距离控制线路的额定电压应不大于 36 V。

（4）掌子面设备电压超过 3 300 V 时，应采取专门的安全措施。

知识点 7　隧道辅助坑道施工及辅助工程措施

一、隧道辅助坑道施工

（一）一般规定

（1）隧道施工需要设置辅助坑道时，在施工前应进行现场核对优化，核对的内容应包括辅助坑道的类型、平面位置、断面尺寸、坡度、高程、支护类型和技术参数等。现场地形与设计不符时，应根据地形调整辅助坑道的洞口位置。

（2）斜井和竖井施工，应根据风险评估采取水害火灾防治措施。有轨运输、绞车提升应编制专项施工方案。

（3）辅助坑道洞口的截排水工程和场地周围防护设施应在辅助坑道施工前完成。坑道洞门应尽早建成。

（4）应加强辅助坑道中地质不良地段、井底调车场、错车道、作业洞室、辅助坑道与正洞连接处的风险控制。辅助坑道与正洞交角应符合设计规定，设计无规定时，辅助导坑中线与正洞中线交角可取 40°～60°。正洞与辅助坑道交叉处钢架的锁脚锚杆打设方向应朝向两洞夹角平分线方向。

（5）隧道施工有平行导坑或横洞时，应充分利用辅助坑道排水，降低正洞水位，使正洞水流通过辅助坑道引出洞外。必要时应设置永久排水沟，使坑道封闭后能保持水流畅通。

（6）斜井、竖井施工，应随开挖面挖集水坑，并及时将集水坑的水排出。竖井井壁渗水影响施工时，可用压浆堵水，固结地层后再进行开挖。

（二）斜井施工

1. 一般规定

（1）斜井开挖钻孔方向应与斜井倾角一致。

（2）斜井开挖每一循环进尺应检测其高程并控制井身坡度；每隔 20～30 m 应复核中线、高程。

（3）斜井施工应严格按设计要求及时支护。倾角大于 30°且地质条件较差的斜井衬砌，其墙基的末端应做成台阶形式。斜井防水板和二次衬砌台车应采取地锚、丝杠等锚固防滑措施。

（4）钢架应结合现场实际开挖断面加工，并应符合设计规定。钢架安装角度应严格按设计规定执行。应加强对斜井与正洞交界处钢架安装角度和距离的控制。

（5）斜井的井口地段、不良地质或渗水地段、井底调车场、作业洞室，施工时应减小单段最大爆破药量、及时支护。

2. 斜井挑顶施工

（1）斜井与正洞交叉段挑顶施工时应根据地质条件选择合理的开挖方案。

（2）软弱围岩地段应进行预加固处理。

(3) 采用钻爆法掘进时应以减小单段最大爆破药量为原则降低对围岩的扰动。

(4) 可适当增大围岩预留变形量。

(5) 应增加监控量测的点位和监测频次。

3. 有轨运输

采用有轨运输时，应进行轨道、转载场、渣仓、水电系统、通风等设计。人行道应设扶手。

轨道铺设的标准和要求除应按《公路隧道施工技术规范》(JTG/T 3660—2020) 的相关规定执行外，尚应符合下列规定。

(1) 每根钢轨应安装两组防爬设备，每对钢轨应有 3 根轨距拉杆。

(2) 两条钢轨顶面的高差不得超过 5 mm，铺设双轨时，两股道上运行车辆之间的空隙不得小于 500 mm。

(3) 没有人行道时，运输轨道与两侧管道、电力线之间的安全距离不得小于 200 mm；有人行道时应另行确定。

(4) 托索轮及安全闸等轨道辅助设备应与轨道一并铺设。

(5) 宜采用轨道防滑底梁等措施防止轨道滑动。

斜井有轨运输应符合下列规定。

(1) 运输车辆升降的最大速度宜不超过 9 m/s，不得大于设计规定值。

(2) 提升绞车应有深度指示器及自动示警，并设有防过卷装置。

(3) 斜井的提升、连接装置和钢丝绳、绳卡应符合安全使用的要求，并应定期检查、上油保养。

(4) 提升绞车与井口、井底均应有联络信号装置，并有专人负责。每次提升、下放、暂停应有明确的信号规定。

(5) 井口轨道中心必须设置安全挡车器，有专人管理并经常处于关闭状态，放车时方准打开。

(6) 应每隔 100 m 设置 1 处防溜车装置。在挡车器下方约 5～10 m 及接近井底前 10 m 处应各设一道防溜车装置。

(7) 井底与通道连接处，应设置安全索。车辆行驶时井内严禁人员通行与作业。

(8) 运输斗车之间、斗车和钢丝绳之间应有可靠的连接装置，并加装保险绳。在斗车上、钢丝绳或车钩上要有防脱钩设备。

(9) 运输长材料时，应有装卸及进出斜井的安全措施。

(10) 严禁人员乘斗车上下，当斜井垂直深度超过 50 m 时，应有运送人员的专用设施。

(11) 斜井内应有足够的照明设施。

(12) 斜井口、井下及提升绞车应有联络信号装置。每次提升、下放与停留应有明确的信号规定。

(13) 应每班检查轨道鱼尾板、螺丝、弹簧垫、垫板、拉杆、防爬器等，调整轨道高低、水平、轨距，保证轨道平顺。

(14) 应每班检查矿车插销磨损和固定情况，及时更换插销并固定良好，防止因插销断裂或者跳出造成跑车事故。

4. 无轨运输

无轨运输除应符合现行《公路工程施工安全技术规范》(JTG F90—2015) 和《公路隧

道施工技术规范》(JTG/T 3660—2020）的相关规定外，尚应符合下列规定。

(1）运输道路应硬化并采取防滑、防水措施。

(2）单车道斜井错车道间距宜小于 300 m，其长度应满足安全行车要求。

(3）机械车辆下坡运行时应使用低速挡，严禁脱挡滑行。

(三）竖井施工

1. 一般规定

(1）井口周围应设置安全栅栏、安全门和防雨设施。安全栅栏高度不应小于 1 200 mm。

(2）井口的锁口圈应在井身开始掘进前完成，并配备井盖。除升降人员或物料时，不得打开井盖。

(3）竖井井架应安装避雷装置。

(4）当正洞掘进已超前竖井位置，可先行开挖小口径导井后利用主洞出渣。

(5）竖井内应加强通风和排水。

点拨

竖井施工方法有全断面开挖法和导井开挖法两种。全断面开挖法通常是自上向下开挖，条件许可时也有自下向上开挖。

2. 采用反井钻机施工

(1）扩孔作业时不得出渣，严禁人员在下方停留、通行、观察。

(2）出渣时，反井钻机必须停止扩孔作业。

(3）更换破岩滚刀时，应采取保护措施。

(4）不得干钻扩孔。

(5）应及时清理导井内的石渣，防止堵孔。

(6）不得站在导井下的石渣上作业。

(7）应制订堵孔处理预案。

(8）导井扩孔完毕，应在上、下孔口外围设置栅栏。

3. 钻爆作业

(1）钻孔前应先清除开挖面的石渣并排除积水。

(2）每次爆破后应检测断面。

(3）每掘进 5～10 m 应核对中线，及时纠正偏斜。

(4）开挖宜采用直孔掏槽，当岩层倾斜较大且裂隙明显时，可用楔形或其他形式掏槽。有地下水时可采用立式梯台超前掏槽法。

(5）炮孔钻完后，应将孔口临时堵塞。

(6）爆破的石渣块度宜满足装渣要求。

(7）通过软弱破碎地层时，每班应派专人观测地面沉降和井壁变化情况，发现危险预兆，应立即停止作业，撤出人员，进行处理。应及时施工初期和永久支护。

(8）竖井壁座宜与竖井井身同步开挖，并及时施作支护和壁座钢筋混凝土。壁座预埋连接钢筋宜采取套筒连接方式。

4. 支护

(1）竖井支护应及时施作。井口段、马头门及地质较差的井身地段宜采用钢筋混凝土衬砌，衬砌分节宜自下而上进行，并按需要设置壁座安设锚杆。

(2）竖井永久支护可在竖井开挖完成后自下而上分节施工。

5. 装渣

竖井装渣宜采用抓岩机。当竖井深度小于 40 m 时，出渣可采用三脚架或龙门架做井架，但出渣时应采取钢丝绳稳定、过卷、过放等安全保证措施。使用抓岩机时，应符合下列规定。

(1) 抓岩机应与吊盘可靠连接，并设置专用保险绳。

(2) 抓岩机连接件及钢丝绳，在使用期间应由专人每班检查 1 次。

(3) 装渣完毕应将抓斗收拢并锁挂于机身。

(四) 横洞与平行导坑施工

横洞和平行导坑的开挖，应根据围岩级别、断面大小合理选用开挖方法，当其与正洞的距离小于 10 m 时，爆破振动应符合现行《爆破安全规程》(GB 6722—2014) 的相关规定。

平行导坑与正洞间横通道的位置和间距应符合设计规定，可根据车行、人行横通道位置、施工需要、正洞工程进度及地质情况等进行调整。

横洞和平行导坑均应设置完整通畅的排水系统。

➤ **知识链接：** 设计规定的横通道间距一般不会小于 120 m。根据车行、人行横通道位置调整临时横通道位置可以节省成本。正向横通道的方向是由平行导坑斜向正洞的掘进方向。当运输量大时，可每隔 5～6 个横通道设置一个反向横通道，便于增加运输回路，有利于车辆调度。

二、辅助工程措施

(一) 一般规定

(1) 在隧道浅埋段、严重偏压地段、围岩自稳性差的地段，以及大面积淋水或涌水地段、塌方地段等特殊地层地段施工时，应根据现场实际情况，按地层稳定和安全施工要求，采取适用的辅助工程措施。

(2) 应根据拟采用的辅助工程措施，做好相应的工序设计，配备所需的设备、器材，预备所需材料，采取安全防护措施，培训施工技术人员。

(3) 辅助工程措施施工时，应注意观察围岩及支护工作状态，并做好详细的施工记录。

(二) 围岩加固措施

在隧道施工容易造成地表下沉、围岩失稳和坍塌、围岩大变形的地段，可采用地面砂浆锚杆、地表注浆、地面旋喷桩、围岩超前注浆、围岩径向注浆、超前水平旋喷桩、长锚杆、锚索等进行围岩加固。当某一种围岩加固措施难以保证围岩稳定、施工安全时，可同时采用多种加固措施。

围岩加固有两种途径，一是从地面对围岩进行加固，二是在洞内对围岩进行加固。地面加固措施包括地面砂浆锚杆、地表注浆、地面旋喷桩等。洞内加固措施包括围岩超前注浆、围岩径向注浆、超前水平旋喷桩、长锚杆、锚索等。在围岩自稳性特别差的地段，有时需要采用多种围岩加固措施。

超前注浆加固施工应符合下列规定。

(1) 注浆段的长度应根据前方地质条件确定，需加固的地层范围较长时应采用多循环方式进行，每循环注浆长度宜为 5～20 m。

(2) 注浆管应采用钢花管，管直径不宜小于 70 mm，管壁应留有出浆孔，孔直径宜为 8～12 mm，间距宜为 300～500 mm。孔口为 1～1.5 m 时不应留出浆孔。

(3) 注浆强度应满足设计要求，注浆压力、浆液的胶凝时间应根据现场试验确定。

(4) 注浆孔的布置角度、深度及注浆孔间距应根据每一循环加固范围、循环长度和浆液扩散半径确定，并应满足设计要求。

(5) 注浆作业面与注浆加固段之间应有足够的地层安全防护厚度，当围岩不能承受注浆压力时，应设止浆墙。

(6) 注浆孔孔口应设止浆塞，止浆塞应能承受注浆终压的要求。

(7) 注浆前应检查注浆设备，并试运转正常。

(8) 注浆施工过程中，无关人员应撤离现场。

(9) 注浆施工过程中，应记录孔位、孔径、孔深、浆液配比、注浆压力、注浆量、跑浆、串浆、终止注浆等参数。

(10) 注浆后应对注浆效果进行检查，不满足设计要求时，应进行补孔注浆。

(11) 注浆强度达到设计强度的70%后方可进行隧道开挖。

(三) 稳定掌子面及超前支护措施

在隧道掌子面自稳性差、掌子面开挖可能坍塌、拱顶掉块时，可采用封闭开挖面、超前锚杆支护、超前小导管支护、超前管棚支护、超前水平旋喷加固等措施。

➤ **知识拓展：** 稳定掌子面措施、超前支护措施较多，根据现场围岩条件、施工条件合理选用，灵活组合。这些辅助工程措施还包括超前锚杆、超前自进式锚杆、钢轨超前顶进、双层超前小导管等。

隧道开挖掌子面出现垮塌、溜坍、掉块涌水、突泥、流沙等危及施工安全生产的迹象时，应在保证作业人员安全的条件下及时封闭掌子面。封闭掌子面应符合下列规定。

(1) 在软弱围岩、破碎围岩地段，掌子面容易出现掉块时，可采用喷射混凝土封闭围岩，喷射混凝土厚度不宜小于 80 mm，且封闭期间喷射混凝土不应起层、剥落，必要时可设钢筋网。

(2) 在掌子面出现较大涌水、涌泥时，可采用混凝土封堵墙封堵，封堵墙厚度应根据封堵范围大小、涌出压力、涌泥规模、需封堵时间确定，封堵墙厚度应不小于 500 mm，并应采用早强混凝土，必要时可设钢筋网。

(3) 当掌子面出现流沙、涌泥、湿陷性黄土及掌子面溜坍时，可采用洞渣加沙袋反压封堵。

超前锚杆、超前小导管和超前管棚支护施工应符合表 4-3-13 规定。

表 4-3-13 超前锚杆、超前小导管和超前管棚支护施工规定

支护类型	施工规定
超前锚杆	(1) 超前锚杆各项参数应满足设计要求； (2) 超前锚杆尾端应支撑于钢架上，并应焊接牢固； (3) 超前锚杆砂浆应饱满； (4) 超前锚杆与被支撑围岩间出现间隙时，应采用喷射混凝土填满； (5) 超前锚杆施工完成 8 h 后方可进行开挖； (6) 开挖时超前锚杆间仍有掉块时，应立即补打，加密间距，并应在下一环超前锚杆施工时适当加密

续表

支护类型	施工规定
超前小导管	（1）小导管各项参数应满足设计要求； （2）超前小导管尾端应支撑于钢架上，并应焊接牢固。管口应设置止浆阀； （3）超前小导管与围岩间出现间隙时，应采用喷射混凝土填满； （4）超前小导管管内应注满砂浆； （5）超前小导管施工完成 8 h 后方可进行开挖； （6）开挖时导管间仍有掉块时，应立即补打导管，并应在下一环小导管施工时适当加密
超前管棚	（1）管棚的各项参数应符合设计规定； （2）管棚开孔前宜先施作导向墙，其纵向长度不应小于 2 m、厚度不应小于 0.8 m，并应有足够的强度和刚度，导向墙基础应置于稳定地基上； （3）导向墙内的导向管内空直径不应小于管棚钻孔的钻头直径，布置间距和方向应满足设计要求； （4）管棚钻孔不应侵入开挖范围，钻孔机械应具有纠偏功能； （5）管棚钢管宜分节连接顶入钻孔，节段长度不宜小于 2 m，相邻钢管的接头错开距离应大于 1 m，各节段间应采用丝扣连接或套管焊接连接，连接长度不应小于 50 mm； （6）管棚钢管就位后，应插入钢筋笼，并应及时进行注浆施工，每根钢管应一次连续注满砂浆，注浆参数应根据现场试验确定，砂浆强度等级不应低于 M20； （7）管棚钻孔应跳孔实施，先实施的管棚注浆凝固后，方可进行其相邻管棚的钻孔施工； （8）围岩破碎、钻进难以成孔时，可采用跟管钻孔工艺施工； （9）当洞内采用超前管棚时，管棚工作室参数应根据机具设备尺寸和设计管棚外倾角等因素设置

● 点拨

管棚超前支护施工流程：浇筑导向墙（包括安设导向管）→钻孔→打设管棚钢管→插入钢筋笼→管棚钢管内注浆。

（四）涌水处理措施

（1）隧道涌水处理应符合“预防为主、疏堵结合、注重保护环境”的原则。

（2）隧道涌水处理应根据现场情况，采取超前围岩预注浆堵水、开挖后径向注浆堵水、超前钻孔排水、坑道排水等措施。

（3）注浆堵水材料性能应符合设计规定。注浆堵水应按永久堵水效果考虑，应具有快速凝固、早强和耐久等性能。初凝时间应满足施工需要。

（4）采用注浆堵水时，注浆前宜进行压稀浆试验，测定注浆压力、地层吸浆能力、浆液扩散半径、浆液凝固时间。

（5）隧道开挖后，周边围岩出现涌水、股状水、大面积渗水时，应根据围岩条件、地下水类型、地下水性质、补给条件、允许排放量、环保要求，以及对施工的影响程度等，采用全断面径向注浆、局部径向注浆和径向点注浆等堵水措施。集中出水点应埋设导管原位引出。

（6）隧道周边局部渗漏水时，可采用局部径向注浆；周边大面积渗漏水时，可采用全断面径向注浆。

（7）隧道周边有集中出水点时，可采用径向点注浆，并应符合下列规定。

①在出水点上游斜向钻孔与水源连通，截断水源，并使斜向孔出水，斜向孔深度为 2～

5 m。

②封堵出水点。

③通过斜向孔注浆堵水，注浆终压宜为 1～2 MPa。

④堵水效果达不到预期时，可多打斜向孔。

（8）当隧道开挖前方发现水体，可能出现涌水时，可采用超前围岩注浆堵水，超前探孔排水、坑道排水等封堵地下水、降压排水措施。

（9）在需采取超前注浆堵水的地段，应根据前方围岩地质条件、水文地质条件、施工条件等，选择采用超前全断面帷幕注浆、超前周边注浆和超前局部注浆。

（五）隧道底部加固措施

（1）隧道底部采用预制桩、钢管桩、旋喷桩等进行加固时，应符合相关现行规范要求。

（2）隧道底部采用小导管注浆加固时，小导管应垂直于基底开挖设计轮廓线，小导管管壁应留出浆孔，管内应注满砂浆，钢管外露端应与仰拱钢架焊接牢固。

实战演练

［2021 真题·单选］下列隧道支护手段中，属于超前支护的是（　　）。

A. 径向注浆　　　　B. 管棚

C. 锁脚锚杆　　　　D. 钢支撑

［解析］在隧道掌子面自稳性差、掌子面开挖可能坍塌、拱顶掉块时，可采用封闭开挖面、超前锚杆支护、超前小导管支护、超前管棚支护、超前水平旋喷加固等措施。

［答案］B

［2023 真题·案例节选］

背景资料：

某双向四车道高速公路山岭隧道，全长 1 850 m，地质岩性主要为强风化至弱风化花岗岩，节理较发育，地下水较丰富，穿越区域发育一条断层破碎带；隧道最大埋深为 310 m，隧道纵断面示意图如图 4-3-13 所示。

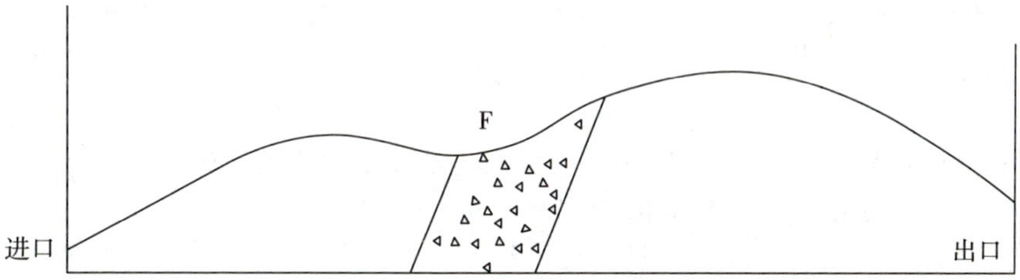

围岩级别	Ⅴ	Ⅲ	Ⅳ	Ⅴ	Ⅵ	Ⅴ	Ⅳ	Ⅲ	Ⅳ	Ⅴ
长度/m	120	400	100	100	150	120	120	470	80	190
里程 0+000	0+120	0+520	0+620	0+720	0+870	0+990	1+110	1+580	1+660	1+850

图 4-3-13　隧道纵断面示意图

施工过程中发生以下事件。

……

事件四：断层破碎带采用超前注浆加固地层，施工单位分别采用了周边小导管注浆和帷幕注浆两种加固方式，制定了相应的注浆工艺，其中周边小导管注浆工艺流程图如图 4-3-14所示。

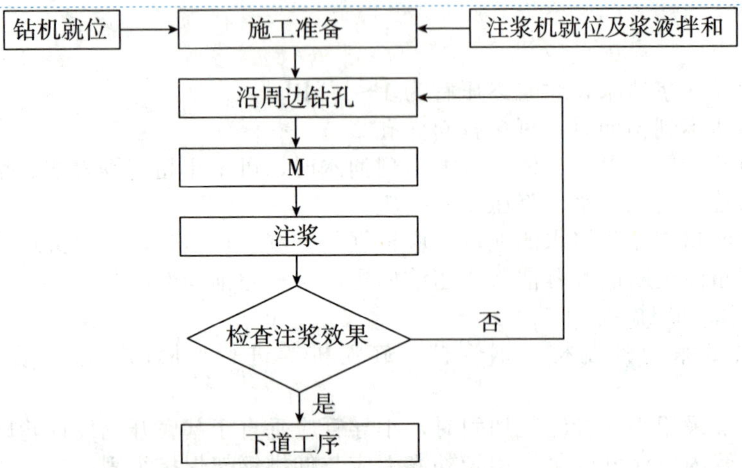

图 4-3-14 周边小导管注浆工艺流程图

[问题]

4. 结合图 4-3-13 和事件四，写出周边小导管注浆和帷幕注浆分别适用于哪种等级围岩。写出小导管注浆工艺流程中工序 M 的名称。

[答案]

4. (1) 周边小导管注浆适用于Ⅴ级围岩。帷幕注浆适用于Ⅴ级围岩。

(2) M——插入或安装小导管。

知识点 8 隧道盾构施工

盾构施工是指使用盾构机进行隧道开挖的一种施工方法。盾构机通过旋转的刀盘进行地下岩土的切削与挖掘，同时利用内衬和支护系统在开挖的同时完成隧道的支护和防护工作，从而保证隧道的稳定性。

➤ **知识拓展**：盾构机按开挖面是否封闭划分，可分为密闭式和敞开式两类。密闭式盾构机可分为土压式和泥水式；敞开式盾构机可分为手掘式、半机械式和机械式。

一、施工步骤

盾构机通过切割、推进和支护 3 个主要步骤来完成隧道的施工。

(1) 切割和挖掘。盾构机的前端配有大型的刀盘，刀盘在隧道前方旋转，通过切削土层或岩石将其粉碎，然后将破碎物料通过输送系统排出隧道。盾构机的刀盘设计根据不同的地质条件（如硬岩、软土等）有所不同。

(2) 推进。盾构机的推进系统通过液压千斤顶逐步推动盾构机向前推进。盾构机每推进一定距离后，会安装一圈预制的衬砌环，这样就可以将隧道支护与开挖同步进行。

(3) 衬砌与支护。在盾构机开挖的同时，盾构机后部的系统会逐步安装隧道的衬砌环，这些环片通常由预制的混凝土环组成。衬砌环能够保持隧道的稳定性，防止隧道周围岩土的坍塌，并承担来自周围土层的压力。

二、施工规定

(一) 盾构始发

(1) 盾构始发前应验算盾构反力架及其支撑的刚度和强度，反力架应牢固支撑在始发井结构上。盾构反力架整体倾斜度应与盾构基座的安装坡度一致。

(2) 应根据工程水文地质条件、盾构机类型、盾构工作井的围护结构形式等因素加固盾构工作井端头地基，承载力应满足始发要求。

（3）应拆除刀盘不能直接破除的洞门围护结构。拆除前始发工作井端头地基加固与止水效果应良好。拆除时，应将洞门围护结构分成多个小块，从上往下逐个依次拆除，拆除作业应迅速连续。

（4）洞门围护结构拆除后，盾构刀盘应及时靠紧开挖面。

（5）盾构始发时应在洞口安装密封装置；盾尾通过洞口后，应尽早稳定洞口。

（6）盾构始发时，始发基座应稳定，盾构不得扭转。

（7）千斤顶应均匀顶进，反力架受力应均匀。

（8）负环脱出盾尾后，应立即对管片环向进行加固。

（二）盾构掘进

（1）盾构应在始发段 50～100 m 进行试掘进，并应根据地质情况、施工监测结果、试掘进经验等因素选用掘进参数。

（2）土压平衡盾构掘进，开挖土体应充满土仓，并应核算排土量和开挖量。泥水平衡盾构掘进，泥浆压力与开挖面水土压力、排土量与开挖量应保持平衡。掘进过程中，应采取防止螺旋输送机发生喷涌的措施。

（3）盾构机不宜长时间停机。

（4）盾构刀具检查和更换地点应选择地质条件好、地层稳定的地段。

（5）维修刀盘应对刀盘前方土体采取加固措施或施作竖井。

（6）盾构设备应在机器停止操作时维修；液压系统维修前，应关闭相关阀门并降压；电气系统维修前，应关闭系统；空气和供水系统维修时，应关闭相应阀门并降压；刀盘、拼装机等旋转设备部件区域维修前，设备应停止运转。

➢ **知识链接：**盾构管片拼装应设专人指挥。管片拼装时，拼装设备与管片连接应稳固，管片拼装和吊运范围内不得有人和障碍物，拼装完的管片应及时固定。

（三）盾构接收

（1）盾构到达前应拆除洞门围护结构，拆除前，工作井端头地基承载力、止水应满足要求。拆除时应控制凿除深度。洞口应安装止水密封装置。

（2）盾构距到达接收工作井 15 m 内，应调整掘进速度、开挖压力等参数，减小推力、降低推进速度和刀盘转速，控制出土量并监测土仓内压力。

（3）隧道贯通前 10 环管片应设置管片纵向拉紧装置，贯通后应快速顶推并迅速拼装管片。

（4）隧道贯通前 10 环管片应加强同步注浆和即时注浆，盾尾通过洞口后应及时密封管片环与洞门间隙。

（四）盾构过站、掉头及解体

（1）过站、掉头托架或小车的强度、刚度和稳定性应满足盾构过站、掉头及解体的需要。

（2）盾构过站、掉头应观察盾构转向或移动状态。应控制好盾构掉头速度，并应随时观察托架或小车变形、焊缝开裂等情况。

（3）举升盾构机应同步、平稳。

（4）牵引平移盾构应缓慢平稳，钢丝绳应牢固。

（5）盾构解体前应关闭各个系统，各个部件应支撑牢固。

（五）盾构洞门、联络通道施工

（1）洞口负环拆除前应二次注浆。

（2）联络通道施工应编制专项施工方案。

（3）联络通道施工前应加固开挖范围及上方地层。

（4）拆除联络通道交叉口管片前应加固管片壁后土体和联络通道处管片。

（5）隧道内施工平台应与机车运输系统保持安全间距。

（六）特殊地质和施工环境条件下施工

（1）应制订监控量测方案，并应根据监控量测结果及时调整掘进参数。

（2）浅覆土地段应根据地质、水文条件与施工环境采取地基加固、设置抗浮板或加盖板等处理措施。

（3）小净距隧道施工前，应加固隧道间土体；先建隧道管片壁后应注浆，隧道内应支设钢支撑；后建隧道施工应控制掘进速度、土仓压力、出渣量、注浆压力等。

（4）小半径曲线段隧道施工应制订防止盾构配套台车和编组列车脱轨或倾覆的措施。

（5）盾构下穿或近距离通过既有建（构）筑物、地下管线前，应详细调查并评估施工对该地段既有建（构）筑物、地下管线的影响，并应根据实际情况加固受盾构掘进影响的地基或基础、控制掘进参数，且应加强观测既有建（构）筑物的沉降、位移。

（6）大坡度地段机车和盾构机后配套台车应设置防溜装置。

（七）盾构施工运输

（1）皮带输送机机架应坚固、平顺。启动皮带输送机前应发出声光警示，应空载试转，各部位运转应正常，皮带应连接牢固、松弛度适中。应在达到额定转速后均匀装料，并应设专人检查皮带运转情况。

（2）轨道应平顺，钢轨与轨枕间应牢固，轨枕和轨距拉杆应符合安装规定，并应设专人养护轨道。

（3）机车安全装置应可靠有效，机车行驶速度不得大于 10 km/h，经过转弯处或接近岔道时不得大于 5 km/h，靠近工作面 100 m 距离内不得大于 3 km/h 并应打铃警示，车尾接近盾构机台车时不得大于 3 km/h。

（4）机车在启动和行驶过程中应启动警铃、电喇叭等警示装置。开车前应前后检查，各类物件应平稳放置、捆绑牢固，不得超载、超宽和超长运输。

实战演练

［2022 真题·单选］ 下列盾构机属于密闭式盾构机类型的是（　　）。

A. 手掘式　　B. 半机械式

C. 机械式　　D. 土压式

［解析］ 盾构机按开挖面是否封闭划分，可分为密闭式和敞开式两类。密闭式盾构机可分为土压式和泥水式；敞开式盾构机可分为手掘式、半机械式和机械式。

［答案］ D

知识点 9 隧道改（扩）建

隧道改（扩）建工程包括改建、扩建和增建。改建，对既有隧道进行衬砌结构加固、路幅调整、路面翻修、排水沟改造、电缆沟改造、增设横洞，以及局部提高技术指标和安全性能，改善服务功能等。扩建，对既有隧道断面进行扩挖，增大断面净空，需拆除既有衬砌重新施作。增建，与既有隧道并行新建隧道。

一、一般规定

（1）隧道改（扩）建工程施工前，应根据设计文件，隧道改建、扩建、增建隧道施工特点，结合现场实际情况，编制施工方案。

(2) 隧道改（扩）建工程施工前，应对既有隧道的设计、施工、养护、维修和运营情况，以及工程影响范围内其他建（构）筑物和设施的现状等进行调查、核实。

(3) 隧道改（扩）建工程施工时，应采取措施减小施工对既有建（构）筑物和设施的影响，必要时应采取保护、加固、改移措施。

(4) 隧道改（扩）建施工，应对工程影响范围内的既有隧道及其他建（构）筑物制订监测计划。

二、改（扩）建施工

（一）既有隧道改建施工

(1) 应保持既有隧道主体结构的完整性，不应堵塞既有隧道的排水系统。

(2) 应根据机电和附属设施改造设计要求，做好既有设施的保护与恢复。

(3) 应按设计要求对既有隧道病害进行处治和加固。

(4) 机电设备箱宜明敷；必须新开凿设备洞室时，应避开施工缝、沉降缝和伸缩缝位置；应采用切割凿洞方式，不得进行爆破开孔。

(5) 施工期间保持通车的既有隧道，应设置必要的临时安全防护措施和增设交通疏导设施。

（二）既有隧道原位扩建施工

(1) 应根据既有隧道的结构形式、结构状况、围岩条件等制订衬砌结构的拆除与扩挖施工实施方案。

(2) 隧道二次衬砌应分段拆除，每次拆除分段长度宜为 2～8 m，并不得大于原衬砌一模衬砌长度，不得跨施工缝、变形缝一次拆除。

(3) 隧道拆除应先拆除二次衬砌、后拆除初期支护。

(4) 初期支护拆除和扩挖可同步进行，初期支护拆除的分段长度应根据围岩地质条件确定，扩挖后应立即进行新的初期支护施工。

(5) 采用爆破拆除和扩挖时，应严格控制单段最大爆破药量，二次衬砌爆破拆除时，分段拆除之间应先切割分离。

(6) 围岩较差、原坍塌地段拆除时，二次衬砌一次拆除长度不宜大于 3 m，以及初期支护和围岩应先加固后拆除，必要时可采取超前支护措施。二次衬砌有较严重的病害时，衬砌拆除前方应增加临时支撑。

(7) 拆除前方应保持对外通道畅通。

(8) 扩挖后的二次衬砌应及早施作。

➢ **知识链接：** 既有隧道衬砌拆除方式较多，有爆破方式、静力爆破方式和机械切割、水力切割、凿除等手段，爆破方式效率较高，但爆破振动对衬砌和围岩有一定影响，所以，应严格控制一次起爆药量。

（三）临近既有隧道增建新隧道施工

(1) 应减少对相邻既有隧道的影响。

(2) 应根据围岩扰动影响与爆破振速控制的设计要求，确定增建隧道的施工方法、循环进尺及爆破参数等。

(3) 应对相邻既有隧道衬砌裂缝、附属设施松动等隐患进行排查，对影响围岩稳定和衬砌安全的病害地段应先进行加固处治。

(4) 增建隧道和既有隧道之间新建横通道时，既有隧道横向开洞施工严禁反向出洞。

(5) 增建隧道施工期间，应按设计要求对既有隧道实施监测。

（6）增建隧道施工期间保持通车的既有隧道，应采取安全防护措施。不得利用既有隧道进行施工通风。

第四节　特殊地段施工

知识点 1　涌水地段施工

隧道涌水处理应符合“预防为主、疏堵结合、注重保护环境”的原则。应根据地质地形条件、隧道结构形式、断面大小和环保要求等，选择涌水处理措施。

地下水丰富且排水时挟带泥沙引起前方围岩失稳的破碎带、风化带，可能存在涌水突泥隐患的地段或排水后对隧道周边地下水和地表水影响较大的地段，可采用超前围岩预注浆堵水。

围岩自稳性较好，但地下水丰富，地下排放对隧道周边地下水和地表水影响较大的地段，隧道开挖后对围岩暴露的股状水、裂隙水、大面积淋水可采用围岩径向注浆堵水。

开挖前方有高压地下水或有充分补给源的涌水，排放地下水对围岩稳定、周边水环境影响较小的地段，可采用超前钻孔排水。超前钻孔排水设计应符合下列规定。

（1）孔径不应小于 76 mm，每断面钻孔数不应少于 3 个。

（2）深度不宜小于 10 m。

（3）孔底位置超前掌子面距离小于 1～2 个开挖循环进尺且仍需继续超前钻孔排水时应实施下一循环超前钻孔排水。

（4）孔口应设置防突涌水保护装置。

知识点 2　塌方地段施工

在公路隧道工程施工中，可能出现塌方。隧道塌方一般分为空腔型塌方和贯穿型塌方两种。这两种隧道塌方在形成机理、发生部位、破坏规模和处置措施等方面存在着很大的不同。

一、塌方的主要成因

（1）不良地质条件。围岩节理发育、松散或存在断层，容易发生塌方；地下水渗透软化围岩，降低其稳定性；岩性较差，如泥岩、页岩等软弱岩层，易发生变形和坍塌。

（2）不良水文地质条件。受到暴雨及地下水的侵蚀，导致相关隧道的地质结构发生变化，可能会引起隧道施工塌方。同时，地表水的变化及地下水位的变动也会对隧道施工的周围环境产生影响，可能导致隧道围岩软化，致使其强度和承载力不足，从而发生塌方。

（3）设计考虑不周。地质勘察不足，未充分了解围岩特性；设计支护方案不合理，支护结构设计未考虑围岩压力或变形。

（4）施工问题。开挖方式不当，爆破或机械开挖对围岩扰动过大，导致失稳；开挖后未及时进行支护，围岩暴露时间过长；支护结构施工不合理，无法有效支撑围岩。

（5）其他原因。强降雨导致地下水位上升，软化围岩；超前地质预报没有发挥应有作用；地震导致围岩松动或失稳。

二、塌方的防治措施

（1）超前地质预报。使用地质雷达、隧道地震波勘探法（tunnel seismic prediction，TSP）等超前地质预报技术，提前了解前方围岩状况。通过超前钻孔探测围岩特性，判断是否存在塌方风险。

（2）围岩预加固。在开挖前对围岩进行注浆加固，填充裂隙，提高围岩强度。在开挖轮廓线外安装管棚，形成预支护结构。在开挖前施作超前锚杆，增强围岩自稳能力。

（3）开挖方式适当。采用台阶法、CD 法、CRD 法等，减少对围岩的扰动。采用微震爆破或光面爆破技术，减少爆破对围岩的破坏。

（4）支护及时。开挖后立即进行初期支护，如喷射混凝土、锚杆、钢架等。在塌方高风险地段采用加强支护措施，如双层钢架、加长锚杆等。在初期支护稳定后及时施作二次衬砌，形成永久支护结构。

（5）进行监测和预警。安装测斜仪、收敛计等设备，实时监测围岩变形。监测锚杆应力、钢架变形等，确保支护结构安全。建立预警机制，当监测数据超过阈值时及时采取措施。

实战演练

［2023 真题·多选］ 隧道发生塌方的主要原因有（　　）。

A. 不良地质及水文地质条件　　B. 初期支护背后有较小的空洞

C. 隧道设计考虑不周　　D. 施工方法和措施不当

E. 局部锚杆长度不够

［解析］ 隧道塌方的主要成因：不良地质条件、不良水文地质条件、设计考虑不周、施工问题和其他原因。

［答案］ ACD

知识点 3　岩溶地段施工

岩溶地区隧道施工前，应结合地勘资料，采取综合超前地质预报手段，探清岩溶发育规模、溶洞分布、岩溶充填、地下水及其流向等情况，核实岩溶与隧道空间位置关系等。探测精度应满足工程施工需要。

岩溶地区隧道在接近溶洞时，开挖施工应符合下列规定。

（1）宜采用分部开挖，当溶洞出现在隧道一侧，应先开挖该侧，待初期支护完成后，再开挖另一侧。在Ⅱ～Ⅲ级围岩中，仅出现稳定性较好的小溶洞、溶隙时，可采用全断面法开挖。

（2）应严格控制开挖循环长度，每循环炮眼钻孔宜多打眼、打浅眼。

（3）掌子面应有不少于 5 个加深探测炮孔。加深探测炮孔深度宜比装药炮孔深 3 m 以上，直径宜与装药炮孔相同；不得在爆破残留孔中打设加深探测炮孔。

（4）应严格控制单段最大爆破药量，控制爆破振动。

溶洞底部沉淀泥沙对隧道构成威胁时，可采取清除、固结、设隔离墙、增设护拱等措施。

衬砌结构外存在溶腔时，应对溶腔稳定性进行判断。隧道施工应采取防护措施，并应增加照明设备。

知识点 4　瓦斯地段施工

根据《公路瓦斯隧道设计与施工技术规范》（JTG/T 3374—2020），瓦斯隧道分为微瓦斯隧道、低瓦斯隧道、高瓦斯隧道和煤（岩）与瓦斯突出隧道 4 类。其判定指标为隧道内绝对瓦斯涌出量，并应符合表 4-4-1 的规定。

表 4-4-1　瓦斯地层或瓦斯工区绝对瓦斯涌出量判定指标

瓦斯地层或瓦斯工区类别	绝对瓦斯涌出量 Q_{CH_4}/（$m^3 \cdot min^{-1}$）
非瓦斯	0
微瓦斯	$0<Q_{CH_4}<1.0$
低瓦斯	$1.0 \leqslant Q_{CH_4}<3.0$
高瓦斯	$3.0 \leqslant Q_{CH_4}$

根据《公路隧道施工技术规范》（JTG/T 3660—2020），瓦斯隧道施工组织应符合下列规定。

（1）瓦斯隧道开工前，应编制瓦斯隧道专项施工方案和应急预案，并应严格遵照执行。

（2）应坚持“加强通风、勤测瓦斯、严控火源”的基本原则。

（3）应明确通风、瓦斯检测、火源管控、救护等的责任部门。

（4）对进入现场的所有人员进行安全培训。瓦检员、爆破员、电工、焊工等应持证上岗。

（5）编制瓦斯隧道工程施工阶段安全风险评估报告，开展应急预案演练。

瓦斯工区钻爆作业应符合下列规定。

（1）工作面附近 20 m 以内风流中甲烷浓度必须小于 1%。应采用湿式钻孔。炮孔深度不应小于 0.6 m，岩层最小抵抗线不得小于 0.3 m，煤层最小抵抗线不得小于 0.5 m。装药前炮孔应清除干净。

（2）低瓦斯工区、高瓦斯工区、煤（岩）与瓦斯突出工区必须采用煤矿许用炸药和煤矿许用电雷管；低瓦斯煤层应采用安全等级不低于二级的煤矿许用炸药；高瓦斯煤层应采用安全等级不低于三级的煤矿许用炸药；煤（岩）与瓦斯突出工区揭露和穿过煤层时，应采用安全等级不低于三级的煤矿许用含水炸药。

（3）应使用煤矿许用瞬发电雷管、煤矿许用毫秒延期电雷管、数码雷管，严禁使用秒及半秒级电雷管和火雷管，不应使用普通导爆索。使用毫秒延期电雷管时，最后一段延期时间不得超过 130 ms，应采用连续装药方式，雷管安放在最后一节炸药中，不得反向装药。

（4）起爆电源必须使用防爆型起爆器。起爆器应安装在新鲜风流中，起爆器 20 m 以内风流中瓦斯浓度必须小于 1.0%。起爆器与开挖面距离应根据爆破安全距离、预计煤（岩）与瓦斯突出强度、通风系统等，在施工方案中确定。同一开挖面不得同时使用两台及两台以上起爆器起爆。

（5）爆破网络必须采用绝缘母线单回路爆破，严禁利用轨道、金属管、金属网、水或大地等作为爆破回路，严禁将毫秒延期电雷管和瞬发电雷管接入同一串联网路中混合使用。

➢ **注意**：爆破网路必须采用串联连接方式，不得并联或串并联。

（6）装药作业应符合相关规定，炮孔封堵不严或不足时，不得进行爆破。

（7）高瓦斯围岩和煤（岩）与瓦斯突出工区每次爆破至少通风 30 min 后，其他工区每次爆破至少通风 15 min 后，应由瓦检员、放炮员、安全员一同进入工作面进行验炮工作，检查通风、瓦斯、煤尘、瞎炮、残炮等情况，遇到问题应立即处理。在确认甲烷浓度小于 0.5%，二氧化碳浓度小于 1.5%后，方可由瓦检员通知电工送电，方可允许施工人员进入工区开挖工作面作业。

实战演练

[2024 真题 · 案例节选]

背景资料：

某双向四车道高速公路山岭隧道，地质岩性为板岩，岩体节理较发育，地下水不发育。施工中采用的开挖方法为：Ⅲ级围岩采用全断面法，Ⅳ级围岩采用两台阶法，Ⅴ级围岩采用环形开挖留核心土法，支护采用复合式衬砌。隧道穿越区域存在煤系地层，其起讫桩号为 K18＋427～K18＋440。根据设计文件，该隧道绝对瓦斯涌出量最大值为 1.5 m^3/min。

施工过程中发生以下事件。

……

事件二：当隧道施工到 K18＋430 时，测得掌子面回风流附近瓦斯浓度为 0.45%，实测最大风速为 0.25 m/s。项目部的做法如下。

(1) 爆破作业中，采用煤矿许用的炸药和煤矿许用的电雷管，并进行反向装药。

(2) 爆破网路采用串并联连接方式。

(3) 钻孔、装药时，采取了不间断通风。

(4) 通风机设置了两路专用电源，并装设了风电闭锁装置。

……

[问题]

3. 根据背景资料，该隧道为哪类瓦斯隧道？逐条判断事件二中项目部的做法是否正确，若不正确，请写出正确做法。

[答案]

3. (1) 该隧道为低瓦斯隧道。

(2) 第 (1) 条不正确。

正确做法：雷管安放在最后一节炸药中，不得反向装药。

第 (2) 条不正确。

正确做法：爆破网路必须采用串联连接方式，不得并联或串并联。

第 (3) 条正确。

第 (4) 条正确。

知识点 5　流沙地段施工

隧道通过沙层时，应调查其特性、规模，了解地质构成、贯入度、相对密度、粒径分布、塑性指数、地层承载力、滞水层分布、地下水压力和透水系数等，制订治理方案。

隧道通过含水沙层地段应特别加强治水措施，防止沙层流失，防止沙土液化，可采取下列措施。

(1) 可采用注浆、冻结等方法止水、加固。

(2) 可采用井点降水技术降低地下水位，防止水稀释沙层和挟走沙粒；其集水管可用加气砂浆充填。

(3) 采用化学药液注浆固结时，可采用悬浮型或溶液型浆液。

沙层地段隧道开挖、支护应符合下列规定。

(1) 宜采取超前加固和超前支护措施。

(2) 应严格控制开挖长度，防止上部两侧不均匀下沉。

(3) 支护应及时，边挖边封闭，遇缝必堵，严防沙粒从支护缝隙中漏出。

(4) 应观测支护的实际沉落量。如预留量过大或不足，应在下一环节施工中及时调整。

(5) 宜采用超短台阶法、环形开挖留核心土法人工开挖，并严格控制开挖长度，防止上部两侧不均匀下沉。

(6) 流沙出现后，应采用沙袋、喷射混凝土等措施迅速封堵。

(7) 在流沙逸出口附近较干燥围岩处，应尽快打入锚杆或施作喷射混凝土层，加固围岩，防止逸出扩大。

(8) 开挖地段的排水沟应浆砌，或用管、槽等将水引至洞外。

(9) 可在洞内合适位置设蓄水池，将泥水经沉淀后排至洞外。池内沉积的淤泥应及时清除。蓄水池应采用圬工结构。

知识点 6 岩爆地段施工

隧道施工中在可能发生岩爆的地段，应遵循“以防为主、防治结合”的原则。应进行岩爆的预测预报，针对开挖面前方可能发生的岩爆，及时采取施工对策。应仔细研究岩爆规律，制订出后续施工的对策并逐步改进。

隧道开挖过程中，可采用下列方法进行岩爆预报。

(1) 以超前钻探法为主，辅以地震波、电磁波、钻速测试、地温探测等手段。

(2) 观察岩体表面的剥落、监听岩体内部发生的声响。

(3) 采用工程类比法进行宏观预报。

针对不同岩爆级别的隧道段，应采取下列相应技术措施。

(1) 微弱岩爆地段，可洒水浇湿开挖面。

(2) 中等岩爆地段，可在拱部及边墙开挖线以外 100～150 mm 范围内，通过钻孔喷灌高压水。

(3) 强烈岩爆地段，可先开挖 15～30 m^2 的小导洞，使岩层中的地应力得到部分释放，再扩挖导洞至隧道轮廓。

岩爆隧道施工应采取防范岩爆发生措施，并应符合下列规定。

(1) 开挖宜短进尺循环，每循环进尺宜为 1.0～2.0 m。

(2) 应采用光面爆破技术，使隧道开挖周壁圆顺；同时应严格控制单段最大爆破药量。

(3) 对岩爆强烈的开挖面，应按设计施工超前锚杆锁定前方围岩。

(4) 拱部及边墙可布置防岩爆锚杆。锚杆长度宜为 2 m，间距为 0.5～1.0 m，并宜与网喷钢纤维混凝土联合使用。

(5) 可采取在岩壁切槽的方法释放应力，降低岩爆强度。

(6) 可打超前应力释放孔。

(7) 可在超前应力释放孔中进行松动爆破。

(8) 可喷洒高压水，或（和）钻孔注水或化学溶剂。

(9) 可选择合适的开挖断面形式，改善围岩应力状态。

(10) 可采用受力及时的摩擦型锚杆、喷射 50～80 mm 厚的钢纤维混凝土，进行支护。

(11) 台车、装渣机械、运输车辆宜加装防护钢板。

(12) 应在台车上装设钢丝防护网。

隧道施工中发生岩爆，应立即采取下列措施。

(1) 停机待避，必要时人机撤至安全地段。

(2) 观察工作面，并记录岩爆的位置、强度、类型、数量及山鸣等。

(3) 每循环内对暴露的岩面找顶 2～3 次。

(4) 根据岩爆程度和特性，按设计文件和施工方案要求，采取技术措施释放围岩内部应力，采取对应防护、支护措施。

实战演练

[2022 真题 · 单选] 关于岩爆地段隧道施工的说法，正确的是（　　）。

A. 隧道应采用严格控制装药量的光面爆破技术

B. 一般情况下，每循环进尺宜控制在 2.0～2.5 m

C. 防岩爆锚杆可采用能及时受力的锚杆，锚杆长度应不大于 1.5 m

D. 开挖后应滞后进行喷射混凝土封闭

[解析] 开挖宜短进尺循环，每循环进尺宜为 1.0～2.0 m。防岩爆锚杆长度宜为 2 m。开挖后应及时喷钢纤维混凝土封闭，厚度宜为 50～80 mm。

[答案] A

知识点 7　膨胀岩土地段施工

膨胀岩土隧道施工，应根据围岩变形、土压增长、结构受力性状、地下水活动状态等因素综合确定施工方法。

一、防排水原则

膨胀岩土隧道应采用“以防为主，防、截、堵、排相结合”的防排水原则。施工时应符合下列规定。

（1）隧道开挖前，根据设计要求填平浅埋地段地表低洼处、封闭洞顶小河沟谷。

（2）洞内出露的地下水应及时归入沟、管、槽，引排至洞内水沟。

（3）顺坡施工排水，严禁挖沟直接排放，应设置防渗漏排水沟槽。反坡施工排水应采用设备完好、系统完善的抽排水设施，严禁水渗流至开挖工作面。

（4）衬砌的施工缝、变形缝应根据防水要求，结合地下水情况、防水材料特点等因素合理设置。

二、隧道开挖

膨胀岩土隧道开挖应符合下列规定。

（1）宜采用开挖分部少、可尽快全断面闭合的开挖方法。

（2）施工时应采取措施预防因分部开挖而引起围岩压力及偏压力增大。

（3）短进尺逐次开挖各分部断面，应依序紧跟，不得超前独进。

（4）隧道周壁开挖应圆顺，可优先采用人工或机械开挖。

（5）开挖后，应及时封闭暴露的岩体。

（6）预留变形量应适当加大，根据现场情况进行调整。

膨胀岩土隧道开挖后，应对围岩及时采取支护措施并闭合成环，必要时可采用钢纤维喷射混凝土。

➤ **知识链接：** 喷射混凝土具有防止围岩松弛和风化、滞缓围岩变形等效果，在膨胀岩土隧道中其效果较为显著。在围岩变形大时，采用钢筋网或钢纤维喷射混凝土，可提高喷层产生裂缝后的抗拉和抗剪能力。

三、支护与衬砌

不同强度的膨胀岩土隧道，支护参数应按设计要求确定，并应符合下列规定。

（1）采用封闭型钢架时，初期支护应及时封闭成环。

（2）采用可缩钢架时，其滑动节的个数与整个布点的活动量，应满足膨胀岩土的膨胀量与约束量。

第四章

(3) 可采用长锚杆、可拉伸锚杆和临时仰拱等措施。

(4) 喷射混凝土可采用逐次加喷或预留纵向变形缝，满足膨胀岩土的膨胀量。

(5) 采用挂网喷射混凝土时，应先喷一层约 40 mm 厚的混凝土，并安设钢筋网，再补喷到设计的厚度。

(6) 支护的总压缩量应与预留变形量一致。

(7) 渗水地段应及时引、排水，喷射混凝土应调整配合比，使喷射混凝土与围岩密贴。

衬砌结构应与围岩充分密贴、及早闭合。当衬砌混凝土的强度达到设计要求时，方可拆模。

四、其他规定

(1) 膨胀土隧道洞门施工应避开雨季。

(2) 施工时各道工序应紧密衔接，连续施工，分段完成。

(3) 应加强调查、量测围岩的压力和流变，对混凝土和衬砌与围岩接触面处的应力状态进行跟踪监测和控制。

(4) 在施工中遇到围岩变形急剧增大，应及时利用强支撑缓解围岩变形，进而查找原因，采取措施进行处理。

知识点 8 软岩大变形地段施工

高地应力软岩、流变蠕变岩土地段隧道施工，应根据围岩初始地应力及地应力变化规律、围岩特性、围岩变形、结构受力性状、地下水活动状态等因素综合确定施工方案。

开挖和支护应符合下列规定。

(1) 宜采用开挖分部少、可快速闭合的施工方法。分步开挖后，应及时封闭成环。

(2) 应适当加大预留变形量，根据监控量测数据，及时调整开挖预留变形量。

(3) 开挖进尺应按设计要求控制。开挖和支护应尽早完成全断面闭合。

(4) 初期支护应及时施作。加长锚杆、双层初期支护等控制变形措施，应严格按设计要求施工。

(5) 上台阶宜采用扩大拱脚措施加强对钢架的支撑。

(6) 应采用锁脚导管等方式加强锁脚。

(7) 上台阶钢架加工时应根据加大的断面轮廓进行，钢架接长时，应根据已经安装变形后的钢架轮廓加工；钢架宜尽早封闭成环。

仰拱宜紧跟掌子面施工，仰拱与掌子面距离一般不超过 2 倍隧道开挖宽度。

应根据设计预留变形空间，释放弹性变形能。宜合理预留补强空间。

应做好监控量测工作，并应根据监控量测数据，动态调整支护参数。

二次衬砌应根据“适当释放、控制变形、适时封闭”的原则和设计要求确定施工时机。洞口段施作不宜拖后。

第五节 隧道工程质量通病及防治措施

知识点 1 隧道水害、冻害防治

一、隧道水害原因分析与防治措施

(1) 原因分析。隧道水害是隧道工程中常见的病害之一，主要表现为渗水、漏水、涌水等现象，其原因主要有：隧道穿越富水地层或地下水位较高；排水系统设计不完善，无法有效排除地下水；防水层施工不规范，如接缝处理不当、材料黏结不牢等；使用的防水材料性能不达标，易老化或失效。

(2) 防治措施。根据地质条件设计多道防水防线，如防水层、止水带等；设置纵向和横向排水盲沟、集水井等，确保地下水能及时排出；严格按照施工规范进行防水层施工；采用耐老化、抗渗性能好的防水材料。

二、隧道冻害原因分析与防治措施

(1) 原因分析。寒冷气温的作用；季节冻结圈的形成（冻结圈内的隧道排水设备冬季易发生冰塞；在冻结圈内如果围岩的岩性是非冻胀性土时，则不会发生冻胀性病害）；隧道在设计和施工时，对防冻问题没有考虑或考虑不周，造成衬砌防水能力不足，洞内排水设施埋深不够、治水措施不当、施工有缺陷，都会造成或加重运营阶段隧道的冻害。

(2) 防治措施。严寒及寒冷地区隧道冻害的防治，其基本措施是综合治水、更换土壤、保温防冻、加强结构、防止融坍等，可根据实际情况综合运用。

知识点 2 隧道衬砌病害防治

一、隧道衬砌病害原因分析

隧道衬砌是隧道结构的重要组成部分，在使用过程中可能出现各种病害，如开裂、腐蚀、渗漏等。其主要原因如下。

(1) 围岩压力分布不均匀，导致衬砌局部受力过大，产生裂缝；围岩发生蠕变或膨胀，对衬砌产生附加应力。

(2) 衬砌厚度设计不合理，无法承受围岩压力或水压；衬砌结构形式与围岩条件不匹配，导致应力集中；防水层设计不合理，无法有效防止地下水渗透。

(3) 地下水中的化学物质对衬砌材料产生腐蚀作用；钢筋保护层不足或混凝土密实度不够，导致钢筋锈蚀膨胀。

(4) 衬砌施工中，混凝土浇筑不密实，存在蜂窝、空洞等缺陷；衬砌接缝处理不规范，导致渗漏或开裂。

(5) 混凝土质量不合格，强度不足或抗渗性能差，导致衬砌开裂或渗漏。

二、隧道衬砌病害防治措施

(1) 在隧道设计前进行详细的地质勘察，了解围岩特性和地下水分布。

(2) 根据围岩条件设计合理的支护结构，如锚杆、钢架等，减少围岩变形。

(3) 根据围岩压力和水压设计足够的衬砌厚度，在应力集中区域增加钢筋配置或采用钢筋混凝土衬砌；设置多道防水防线，如防水层、止水带等。

(4) 在寒冷地区，对衬砌进行保温处理，防止冻融破坏；对衬砌表面进行防腐处理，防止化学腐蚀。

(5) 确保钢筋保护层厚度和混凝土密实度，防止钢筋锈蚀。

(6) 控制施工质量，确保混凝土浇筑密实，对接缝进行规范处理；开挖后及时进行支护，防止围岩松动或变形。

(7) 使用高强度、抗渗性能好的混凝土，必要时添加防水剂。

第五章

交通工程

本章导学

本章主要介绍交通安全设施和交通机电工程，具体包括交通安全设施主要构成与功能、交通安全设施施工技术要求、交通机电工程主要构成与功能、交通机电工程主要设施施工技术要求。本章内容以最新考试大纲为基础，根据《公路交通安全设施设计规范》（JTG D81—2017）、《公路交通安全设施施工技术规范》（JTG/T 3671—2021）等编写。在历年考试中，此部分内容多以选择题的形式进行考查，所占分值不高，建议考生通读理解。

第一节 交通安全设施

知识点 1 交通安全设施主要构成与功能

根据《公路交通安全设施设计规范》（JTG D81—2017），交通安全设施包括交通标志、交通标线、护栏和栏杆、视线诱导设施、隔离栅、防落网、防眩设施、避险车道和其他交通安全设施。交通安全设施主要构成与功能见表 5-1-1。

表 5-1-1 交通安全设施主要构成与功能

设施	主要构成	功能
交通标志	警告标志、禁令标志、指示标志、指路标志、旅游区标志、作业区标志、告示标志等	为公路使用者提供禁止、警告、指路、指示等信息
交通标线	道路上的各种线条、箭头、文字、图案、标记、突起路标和轮廓标等	传递有关道路交通的规则、警告、指引等信息
护栏和栏杆	路基护栏、桥梁护栏和栏杆、中央分隔带开口护栏、缓冲设施等	防止失控车辆冲出路基；吸收能量，减轻事故车辆及人员的损伤；诱导视线
视线诱导设施	轮廓标、合流提示类标志、线形诱导标、隧道轮廓带、示警桩、示警墩、道口标柱等	对驾驶人进行有效视线诱导；其结构形式和材料应尽可能降低对误驶撞上的车辆和人员的伤害
隔离栅	编织网、钢板网、焊接网、刺钢丝网、隔离墙及常青绿篱等	设置于公路沿线两侧，阻止人、动物进入公路或沿线其他禁入区域，防止非法侵占公路用地
防落网	防落物网和防落石网	能阻止公路上的落物进入饮用水保护区、铁路、高速公路、需要控制出入的一级公路等建筑限界以内，或阻止挖方路段落石进入公路建筑限界以内
防眩设施	人造防眩设施和绿化防眩设施，人造防眩设施主要包括防眩板、防眩网等结构形式	防止夜间行车受对向车辆前照灯眩目影响
避险车道	(1) 避险车道应设置交通标志、标线、轮廓标等交通安全设施； (2) 高速公路避险车道宜设置照明、监控等管理设施，其他等级公路根据需要可设置照明、监控等管理设施	供速度失控（刹车失灵）车辆驶离正线安全减速
其他交通安全设施	防风栅、防雪栅、积雪栏杆、限高架、减速丘和凸面镜等	—

实战演练

[2019 真题·单选] 下列设施中，不属于交通安全设施的是（　　）。

A. 交通标志　　B. 交通标线

C. 安全报警装置　　D. 隔离栅

[解析] 交通安全设施包括交通标志、交通标线、护栏和栏杆、视线诱导设施、隔离栅、防落网、防眩设施、避险车道和其他交通安全设施。

[答案] C

知识点 2 交通安全设施施工技术要求

公路交通安全设施的施工应符合设计文件的规定。公路交通安全设施施工前，应进行技术交底，应在对施工现场进行全面调查和核实后，根据设计要求、合同约定及现场情况等，编制实施性施工组织设计方案。公路交通安全设施应文明施工、安全施工，并采取措施保护环境。

一、交通标志施工

（一）一般规定

交通标志应按施工准备、基础施工、立柱和横梁等构件和标志板加工制作、交通标志安装等工序进行施工。

（二）材料要求

材料进场时应按规定检查出厂质量证明书、检测报告和外观，对不同类型及生产厂家的材料应分批抽取试样进行检测，检测方法应符合现行国家和行业标准的规定，合格后方可使用。

改（扩）建工程中拆除的标志底板、钢构件等材料，应按规定的方法进行质量检验通过后，方可再利用。

（三）施工规定

交通标志基础施工应按基坑开挖、基底处理、模板安装、法兰盘安装、混凝土浇筑、调整养护、基础回填的工序进行。

交通标志现场安装应符合下列规定。

（1）标志支撑结构应在基础混凝土强度达到设计强度的 80%以上后，经监理工程师批准后安装。

（2）标志板安装前应依据设计文件对交通标志基础、立柱和标志板一一进行核对。检查标志板、支撑结构是否存在裂缝、变形等影响安装的缺陷。

（3）小型交通标志可在立柱安装固定后安装标志板，门架、悬臂等交通标志宜在交通标志板安装后整体吊装。紧固件的紧固方法应符合设计要求，加劲法兰盘与底座法兰盘应水平、密合，拧紧螺栓后支柱不得倾斜。

（4）大型标志板现场拼接时，拼缝应平顺、紧密，不大于 3 mm，不得影响标志中图形、文字和重要符号的视认性，板面应保持平整，不得有错台，整体强度不应低于单板。

（5）标志架安装时应利用水平尺校正立柱竖直度，最后用扳手把螺栓均匀拧紧，用水泥砂浆对加劲法兰盘与基础之间的缝隙进行封闭。

（6）标志板安装到位后，应调整标志板面平整度，根据设置地点公路的平、竖曲线线形调整标志板安装角度，标志板安装角度应满足设计文件要求，设计文件无要求时，应符合下列规定。

第五章

①路侧标志宜与公路中线垂直或成一定角度，其中，禁令和指示标志为0°～45°；指路和警告标志为0°～10°。

②悬臂、门架或附着式支撑结构标志板面应垂直于公路行车方向，标志板面宜前倾0°～15°。

（7）标志板安装完毕后应进行板面清洁，清洁过程中不应损坏标志面或产生其他缺陷。

（四）质量过程控制

交通标志板安装应按下列规定进行质量检查。

（1）柱式标志板、悬臂式和门架式标志立柱的内边缘距土路肩边缘线的距离应符合设计文件要求或相关规定。

（2）悬臂、门架式等标志板最不利处下缘距路面高差应符合设计文件要求或相关规定。

（3）标志板安装后应平整，安装角度应符合相关规定。

二、交通标线

（一）一般规定

新铺沥青路面的交通标线施工，可在路面施工完成7 d后开始。新建水泥混凝土路面的交通标线施工，应在混凝土养护膜老化起皮并清除后开始。

交通标线宜在白天施工。在雨、雪、沙尘暴、强风、气温低于材料规定施工温度的天气，应暂停施工。

突起路标宜在交通标线施工完成后安装，且不得影响标线质量。

清除原有交通标线、突起路标时，应清理干净并不得损坏路面。

（二）材料要求

标线材料的技术指标，应根据设计文件的要求，考虑公路所在区域、施工季节、路面情况等条件确定。

（三）施工规定

交通标线宜采用机械化施工。施工专用机械设备应符合设计文件或产品使用说明书的规定。

交通标线正式施划前应在试验路段进行试划，试验路段应有代表性，长度不宜短于200 m，高速公路、一级公路可按单向计算。

试验路段应结合设计文件和交通标线材料使用说明书的规定对划线车的行驶速度，试划标线的长度、宽度、厚度，玻璃珠面撒率，标线的逆反射亮度系数等进行现场检测，确定施工参数。检测结果符合规定时，施工参数可作为正式施工的依据；否则应调整施工参数，直至检测结果符合规定为止。

突起路标的施工应符合下列规定。

（1）应根据设计文件的要求确定突起路标的设置位置，突起路标反射体应面向行车方向。

（2）路面和突起路标底部应清洁干燥，并涂加胶粘剂。胶粘剂应通过检测单位的抗拉拔能力及抗衰老能力检测。

（3）突起路标就位后，应在其顶部施加压力，排除空气，并调整就位。

（四）质量过程控制

交通标线的外观质量、外形尺寸偏差、厚度偏差、色度性能、光度性能和抗滑性能应符合现行《道路交通标线质量要求和检测方法》（GB/T 16311—2024）和设计文件的要求。除施划过程控制交通标线质量外，在开放交通后，可结合其设计使用年限，对在用交通标线每隔半年或定期进行1次厚度、光度性能跟踪检测，或按交通标线养护相关标准执行。

三、护栏和栏杆

公路工程施工常用的护栏和栏杆主要有缆索护栏、波形梁护栏、混凝土护栏、桥梁护栏和栏杆、中央分隔带开口护栏和缓冲设施。护栏和栏杆的材料要求、施工规定、质量过程控制均不同，其通用的施工技术要求如下。

（1）护栏和栏杆施工安装前，应现场实地踏勘、检查前道工序。

（2）缆索护栏、波形梁护栏的路基土压实度和混凝土护栏的地基承载力应符合设计文件的规定。路基压实度可采用灌砂法、环刀法或核子密湿度仪法等方法进行检测；地基承载力可采取直观或触探等方法进行检测。检测频率为沿护栏平面投影每1 000 m不少于2点，或结合护栏所在位置、路基设计图纸和监理验收资料确定。

（3）立柱打入的护栏宜在水泥混凝土路面、沥青路面下面层施工完毕后施工，不得早于路面基层施工，并控制好护栏立柱高程。混凝土护栏可在路面基层施工完毕后路面摊铺前施工。

（4）护栏立柱采用打入法施工时，应与通信管道、电力管道和排水设施的施工相协调。排水设施与护栏冲突时，宜修改排水设施的位置，或根据实际情况变更护栏设计。

（5）桥梁护栏和栏杆应在桥梁车行道板、人行道板、混凝土铺装层施工完毕，跨中支架及脚手架拆除后桥跨处于独立支撑的状态时方能施工。混凝土桥梁护栏应在桥面的两侧对称进行施工。

（6）对于需要焊接加工的金属护栏和栏杆，应在防腐处理前加工成型，并在防腐处理前对所有外露焊缝做好磨光或补满的清面工作。

（7）中央分隔带开口护栏、缓冲设施的施工应符合设计文件和产品使用说明书的要求。

（8）中央分隔带开口护栏的端头基础和预埋基础应在路面面层施工前完成，其余部分应在路面施工后安装。

（9）缓冲设施应在路面施工后安装。

（10）混凝土护栏长度较长、现场条件允许时，可采用滑模施工。施工时，应加强混凝土运输组织，保证供料速度与浇筑速度相适应。

（11）改（扩）建工程护栏施工应根据改造设计方案进行。

（12）所有护栏和栏杆产品到场后，应按施工路段或产品到场批次根据相关规定进行抽样检查，产品质量应符合相关标准的要求。

（13）所有钢构件均应进行防腐处理。除《公路交通安全设施施工技术规范》（JTG/T 3671—2021）和设计文件另行规定外，防腐处理均应满足现行《公路交通工程钢构件防腐技术条件》（GB/T 18226—2015）的规定。螺栓、螺母等紧固件和连接件在防腐处理后，应清理螺纹或进行离心分离处理。

（14）每一工序满足质量要求后，可进入下一工序。

四、视线诱导设施

（一）一般规定

在施工安装前，应对视线诱导设施的安装条件、设置位置和数量等进行核对，合理确定施工时机。

改（扩）建工程拆除的视线诱导设施经检测符合设计文件要求时，宜重复利用。

（二）材料要求

除设计文件另行规定外，视线诱导设施所用材料应符合现行相应标准规范的规定。视线诱导设施所用钢构件均应进行防腐处理。

（三）施工规定

柱式轮廓标应按设计文件的规定量距定位。柱式轮廓标安装时，柱体应垂直于水平面，三角形柱体的顶角平分线应垂直于公路中心线，柱体与混凝土基础之间可用螺栓连接。

附着于梁柱式护栏上的轮廓标可按立柱间距定位，附着于混凝土护栏和隧道侧墙上的轮廓标应量距定位。附着式轮廓标应按照放样确定的位置进行安装。反射器的安装角度应符合设计文件的规定。安装高度宜保持一致，并应连接牢固。施工完成后应清除包装膜。

（四）质量过程控制

视线诱导设施的外形尺寸、安装高度、线形、材质、反光性能等应符合设计文件的规定。

自发光视线诱导设施的闪烁频率、使用寿命及工作条件应满足设计要求。

轮廓标质量过程控制应满足下列要求。

（1）轮廓标安装完成后应与公路线形保持一致，安装高度宜保持一致。夜间应具有良好的反光性能，逆反射性能应符合《轮廓标》（GB/T 24970—2020）的规定。

（2）柱式轮廓标应安装牢固，柱体表面不应有明显的划痕、气泡、裂纹及颜色不均等缺陷。

（3）附着式轮廓标应安装牢固、角度准确、高度一致。

（4）施工过程中应加强质量检查，各检查项目应符合规定。

隧道轮廓带质量过程控制应满足下列要求。

（1）隧道轮廓带安装完成后，其表面法线应与公路中心线垂直。

（2）隧道轮廓带应安装牢固，整体线形流畅，表面无划痕等缺陷。

（3）施工过程中应加强质量检查，各检查项目应符合规定。

示警桩、示警墩、道口标柱质量过程控制应满足下列要求。

（1）示警桩、示警墩的位置应与公路线形相协调。

（2）施工过程中应加强质量检查，各检查项目应符合规定。

五、隔离栅

（一）一般规定

隔离栅施工前应对施工场地进行清理。在隔离栅安装前，应对隔离栅的设置条件、设置位置和数量等进行核对。

（二）材料要求

隔离栅所用的各种材料，为了便于采购和加工，其型号、规格、尺寸要尽可能选用标准化产品。

（三）施工规定

应根据设计文件中规定的隔离栅设置位置和实际地形条件确定控制立柱的位置和立柱中心线，在控制立柱之间按设计文件规定的柱距定出柱位。每个柱位均应按设计文件的要求确定设置高度，并应按实际地形进行调整。

（四）质量过程控制

（1）隔离栅的封闭应严密、牢固，不应出现缺口。

（2）隔离栅应与公路线形走向一致，顺直、流畅，纵坡起伏自然、美观，边坡较陡的路段应进行修坡处理。

（3）隔离栅的网面应平整、无断丝，网孔无明显倾斜。

(4) 混凝土基础尺寸和埋深、立柱的竖直度和柱间距、网面高度，以及混凝土立柱和基础的强度应符合设计文件的规定。

(5) 镀锌构件表面应均匀完整、颜色一致，表面不得有气泡、裂纹、疤痕、折叠和断面分层等缺陷。

(6) 混凝土立柱应密实、平整，无裂缝、翘曲、蜂窝、麻面等缺陷。

(7) 绿篱的高度和密度应满足设计文件的要求。

(8) 隔离墙的基础、高度和强度应满足设计文件的要求。

六、防落网

(一) 一般规定

在施工安装前，应对防落网的设置条件、设置位置和数量等进行核对。设置防落石网前，应检查路堑边坡土体、岩石的稳定性是否已达到设计文件规定的要求。

(二) 材料要求

防落物网和防落石网的所有钢构件都要进行表面防腐处理，由于防落石网受到落石冲击后会导致防腐层的局部损坏，降低防落石网的防腐效果，所以，要对防落石网进行必要的检查。

(三) 施工规定

防落物网应以上跨桥梁与公路、铁路等设施的交叉点为控制点，向两侧对称进行施工。当上跨桥梁为斜交时，防落物网的长度应根据设计文件的要求做相应调整。

防落石网施工应按照清坡、放样、基础施工、立柱及拉锚绳安装、支撑绳安装、钢丝绳网（或环形网）安装、格栅安装的工序进行施工。

(四) 质量过程控制

防落物网的质量过程控制应符合下列规定。

(1) 防落物网的封闭应严密、牢固，不应出现缺口。

(2) 防落物网的混凝土基础尺寸和埋深、立柱的竖直度和柱间距、网面高度，以及混凝土立柱和基础的强度等级应符合设计文件的规定。

(3) 防落物网的防腐处理和防雷接地处理应符合设计文件的规定。

(4) 施工过程中应加强质量检查，各检查项目应符合相关规定。

防落石网的质量过程控制应符合下列规定。

(1) 防落石网的地脚螺栓埋置深度、混凝土基础尺寸和埋深、立柱的竖直度和柱间距、拉锚绳、支撑绳、减压环、钢丝绳网（或环形网）及立柱和基础的强度等级应符合设计文件的规定。

(2) 防落石网的防腐处理和防雷接地处理应符合设计文件的规定。

(3) 施工过程中应加强质量检查，各检查项目应符合相关规定。

七、防眩设施

(一) 一般规定

桥梁段或混凝土护栏上设置防眩板、防眩网时，应在预制护栏安装到位或现浇混凝土护栏的混凝土强度达到设计强度的 80%以上时进行。各种防眩方式之间应衔接平顺，不得有突变及漏光现象。根据需要，防眩设施横向可适当偏心设置，并应由设计单位确认。

(二) 材料要求

除设计文件另行规定外，防眩板所用材料应符合现行《防眩板》(GB/T 24718—2023) 的规定。独立设置的混凝土基础所用的钢筋、水泥、细集料、粗集料、拌和用水、外加剂等材料，应符合现行《公路桥涵施工技术规范》(JTG/T 3650—2020) 的规定。所有钢构件均应进行防腐处理。

(三) 施工规定

防眩板或防眩网可通过混凝土护栏顶部的预埋件及连接件安装在混凝土护栏上。未设置预埋件时，可根据设计单位的变更文件，采取后固定的施工工艺安装。

防眩板或防眩网可通过连接件安装在波形梁护栏上。防眩板或防眩网下缘与波形梁护栏顶面的间距应符合设计文件的规定。施工过程中不应损伤波形梁护栏的防腐层，否则应在 24 h 之内予以修补。

(四) 质量过程控制

防眩板及支架的材质、防腐处理、几何尺寸应符合设计要求。预埋件的设置位置、强度和腐蚀程度应符合设计要求并经过上道工序的验收。

防眩板或防眩网安装完成后，其设置路段、防眩高度、遮光角应满足设计要求。

防眩板或防眩网整体应与公路线形协调一致，不得出现高低不平或者扭曲的外形。

防眩板或防眩网外观不应有划痕、颜色不均、变色等外观缺陷。表面不得有气泡、裂纹、疤痕、断面分层、毛刺等缺陷。

防眩板或防眩网应牢固安装。

施工过程中应加强质量检查，各检查项目应符合规定。

八、避险车道

(一) 一般规定

避险车道施工前应对其位置进行定位，确认符合设计图纸要求后，方可按程序施工。运营期间增设避险车道，应制订施工组织方案，加强施工作业安全管理，防止失控车辆闯入施工作业区。

(二) 材料要求

制动床铺装集料的规格和级配应符合设计文件的要求，并应根据现行《公路工程集料试验规程》(JTG 3432—2024) 的规定对铺装材料进行抽样筛分。

卵 (砾) 石等制动集料应根据现行《公路工程集料试验规程》(JTG 3432—2024) 的规定进行压碎值的检测试验，卵 (砾) 石等制动集料的压碎值不应大于 23%。

(三) 施工规定

避险车道的基床施工完毕，在铺设制动材料前，应对基床表面进行清扫，基床表面不应留有杂物或其他材料。

应在避险车道施工完毕后，再进行末端设置消能设施的安装或放置，消能设施的内容物应采用与制动床一致的材料。

施工结束前，应对制动床铺装材料进行平整工作，除按设计要求做的隆起部分，表面不应有明显的突起及凹陷。

(四) 质量过程控制

避险车道的结构尺寸、排水设施应符合设计文件要求。

避险车道相关的交通标志、交通标线、护栏、视线诱导等设施的设置应符合《公路交通安全设施施工技术规范》(JTG/T 3671—2021) 和设计文件的规定。

末端消能材料的设置位置及数量应符合设计文件的要求。

制动床铺装集料的规格与级配、卵 (砾) 石等制动集料的压碎值应符合设计文件的要求。

施工过程中应加强质量检查，各检查项目应符合要求。

实战演练

[2022 真题 · 单选] 关于护栏施工技术要求的说法，正确的是（　　）。

A. 立柱打入的护栏应在沥青路面基层铺筑之前进行施工

B. 混凝土桥梁护栏应在桥面的两侧对称进行施工

C. 中央分隔带开口护栏的端头基础应在上面层铺筑结束后进行施工

D. 护栏的钢构件可不进行防腐处理

[解析] 选项 A 错误，立柱打入的护栏宜在水泥混凝土路面、沥青路面下面层施工完毕后施工，不得早于路面基层施工，并控制好护栏立柱高程。选项 C 错误，中央分隔带开口护栏的端头基础和预埋基础应在路面面层施工前完成，其余部分应在路面施工后安装。选项 D 错误，所有钢构件均应进行防腐处理。

[答案] B

第二节　交通机电工程

知识点 1　交通机电工程主要构成与功能

一、监控系统

监控系统按其功能可分为 9 个子系统：交通信号监控系统、视频监视系统、紧急电话系统、火灾自动报警系统、隧道通风控制系统、隧道照明控制系统、电力监控系统、调度指令电话系统、有线广播系统。监控系统虽然由 9 个子系统组成，但它们之间并不是完全独立的，而是有机地构成一个系统。

本知识点主要介绍前 7 个子系统，其功能见表 5-2-1。

表 5-2-1　主要监控子系统的功能

监控子系统	功能
交通信号监控系统	实时监控和管理道路交通状况，提供交通流量、车速、车道占用率等数据，检测和报警交通事件，发布交通信息，优化交通信号控制
视频监视系统	通过摄像机实时监控特定区域（如隧道、收费站、服务区等）的情况，提供视频图像，帮助管理人员及时发现和处理异常情况
紧急电话系统	在紧急情况下，提供快速、可靠的通信手段，使驾驶员或行人能够与应急指挥中心联系，报告事故、故障或其他紧急情况，获取帮助
火灾自动报警系统	检测隧道、服务区等区域内的火灾情况，自动报警并启动相应的应急预案，如启动灭火系统、关闭通风系统、疏散人员等
隧道通风控制系统	自动控制通风设备的运行，确保隧道内空气质量达标，排除有害气体和烟雾
隧道照明控制系统	自动调节隧道内的照明强度，确保驾驶员的视觉舒适和安全
电力监控系统	监控和管理隧道、服务区等区域的供配电系统，确保电力供应的稳定和安全，及时发现和处理供电故障

二、通信系统

通信系统是保障高速公路安全、高速、畅通、舒适、高效运营及提高服务质量，实现现代化交通管理的重要设施，起着高速公路管理系统中枢神经的作用。

高速公路通信系统主要由光纤数字传输系统、数字程控交换系统、紧急电话系统、通信电源系统、光电缆工程及通信管道工程等组成。长、特长隧道和特大桥还应增加有线广播系统。

省高速公路通信中心的通信系统主要由光纤数字传输系统、数字程控交换系统、数字同步时钟系统、会议电视系统和通信电源系统等组成。

三、收费系统

根据《收费公路联网收费技术标准》(JTG 6310—2022)，收费公路联网收费系统应由部、省两级系统组成。部、省两级系统应相互协同配合，完成收费、结算、发行、客户服务、稽核、运行监测等业务。部级系统应包括部联网收费中心系统、部密钥管理与服务中心系统等。

省级系统应包括省联网收费中心系统、省级在线密钥系统、区域/路段中心系统（可选)、收费站系统、电子不停车收费（electronic toll collection，ETC）门架系统、收费车道系统、客户服务系统等。根据各省（区、市）联网收费系统运营管理架构的差异，可选建区域/路段中心系统，也可在区域/路段中心系统实现收费站系统功能。

下面对一些系统进行阐述。

（一）部联网收费中心系统

部联网收费中心系统应由部级拆分结算系统、部级交易对账系统、全网费率管理与计费系统、发票服务系统、稽核管理系统、全网运行监测系统、数据管理与服务系统、基础信息管理系统、预约通行系统、人工收费（manual toll collection，MTC）通行介质管理系统、发行认证与监管系统、咨询与投诉系统等构成。

（二）省联网收费中心系统

省联网收费中心系统宜由省级拆分结算系统、省级交易对账系统、省级费率管理与计费系统、通行费手机支付系统、省级稽核管理系统、省级运行监测系统、省级数据管理与服务系统、复合通行卡（compound pass card，CPC）发行系统、省级在线密钥系统、省级时钟校时系统等构成。省联网收费中心系统功能可由一个或多个机构承担。

（三）区域/路段中心系统

区域/路段中心系统可由收费管理系统、特情管理系统、稽核管理系统、系统运行状态监测系统、收费视频监控系统、统计报表管理系统、数据传输系统等构成。区域/路段中心系统构成宜采用星型开放网络结构，应配置计算和存储设备、网络设备、网络安全设备、管理工作站、打印机、不间断电源（uninterruptible power supply，UPS）等，计算和存储可采用云计算技术实现。区域/路段中心的收费业务与监控业务可共用大屏幕显示系统、数据存储设备。

（四）ETC 门架系统

ETC 门架系统应由车道控制器、路侧单元（road side unit，RSU)、高清摄像机、车牌图像识别设备、补光灯、门架服务器、网络安全设备等构成，可选择配置车辆检测器。ETC 门架系统功能应符合下列规定：

（1）应支持与双片式车载单元（on board unit，OBU)、单片式 OBU 和 CPC 的交易处理流程，形成 ETC 通行记录、MTC 通行记录并上传，同时具备并发交易处理能力。交易处理流程应符合相关规定。

（2）应自动识别所有通行车辆车牌颜色和车牌号码，将所有识别出的车牌信息、车辆图像信息以及通行时间、ETC 门架系统相关信息等形成图像流水记录并上传。

(3) 应具备支持上级系统对 ETC 门架系统上传流水记录的及时性、完整性、准确性进行监测的功能。

(4) 应具备对生成的通行记录、图像流水记录、车牌图像识别原始图片及视频图像进行存储、查询的功能，存储应具有容错及备份机制。

(5) 宜具备去重机制，并实现对通行记录、图像流水记录的自动匹配。

(6) 宜具备 ETC 门架计费缺失拟合功能。

(7) 应具备接收并更新部、省联网收费中心系统下发的 ETC 门架系统相关系统参数和文件功能。

(8) 应允许远程授权登录，调整关键设备参数，获取 ETC 门架日志，备份流水和图片，支持系统在线升级。

(9) 应具备通过设备接口实现对 ETC 门架系统及设备状态进行监测的功能，应实时监测并上传设备运行状态。

(10) 应具备自我恢复功能。当软件异常时，应能自动恢复至正常运行状态，无须人为介入。

(五) 收费站系统

收费站系统可由收费管理系统、站级运行监测系统、特情管理系统、MTC 通行介质管理系统、交接班管理系统、统计分析系统、票据管理系统、站级传输系统等构成。收费站系统网络宜采用星型开放网络结构，应配置计算和存储设备、网络设备、网络安全设备、管理工作站、打印机、UPS 等，计算和存储可采用云计算技术实现。

四、供配电及照明系统

(一) 供配电系统

通常公路供配电系统主要由 10 kV 电源线路、变配电所、供配电线路和低压配电箱等构成。其中，供配电线路按电压等级可分为 10 kV 高压线路、380/220 V 低压配电线路；按传输介质可分为架空电线路和电缆线路。

(二) 照明系统

公路隧道照明系统一般由低压电源线、配电箱（包括低压开关）、低压配电线、灯杆、光源和灯具组成。公路隧道照明系统的照明方式可以分为一般照明、局部照明和混合照明；照明种类可以分为正常照明和应急照明。

实战演练

[2024 真题·单选] 下列线路中，属于供配电线路的是（　　）。

A. 视频传输线路　　B. 10 kV 高压线路

C. 通信线路　　D. 接地防雷线路

[解析] 供配电线路按电压等级可分为 10 kV 高压线路、380/220 V 低压配电线路；按传输介质可分为架空电线路和电缆线路。

[答案] B

[2024 真题·多选] 下列系统中，属于交通机电工程监控系统的有（　　）。

A. 公路收费子系统

B. 火灾自动报警系统

C. 隧道通风控制系统

D. 沉降观测子系统

E. 电力监控系统

［解析］监控系统按其功能可分为9个子系统：交通信号监控系统、视频监视系统、紧急电话系统、火灾自动报警系统、隧道通风控制系统、隧道照明控制系统、电力监控系统、调度指令电话系统、有线广播系统。

［答案］BCE

知识点 2 交通机电工程主要设施施工技术要求

一、监控设施施工

监控设施施工包括外场设施、监控（分）中心设备等的安装、调试等内容。监控设施安装应在具备下列条件时进行。

（1）相关的预留孔洞、预埋件已完成，具备安装条件。

（2）监控（分）中心的装饰工程基本完成，防雷接地设施已完工并测试合格，具备安装条件。

（3）设备基础混凝土强度已达到设计强度的75%以上。

（4）网络规划、视频叠加信息规划已完成。

二、收费设施施工

收费设施施工包括收费车道设施、ETC门架系统、收费站、收费（分）中心设备等的安装和调试等内容。收费设施安装应在具备下列条件时进行。

（1）收费广场的路基、路面工程及收费天棚工程已完成。

（2）收费岛主体工程及机房装饰装修工程、站区相关的预留孔洞、预埋件已完成。

（3）收费广场、收费站区设备基础已完成。

（4）收费广场、收费站区接地设施施工已完成并测试合格。

收费车道设备安装应牢固、可靠，安装线形应顺适美观，视频采集端、显示设备视认方向不应被遮挡。收费车道设备、收费站（广场）设备、收费（分）中心设备及设备立柱的竖直度不应大于5 mm/m。设计文件未规定时，收费岛上设备立柱颜色宜保持统一。收费站多车道同种设备安装应保持线形顺适美观。

配电箱、设备箱内信号线、电源线及其接插头应明显区分，标识清晰，箱内应附有永久性接线图，并做好防水处理。

三、通信设施施工

通信设施施工包括机柜安装及传输设备、语音交换设备、电源设备等的安装和调试等内容。通信设备安装应在具备下列条件时进行。

（1）机房内部装饰装修工作已完工。

（2）机房内部各处的预留孔洞、预埋件的规格、尺寸、位置、数量等符合设计要求。

（3）照明、通信电源等设备能正常使用。

（4）室内温度、湿度、洁净度符合设计要求。

（5）机房建筑的防雷接地和保护接地及引线完工，接地电阻测试合格。

通信设备安装时应正确佩戴防静电手腕带。

四、供配电设施施工

供配电设施的安装与调试包括计量柜、变压器、箱式变电站、中低压配电柜（盘和箱）、UPS与消防应急电源（emergency power supply，EPS）、柴油发电机组、风/光供电系统、电力监控系统、母线等的安装和调试等内容。供配电设施安装应在具备下列条件时进行。

（1）变配电所的房建设施已完善，防鼠隔网等防护设施安装齐备，周围排水通畅，房屋无漏雨、渗水现象，发电机室已有专用柴油发电机组通风窗。

（2）室内顶棚、墙体的装饰面已施工完成，室内干燥、整洁无杂物，符合设计要求。

（3）设备基础已完成；预留预埋符合设计要求。

（4）各类电缆沟施工已完毕，沟内干净整洁、无杂物；电缆沟支架安装牢固，间距及形式符合设计要求。

电气设备的外露可导电部分应单独与保护导体相连接，做局部等电位联结，不得串联连接，连接导体的材质、截面积应符合设计要求。

五、照明设施施工

照明设施施工包括公路沿线、交汇区、公路沿线特殊设施及场所的照明灯具、照明接线箱、照明杆体等的安装和调试等内容。照明设施安装应在具备下列条件时进行。

（1）路面（桥面）高程已确定，具备复测条件。

（2）同混凝土护栏等构造物整体浇筑的照明立柱基础已施工完毕，并检查合格。

（3）基础预埋件已完成，经检查合格。

第二部分

公路工程相关法规与标准

第六章

相关法规

本章导学

本章主要介绍公路建设法规体系和标准体系、公路建设管理相关规定。公路建设管理相关规定是本章的重点内容，包括公路建设市场管理、公路建设信用信息管理、公路工程设计变更管理和公路工程验收等相关规定。本章内容以最新考试大纲为框架，根据《公路工程标准体系》(JTG 1001—2017)、《公路建设市场管理办法》(中华人民共和国交通运输部令 2015 年第 11 号)、《公路建设市场信用信息管理办法（试行）》(交公路规〔2021〕3 号)、《公路施工企业信用评价规则（试行）》(交公路规〔2021〕4 号)、《公路工程设计变更管理办法》(中华人民共和国交通部令 2005 年第 5 号)、《公路工程竣（交）工验收办法实施细则》(交公路发〔2010〕65 号）等编写。从历年考试来看，本章内容多以选择题的形式进行考查，考查难度不大，考生掌握相关规定即可。

第一节 公路建设法规体系和标准体系

知识点 1 公路建设法规体系

公路建设法规体系包括国家级和地方级两个部分的内容，见表 6-1-1。

表 6-1-1 公路建设法规体系

级别	内容
国家级	国家级包括国家法律、国家行政法规和交通运输部法规，它们共同构成了公路建设管理的法律框架
地方级	地方级包括地方行政法规和地方规章，进一步细化和补充了地方性的公路建设管理规定

知识点 2 公路建设标准体系

标准体系是编制标准制、修订规划和计划的重要依据。《公路工程标准体系》（JTG 1001—2017）是公路领域现有、应有和预计制订标准的蓝图，随着科学技术的发展而不断更新和充实。

一、总则

体系范围包括公路工程从规划建设到养护管理全过程所需要制定的技术、管理与服务标准，也包括相关的安全、环保和经济方面的评价等标准。

体系制定贯彻创新、协调、绿色、开放、共享的发展理念，立足公路交通发展阶段的内在联系和规律，反映一定时期内公路工程发展的需求。

体系标准分为强制性标准和推荐性标准。涉及保障人身健康和生命财产安全、国家安全、生态环境安全和满足社会经济管理基本要求的为强制性标准，其余为推荐性标准。

体系结构充分考虑公路建设、管理、养护、运营需协调的各种要求、指标、概念以及相互关系，并随着科学技术的发展不断地更新和完善。

二、体系结构

公路工程标准的体系结构分为 3 层。

第一层为板块，按照公路建设、管理、养护、运营协调发展要求所做的标准分类。

第二层为模块，在各板块中归纳现有、应有和计划制修订的标准的具体类别。

第三层为标准。

三、板块构成

公路工程标准体系由总体、通用、公路建设、公路管理、公路养护、公路运营 6 个板块构成，如图 6-1-1 所示。

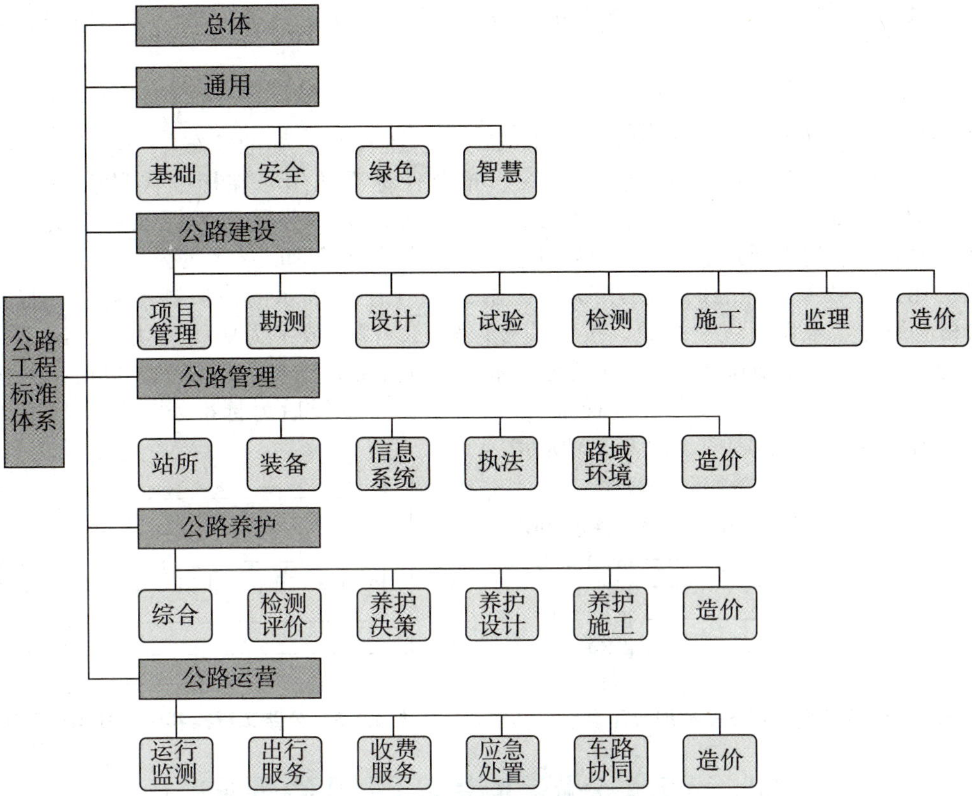

图 6-1-1　公路工程标准体系框架

（1）总体板块是公路工程标准体系、标准管理及标准编制的总体要求，明确公路工程标准的定位，是公路工程标准管理及编写应执行的规定和要求。

（2）通用板块是公路建设、管理、养护、运营所遵循的基本要求，明确公路建设、公路管理、公路养护和公路运营 4 个板块的共性功能、指标及相互关系。

（3）公路建设板块是实施公路新建和改（扩）建工程所遵循的技术和管理要求。

（4）公路管理板块是公路管理和运政执法所遵循的技术和管理要求。

（5）公路养护板块是公路既有基础设施维护所遵循的技术和管理要求。

（6）公路运营板块是公路运营、出行服务和智能化所遵循的技术、管理和服务要求。

公路建设、公路管理、公路养护、公路运营板块中对同一事物从不同角度提出的要求应相互协调、互为补充。

四、内容及范围

（1）总体板块，由《公路工程标准体系》（JTG 1001—2017）、《公路工程行业标准制修订管理导则》（JTG 1002—2022）、《公路工程行业标准编写导则》（JTG 1003—2023）等标准构成。

（2）通用板块，由基础、安全、绿色、智慧等模块构成。

（3）公路建设板块，由项目管理、勘测、设计、试验、检测、施工、监理、造价等模块构成。

（4）公路管理板块，由站所、装备、信息系统、执法、路域环境、造价等模块构成。

（5）公路养护板块，由综合、检测评价、养护决策、养护设计、养护施工、造价等模块构成。

（6）公路运营板块，由运行监测、出行服务、收费服务、应急处置、车路协同、造价等模块构成。

五、编号规则

标准编号由标准代号、板块序号、模块序号、标准序号、标准发布年号组成。标准编号规则为 JTG（/T）××××.×—××××。推荐性标准的编号在标准代号后加“/T”表示；JTG 是交、通、公三字汉语拼音的首字母；后面的第一位数字为标准的板块序号，其中 1 代表总体、2 代表通用、3 代表公路建设、4 代表公路管理、5 代表公路养护、6 代表公路运营；第二位数字为标准的模块序号，根据图 6-1-1 中所表示的模块顺序由左往右分别从 1 开始相应编号，未设模块一级的，按 0 编号；第三、四位数字为所属模块的标准序号，按顺序编号，在具体标准编制中，若同属同一标准，但需要分成若干部分单独成册，并构成系列标准的，从 1～9 按顺序编号，前面加“.”表示；一字线后为标准发布年份，按 4 位编号。标准编号示意如图 6-1-2、图 6-1-3 所示。

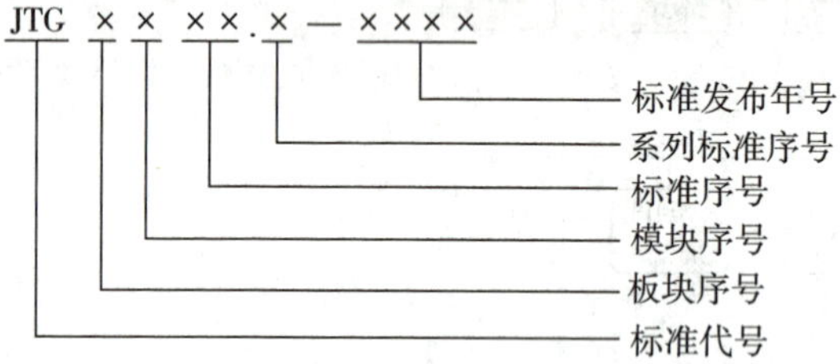

图 6-1-2　公路工程强制性标准编号示意

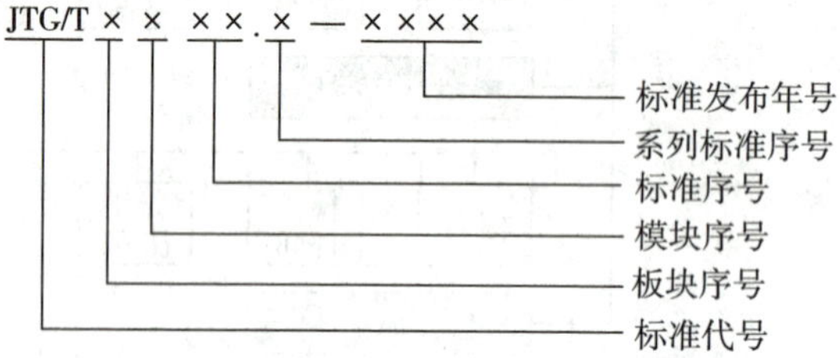

图 6-1-3　公路工程推荐性标准编号示意

第二节　公路建设管理相关规定

知识点 1　公路建设市场管理

一、《公路建设市场管理办法》相关规定

（一）市场准入管理

（1）凡符合法律、法规规定的市场准入条件的从业单位和从业人员均可进入公路建设市场，任何单位和个人不得对公路建设市场实行地方保护，不得对符合市场准入条件的从业单位和从业人员实行歧视待遇。

（2）公路建设项目依法实行项目法人负责制。项目法人可自行管理公路建设项目，也可委托具备法人资格的项目建设管理单位进行项目管理。

项目法人或者其委托的项目建设管理单位的组织机构、主要负责人的技术和管理能力应当满足拟建项目的管理需要，符合国务院交通运输主管部门有关规定的要求。

（3）收费公路建设项目法人和项目建设管理单位进入公路建设市场实行备案制度。

收费公路建设项目可行性研究报告批准或依法核准后，项目投资主体应当成立或者明确项目法人。项目法人应当按照项目管理的隶属关系将其或者其委托的项目建设管理单位的有关情况报交通运输主管部门备案。

对不符合规定要求的项目法人或者项目建设管理单位，交通运输主管部门应当提出整改要求。

（4）公路工程勘察、设计、施工、监理、试验检测等从业单位应当按照法律、法规的规定，取得有关管理部门颁发的相应资质后，方可进入公路建设市场。

（5）法律、法规对公路建设从业人员的执业资格作出规定的，从业人员应当依法取得相应的执业资格后，方可进入公路建设市场。

（二）市场主体行为管理

（1）公路建设项目法人应当按照公开、公平、公正的原则，依法组织公路建设项目的招标投标工作。不得规避招标，不得对潜在投标人和投标人实行歧视政策，不得实行地方保护和暗箱操作。

（2）公路工程的勘察、设计、施工、监理单位和设备、材料供应单位应当依法投标，不得弄虚作假，不得串通投标，不得以行贿等不合法手段谋取中标。

（3）公路建设项目法人与中标人应当根据招标文件和投标文件签订合同，不得附加不合理、不公正条款，不得签订虚假合同。国家投资的公路建设项目，项目法人与施工、监理单位应当按照国务院交通主管部门的规定，签订廉政合同。

（4）公路建设项目依法实行施工许可制度。国家和国务院交通运输主管部门确定的重点公路建设项目的施工许可由省级人民政府交通运输主管部门实施，其他公路建设项目的施工许可按照项目管理权限由县级以上地方人民政府交通运输主管部门实施。

（5）项目施工应当具备以下条件。

①项目已列入公路建设年度计划。

②施工图设计文件已经完成并经审批同意。

③建设资金已经落实，并经交通主管部门审计。

④征地手续已办理，拆迁基本完成。

⑤施工、监理单位已依法确定。

⑥已办理质量监督手续，已落实保证质量和安全的措施。

（6）公路建设从业单位应当按照合同约定全面履行义务。

（7）公路工程实行政府监督、法人管理、社会监理、企业自检的质量保证体系。交通运输主管部门及其所属的质量监督机构对工程质量负监督责任；项目法人对工程质量负管理责任；勘察设计单位对勘察设计质量负责；施工单位对施工质量负责；监理单位对工程质量负现场管理责任；试验检测单位对试验检测结果负责；其他从业单位和从业人员按照有关规定对其产品或者服务质量负相应责任。

（8）公路建设从业单位和从业人员应当严格执行国家有关安全生产的法律、法规、国家标准及行业标准，建立健全安全生产的各项规章制度，明确安全责任，落实安全措施，履行安全管理的职责。

（9）公路建设项目法人应当合理确定建设工期，严格按照合同工期组织项目建设。项目法人不得随意要求更改合同工期。如遇特殊情况，确需缩短合同工期的，经合同双方协商一致，可以缩短合同工期，但应当采取措施，确保工程质量，并按照合同规定给予经济补偿。

（10）公路建设项目法人应当按照国家有关规定管理和使用公路建设资金，做到专款专用，专户储存；按照工程进度，及时支付工程款；按照规定的期限及时退还保证金、办理工程结算。不得拖欠工程款和征地拆迁款，不得挤占挪用建设资金。

施工单位应当加强工程款管理，做到专款专用，不得拖欠分包人的工程款和农民工工资。项目法人对工程款使用情况进行监督检查时，施工单位应当积极配合，不得阻挠和拒绝。

（11）勘察、设计单位经项目法人批准，可以将工程设计中跨专业或者有特殊要求的勘察、设计工作委托给有相应资质条件的单位，但不得转包或者二次分包。监理工作不得分包或者转包。

（12）施工单位可以将非关键性工程或者适合专业化队伍施工的工程分包给具有相应资格条件的单位，并对分包工程负连带责任。允许分包的工程范围应当在招标文件中规定。分包工程不得再次分包，严禁转包。任何单位和个人不得违反规定指定分包、指定采购或者分割工程。项目法人应当加强对施工单位工程分包的管理，所有分包合同须经监理审查，并报项目法人备案。

(13) 施工单位可以直接招用农民工或者将劳务作业发包给具有劳务分包资质的劳务分包人。施工单位招用农民工的，应当依法签订劳动合同，并将劳动合同报项目监理工程师和项目法人备案。劳务分包人应当接受施工单位的管理，按照技术规范要求进行劳务作业。劳务分包人不得将其分包的劳务作业再次分包。

二、《公路工程设计施工总承包管理办法》相关规定

设计施工总承包（以下简称总承包），是指将公路工程的施工图勘察设计、工程施工等工程内容由总承包单位统一实施的承发包方式。国家鼓励具备条件的公路工程实行总承包。总承包可以实行项目整体总承包，也可以分路段实行总承包，或者对交通机电、房建及绿化工程等实行专业总承包。项目法人可以根据项目实际情况，确定采用总承包的范围。

（一）总承包单位选择及合同要求

总承包单位由项目法人依法通过招标方式确定。项目法人负责组织公路工程总承包招标。公路工程总承包招标应当在初步设计文件获得批准并落实建设资金后进行。

总承包单位应当具备以下要求。

(1) 同时具备与招标工程相适应的勘察设计和施工资质，或者由具备相应资质的勘察设计和施工单位组成联合体。

(2) 具有与招标工程相适应的财务能力，满足招标文件中提出的关于勘察设计、施工能力、业绩等方面的条件要求。

(3) 以联合体投标的，应当根据项目的特点和复杂程度，合理确定牵头单位，并在联合体协议中明确联合体成员单位的责任和权利。

(4) 总承包单位（包括总承包联合体成员单位，下同）不得是总承包项目的初步设计单位、代建单位、监理单位或以上单位的附属单位。

总承包招标文件的编制应当使用交通运输部统一制定的标准招标文件。在总承包招标文件中，应当对招标内容、投标人的资格条件、报价组成、合同工期、分包的相关要求、勘察设计与施工技术要求、质量等级、缺陷责任期工程修复要求、保险要求、费用支付办法等作出明确规定。

总承包招标应当向投标人提供初步设计文件和相应的勘察资料，以及项目有关批复文件和前期咨询意见。

总承包投标文件应当结合工程地质条件和技术特点，按照招标文件要求编制。投标文件应当包括以下内容。

(1) 初步设计的优化建议。

(2) 项目实施与设计施工进度计划。

(3) 拟分包专项工程。

(4) 报价清单及说明。

(5) 按招标人要求提供的施工图设计技术方案。

(6) 以联合体投标的，还应当提交联合体协议。

(7) 以项目法人和总承包单位的联合名义依法投保相关的工程保险的承诺。

招标人应当合理确定投标文件的编制时间，自招标文件开始发售之日起至投标人提交投标文件截止时间止，不得少于 60 d。招标人应当根据项目实际情况，提出投标人在投标文件中提供施工图设计技术方案的具体要求。招标人在招标文件中明确中标人有权使用未中标人

的技术方案的，一般应当同时明确给予相应的费用补偿。

招标人应当根据工程地质条件、技术特点和施工难度确定评标方法。评标专家抽取应当符合有关法律法规的规定。评标委员会应当包含勘察设计、施工等专家，总人数应当不少于9人。

项目法人应当与中标单位签订总承包合同。项目法人和总承包单位应当在招标文件或者合同中约定总承包风险的合理分担。风险分担可以参照以下因素约定。

项目法人承担的风险如下。

（1）项目法人提出的工期调整、重大或者较大设计变更、建设标准或者工程规模的调整。

（2）因国家税收等政策调整引起的税费变化。

（3）钢材、水泥、沥青、燃油等主要工程材料价格与招标时基价相比，波动幅度超过合同约定幅度的部分。

（4）施工图勘察设计时发现的在初步设计阶段难以预见的滑坡、泥石流、突泥、涌水、溶洞、采空区、有毒气体等重大地质变化，其损失与处治费用可以约定由项目法人承担，或者约定项目法人和总承包单位的分担比例。工程实施中出现重大地质变化的，其损失与处治费用除保险公司赔付外，可以约定由总承包单位承担，或者约定项目法人与总承包单位的分担比例。因总承包单位施工组织、措施不当造成的上述问题，其损失与处治费用由总承包单位承担。

（5）其他不可抗力所造成的工程费用的增加。除项目法人承担的风险外，其他风险可以约定由总承包单位承担。

总承包费用或者投标报价应当包括相应工程的施工图勘察设计费、建筑安装工程费、设备购置费、缺陷责任期维修费、保险费等。总承包采用总价合同，除应当由项目法人承担的风险费用外，总承包合同总价一般不予调整。

项目法人应当在初步设计批准概算范围内确定最高投标限价。

（二）总承包管理

项目法人应当依据合同加强总承包管理，督促总承包单位履行合同义务，加强工程勘察设计管理和地质勘察验收，严格对工程质量、安全、进度、投资和环保等环节进行把关。

项目法人对总承包单位在合同履行中存在过失或偏差行为，可能造成重大损失或者严重影响合同目标实现的，应当对总承包单位法人代表进行约谈，必要时可以依据合同约定，终止总承包合同。

总承包单位应当按照合同规定和工程施工需要，分阶段提交详勘资料和施工图设计文件，并按照审查意见进行修改完善。施工图设计应当符合经审批的初步设计文件要求，满足工程质量、耐久和安全的强制性标准和相关规定，经项目法人同意后，按照相关规定报交通运输主管部门审批。施工图设计经批准后方可组织实施。

总承包单位依据总承包合同，对施工图设计及工程质量、安全、进度负总责。负责施工图勘察设计、工程施工和缺陷责任期工程修复工作，配合项目法人完成征地拆迁、地方协调、项目审计及交竣工验收等工作。

项目法人根据建设项目的规模、技术复杂程度等要素，依据有关规定程序选择社会化的监理开展工程监理工作。监理单位应当依据有关规定和合同，对总承包施工图勘察设计、工程质量、施工安全、进度、环保、计量支付和缺陷责任期工程修复等进行监理，对总承包单位编制的勘察设计计划、采购与施工的组织实施计划、施工图设计文件、专项技术方案、项目实施进度计划、质量安全保障措施、计量支付、工程变更等进行审核。

总承包工程应当按照批准的施工图设计组织施工。总承包单位应当根据工程特点和合同约定，细化设计施工组织计划，拟定设计施工进度安排、工程质量和施工安全目标、环境保护措施、投资完成计划。

总承包单位应当加强设计与施工的协调，建立工程管理与协调制度，根据工程实际及时完善、优化设计，改进施工方案，合理调配设计和施工力量，完善质量保证体系。

工程永久使用的大宗材料、关键设备和主要构件可由项目法人依法招标采购，也可由总承包单位按规定采购。招标人在招标文件中应当明确采购责任。由总承包单位采购的，应当采取集中采购的方式，采购方案应当经项目法人同意，并接受项目法人的监督。

总承包单位应当加强对分包工程的管理。选择的分包单位应当具备相应资格条件，并经项目法人同意，分包合同应当送项目法人。

总承包工程应当按照招标文件明确的计量支付办法与程序进行计量支付。

当采用工程量清单方式进行管理时，总承包单位应当依据交通运输主管部门批准的施工图设计文件，按照各分项工程合计总价与合同总价一致的原则，调整工程量清单，经项目法人审定后作为支付依据；工程实施中，按照清单及合同条款约定进行计量支付；项目完成后，总承包单位应当根据调整后最终的工程量清单编制竣工文件和工程决算。

总承包工程实施过程中需要设计变更的，较大变更或者重大变更应当依据有关规定报交通运输主管部门审批。一般变更应当在实施前告知监理单位和项目法人，项目法人认为变更不合理的有权予以否定。任何设计变更不得降低初步设计批复的质量安全标准，不得降低工程质量、耐久性和安全度。

三、《公路工程施工分包管理办法》相关规定

施工分包，是指承包人将其所承包工程中的部分发包给其他专业施工企业，由分包人自行编制施工方案并组织完成全部施工作业的施工活动。

除施工分包以外，承包人（分包人）与他人合作完成的其他以劳务活动为主，由劳务企业提供劳务作业人员及所需机具（不限制规模），由承包人（分包人）负责施工方案编制和组织实施并统一控制工程质量、施工进度、主要材料采购、生产安全等的施工活动统称为劳务合作。

（一）管理职责

国务院交通运输主管部门负责制定全国公路工程施工分包管理的制度规定，对省级人民政府交通运输主管部门的公路工程施工分包管理行为进行指导和监督检查。

省级人民政府交通运输主管部门负责本行政区域内公路工程施工分包活动的监督与管理工作；制定本行政区域公路工程施工分包管理的实施细则、分包合同和劳务合作合同的示范格式文本等。

发包人应当加强对施工分包活动的管理，建立健全分包管理制度，并对分包人的施工行为与合同履行情况负有监督职责。

承包人和分包人均应在现场设立管理机构。

（二）分包条件

承包人按照合同约定或者经发包人书面同意，可以将中标项目中负面清单以外的部分单位工程、分部工程或者分项工程分包给满足相应条件的其他专业施工单位完成。其中，单位工程设有资质要求的，单位工程及所含分部工程、分项工程的分包人应当具备国家规定的相应专业承包资质条件；其他单位工程及所含分部工程、分项工程的分包人应当具备的条件由发包人根据工程实际情况确定，但不得违反法律法规等相关规定。

发包人不得在招标文件中设置对分包的歧视性条款。

公路工程施工分包负面清单所列主体和关键性工作不得进行施工分包，负面清单由国务

院交通运输主管部门另行制定发布并动态更新。省级人民政府交通运输主管部门可根据本行政区域内公路工程建设实际情况对负面清单内容进行增补，增补后的负面清单应及时报国务院交通运输主管部门。

分包人不得将承接的分包工程再进行分包和转包，但可将劳务作业分包给具有施工劳务资质的劳务合作企业。

分包人应当具备如下条件。

（1）具有经依法登记的法人资格。

（2）具有从事类似工程经验的管理与技术人员。

（3）具有（自有或租赁）分包工程所需的施工设备和辅助设施。

（4）单位工程设有资质要求的，单位工程及所含分部工程、分项工程的分包人应当具备国家规定的相应专业承包资质条件。

（三）行为管理

1. 禁止转包

禁止将承包的公路工程进行转包。有下列情形之一的，属于转包。

（1）承包人将承包的全部工程发包给他人的（包括母公司承接公路工程后将所承接全部工程交由具有独立法人资格的子公司施工的情形）。

（2）承包人将承包的全部工程肢解后以分包的名义分别发包给他人的。

（3）合同明确约定由承包人负责采购的主要建筑材料、构配件及工程设备或租赁的施工机械设备，全部由其他单位或个人采购、租赁，或承包人不能提供有关采购、租赁合同及发票等证明，又不能进行合理解释并提供相应证明的。

（4）承包人未在施工现场设立现场管理机构和派驻相应人员对全部工程的施工活动实施有效管理，或者派驻的项目负责人和其他主要管理人员中一人及以上与承包人没有订立劳动合同且没有建立劳动工资和社会养老保险关系，或者派驻的项目负责人未对全部工程的施工活动进行组织管理，又不能进行合理解释并提供相应证明的。

（5）劳务合作企业承包的范围是承包人承包的全部工程，劳务合作企业计取的是除上缴给承包人“管理费”之外的全部工程价款的。

（6）承包人通过采取合作、联营、个人承包等形式或名义，直接或变相将其承包的全部工程转给他人的。

（7）施工分包发包单位不是承包人且不属于违法分包的。

（8）发包人与承包人之间没有工程款收付关系，或者承包人收到款项扣除“管理费”后将剩余全部款项转拨给其他单位或个人的。

（9）两个以上的单位组成联合体承包人，在联合体分工协议中约定或者在项目实际实施过程中，联合体一方不进行施工也未对施工活动进行组织管理的，并且向联合体其他方收取“管理费”或者其他类似费用的，视为联合体一方将承包的工程转包给联合体其他方。

（10）法律、法规规定的其他转包行为。

2. 禁止分包

禁止下列公路工程违法分包行为。

（1）承包人将工程分包给个人或者不具备相应条件企业的。

（2）承包人将公路工程施工分包负面清单所列主体和关键性工作分包的。

（3）承包人将合同文件中明确不得分包的工程（后期报经发包人书面同意的除外）进行分包的。

（4）分包人以他人名义承揽分包工程的。

（5）以劳务合作名义进行施工分包的。

（6）分包人将分包工程再进行分包的。

（7）法律、法规规定的其他违法分包行为。

有下列情形之一的，视为施工分包违法。

（1）分包合同内容未经监理人审查或者未报发包人书面同意的。

（2）承包人未与分包人依法签订分包合同或者分包合同未遵循承包合同的各项原则，不满足承包合同中相应要求的。

（3）承包人（分包人）未在施工现场设立现场管理机构和派驻相应人员对分包工程的施工活动实施有效管理的。

（4）法律、法规规定的其他情形。

有下列行为之一的，属上述规定的以劳务合作名义进行施工分包。

（1）劳务合作企业除计取劳务作业费用外，还计取主要建筑材料款。

（2）承包人（分包人）未对其发包的劳务作业进行技术、质量、安全等指导培训和有效管理，由劳务合作企业自行负责施工方案编制以及相关试验检测、工程控制测量、工程档案资料编制、质量安全管理等组织实施工作。

（3）法律、法规规定的其他以劳务合作名义进行施工分包的行为。

3. 其他规定

交通运输主管部门、发包人应当建立承包人和分包人信用管理台账，及时、客观、公正地对承包人和分包人进行信用评价。

发包人应当在招标文件中明确统一采购的主要材料及构、配件等的采购方式。

承包人与分包人应当依法纳税。承包人因为税收抵扣向发包人申请出具相关手续的，发包人应当予以办理。

分包人有权与承包人共同享有分包工程业绩。分包人业绩证明由承包人与发包人共同出具。

分包人以分包业绩证明承接工程的，发包人应当予以认可。分包人以分包业绩证明申报资质的，相关交通运输主管部门应当予以认可。

劳务合作不属于施工分包。劳务合作企业以分包人名义申请施工分包业绩证明的，承包人与发包人不得出具。

实战演练

[2020 真题·单选] 根据《公路工程施工分包管理办法》，分包人业绩证明由（　　）出具。

A. 承包人与发包人共同　　B. 发包人和监理共同

C. 发包人　　D. 承包人

[解析] 分包人有权与承包人共同享有分包工程业绩。分包人业绩证明由承包人与发包人共同出具。

[答案] A

[2018 真题·单选] 根据《公路工程设计施工总承包管理办法》，可以作为总承包单位或总承包联合体成员单位的是（　　）。

A. 初步设计单位　　B. 施工图设计单位

C. 代建单位　　D. 监理单位

[解析] 总承包单位（包括总承包联合体成员单位）不得是总承包项目的初步设计单位、代建单位、监理单位或以上单位的附属单位。

[答案] B

[2024 真题·案例节选]

背景资料：

某施工单位承建长 10 km 的双向四车道高速公路沥青路面工程，所处路段横断面形式为半填半挖和路堑，当地年降水量为 650 mm……

施工过程中发生以下事件。

……

事件三：施工单位（承包人）根据招投标文件和交通运输部发布的《公路工程施工分包管理办法》，将本工程的沥青路面面层摊铺施工分包给了符合要求的分包人，承包人还与劳务合作公司签订了劳务合作合同。工程竣工后，分包人及劳务合作公司均向承包人和发包人提出申请施工分包业绩证明的要求。

[问题]

5. 承包人和发包人对分包人、劳务合作公司提出申请施工分包业绩证明的要求是否支持？若不支持说明理由。分包人和劳务合作公司各自承担工作的施工方案分别由谁负责编制？

[答案]

5.（1）承包人和发包人对分包人提出申请施工分包业绩证明的要求支持，对劳务合作公司提出申请施工分包业绩证明的要求不支持。

理由：劳务合作不属于施工分包。劳务合作企业以分包人名义申请施工分包业绩证明的，承包人与发包人不得出具。

（2）分包人的施工方案由分包单位编制；劳务合作公司的施工方案由承包人编制。

知识点 2　公路建设信用信息管理

一、《公路建设市场信用信息管理办法（试行）》相关规定

公路建设市场信用信息，是指各级交通运输主管部门、公路建设管理有关部门或单位、公路行业社团组织、司法机关在履行职责过程中，以及从业单位和从业人员在工作过程中产生、记录、归集的能够反映公路建设从业单位和从业人员基本情况、市场表现等信用状况的各类信息。信用信息管理应遵循客观、公正的原则，确保信用信息的真实性、完整性、及时性和准确性。

（一）管理职责

公路建设市场信用信息管理实行统一管理、分级负责。

国务院交通运输主管部门负责全国公路建设市场信用信息的管理工作。主要职责如下。

（1）组织制定全国公路建设市场信用信息管理的规章制度。

（2）建立和完善全国公路建设市场信用信息管理系统，发布由国务院有关部门许可的公路工程从业单位的基本情况、奖惩记录、信用评价结果，以及国家审批或核准的重点公路建设项目信息等。

（3）指导省级交通运输主管部门的公路建设市场信用信息管理工作。

省级交通运输主管部门负责本行政区域内的公路建设市场信用信息的管理工作。主要职责如下。

（1）结合本行政区域的实际情况，制定公路建设市场信用信息管理实施细则和管理制度并组织实施。

（2）建立和完善省级公路建设市场信用信息管理系统。

（3）发布以下信息：①本行政区域内公路建设从业单位基本情况（由国务院交通运输主管部门负责发布的除外）；②本行政区域内从业单位的奖惩记录和信用评价结果；③公路建

设项目信息；④其他与公路建设市场有关的信息。

(4) 向国务院交通运输主管部门报送从业单位奖惩信息、信用评价结果、重点公路建设项目信息、其他与公路建设市场有关的信息。

(二) 信用信息内容

公路建设市场信用信息包括公路建设从业单位的基本信息、表彰奖励类良好行为信息、不良行为信息和信用评价信息，具体内容见表 6-2-1。

表 6-2-1　公路建设市场信用信息

项目	内容
从业单位基本信息	区分从业单位身份、反映从业单位状况的信息，主要有： (1) 从业单位名称、法定代表人、注册登记基本情况及社会信用代码； (2) 基本财务指标、在金融机构开立基本账户情况； (3) 资质、资格情况； (4) 主要经济、管理和工程技术从业人员的职称及执业资格基本状况； (5) 自有设备基本状况； (6) 近 5 年主要业绩及全部在建的公路项目情况等
从业单位表彰奖励类良好行为信息	(1) 模范履约、诚信经营，受到市级及以上交通运输主管部门、与公路建设有关的政府监督部门或机构表彰和奖励的信息； (2) 被省级及以上交通运输主管部门评价为最高信用等级（AA 级）的记录
从业单位不良行为信息	(1) 从业单位在从事公路建设活动以及信用信息填报过程中违反有关法律、法规、标准等要求，受到市级及以上交通运输主管部门、与公路建设有关的政府监督部门或机构行政处罚及通报批评的信息； (2) 司法机关、审计部门认定的违法违规信息； (3) 被省级及以上交通运输主管部门评价为最低信用等级（D 级）的记录
从业单位信用评价信息	省级及以上交通运输主管部门或其委托机构按照国务院交通运输主管部门制定的公路勘察设计、施工、监理、试验检测等企业信用评价规则，对公路建设从业单位从业行为状况的评价结果

(三) 信用信息征集与更新

公路建设市场信用信息按以下方式征集，由省级交通运输主管部门汇总录入。

(1) 基本信息由从业单位按规定自行登录填报，对真实性负责。

(2) 表彰奖励类良好行为信息由市级及以上交通运输主管部门、与公路建设有关的单位或涉及的从业单位提供。从业单位自主提供的，需附相关表彰奖励确认文件。

(3) 不良行为信息由市级及以上地方交通运输主管部门、与公路建设有关的单位提供。

(4) 信用评价信息由国务院和省级交通运输主管部门分别录入。

从业单位基本信息在公路建设市场信用信息管理系统中处于锁定状态，发生变化的，应于 10 个工作日内向负责公布相应信息的交通运输主管部门提出申请后予以更新。

公路建设市场其他信用信息按照随时报送、随时复核、随时更新的原则，实现动态更新。

(四) 信用信息发布与管理

省级及以上交通运输主管部门应通过公路建设市场信用信息管理系统及时发布公路建设市场信用信息。

信用信息发布应保守从业单位商业秘密和从业人员个人隐私，不得侵犯其合法权益。从业单位基本账户等商业信息仅供交通运输主管部门市场管理用，不对外公布。

信用信息发布期限按照表 6-2-2 设定。

表 6-2-2　信用信息发布期限

信用信息	发布期限	说明
基本信息	长期	—
表彰奖励类良好行为信息、不良行为信息	2 年	期满后系统自动解除公布，转为系统档案信息
信用评价信息	1 年	

注意：行政处罚期未满的不良行为信息将延长至行政处罚期满。上述期限均自认定相应行为或作出相应决定之日起计算

公路建设市场信用信息接受社会监督，任何单位和个人发现从业单位基本信息虚假的，均可向负责公布从业单位基本信息的交通运输主管部门举报。

省级及以上交通运输主管部门查实从业单位填报信息虚假的，即列入不良行为信息，并按相关评价规则扣减其信用评价得分。

从业单位认为公布的信用信息与事实不符的，应及时向负责公布相应信息的交通运输主管部门提出变更申请，负责公布信用信息的交通运输主管部门应在 10 个工作日内作出处理，并告知申请人。

二、《公路施工企业信用评价规则（试行）》相关规定

公路施工企业信用评价是指省级及以上交通运输主管部门或其委托机构依据有关法律法规、标准规范、合同文件等，通过量化方式对具有公路施工资质的企业在公路建设市场从业行为的评价。

公路施工企业信用评价遵循公平、公正、公开的原则，评价结果实行签认和公示、公告制度。信用评价管理工作实行统一管理、分级负责。

（一）评价方式

公路施工企业信用评价工作实行定期评价和动态评价相结合的方式。

定期评价工作每年开展一次，对公路施工企业上一年度（1 月 1 日至 12 月 31 日期间）的信用行为进行评价。

省级交通运输主管部门应在 2 月底前组织完成对上年度本行政区域公路施工企业的综合评价，并于 3 月底前将由国务院交通运输主管部门评价的施工企业的评价结果上报。

国务院交通运输主管部门应当在 4 月底前完成由国务院有关部门许可资质的公路施工企业的全国综合评价。

（二）信用等级

公路施工企业信用评价等级分为 AA、A、B、C、D 5 个等级，各信用等级对应的企业评分如图 6-2-1 所示。

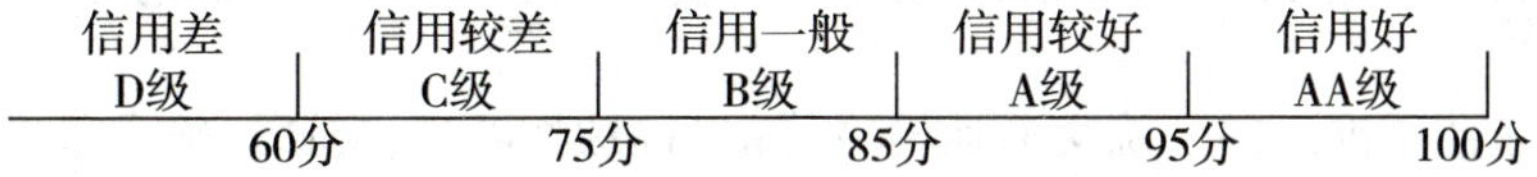

图 6-2-1　各信用等级对应的企业评分

注：除 AA 级上下限均可取定外，其他信用等级的临界值取下限（如 60 分≤C 级<75 分）。

对信用行为直接定为 D 级的施工企业实行动态评价，自省级交通运输主管部门认定之日起，企业在该省一年内信用评价等级为 D 级。对实施行政处罚的施工企业，评价为 D 级的时间不低于行政处罚期限。

被一个省级交通运输主管部门直接认定为 D 级的企业，其全国综合评价直接定为 C 级；被两个及以上省级交通运输主管部门直接认定为 D 级，以及被国务院交通运输主管部门行

政处罚的公路施工企业，其全国综合评价直接定为D级。

公路施工企业资质升级的，其信用评价等级不变。企业分立的，按照新设立企业确定信用评价等级，但不得高于原评价等级。企业合并的，按照信用评价等级较低企业的等级确定合并后企业。

（三）评价内容

评价内容由公路施工企业投标行为、履约行为和其他行为构成。

投标行为以公路施工企业单次投标为评价单元，履约行为以单个施工合同段为评价单元。

投标行为和履约行为初始分值为100分，实行累计扣分制。若有其他行为的，从企业信用评价总得分中扣除。

公路施工企业投标行为由招标人负责评价，履约行为由项目法人负责评价，其他行为由负责项目监管的相应地方人民政府交通运输主管部门负责评价。

招标人、项目法人、负责项目监管的相应地方人民政府交通运输主管部门等评价人对评价结果签认负责。

（四）评价依据

公路施工企业信用评价的依据如下。

（1）交通运输主管部门及其公路管理机构、质量监督机构、造价管理机构督查、检查结果或奖罚通报、决定。

（2）招标人、项目法人管理工作中的正式文件。

（3）举报、投诉或质量、安全事故调查处理结果。

（4）司法机关作出的司法认定及审计部门的审计意见。

（5）其他可以认定不良行为的有关资料。

（五）评价程序

公路施工企业的信用评价程序如下。

（1）投标行为评价。招标人完成每次招标工作后，仅对存在不良投标行为的公路施工企业进行投标行为评价。联合体有不良投标行为的，其各方均按相应标准扣分。

（2）履约行为评价。结合日常建设管理情况，项目法人对参与项目建设的公路施工企业当年度的履约行为实时记录并进行评价。对当年组织交工验收的工程项目，项目法人应在交工验收时完成有关公路施工企业本年度的履约行为评价。

联合体有不良履约行为的，其各方均按相应标准扣分。

（3）其他行为评价。负责项目监管的相应地方人民政府交通运输主管部门对公路施工企业其他行为进行评价。

（4）省级综合评价。省级交通运输主管部门或其委托机构对本行政区域公路施工企业信用行为进行评价，确定其得分及信用等级，并公示、公告信用评价结果。公示期不少于10个工作日。

（5）全国综合评价。国务院交通运输主管部门根据各省级交通运输主管部门上报的公路施工企业信用评价结果，在汇总分析的基础上，对施工企业的信用行为进行综合评价并公示、公告。

（六）评价结果

公路施工企业对信用评价结果有异议的，可在公示期限内向公示部门提出申诉。

公路施工企业信用评价结果按以下原则应用。

（1）公路施工企业的省级综合评价结果应用于本行政区域。

（2）国务院有关部门许可资质的公路施工企业初次进入某省级行政区域时，其等级按照全国综合评价结果确定。尚无全国综合评价的企业，若无不良信用记录，可按 A 级对待。若有不良信用记录，视其严重程度按 B 级及以下对待。

（3）其他施工企业（国务院有关部门许可资质的除外）初次进入某省级行政区域时，其等级参照注册地省级综合评价结果确定。

（4）联合体参与投标的，其信用等级按照联合体中最低等级方认定。

公路施工企业信用评价结果有效期 1 年，下一年度公路施工企业在该省份无信用评价结果的，其在该省份信用评价等级可延续 1 年。延续 1 年后仍无信用评价结果的，按照初次进入该省份确定，但不得高于其在该省份原评价等级的上一等级。

实战演练

［2018 真题改编・单选］ 根据《公路施工企业信用评价规则（试行）》，下列说法错误的是（　　）。

A. 公路施工企业投标行为由招标人负责评价

B. 公路施工企业信用评价结果有效期为 2 年

C. 公路施工企业资质升级的，其信用评价等级不变

D. 企业合并的，按照信用评价等级较低企业的等级确定合并后企业

［解析］ 公路施工企业信用评价结果有效期 1 年，下一年度公路施工企业在该省份无信用评价结果的，其在该省份信用评价等级可延续 1 年。

［答案］ B

知识点 3　公路工程设计变更管理

公路工程设计变更是指自公路工程初步设计批准之日起至通过竣工验收正式交付使用之日止，对已批准的初步设计文件、技术设计文件或施工图设计文件所进行的修改、完善等活动。根据《公路工程设计变更管理办法》，公路工程设计变更管理相关规定如下。

一、设计变更分类

公路工程设计变更分为重大设计变更、较大设计变更和一般设计变更，具体内容见表 6-2-3。

表 6-2-3　公路工程设计变更

重大设计变更	较大设计变更	一般设计变更
（1）连续长度 10 km 以上的路线方案调整的； （2）特大桥的数量或结构型式发生变化的； （3）特长隧道的数量或通风方案发生变化的； （4）互通式立交的数量发生变化的； （5）收费方式及站点位置、规模发生变化的； （6）超过初步设计批准概算的	（1）连续长度 2 km 以上的路线方案调整的； （2）连接线的标准和规模发生变化的； （3）特殊不良地质路段处置方案发生变化的； （4）路面结构类型、宽度和厚度发生变化的； （5）大中桥的数量或结构型式发生变化的； （6）隧道的数量或方案发生变化的； （7）互通式立交的位置或方案发生变化的； （8）分离式立交的数量发生变化的； （9）监控、通信系统总体方案发生变化的； （10）管理、养护和服务设施的数量和规模发生变化的； （11）其他单项工程费用变化超过 500 万元的； （12）超过施工图设计批准预算的	除重大设计变更和较大设计变更以外的其他设计变更

第六章

二、设计变更管理

公路工程重大、较大设计变更实行审批制。公路工程重大、较大设计变更，属于对设计文件内容作重大修改，应当按照《公路工程设计变更管理办法》规定的程序进行审批。未经审查批准的设计变更不得实施。

任何单位或者个人不得违反《公路工程设计变更管理办法》规定擅自变更已经批准的公路工程初步设计、技术设计和施工图设计文件。不得肢解设计变更规避审批。经批准的设计变更一般不得再次变更。

重大设计变更由国务院交通运输主管部门负责审批。较大设计变更由省级交通运输主管部门负责审批。项目法人负责对一般设计变更进行审查，并应当加强对公路工程设计变更实施的管理。

公路工程勘察设计、施工及监理等单位可以向项目法人提出公路工程设计变更的建议。设计变更的建议应当以书面形式提出，并应当注明变更理由。项目法人也可以直接提出公路工程设计变更的建议。

项目法人对设计变更的建议及理由应当进行审查核实。必要时，项目法人可以组织勘察设计、施工、监理等单位及有关专家对设计变更建议进行经济、技术论证。

对一般设计变更建议，由项目法人根据审查核实情况或者论证结果决定是否开展设计变更的勘察设计工作。

对较大设计变更和重大设计变更建议，项目法人经审查论证确认后，向省级交通运输主管部门提出公路工程设计变更的申请，并提交以下材料。

（1）设计变更申请书，包括拟变更设计的公路工程名称、公路工程的基本情况、原设计单位、设计变更的类别、变更的主要内容、变更的主要理由等。

（2）对设计变更申请的调查核实情况、合理性论证情况。

（3）省级交通运输主管部门要求提交的其他相关材料。省级交通运输主管部门自受理申请之日起 15 日内作出是否同意开展设计变更的勘察设计工作的决定，并书面通知申请人。

设计变更文件完成后，项目法人应当组织对设计变更文件进行审查。一般设计变更文件由项目法人审查确认后决定是否实施。项目法人应当在 15 日内完成审查确认工作。重大及较大设计变更文件经项目法人审查确认后报省级交通运输主管部门审查。其中，重大设计变更文件由省级交通运输主管部门审查后报交通运输部批准；较大设计变更文件由省级交通运输主管部门批准，并报交通运输部备案。若设计变更与可行性研究报告批复内容不一致，应征得原可行性研究报告批复部门的同意。

设计变更文件的审批应当在 20 日内完成。无正当理由，超过审批时间未对设计变更文件的审查予以答复的，视为同意。需要专家评审的，所需时间不计算在上述期限内。审批机关应当将所需时间书面告知申请人。

三、责任承担

由于公路工程勘察设计、施工等有关单位的过失引起公路工程设计变更并造成损失的，有关单位应当承担相应的费用和相关责任。由于公路工程设计变更发生的建筑安装工程费、勘察设计费和监理费等费用的变化，按照有关合同约定执行。

项目法人有以下行为之一的，交通运输主管部门责令改正；情节严重的，对全部或者部分使用国有资金的项目，暂停项目执行。构成犯罪的，依法追究刑事责任。

（1）不按照规定权限、条件和程序审查、报批公路工程设计变更文件的。

（2）将公路工程设计变更肢解规避审批的。

（3）未经审查批准或者审查不合格，擅自实施设计变更的。

施工单位不按照批准的设计变更文件施工的，交通运输主管部门责令改正；造成公路工程质量不符合规定的质量标准的，负责返工、修理，并赔偿因此造成的损失；情节严重的，交通运输主管部门责令停业整顿，降低资质等级或者吊销资质证书。

实战演练

［2022 真题·单选］根据《公路工程设计变更管理办法》，下列情形中，属于重大设计变更的是（　　）。

A. 连续长度 2 km 以下的路线方案调整的

B. 特大桥的结构型式发生变化的

C. 隧道施工方案发生变化的

D. 工程费用超过施工图设计批准预算的

［解析］有下列情形之一的属于重大设计变更：①连续长度 10 km 以上的路线方案调整的；②特大桥的数量或结构型式发生变化的；③特长隧道的数量或通风方案发生变化的；④互通式立交的数量发生变化的；⑤收费方式及站点位置、规模发生变化的；⑥超过初步设计批准概算的。

［答案］B

知识点 4　公路工程验收

一、基本规定

公路工程验收分为交工验收和竣工验收两个阶段。

（1）交工验收阶段，其主要工作是：检查施工合同的执行情况，评价工程质量，对各参建单位工作进行初步评价。

（2）竣工验收阶段，其主要工作是：对工程质量、参建单位和建设项目进行综合评价，并对工程建设项目作出整体性综合评价。

公路工程竣（交）工验收的依据如下。

（1）批准的项目建议书、工程可行性研究报告。

（2）批准的工程初步设计、施工图设计及设计变更文件。

（3）施工许可。

（4）招标文件及合同文本。

（5）行政主管部门的有关批复、批示文件。

（6）公路工程技术标准、规范、规程及国家有关部门的相关规定。

二、交工验收

（一）交工验收条件

公路工程交工验收工作一般按合同段进行，并应具备以下条件。

（1）合同约定的各项内容已全部完成。各方就合同变更的内容达成书面一致意见。

（2）施工单位按《公路工程质量检验评定标准》及相关规定对工程质量自检合格。

（3）监理单位对工程质量评定合格。

（4）质量监督机构按“公路工程质量鉴定办法”对工程质量进行检测，并出具检测意见。检测意见中需整改的问题已经处理完毕。

（5）竣工文件按公路工程档案管理的有关要求，完成“公路工程项目文件归档范围”第三、四、五部分（不含缺陷责任期资料）内容的收集、整理及归档工作。

（6）施工单位、监理单位完成本合同段的工作总结报告。

（二）交工验收程序

（1）施工单位完成合同约定的全部工程内容，且经施工自检和监理检验评定均合格后，提出合同段交工验收申请报监理单位审查。交工验收申请应附自检评定资料和施工总结报告。

（2）监理单位根据工程实际情况、抽检资料以及对合同段工程质量评定结果，对施工单位交工验收申请及其所附资料进行审查并签署意见。监理单位审查同意后，应同时向项目法人提交独立抽检资料、质量评定资料和监理工作报告。

（3）项目法人对施工单位的交工验收申请、监理单位的质量评定资料进行核查，必要时可委托有相应资质的检测机构进行重点抽查检测，认为合同段满足交工验收条件时应及时组织交工验收。

（4）对若干合同段完工时间相近的，项目法人可合并组织交工验收。对分段通车的项目，项目法人可按合同约定分段组织交工验收。

（5）通过交工验收的合同段，项目法人应及时颁发“公路工程交工验收证书”。

（6）各合同段全部验收合格后，项目法人应及时完成“公路工程交工验收报告”。

（三）交工验收主要工作内容

（1）检查合同执行情况。

（2）检查施工自检报告、施工总结报告及施工资料。

（3）检查监理单位独立抽检资料、监理工作报告及质量评定资料。

（4）检查工程实体，审查有关资料，包括主要产品的质量抽（检）测报告。

（5）核查工程完工数量是否与批准的设计文件相符，是否与工程计量数量一致。

（6）对合同是否全面执行、工程质量是否合格作出结论。

（7）按合同段分别对设计、监理、施工等单位进行初步评价。

（四）交工验收的组织与质量评定

各合同段的设计、施工、监理等单位参加交工验收工作，由项目法人负责组织。路基工程作为单独合同段进行交工验收时，应邀请路面施工单位参加。拟交付使用的工程，应邀请运营、养护管理等相关单位参加。交通运输主管部门、公路管理机构、质量监督机构视情况参加交工验收。

合同段工程质量评分采用所含各单位工程质量评分的加权平均值。即

$$合同段工程质量评分值=\frac{\sum(单位工程质量评分值\times该单位工程投资额)}{\sum单位工程投资额}$$

工程各合同段交工验收结束后，由项目法人对整个工程项目进行工程质量评定，工程质量评分采用各合同段工程质量评分的加权平均值。即

$$工程质量评分值=\frac{\sum(合同段工程质量评分值\times该合同段投资额)}{\sum合同段投资额}$$

项目投资额原则使用结算价，当结算价暂时未确定时，可使用招标合同价，但在评分计算时应统一。

交工验收工程质量等级评定分为合格和不合格，工程质量评分值大于等于 75 分的为合格，小于 75 分的为不合格。

交工验收不合格的工程应返工整改，直至合格。交工验收提出的工程质量缺陷等遗留问题，由项目法人责成施工单位限期完成整改。对通过交工验收的工程，应及时安排养护管理。

三、竣工验收

（一）竣工验收条件

公路工程竣工验收应具备以下条件。

（1）通车试运营2年以上。

（2）交工验收提出的工程质量缺陷等遗留问题已全部处理完毕，并经项目法人验收合格。

（3）工程决算编制完成，竣工决算已经审计，并经交通运输主管部门或其授权单位认定。

（4）竣工文件已完成“公路工程项目文件归档范围”的全部内容。

（5）档案、环保等单项验收合格，土地使用手续已办理。

（6）各参建单位完成工作总结报告。

（7）质量监督机构对工程质量检测鉴定合格，并形成工程质量鉴定报告。

（二）竣工验收准备工作程序

（1）公路工程符合竣工验收条件后，项目法人应按照公路工程管理权限及时向相关交通运输主管部门提出验收申请，其主要内容包括：①交工验收报告；②项目执行报告、设计工作报告、施工总结报告和监理工作报告；③项目基本建设程序的有关批复文件；④档案、环保等单项验收意见；⑤土地使用证或建设用地批复文件；⑥竣工决算的核备意见、审计报告及认定意见。

（2）相关交通运输主管部门对验收申请进行审查，必要时可组织现场核查。审查同意后报负责竣工验收的交通运输主管部门。

（3）以上文件齐全且符合条件的项目，由负责竣工验收的交通运输主管部门通知所属的质量监督机构开展质量鉴定工作。

（4）质量监督机构按要求完成质量鉴定工作，出具工程质量鉴定报告，并审核交工验收对设计、施工、监理初步评价结果，报送交通运输主管部门。

（5）工程质量鉴定等级为合格及以上的项目，负责竣工验收的交通运输主管部门及时组织竣工验收。

（三）竣工验收主要工作内容

（1）成立竣工验收委员会。

（2）听取公路工程项目执行报告、设计工作报告、施工总结报告、监理工作报告及接管养护单位项目使用情况报告。

（3）听取公路工程质量监督报告及工程质量鉴定报告。

（4）竣工验收委员会成立专业检查组检查工程实体质量，审阅有关资料，形成书面检查意见。

（5）对项目法人建设管理工作进行综合评价。审定交工验收对设计单位、施工单位、监理单位的初步评价。

（6）对工程质量进行评分，确定工程质量等级，并综合评价建设项目。

（7）形成并通过《公路工程竣工验收鉴定书》。

（8）负责竣工验收的交通运输主管部门印发《公路工程竣工验收鉴定书》。

（9）质量监督机构依据竣工验收结论，对各参建单位签发“公路工程参建单位工作综合评价等级证书”。

（四）竣工验收的组织与质量评定

竣工验收委员会由交通运输主管部门、公路管理机构、质量监督机构、造价管理机构等单位代表组成。国防公路应邀请军队代表参加。大中型项目及技术复杂工程，应邀请有关专家参加。

项目法人、设计、施工、监理、接管养护等单位代表参加竣工验收工作，但不作为竣工验收委员会成员。

参加竣工验收工作各方的主要职责见表 6-2-4。

表 6-2-4 参加竣工验收工作各方的主要职责

验收主体	主要职责
竣工验收委员会	负责对工程实体质量及建设情况进行全面检查。对工程质量进行评分，对各参建单位及建设项目进行综合评价，确定工程质量和建设项目等级，形成工程竣工验收鉴定书
项目法人	负责提交项目执行报告及验收工作所需资料，协助竣工验收委员会开展工作
设计单位	负责提交设计工作报告，配合竣工验收检查工作
施工单位	负责提交施工总结报告，提供各种资料，配合竣工验收检查工作
监理单位	负责提交监理工作报告，提供工程监理资料，配合竣工验收检查工作
接管养护单位	负责提交项目使用情况报告，配合竣工验收检查工作
公路建设项目设计、施工、监理、接管养护等有多家单位的，项目法人应组织汇总设计工作报告、施工总结报告、监理工作报告、项目使用情况报告。竣工验收时选派代表向竣工验收委员会汇报	

竣工验收工程质量评分采取加权平均法计算，其中交工验收工程质量得分权值为 0.2，质量监督机构工程质量鉴定得分权值为 0.6，竣工验收委员会对工程质量的评分权值为 0.2。对于交工验收和竣工验收合并进行的小型项目，质量监督机构工程质量鉴定得分权值为 0.6，监理单位对工程质量评定得分权值为 0.1，竣工验收委员会对工程质量的评分权值为 0.3。

工程质量评分大于等于 90 分为优良，小于 90 分且大于等于 75 分为合格，小于 75 分为不合格。

竣工验收委员会对项目法人及设计、施工、监理单位工作进行综合评价。评定得分大于等于 90 分且工程质量等级优良的为好，小于 90 分且大于等于 75 分为中，小于 75 分为差。

发生过重大及以上生产安全事故的建设项目综合评定等级不得评为优良。

实战演练

[2019 真题 · 单选] 根据《公路工程竣（交）工验收办法实施细则》，工程各合同段交工验收结束后，负责对整个工程项目进行工程质量评定的是（　　）。

A. 项目法人　　B. 质量监督机构

C. 监理单位　　D. 竣工验收委员会

[解析] 合同段工程质量评分采用所含各单位工程质量评分的加权平均值。工程各合同段交工验收结束后，由项目法人对整个工程项目进行工程质量评定，工程质量评分采用各合同段工程质量评分的加权平均值。

[答案] A

第七章

相关标准

本章导学

本章主要介绍公路工程施工安全生产相关规定和公路工程质量管理相关规定。本章内容以最新考试大纲为基础，根据《公路水运工程安全生产监督管理办法》（中华人民共和国交通运输部令2017年第25号）、《公路水运工程施工安全风险评估指南 第1部分：总体要求》（JT/T 1375.1—2022）、《生产安全事故报告和调查处理条例》（中华人民共和国国务院令第493号）、《公路水运工程质量监督管理规定》（中华人民共和国交通运输部令2017年第28号）等编写。

从历年考试来看，公路工程施工安全生产相关规定相对考查较多，考查内容包括公路工程施工安全生产条件、公路工程施工单位安全生产责任、公路工程项目施工安全风险评估、公路工程施工生产安全事故报告和公路工程施工项目安全生产监督管理等，建议考生在理解的基础上进行记忆。

第一节　公路工程施工安全生产相关规定

知识点 1　公路工程施工安全生产条件

根据《公路水运工程安全生产监督管理办法》，公路工程施工安全生产条件相关规定如下。

(1) 从业单位从事公路水运工程建设活动，应当具备法律、法规、规章和工程建设强制性标准规定的安全生产条件。任何单位和个人不得降低安全生产条件。

(2) 公路水运工程应当坚持先勘察后设计再施工的程序。施工图设计文件依法经审批后方可使用。

(3) 公路水运工程施工招标文件及施工合同中应当载明项目安全管理目标、安全生产职责、安全生产条件、安全生产信用情况及专职安全生产管理人员配备的标准等要求。

(4) 施工单位从事公路水运工程建设活动，应当取得安全生产许可证及相应等级的资质证书。施工单位的主要负责人和安全生产管理人员应当经交通运输主管部门对其安全生产知识和管理能力考核合格。施工单位应当设置安全生产管理机构或者配备专职安全生产管理人员。施工单位应当根据工程施工作业特点、安全风险以及施工组织难度，按照年度施工产值配备专职安全生产管理人员，不足 5 000 万元的至少配备 1 名；5 000 万元以上不足 2 亿元的按每 5 000 万元不少于 1 名的比例配备；2 亿元以上的不少于 5 名，且按专业配备。

(5) 从业单位应当依法对从业人员进行安全生产教育和培训。未经安全生产教育和培训合格的从业人员，不得上岗作业。

(6) 公路水运工程从业人员中的特种作业人员应当按照国家有关规定取得相应资格，方可上岗作业。

(7) 施工中使用的施工机械、设施、机具以及安全防护用品、用具和配件等应当具有生产（制造）许可证、产品合格证或者法定检验检测合格证明，并设立专人查验、定期检查和更新，建立相应的资料档案。无查验合格记录的不得投入使用。

(8) 特种设备使用单位应当依法取得特种设备使用登记证书，建立特种设备安全技术档案，并将登记标志置于该特种设备的显著位置。

(9) 翻模、滑（爬）模等自升式架设设施，以及自行设计、组装或者改装的施工挂（吊）篮、移动模架等设施在投入使用前，施工单位应当组织有关单位进行验收，或者委托具有相应资质的检验检测机构进行验收。验收合格后方可使用。

(10) 对严重危及公路水运工程生产安全的工艺、设备和材料，应当依法予以淘汰。交通运输主管部门可以会同安全生产监督管理部门联合制定严重危及公路水运工程施工安全的工艺、设备和材料的淘汰目录并对外公布。

从业单位不得使用已淘汰的危及生产安全的工艺、设备和材料。

(11) 从业单位应当保证本单位所应具备的安全生产条件必需的资金投入。建设单位在编制工程招标文件及项目概预算时，应当确定保障安全作业环境及安全施工措施所需的安全生产费用，并不得低于国家规定的标准。施工单位在工程投标报价中应当包含安全生产费用并单独计提，不得作为竞争性报价。安全生产费用应当经监理工程师审核签认，并经建设单位同意后，在项目建设成本中据实列支，严禁挪用。

(12) 公路水运工程施工现场的办公、生活区与作业区应当分开设置，并保持安全距离。

办公、生活区的选址应当符合安全性要求，严禁在已发现的泥石流影响区、滑坡体等危险区域设置施工驻地。施工作业区应当根据施工安全风险辨识结果，确定不同风险等级的管理要求，合理布设。在风险等级较高的区域应当设置警戒区和风险告知牌。施工作业点应当设置明显的安全警示标志，按规定设置安全防护设施。施工便道便桥、临时码头应当满足通行和安全作业要求，施工便桥和临时码头还应当提供临边防护和水上救生等设施。

(13) 施工单位与从业人员订立的劳动合同，应当载明有关保障从业人员劳动安全、防止职业危害等事项。施工单位还应当向从业人员书面告知危险岗位的操作规程。

施工单位应当向作业人员提供符合标准的安全防护用品，监督、教育从业人员按照使用规则佩戴、使用。

(14) 公路水运工程建设应当实施安全生产风险管理，按规定开展设计、施工安全风险评估。

设计单位应当依据风险评估结论，对设计方案进行修改完善。施工单位应当依据风险评估结论，对风险等级较高的分部分项工程编制专项施工方案，并附安全验算结果，经施工单位技术负责人签字后报监理工程师批准执行。必要时，施工单位应当组织专家对专项施工方案进行论证、审核。

(15) 建设、施工等单位应当针对工程项目特点和风险评估情况分别制订项目综合应急预案、合同段施工专项应急预案和现场处置方案，告知相关人员紧急避险措施，并定期组织演练。施工单位应当依法建立应急救援组织或者指定工程现场兼职的、具有一定专业能力的应急救援人员，配备必要的应急救援器材、设备和物资，并进行经常性维护、保养。

(16) 从业单位应当依法参加工伤保险，为从业人员缴纳保险费。鼓励从业单位投保安全生产责任保险和意外伤害保险。

知识点 2 公路工程施工单位安全生产责任

根据《公路水运工程安全生产监督管理办法》，公路工程施工单位安全生产责任相关规定如下。

从业单位应当建立健全安全生产责任制，明确各岗位的责任人员、责任范围和考核标准等内容。从业单位应当建立相应的机制，加强对安全生产责任制落实情况的监督考核。

建设单位对公路水运工程安全生产负管理责任。依法开展项目安全生产条件审核，按规定组织风险评估和安全生产检查。根据项目风险评估等级，在工程沿线受影响区域作出相应风险提示。建设单位不得对勘察、设计、监理、施工、设备租赁、材料供应、试验检测、安全服务等单位提出不符合安全生产法律、法规和工程建设强制性标准规定的要求。不得违反或者擅自简化基本建设程序。不得随意压缩工期。工期确需调整的，应当对影响安全的风险进行论证和评估，经合同双方协商一致，提出相应的施工组织和安全保障措施。

施工单位应当按照法律、法规、规章、工程建设强制性标准和合同文件组织施工，保障项目施工安全生产条件，对施工现场的安全生产负主体责任。施工单位主要负责人依法对项目安全生产工作全面负责。

建设工程实行施工总承包的，由总承包单位对施工现场的安全生产负总责。分包单位应当服从总承包单位的安全生产管理，分包单位不服从管理导致生产安全事故的，由分包单位承担主要责任。

施工单位应当书面明确本单位的项目负责人，代表本单位组织实施项目施工生产。

项目负责人对项目安全生产工作负有下列职责。

(1) 建立项目安全生产责任制，实施相应的考核与奖惩。

（2）按规定配足项目专职安全生产管理人员。

（3）结合项目特点，组织制订项目安全生产规章制度和操作规程。

（4）组织制订项目安全生产教育和培训计划。

（5）督促项目安全生产费用的规范使用。

（6）依据风险评估结论，完善施工组织设计和专项施工方案。

（7）建立安全预防控制体系和隐患排查治理体系，督促、检查项目安全生产工作，确认重大事故隐患整改情况。

（8）组织制订本合同段施工专项应急预案和现场处置方案，并定期组织演练。

（9）及时、如实报告生产安全事故并组织自救。

施工单位的专职安全生产管理人员履行下列职责。

（1）组织或者参与拟订本单位安全生产规章制度、操作规程，以及合同段施工专项应急预案和现场处置方案。

（2）组织或者参与本单位安全生产教育和培训，如实记录安全生产教育和培训情况。

（3）督促落实本单位施工安全风险管控措施。

（4）组织或者参与本合同段施工应急救援演练。

（5）检查施工现场安全生产状况，做好检查记录，提出改进安全生产标准化建设的建议。

（6）及时排查、报告安全事故隐患，并督促落实事故隐患治理措施。

（7）制止和纠正违章指挥、违章操作和违反劳动纪律的行为。

施工单位应当推进本企业承接项目的施工场地布置、现场安全防护、施工工艺操作、施工安全管理活动记录等方面的安全生产标准化建设，并加强对安全生产标准化实施情况的自查自纠。

施工单位应当根据施工规模和现场消防重点建立施工现场消防安全责任制度，确定消防安全责任人，制订消防管理制度和操作规程，设置消防通道，配备相应的消防设施、物资和器材。施工单位对施工现场临时用火、用电的重点部位及爆破作业各环节应当加强消防安全检查。

➢ **知识链接：**《建设工程安全生产管理条例》规定，施工单位应当在施工组织设计中编制安全技术措施和施工现场临时用电方案，对下列达到一定规模的危险性较大的分部分项工程编制专项施工方案，并附具安全验算结果，经施工单位技术负责人、总监理工程师签字后实施，由专职安全生产管理人员进行现场监督：①基坑支护与降水工程；②土方开挖工程；③模板工程；④起重吊装工程；⑤脚手架工程；⑥拆除、爆破工程；⑦国务院建设行政主管部门或者其他有关部门规定的其他危险性较大的工程。上述所列工程中涉及深基坑、地下暗挖工程、高大模板工程的专项施工方案，施工单位还应当组织专家进行论证、审查。

施工单位应当将专业分包单位、劳务合作单位的作业人员及实习人员纳入本单位统一管理。新进人员和作业人员进入新的施工现场或者转入新的岗位前，施工单位应当对其进行安全生产培训考核。施工单位采用新技术、新工艺、新设备、新材料的，应当对作业人员进行相应的安全生产教育培训，生产作业前还应当开展岗位风险提示。

施工单位应当建立健全安全生产技术分级交底制度，明确安全技术分级交底的原则、内容、方法及确认手续。分项工程实施前，施工单位负责项目管理的技术人员应当按规定对有关安全施工的技术要求向施工作业班组、作业人员详细说明，并由双方签字确认。

知识点 3　公路工程项目施工安全风险评估

一、《公路水运工程施工安全风险评估指南 第1部分：总体要求》(JT/T 1375.1—2022)相关规定

(一) 评估阶段划分

施工安全风险评估分为总体风险评估和专项风险评估两个阶段。总体风险评估宜在项目施工招标前完成。专项风险评估包括施工前专项风险评估、施工过程专项风险评估和风险控制预期效果评价等环节，贯穿整个施工过程。

➤ **知识链接**：公路工程施工安全总体风险评估应将整个工程项目按照桥梁工程、隧道工程、边坡工程、基坑工程、大型临时工程和“两区三场”等重点区域划分为相互独立的作业单元，作为总体风险评估对象。公路水运工程施工安全专项风险评估的基本程序应包括风险辨识与风险分析、风险估测、风险控制。分部分项工程开工前，应完成施工前专项风险评估。

(二) 评估方法选择

施工安全风险评估方法应根据工程的特点和实际进行选择。总体风险评估宜采用专家调查法和指标体系法等；专项风险评估可综合采用安全检查表法、作业条件危险性评价法(LEC法)、专家调查法、指标体系法、风险矩阵法等，必要时宜采用两种以上方法比对验证风险评估结果，当采用不同方法得出的评估结果出现较大差异时，应分析导致较大差异的原因，确定合理的评估结果。

(三) 评估实施步骤

施工安全风险评估工作包括以下几个步骤：前期准备、现场调查、总体风险评估、专项风险评估、风险评估报告编制、风险评估报告评审。

(四) 风险等级划分

总体风险评估和专项风险评估等级均分为4级：低风险（Ⅰ级)、一般风险（Ⅱ级)、较大风险（Ⅲ级)、重大风险（Ⅳ级)。

(五) 评估结论应用

总体风险评估结论可为建设单位的项目组织实施、安全管理力量投入、资源配置和施工单位选择等方面决策提供支持，可作为施工单位编制施工组织设计和开展专项风险评估的依据。专项风险评估结论应作为施工单位完善施工组织设计、编制完善专项施工方案的依据。

(六) 评估工作要求

开展施工安全风险评估工作应成立评估小组，评估小组成员应严格按照评估流程和要求开展评估工作，评估结果应通过评估小组集体讨论确定。桥梁工程、隧道工程、边坡工程、港口工程、航道工程和船闸工程施工安全风险评估工作还应符合各类工程的具体要求。

(七) 风险控制要求

工程施工应实施全过程风险分级管控和风险警示告知、监控预警制度。在项目实施前期阶段，应根据总体风险评估结果采取相应措施，并在后续项目施工阶段根据专项风险评估结果采取事前预控、事中监控、事后评价的方式，实施动态、循环的风险控制，直至将风险至少降低到可接受的程度。施工过程中的风险监控宜采用信息化、智能化、可视化方式。

二、《关于开展公路桥梁和隧道工程施工安全风险评估试行工作的通知》(交质监发〔2011〕217号)相关规定

(一) 目的与适用范围

公路桥梁和隧道工程施工环境条件复杂，施工组织实施困难，作业安全风险居高不下，一直以来是行业安全监管的重点环节。在施工阶段建立安全风险评估制度符合国际通行做

法。在工程实施前，开展定性或定量的施工安全风险估测，能够增强安全风险意识，改进施工措施，规范预案预警预控管理，有效降低施工风险，严防重特大事故发生。这项工作也是公路桥梁和隧道工程设计风险评估结果在施工阶段的落实和深化。

列入国家和地方基本建设计划的新建、改建、扩建，以及拆除、加固等高等级公路桥梁和隧道工程项目，在施工阶段，应按相关要求，进行施工安全风险评估。其他公路工程项目，可参照执行。

（二）评估范围

公路桥梁和隧道工程施工安全风险评估范围，可由各地根据工程建设条件、技术复杂程度和施工管理模式，以及当地工程建设经验，并参考表 7-1-1 中的标准确定。

表 7-1-1　公路桥梁和隧道工程施工安全风险评估范围

公路桥梁工程	隧道工程
(1) 多跨或跨径大于 40 m 的石拱桥，跨径大于或等于 150 m 的钢筋混凝土拱桥，跨径大于或等于 350 m 的钢箱拱桥，钢桁架、钢管混凝土拱桥； (2) 跨径大于或等于 140 m 的梁式桥，跨径大于 400 m 的斜拉桥，跨径大于 1 000 m 的悬索桥； (3) 墩高或净空大于 100 m 的桥梁工程； (4) 采用新材料、新结构、新工艺、新技术的特大桥、大桥工程； (5) 特殊桥型或特殊结构桥梁的拆除或加固工程； (6) 施工环境复杂、施工工艺复杂的其他桥梁工程	(1) 穿越高地应力区、岩溶发育区、区域地质构造、煤系地层、采空区等工程地质或水文地质条件复杂的隧道，黄土地区、水下或海底隧道工程； (2) 浅埋、偏压、大跨度、变化断面等结构受力复杂的隧道工程； (3) 长度 3 000 m 及以上的隧道工程，Ⅵ、Ⅴ级围岩连续长度超过 50 m 或合计长度占隧道全长的 30%及以上的隧道工程； (4) 连拱隧道和小净距隧道工程； (5) 采用新技术、新材料、新设备、新工艺的隧道工程； (6) 隧道改（扩）建工程； (7) 施工环境复杂、施工工艺复杂的其他隧道工程

（三）评估方法

公路桥梁和隧道工程施工安全风险评估分为总体风险评估和专项风险评估。

(1) 总体风险评估。桥梁或隧道工程开工前，根据桥梁或隧道工程的地质环境条件、建设规模、结构特点等孕险环境与致险因子，估测桥梁或隧道工程施工期间的整体安全风险大小，确定其静态条件下的安全风险等级。

(2) 专项风险评估。当桥梁或隧道工程总体风险评估等级达到Ⅲ级（高度风险）及以上时，将其中高风险的施工作业活动（或施工区段）作为评估对象，根据其作业风险特点以及类似工程事故情况，进行风险源普查，并针对其中的重大风险源进行量化估测，提出相应的风险控制措施。

评估方法应根据被评估项目的工程特点，选择相应的定性或定量的风险评估方法。

（四）评估步骤

公路桥梁和隧道工程施工安全风险评估工作包括制订评估计划、选择评估方法、开展风险分析、进行风险估测、确定风险等级、提出措施建议、编制评估报告等方面。

（五）评估组织与评估报告

公路桥梁和隧道工程施工安全风险评估工作原则上由项目施工单位具体负责。当被评估项目含多个合同段时，总体风险评估应由建设单位牵头组织，专项风险评估工作仍由合同施工单位具体实施。

当施工单位的施工经验或能力不足时，可委托行业内安全评估机构承担相关风险评估工作。

评估工作负责人应当具有5年以上的工程管理经验，并有参与类似工程施工的经历。

风险评估工作应形成评估报告。评估报告应反映风险评估过程的主要工作。报告内容应包括评估依据、工程概况、评估方法、评估步骤、评估内容、评估结论及对策建议等。

实战演练

［2024真题·单选］根据《关于开展公路桥梁和隧道工程施工安全风险评估试行工作的通知》，需执行安全风险评估的工程是（　　）。

A. 跨径120 m的梁式桥

B. Ⅲ级围岩长度近2 000 m的隧道

C. 跨径560 m的悬索桥

D. 特殊桥型或特殊结构桥梁的拆除或加固工程

［解析］跨径大于或等于140 m的梁式桥需进行安全风险评估。长度3 000 m及以上的隧道工程，Ⅵ、Ⅴ级围岩连续长度超过50 m或合计长度占隧道全长的30%及以上的隧道工程，需进行安全风险评估。跨径大于1 000 m的悬索桥，需进行安全风险评估。

［答案］D

［2020真题·单选］施工安全风险评估工作包括：①制订评估计划；②开展风险分析；③确定风险等级；④选择评估方法；⑤进行风险估测；⑥编制评估报告。最优的评估步骤是（　　）。

A. ①②④③⑤⑥

B. ①③②④⑤⑥

C. ①②④⑤③⑥

D. ①④②⑤③⑥

［解析］施工安全风险评估工作包括制订评估计划、选择评估方法、开展风险分析、进行风险估测、确定风险等级、提出措施建议、编制评估报告等方面。

［答案］D

知识点4 公路工程施工生产安全事故报告

根据生产安全事故（以下简称事故）造成的人员伤亡或者直接经济损失，事故一般分为以下等级。

（1）特别重大事故，是指造成30人以上死亡，或者100人以上重伤（包括急性工业中毒，下同），或者1亿元以上直接经济损失的事故。

（2）重大事故，是指造成10人以上30人以下死亡，或者50人以上100人以下重伤，或者5 000万元以上1亿元以下直接经济损失的事故。

（3）较大事故，是指造成3人以上10人以下死亡，或者10人以上50人以下重伤，或者1 000万元以上5 000万元以下直接经济损失的事故。

（4）一般事故，是指造成3人以下死亡，或者10人以下重伤，或者1 000万元以下直接经济损失的事故。

国务院安全生产监督管理部门可以会同国务院有关部门，制订事故等级划分的补充性规定。

➢ **注意：**上述规定所称的“以上”包括本数，所称的“以下”不包括本数。

● **点拨**

生产安全事故等级划分可按照图 7-1-1 记忆。

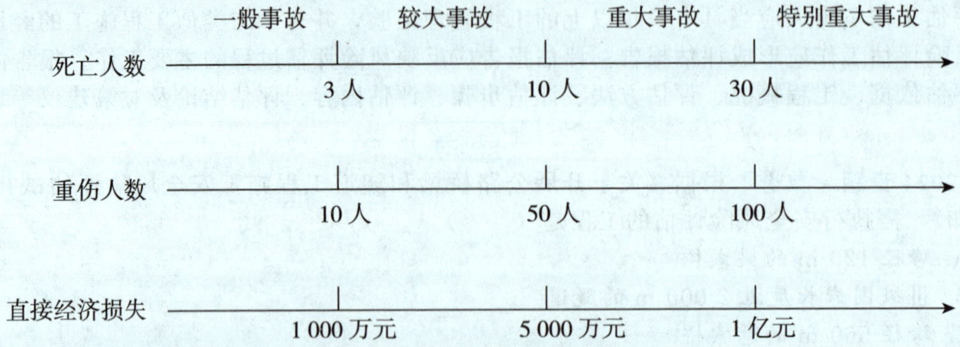

图 7-1-1　生产安全事故等级划分

根据《生产安全事故报告和调查处理条例》，事故报告应当及时、准确、完整，任何单位和个人对事故不得迟报、漏报、谎报或者瞒报。

一、事故报告流程

事故发生后，事故现场有关人员应当立即向本单位负责人报告；单位负责人接到报告后，应当于 1 h 内向事故发生地县级以上人民政府安全生产监督管理部门和负有安全生产监督管理职责的有关部门报告。

情况紧急时，事故现场有关人员可以直接向事故发生地县级以上人民政府安全生产监督管理部门和负有安全生产监督管理职责的有关部门报告。

安全生产监督管理部门和负有安全生产监督管理职责的有关部门接到事故报告后，应当依照下列规定上报事故情况，并通知公安机关、劳动保障行政部门、工会和人民检察院。

（1）特别重大事故、重大事故逐级上报至国务院安全生产监督管理部门和负有安全生产监督管理职责的有关部门。

（2）较大事故逐级上报至省、自治区、直辖市人民政府安全生产监督管理部门和负有安全生产监督管理职责的有关部门。

（3）一般事故上报至设区的市级人民政府安全生产监督管理部门和负有安全生产监督管理职责的有关部门。

安全生产监督管理部门和负有安全生产监督管理职责的有关部门依照上述规定上报事故情况，应当同时报告本级人民政府。国务院安全生产监督管理部门和负有安全生产监督管理职责的有关部门以及省级人民政府接到发生特别重大事故、重大事故的报告后，应当立即报告国务院。

必要时，安全生产监督管理部门和负有安全生产监督管理职责的有关部门可以越级上报事故情况。

安全生产监督管理部门和负有安全生产监督管理职责的有关部门逐级上报事故情况，每级上报的时间不得超过 2 h。

二、报告事故内容

报告事故应当包括下列内容。

（1）事故发生单位概况。

（2）事故发生的时间、地点以及事故现场情况。

（3）事故的简要经过。

（4）事故已经造成或者可能造成的伤亡人数（包括下落不明的人数）和初步估计的直接

经济损失。

（5）已经采取的措施。

（6）其他应当报告的情况。

事故报告后出现新情况的，应当及时补报。自事故发生之日起 30 d 内，事故造成的伤亡人数发生变化的，应当及时补报。道路交通事故、火灾事故自发生之日起 7 d 内，事故造成的伤亡人数发生变化的，应当及时补报。

事故发生单位负责人接到事故报告后，应当立即启动事故相应应急预案，或者采取有效措施，组织抢救，防止事故扩大，减少人员伤亡和财产损失。

实战演练

［2024 真题·案例节选］

背景资料：

某施工单位承建长 31 km 的一级公路路基工程（重交通），包括路堤填筑、路堑开挖、半填半挖路基施工、路基支挡与防护砌筑等工作内容……

施工过程中发生以下事件。

……

事件三：在挡土墙墙背回填过程中，2024 年 1 月 23 日 13 时 21 分发生坍塌事故。事故现场的项目经理立即拨打 110 与 120 急救电话，并展开救援。14 时 37 分项目经理向本单位负责人报告发生了 9 人伤势可能较重、4 人伤势可能较轻的挡土墙坍塌生产安全事故，同时汇报了现场救援的基本情况。单位负责人接到报告后，于 14 时 55 分向事故发生地县级以上人民政府安全生产监督管理部门和负有安全生产监督管理职责的有关部门如实进行了报告。事故调查报告组最终确认事故造成 10 人重伤、3 人轻伤，直接经济损失 380 万元。

［问题］

5. 写出事件三中的生产安全事故等级。根据《生产安全事故报告和调查处理条例》，项目经理对该坍塌事故是否涉嫌迟报与谎报？

［答案］

5.（1）事件三中的生产安全事故属于较大事故。

（2）项目经理存在对该坍塌事故迟报行为。

知识点 5　公路工程施工项目安全生产监督管理

一、《公路水运工程安全生产监督管理办法》相关规定

交通运输主管部门应当对公路水运工程安全生产行为和下级交通运输主管部门履行安全生产监督管理职责情况进行监督检查。

交通运输主管部门应当依照安全生产法律、法规、规章及工程建设强制性标准，制订年度监督检查计划，确定检查重点、内容、方式和频次。加强与其他安全生产监管部门的合作，推进联合检查执法。

交通运输主管部门对公路水运工程安全生产行为的监督检查主要包括下列内容。

（1）被检查单位执行法律、法规、规章及工程建设强制性标准情况。

（2）《公路水运工程安全生产监督管理办法》规定的项目安全生产条件落实情况。

（3）施工单位在施工场地布置、现场安全防护、施工工艺操作、施工安全管理活动记录等方面的安全生产标准化建设推进情况。

交通运输主管部门在职责范围内开展安全生产监督检查时，有权采取下列措施。

（1）进入被检查单位进行检查，调阅有关工程安全管理的文件和相关照片、录像及电子

文本等资料，向有关单位和人员了解情况。

（2）进入被检查单位施工现场进行监督抽查。

（3）责令相关单位立即或者限期停止、改正违法行为。

（4）法律、行政法规规定的其他措施。

二、《公路水运工程施工企业项目负责人施工现场带班生产制度（暂行）》（交质监发〔2012〕576号）相关规定

公路水运工程施工期间，项目负责人必须在施工现场轮流带班生产。项目负责人原则上不得同时承担2个及以上施工合同段安全生产管理工作，确需兼任的，应当征得项目建设单位的书面同意。

项目经理是公路水运工程施工合同段安全生产管理的第一责任人，对落实带班生产制度负全面领导责任。

公路水运工程施工合同段项目经理部，应根据项目施工特点，建立项目负责人施工现场轮流带班生产制度，明确工作内容、职责权限、人员安排和考核奖惩等要求，制订月度带班生产计划，并严格实施。

对于有专业（或劳务）分包的合同段，分包单位应制订月度带班生产计划，并报承包单位项目经理部备案。对于施工总承包的项目，项目分段（分部或工区）实施单位应制订月度带班生产计划，并报施工总承包项目经理部备案。

施工企业项目负责人施工现场带班生产制度和月度带班生产计划应报项目监理单位审查确认并报建设单位备案。项目负责人因其他事务不能带班生产时，项目经理应指定其他项目负责人承担其带班工作，并提前向项目监理单位报备。

公路水运工程施工期间，每日带班生产的项目负责人姓名及其联系方式、监督电话等，应当在项目经理部驻地立牌公告。

项目负责人带班生产方式如下。

（1）现场巡视检查。对当日本合同段内施工作业区进行巡视检查，了解掌握施工现场安全生产状况，重点检查危险性较大的分部分项工程、事故多发易发的施工环节或部位。

（2）蹲点带班生产。巡视检查后，项目负责人根据施工现场安全生产状况，选择当日事故多发易发的施工环节或部位，或危险性较大的分部分项工程，或本合同段首件工程等作业区蹲点带班生产。

项目负责人带班生产时，应履行以下职责。

（1）检查本合同段安全生产条件落实情况。

①专职安全员施工现场履责情况；作业人员个人防护和施工现场临边防护的规范性。

②特种作业人员持证上岗情况；起重机械和整体提升式脚手架、滑模爬模、架桥机等设备检验验收与安全运行情况。

③承重支架或满堂脚手架、施工挂篮运行情况。

④安全技术交底与班前会落实情况。

（2）检查施工组织设计或专项施工方案中安全措施的落实情况。

（3）加强对重点部位、关键环节的施工指导，及时制止“三违”行为。

（4）及时发现、报告并组织消除事故隐患和险情。

（5）填写带班生产工作日志并签字归档备查。

公路水运工程施工企业应建立本企业项目负责人施工现场带班生产的责任考核制度，每半年至少组织1次对所承揽工程项目经理部的定期检查考核，检查考核结果应报备项目监理和建设单位。

第二节　公路工程质量管理相关规定

知识点 1　公路工程施工单位质量责任和义务

交通运输部负责全国公路水运工程质量监督管理工作。公路工程从业单位应当建立健全工程质量保证体系，制订质量管理制度，强化工程质量管理措施，完善工程质量目标保障机制。

公路水运工程施行质量责任终身制。建设、勘察、设计、施工、监理等单位应当书面明确相应的项目负责人和质量负责人。从业单位的相关人员按照国家法律法规和有关规定在工程合理使用年限内承担相应的质量责任。

关于公路工程施工单位质量责任和义务，《公路水运工程质量监督管理规定》规定如下。

（1）施工单位对工程施工质量负责，应当按合同约定设立现场质量管理机构、配备工程技术人员和质量管理人员，落实工程施工质量责任制。

（2）施工单位应当严格按照工程设计图纸、施工技术标准和合同约定施工，对原材料、混合料、构配件、工程实体、机电设备等进行检验；按规定施行班组自检、工序交接检、专职质检员检验的质量控制程序；对分项工程、分部工程和单位工程进行质量自评。检验或者自评不合格的，不得进入下道工序或者投入使用。

（3）施工单位应当加强施工过程质量控制，并形成完整、可追溯的施工质量管理资料，主体工程的隐蔽部位施工还应当保留影像资料。对施工中出现的质量问题或者验收不合格的工程，应当负责返工处理；对在保修范围和保修期限内发生质量问题的工程，应当履行保修义务。

（4）施工单位应当依法规范分包行为，并对承担的工程质量负总责，分包单位对分包合同范围内的工程质量负责。

（5）施工单位应当按照合同约定设立工地临时试验室，严格按照工程技术标准、检测规范和规程，在核定的试验检测参数范围内开展试验检测活动。

知识点 2　公路工程质量事故管理

公路水运建设工程质量事故是指公路水运建设工程项目在缺陷责任期结束前，由于施工或勘察设计等原因使工程不满足技术标准及设计要求，并造成结构损毁或一定直接经济损失的事故。

一、质量事故分级

根据直接经济损失或工程结构损毁情况（自然灾害所致除外），公路水运建设工程质量事故分为特别重大质量事故、重大质量事故、较大质量事故和一般质量事故 4 个等级；直接经济损失在一般质量事故以下的视为质量问题。

（1）特别重大质量事故，是指造成直接经济损失 1 亿元以上的事故。

（2）重大质量事故，是指造成直接经济损失 5 000 万元以上 1 亿元以下，或者特大桥主体结构垮塌、特长隧道结构坍塌，或者大型水运工程主体结构垮塌、报废的事故。

（3）较大质量事故，是指造成直接经济损失 1 000 万元以上 5 000 万元以下，或者高速公路项目中桥或大桥主体结构垮塌、中隧道或长隧道结构坍塌、路基（行车道宽度）整体滑移，或者中型水运工程主体结构垮塌、报废的事故。

（4）一般质量事故，是指造成直接经济损失 100 万元以上 1 000 万元以下，或者除高速公路以外的公路项目中桥或大桥主体结构垮塌、中隧道或长隧道结构坍塌，或者小型水运工程主体结构垮塌、报废的事故。

➢ **注意：**上述规定所称的“以上”包括本数，“以下”不包括本数。

● **点拨**

公路工程质量事故等级划分可按图 7-2-1 记忆。

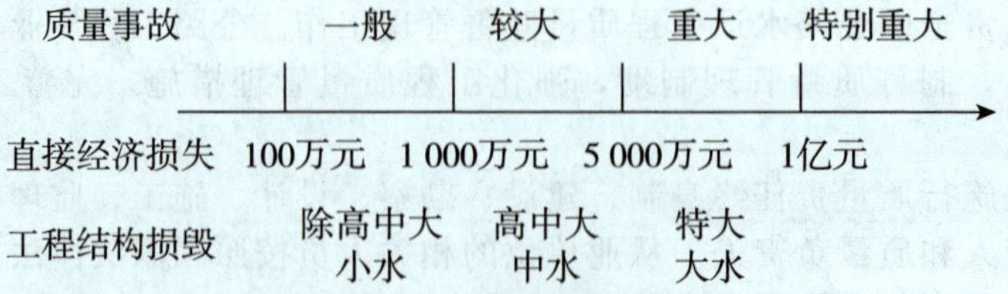

图 7-2-1　公路工程质量事故等级划分

二、质量事故报告

工程项目交工验收前，施工单位为工程质量事故报告的责任单位；自通过交工验收至缺陷责任期结束，由负责项目交工验收管理的交通运输主管部门明确项目建设单位或管养单位作为工程质量事故报告的责任单位。

一般及以上工程质量事故均应报告。事故报告责任单位应在应急预案或有关制度中明确事故报告责任人。事故报告应及时、准确，任何单位和个人不得迟报、漏报、谎报或瞒报。

事故发生后，现场有关人员应立即向事故报告责任单位负责人报告。事故报告责任单位应在接报 2 h 内，核实、汇总并向负责项目监管的交通运输主管部门及其工程质量监督机构报告。接收事故报告的单位和人员及其联系电话应在应急预案或有关制度中予以明确。

重大及以上质量事故，省级交通运输主管部门应在接报 2 h 内进一步核实，并按工程质量事故快报统一报交通运输部应急办转部工程质量监督管理部门；出现新的经济损失、工程损毁扩大等情况的应及时续报。省级交通运输主管部门应在事故情况稳定后的 10 d 内汇总、核查事故数据，形成质量事故情况报告，报交通运输部工程质量监督管理部门。

对于特别重大质量事故，交通运输部将按《交通运输部突发事件应急工作暂行规范》，由交通运输部应急办会同部工程质量监督管理部门及时向国务院应急办报告。

三、事故现场保护

工程质量事故发生后，事故发生单位和相关单位应按照应急预案规定及时响应，采取有效措施防止事故扩大。同时，应妥善保护事故现场及相关证据，任何单位和个人不得破坏事故现场。因抢救人员、防止事故扩大及疏导交通等原因需要移动事故现场物件的，应作出标识，保留影像资料。

知识点 3　公路工程质量监督管理相关规定

公路水运工程实行质量监督管理制度。交通运输主管部门及其委托的建设工程质量监督机构应当依据法律、法规和强制性标准等，科学、规范、公正地开展公路水运工程质量监督管理工作。任何单位和个人不得非法干预或者阻挠质量监督管理工作。

一、质量监督机构

交通运输主管部门委托的建设工程质量监督机构应当满足以下基本条件。

(1) 从事质量监督管理工作的专业技术人员数量不少于本单位职工总数的 70%，且专业结构配置合理，满足质量监督管理工作需要，从事现场执法的人员应当按规定取得行政执法证件。

（2）具备开展质量监督管理的工作条件，按照有关装备标准配备质量监督检查所必要的检测设备、执法装备等。

（3）建立健全质量监督管理制度和工作机制，落实监督管理工作责任，加强业务培训。

二、质量监督手续

交通运输主管部门或者其委托的建设工程质量监督机构依法要求建设单位按规定办理质量监督手续。

建设单位应当按照国家规定向交通运输主管部门或者其委托的建设工程质量监督机构提交以下材料，办理工程质量监督手续。

（1）公路水运工程质量监督管理登记表。

（2）交通运输主管部门批复的施工图设计文件。

（3）施工、监理合同及招投标文件。

（4）建设单位现场管理机构、人员、质量保证体系等文件。

（5）本单位以及勘察、设计、施工、监理、试验检测等单位对其项目负责人、质量负责人的书面授权委托书、质量保证体系等文件。

（6）依法要求提供的其他相关材料。

建设单位提交的材料符合规定的，交通运输主管部门或者其委托的建设工程质量监督机构应当在15个工作日内为其办理工程质量监督手续，出具公路水运工程质量监督管理受理通知书。

公路水运工程质量监督管理受理通知书中应当明确监督人员、内容和方式等。

建设单位在办理工程质量监督手续后、工程开工前，应当按照国家有关规定办理施工许可或者开工备案手续。

交通运输主管部门或者其委托的建设工程质量监督机构应当自建设单位办理完成施工许可或者开工备案手续之日起，至工程竣工验收完成之日止，依法开展公路水运工程建设的质量监督管理工作。

三、质量检测

公路水运工程交工验收前，建设单位应当组织对工程质量是否合格进行检测，出具交工验收质量检测报告，连同设计单位出具的工程设计符合性评价意见、监理单位提交的工程质量评定或者评估报告一并提交交通运输主管部门委托的建设工程质量监督机构。

交通运输主管部门委托的建设工程质量监督机构应当对建设单位提交的报告材料进行审核，并对工程质量进行验证性检测，出具工程交工质量核验意见。

工程交工质量核验意见应当包括交工验收质量检测工作组织、质量评定或者评估程序执行、监督管理过程中发现的质量问题整改以及工程质量验证性检测结果等情况。

公路水运工程竣工验收前，交通运输主管部门委托的建设工程质量监督机构应当根据交通运输主管部门拟订的验收工作计划，组织对工程质量进行复测，并出具项目工程质量鉴定报告，明确工程质量水平；同时出具项目工程质量监督管理工作报告，对项目建设期质量监督管理工作进行全面总结。

交通运输主管部门委托的建设工程质量监督机构具备相应检测能力的，可以自行对工程质量进行检测；不具备相应检测能力的，可以委托具有相应能力等级的第三方试验检测机构负责相应检测工作。委托试验检测机构开展检测工作的，应当遵守政府采购有关法律法规的要求。

四、监督检查

交通运输主管部门或者其委托的建设工程质量监督机构可以采取随机抽查、备案核查、专项督查等方式对从业单位实施监督检查。公路水运工程质量监督管理工作实行项目监督责任制，可以明确专人或者设立工程项目质量监督组，实施项目质量监督管理工作。

交通运输主管部门或者其委托的建设工程质量监督机构应当制订年度工程质量监督检查计划，确定检查内容、方式、频次以及有关要求等。监督检查的内容主要包括如下几方面。

（1）从业单位对工程质量法律、法规的执行情况。

（2）从业单位对公路水运工程建设强制性标准的执行情况。

（3）从业单位质量责任落实及质量保证体系运行情况。

（4）主要工程材料、构配件的质量情况。

（5）主体结构工程实体质量等情况。

实施监督检查时，应当有2名以上人员参加，并出示有效执法证件。检查人员对涉及被检查单位的技术秘密和商业秘密，应当为其保密。

监督检查过程中，检查人员发现质量问题的，应当当场提出检查意见并做好记录。质量问题较为严重的，检查人员应当将检查时间、地点、内容、主要问题及处理意见形成书面记录，并由检查人员和被检查单位现场负责人签字。被检查单位现场负责人拒绝签字的，检查人员应当将情况记录在案。

第三部分

公路工程项目管理实务

第八章

公路工程企业资质与施工组织

本章导学

本章主要介绍公路工程企业资质、施工项目管理机构和施工组织设计。本章内容是在最新考试大纲的基础上，根据《工程设计资质标准》（建市〔2007〕86号）、《建设工程项目管理规范》（GB/T 50326—2017）等相关规范和标准进行编写，重点内容包括设计企业资质、施工企业资质、项目管理机构的组建、项目管理机构的工作内容、公路工程项目施工组织设计编制、公路工程项目施工方案编制等。在考试中，本章内容所占分值较低，多以选择题形式进行考查，建议考生在理解的基础上进行记忆。

第一节　公路工程企业资质

知识点 1　设计企业资质

一、资质等级划分

《工程设计资质标准》(建市〔2007〕86 号）分为 4 个序列。

(1) 工程设计综合资质，是指涵盖 21 个行业的设计资质。

(2) 工程设计行业资质，是指涵盖某个行业资质标准中的全部设计类型的设计资质。

(3) 工程设计专业资质，是指某个行业资质标准中的某一个专业的设计资质。

(4) 工程设计专项资质，是指为适应和满足行业发展的需求，对已形成产业的专项技术独立进行设计以及设计、施工一体化而设立的资质。

工程设计综合资质只设甲级。工程设计行业资质和工程设计专业资质设甲、乙两个级别；根据行业需要，建筑、市政公用、水利、电力（限送变电)、农林和公路行业设立工程设计丙级资质，建筑工程设计专业资质设丁级。建筑行业根据需要设立建筑工程设计事务所资质。工程设计专项资质根据需要设置等级。

➢ **知识链接：** 根据《建设工程企业资质管理制度改革方案》(建市〔2020〕94 号)，对企业资质精简改革后，工程设计资质分为综合资质、行业资质、专业和事务所资质。改革后将原 21 类行业资质整合为 14 类，综合资质、事务所资质不分等级，行业资质、专业资质等级原则上压减为甲、乙两级（部分资质只设甲级)。

● **点拨**

公路工程设计企业资质等级的划分见表 8-1-1。

表 8-1-1　公路工程设计企业资质等级的划分

资质类别	等级
工程设计综合资质	甲级资质
公路行业设计资质	甲级资质
公路专业设计资质	甲级、乙级资质
特大桥专业设计资质	甲级资质
特长隧道专业设计资质	甲级资质
交通工程专业设计资质	甲级、乙级资质

二、承担业务范围

设计企业可承担资质证书许可范围内的工程设计业务，承担与资质证书许可范围相应的建设工程总承包、工程项目管理和相关的技术、咨询与管理服务业务。承担业务的地区不受限制。

(一）工程设计综合甲级资质

承担各行业建设工程项目的设计业务，其规模不受限制；但在承接工程项目设计时，须满足《工程设计资质标准》(建市〔2007〕86 号）中与该工程项目对应的设计类型对人员配置的要求。

承担其取得的施工总承包（施工专业承包）一级资质证书许可范围内的工程施工总承包

（施工专业承包）业务。

（二）工程设计行业资质

（1）甲级。承担本行业建设工程项目主体工程及其配套工程的设计业务，其规模不受限制。

（2）乙级。承担本行业中、小型建设工程项目的主体工程及其配套工程的设计业务。

（3）丙级。承担本行业小型建设项目的工程设计业务。

（三）工程设计专业资质

（1）甲级。承担本专业建设工程项目主体工程及其配套工程的设计业务，其规模不受限制。

（2）乙级。承担本专业中、小型建设工程项目的主体工程及其配套工程的设计业务。

（3）丙级。承担本专业小型建设项目的设计业务。

（四）工程设计专项资质

承担规定的专项工程的设计业务，具体规定见有关专项设计资质标准。

知识点 2　施工企业资质

一、资质等级划分

根据《建设工程企业资质管理制度改革方案》，施工资质分为施工综合资质、施工总承包资质、专业承包资质和专业作业资质。施工综合资质和专业作业资质不分等级；施工总承包资质、专业承包资质等级原则上压减为甲、乙两级（部分专业承包资质不分等级），其中，施工总承包甲级资质在本行业内承揽业务规模不受限制。

改革后的公路工程施工企业资质分类分级见表 8-1-2。

表 8-1-2　改革后的公路工程施工企业资质分类分级

资质类别	施工资质类型	等级
综合资质	综合资质	不分等级
施工总承包资质	公路工程施工总承包	甲、乙级
专业承包资质	公路工程类专业承包	甲、乙级
	桥梁工程专业承包	甲、乙级
	隧道工程专业承包	甲、乙级
专业作业资质	由审批制改为备案制，不分等级	

二、承包工程范围

（一）公路工程施工总承包资质承包工程范围

（1）一级资质，可承担各级公路及其桥梁，长度 3 000 m 以下的隧道工程的施工。

（2）二级资质，可承担一级以下公路，单座桥长 1 000 m 以下、单跨跨度 150 m 以下的桥梁，长度 1 000 m 以下的隧道工程的施工。

（3）三级资质，可承担二级以下公路，单座桥长 500 m 以下、单跨跨度 50 m 以下的桥梁工程的施工。

（二）桥梁工程专业承包资质承包工程范围

（1）一级资质，可承担各类桥梁工程的施工。

（2）二级资质，可承担单跨 150 m 以下、单座桥梁总长 1 000 m 以下桥梁工程的施工。

（3）三级资质，可承担单跨 50 m 以下、单座桥梁总长 120 m 以下桥梁工程的施工。

（三）隧道工程专业承包资质承包工程范围

（1）一级资质，可承担各类隧道工程的施工。

(2) 二级资质，可承担断面 60 m^2 以下且单洞长度 1 000 m 以下的隧道工程施工。

(3) 三级资质，可承担断面 40 m^2 以下且单洞长度 500 m 以下的隧道工程施工。

(四) 公路路面工程专业承包资质承包工程范围

(1) 一级资质，可承担各级公路路面工程的施工。

(2) 二级资质，可承担一级以下公路路面工程的施工。

(3) 三级资质，可承担二级以下公路路面工程的施工。

(五) 公路路基工程专业承包资质承包工程范围

(1) 一级资质，可承担各级公路的路基、中小桥涵、防护及排水、软基处理工程的施工。

(2) 二级资质，可承担一级标准以下公路的路基、中小桥涵、防护及排水、软基处理工程的施工。

(3) 三级资质，可承担二级标准以下公路的路基、中小桥涵、防护及排水、软基处理工程的施工。

(六) 公路交通工程专业承包资质承包工程范围

公路交通工程专业承包资质分为公路安全设施和公路机电工程 2 个分项，每个分项分为一级、二级。其承包工程范围如下。

(1) 一级资质（公路安全设施分项），可承担各级公路标志、标线、护栏、隔离栅、防眩板等公路安全设施工程的施工及安装。

(2) 二级资质（公路安全设施分项），可承担一级以下公路标志、标线、护栏、隔离栅、防眩板等公路安全设施工程的施工及安装。

(3) 一级资质（公路机电工程分项），可承担各级公路通信、监控、收费、干线传输系统，移动通信系统，光（电）缆敷设工程、紧急电话系统，交通信息采集系统，信息发布系统，中央控制系统，供配电、照明、智能交通管理等机电系统及配套工程系统的施工及安装；公路桥梁及隧道工程健康监测、通风、通信管道等机电系统及配套设备的施工及安装。

(4) 二级资质（公路机电工程分项），可承担一级以下公路通信、监控、收费、干线传输系统，移动通信系统，光（电）缆敷设工程、紧急电话系统，交通信息采集系统，信息发布系统，中央控制系统，供配电、照明、智能交通管理等机电系统及配套工程系统的施工及安装。

实战演练

[2024 真题 · 单选] 关于资质等级的说法，正确的是（　　）。

A. 公路工程设计综合资质等级分为甲级、乙级

B. 公路行业设计资质等级分为甲级、乙级、丙级

C. 隧道工程专业承包企业分为一级企业、二级企业

D. 交通安全分项资质等级分为一级资质、二级资质

[解析] 公路工程设计综合资质只有一个级别：甲级。公路行业设计资质只有一个级别：甲级。隧道工程专业承包企业分为一级企业、二级企业、三级企业。

[答案] D

第二节　施工项目管理机构

知识点 1　项目管理机构的组建

项目管理机构是根据组织授权，直接实施项目管理的单位，可以是项目管理公司、项目部、工程监理部等。公路工程施工项目管理的组织机构一般称为项目经理部。当签订施工合

同，进入项目建设实施阶段，施工企业会根据项目的性质和规模，组建项目经理部。

项目管理机构的组织结构形式应根据工程项目规模及特点、工程项目组织模式及项目管理单位自身情况等确定。常见的形式如下。

（1）直线式。各种职位均按直线垂直排列，项目经理直接进行单线垂直领导。

（2）职能式。各职能部门分别从职能角度对下级执行者进行业务管理。各级领导不直接指挥下级，而是指挥职能部门。

（3）直线职能式。各职能部门在自己职能范围内独立于其他职能部门进行工作，各职能人员接受相应的职能部门经理或主管的领导。

（4）矩阵式。矩阵式组织结构以工程项目为对象设置，各项目管理机构内的管理人员从各职能部门临时抽调，归项目经理统一管理。这种组织机构适用于大型项目。

根据《建设工程项目管理规范》（GB/T 50326—2017），项目管理机构应由项目管理机构负责人领导，接受组织职能部门的指导、监督、检查、服务和考核，负责对项目资源进行合理使用和动态管理。项目管理机构应在项目启动前建立，在项目完成后或按合同约定解体。

建立项目管理机构应遵循下列规定。

（1）结构应符合组织制度和项目实施要求。

（2）应有明确的管理目标、运行程序和责任制度。

（3）机构成员应满足项目管理要求及具备相应资格。

（4）组织分工应相对稳定并可根据项目实施变化进行调整。

（5）应确定机构成员的职责、权限、利益和需承担的风险。

建立项目管理机构应遵循下列步骤。

（1）根据项目管理规划大纲、项目管理目标责任书及合同要求明确管理任务。

（2）根据管理任务分解和归类，明确组织结构。

（3）根据组织结构，确定岗位职责、权限以及人员配置。

（4）制订工作程序和管理制度。

（5）由组织管理层审核认定。

知识点 2 项目管理机构的工作内容

项目管理机构应按项目管理流程实施项目管理。项目管理流程应包括启动、策划、实施、监控和收尾过程，各个过程之间相对独立，又相互联系。具体来说，项目管理机构的工作内容包括招标管理、合同管理、项目技术管理、进度管理、质量管理、成本管理、安全生产管理、绿色建造和环境管理、资源管理（人力资源、材料与设备、施工机具等）、信息管理、沟通管理等。

其中，项目进度管理应遵循下列程序：①编制进度计划；②进度计划交底，落实管理责任；③实施进度计划；④进行进度控制和变更管理。

第三节 施工组织设计

知识点 1 公路工程项目施工组织设计编制

施工组织设计是以施工项目为对象编制的，用以指导其施工全过程各项施工活动的技术、经济、组织、协调和控制的综合性文件，也是正确指导施工活动的纲领性文件。

根据《建筑施工组织设计规范》（GB/T 50502—2009），施工组织设计按编制对象，可分为施工组织总设计、单位工程施工组织设计和施工方案。

施工组织设计应包括编制依据、工程概况、施工部署、施工进度计划、施工准备与资源配置计划、主要施工方法、施工现场平面布置及主要施工管理计划等基本内容。

施工组织设计的编制必须遵循工程建设程序，并应符合下列原则。

（1）符合施工合同或招标文件中有关工程进度、质量、安全、环境保护、造价等方面的要求。

（2）积极开发、使用新技术和新工艺，推广应用新材料和新设备。

（3）坚持科学的施工程序和合理的施工顺序，采用流水施工和网络计划等方法，科学配置资源，合理布置现场，采取季节性施工措施，实现均衡施工，达到合理的经济技术指标。

（4）采取技术和管理措施，推广建筑节能和绿色施工。

（5）与质量、环境和职业健康安全3个管理体系有效结合。

施工组织设计应以下列内容作为编制依据。

（1）与工程建设有关的法律、法规和文件。

（2）国家现行有关标准和技术经济指标。

（3）工程所在地区行政主管部门的批准文件，建设单位对施工的要求。

（4）工程施工合同或招标投标文件。

（5）工程设计文件。

（6）工程施工范围内的现场条件，工程地质及水文地质、气象等自然条件。

（7）与工程有关的资源供应情况。

（8）施工企业的生产能力、机具设备状况、技术水平等。

知识点 2 公路工程项目施工方案编制

施工方案是以分部（分项）工程或专项工程为主要对象编制的施工技术与组织方案，用以具体指导其施工过程。

施工方案的编制应遵循下列原则。

（1）科学合理、具有可操作性。

（2）满足工期、动态管理控制要求。

（3）保质量、促安全、符合技术规范，秉承“谁施工、谁编制、谁负责”的原则。

（4）降成本、增效益、技术创新。

（5）充分考虑业主的要求。

（6）符合设计、规范和验收标准要求。

根据《公路水运危险性较大工程专项施工方案编制审查规程》（JT/T 1495—2024），实行施工总承包的，专项施工方案应由施工总承包单位组织编制；实行专业工程分包的，可由专业承包单位组织编制。

专项施工方案编制应包括以下内容。

（1）编制依据：法律依据（包括相关法律、法规、规范性文件、标准等）、项目文件（包括施工合同、勘察文件、施工图纸及其他技术文件）、施工组织设计、施工安全风险评估报告等。

（2）工程概况：工程基本情况、工程地质与水文气象、周边环境、施工平面及立面布置、施工要求和技术保证条件、风险辨识与分级、相关参建单位。

（3）施工计划：包括施工进度计划、劳动力计划、材料与设备计划、安全生产费用使用计划。

（4）施工工艺技术：技术参数、标准化工序工艺流程、施工方法及操作要求、检查要求等。

（5）安全保证措施：组织保障（包括安全组织机构、安全保证体系及相应人员安全职责等）、技术保证措施、检查与验收、监测监控措施、应急处置措施等。

（6）质量保证措施：质量目标、工程创优规划、质量保证体系、质量控制程序与具体措施等。

（7）环境保证措施：环境保护组织机构、环境保护及文明施工措施等。

（8）施工管理人员配备及分工：施工管理人员、专职安全生产管理人员、特种作业人员、其他作业人员等。

（9）验收要求：验收标准、验收程序、验收内容、验收人员等。

（10）其他资料：计算书及相关图纸。

第九章

工程招标投标与合同管理

本章导学

本章主要介绍工程招标投标与工程合同管理。本章内容是在最新考试大纲的基础上，根据《公路工程建设项目招标投标管理办法》（交通运输部令 2015 年第 24 号）、《公路工程标准施工招标文件》（2018 年版）编写。重点内容包括公路工程招标投标管理、公路工程工程量清单编制、投标报价编制、公路工程合同体系结构、公路工程施工合同履行与管理、公路工程分包合同管理、公路工程施工阶段工程变更管理、公路工程施工索赔管理、公路工程计量管理等。本章内容相对简单，记忆性知识点较多，在历年考试中，选择题和案例分析题均有所考查，考生在学习时可结合"实战演练"中的题目进行理解记忆。

第一节　工程招标投标

知识点 1　公路工程招标投标管理

交通运输部负责全国公路工程建设项目招标投标活动的监督管理工作。省级人民政府交通运输主管部门负责本行政区域内公路工程建设项目招标投标活动的监督管理工作。公路工程建设项目的招标人或者其指定机构应当对资格审查、开标、评标等过程录音录像并存档备查。

一、招标

公路工程建设项目招标人是提出招标项目、进行招标的项目法人或者其他组织。

对于按照国家有关规定需要履行项目审批、核准手续的依法必须进行招标的公路工程建设项目，招标人应当按照项目审批、核准部门确定的招标范围、招标方式、招标组织形式开展招标。

（一）招标条件

公路工程建设项目履行项目审批或者核准手续后，方可开展勘察设计招标；初步设计文件批准后，方可开展施工监理、设计施工总承包招标；施工图设计文件批准后，方可开展施工招标。

施工招标采用资格预审方式的，在初步设计文件批准后，可以进行资格预审。

有下列情形之一的公路工程建设项目，可以不进行招标。

（1）涉及国家安全、国家秘密、抢险救灾或者属于利用扶贫资金实行以工代赈、需要使用农民工等特殊情况。

（2）需要采用不可替代的专利或者专有技术。

（3）采购人自身具有工程施工或者提供服务的资格和能力，且符合法定要求。

（4）已通过招标方式选定的特许经营项目投资人依法能够自行施工或者提供服务。

（5）需要向原中标人采购工程或者服务，否则将影响施工或者功能配套要求。

（6）国家规定的其他特殊情形。

招标人不得为适用上述规定弄虚作假，规避招标。

（二）招标方式

招标方式包括公开招标和邀请招标。

1. 公开招标

公路工程建设项目采用公开招标方式的，原则上采用资格后审办法对投标人进行资格审查。

公路工程建设项目采用资格预审方式公开招标的，应当按照下列程序进行。

（1）编制资格预审文件。

（2）发布资格预审公告，发售资格预审文件，公开资格预审文件关键内容。

（3）接收资格预审申请文件。

（4）组建资格审查委员会对资格预审申请人进行资格审查，资格审查委员会编写资格审查报告。

（5）根据资格审查结果，向通过资格预审的申请人发出投标邀请书；向未通过资格预审的申请人发出资格预审结果通知书，告知未通过的依据和原因。

(6) 编制招标文件。

(7) 发售招标文件，公开招标文件的关键内容。

(8) 需要时，组织潜在投标人踏勘项目现场，召开投标预备会。

(9) 接收投标文件，公开开标。

(10) 组建评标委员会评标，评标委员会编写评标报告、推荐中标候选人。

(11) 公示中标候选人相关信息。

(12) 确定中标人。

(13) 编制招标投标情况的书面报告。

(14) 向中标人发出中标通知书，同时将中标结果通知所有未中标的投标人。

(15) 与中标人订立合同。

采用资格后审方式公开招标的，在完成招标文件编制并发布招标公告后，按照上述程序第 (7) 项至第 (15) 项进行。

2. 邀请招标

采用邀请招标的，在完成招标文件编制并发出投标邀请书后，按照上述程序第 (7) 项至第 (15) 项进行。

➢ **注意：**资格预审申请人对资格预审审查结果有异议的，应当自收到资格预审结果通知书后 3 d 内提出。招标人应当自收到异议之日起 3 d 内作出答复；作出答复前，应当暂停招标投标活动。招标人未收到异议或者收到异议并已作出答复的，应当及时向通过资格预审的申请人发出投标邀请书。未通过资格预审的申请人不具有投标资格。

(三) 预审文件和招标文件

对依法必须进行招标的公路工程建设项目，招标人应当根据交通运输部制定的标准文本，结合招标项目具体特点和实际需要，编制资格预审文件和招标文件。资格预审文件和招标文件应当载明详细的评审程序、标准和方法，招标人不得另行制定评审细则。

招标人应当按照省级人民政府交通运输主管部门的规定，将资格预审文件及其澄清、修改，招标文件及其澄清、修改报相应的交通运输主管部门备案。

招标人应当自资格预审文件或者招标文件开始发售之日起，将其关键内容上传至具有招标监督职责的交通运输主管部门政府网站或者其指定的其他网站上进行公开，公开内容包括项目概况、对申请人或者投标人的资格条件要求、资格审查办法、评标办法、招标人联系方式等，公开时间至提交资格预审申请文件截止时间 2 d 前或者投标截止时间 10 d 前结束。

招标人发出的资格预审文件或者招标文件的澄清或者修改涉及上述规定的公开内容的，招标人应当在向交通运输主管部门备案的同时，将澄清或者修改的内容上传至上述规定的网站。

潜在投标人或者其他利害关系人可以按照国家有关规定对资格预审文件或者招标文件提出异议。招标人应当对异议作出书面答复。未在规定时间内作出书面答复的，应当顺延提交资格预审申请文件截止时间或者投标截止时间。

招标人书面答复内容涉及影响资格预审申请文件或者投标文件编制的，应当按照有关澄清或者修改的规定，调整提交资格预审申请文件截止时间或者投标截止时间，并以书面形式通知所有获取资格预审文件或者招标文件的潜在投标人。

(四) 保证金

招标人应当严格遵守有关法律、行政法规关于各类保证金收取的规定，在招标文件中载明保证金收取的形式、金额以及返还时间。招标人不得以任何名义增设或者变相增设保证金或者随意更改招标文件载明的保证金收取形式、金额以及返还时间。招标人不得在资格预审期间收取任何形式的保证金。

招标人在招标文件中要求投标人提交投标保证金的，投标保证金不得超过招标标段估算价的2%。投标保证金有效期应当与投标有效期一致。依法必须进行招标的公路工程建设项目的投标人，以现金或者支票形式提交投标保证金的，应当从其基本账户转出。投标人提交的投标保证金不符合招标文件要求的，应当否决其投标。招标人不得挪用投标保证金。

二、投标

投标人是响应招标、参加投标竞争的法人或者其他组织。投标人应当具备招标文件规定的资格条件，具有承担所投标项目的相应能力。

投标人在投标文件中填报的资质、业绩、主要人员资历和目前在岗情况、信用等级等信息，应当与其在交通运输主管部门公路建设市场信用信息管理系统上填报并发布的相关信息一致。

投标人应当按照招标文件要求装订、密封投标文件，并按照招标文件规定的时间、地点和方式将投标文件送达招标人。

公路工程勘察设计和施工监理招标的投标文件应当以双信封形式密封，第一信封内为商务文件和技术文件，第二信封内为报价文件。

对公路工程施工招标，招标人采用资格预审方式进行招标且评标方法为技术评分最低标价法的，或者采用资格后审方式进行招标的，投标文件应当以双信封形式密封，第一信封内为商务文件和技术文件，第二信封内为报价文件。

投标文件按照要求送达后，在招标文件规定的投标截止时间前，投标人修改或者撤回投标文件的，应当以书面函件形式通知招标人。修改投标文件的函件是投标文件的组成部分，其编制形式、密封方式、送达时间等，适用对投标文件的规定。

投标人在投标截止时间前撤回投标文件且招标人已收取投标保证金的，招标人应当自收到投标人书面撤回通知之日起5 d内退还其投标保证金。投标截止后投标人撤销投标文件的，招标人可以不退还投标保证金。

投标人根据招标文件有关分包的规定，拟在中标后将中标项目的部分工作进行分包的，应当在投标文件中载明。投标人在投标文件中未列入分包计划的工程或者服务，中标后不得分包，法律法规或者招标文件另有规定的除外。

点拨

两个以上法人或者其他组织可以组成一个联合体，以一个投标人的身份共同投标。联合体各方均应当具备承担招标项目的相应能力；国家有关规定或者招标文件对投标人资格条件有规定的，联合体各方均应当具备规定的相应资格条件。由同一专业的单位组成的联合体，按照资质等级较低的单位确定资质等级。联合体中标的，联合体各方应当共同与招标人签订合同，就中标项目向招标人承担连带责任。

三、开标、评标和中标

（一）开标

开标应当在招标文件确定的提交投标文件截止时间的同一时间公开进行；开标地点应当为招标文件中预先确定的地点。投标人少于3个的，不得开标，投标文件应当当场退还给投标人；招标人应当重新招标。

开标由招标人主持，邀请所有投标人参加。开标过程应当记录，并存档备查。投标人对开标有异议的，应当在开标现场提出，招标人应当当场作出答复，并制作记录。未参加开标的投标人，视为对开标过程无异议。

投标文件按照招标文件规定采用双信封形式密封的，开标分两个步骤公开进行。

第一步骤对第一信封内的商务文件和技术文件进行开标，对第二信封不予拆封并由招标人予以封存。

第二步骤宣布通过商务文件和技术文件评审的投标人名单，对其第二信封内的报价文件进行开标，宣读投标报价。未通过商务文件和技术文件评审的，对其第二信封不予拆封，并当场退还给投标人；投标人未参加第二信封开标的，招标人应当在评标结束后及时将第二信封原封退还投标人。

（二）评标

1. 评标委员会

招标人应当按照国家有关规定组建评标委员会负责评标工作。

国家审批或者核准的高速公路、一级公路、独立桥梁和独立隧道项目，评标委员会专家应当由招标人从国家重点公路工程建设项目评标专家库相关专业中随机抽取；其他公路工程建设项目的评标委员会专家可以从省级公路工程建设项目评标专家库相关专业中随机抽取，也可以从国家重点公路工程建设项目评标专家库相关专业中随机抽取。

对于技术复杂、专业性强或者国家有特殊要求，采取随机抽取方式确定的评标专家难以保证胜任评标工作的特殊招标项目，可以由招标人直接确定。

评标委员会应当按照招标文件确定的评标标准和方法进行评标。招标文件没有规定的评标标准和方法不得作为评标的依据。

2. 评标方法

公路工程勘察设计和施工监理招标，应当采用综合评估法进行评标，对投标人的商务文件、技术文件和报价文件进行评分，按照综合得分由高到低排序，推荐中标候选人。评标价的评分权重不宜超过10%，评标价得分应当根据评标价与评标基准价的偏离程度进行计算。

公路工程施工招标，评标采用综合评估法或者经评审的最低投标价法。综合评估法包括合理低价法、技术评分最低标价法和综合评分法。

（1）合理低价法，是指对通过初步评审的投标人，不再对其施工组织设计、项目管理机构、技术能力等因素进行评分，仅依据评标基准价对评标价进行评分，按照得分由高到低排序，推荐中标候选人的评标方法。

（2）技术评分最低标价法，是指对通过初步评审的投标人的施工组织设计、项目管理机构、技术能力等因素进行评分，按照得分由高到低排序，对排名在招标文件规定数量以内的投标人的报价文件进行评审，按照评标价由低到高的顺序推荐中标候选人的评标方法。招标人在招标文件中规定的参与报价文件评审的投标人数量不得少于3个。

（3）综合评分法，是指对通过初步评审的投标人的评标价、施工组织设计、项目管理机构、技术能力等因素进行评分，按照综合得分由高到低排序，推荐中标候选人的评标方法。其中评标价的评分权重不得低于50%。

经评审的最低投标价法，是指对通过初步评审的投标人，按照评标价由低到高排序，推荐中标候选人的评标方法。

公路工程施工招标评标，一般采用合理低价法或者技术评分最低标价法。技术特别复杂的特大桥梁和特长隧道项目主体工程，可以采用综合评分法。工程规模较小、技术含量较低的工程，可以采用经评审的最低投标价法。

实行设计施工总承包招标的，招标人应当根据工程地质条件、技术特点和施工难度确定评标办法。设计施工总承包招标的评标采用综合评分法的，评分因素包括评标价、项目管理机构、技术能力、设计文件的优化建议、设计施工总承包管理方案、施工组织设计等因素，评标价的评分权重不得低于50%。

点拨

综合评估法和经评审的最低投标价法的比较如图9-1-1所示。

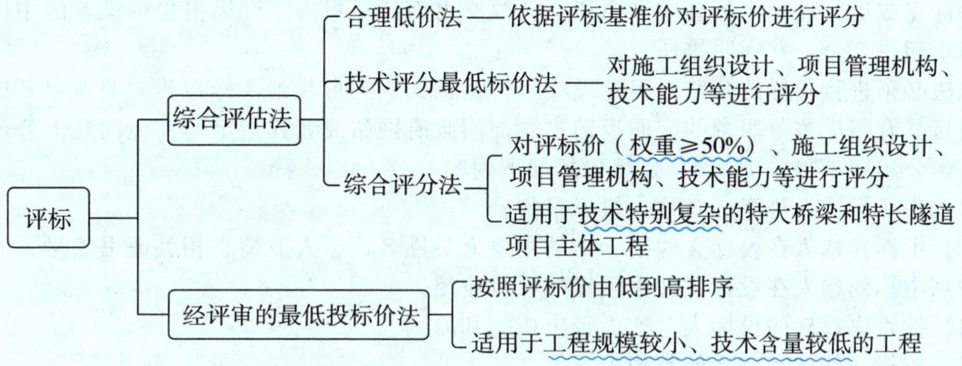

图9-1-1　综合评估法和经评审的最低投标价法的比较

3. 评标依据

评标委员会成员应当客观、公正、审慎地履行职责，遵守职业道德。评标委员会成员应当依据评标办法规定的评审顺序和内容逐项完成评标工作，对本人提出的评审意见以及评分的公正性、客观性、准确性负责。

除评标价和履约信誉评分项外，评标委员会成员对投标人商务和技术各项因素的评分一般不得低于招标文件规定该因素满分值的60%；评分低于满分值60%的，评标委员会成员应当在评标报告中作出说明。

招标人应当对评标委员会成员在评标活动中的职责履行情况予以记录，并在招标投标情况的书面报告中载明。

4. 否决投标的情形

评标委员会应当查询交通运输主管部门的公路建设市场信用信息管理系统，对投标人的资质、业绩、主要人员资历和目前在岗情况、信用等级等信息进行核实。若投标文件载明的信息与公路建设市场信用信息管理系统发布的信息不符，使得投标人的资格条件不符合招标文件规定的，评标委员会应当否决其投标。

评标委员会发现投标人的投标报价明显低于其他投标人报价或者在设有标底时明显低于标底的，应当要求该投标人对相应投标报价作出书面说明，并提供相关证明材料。投标人不能证明可以按照其报价以及招标文件规定的质量标准和履行期限完成招标项目的，评标委员会应当认定该投标人以低于成本价竞标，并否决其投标。

评标委员会对投标文件进行评审后，因有效投标不足3个使得投标明显缺乏竞争的，可以否决全部投标。未否决全部投标的，评标委员会应当在评标报告中阐明理由并推荐中标候选人。

投标文件按照招标文件规定采用双信封形式密封的，通过第一信封商务文件和技术文件评审的投标人在3个以上的，招标人应当按照《公路工程建设项目招标投标管理办法》（交通运输部令2015年第24号）第三十七条规定的程序进行第二信封报价文件开标；在对报价文件进行评审后，有效投标不足3个的，评标委员会应当按照《公路工程建设项目招标投标管理办法》（交通运输部令 2015 年第 24 号）第五十一条第一款规定执行。

通过第一信封商务文件和技术文件评审的投标人少于 3 个的，评标委员会可以否决全部投标；未否决全部投标的，评标委员会应当在评标报告中阐明理由，招标人应当按照《公路工程建设项目招标投标管理办法》（交通运输部令 2015 年第 24 号）第三十七条规定的程序进行第二信封报价文件开标，但评标委员会在进行报价文件评审时仍有权否决全部投标；评标委员会未在报价文件评审时否决全部投标的，应当在评标报告中阐明理由并推荐中标候选人。

（三）中标

评标完成后，评标委员会应当向招标人提交书面评标报告。评标报告中推荐的中标候选人应当不超过 3 个，并标明排序。

依法必须进行招标的公路工程建设项目，招标人应当自收到评标报告之日起 3 d 内，在对该项目具有招标监督职责的交通运输主管部门政府网站或者其指定的其他网站上公示中标候选人，公示期不得少于 3 d，公示包括如下内容。

（1）中标候选人排序、名称、投标报价。

（2）中标候选人在投标文件中承诺的主要人员姓名、个人业绩、相关证书编号。

（3）中标候选人在投标文件中填报的项目业绩。

（4）被否决投标的投标人名称、否决依据和原因。

（5）招标文件规定公示的其他内容。

投标人或者其他利害关系人对依法必须进行招标的公路工程建设项目的评标结果有异议的，应当在中标候选人公示期间提出。招标人应当自收到异议之日起 3 d 内作出答复；作出答复前，应当暂停招标投标活动。

除招标人授权评标委员会直接确定中标人外，招标人应当根据评标委员会提出的书面评标报告和推荐的中标候选人确定中标人。国有资金占控股或者主导地位的依法必须进行招标的公路工程建设项目，招标人应当确定排名第一的中标候选人为中标人。排名第一的中标候选人放弃中标、因不可抗力不能履行合同、不按照招标文件要求提交履约保证金，或者被查实存在影响中标结果的违法行为等情形，不符合中标条件的，招标人可以按照评标委员会提出的中标候选人名单排序依次确定其他中标候选人为中标人，也可以重新招标。

依法必须进行招标的公路工程建设项目，招标人应当自确定中标人之日起 15 d 内，将招标投标情况的书面报告报对该项目具有招标监督职责的交通运输主管部门备案。

招标人应当及时向中标人发出中标通知书，同时将中标结果通知所有未中标的投标人。招标人和中标人应当自中标通知书发出之日起 30 d 内，按照招标文件和中标人的投标文件订立书面合同，合同的标的、价格、质量、安全、履行期限、主要人员等主要条款应当与上述文件的内容一致。招标人和中标人不得再行订立背离合同实质性内容的其他协议。

招标人最迟应当在中标通知书发出后 5 d 内向中标候选人以外的其他投标人退还投标保证金，与中标人签订书面合同后 5 d 内向中标人和其他中标候选人退还投标保证金。以现金或者支票形式提交的投标保证金，招标人应当同时退还投标保证金的银行同期活期存款利息，且退还至投标人的基本账户。

招标文件要求中标人提交履约保证金的，中标人应当按照招标文件的要求提交。履约保证金不得超过中标合同金额的 10%。招标人不得指定或者变相指定履约保证金的支付形式，由中标人自主选择银行保函或者现金、支票等支付形式。

四、监督管理

各级交通运输主管部门应当按照《中华人民共和国招标投标法》《中华人民共和国招标

投标法实施条例》等法律法规、规章以及招标投标活动行政监督职责分工，加强对公路工程建设项目招标投标活动的监督管理。

投标人或者其他利害关系人认为招标投标活动不符合法律、行政法规规定的，可以自知道或者应当知道之日起 10 d 内向交通运输主管部门投诉。交通运输主管部门处理投诉，有权查阅、复制有关文件、资料，调查有关情况，相关单位和人员应当予以配合。必要时，交通运输主管部门可以责令暂停招标投标活动。

实战演练

［2024 真题·单选］3 家企业资质分别是甲、乙、丙，组成联合体后按（　　）等级共同投标。

A. 甲　　B. 乙

C. 丙　　D. 丁

［解析］由同一专业的单位组成的联合体，按照资质等级较低的单位确定资质等级。

［答案］C

［2021 真题·单选］关于开标的说法，正确的是（　　）。

A. 开标应当在提交投标文件截止时间之后公开进行

B. 开标时，由招标人检查投标文件的密封情况

C. 投标人少于 3 个，但具有竞争性，可以进行开标

D. 投标人对开标有异议的，应当在开标现场提出

［解析］开标应当在招标文件确定的提交投标文件截止时间的同一时间公开进行。投标人少于 3 个的，不得开标，投标文件应当当场退还给投标人；招标人应当重新招标。开标时，由投标人或者其推选的代表检查投标文件的密封情况，也可以由招标人委托的公证机构检查并公证。

［答案］D

知识点 2　公路工程工程量清单编制

工程量清单是在公路工程项目中，用于详细列出工程量及对应价款的组成和内容的明细清单，通常用于招标、投标、合同签订和工程结算等环节。清单中的工程量通常是以公路工程图纸为依据，根据工程量计算规则计算出的工程数量。

根据《公路工程标准施工招标文件》（2018 年版），工程量清单由说明、工程量清单表、计日工表、暂估价表、投标报价汇总表组成，具体规定如下。

一、说明

（一）工程量清单说明

（1）本工程量清单是根据招标文件中包括的有合同约束力的工程量清单计量规则、图纸以及有关工程量清单的国家标准、行业标准、合同条款中约定的其他规则编制。约定计量规则中没有的子目，其工程量按照有合同约束力的图纸所标示尺寸的理论净量计算。计量采用中华人民共和国法定计量单位。

（2）本工程量清单应与招标文件中的投标人须知、通用合同条款、专用合同条款、工程量清单计量规则、技术规范及图纸等一起阅读和理解。

（3）本工程量清单中所列工程数量是估算的或设计的预计数量，仅作为投标报价的共同基础，不能作为最终结算与支付的依据。实际支付应按实际完成的工程量，由承包人按工程量清单计量规则规定的计量方法，以监理人认可的尺寸、断面计量，按本工程量清单的单价

和总额价计算支付金额；或根据具体情况，按《公路工程标准施工招标文件》（2018 年版）第四章“合同条款及格式”第 15.4 款的规定，按监理人确定的单价或总额价计算支付额。

（4）工程量清单各章是按第八章“工程量清单计量规则”、第七章“技术规范”的相应章次编号的，因此，工程量清单中各章的工程子目的范围与计量等应与“工程量清单计量规则”“技术规范”相应章节的范围、计量与支付条款结合起来理解或解释。

（5）对作业和材料的一般说明或规定，未重复写入工程量清单内，在给工程量清单各子目标价前，应参阅第七章“技术规范”的有关内容。

（6）工程量清单中所列工程量的变动，丝毫不会降低或影响合同条款的效力，也不免除承包人按规定的标准进行施工和修复缺陷的责任。

（7）图纸中所列的工程数量表及数量汇总表仅是提供资料，不是工程量清单的外延。当图纸与工程量清单所列数量不一致时，以工程量清单所列数量作为报价的依据。

（二）投标报价说明

（1）工程量清单中的每一子目须填入单价或价格，且只允许有一个报价。

（2）除非合同另有规定，工程量清单中有标价的单价和总额价均已包括了为实施和完成合同工程所需的劳务、材料、机械、质检（自检）、安装、缺陷修复、管理、保险、税费、利润等费用，以及合同明示或暗示的所有责任、义务和一般风险。

（3）工程量清单中投标人没有填入单价或价格的子目，其费用视为已分摊在工程量清单其他相关子目的单价或价格之中。承包人必须按监理人指令完成工程量清单中未填入单价或价格的子目，但不能得到结算与支付。

（4）符合合同条款规定的全部费用应认为已被计入有标价的工程量清单所列各子目之中，未列子目不予计量的工作，其费用应视为已分摊在本合同工程的有关子目的单价或总额价之中。

（5）承包人用于本合同工程的各类装备的提供、运输、维护、拆卸、拼装等支付的费用，已包括在工程量清单的单价与总额价之中。

（6）工程量清单中各项金额均以人民币（元）结算。

（三）计日工说明

1. 总则

（1）未经监理人书面指令，任何工程不得按计日工施工；接到监理人按计日工施工的书面指令，承包人也不得拒绝。

（2）投标人应在计日工单价表中填列计日工子目的基本单价或租价，该基本单价或租价适用于监理人指令的任何数量的计日工的结算与支付。计日工的劳务、材料和施工机械由招标人（或发包人）列出正常的估计数量，投标人报出单价，计算出计日工总额后列入工程量清单汇总表中并计入评标价。

（3）计日工不调价。

2. 计日工劳务

（1）在计算应付给承包人的计日工工资时，工时应从工人到达施工现场，并开始从事指定的工作算起，到返回原出发地点为止，扣去用餐和休息的时间。只有直接从事指定的工作，且能胜任该工作的工人才能计工，随同工人一起做工的班长应计算在内，但不包括领工（工长）和其他质检管理人员。

（2）承包人可以得到用于计日工劳务的全部工时的支付，此支付按承包人填报的“计日工劳务单价表”所列单价计算，该单价应包括基本单价及承包人的管理费、税费、利润等所有附加费，说明如下。

①劳务基本单价包括承包人劳务的全部直接费用，如工资、加班费、津贴、福利费及劳动保护费等。

②承包人的利润、管理、质检、保险、税费；易耗品的使用，水电及照明费，工作台、脚手架、临时设施费，手动机具与工具的使用及维修，以及上述各项伴随而来的费用。

3. 计日工材料

承包人可以得到计日工使用的材料费用（上述已计入计日工劳务费内的材料费用除外）的支付，此费用按承包人"计日工材料单价表"中所填报的单价计算，该单价应包括基本单价及承包人的管理费、税费、利润等所有附加费，说明如下。

(1) 材料基本单价按供货价加运杂费（到达承包人现场仓库）、保险费、仓库管理费以及运输损耗等计算。

(2) 承包人的利润、管理、质检、保险、税费及其他附加费。

(3) 从现场运至使用地点的人工费和施工机械使用费不包括在上述基本单价内。

4. 计日工施工机械

(1) 承包人可以得到用于计日工作业的施工机械费用的支付，该费用按承包人填报的"计日工施工机械单价表"中的租价计算。该租价应包括施工机械的折旧、利息、维修、保养、零配件、油燃料、保险和其他消耗品的费用以及全部有关使用这些机械的管理费、税费、利润和司机与助手的劳务费等费用。

(2) 在计日工作业中，承包人计算所用的施工机械费用时，应按实际工作小时支付。除非经监理人的同意，计算的工作小时才能将施工机械从现场某处运到监理人指令的计日工作业的另一现场往返运送时间包括在内。

二、工程量清单表

工程量清单表包括子目号、子目名称、单位、数量、单价和合价（总额）等，见表 9-1-1。

表 9-1-1　工程量清单表

子目号	子目名称	单位	数量	单价	合价

三、计日工表

计日工表包括计日工劳务（表 9-1-2）、计日工材料、计日工施工机械和计日工汇总表。其编制应满足下列要求。

(1) 应列出编号、子目名称、计量单位和工程量。

(2) 计日工项目内容和工程量应根据历史数据和项目具体情况在招标工程量清单中暂时估定。

表 9-1-2 计日工劳务表

编号	子目名称	单位	暂定数量	单价	合价
101	班长	h			
102	普通工	h			
103	焊工	h			
104	电工	h			
105	混凝土工	h			
106	木工	h			
107	钢筋工	h			
	……				

劳务小计金额：________

（计入“计日工汇总表”）

四、暂估价表

暂估价表包括材料暂估价表（表 9-1-3）、工程设备暂估价表和专业工程暂估价表（表 9-1-4）。其编制应满足下列要求。

(1) 材料、工程设备暂估单价应根据工程造价信息或参照市场价格估算，列出明细表。

(2) 专业工程暂估价应分不同专业，按有关计价规定估算，列出明细表。

(3) 暂估价表应由招标人完整填写。

表 9-1-3 材料暂估价表

序号	名称	单位	数量	单价	合价	备注

表 9-1-4 专业工程暂估价表

序号	专业工程名称	工程内容	金额

小计：

五、投标报价汇总表

投标报价汇总表又称工程量清单汇总表，是指对各项工程量进行分类、统计和汇总的表格。它通常将各章的工程子目表及计日工表进行汇总，然后再加上暂列金额，从而得出该项目的总报价，见表 9-1-5。

表 9-1-5　投标报价汇总表

序号	章次	科目名称	金额/元
1	100	总则	
2	200	路基	
3	300	路面	
4	400	桥梁、涵洞	
5	500	隧道	
6	600	安全设施及预埋管线	
7	700	绿化及环境保护设施	
8	第 100～700 章清单合计		
9	已包含在清单合计中的材料、工程设备、专业工程暂估价合计		
10	清单合计减去材料、工程设备、专业工程暂估价合计（即 8－9＝10）		
11	计日工合计		
12	暂列金额（不含计日工总额）①		
13	投标报价（即 8＋11＋12＝13）		

注：材料、工程设备、专业工程暂估价已包括在清单合计中，不应重复计入投标报价。

实战演练

[2022 真题 · 多选] 关于公路工程量清单内容的说法，正确的有（　　）。

A. 约定计量规则中没有的子目，其工程量按照有合同约束力的图纸所标尺寸的理论净量计算

B. 工程量清单中所列工程数量是实际施工数量

C. 工程量清单中所列工程数量是投标报价的基础，也是最终结算与支付的依据

D. 工程量清单应与计量和支付条款结合起来理解或解释

E. 工程量清单中的每一子目须填入单价或价格，且只允许有一个报价

[解析] 选项 B、C 错误，工程量清单中所列工程数量是估算的或设计的预计数量，仅作为投标报价的共同基础，不能作为最终结算与支付的依据。

[答案] ADE

[2023 真题 · 案例节选]

背景资料：

某一级公路工程，发包人依据《公路工程标准施工招标文件》相关规定进行了招标，公布了该工程某标段最高投标限价为 89 150 万元。某施工单位参与该标段投标并中标，投标报价汇总表见表 9-1-6，第 100 章总则工程量清单见表 9-1-7。清单标价计算涉及部分内容如下。

① 暂列金额的设置不宜超过工程量清单第 100～700 章合计金额的 3%。

(1) 按合同条款规定计算出施工期间现场部分保险费如下：永久工程保险费 230.6 万元、临时工程保险费 9.7 万元、施工单位购买的运至施工工地用于永久工程的设备保险费 6.8 万元、施工单位的施工机械保险费 10.8 万元、施工单位雇用人员工伤事故保险费和人身意外伤害保险费共 22.9 万元。

(2) 安全生产费计算费率为 2%。

(3) 现场拟建进出场保通、贯通临时便道共 12 km，厂区内临时便道共 3 km，施工驻地内临时便道共 1.5 km。

(4) 现场拟修建一座临时贝雷便桥，最大水深为 5 m。

表 9-1-6　投标报价汇总表

序号	章次	项目名称	金额/万元
1	100	总则	5 619.7
2	200	路基	17 662.6
3	300	路面	20 873.3
4	400	桥梁涵洞	18 464.9
5	500	隧道	12 042.3
6	600	安全设施及预埋管线	4 014.1
7	700	绿化及环境保护设施	1 605.6
8	第 100～700 章清单合计		80 282.5
9	已包含在清单合计中的材料、工程设备、专业工程暂估价合计		1 680.0
10	清单合计减去材料、工程设备、专业工程暂估价合计		78 602.5
11	计日工合计		96.6
12	暂列金额（不含计日工总额）		2 311.8
13	投标报价		

表 9-1-7　第 100 章总则工程量清单

子目表	项目名称	单位	数量	单价	合价
101	通则				
101-1	保险费				
-a	按合同条款规定，提供建筑工程一切险				
-b	按合同条款规定，提供第三者责任险				
102	工程管理				
102-1	竣工文件				
102-2	施工环保费				
102-3	安全生产费				
102-4	信息化系统（暂估价）				
103	临时工程与设施				
103-1	临时道路修建、养护与拆除（包括原道路的养护）				

[问题]

1. 表 9-1-6 中投标报价合为多少万元？分别计算表 9-1-7 中 101-1-a 建筑工程一切险、102-3 安全生产费清单子目投标报价合价（单位：万元，计算结果保留小数点后一位）。表 9-1-7 中 103-1 临时道路修建、养护与拆除清单子目应填的数量是多少？

[答案]

1. (1) 投标报价＝第 100～700 章清单合计＋计日工合计＋暂列金额（不含计日工总额）＝80 282.5＋96.6＋2 311.8＝82 690.9（万元）。

(2) 建筑工程一切险＝230.6＋9.7＋6.8＋10.8＝257.9（万元）。

(3) 安全生产费＝89 150×2%＝1 783.0（万元）。

(4) 临时道路修建、养护与拆除清单子目应填的数量是 12 km。

知识点 3　投标报价编制

投标报价应由投标人或受其委托的工程造价咨询人编制。投标人可依据规定自主确定投标报价，并应对已标价工程量清单填报价格的一致性及合理性负责，承担不合理报价及总价合同的工程量清单缺陷等风险。

一、投标报价编制依据

(1)《建设工程工程量清单计价标准》(GB/T 50500—2024) 和相关工程国家及行业工程量计算标准。

(2) 招标文件（包括招标工程量清单、合同条款、招标图纸、技术标准规范等）及其补遗、答疑、异议澄清或修正。

(3) 国家及省级、行业建设主管部门颁发的工程计量与计价相关规定，以及根据工程需要补充的工程量计算规则。

(4) 与招标工程相关的技术标准规范等技术资料。

(5) 工程特点及交付标准、地勘水文资料、现场踏勘情况。

(6) 投标人的工程实施方案及投标工期。

(7) 投标人企业定额、工程造价数据、市场价格信息及价格变动预期、装备及管理水平、造价资讯等。

(8) 其他相关资料。

二、投标报价的确定

基础标价是指投标单位在编制投标报价时，根据设计图纸和技术规范，参照企业定额和有关定额计算的完成本工程所需的全部费用。其是投标报价的基础，反映了招标单位对工程项目的成本预期。基础标价的组成如图 9-1-2 所示。

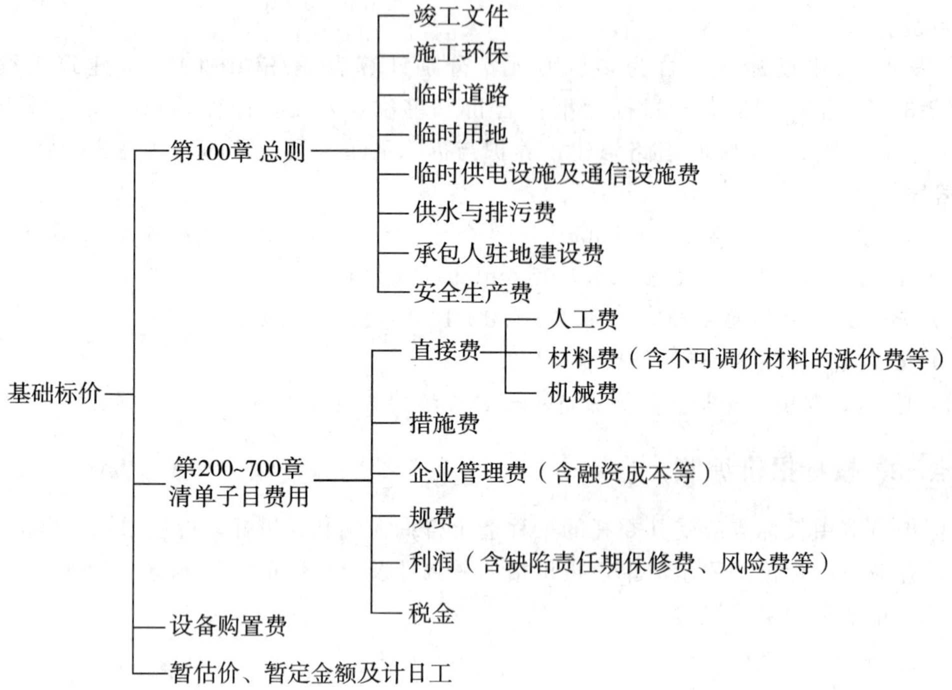

图 9-1-2　基础标价的组成

（1）直接费是指施工过程中耗费的构成工程实体和有助于工程形成的各项费用，包括人工费、材料费、施工机械使用费。

（2）措施费包括冬季施工增加费、雨季施工增加费、夜间施工增加费、特殊地区（高原地区、风沙地区、沿海地区）施工增加费、行车干扰工程施工增加费、施工辅助费、工地转移费。

（3）企业管理费由基本费用、主副食运输补贴、职工探亲路费、职工取暖补贴和财务费用 5 项组成。

（4）规费是指按法律、法规、规章、规程规定施工企业必须缴纳的费用，包括养老保险费、失业保险费、医疗保险费、工伤保险费和住房公积金。各项规费以各类工程的人工费之和为基数，按国家或工程所在地法律、法规、规章、规程规定的标准计算。

（5）利润是指施工企业完成所承包工程获得的盈利，按定额直接费及措施费、企业管理费之和的 7.42%计算。

（6）税金是指国家税法规定应计入建筑安装工程造价的增值税销项税额。其计算公式如下。

税金＝（直接费＋设备购置费＋措施费＋企业管理费＋规费＋利润）×增值税税率

基础标价的计算方法包括工料单价法和综合单价法。工料单价包括人工、材料、机具使用费。综合单价除包括人工费、材料费、施工机械使用费外，还包括可能分摊在单位工程基本构造单元上的费用，如措施费、企业管理费、利润、规费和税金以及一定范围内的风险费用。

实战演练

[2024 真题·案例节选]

背景资料：

某施工单位投标新建高速公路工程一标段，全线为整体式路基，根据该工程招标文件、《公路工程标准施工招标文件》（2018 年版）、《公路工程建设项目概算预算编制办法》（JTG 3830—2018）、《公路工程预算定额》（JTG/T 3832—2018）等资料编制了投标报价，路基工程部分清单子目单价分析数据见表 9-1-8，其中 203-1-a 路基挖土方子目机械使用费中，机上人员工资占比为 15%，规费费率为 36%。

表 9-1-8　路基工程部分清单子目单价（单位：元）分析数据

序号	子目号	子目名称	单位	数量	人工费	材料费	机械使用费	措施费	企业管理费	利润	规费	税金	安全生产费
1	203-1-a	路基挖土方	m^3	1	0.8	0	16.5	0.9	1.7	1.4	A	—	—
2	204-1-a	利用土方路基填筑	m^3	1	—	—	—	—	—	—	—	—	—
3	207-1-a	M10 浆砌片石路堤梯形排水沟	m^3	1	40.6	225	12.3	3.6	24.6	10.3	43.1		5.4

[问题]

1. 表 9-1-8 中，"203-1-a 路基挖土方"清单子目中规费 A 是多少元？"207-1-a M10 浆砌片石路堤梯形排水沟"清单子目的综合单价是多少？（计算结果保留一位小数）

[答案]

1. （1）规费 $A=(0.8+16.5\times0.15)\times0.36=1.2$（元）。

（2）综合单价 $=40.6+225+12.3+3.6+24.6+10.3+43.1=359.5$（元/$m^3$）。

第二节　工程合同管理

知识点 1　公路工程合同体系结构

公路工程项目从立项、融资、建设到竣工验收投入使用的全过程中，业主会与相关方签订诸多合同，如融资合同、勘察设计合同、咨询合同、监理合同、材料设备供应合同、工程施工合同、供应合同、租赁合同、分包合同、运输合同等，这些合同共同构成了公路工程项目的合同体系结构（图 9-2-1），其核心是工程施工合同。

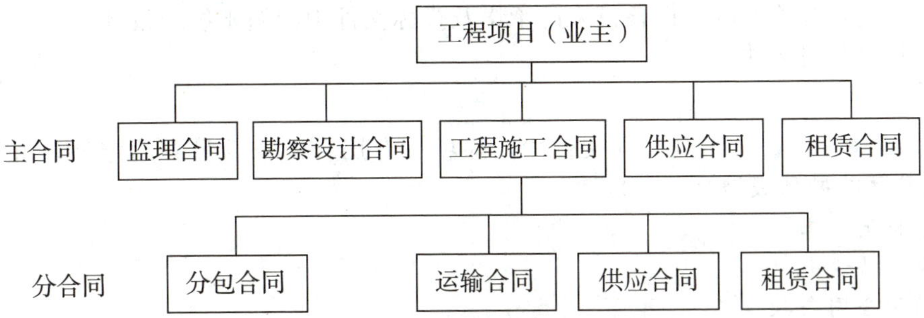

图 9-2-1　公路工程项目的合同体系结构

知识点 2 公路工程施工合同履行与管理

一、施工合同履行

施工合同主要由发包人（业主）和承包人签订，通过签订施工合同，明确双方的权利和义务，为工程项目的顺利实施提供法律保障。因此，施工合同的履行主要涉及以下两方。

（1）发包人（业主），合同条款中指明的与承包人在合同协议书中签字的当事人。其职责包括：①在履行合同过程中遵守法律；②发出开工通知；③按合同约定向承包人提供施工场地，以及施工场地内地下管线和地下设施等有关资料，并保证资料的真实、准确、完整；④协助承包人办理法律规定的有关施工证件和批件；⑤组织设计单位向承包人进行设计交底；⑥按合同约定向承包人及时支付合同价款；⑦按合同约定及时组织竣工验收；⑧履行合同约定的其他义务。

（2）承包人，与发包人（业主）签订合同协议书的当事人。其职责包括：①在履行合同过程中遵守法律；②完成各项承包工作；③对施工作业和施工方法的完备性负责；④保证工程施工和人员的安全；⑤在施工过程中，承包人必须通过投入足够的资源，建立精干高效的组织机构和完善的制度体系，采用先进、合理、经济的施工方案和技术，精心组织、科学管理，确保如期、保质、保量完成各项施工任务；⑥通过合理的工程变更与索赔，维护自己的合法权益，实现预期经营目标和战略；⑦履行合同约定的其他义务。

二、施工合同管理

施工合同管理是对施工合同的实施进行控制，以确保合同条款得到有效执行，项目目标得以实现。当发生争议时，应根据合同约定及合同文件的优先顺序进行处理。

组成合同的各项文件应互相解释，互为说明。除项目专用合同条款另有约定外，解释合同文件的优先顺序如下。

（1）合同协议书及各种合同附件（含评标期间和合同谈判过程中的澄清文件和补充资料）。

（2）中标通知书。

（3）投标函及投标函附录。

（4）项目专用合同条款。

（5）公路工程专用合同条款。

（6）通用合同条款。

（7）工程量清单计量规则。

（8）技术规范。

（9）图纸。

（10）已标价工程量清单。

（11）承包人有关人员、设备投入的承诺及投标文件中的施工组织设计。

（12）其他合同文件。

实战演练

[2024 真题 · 单选] 下列合同文件中，除项目专用合同条款另有约定外，解释合同文件的优先顺序的最高级是（　　）。

A. 中标通知书

B. 合同协议书

C. 通用合同条款

D. 公路工程专用合同条款

［解析］除项目专用合同条款另有约定外，解释合同文件的优先顺序为合同协议书、中标通知书、公路工程专用合同条款、通用合同条款……

［答案］B

知识点 3 公路工程分包合同管理

根据《公路工程施工分包管理办法》，施工分包是指承包人将其所承包工程中的部分单位工程、分部工程或者分项工程发包给其他专业施工企业，整体结算，由分包人自行编制施工方案和组织完成全部施工作业并能独立控制分包工程质量、施工进度、生产安全等的施工活动。发包人是指公路工程建设的项目法人或者受其委托的建设管理单位。承包人是指由发包人通过招标等形式确定，并与发包人签署正式合同的施工总承包企业。分包人是指从承包人处分包部分单位工程、分部工程或者分项工程的专业施工企业。

发包人应当按照规定和合同约定加强对施工分包活动的管理，建立健全本项目分包管理制度，负责对分包的合同签订与履行、质量与安全管理、计量支付等活动监督检查，并建立台账，及时制止承包人的转包或违法分包行为。

除承包人设定的现场管理机构外，分包人也应当分别设立现场管理机构，对所承包或者分包工程的施工活动实施管理。

现场管理机构应当具有与承包或者分包工程的规模、技术复杂程度相适应的技术、经济管理人员，其中项目负责人和技术、财务、计量、质量、安全等主要管理人员必须是本单位人员。

承包人有权依据承包合同自主选择符合条件的分包人。任何单位和个人不得违规指定分包。

承包人和分包人可参照交通运输主管部门制定的示范格式文本依法签订分包合同，并履行合同约定的义务。分包合同必须遵循承包合同的各项原则，满足承包合同中的质量、安全、进度、环保、农民工工资管理以及其他技术、经济等要求。承包人应在分包工程实施前，将经监理人审查同意后的分包合同内容报发包人书面同意，监理人、发包人应及时认真审查分包合同内容。

承包人应当建立健全相关分包管理制度和台账，对分包工程的质量、安全、进度、资金使用和分包人的行为等实施全过程管理，按照规定和合同约定对分包工程的实施向发包人负责，并承担赔偿责任。分包合同不免除承包合同中规定的承包人的责任或者义务。

分包人应当自行编制分包工程的施工方案，经承包人审查同意后报监理人书面同意。分包人应当依据分包合同的约定，自行组织分包工程的施工，并对分包工程的质量、安全和进度等实施有效控制。分包人对其分包的工程向承包人负责，并就所分包的工程向发包人承担连带责任。

知识点 4 公路工程施工阶段工程变更管理

一、变更的范围和内容

除专用合同条款另有约定外，在履行合同中发生以下情形之一，应按照下列规定进行变更。

（1）取消合同中任何一项工作，但被取消的工作不能转由发包人或其他人实施，由承包人违约造成的情况除外。

（2）改变合同中任何一项工作的质量或其他特性。

（3）改变合同工程的基线、标高、位置或尺寸。

(4) 改变合同中任何一项工作的施工时间或改变已批准的施工工艺或顺序。

(5) 为完成工程需要追加的额外工作。

二、变更权

在履行合同过程中，经发包人同意，监理工程师可按约定的变更程序向承包人作出变更指示，承包人应遵照执行。没有监理人的变更指示，承包人不得擅自变更。

三、变更程序

(一) 变更提出

(1) 在合同履行过程中，可能发生合同约定情形的，监理工程师可向承包人发出变更意向书。变更意向书应说明变更的具体内容和发包人对变更的时间要求，并附必要的图纸和相关资料。变更意向书应要求承包人提交包括拟实施变更工作的计划、措施和竣工时间等内容的实施方案。发包人同意承包人根据变更意向书要求提交的变更实施方案的，由监理工程师按合同约定发出变更指示。

● 点拨

监理工程师向承包人发出变更意向书→承包人提交实施方案→发包人同意→监理工程师按合同约定发出变更指示。

(2) 在合同履行过程中，发生合同约定情形的，监理工程师应按照合同约定向承包人发出变更指示。

(3) 承包人收到监理工程师按合同约定发出的图纸和文件，经检查认为其中存在合同约定变更情形的，可向监理工程师提出书面变更建议。变更建议应阐明要求变更的依据，并附必要的图纸和说明。监理工程师收到承包人书面建议后，应与发包人共同研究，确认存在变更的，应在收到承包人书面建议后的14 d内作出变更指示。经研究后不同意变更的，应由监理工程师书面答复承包人。

● 点拨

承包人收到图纸和文件，认为存在变更情形→向监理工程师提出书面变更建议→监理工程师与发包人共同研究→14 d内作出变更指示/书面答复不变更。

(4) 若承包人收到监理工程师的变更意向书后认为难以实施此项变更，应立即通知监理工程师，说明原因并附详细依据。监理工程师与承包人和发包人协商后确定撤销、改变或不改变原变更意向书。

(二) 变更估价

(1) 除专用合同条款对期限另有约定外，承包人应在收到变更指示或变更意向书后的14 d内，向监理人提交变更报价书，报价内容应根据合同约定的估价原则，详细开列变更工作的价格组成及其依据，并附必要的施工方法说明和有关图纸。

(2) 变更工作影响工期的，承包人应提出调整工期的具体细节。监理工程师认为有必要时，可要求承包人提交要求提前或延长工期的施工进度计划及相应施工措施等详细资料。

(3) 除专用合同条款对期限另有约定外，监理工程师收到承包人变更报价书后的14 d内，根据合同约定的估价原则，按照合同相关条款商定或确定变更价格。

(三) 变更指示

(1) 变更指示只能由监理工程师发出。

(2) 变更指示应说明变更的目的、范围、变更内容以及变更的工程量、变更工作的进度和技术要求，并附有关图纸和文件。承包人收到变更指示后，应按变更指示进行变更工作。

● **点拨**

承包人接到监理工程师依据合同发布的涉及分包工程的变更指令后，以书面确认的方式通知分包人执行。

四、变更的估价原则

除项目专用合同条款另有约定外，因变更引起的价格调整按照下列约定处理。

（1）如果取消某项工作，则该项工作的总额价不予支付。

（2）已标价工程量清单中有适用于变更工作的子目的，采用该子目的单价。

（3）已标价工程量清单中无适用于变更工作的子目，但有类似子目的，可在合理范围内参照类似子目的单价，由监理工程师按合同约定商定或确定变更工作的单价。

（4）已标价工程量清单中无适用或类似子目的单价，可在综合考虑承包人在投标时所提供的单价分析表的基础上，由监理工程师按合同约定商定或确定变更工作的单价。

（5）如果本工程的变更指示是因承包人过错、承包人违反合同或承包人责任造成的，则这种违约引起的任何额外费用应由承包人承担。

五、承包人的合理化建议

在履行合同过程中，承包人对发包人提供的图纸、技术要求以及其他方面提出的合理化建议，均应以书面形式提交监理工程师。合理化建议书的内容应包括建议工作的详细说明、进度计划和效益以及与其他工作的协调等，并附必要的设计文件。监理工程师应与发包人协商是否采纳建议。建议被采纳并构成变更的，应按合同约定向承包人发出变更指示。

承包人提出的合理化建议降低了合同价格、缩短了工期或者提高了工程经济效益的，发包人可按国家有关规定在专用合同条款中约定给予奖励。

实战演练

［2023 真题・单选］分包工程的变更管理中，向分包人下达设计变更指令的单位是（　　）。

A. 建设单位　　B. 设计单位

C. 监理单位　　D. 承包单位

［解析］承包单位接到监理工程师依据合同发布的涉及分包工程的变更指令后，以书面确认的方式通知分包人执行。

［答案］D

知识点 5　公路工程施工索赔管理

工程索赔是指当事人一方因非己方原因造成的经济损失、费用增加或工期延误（或延长），按合同约定或法律法规规定，应由对方承担赔偿或补偿义务，而向对方提出经济损失赔偿或补偿和（或）工期调整及其他的要求。

一、工程索赔分类

通常根据索赔目的的不同，工程索赔分为工期索赔和费用索赔。其中，工期索赔是对工期延误的索赔。工期延误的分类如下。

（1）按工期延误的原因划分，工期延误包括业主和监理工程师引起的延误、承包人引起的延误、不可控制因素引起的延误。

（2）按索赔要求和结果划分，工期延误包括可原谅可补偿的延误、可原谅不可补偿的延误、不可原谅的延误，具体见表 9-2-1。

表 9-2-1　工期延误按索赔要求和结果划分

类型	延误原因	责任者	处理原则	索赔情况
可原谅可补偿的延误	①修改设计； ②施工条件变化； ③业主原因； ④监理工程师原因	业主	可给予工期延长并补偿费用损失	工期＋费用（含利润）
可原谅不可补偿的延误	①特殊反常的天气； ②工人罢工； ③天灾	客观原因	可给予工期延长但是否给予费用补偿依照合同具体规定决定	工期＋部分费用（不一定）
不可原谅的延误	①效率不高； ②施工组织不好； ③设备材料不足	承包人	不延长工期也不补偿费用损失，承包人承担延误损害赔偿	无权索赔

（3）按延误工作在工程网络计划的线路划分，工期延误包括关键线路延误、非关键线路延误。当发生工期延误事件时，可根据批准的施工进度计划，确定该事件是否发生在关键线路上，以及是否引起关键线路上的工期延误。发、承包双方计算索赔工期应符合下列规定。

①延误事件为关键线路上的工作，则延误的时间为索赔的工期。

②延误事件为非关键线路上的工作，当该工作由于延误超出总时差而成为关键线路上的工作时，其延误时间与总时差的差值为索赔的工期。

③延误事件发生后该事件仍为非关键线路上的工作，则不发生工期索赔。

（4）按延误事件之间的关联性划分，工期延误包括单一延误、共同延误。

二、索赔成立的条件

承包人应在知道或应当知道索赔事件发生后 28 d 内，向监理工程师递交索赔意向通知书，并说明发生索赔事件的事由。承包人未在前述 28 d 内发出索赔意向通知书的，丧失要求追加付款和（或）延长工期的权利。承包人应在发出索赔意向通知书后 28 d 内，向监理工程师正式递交索赔通知书。

发生索赔事件后，监理工程师应及时书面通知承包人，详细说明发包人有权得到的索赔金额和（或）延长缺陷责任期的细节和依据。发包人提出索赔的期限和要求与承包人提出索赔的期限和要求相同，延长缺陷责任期的通知应在缺陷责任期届满前发出。

出现专用合同条款规定的异常恶劣的气候条件导致工期延误的，承包人有权要求发包人延长工期。异常气候是指项目所在地 30 年以上一遇的罕见气候现象（包括温度、降水、降雪、风等）。异常恶劣的气候条件在项目专用合同条款中做具体约定。

实战演练

[2024 真题·案例节选]

背景资料：

某施工单位投标新建高速公路工程一标段，全线为整体式路基……施工单位中标后按期开展施工，施工过程中发生以下事件。

……

事件四：施工过程中发生了以下情况导致施工单位遭受损失，施工单位向业主提出了工期和费用索赔。措施费、企业管理费和利润以人、材、机费用合计为计算基数，综合费费率为 25%。

（1）因季节性大雨导致路基施工停工 5 d，人工窝工费 9 700 元、机械闲置费 28 700 元。

（2）路基开挖过程中发现地下溶洞，溶洞处理导致工期延长 8 d，增加人工费 17 900 元、材料费 123 800 元、机械使用费 38 600 元，并导致机械闲置费 19 300 元。

（3）因临时变压器损坏导致拌合站等生产厂区停电，现场全面停工 2 d，人工窝工费 15 700 元、机械闲置费 36 100 元。

［问题］

6. 逐条判断事件四中施工单位是否可以向业主索赔工期和费用（注：分别判断工期索赔和费用索赔）。若费用可索赔，逐条计算可索赔的费用。（单位：元，计算结果保留整数）

［答案］

6. 第（1）条中，工期不可以索赔，费用不可以索赔。

第（2）条中，工期可以索赔，费用可以索赔。

可索赔的费用金额为：(17 900＋123 800＋38 600) × (1＋25%) ＋19 300＝244 675（元）。

第（3）条中，工期不可以索赔，费用不可以索赔。

知识点 6　公路工程计量管理

工程计量是指在工程建设过程中，对工程项目的实际完成量进行测量、计算和确认的过程。它是工程管理和成本控制的重要环节，可以确保工程量的准确性和公正性，为工程款的支付提供依据。

一、计量方法

除非项目专用合同条款另有约定，工程的计量应以净值为准。工程量清单中各个子目的具体计量方法按合同文件工程量清单计量规则中的规定执行。

二、计量周期

除专用合同条款另有约定外，单价子目已完成工程量按月计量，总价子目的计量周期按批准的支付分解报告确定。

三、计量规则

根据《公路工程标准施工招标文件》（2018 年版）第八章“工程量清单计量规则”，公路工程量清单计量规则说明如下。

（一）一般要求

（1）本规则所有工程项目，除个别注明者外，均采用我国法定的计量单位，即国际单位及国际单位制导出的辅助单位进行计量。

（2）本规则的计量与支付，应与合同条款、工程量清单以及图纸同时阅读，工程量清单中的支付项目号和本规则的章节编号是一致的。

（3）任何工程项目的计量，均应按本规则规定或监理工程师书面指示进行。

（4）按合同提供的材料数量和完成的工程数量所采用的测量与计算方法，应符合本规则规定。所有这些方法，应经监理工程师批准或指示。承包人应提供一切计量设备和条件，并保证其设备精度符合要求。

（5）除非监理工程师另有准许，一切计量工作都应在监理工程师在场情况下，由承包人测量、记录。有承包人签名的计量记录原本，应提交给监理工程师审查和保存。

（6）工程量应由承包人计算，由监理工程师审核。工程量计算的副本应提交给监理工程师并由其保存。

（7）除合同特殊约定单独计量之外，全部必需的模板、脚手架、装备、机具、螺栓、垫圈和钢制件等其他材料，应包括在工程量清单中所列的有关支付项目中，均不单独计量。

(8) 除监理工程师另有批准外，凡超过图纸所示的面积或体积，都不予计量与支付。

(9) 承包人应严格开展标准计量基础工作和材料采购检验工作。沥青混凝土、沥青碎石、水泥混凝土、高强度等级水泥砂浆的施工现场必须使用电子计量设备称重。因相关工作不符合计量规定引发质量问题，所发生的费用由承包人承担。

(二) 质量

(1) 凡以质量计量或以质量为准进行配合比设计的材料，都应在精确与经批准的磅秤上，由称职合格的人员在监理工程师指定或批准的地点进行称重。

(2) 称重计量时应满足以下条件：①监理人在场；②称重记录；③载明包装材料、支撑装置、垫块、捆束物等质量的说明书在称重前提交给监理工程师作为依据。

(3) 钢筋、钢板或型钢计量时，应按图纸或其他资料标示的尺寸和净长计算。搭接、接头套筒、焊接材料、下脚料和固定、定位架立钢筋等，则不予另行计量。钢筋、钢板或型钢应以 kg 计量，四舍五入，不计小数。钢筋、钢板或型钢由于理论单位质量与实际单位质量的差异而引起材料质量与数量不相匹配的情况，计量时不予考虑。

(4) 金属材料的质量不得包括施工需要加放或使用的灰浆、楔块、填缝料、垫衬物、油料、接缝料、焊条、涂敷料等质量。

(5) 承运按质量计量的材料的货车，应每天在监理工程师指定的时间和地点称出空车质量，每辆货车还应标示清晰易辨的标记。

(6) 对有规定标准的项目，如钢筋、金属线、钢板、型钢、管材等，均有规定的规格、质量、截面尺寸等指标，这类指标应视为通常的质量或尺寸；除非引用规范中的允许偏差值加以控制，否则可用制造商的允许偏差。

(三) 面积

除非另有规定，计算面积时，其长、宽应按图纸所示尺寸线或按监理工程师指示计量。对于面积在 1 m^2 以下的固定物（如检查井等）不予扣除。

(四) 结构物

(1) 结构物应按图纸所示净尺寸线，或根据监理工程师指示修改的尺寸线计量。

(2) 水泥混凝土的计量应按监理工程师认可的并已完工工程的净尺寸计算，钢筋的体积不扣除，倒角不超过 0.15 m×0.15 m 时不扣除，体积不超过 0.03 m^3 的开孔及开口不扣除，面积不超过 0.15 m×0.15 m 的填角部分也不增加。

(3) 所有以米（m）计量的结构物（如管涵等），除非图纸另有表示，应按平行于该结构物位置的基面或基础的中心方向计量。

(五) 土方

(1) 土方体积可采用平均断面积法计算，但与似棱体公式计算结果比较，如果误差超过±5%时，监理人可指示采用似棱体公式。

(2) 各种不同类别的挖方与填方计量，应以图纸所示界线为限，而且应在批准的横断面图上标明。

(3) 用于填方的土方量，应按压实后的纵断面高程和路床面为准来计量。承包人报价时，应考虑在挖方或运输过程中引起的体积差。

(4) 在现场钉桩后 56 d 内，承包人应将设计和进场复测的土方横断面图连同土方的面积与体积计算表一并提交监理人批准。所有横断面图都应标有图题框，其大小由监理人指定。一旦横断面图得到最后批准，承包人应交给监理人原版图及 3 份复制图。

(六) 运输车辆体积

(1) 用体积计量的材料，应以经监理人批准的车辆装运，并运到指定地点进行计量。

（2）用于体积运输的车辆，其车厢的形状和尺寸应使其容量能够容易而准确地测定并应保证精确度。每辆车都应有明显标记。每车所运材料的体积应于事前由监理人与承包人相互达成书面协议。

（3）所有车辆都应装载成水平容积高度，车辆到达送货点时，监理人可以要求将其装载物重新整平，对超过定量运送的材料将不支付。运量达不到定量的车辆，应被拒绝或按监理人确定减少的体积接收。根据监理人的指示，承包人应在货物交付点，随机将一车材料刮平，在刮平后如发现货车运送的材料少于定量时，从前一车起所有运到的材料的计量都按同样比率减为目前的车载量。

（七）质量与体积换算

（1）如承包人提出要求并得到监理人的书面批准，已规定要用立方米（m^3）计量的材料可以称重，并将此质量换算为立方米（m^3）计量。

（2）将质量计量换算为体积计量的换算系数应由监理人确定，并应在此种计量方法使用之前征得承包人的同意。

（八）沥青和水泥

（1）沥青和水泥应以千克（kg）为单位计量。

（2）如用货车或其他运输工具装运沥青材料，可以按经过检定的质量或体积计算沥青材料的数量，但要对漏失量或泡沫进行校正。

（3）水泥可以以袋作为计量的依据，但一袋的标准应为 50 kg。散装水泥应称重计量。

（九）成套的结构单元

如规定的计量单位是一成套的结构物或结构单元（实际上就是按“总额”或称“一次支付”计的工程子目），该单元应包括了所有必需的设备、配件和附属物及相关作业。

（十）标准制品项目

（1）如规定采用标准制品（如护栏、钢丝、钢板、轧制型材、管子等），而这类项目又是以标准规格（单位重、截面尺寸等）标识的，则这种标识可以作为计量的标准。

（2）除非所采用标准制品的允许误差比规范的允许误差要求更严格，否则，生产厂确立的制造允许误差不予认可。

实战演练

［2019 真题·单选］除合同特殊约定外，应单独列清单计量支付的项目是（　　）。

A. 模板　　B. 脚手架

C. 垫圈　　D. 箍筋

［解析］除合同特殊约定单独计量之外，全部必需的模板、脚手架、装备、机具、螺栓、垫圈和钢制件等其他材料，应包括在工程量清单中所列的有关支付项目中，均不单独计量。

［答案］D

［2024 真题·案例节选］

背景资料：

某施工单位投标新建高速公路工程一标段，全线为整体式路基……施工单位中标后按期开展施工，施工过程中发生以下事件。

……

事件三：某段路基工程施工完成后，施工单位向监理工程师提交了工程量清单计量申请。该段路基填筑均为土方填筑，其中高路堤填筑及排水沟开挖横断面示意图如图 9-2-2 所示。

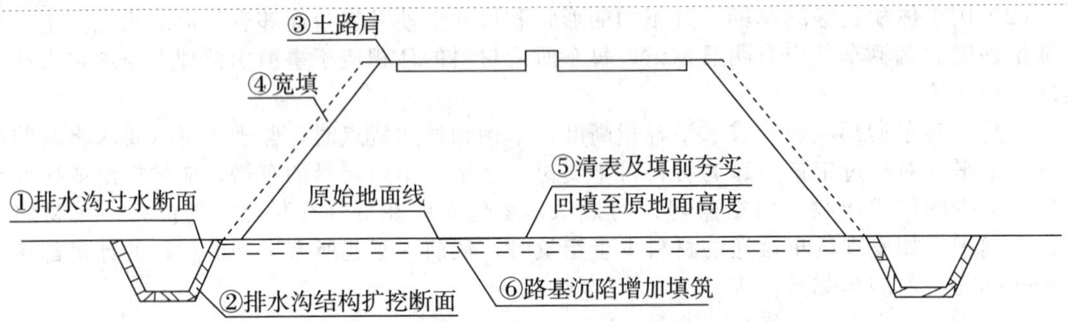

图 9-2-2　高路堤填筑及排水沟开挖横断面示意图

[问题]

5. 逐条判断事件三图 9-2-2 中①、②处排水沟开挖工程量是否在“203-1-a 路基挖土方”清单子目中计量，并逐条判断③～⑥处土方填筑工程量是否在“204-1-a 利用土方路基填筑”清单子目中计量。

[答案]

5.（1）①在“203-1-a 路基挖土方”清单子目中计量。

（2）②不在“203-1-a 路基挖土方”清单子目中计量。

（3）③不在“204-1-a 利用土方路基填筑”清单子目中计量。

（4）④不在“204-1-a 利用土方路基填筑”清单子目中计量。

（5）⑤在“204-1-a 利用土方路基填筑”清单子目中计量。

（6）⑥在“204-1-a 利用土方路基填筑”清单子目中计量。

第十章

施工进度管理

本章导学

本章主要介绍施工进度计划和施工进度控制。本章内容是在最新考试大纲的基础上，根据相关规范和标准编写。公路工程施工进度计划的表示方法、流水施工、公路工程进度控制方法和措施是本章的重点内容。本章内容难度相对较大，考生需要对比记忆的知识点较多，在学习时，可以结合图表进行记忆，以加深理解，保证做题的准确性。

第一节　施工进度计划

知识点 1　公路工程施工进度计划类型

施工进度计划是在工程项目实施过程中，为确保工程按期完成，对各个施工阶段、任务安排、时间分配及资源配置等进行统筹规划的一种管理手段。

一、类型

按计划的编制对象来划分，施工进度计划分为以下几类。

（1）施工总体进度计划，涵盖整个工程项目，包含各个施工阶段的总体时间安排，主要关注项目的关键节点，如开工、主体施工、设备安装、竣工验收等。

（2）单位工程进度计划，针对某一单位工程，如桥梁、隧道、某一段公路编制，细化到各主要分部分项工程。

（3）分部分项工程进度计划，针对项目中的某个分部分项工程编制的进度计划，进一步细化至具体施工工序，如基础施工、钢结构安装、混凝土浇筑等。

二、表示方法

（一）横道图

横道图，又称甘特（Gantt）图，在工程中广泛应用，并受到欢迎。横道图用横坐标表示时间，各分部（项）工程或工作内容在图的左侧纵向排列，以活动所对应的横道位置表示活动的起始时间，以横道的长短表示持续时间的长短，某工程施工横道图（节选）如图 10-1-1 所示。

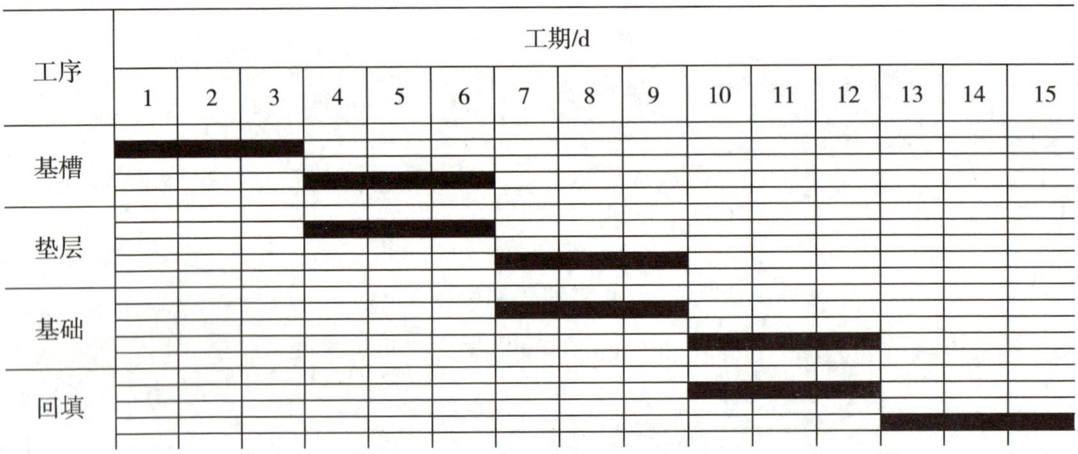

图 10-1-1　某工程施工横道图（节选）

（二）垂直图

垂直图是以纵坐标表示时间，以横坐标表示公里里程或工程位置，以不同的斜率表示各分部（项）工程的施工进度。斜率越大（陡）表示进度越慢，斜率越小（平）表示进度越快。采用垂直图可以清楚地表示施工过程及其先后顺序，不仅时间和空间状况形象直观，而且斜向进度线的斜率还可直观反映各施工过程的进展速度。

（三）斜率图

斜率图实际上可以看作是分项工程的“S”曲线（折线），用于反映公路工程的施工进度。横轴表示时间（如月份），代表施工进度的时间维度；纵轴表示累计完成的工程量百分数，用于反映施工进度的完成情况。每个分项工程的进度通过不同的斜率线来表示，分项工程进度率计划（斜率图）如图 10-1-2 所示。

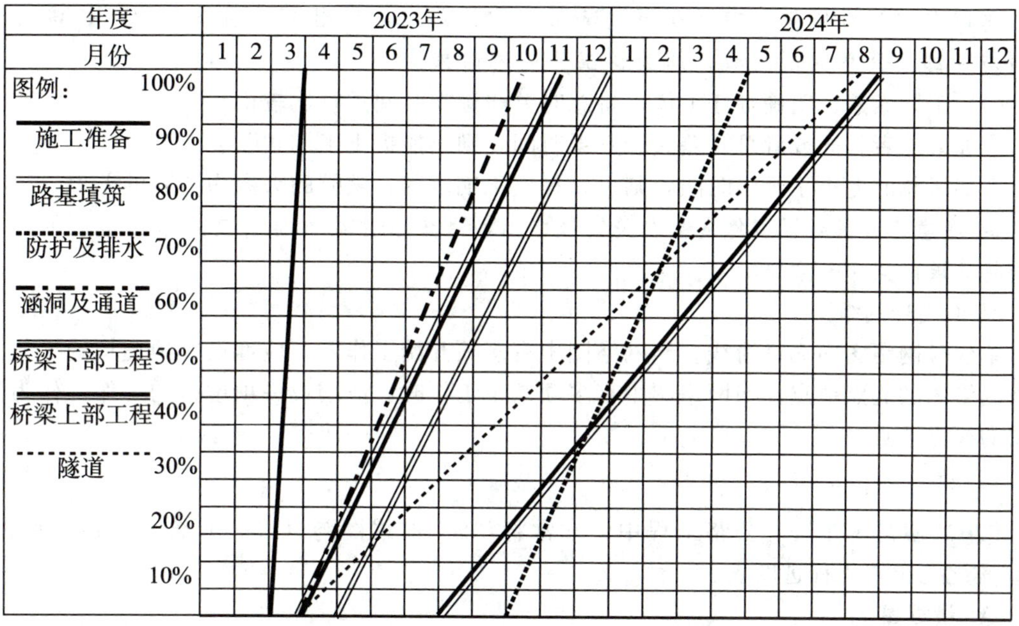

图 10-1-2　分项工程进度率计划（斜率图）

（四）“S”曲线图

“S”曲线图是一种累积曲线图，通常用于表示项目在某一时间段内的累积完成量、累积成本或累积资源使用量。它通过横轴（时间）和纵轴（累积量）来展示项目的进展情况。通过对比计划曲线和实际曲线，可以分析进度、成本和资源使用的偏差，找出原因并采取相应的纠偏措施。

点拨

在公路工程中，常常将横道图和“S”曲线合并于同一张图表中，称之为公路工程进度表。公路工程进度表结合了横道图的直观性和“S”曲线图的整体性特点，既能反映各分部（项）工程的进度，又能反映工程总体的进度。

（五）网络图

网络图是以箭线和节点表示工作之间逻辑关系的图形。网络图能够明确表达各项工作之间的逻辑关系；通过时间参数的计算，可以找出关键线路和关键工作；可以利用电子计算机进行计算和优化资源强度，调整工作进程，降低成本。

1. 双代号网络图

双代号网络图以箭线及其两端节点的编号表示工作，同时节点表示工作的开始或结束以及工作之间的连接状态。在双代号网络图中，有时存在虚箭线，虚箭线不代表实际工作，称为虚工作。

（1）关键线路，所有线路中工作总持续时间最长的线路。

（2）总时差，在不影响总工期的前提下，可以利用的机动时间。

总时差＝最晚开始时间－最早开始时间

或

总时差＝最晚完成时间－最早完成时间

点拨

总时差快速计算法：在所有通过某工作的线路中，找出总时间最长的，将该线路总时间与关键线路总时间相减，即为该工作的总时差。

（3）工期索赔，明确责任主体，将总时差与延误时间进行比较。

①如果二者相同或者总时差大于延误时间，则不能提出工期索赔。

②如果总时差小于延误时间，则可以提出工期索赔，索赔的天数为二者的差值。

➤ **注意：**如果延误事件发生在关键线路上，且该事件是由非承包人原因造成的，可以直接将延误时间作为索赔工期。

2. 单代号网络图

单代号网络图中无虚箭线。当网络图中有多项开始工作时，应增设一项虚拟的工作，作为该网络图的起点节点；当网络图中有多项结束工作时，应增设一项虚拟的工作，作为该网络图的终点节点。

实战演练

［2022 真题·单选］公路工程中，常常将“S”曲线图与（　　）合并于同一张图表中，称之为公路工程进度表。

A. 横道图

B. 垂直图

C. 斜率图

D. 网络图

［解析］在公路工程中，常常将“S”曲线图和横道图合并于同一张图表中，称之为公路工程进度表。其既能反映各分部（项）工程的进度，又能反映工程总体的进度。

［答案］A

［2024 真题·多选］下列公路工程施工进度计划中，以时间为横坐标或横轴绘制的进度计划有（　　）。

A. 垂直图

B. “S”曲线图

C. 横道图

D. 斜率图

E. 单代号网络图

［解析］垂直图是以纵坐标表示时间，以横坐标表示公里里程或工程位置，以不同的斜率表示各分部（项）工程的施工进度。单代号网络图是以节点及其编号表示工作，以箭线表示工作之间逻辑关系的网络图。

［答案］BCD

［2022 真题·案例节选］

背景资料：

某高速公路位于山岭重丘区，其中 K3＋780～K4＋640 为路堑工程，局部路段存在小型滑坡，采用削坡减载方法处治。路基某分项工程 W 的施工网络计划图如图 10-1-3 所示。

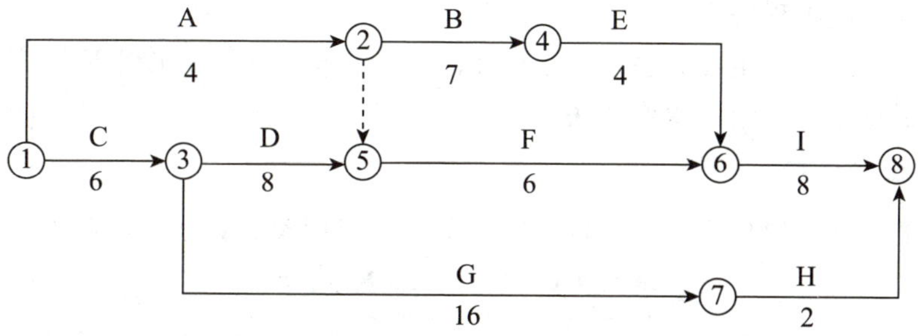

图 10-1-3　分项工程 W 的施工网络计划图（单位：d）

施工过程中发生了如下事件。

……

事件三：分项工程 W 施工时，出现下列两种情形。

（1）A、B 工作按进度顺利完成，但 E 工作施工时，施工单位发现图纸存在错误，经技术论证后，由设计单位对图纸进行修改后继续施工，由此造成 E 工作停滞 3 d。

（2）D 工作施工时，因施工现场条件发生变化，建设单位提出了更高的质量要求，导致 D 工作量增加了 30%。

针对上述情形造成的工期延长和费用增加，施工单位向监理单位递交了工期索赔和费用索赔的申请。

［问题］

3. 写出分项工程 W 的施工关键路线（用①→②……或 A→B……形式表达），并计算其总工期。

4. 逐条判断事件三中的工期索赔和费用索赔是否成立，并说明理由。

［答案］

3. 关键路线：①→③→⑤→⑥→⑧（或 C→D→F→I）。

总工期：6＋8＋6＋8＝28（d）。

4.（1）E 工作工期索赔不成立，费用索赔成立。

理由：E 工作总时差为 5 d，延后 3 d 不影响总工期。图纸存在错误为设计单位的过失，属于非承包人的责任，可以索赔 3 d 的人员机械闲置等费用。

（2）D 工作工期索赔成立，费用索赔成立。

理由：D 工作为关键工作，增加工作量必然导致总工期的延长，并且施工现场条件发生变化属于非承包人的责任，因此工期索赔成立。更高的质量要求属于非承包人的责任，由此产生的费用应当由建设单位承担。

知识点 2　公路工程施工进度计划编制

施工进度计划是施工组织设计的关键内容，是控制工程施工进度和工期的依据。施工进度计划应能反映各施工区段或各工序之间的搭接关系，以及施工期限和开始、结束时间。同时，施工进度计划应能体现和落实施工总进度计划的目标控制要求，进而体现施工总进度计划的合理性。

编制施工进度计划的一般步骤：①确定施工方法和施工组织方式；②划分施工项目和施工过程；③计算工程量并确定劳动量；④计算各施工项目的作业持续时间；⑤初步拟订工程进度；⑥检查和调整工程进度。

公路工程施工组织的主要方法是流水作业法，个别情况下也可以采取顺序作业法和平行作业法。本知识点主要介绍流水作业法。

一、流水施工参数

流水施工的基本参数包括工艺参数、空间参数和时间参数，具体内容见表 10-1-1。

表 10-1-1　流水施工的基本参数

类型	具体内容
工艺参数	施工过程数、流水强度
空间参数	工作面、施工段、施工层
时间参数	流水节拍、流水步距、技术间歇、组织间歇、搭接时间

二、流水施工类型

流水施工可以分为有节奏流水施工和无节奏流水施工两大类，有节奏流水施工又可以分为等节奏流水施工和异节奏流水施工，具体内容见表 10-1-2。

表 10-1-2　流水施工具体内容

<table>
<tr><th colspan="2">类型</th><th>流水节拍</th><th>流水步距</th></tr>
<tr><td colspan="2">等节奏流水施工</td><td>均相等</td><td>流水步距＝流水节拍</td></tr>
<tr><td rowspan="2">异节奏
流水施工</td><td>等步距
（成倍流水）</td><td>同一施工过程在其各个施工段上的流水节拍均相等，不同施工过程的流水节拍不相等，其值为倍数关系</td><td>流水步距＝流水节拍的最大公约数</td></tr>
<tr><td>异步距
（分别流水）</td><td>同一施工过程在其各个施工段上的流水节拍均相等，不同施工过程之间的流水节拍不相等</td><td rowspan="2">流水步距不相等</td></tr>
<tr><td colspan="2">无节奏流水施工</td><td>不相等</td></tr>
</table>

流水作业法、顺序作业法和平行作业法的比较，见表 10-1-3。

表 10-1-3　流水作业法、顺序作业法和平行作业法的比较

类型	工作面及工期特点	资源投入	分工特点
流水作业法	科学地利用工作面，工期比较合理	单位时间内投入施工的资源较为均衡，有利于资源供应的组织工作	划分工作段，组建专业施工队，各施工队平行施工
顺序作业法	不能充分利用工作面，工期长	不能机械化作业，投入机具、设备和资源较少，有利于资源供应的组织工作	按顺序施工，不强调分工协作

续表

类型	工作面及工期特点	资源投入	分工特点
平行作业法	充分利用工作面，工期较短	单位时间投入施工的资源较多，资源供应集中，现场临时设施增加	在同一时间的不同空间同时作业，不强调分工协作

实战演练

［2021 真题・案例节选］

背景资料：

某施工单位承建一高速公路路面工程，项目位于丘陵地区，属亚热带季风气候，地方路网发达，交通运输较为便利。设计速度为 100 km/h，双向四车道，主线长 15 km。起讫桩号为 K15+000～K30+000，行车道宽度为 3.75 m。主要工程内容有水稳底基层、水稳基层、沥青混凝土面层及路面排水等。

施工过程中发生了如下事件。

……

事件四：K20+000～K25+000 段具备先行施工条件，施工单位决定将该段底基层、基层划分为 4 个施工段进行流水施工，持续时间见表 10-1-4。待基层施工完成后，对下、中、上面层不分段组织顺序作业，各层施工时间均为 4 d，底基层与基层、基层与下面层之间的技术间歇均为 4 d。

表 10-1-4　底基层、基层分段持续时间

施工过程	施工段/d			
	①	②	③	④
底基层	4	6	4	6
基层	2	4	2	4

［问题］

4. 根据事件四中的已知条件，计算 K20+000～K25+000 段路面施工工期，在图 10-1-4 上完善基层与下面层的横道图。

施工段	时间/d												
	4	8	12	16	20	24	28	32	36	40	44	48	52
底基层	———	———	———	———	———								
基层													
下面层													

图 10-1-4　基层与下面层的横道图

［答案］

4.（1）根据“累加数列错位相减取大差法”，求得底基层和基层流水步距 $K=12$，基层与底基层完成所需时间：12+（2+4+2+4）+4=28（d），K20+000～K25+000 段路面施工工期为：12+4+4+（2+4+2+4）+4+4+4=44（d）。

（2）完善的基层与下面层的横道图如图 10-1-5 所示。

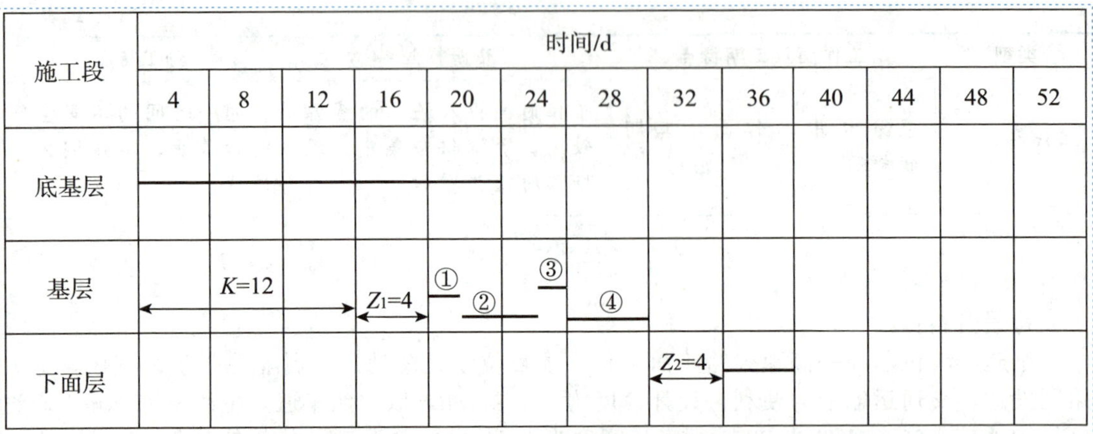

注：基层的线段可以不分段。

图 10-1-5　完善的基层与下面层的横道图

第二节　施工进度控制

知识点 1　公路工程进度控制方法和措施

施工进度控制是指为了实现项目目标，对工程进度所进行的计划、执行、检查和调整的活动。在公路工程施工进度控制过程中，应检查实际进度是否按照计划进度进行，当实际进度与计划进度产生偏差时，要分析原因，并及时采取措施调整。

一、施工进度检查内容及方法

对施工进度的检查应包括下列内容：各工作工程量的完成情况；关键工作工作时间的执行情况及时差利用情况；资源使用及与进度的互配情况；上次检查提出问题的处理情况。

施工进度检查主要采用比较法，即实际进度与计划进度进行比较。常用的具体方法主要包括横道图比较法、“S”形曲线比较法、“香蕉”形曲线比较法和前锋线比较法等。

（一）横道图比较法

横道图比较法是一种比较常用的施工进度比较法，其是将项目实施过程中检查实际进度搜集的信息，经整理后直接用横道线标于原计划的横道线下，进行直观比较。

（二）“S”形曲线比较法

“S”形曲线比较法同样能直观反映工程的实际进展情况。此方法是将计划累计完成工作任务量和实际累计完成工作任务量分别绘制成“S”形曲线，并通过比较来判断实际进度超前还是滞后于计划进度（实际累计完成工作任务量曲线高于计划累计完成工作任务量曲线，表明进度提前；反之进度滞后）。

（三）“香蕉”形曲线比较法

“香蕉”形曲线是两种“S”形曲线合成的闭合曲线（图 10-2-1）。ES 曲线是按照工作的最早开始时间安排计划进度而绘制成的“S”形曲线，LS 曲线是按照工作的最迟开始时间安排计划进度而绘制成的“S”形曲线。实际曲线落在“香蕉”形曲线范围之内，说明实际进度处于控制范围之内。否则，说明进度出现偏差，需要分析原因，并采取措施进行调整。

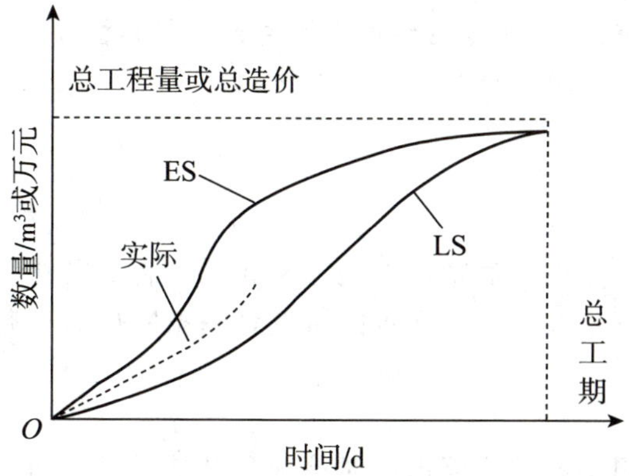

图 10-2-1　“香蕉”形曲线

（四）前锋线比较法

前锋线比较法是在时标网络图上，通过绘制某检查时刻工程项目实际进度前锋线，对工程实际进度与计划进度进行比较的方法。图 10-2-2 中，用点画线依次将各项工作实际进展位置点连接而成的折线，即为前锋线。实际进度位置点落在检查日期的左侧，表明实际进度拖后；实际进度位置点落在检查日期的右侧，表明实际进度超前。

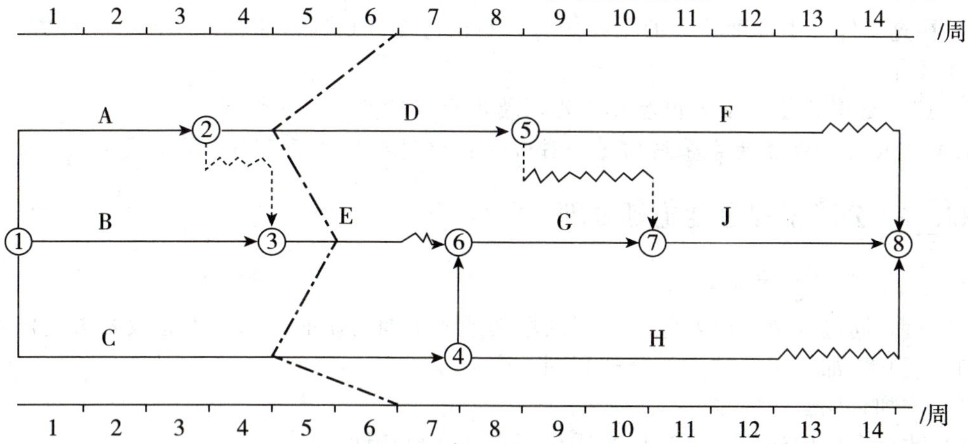

图 10-2-2　前锋线比较图

二、施工进度计划调整措施

施工进度计划可应用以下方法进行调整。

（1）改变某些后续工作之间的逻辑关系。若进度偏差已影响计划工期，并且有关后续工作之间的逻辑关系允许改变，此时可变更位于关键线路上、但延误时间已超出其总时差的有关工作之间的逻辑关系，从而达到缩短工期的目的。

（2）缩短某些工作的持续时间。通过采取组织、技术、经济等措施，如增加人力、机械投入，改进施工技术，来缩短某些工作的持续时间，加快施工进度，保证按计划工期完成项目。

实战演练

［2020 真题 · 单选］下列方法中，主要适用于时标网络进度计划检查的是（　　）。

A. 前锋线比较法　　　　B. 公路工程进度表

C. “香蕉”形曲线比较法　　　　D. 横道图比较法

［解析］前锋线比较法是在时标网络图上，通过绘制某检查时刻工程项目实际进度前锋线，对工程实际进度与计划进度进行比较的方法。

［答案］A

［2023 真题·案例节选］

背景资料：

某双向四车道高速公路山岭隧道，全长 1 850 m，地质岩性主要为强风化至弱风化花岗岩，节理较发育，地下水较丰富，穿越区域发育一条断层破碎带……施工过程中发生以下事件。

……

事件五：施工单位组织相关职能部门对该项目开展进度检查。进度检查过程中，工程部门着重围绕项目工作量的完成情况、工作时间的执行情况、上次检查提出问题的处理情况等内容开展检查工作，检查发现，该项目进度存在严重滞后情况，检查组要求项目部采用通过优化资源配置缩短某些工作的持续时间等举措进行进度调整；技术部门着重对该隧道工程施工方案的编制及执行情况进行检查，检查发现项目部编制了Ⅴ、Ⅵ级围岩专项施工方案，但未发现专家论证和审查资料。

［问题］

5. 补充事件五中进度检查的主要内容，写出进度计划调整通常采用的另一种方法。

［答案］

5.（1）进度检查的主要内容还有资源使用及与进度的互配情况。

（2）进度计划调整通常采用的另一种方法：改变某些后续工作之间的逻辑关系。

知识点 2 公路工程进度拖延处理

一、发包人原因导致的拖延

在履行合同过程中，由发包人的下列原因造成工期延误的，承包人有权要求发包人延长工期和（或）增加费用，并支付合理利润。

（1）增加合同工作内容。

（2）改变合同中任何一项工作的质量要求或其他特性。

（3）发包人迟延提供材料、工程设备或变更交货地点。

（4）发包人原因导致的暂停施工。

（5）提供图纸延误。

（6）未按合同约定及时支付预付款、进度款。

（7）发包人造成工期延误的其他原因。

即使上述原因造成工期延误，如果受影响的工程并非处在工程施工进度网络计划的关键线路上，则承包人无权要求延长总工期。

二、不可抗力导致的拖延

出现专用合同条款规定的异常恶劣的气候条件导致工期延误的，承包人有权要求发包人延长工期。异常气候是指项目所在地 30 年以上一遇的罕见气候现象（包括温度、降水、降雪、风等）。异常恶劣的气候条件在项目专用合同条款中作具体约定。

三、承包人原因导致的拖延

承包人应严格执行工程进度计划，对工作量计划和形象进度计划分别控制。若出现进度拖延，承包人应采取必要措施，以便加快工程进度，确保工程能在预定的工期内交工并承担加快进度所增加的费用。

点拨

从处理拖延的结果来看，拖延可归结为承包人原因或责任造成的拖延和非承包人原因或责任造成的拖延两大类。

第十一章

施工质量管理

本章导学

本章主要介绍施工质量控制和施工质量检验。本章内容是在最新考试大纲的基础上，根据《公路工程质量检验评定标准 第一册 土建工程》（JTG F80/1—2017）等规范及标准编写。公路工程质量检验与评定是本章的重点内容，也是考试高频考点，在选择题和案例分析题中均有考查，考生应熟练掌握。需要注意的是，公路工程质量检验与评定涉及项目较多，且容易混淆，建议考生进行对比记忆。

第一节　施工质量控制

知识点 1　公路工程施工质量控制策划要求与内容

施工企业应收集工程项目质量管理策划所需的信息。施工企业应实施工程项目质量管理策划，并明确下列策划内容：①质量目标；②项目质量管理组织机构和职责；③工程项目质量管理的依据；④影响工程质量因素和相关设计、施工工艺及施工活动分析；⑤人员、技术、施工机具及设施资源的需求和配置；⑥进度计划及偏差控制措施；⑦施工技术措施和采用新技术、新工艺、新材料、新设备的专项方法；⑧工程设计、施工质量检查和验收计划；⑨质量问题及违规事件的报告和处理；⑩突发事件的应急处置；⑪信息、记录及传递要求；⑫与工程建设相关方的沟通、协调方式；⑬应对风险和机遇的专项措施；⑭质量控制措施；⑮工程施工其他要求。

工程项目质量管理策划的结果应经审批后方可实施。施工企业应对项目质量管理策划的结果实行动态管理，控制策划的更改过程，评审变更的风险和机遇，调整相关策划结果并监督实施。

知识点 2　公路工程质量控制方法及措施

公路工程质量控制主要是通过控制施工过程的现场质量检查实现的。现场质量检查控制方法包括观察、测量、记录、试验、分析、监督和总结改进。在具体实施过程中，应以“预防为主，过程控制”为原则，同时严格执行规范和标准，明确各级管理人员和施工人员的质量责任，通过质量检查、数据分析和经验总结，优化施工工艺，提高工程质量。

公路工程施工过程中常见的质量控制关键点见表 11-1-1。

表 11-1-1　公路工程施工过程中常见的质量控制关键点

工程类型	质量控制关键点	内容
土方路基工程	土的最佳含水量	土的最佳含水量是指在标准击实试验条件下，土能达到最大干密度时的含水量。检测方法有标准击实试验（重型、轻型）、振动台法、表面振动击实仪法
	压实度	压实度是指路基压实后的实测干密度与标准击实试验所得的最大干密度之比。检测方法有环刀法、灌砂法和核子密度湿度仪法
沥青（水泥）混凝土路面工程	原材料的检查和试验	—
	沥青混合料配合比设计和试验	—
	基层强度、平整度、高程的检查和控制	—
	施工阶段质量控制	沥青（水泥）混合料的拌和、运输、摊铺、压实以及接缝处理等
桥梁基础工程	钻孔桩	护筒埋深，泥浆指标控制，孔径控制，桩顶、桩底标高控制，清孔质量控制等

续表

工程类型	质量控制关键点	内容
桥梁下部结构工程	实心墩	墩身锚固钢筋预埋质量控制，模板接缝错台控制，墩顶支座预埋件位置、数量控制，墩身平面位置控制，墩身垂直度控制
桥梁上部结构工程	简支桥梁	预拱度控制，简支梁混凝土强度控制，支座预埋件位置控制，支座安装型号、方向控制等

实战演练

[2021 真题·多选] 桥梁实心墩施工中，常见的质量控制关键点有（　　）。

A. 墩身锚固钢筋预埋质量控制

B. 模板接缝错台控制

C. 墩顶支座预埋件位置、数量控制

D. 墩身与承台联结处混凝土裂缝控制

E. 墩顶实心段混凝土裂缝控制

[解析] 实心墩质量控制关键点包括墩身锚固钢筋预埋质量控制，模板接缝错台控制，墩顶支座预埋件位置、数量控制，墩身平面位置控制，墩身垂直度控制。

[答案] ABC

第二节　施工质量检验

知识点 1　公路工程质量数据统计分析方法及应用

工程质量管理中常用的数据统计分析方法有排列图法、因果分析图法、直方图法、控制图法、分层法等。

（1）排列图又称帕累托（Pareto）图，是用来寻找影响工程（产品）质量的主要因素的一种有效工具。排列图由两个纵坐标、一个横坐标、若干个直方图形和一条折线组成。其中，左边的纵坐标表示频数，右边的纵坐标表示累计频率（%），横坐标表示影响质量的各种因素。直方图形的高度表示影响因素的大小程度，按大小顺序由左向右排列，折线表示各影响因素的累计百分数。

（2）因果分析图又称树枝图或鱼刺图，用来寻找某种质量问题产生的原因，即表达和分析因果关系的图表。因果分析图主要由质量问题和影响因素两部分组成。影响质量的主要原因（大枝），一般有人员、机械、材料、方法和环境等。

（3）直方图又称频数分布直方图，是以直方图形的高度表示一定范围内数值所发生的频数，用来了解质量特征分布规律的图表。正常状态下，直方图应该是中间高，两侧低，左右接近对称，非正常型直方图主要有折齿型图、绝壁型图、孤岛型图、双峰型图。

（4）控制图又称管理图，是在直角坐标系内画有控制界限，描述生产过程产品质量波动状态的图形。在控制图中，控制界限画在中心线的上下两侧，即上控制界限、下控制界限。

（5）分层法又称分类法，是收集整理数据的基本方法。分层法将调查收集的数据，根据不同目的和要求，按照某一性质进行分类、归纳、整理，以便更好地理解和分析数据的分布和变化情况。通过分层，可以识别数据不同类别或层次之间的差异，从而找出影响工程施工质量的关键因素，制订针对性的改进措施。

知识点 2　公路工程质量检验与评定

一、一般规定

公路工程质量检验评定应按分项工程、分部工程、单位工程逐级进行，并应根据下列规定划分。

(1) 在合同段中，具有独立施工条件和结构功能的工程为单位工程。

(2) 在单位工程中，按路段长度、结构部位及施工特点等划分的工程为分部工程。

(3) 在分部工程中，根据施工工序、工艺或材料等划分的工程为分项工程。

公路工程质量检验评定应符合下列规定。

(1) 分项工程完工后，应根据《公路工程质量检验评定标准 第一册 土建工程》(JTG F80/1—2017) 进行检验，对工程质量进行评定。隐蔽工程在隐蔽前应检查合格。

(2) 分部工程、单位工程完工后，应汇总评定所属分项工程、分部工程质量资料，检查外观质量，对工程质量进行评定。

二、工程质量检验

分项工程应按基本要求、实测项目、外观质量和质量保证资料等检验项目分别检查。分项工程质量应在所使用的原材料、半成品、成品及施工控制要点等符合基本要求的规定，无外观质量限制缺陷且质量保证资料真实齐全时，方可进行检验评定。

基本要求检查应符合下列规定。

(1) 分项工程应对所列基本要求逐项检查，经检查不符合规定时，不得进行工程质量的检验评定。

(2) 分项工程所用的各种原材料的品种、规格、质量及混合料配合比和半成品、成品应符合有关技术标准规定并满足设计要求。

检查项目合格判定应符合下列规定。

(1) 关键项目（以“△”标识）的合格率应不低于 95%（机电工程为 100%），否则该检查项目为不合格。

(2) 一般项目的合格率应不低于 80%，否则该检查项目为不合格。

(3) 有规定极值的检查项目，任一单个检测值不应突破规定极值，否则该检查项目为不合格。

➢ **知识链接**：关键项目是指分项工程中对结构安全、耐久性和主要使用功能起决定性作用的检查项目。一般项目是指分项工程中除关键项目以外的检查项目。

外观质量应进行全面检查，并满足规定要求，否则该检验项目为不合格。

工程应有真实、准确、齐全、完整的施工原始记录、试验检测数据、质量检验结果等质量保证资料。质量保证资料应包括下列内容。

(1) 所用原材料、半成品和成品质量检验结果。

(2) 材料配合比、拌和加工控制检验和试验数据。

(3) 地基处理、隐蔽工程施工记录和桥梁、隧道施工监控资料。

(4) 质量控制指标的试验记录和质量检验汇总图表。

(5) 施工过程中遇到的非正常情况记录及其对工程质量影响分析评价资料。

(6) 施工过程中如发生质量事故，经处理补救后达到设计要求的认可证明文件等。

检验项目评为不合格的，应进行整修或返工处理直至合格。

三、工程质量评定

工程质量等级分为合格与不合格，工程质量评定合格标准见表 11-2-1。

表 11-2-1　工程质量评定合格标准

分项工程	分部工程	单位工程
(1) 检验记录应完整； (2) 实测项目应合格； (3) 外观质量应满足要求	(1) 评定资料应完整； (2) 所含分项工程及实测项目应合格； (3) 外观质量应满足要求	(1) 评定资料应完整； (2) 所含分部工程应合格； (3) 外观质量应满足要求

评定为不合格的分项工程、分部工程，经返工、加固、补强或调测，满足设计要求后，可重新进行检验评定。所含单位工程合格，该合同段评定为合格；所含合同段合格，该建设项目评定为合格。

四、常见公路工程质量检验

（一）路基土石方工程

1. 基本要求

土方路基应符合下列基本要求。

(1) 在路基用地和取土坑范围内，应清除地表植被、杂物、积水、淤泥和表土，处理坑塘，并按施工技术规范和设计要求对基底进行压实。表土应充分利用。

(2) 填方路基应分层填筑压实，每层表面平整，路拱合适，排水良好，不得有明显碾压轮迹，不得亏坡。

(3) 应设置施工临时排水系统，避免冲刷边坡，路床顶面不得积水。

(4) 在设定取土区内合理取土，不得滥开滥挖。完工后应按要求对取土坑和弃土场进行修整。

填石路基应符合下列基本要求。

(1) 填石路基应分层填筑压实，每层表面平整，路拱合适，排水良好，上路床不得有碾压轮迹，不得亏坡。

(2) 修筑填石路基时应进行地表清理，填筑层厚度应符合规范规定并满足设计要求，填石空隙用石渣、石屑嵌压稳定。

(3) 填石路基应通过试验路段确定沉降差控制标准。

2. 实测项目

路基土石方工程质量检验实测项目见表 11-2-2。

表 11-2-2　路基土石方工程质量检验实测项目

类型	实测项目
土方路基	压实度（△）、弯沉（△）、纵断高程、中线偏位、宽度、平整度、横坡、边坡
填石路基	压实度（△）、弯沉（△）、纵断高程、中线偏位、宽度、平整度、横坡、边坡坡度和平顺度

（二）防护支挡工程

1. 基本要求

砌体、片石混凝土挡土墙应符合下列基本要求。

(1) 勾缝砂浆强度不得小于砌筑砂浆强度。

(2) 地基承载力、基础埋置深度应满足设计要求。

(3) 砌筑应分层错缝。浆砌时应坐浆挤紧，嵌填饱满密实，不得出现空洞；干砌时不得出现松动、叠砌和浮塞。

(4) 混凝土应分层浇筑，施工缝及片石埋放应符合施工技术规范的规定。

(5) 沉降缝、伸缩缝、泄水孔的位置、尺寸和数量应满足设计要求；沉降缝及伸缩缝应竖直、贯通，采用弹性材料填充密实，填充深度应满足设计要求。

悬臂式和扶壁式挡土墙应符合下列基本要求。

(1) 地基承载力应满足设计要求。

(2) 沉降缝、伸缩缝、泄水孔的位置、尺寸和数量应满足设计要求；沉降缝及伸缩缝应竖直、贯通，采用弹性材料填充密实，填充深度满足设计要求。

2. 实测项目

防护支挡工程质量检验实测项目见表 11-2-3。

表 11-2-3 防护支挡工程质量检验实测项目

类型	实测项目
浆砌挡土墙	砂浆强度(△)、平面位置、墙面坡度、断面尺寸(△)、顶面高程、表面平整度
干砌挡土墙	平面位置、墙面坡度、断面尺寸(△)、顶面高程、表面平整度
片石混凝土挡土墙	混凝土强度(△)、平面位置、墙面坡度、断面尺寸(△)、顶面高程、表面平整度
悬臂式和扶壁式挡土墙	混凝土强度(△)、平面位置、墙面坡度、断面尺寸(△)、顶面高程、表面平整度

(三) 路面工程

1. 基本要求

水泥混凝土面层应符合下列基本要求。

(1) 基层质量应符合规范规定并满足设计要求，表面清洁、无浮土。

(2) 接缝填缝料应符合规范规定并满足设计要求。

(3) 接缝的位置、规格、尺寸及传力杆、拉力杆的设置应满足设计要求。

(4) 混凝土路面铺筑后按施工规范要求养护。

(5) 应对干缩、温缩产生的裂缝进行处理。

沥青混凝土面层和沥青碎(砾)石面层应符合下列基本要求。

(1) 基层质量应符合规范规定并满足设计要求，表面应干燥、清洁、无浮土。

(2) 应严格控制沥青混合料拌和的加热温度。拌和后的沥青混合料应均匀、无花白、无粗细料分离和结团成块现象。

(3) 应按规定要求控制碾压工艺，严格控制摊铺和碾压温度。

2. 实测项目

路面工程质量检验实测项目见表 11-2-4。

表 11-2-4 路面工程质量检验实测项目

类型	实测项目
水泥混凝土面层	弯拉强度(△)，板厚度(△)，平整度，抗滑构造深度，相邻板高差，横向力系数 SFC，纵、横缝顺直度，中线平面偏位，路面宽度，纵断高程，横坡，断板率
沥青混凝土面层和沥青碎(砾)石面层	压实度(△)、平整度、弯沉值、渗水系数、摩擦系数、构造深度、厚度(△)、中线平面偏位、纵断高程、宽度、横坡、矿料级配(△)、沥青含量(△)、马歇尔稳定度

续表

类型	实测项目
稳定土基层和底基层	压实度（△）、平整度、纵断高程、宽度、厚度（△）、横坡、强度（△）
稳定粒料基层和底基层	压实度（△）、平整度、纵断高程、宽度、厚度（△）、横坡、强度（△）
级配碎（砾）石基层和底基层	压实度（△）、弯沉值、平整度、纵断高程、宽度、厚度（△）、横坡

（四）桥梁工程

1. 基本要求

桥梁总体应符合下列基本要求。

（1）桥梁工程应按设计文件内容全部完成。

（2）桥下净空不得小于设计要求。

（3）特大跨径的桥梁、结构复杂的桥梁和承载能力需要验证的桥梁应进行荷载试验，试验结果应满足设计要求和符合相关技术规范的规定。

钢筋加工及安装应符合下列基本要求。

（1）钢筋安装应保证设计要求的钢筋根数。

（2）钢筋的连接方式、同一连接区段内的接头面积应满足设计要求；接头位置应设在受力较小处，任何连接区段内同一根钢筋不得有两个接头。

（3）钢筋的搭接长度、焊接和机械接头质量应满足施工技术规范的规定。

（4）受力钢筋表面不得有裂纹及其他损伤。

（5）钢筋的保护层垫块应分布均匀，数量及材料性能应满足设计要求和有关技术规范的规定。

（6）钢筋应安装牢固，钢筋网应有足够的钢筋支撑，在混凝土浇筑过程中钢筋不应出现移位。

预应力筋加工和张拉应符合下列基本要求。

（1）预应力束中的钢丝、钢绞线应顺直，不得有缠绞、扭结现象，表面不得有损伤。

（2）单根钢绞线不得断丝，单根钢筋不得断筋或滑移。

（3）同一截面预应力筋接头面积应不超过预应力筋总面积的25%，接头质量应符合施工技术规范的规定。

（4）预应力筋张拉或放张时混凝土强度和龄期应满足设计要求，应按设计要求的张拉顺序进行操作。

（5）预应力钢丝采用镦头锚时，镦头应圆整，不得有斜歪或破裂现象。

（6）管道应安装牢固，接头密合，弯曲圆顺。锚垫板平面应与孔道轴线垂直。

（7）张拉设备应配套标定和使用，并不得超过标定期限使用。

（8）锚固后，预应力筋应采用机械切割，外露长度符合设计要求。

钻孔灌注桩应符合下列基本要求。

（1）成孔后应清孔，并测量孔径、孔深、孔位和沉淀厚度，确认满足设计要求并符合施工技术规范规定后，方可灌注水下混凝土。

（2）水下混凝土应连续灌注，灌注时钢筋笼不应上浮。

（3）嵌入承台的锚固钢筋长度不得小于设计要求的锚固长度。

悬臂施工梁应符合下列基本要求。

（1）悬拼或悬浇块件前，应对桥墩根部（0号块件）的高程、桥轴线做详细复核，满足设计要求后方可进行悬拼或悬浇。

（2）悬臂施工应对称进行，并对轴线和高程进行施工监控。

（3）在施工过程中，梁体不应出现宽度超过设计和相关规范规定的受力裂缝。

（4）应按设计要求对悬浇或悬拼的接头交界面进行处理，拼接梁段间胶结材料的种类、规格、质量应满足设计要求，接缝应填充密实。

（5）悬臂合龙时，两侧梁段的高差应在设计允许范围内，合龙和体系转换程序应满足设计要求。

2. 实测项目

桥梁工程质量检验实测项目见表11-2-5。

表11-2-5　桥梁工程质量检验实测项目

类型		实测项目
桥梁总体		桥面中线偏位、桥面宽、桥长、桥面高程
钢筋安装		受力钢筋间距（△），箍筋、构造钢筋、螺旋筋间距，钢筋骨架尺寸，弯起钢筋位置，保护层厚度（△）
预制桩钢筋安装		主筋间距，箍筋、螺旋筋间距，保护层厚度（△），桩顶钢筋网片位置，桩尖纵向钢筋位置
预应力筋加工和张拉	先张法	镦头钢丝同束长度相对差、张拉应力值（△）、张拉伸长率（△）、同一构件内断丝根数不超过钢丝总数的百分数、预应力筋张拉后在横断面上的坐标、无黏结段长度
	后张法	管道坐标、管道间距、张拉应力值（△）、张拉伸长率（△）、断丝滑丝数
混凝土扩大基础		混凝土强度（△）、平面尺寸、基础底面高程、基础顶面高程、轴线偏位
钻孔灌注桩		混凝土强度（△）、桩位、孔深（△）、孔径、钻孔倾斜度、沉淀厚度、桩身完整性（△）
地下连续墙		混凝土强度（△）、轴线位置、倾斜度、沉淀厚度、槽深、槽宽
混凝土墩、台	现浇墩、台身	混凝土强度（△）、断面尺寸、全高竖直度、顶面高程、轴线偏位（△）、节段间错台、平整度、预埋件位置
	现浇墩、台帽或盖梁	混凝土强度（△）、断面尺寸、轴线偏位、顶面高程、支座垫石预留位置、平整度
	预制墩身	混凝土强度（△）、断面尺寸、高度、平整度、支座垫石预留锚孔位置、墩顶预埋件位置
就地浇筑梁、板		混凝土强度（△），轴线偏位，梁、板顶面高程，断面尺寸（△），长度，与相邻梁段间错台，横坡，平整度

续表

类型		实测项目
预制安装梁、板	梁、板或梁段预制	混凝土强度（△）、梁长度、断面尺寸（△）、平整度、横系梁及预埋件位置、横坡、斜拉索锚面
	梁、板安装	支承中心偏位，梁、板顶面高程，相邻梁、板顶面高差
悬臂施工梁	悬臂浇筑梁	混凝土强度（△）、轴线偏位、顶面高程、断面尺寸（△）、合龙后同跨对称点高程差、顶面横坡、平整度、相邻梁段间错台
	悬臂拼装梁	合龙段混凝土强度（△）、轴线偏位、顶面高程、合龙后同跨对称点高程差、相邻梁段间错台

（五）隧道工程

1. 基本要求

隧道总体应符合下列基本要求。

（1）隧道衬砌内轮廓及所有运营设施均不得侵入建筑限界。

（2）洞口设置应满足设计要求。

（3）洞内外的排水系统设置应满足设计要求。

（4）高速公路、一级公路和二级公路隧道拱部、边墙、路面、设备箱洞应不渗水，有冻害地段的隧道衬砌背后不积水、排水沟不冻结，车行横通道、人行横通道等服务通道拱部不滴水，边墙不淌水。

（5）三级、四级公路隧道拱部、边墙应不滴水，设备箱洞不渗水，路面不积水，有冻害地段的隧道衬砌背后不积水、排水沟不冻结。

喷射混凝土应符合下列基本要求。

（1）开挖断面质量、超欠挖处理、围岩表面渗漏水处理应符合施工技术规范规定，受喷岩面应清洁。

（2）喷射混凝土支护应与围岩紧密黏结，结合牢固，不得有空洞。喷层内不应存在片石和木板等杂物。严禁挂模喷射混凝土。

（3）钢架与围岩之间的间隙应采用喷射混凝土充填密实。

（4）喷射混凝土表面平整度应符合施工技术规范规定。

2. 实测项目

隧道工程质量检验实测项目见表 11-2-6。

表 11-2-6　隧道工程质量检验实测项目

类型	实测项目
隧道总体	行车道宽度、内轮廓宽度、内轮廓高度（△）、隧道偏位、边坡或仰坡坡度
明洞浇筑	混凝土强度（△）、混凝土厚度（△）、墙面平整度
明洞回填	回填压实、每层回填层厚、两侧回填高差、坡度、回填厚度
喷射混凝土	喷射混凝土强度（△）、喷层厚度、喷层与围岩接触状况（△）

（六）交通安全设施

交通安全设施产品应检测合格，并经进场检验确认满足设计要求后方可使用。交通安全设施采用钢质材料时，应进行防腐处理，防腐层质量应满足设计要求。交通安全设施质量检验实测项目见表 11-2-7。

表 11-2-7　交通安全设施质量检验实测项目

类型	实测项目
交通标志	标志面反光膜逆反射系数（△），标志板下缘至路面净空高度，柱式标志板、悬臂式和门架式标志立柱的内边缘距土路肩边缘线距离，立柱竖直度，基础顶面平整度，标志基础尺寸
交通标线	标线线段长度、标线宽度、标线厚度（△）、标线横向偏位、标线纵向间距、逆反射亮度系数（△）、抗滑值
波形梁钢护栏	波形梁板基底金属厚度（△）、立柱基底金属壁厚（△）、横梁中心高度（△）、立柱中距、立柱竖直度、立柱外边缘距土路肩边线距离、立柱埋置深度、螺栓终拧扭矩
混凝土护栏	护栏断面尺寸、钢筋骨架尺寸、横向偏位、基础厚度、护栏混凝土强度（△）、混凝土护栏块件之间的错位
缆索护栏	初张力（△）、最下一根缆索的高度、立柱中距、立柱竖直度、立柱埋置深度、混凝土基础尺寸
突起路标	安装角度、纵向间距、横向偏位
轮廓标	安装角度、反射器中心高度、柱式轮廓标竖直度
防眩设施	安装高度（△）、防眩板设置间距、竖直度、防眩网网孔尺寸
隔离栅和防落物网	高度、刺钢丝的中心垂度、立柱中距、立柱竖直度、立柱埋置深度
避险车道	避险车道宽度、制动床长度（△）、制动床集料厚度、坡度

实战演练

[2024 真题・单选] 沥青路面实测项目中的关键项目是（　　）。

A. 压实度　　B. 弯沉值

C. 平整度　　D. 马歇尔稳定度

[解析] 沥青路面实测项目包括压实度（△）、平整度、弯沉值、渗水系数、摩擦系数、构造深度、厚度（△）、中线平面偏位、纵断高程、宽度、横坡、矿料级配（△）、沥青含量（△）、马歇尔稳定度。

[答案] A

[2024 真题・多选] 下列交通标线质量检验实测项目中，属于关键项目的有（　　）。

A. 标线线段长度　　B. 标线宽度

C. 标线厚度　　D. 抗滑值

E. 逆反射亮度系数

[解析] 交通标线质量检验实测项目：标线线段长度、标线宽度、标线厚度（△）、标线横向偏位、标线纵向间距、逆反射亮度系数（△）、抗滑值。

[答案] CE

[2023 真题・案例节选]

背景资料：

某双向四车道高速公路山岭隧道，全长 1 850 m，地质岩性主要为强风化至弱风化花岗岩，节理较发育，地下水较丰富……

施工过程中发生以下事件。

……

事件三：项目部制定的喷射混凝土质量检验基本要求如下。

(1) 开挖断面的质量、超欠挖处理、围岩表面渗漏水处理应符合施工技术规范规定，受喷岩面应清洁。

(2) 喷射混凝土支护应与围岩紧密黏结，结合牢固，不得有空洞。喷层内不应存在片石和木板等杂物。严禁挂模喷射混凝土。

[问题]

3. 结合背景资料与技术规范，事件三中项目部制定的喷射混凝土质量检验基本要求是否齐全？如不齐予以补充。写出喷射混凝土实测项目中的关键项目。

[答案]

3. (1) 事件三中项目部制定的喷射混凝土质量检验基本要求不齐全。

补充：钢架与围岩之间的间隙应采用喷射混凝土充填密实；喷射混凝土表面平整度应符合施工技术规范规定。

(2) 喷射混凝土实测项目中的关键项目：喷射混凝土强度、喷层与围岩接触状况。

第十二章

施工成本管理

本章导学

本章主要介绍施工预算和施工成本管理内容与方法。本章内容是在最新考试大纲的基础上，根据《公路工程建设项目概算预算编制办法》（JTG 3830—2018）等相关规定编写。其中，公路工程标后预算组成与编制属于重要知识点，其考查方式比较固定，在历年考试中所占分值不高，考生应对标后预算中的直接费、措施费和专项费用等相关内容进行记忆。

第一节　施工预算

知识点 1　公路工程标后预算组成

标后预算是指在工程项目中标后，根据实际施工情况、合同要求和相关规范，对工程项目的费用进行详细的预算计算的控制指标。标后预算通常由直接费、设备购置费、措施费、现场管理费、规费、利润、税金和专项费用组成。

从标后预算的性质出发，对标后预算总费用组成进行分类归集，可将企业管理费分为总部管理费和现场管理费；可将总部管理费和利润归入上缴企业费用，可将直接费、设备购置费、措施费、现场管理费、专项费用归入项目预算总成本。上缴企业费用根据施工企业的规定计算。规费、税金根据国家相关规定计算。

知识点 2　公路工程标后预算编制

标后预算编制是工程项目中标后对项目成本进行详细计算和规划的过程，其内容涵盖了从项目基本信息到具体成本核算的各个方面。本知识点介绍标后预算中主要费用的计算。

一、直接费

直接费＝人工费＋材料费＋施工机械使用费

（1）人工费。人工费指列入概算、预算定额的直接从事建筑安装工程施工的生产工人开支的各项费用，包括计时工资或计件工资，津贴、补贴，特殊情况下支付的工资。

（2）材料费。材料费指施工过程中耗用的构成工程实体的原材料、辅助材料、构配件、零件、半成品或成品、周转材料等，按工程所在地的材料价格计算的费用。材料预算价格由材料原价、运杂费、场外运输损耗、采购及保管费组成。

（3）施工机械使用费。施工机械使用费指列入概算、预算定额的工程机械和工程仪器仪表台班数量，按相应的施工机械台班费用定额计算的费用等。其中，机械台班单价由不变费用和可变费用组成。不变费用包括折旧费、检修费、维护费、安拆辅助费等；可变费用包括机上人员人工费、动力燃料费、车船税。可变费用中的人工工日数及动力燃料消耗量，应以机械台班费用定额中的数值为准。台班人工费工日单价同生产工人人工费单价。动力燃料费用则按材料费的计算规定计算。

二、设备购置费

设备购置费指为满足公路初期运营、管理需要购置的构成固定资产标准的设备和虽低于固定资产标准但属于设计明确列入设备清单的设备的费用，包括渡口设备，隧道照明、消防、通风的动力设备，公路收费、监控、通信、路网运行监测、供配电及照明设备等。

设备购置费应列出计划购置的清单（包括设备的规格、型号、数量），以设备预算价计入。设备购置费包括设备原价、运杂费、运输保险费、采购及保管费，各种税费按编制期有关部门规定计算。

三、措施费

措施费包括冬季施工增加费、雨季施工增加费、夜间施工增加费、特殊地区施工增加费、行车干扰施工增加费、施工辅助费、工地转移费。

四、现场管理费

现场管理费是企业管理费的一部分，主要包括管理人员工资、办公费、通信费、差旅交通费、指挥车辆使用费、取暖降温费、水电费和其他相关费用。

五、专项费用

专项费用包括施工场地建设费和安全生产费。

（一）施工场地建设费

（1）按照工地建设标准化要求进行承包人驻地、工地试验室建设，钢筋集中加工、混合料集中拌制、构件集中预制等所需的办公、生活居住房屋（包括职工家属房屋及探亲房屋），公用房屋（如广播室、文体活动室、医疗室等）和生产用房屋（如仓库、加工厂、加工棚、发电站、变电站、空压机站、停机棚、值班室等）等费用。

（2）场区平整（山岭重丘区的土石方工程除外）、场地硬化、排水、绿化、标志、污水处理设施、围墙隔离设施等的费用，不包括钢筋加工的机械设备、混合料拌和设备及安拆、预制构件台座、预应力张拉设备、起重及养护设备，以及概算、预算定额中临时工程的费用。

（3）以上范围内的各种临时工作便道（包括汽车、人力车道）、人行便道，工地临时用水、用电的水管支线和电线支线，临时构筑物（如水井、水塔等）、其他小型临时设施等的搭设或租赁、维修、拆除、清理的费用，但不包括红线范围内贯通便道、进出场的临时道路、保通便道。

（4）工地试验室所发生的属于固定资产的试验设备和仪器等折旧、维修或租赁费用。

（5）施工扬尘污染防治措施费，指裸露的施工场地覆盖防尘网、施工便道和施工场地洒水或喷洒抑尘剂，运输车辆的苫盖和冲洗、环境敏感区设置围挡，防尘标识设置，环境监控与检测等所需要的费用。

（6）文明施工、职工健康生活的费用。

（二）安全生产费

（1）安全生产费包括完善、改造和维护安全设施设备费用，配备、维护、保养应急救援器材、设备费用，开展重大危险源和事故隐患评估和整改费用，安全生产检查、评价、咨询费用，配备和更新现场作业人员安全防护用品支出，安全生产宣传、教育、培训费用，安全设施及特种设备检测检验费用，施工安全风险评估、应急演练等有关工作及其他与安全生产直接相关的费用。

（2）安全生产费按建筑安装工程费（不含安全生产费本身）乘以安全生产费费率计算，费率按不少于1.5%计取。

实战演练

[2024 真题·多选] 下列材料费用中，属于材料预算价格的有（　　）。

A. 运杂费

B. 场外运输损耗费

C. 场内运输损耗费

D. 采购及保管费

E. 材料增值税

[解析] 材料预算价格由材料原价、运杂费、场外运输损耗、采购及保管费组成。

[答案] ABD

[2022 真题·案例节选]

背景资料：

某高速公路双向六车道分离式隧道，左洞长 825 m，起讫桩号为 ZK16＋435～ZK17＋260；右洞长 840 m，起讫桩号为 YK16＋440～YK17＋280……

施工过程中发生了如下事件。

……

事件四：施工单位编制了隧道施工组织设计和标后预算，标后预算中的自有机械费用由不变费用和可变费用组成。项目计划工期为 2 年 10 个月，实际工期比计划工期节省了 4 个月。施工时投入了 2 台挖掘机、4 台装载机和 2 套二衬台车等自有机械设备，其中每台装载机的原价为 42 万元，年折旧率为 12%。

[问题]

5. 计算事件四中所有装载机在该项目实际发生的折旧费，并写出自有机械不变费用中除折旧费之外的其他 3 项费用名称。

[答案]

5. (1) 装载机实际使用时间：2＋（10－4）/12＝2.5（年）。

所有装载机在该项目实际发生的折旧费：4×42×2.5×12%＝50.4（万元）。

(2) 其他 3 项不变费用：检修费、维护费、安拆辅助费。

第二节　施工成本管理内容与方法

第十二章

知识点 1　公路工程施工成本管理内容

施工成本管理是工程项目管理中的重要环节，旨在通过科学的管理方法和手段，对施工过程中发生的各项费用进行有效控制和管理。

施工企业在工程项目施工过程中，要通过有效的管理活动，对发生的各种成本进行系统管理，具体包括预测、计划、控制、核算、分析、考核等一系列工作环节。公路工程施工成本管理流程如图 12-2-1 所示。

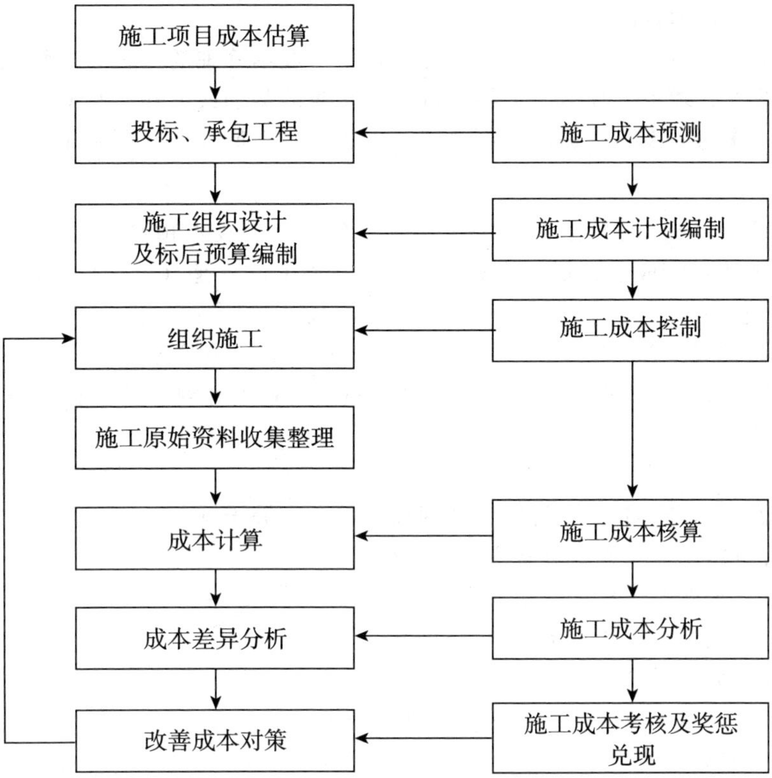

图 12-2-1　公路工程施工成本管理流程

（1）施工成本预测。施工成本预测是指由施工企业和项目经理部有关人员根据一定的规则和程序确定项目施工中可能发生的各种成本。这是施工成本管理的第一个工作环节，也是进行成本决策和成本计划编制的基础。

（2）施工成本计划编制。施工成本计划是优化和实现目标成本的依据。施工成本计划编制包括由项目经理部根据项目施工责任成本确定的施工工期内的总施工成本计划（目标成本）和月度施工成本计划的编制。施工企业编制项目成本计划的关键是计算成本总降低额和降低率，确定责任成本目标。

（3）施工成本控制。施工成本控制是在满足工程承包条款要求的前提下，根据施工项目的成本计划，对项目施工过程中所发生的各项费用支出，采取一系列的措施来进行严格的监督和控制，及时纠正偏差，总结经验，保证施工项目成本目标的实现。在项目实施的过程中，应及时将工程项目施工预算成本与责任目标成本进行比较。计划成本偏差＝施工预算成本－责任目标成本。

施工成本控制是施工成本管理的核心内容，也是工程项目施工成本管理活动中不确定因素最多、最复杂、最基础、最重要的管理内容。

（4）施工成本核算。施工成本核算是对工程项目施工过程中直接发生的各种费用进行的项目施工成本核算。通过成本核算确定成本盈亏情况，可以为成本管理提供基础依据。

（5）施工成本分析。施工成本分析是一个动态的活动，贯穿公路工程成本管理的全过程。公路工程项目施工成本分析的主要目的是利用公路工程的成本核算资料，将目标成本（计划成本）与公路工程的实际成本进行比较，了解成本变动情况，确定成本管理业绩，并找出成本盈亏的主要原因，寻找降低公路工程施工成本的途径，减少浪费，达到加强公路工程项目施工成本管理的目的。

（6）施工成本考核及奖惩兑现。在工程项目施工成本管理的过程中或结束后，都要按时根据项目施工成本管理的盈亏情况，给予责任者相应的奖励或惩罚。只有奖罚分明，才能有效地调动人员工作的积极性，提高工作效率，以进一步降低公路工程施工成本。

实战演练

［2021 真题·单选］公路工程施工成本管理包括：①成本预测；②成本核算；③成本计划；④成本考核；⑤成本分析；⑥成本控制。正确的流程是（　　）。

A. ①③⑥⑤②④　　B. ①⑥③⑤②④

C. ①⑥③④②⑤　　D. ①③⑥②⑤④

［解析］公路工程施工成本管理流程：成本预测→成本计划→成本控制→成本核算→成本分析→成本考核。

［答案］D

［2020 真题·单选］工程项目的“计划成本偏差”等于（　　）。

A. 施工图预算成本－责任目标成本

B. 施工图预算成本－投标计划成本

C. 施工预算成本－责任目标成本

D. 施工预算成本－投标计划成本

［解析］计划成本偏差是指施工预算成本与责任目标成本之差，即计划成本偏差＝施工预算成本－责任目标成本。

［答案］C

知识点 2　公路工程施工成本控制方法

施工成本控制是指在施工项目实施过程中，对影响施工成本的各项要素，即施工生产所耗费的人力、物力和各项费用开支，进行严格的监督、调节和限制，将成本控制在成本计划范围内。

施工成本控制应遵循以下原则：开源与节流相结合原则，全面控制原则，中间控制原则，目标管理原则，节约原则，例外管理原则以及责、权、利相结合原则。

施工成本控制方法如下。

以施工图预算（目标成本）控制成本支出是最有效的成本控制方法之一。具体内容包括：人工费的控制；材料费的控制；脚手架、钢模板等周转设备使用费的控制；施工机械使用费的控制；构件加工费和施工分包费的控制；其他费用的控制，如现场临时设施费，现场管理人员的工资、奖金、福利费，劳动保护费等。

以施工方案控制资源消耗。资源消耗量的货币表现就是成本费用。因此，资源消耗量的减少就等于成本费用的节约，控制了资源消耗就等于控制了成本费用。

以施工方案控制资源消耗的实施步骤和方法如下。

开工前，应根据施工图纸和现场的实际情况制订施工方案，并以此作为指导和管理施工的依据。

组织实施。施工方案是进行工程施工的指导性文件，应有步骤、有条理地按照施工方案组织施工，合理配置人力、机械，有计划地组织物资进场，避免资源闲置或积压造成浪费。

采用价值工程，优化施工方案。价值工程是一门技术与经济相结合的现代化管理科学，在工程设计阶段，研究工程设计的技术合理性，探索有无改进的可能性，在提高功能的前提下，有效降低成本。在工程施工阶段，也可通过价值工程活动进行施工方案的技术经济分析，确定最佳施工方案，降低施工成本。

一、以工期－成本同步分析法减少成本

由于施工成本是伴随着工程进展而发生的，因此施工成本与施工进度之间有着必然的同步关系。如果施工成本支出与施工进度不对应，说明施工项目进展中出现虚盈或虚亏的不正常现象，应通过合理安排工期，减少工期延误的成本。

二、通过挣值分析法纠正成本偏差

挣值分析法是对施工成本和进度进行综合分析和控制的一种方法。通过比较已完工程预算成本与已完工程实际成本之间的差值，可以分析由实际价格的变化引起的累计成本偏差；通过比较已完工程预算成本与拟完工程预算成本之间的差值，可以分析由进度偏差引起的累计成本偏差。通过计算后续未完工程的计划成本余额，可以预测其尚需的成本数额，从而控制后续工程施工成本。

知识点 3　公路工程施工成本核算方法

施工成本核算是施工成本管理的重要组成部分。进行成本核算时，凡是能够直接计入有关成本核算对象的，直接计入；不能直接计入的，应先计入“间接费用”账户，再采用一定的分配方法计入各工程成本核算对象的成本项目，然后计算出各项工程的实际成本。

施工工程实际成本的明细核算方法：先确定工程施工成本的核算对象，再根据成本核算对象开设明细账户，可以设置人工费、材料费、机械使用费、措施费和间接费用等账户。

一、人工费的核算

（1）人工费计入成本的方法，一般根据施工企业所实行的具体工资制度（如计件工资制度或计时工资制度）而有所不同。

（2）实行计件工资制度时，可以根据“工程任务单”和“工资结算汇总表”，将其所发生的人工费直接计入各工程成本核算对象。

（3）实行计时工资制度时，如果施工生产只涉及一个单位工程，或者所发生的施工生产工人工资能够分清是为哪个工程所辖，则可以直接计入该工程成本核算对象的“人工费”项目中；如果生产工人同时在为几项工程工作，应该将发生的工资在各个工程成本核算对象之间进行分配。一般按照当月生产工人实际工时进行分配。

二、材料费的核算

（1）工程施工成本中的材料费，是指在工程施工生产过程中耗用的构成工程实体以及有助于工程实体建成的原材料、辅助材料、结构件、零件、半成品的实际成本，以及周转材料的摊销额和租赁费用等。

（2）材料费在施工企业工程成本中所占的比重较大，施工企业必须建立健全材料物资的收发、领退等管理制度，制订统一的定额领料单、大堆材料耗用计算单、集中配料耗用计算单、周转材料摊销计算分配表、退料单等自制原始凭证，并根据材料耗用的情况，采取不同的方法进行材料费的归集和分配。

三、机械使用费的核算

（1）施工机械使用费按自有机械和租赁机械分别加以核算。

（2）从外单位或本企业内部独立核算的机械站租入施工机械支付的租赁费，直接计入成本核算对象的“机械使用费”。如租入的机械是为两个或两个以上的工程服务，应将租赁费按照为各个工程成本核算对象所提供的作业台班数量进行分配。

(3) 自有机械费用应按各个成本核算对象实际使用的机械台班数计算所分摊的机械使用费，分别计入不同成本核算对象的成本中。

四、措施费的核算

凡能分清受益对象的，应直接计入受益成本核算对象的“措施费”中。如与若干个成本核算对象有关的，可先归集到“措施费”总账中，月末再按适当的方法分配计入有关成本核算对象的“措施费”中。

五、间接费用的核算

间接费用包括施工企业管理人员的工资、奖金和福利费，现场公共生活服务费，劳动保护费，工会经费，教育经费等。凡能分清受益对象的间接成本，应直接计入受益成本核算对象的“措施费”中去。否则应先在项目“间接成本”总账中进行归集，月末再按一定的分配标准计入受益成本核算对象的“措施费”中去。

第十三章

施工安全管理

本章导学

本章主要介绍公路工程施工安全管理、安全管理双重预防机制和公路工程施工项目应急管理。本章内容是在最新考试大纲的基础上，根据《公路工程施工安全技术规范》(JTG F90—2015)、《公路水运工程安全生产条件通用要求》(JT/T 1404—2022)、《安全生产事故隐患排查治理暂行规定》(国家安全生产监督管理总局令第16号)、《生产安全事故应急预案管理办法》(中华人民共和国应急管理部令第2号)等编写。本章内容与工程项目实际情况结合紧密，但难度不大，考生学习时需要全面了解公路工程项目安全管理的相关规定，重点掌握公路工程施工项目安全管理措施、公路工程施工项目事故隐患排查治理、应急预案编制等内容。

第一节　公路工程施工安全管理

知识点 1　公路工程施工项目安全管理制度

公路工程施工项目安全管理制度一般包括安全生产责任制度、安全生产教育和培训制度、安全生产条件检查制度、安全风险分级管控制度、安全生产事故隐患排查治理制度、安全生产费用管理制度、消防安全责任制度等。

根据《公路水运工程安全生产条件通用要求》(JT/T 1404—2022)，建设单位的安全管理制度应包含但不局限于以下内容：①全员安全生产责任制；②安全生产会议；③安全教育培训；④安全生产检查；⑤安全风险管理；⑥事故隐患排查治理；⑦平安工地建设；⑧安全生产奖惩；⑨安全生产费用管理；⑩生产安全事故报告；⑪应急管理。

施工单位的安全管理制度应包含但不局限于以下内容：①全员安全生产责任制；②专业(劳务)分包单位安全管理；③特种作业人员管理；④安全生产会议；⑤安全教育培训；⑥项目主要负责人带班生产；⑦施工组织设计与专项施工方案编制；⑧安全技术交底；⑨安全生产检查；⑩安全风险管理；⑪事故隐患排查治理；⑫平安工地建设；⑬临时设施与设备安全管理；⑭临时用电管理；⑮劳动防护用品管理；⑯民用爆炸物品管理；⑰消防安全管理；⑱安全生产奖惩；⑲安全生产费用管理；⑳职业健康安全管理；㉑生产安全事故报告；㉒应急管理。

知识点 2　公路工程施工项目安全管理措施

一、通用作业安全管理措施

(一) 测量作业

(1) 不中断交通道路上测量，应设置交通安全标志，并应设专人指挥或警戒。测量人员应穿反光标志服。

(2) 陡坡及不良地质地段测量，测量人员应系安全带、穿防滑鞋等，并应加强监护。桥墩等高处测量，测量人员应正确佩戴和使用个体防护用品。

(3) 水上测量作业，测量船应悬挂号灯或号型，并应设专人负责瞭望。测量人员应穿救生衣。

(4) 水上测量平台应稳固可靠，并应设置防护围栏和警示标志，作业时应派交通船守护。

(5) 冰上测量前应掌握冰封情况，冰封情况应满足作业要求。冰封不稳定的河段及春季冰融期间不得进行冰上测量。

(6) 夜间测量照明应满足作业要求，测量人员应穿反光标志服。

(二) 混凝土工程

(1) 混凝土拌和前应确认搅拌、供料、控制等系统运行正常。

(2) 维修、保养或检查清理搅拌系统和供料系统时应封闭下料口、切断电源、锁定安全保护装置、悬挂“严禁合闸”安全警示标志，并派专人看守。

(3) 水泥隔离垫板的刚度及稳定性应满足要求。袋装水泥应交错整齐码放，高度不得超过 10 袋，且不得靠墙。砂石料堆放不得超过规定高度。

(4) 混凝土浇筑的顺序、速度应符合施工方案的要求，不得随意更改。

（5）混凝土浇筑过程中应检查模板、支架、钢筋骨架的稳定、变形情况，发现异常，应立即停止作业，并应整修加固。

（6）混凝土振捣应符合下列规定：①检修或作业停止，应切断电源；②不得用电缆线、软管拖拉或吊挂振捣器；③装置振捣器的构件模板应坚固牢靠。

（7）混凝土养护应符合下列规定：①覆盖养护时，预留孔洞周围应设置安全护栏或盖板，并应设置安全警示标志，不得随意挪动；②洒水养护时，应避开配电箱和周围电气设备；③蒸汽、电热养护时，应设围栏和安全警示标志，并应配置足够、适用的消防器材，非作业人员不得进入养护区域。

（三）高处作业

（1）高处作业应符合现行《建筑施工高处作业安全技术规范》（JGJ 80—2016）的有关规定。

（2）高处作业不得同时上下交叉进行。

（3）高处作业下方警戒区设置应符合现行《高处作业分级》（GB/T 3608—2008）的有关规定。

（4）高处作业人员不得沿立杆或栏杆攀登。高处作业人员应定期进行体检。

（5）高处作业场所临边应设置安全防护栏杆，并应符合下列规定：①防护栏杆应能承受 1 000 N 的可变荷载；②防护栏杆下方有人员及车辆通行或作业的，应挂密目安全网封闭，防护栏杆下部应设置高度不小于 0.18 m 的挡脚板；③防护栏杆应由上、下两道横杆组成，上杆离地高度应为 1.2 m，下杆离地高度应为 0.6 m；④横杆长度大于 2 m 时，应加设栏杆柱。

（6）高处作业场所的孔、洞应设置防护设施及警示标志。

（7）安全网质量应符合现行《安全网》（GB 5725—2009）的规定，安装和使用安全网应符合下列规定：①安全网安装应系挂安全网的受力主绳，不得系挂网格绳。安装完毕应进行检查、验收。②安全网安装或拆除应根据现场条件采取防坠落安全措施。③作业面与坠落高度基准面高差超过 2 m 且无临边防护装置时，临边应挂设水平安全网。作业面与水平安全网之间的高差不得超过 3 m，水平安全网与坠落高度基准面的距离不得小于 0.2 m。

（8）安全带使用除应符合现行《坠落防护　安全带》（GB 6095—2021）的规定外，尚应符合下列规定：①安全带除应定期检验外，使用前尚应进行检查。织带磨损、灼伤、酸碱腐蚀或出现明显变硬、发脆以及金属部件磨损出现明显缺陷或受到冲击后发生明显变形的，应及时报废。②安全带应高挂低用，并应扣牢在牢固的物体上。③安全带的安全绳不得打结使用，安全绳上不得挂钩。④缺少或不易设置安全带吊点的工作场所宜设置安全带母索。⑤安全带的各部件不得随意更换或拆除。⑥安全绳有效长度不应大于 2 m，有两根安全绳的安全带，单根绳的有效长度不应大于 1.2 m。

（9）严禁安全绳用作悬吊绳。严禁安全绳与悬吊绳共用连接器。新更换安全绳的规格及力学性能必须符合规定，并加设绳套。

（10）高处作业上下通道应根据现场情况选用钢斜梯、钢直梯、人行塔梯，各类梯子安装应牢固可靠。

（11）吊篮作业应符合现行《高处作业吊篮》（GB/T 19155—2017）的有关规定，且应使用由专业厂家制作的定型产品，不得自行制作吊篮。

（12）高处作业吊篮安装拆卸工应按照有关规定经专业机构培训，并应取得相应的从业资格。

（13）登高梯上端应固定，吊篮和临时工作台应绑扎牢靠。

(14) 吊篮和工作台的脚手板必须铺平绑牢，严禁出现探头板。

(15) 脚手架的强度、刚度和稳定性应能承受施工期间可能产生的各项荷载。搭设高度24 m及以上的落地式钢管脚手架的钢管、扣件应进行抽样检测，脚手架设计计算应以钢管抽样检测的壁厚及力学性能为依据。

(16) 脚手架的脚手板应满铺、固定，离结构物立面的距离不得大于0.15 m。

(17) 脚手架拆除必须严格执行专项施工方案，拆除作业必须由上而下逐层进行，严禁上下同时作业。连墙件必须随脚手架逐层拆除，严禁提前拆除。

(18) 架子工应按照有关规定经专业机构培训，并应取得相应的从业资格。作业时应戴安全帽、穿防滑鞋、系安全带。

(19) 高处作业现场所有可能坠落的物件均应预先撤除或固定。所存物料应堆放平稳，随身作业工具应装入工具袋，不得向下抛掷拆卸的物料。

(20) 雨雪季节应采取防滑措施。

(四) 水上作业

(1) 应及时了解当地气象、水文、地质等情况，掌握施工区域附近的桥梁、隧道、大坝、架空高压线、水下管线、取水泵房、危险品库、水产品养殖区以及避风锚地、水上应急救援资源等情况。

(2) 开工前，应根据施工需要设置安全作业区，并办理水上水下施工作业许可证，发布航行通告。

(3) 水上作业人员应正确穿戴救生衣等个人安全防护用品。

(4) 工程船舶必须持有效的船检证书，船员必须持有与其岗位相适应的适任证书，船员配置必须满足最低安全配员要求。

(5) 工程船舶应按规定配备有效的消防、救生、堵漏和油污应急设施，制订安全技术措施和应急预案，并应按规定定期演练。施工船舶应安装船舶定位设备，保证有效的船岸联系。

(6) 工程船舶甲板、通道和作业场所应根据需要设有防滑装置。施工船舶楼梯、走廊等应保持通畅，梯口、应急场所应设有醒目的安全警示标志。

(7) 工程船舶必须在核定航区和作业水域内作业。

(8) 工程船舶作业、航行或停泊时，应按规定显示号灯或号型。

(9) 水上工况条件超过施工船舶作业性能时，必须停止作业。

(10) 在狭窄水道和来往船舶频繁的水域施工时，应设专人值守通信频道。

(11) 遇雨、雾、霾等能见度不良天气时，工程船舶和施工区域应显示规定的信号，必要时应停止航行或作业。

(12) 遇大风天气，船舶应按规定及时进避风锚地或港池。

(13) 起重船作业应符合下列规定：①作业前，人员应熟悉吊装方案，明确联系方式和指挥信号；②根据吊装要求，起重船应指导驳船选择锚位和系缆位置；③吊装前，吊钩升降、吊臂仰俯、制动性能应良好，安全装置应正常有效；④吊装结束后，起重船应退离安装位置，并对起重吊钩进行封钩。

(14) 打桩船作业应符合下列规定：①打桩船作业应统一指挥；②打桩架上的活动物件应放稳、系牢，打桩架上的工作平台应设有防护栏杆和防滑装置；③穿越群桩的前缆应选择合适位置，绞缆应缓慢操作，缆绳两侧10 m范围内不得有工程船舶或作业人员进入；④桩架底部两侧悬臂跳板的强度和刚度应满足作业要求，跳板的移动和封固装置应灵活、牢固、有效。

（五）特种设备

根据《特种设备安全监察条例》，特种设备安全管理相关规定如下。

特种设备生产、使用单位应当建立健全特种设备安全、节能管理制度和岗位安全、节能责任制度。特种设备生产、使用单位的主要负责人应当对本单位特种设备的安全和节能全面负责。特种设备生产、使用单位和特种设备检验检测机构，应当接受特种设备安全监督管理部门依法进行的特种设备安全监察。

特种设备使用单位，应当严格执行《特种设备安全监察条例》和有关安全生产的法律、行政法规的规定，保证特种设备的安全使用。

特种设备在投入使用前或者投入使用后 30 d 内，特种设备使用单位应当向直辖市或者设区的市的特种设备安全监督管理部门登记。登记标志应当置于或者附着于该特种设备的显著位置。

特种设备使用单位应当建立特种设备安全技术档案。安全技术档案应当包括以下内容。

(1) 特种设备的设计文件、制造单位、产品质量合格证明、使用维护说明等文件以及安装技术文件和资料。

(2) 特种设备的定期检验和定期自行检查的记录。

(3) 特种设备的日常使用状况记录。

(4) 特种设备及其安全附件、安全保护装置、测量调控装置及有关附属仪器仪表的日常维护保养记录。

(5) 特种设备运行故障和事故记录。

(6) 高耗能特种设备的能效测试报告、能耗状况记录以及节能改造技术资料。

特种设备使用单位应当按照安全技术规范的定期检验要求，在安全检验合格有效期届满前 1 个月向特种设备检验检测机构提出定期检验要求。检验检测机构接到定期检验要求后，应当按照安全技术规范的要求及时进行安全性能检验和能效测试。未经定期检验或者检验不合格的特种设备，不得继续使用。

特种设备出现故障或者发生异常情况，使用单位应当对其进行全面检查，消除事故隐患后，方可重新投入使用。

特种设备不符合能效指标的，特种设备使用单位应当采取相应措施进行整改。

特种设备存在严重事故隐患，无改造、维修价值，或者超过安全技术规范规定使用年限，特种设备使用单位应当及时予以报废，并应当向原登记的特种设备安全监督管理部门办理注销。

特种设备使用单位应当对特种设备作业人员进行特种设备安全、节能教育和培训，保证特种设备作业人员具备必要的特种设备安全、节能知识。特种设备作业人员在作业中应当严格执行特种设备的操作规程和有关的安全规章制度。

特种设备作业人员在作业过程中发现事故隐患或者其他不安全因素，应当立即向现场安全管理人员和单位有关负责人报告。

二、路基工程安全管理措施

（一）土方工程

(1) 取土场（坑）的边坡、深度等应满足设计要求，且不得危及周边建（构）筑物等既有设施的安全。

(2) 取土场（坑）底部应平顺并设有排水设施，取土场（坑）边周围应设置警示标志和安全防护设施，宜设置夜间警示和反光标识。

（3）地面横向坡度陡于1∶10的区域，取土坑应设在路堤上侧。

（4）取土坑与路基间的距离应满足路基边坡稳定的要求，取土坑与路基坡脚间的护坡道应平整密实，表面应设1%～2%向外倾斜的横坡。

（5）路堑开挖应采取保证边坡稳定的措施，边坡有防护要求的应开挖一级防护一级，且应自上而下开挖，不得掏底开挖、上下同时开挖、乱挖超挖。开挖应按施工方案执行，并应符合下列规定：①宜按规定监测土体稳定性；②应采取临时排水措施；③应及时排除地表水、清除不稳定孤石。

（6）深挖路堑施工应及时施作临时排水设施。边坡应严格按设计坡度开挖，并应监测边坡的稳定性。

（7）填方作业区边缘应设置明显的警示标志，并应做好临时排水。

（8）高填方路堤施工应符合下列规定：①路堤预留宽度应符合设计要求；②应及时施作边坡临时排水设施；③作业区边缘应设置明显的警示标志；④应进行位移监测。

（9）靠近结构物处挖土应采取安全防护措施。路基范围内暂时不能迁移的结构物应预留土台，并应设警示标志。

（二）石方工程

爆破作业前应设置警戒区。石方开挖严禁采用硐室爆破。深挖路堑施工过程中，应及时施作临时排水设施。边坡应严格按设计坡度开挖，并应监测边坡的稳定性。近边坡部分宜采用光面爆破或预裂爆破。

（三）特殊路基

1. 滑坡地段路基施工

（1）路基施工应加强对滑坡区内其他工程和设施的保护。滑坡区内有河流时，施工不得使河流改道或压缩河道。

（2）滑坡影响范围应设安全警示标志，根据现场情况设置围挡等防护措施。

（3）滑坡影响范围内不得设置临时生产、生活设施或停放机械、堆放机具等。

（4）施工前应先做好截排水设施，并应随开挖随铺砌。施工用水不得浸入滑坡地段。

（5）滑坡体上开挖路堑和修筑抗滑支挡构筑物时，应分段跳槽开挖，不得大段拉槽开挖，并随挖、随砌、随填、随夯；开挖与砌筑时应加强支撑和临时锚固，并监测其受力状态；采用抗滑桩挡土墙共同支挡时，应先做抗滑桩后做挡土墙。

（6）冰雪融化期不得开挖滑坡体，雨后不得立即施工，夜间不得施工。

2. 崩塌与岩堆地段施工

（1）施工前应对影响范围进行评估，并应对既有建（构）筑物和交通设施等采取相应的安全防护或迁移措施。

（2）施工前应先清理危岩，并根据现场情况修建拦截建（构）筑物等防护措施。防治工程应及时配套完成。

（3）刷坡时应明确刷坡范围，并设置围挡和警示标志。

（4）爆破开挖时应采取控制爆破技术，并加强现场防护及爆破后的检查。

3. 岩溶地区施工

（1）施工前应根据洞穴的位置和分布情况，设置明显的警示标志和防护设施。

（2）洞内存在的有害气体和物质未排除前人员不得进入。不稳定洞穴应采取临时支撑等安全措施。

（3）应先疏导、引排对路基稳定有影响的岩溶水、地面水。

（4）注浆处理时，应观测注浆压力和周边情况，发现异常应及时采取相应措施。

4. 采空区施工

(1) 施工前应在施工现场对采空区塌陷影响范围进行标识，并设置警示标志，规定作业人员和施工机械作业范围。

(2) 路基边沟及排水沟底部，应采取防止地表水渗漏到采空区内的措施。

5. 沿江、河、水库等地区施工

(1) 沿河、沿溪地区的高填方、半挖半填、拓宽路段的新老交界面应按设计要求采取保证路基稳定的措施，峡谷地段宜采用石质填料。

(2) 汛期应采取防洪措施。

泥石流地区施工取土和弃土应避开泥石流影响。

在同一个雪崩区，防雪工程应自雪崩源头开始施工，上一个单项工程未完成时，相邻的下一个单项工程不得施工。

三、路面工程安全管理措施

(一) 基层与底基层

(1) 消解石灰，浸水过程中不得投料、翻拌，人员应远避并采取个体防护措施。

(2) 拌和作业开机前应警示，拌合机前不得站人，拌和过程中人员不得跨越皮带或调整皮带运输机。

(3) 混合料运输应按指定线路行走，不得超载、超速。卸料升斗时，人员不得在车斗的正下方停留。

(4) 整平和摊铺作业应临时封闭交通、设明显警示标志，下承层内的各类检查井口应稳固封盖，辅助作业人员应面向压路机方向作业，设备之间应保持安全距离。

(5) 碾压作业应符合下列规定：①多台压路机同时作业时，各机械之间应保持安全距离；②作业人员应在行驶机械后方清除轮上黏附物；③碾压区内人员不得进入，确需人员进入的应安排专人监护。

(二) 沥青面层

(1) 封层、透层、粘层施工应符合下列规定。

①喷洒前应做好检查井、闸井、雨水口的安全防护。

②洒布车行驶中不得使用加热系统。洒布地段不得使用明火。

③小型机具洒布沥青时，喷头不得朝上，喷头 10 m 范围不得站人，不得逆风作业。

④大风天气，不得喷洒沥青。

(2) 沥青储存地点应配备灭火器、消防砂等消防设施，并应设置警示标志。

(3) 沥青脱桶、导热油加热沥青作业应采取防火、防烫伤措施。

(4) 沥青混合料拌和作业应符合下列规定：①拌合机点火失效时，应关闭喷燃器油门，并应通风清吹后再行点火；②拌和过程中人员不得在石料溢流管、升起的料斗下方站立或通行；③沥青罐内检查不得使用明火照明；④沥青拌合站应配备灭火器、消防砂等消防设施。

(三) 水泥混凝土面层

(1) 摊铺作业布料机与振平机应保持安全距离。

(2) 切缝、刻槽作业范围应设警戒区。

四、桥涵工程安全管理措施

(1) 钻 (挖) 孔灌注桩施工作业应符合下列规定。

①施工作业区域应设置警戒区。

②临近堤防及其他水利、防洪设施施工应符合相关部门的有关规定。

③山坡上钻（挖）孔灌注桩施工应清除坡面上的危石和浮土；存在裂缝的坡面或可能坍塌区域应采取必要的防护措施。

④停止施工的钻（挖）孔桩，孔口应加盖防护，四周应设置护栏及明显的警示标志，夜间应悬挂示警红灯。

⑤钻机等高耸设备应按规定设置避雷装置。

⑥钢筋笼下放应采用专用吊具。钢筋笼孔口连接时，孔内钢筋笼应固定牢靠。作业人员不得在钢筋笼内作业，安全带不得扣挂在钢筋笼上。

⑦浇筑混凝土时，孔口应设防坠落设施。

(2) 悬臂浇筑除应符合现行《公路桥涵施工技术规范》(JTG/T 3650—2020) 的有关规定外，尚应符合下列规定。

①挂篮制作加工完成后应进行试拼装。现场组拼后，应检查验收，并应按最大施工组合荷载的1.2倍做荷载试验。

②挂篮行走滑道铺设应平顺，锚固应稳定。行走前应检查行走系统、吊挂系统、模板系统等。

③挂篮应在混凝土强度符合要求后移动，墩两侧挂篮应对称平稳移动；就位后应立即锁定；挂篮每次移动后，应经检查验收。

④雨雪天或风力超过挂篮设计移动风力时，不得移动挂篮。

五、隧道工程安全管理措施

(一) 施工现场布设

(1) 临时设施的设置除应符合有关规定外，尚应避开高边坡、陡峭山体下方、深沟、河流、池塘边缘等区域。

(2) 弃渣场地应设置在不易溃塌、不产生滑坡的安全地段，不得堵塞河流、泄洪通道。

(3) 隧道内供风、供水、供气管线与供电线路应分别架设，照明和动力线路应分层架设。

(4) 供电线路架设应遵循“高压在上、低压在下，干线在上、支线在下，动力线在上、照明线在下”的原则。110 V以下线路距地面不得小于2 m，380 V线路距地面不得小于2.5 m，6～10 kV线路距地面不得小于3.5 m。

(二) 逃生与救援

(1) 隧道施工应配备应急救援机械设备、监测仪器、堵漏和清洗消毒材料、交通工具、个体防护设备、医疗设备和药品、生活保障和救援物资等，应对救援物资及设备进行定期检查、维护和更新。不得挪用救援物资及救援设备。

(2) 隧道施工应建立兼职救援队伍。

(3) 隧道通风、供水及供电设备应纳入正常工序管理，设专人负责管理。施工过程中应加强通风效果检测，供水供电管道、线路应通畅，同时应设置备用设备和备用电源。

(4) 隧道内交通道路及开挖作业等重要场所应设置安全应急照明和应急逃生标志，应急照明应有备用电源并保证光照度符合要求。

(5) 软弱围岩隧道开挖掌子面至二次衬砌之间应设置逃生通道，随开挖进尺不断前移，逃生通道距离开挖掌子面不得大于20 m。逃生通道的刚度、强度及抗冲击能力应满足安全要求，逃生通道内径不宜小于0.8 m。

(6) 长、特长及高风险隧道应设报警系统及逃生设备、临时急救器械和应急生活保障品等。

（7）隧道施工期间各施工作业面应安装有应急照明装置的报警系统装置。

实战演练

［2024 真题 · 单选］特种设备使用单位应在特种设备检验合格有效期届满前 1 个月向特种设备（　　）提出定期检验要求。

A. 生产单位　　B. 安全监督管理部门

C. 检验检测机构　　D. 安装单位

［解析］特种设备使用单位应当按照安全技术规范的定期检验要求，在安全检验合格有效期届满前 1 个月向特种设备检验检测机构提出定期检验要求。

［答案］C

第二节　安全管理双重预防机制

知识点 1　公路工程施工项目安全风险分级管控

构建安全风险分级管控和隐患排查治理双重预防机制，是遏制重特大事故的重要举措。关于安全风险分级管控，《国务院安委会办公室关于实施遏制重特大事故工作指南构建双重预防机制的意见》（安委办〔2016〕11 号）从以下几方面给出建议。

（1）全面开展安全风险辨识。企业要组织专家和全体员工，采取安全绩效奖惩等有效措施，全方位、全过程辨识生产工艺、设备设施、作业环境、人员行为和管理体系等方面存在的安全风险，做到系统、全面、无遗漏，并持续更新完善。

（2）科学评定安全风险等级。企业要对辨识出的安全风险进行分类梳理，参照《企业职工伤亡事故分类》（GB 6441—1986），综合考虑起因物、引起事故的诱导性原因、致害物、伤害方式等，确定安全风险类别。对不同类别的安全风险，采用相应的风险评估方法确定安全风险等级。安全风险等级从高到低划分为重大风险、较大风险、一般风险和低风险，分别用红、橙、黄、蓝 4 种颜色标示。其中，重大风险应填写清单、汇总造册，按照职责范围报告属地负有安全生产监督管理职责的部门。要依据安全风险类别和等级建立企业安全风险数据库，绘制企业“红橙黄蓝”四色安全风险空间分布图。

（3）有效管控安全风险。企业要根据风险评估的结果，针对安全风险特点，从组织、制度、技术、应急等方面对安全风险进行有效管控。要对安全风险分级、分层、分类、分专业进行管理，逐一落实企业、车间、班组和岗位的管控责任，尤其要强化对重大危险源和存在重大安全风险的生产经营系统、生产区域、岗位的重点管控。

（4）实施安全风险公告警示。企业要在醒目位置和重点区域分别设置安全风险公告栏，制作岗位安全风险告知卡，标明主要安全风险、可能引发事故隐患类别、事故后果、管控措施、应急措施及报告方式等内容。对存在重大安全风险的工作场所和岗位，要设置明显警示标志，并强化危险源监测和预警。

（5）建立完善隐患排查治理体系。企业要建立完善隐患排查治理制度，制订符合企业实际的隐患排查治理清单，明确和细化隐患排查的事项、内容和频次，并将责任逐一分解落实，推动全员参与自主排查隐患，尤其要强化对存在重大风险的场所、环节、部位的隐患排查。

知识点 2 公路工程施工项目事故隐患排查治理

根据《安全生产事故隐患排查治理暂行规定》（国家安全生产监督管理总局令第 16 号），安全生产事故隐患（以下简称事故隐患），是指生产经营单位违反安全生产法律、法规、规章、标准、规程和安全生产管理制度的规定，或者因其他因素在生产经营活动中存在可能导致事故发生的物的危险状态、人的不安全行为和管理上的缺陷。

事故隐患分为一般事故隐患和重大事故隐患。一般事故隐患，是指危害和整改难度较小，发现后能够立即整改排除的隐患。重大事故隐患，是指危害和整改难度较大，应当全部或者局部停产停业，并经过一定时间整改治理方能排除的隐患，或者因外部因素影响致使生产经营单位自身难以排除的隐患。

对于一般事故隐患，由生产经营单位（车间、分厂、区队等）负责人或者有关人员立即组织整改。对于重大事故隐患，由生产经营单位主要负责人组织制订并实施事故隐患治理方案。重大事故隐患治理方案应当包括以下内容：①治理的目标和任务；②采取的方法和措施；③经费和物资的落实；④负责治理的机构和人员；⑤治理的时限和要求；⑥安全措施和应急预案。

➤ **知识链接：** 公路工程建设项目施工安全重大事故隐患基础清单（试用）见表 13-2-1。

表 13-2-1 公路工程建设项目施工安全重大事故隐患基础清单（试用）

工程类别	施工环节	隐患编号	隐患内容	易引发事故类型
基础管理	方案管理	GJ－001	未按规定编制或未按程序审批危险性较大工程专项施工方案；超过一定规模的危险性较大工程的专项施工方案未组织专家论证、审查；未按照专项施工方案组织施工；不配备应急救援队伍，不开展应急演练	坍塌等
辅助施工	施工驻地及场站建设（含临时设施搭设）	GF－001	在大型设备设施倾覆影响范围内设置办公区、生活区；临时驻地或场站建设不符合规范要求设置在危险区域	坍塌、起重伤害
		GF－002	生活区、办公区等人员密集场所与集中爆破区、易燃易爆物、危化品库、高压电力线的安全距离不足	火灾、爆炸
		GF－003	生活、办公用房、易燃易爆危险品库等重点部位消防安全距离不符合要求且未采取有效防护措施；生活、办公用房、易燃易爆危险品库等建筑构件的燃烧性能等级未达到 A 级，不符合《建筑材料及制品燃烧性能分级》（GB 8624—2012）和《建筑用金属面绝热夹芯板》（GB/T 23932—2009）要求	火灾、爆炸
	钢围堰施工	GF－004	未定期开展围堰监测监控，工况发生变化时未及时采取有效的管控措施；碰撞、随意拆除、擅自削弱围堰内部支撑杆件或在其上堆放重物，碰撞造成的杆件变形等缺陷未及时修复；水上钢围堰未科学设置船舶驻泊位置随意驻泊施工船舶，无船舶防撞措施；未进行焊缝检验及水密试验	坍塌、淹溺

续表

工程类别	施工环节	隐患编号	隐患内容	易引发事故类型
通用作业	模板工程	GT－001	爬模、翻模施工脱模或混凝土承重模板拆除时，混凝土强度未达到设计或规范要求；拆除顺序未按施工方案要求进行；模板支架承受的施工荷载超过设计值；预埋件和锚固点未按设计或方案布置、数量不足；紧固螺栓安装数量不足，材质不符合要求或紧固次数超过产品使用要求	坍塌
	支架作业	GT－002	支架的地基或基础未按要求处理；支架未按要求预压、验收；支架搭设使用明令淘汰的钢管材料，无产品合格证、未经检验或检验不合格的管材、构件	坍塌
	作业平台	GT－003	墩柱及盖（系）梁施工、跨越式支架搭设、围堰拼装、设备安装等高处作业和水上作业施工未按要求设置作业平台或使用登高设备；高处作业平台未按要求设置平台上下通道；作业平台未按规定进行设计验算，或超载使用	坍塌、高处坠落
	设备设施作业和特种作业	GT－004	使用未经检验或验收不合格的起重机械，未按要求安装、拆除起重设备，使用汽车吊、塔吊等起重机械吊运人员；隧道场内运输车辆未年检，人货混装；隧道场内特种作业人员无证上岗，违规动火作业，无专人监护	起重伤害、车辆伤害、火灾
	爆破作业	GT－005	路基爆破作业未设置警戒区；隧道内存放、加工、销毁民用爆炸物品；使用非专用车辆运输民用爆炸物品或人药混装运输；在爆破 15 min 后，未检查盲炮立即施工	火灾、爆炸
	改（扩）建工程	GT－006	未按施工区交通组织方案实施	车辆伤害、物体打击、坍塌
路基工程	高边坡施工	GL－001	含岩堆、松散岩石或滑坡地段的高边坡开挖、排险、防护措施不足；未按照自上而下的顺序逐级开挖、逐级防护；未有效开展边坡稳定性监测；靠近交通要道作业时不设置隔离防护、警示标志等措施	坍塌
桥梁工程	深基坑施工	GQ－001	深基坑未按要求逐级开挖逐级支护；未按要求进行降（排）水、放坡；未按要求开展变形监测，出现大量渗水、流土、管涌等情况未及时处理	坍塌
	大型沉井下沉	GQ－002	邻近建（构）筑物、地下管线、沉井箱体未监测或监测出现异常并超过预警值；未按既定开挖范围和深度进行开挖；不排水下沉时沉井内水头高度不按要求控制；水中沉井初沉未考虑水流对河床冲刷影响	

第十三章

续表

工程类别	施工环节	隐患编号	隐患内容	易引发事故类型
桥梁工程	移动模架施工	GQ－003	移动模架支撑系统未按设计或方案施工造成承载能力不足；移动模架拼装完毕或过孔后未进行验收；浇筑前未按要求进行预压或预压不合格即使用	坍塌
	架桥机施工	GQ－004	架桥机经过改装等情形，但未按规定检测；架桥机未调平即开展架梁作业；横坡、高差、梁重等架梁工况超过或濒临架桥机允许值；在道路、航道上方进行梁板安装或架桥机移动过孔期间，未采取临时管控措施	
	挂篮施工	GQ－005	两端悬臂上荷载的实际不平衡偏差超过设计规定值或梁段重的1/4；挂篮拼装后未预压、锚固不规范；混凝土强度、弹性模量等未达到要求或恶劣天气时移动挂篮	
隧道工程	洞内施工	GS－001	未按规范或方案要求开展超前地质预报；未监控围岩变形和有毒有害气体，浓度超标时施工作业	坍塌、突水涌泥
		GS－002	勘察设计与实际地质条件不符，没有进行动态设计；未按规范或方案要求开挖支护；地质条件改变，隧道开挖方法与围岩不适应	
		GS－003	仰拱一次开挖长度不符合方案要求；仰拱与掌子面的距离、二次衬砌与掌子面的距离不符合设计、标准规范或专项论证要求；仰拱未及时封闭成环	
	盾构隧道	GS－004	盾构盾尾密封失效；盾构未按规定带压开仓检查换刀	坍塌、突水涌泥
	瓦斯隧道施工	GS－005	瓦斯检测与防爆设施不符合方案要求，未根据瓦斯等级要求采用防爆供配电系统和设备；爆破作业未按规定采用煤矿许用炸药和雷管；高瓦斯隧道或瓦斯突出隧道未按设计或方案进行揭煤防突、设置风电闭锁和甲烷电闭锁设施；工区任意位置瓦斯浓度超过设计规定限值	瓦斯爆炸

注：其他严重违反公路工程施工安全生产法律法规、部门规章及强制性标准，且存在危害程度较大、可能导致群死群伤或造成重大经济损失的现实危险，应判定为重大事故隐患

根据《公路水运工程安全生产监督管理办法》（交通运输部令2017年第25号），施工单位应当按规定开展安全事故隐患排查治理，建立职工参与的工作机制，对隐患排查、登记、治理等全过程闭合管理情况予以记录。事故隐患排查治理情况应当向从业人员通报，重大事故隐患还应当按规定上报和专项治理。

实战演练

[2024 真题·多选] 根据《公路工程建设项目施工安全重大事故隐患基础清单（试用）》，下列安全事故隐患中，属于施工驻地及场站建设环节重大事故隐患的有（　　）。

A. 在龙门吊倾覆影响范围内设置员工宿舍

B. 项目部驻地与高压电力线的安全距离不足

C. 未按照专项施工方案组织施工

D. 预制梁存放时未采取有效的支撑措施

E. 办公板房所用材料的燃烧性能等级未达到 A 级

[解析] 选项 C 属于基础管理类别中的“方案管理”环节的重大事故隐患。选项 D 不属于《公路工程建设项目施工安全重大事故隐患基础清单（试用）》中的内容。

[答案] ABE

[2024 真题·案例节选]

背景资料：

某双向四车道高速公路山岭隧道，地质岩性为板岩，岩体节理较发育，地下水不发育。施工中采用的开挖方法为……

施工过程中发生以下事件。

……

事件三：施工企业在对项目进行专项安全检查时，发现以下安全生产事故隐患。

（1）隧道内装载机未安装倒车影像装置。

（2）仰拱未及时封闭成环。

（3）初期支护连续 2 榀拱架双侧拱脚同时悬空。

[问题]

4. 写出事件三中的重大事故隐患［写出编号即可，如（1）……］，并写出其易引发的事故类型。判断事件三中专项安全检查的费用是否在安全生产费用中列支。

[答案]

4.（1）重大事故隐患：（2）（3）；其易引发的事故类型：坍塌。

（2）专项安全检查的费用在安全生产费用中列支。

第三节　公路工程施工项目应急管理

知识点 1　应急预案编制和管理

公路水运工程项目生产安全事故应急预案体系一般由项目综合应急预案、合同段施工专项应急预案与现场处置方案组成。建设单位应组织项目参建单位，根据项目组织管理体系、建设规模和风险特点等科学合理地确定公路水运工程项目应急预案体系。

一、应急预案编制

根据《公路水运工程项目生产安全事故应急预案编制要求》（JT/T 1405—2022），应急预案编制应成立编制工作小组，编制工作小组应由项目或合同段主要负责人牵头，生产负责人、安全负责人和技术负责人参与，由安全、工程技术、船机、物资、财务、计划合同等相关部门人员组成。

应急预案编制应符合下列规定。

(1) 应急预案编制应以应急处置为核心，体现自救互救和先期处置的特点，做到职责明确、程序规范、措施科学，尽可能简明化、图表化、流程化。

(2) 项目综合应急预案的内容应包括总则、风险事件描述、应急组织机构、预警信息、事故报告、应急响应、善后处置、应急保障、应急预案管理与附件。

(3) 合同段施工专项应急预案的内容应包括适用范围、风险事件描述、应急组织机构、处置程序、处置措施与应急预案管理。

(4) 现场处置方案的内容应包括风险事件描述、应急工作职责、处置措施与注意事项。

(5) 编制工作小组应按《生产安全事故应急演练基本规范》(AQ/T 9007—2019) 的要求，对应急预案组织开展桌面演练验证，并根据验证情况修改完善。

二、应急预案管理

根据《生产安全事故应急预案管理办法》，生产经营单位的应急预案经评审或者论证后，由本单位主要负责人签署，向本单位从业人员公布，并及时发放到本单位有关部门、岗位和相关应急救援队伍。

建筑施工单位应当在应急预案公布之日起 20 个工作日内，按照分级属地原则，向县级以上人民政府应急管理部门和其他负有安全生产监督管理职责的部门进行备案，并依法向社会公布。

生产经营单位申报应急预案备案，应当提交下列材料：①应急预案备案申报表；②应急预案评审或论证意见；③应急预案电子文档；④风险评估结果和应急资源调查清单。

生产经营单位应当制订本单位的应急预案演练计划，根据本单位的事故风险特点，每年至少组织一次综合应急预案演练或者专项应急预案演练，每半年至少组织一次现场处置方案演练。

应急预案演练结束后，应急预案演练组织单位应当对应急预案演练效果进行评估，撰写应急预案演练评估报告，分析存在的问题，并对应急预案提出修订意见。

应急预案编制单位应当建立应急预案定期评估制度，对预案内容的针对性和实用性进行分析，并对应急预案是否需要修订作出结论。应急预案评估可以邀请相关专业机构或者有关专家、有实际应急救援工作经验的人员参加，必要时可以委托安全生产技术服务机构实施。

有下列情形之一的，应急预案应当及时修订并归档：①依据的法律、法规、规章、标准及上位预案中的有关规定发生重大变化的；②应急指挥机构及其职责发生调整的；③安全生产面临的风险发生重大变化的；④重要应急资源发生重大变化的；⑤在应急演练和事故应急救援中发现需要修订预案的重大问题的；⑥编制单位认为应当修订的其他情况。

生产经营单位应当按照应急预案的规定，落实应急指挥体系、应急救援队伍、应急物资及装备，建立应急物资、装备配备及其使用档案，并对应急物资、装备进行定期检测和维护，使其处于适用状态。

实战演练

[2024 真题 · 案例节选]

背景资料：

某施工单位承建了某跨海桥梁工程，全长 6.8 km，单幅桥宽 16.5 m……

施工过程中发生以下事件。

……

事件四：公路工程项目生产安全事故应急预案体系一般由项目综合应急预案、合同段施工专项应急预案与现场处置方案组成。在合同段施工专项应急预案或现场处置方案的基础上，施工项目宜针对工作岗位的特点编制C卡。项目综合应急预案还应与本单位的上级部门、项目属地负有安全生产监督管理职责的D部门和E部门等相关单位的应急预案相衔接，合同段施工专项应急预案应与本企业的应急预案相衔接。施工项目在应急预案公布之日起20个工作日内，按照分级属地原则，向属地有关部门进行告知性备案。应急预案备案时，提交了下列应急预案备案申报表、应急预案评审或者论证意见、应急预案文本及电子文档等材料。

[问题]

5. 写出事件四中C卡的名称，D、E分别是指什么部门？应急预案备案时，还应补充哪些内容？

[答案]

5.（1）C卡——应急处置卡。D——交通运输管理部门；E——应急管理部门。（D、E可互换）

（2）应急预案备案时，还应补充：风险评估结果和应急资源调查清单。

知识点 2　应急管理

在施工过程中，针对可能发生的突发事件，应制订并实施一系列预防、应对和恢复措施，以最大限度地减少人员伤亡、财产损失和环境破坏。根据《国家突发事件总体应急预案》，突发事件是指突然发生，造成或者可能造成严重社会危害，需要采取应急处置措施予以应对的自然灾害、事故灾难、公共卫生事件和社会安全事件。

（1）自然灾害，主要包括水旱、气象、地震、地质、海洋、生物灾害和森林草原火灾等。

（2）事故灾难，主要包括工矿商贸等生产经营单位的各类生产安全事故，交通运输、海上溢油、公共设施和设备、核事故，火灾和生态环境、网络安全、网络数据安全、信息安全事件等。

（3）公共卫生事件，主要包括传染病疫情、群体性不明原因疾病、群体性中毒，食品安全事故、药品安全事件、动物疫情，以及其他严重影响公众生命安全和身体健康的事件。

（4）社会安全事件，主要包括刑事案件和恐怖、群体性、民族宗教事件，金融、涉外和其他影响市场、社会稳定的突发事件。

上述各类突发事件往往交叉关联、可能同时发生，或者引发次生、衍生事件，应当具体分析，统筹应对。

施工单位应制订本单位安全生产事故应急救援预案，建立应急救援组织，或者配备应急救援人员，并定期进行训练，同时配备必要的应急救援器材、设备和物资，并进行经常性维护、保养，保证其正常运转。

第十四章

绿色建造及施工现场环境管理

本章导学

本章主要介绍绿色施工和施工现场环境管理两个方面的内容。本章是在最新考试大纲的基础上，根据相关规范和标准编写。其中，重点内容包括驻地建设、拌合厂（站）建设、预制厂建设和施工便道建设。从历年考试情况来看，选择题和案例分析题均有可能考查，并且考点相对集中，因此在备考时，考生要注意有针对性地学习。

第一节 绿色施工

知识点 1 公路工程信息化建设技术

根据《建设工程项目管理规范》(GB/T 50326—2017),项目信息系统应包括项目所有的管理数据,为用户提供项目各方面信息,实现信息共享、协同工作、过程控制、实时管理。

项目信息系统宜基于互联网并结合下列先进技术进行建设和应用:建筑信息模型;云计算;大数据;物联网。

项目信息系统应包括下列应用功能。

(1) 信息收集、传送、加工、反馈、分发、查询的信息处理功能。

(2) 进度管理、成本管理、质量管理、安全管理、合同管理、技术管理及相关的业务处理功能。

(3) 与工具软件、管理系统共享和交换数据的数据集成功能。

(4) 利用已有信息和数学方法进行预测、提供辅助决策的功能。

(5) 支持项目文件与档案管理的功能。

项目管理机构应通过信息系统的使用取得下列管理效果。

(1) 实现项目文档管理的一体化。

(2) 获得项目进度、成本、质量、安全、合同、资金、技术、环保、人力资源、保险的动态信息。

(3) 支持项目管理满足事前预测、事中控制、事后分析的需求。

(4) 提供项目关键过程的具体数据并自动产生相关报表和图表。

项目信息系统应具有下列安全技术措施:①身份认证;②防止恶意攻击;③信息权限设置;④跟踪审计和信息过滤;⑤病毒防护;⑥安全监测;⑦数据灾难备份。

项目管理机构应配备专门的运行维护人员,负责项目信息系统的使用指导、数据备份、维护和优化工作。

知识点 2 公路工程节能减排

公路工程应从全局出发,在安全、质量、环保的基础上,降低全寿命周期能耗。公路工程应积极推广应用节约能源的新技术、新工艺、新设备和新材料,利用信息化与智能化手段,提高节能水平。

一、设计阶段

公路工程建设项目应加强设计阶段的节能设计,遵循合理用能、优化资源和能源配置原则,从总体方案、材料与工艺、能源类型、用能供能设备、节能控制等方面制订节能措施和技术要求。

设计方案比选应将建设期能耗和运营期能耗作为重要因素,对材料、工艺、机械的能源消耗指标进行分析,选择能源利用率高的方案。

设计阶段应优先选用国家、行业相关节能技术目录中的技术或产品,列出公路工程所应使用的节能技术或产品清单。

设计阶段应对数据资源进行全面规划，提高设计阶段工程数据在后期应用的有效性，为建设、运营、养护与管理决策提供数据支持。

二、施工阶段

（一）一般规定

（1）施工阶段应落实设计阶段提出的节能设计方案，并根据实际施工情况，对节能方案进行优化和细化，对选用的设备和系统进行容量核算，降低施工能耗。

（2）编制施工组织方案时，应将能耗作为重要指标，通过优化施工场地布设、施工方法、标准化工艺、作业流程、工序等降低施工期能耗。

（3）施工场地布设应充分利用地形条件，注重节约用地，提高人、车、物资转移的效率，应兼顾永久用地、永久用能设施需求，做好施工期临时用地和临时用能的总体规划。

（4）筑路材料的选择应有利于降低材料消耗，提高材料的循环使用率。原材料的采购、运输、堆放、加工、处理、存储、配发等环节应以减少材料损耗和运转能耗为原则实施。

（5）施工阶段应对重点用能环节进行能耗统计和监测，对主要施工机械加强能耗计量管理。

（6）施工阶段应根据设计的节能产品清单及国家对节能产品的相关规定，优先选用国家、行业相关节能技术目录中的技术或产品。

（7）施工阶段应充分利用信息化技术，提高施工效率。

（二）施工组织

（1）施工组织应根据工程特点、设计方案和总进度要求，从施工方案、作业流程、施工工序、工程进度等方面选择经济可行、低能耗的节能措施，利用信息化手段，提高施工效率和管理水平。

（2）施工场地布设应减少施工区域内车流、人员、机械设备的相互干扰，减少物资搬运量，提高运输效率。

（3）施工组织方案应统筹考虑临时用地与永久用地需求，有条件时宜将施工场地布置在管理和服务设施等永久用地区域，减少临时用地。

（4）施工用电宜以当地电网为主，并与运营期用电相结合，减少现场发电机发电量。

（5）弃土/石场选址和设计应遵循安全、科学、生态、经济原则，弃方应集中堆弃。

（6）施工阶段应充分利用现有料场。新设料场应综合考虑其位置、开采方式、数量等对坡面植被、河水流向和水土保持等的影响。

（三）施工工艺

施工工艺应技术可行、经济合理，统筹安排材料、机具资源和人力资源，减少重复施工，并将施工能耗作为重要的节能指标。施工工序应保持施工作业的连续性，提高生产效率和机械设备的使用效率，降低设备的单位耗能。

搅拌站（场）宜使用天然气代替燃油作为加热燃料。筑路材料应根据材料特性、用途、温度、湿度进行分区储存，减少非实质性材料消耗。集料存储区应设置良好的防排水系统，保持材料干燥。

各单位工程施工工艺要求见表 14-1-1。

表 14-1-1　各单位工程施工工艺要求

单位工程	施工工艺要求
路基	(1) 兼顾临时排水设施与永久性排水设施，与工程影响范围内的自然排水系统相协调； (2) 施工机械与地质条件和路基材料相匹配，提高作业效率
路面	(1) 应合理使用连续式沥青混合料拌合设备； (2) 在保证施工均匀性的基础上，宜选择高效率的施工摊铺宽度； (3) 应选择有利于减少路面压实离析的设备组合和压实遍数，提高压实均匀度和效率； (4) 应控制材料的施工温度，减少施工能耗
桥梁	(1) 中、小桥宜采用预制吊装施工方案； (2) 大桥、特大桥宜采用挂篮悬浇或预制吊装等无支架方案
隧道	应加强超前地质预报，采用适应围岩条件的施工方案和支护结构形式

公路工程施工应采用节水施工方法，提高水资源循环利用率。冬季施工时，宜采用低能耗的保温措施，降低施工能耗。

(四) 机械设备

(1) 施工机械设备类型、数量和不同组合应满足工程特点、工程量及施工工期的要求，并与施工工艺相匹配，提高作业效率。

(2) 施工阶段应选择功率与负载相匹配的机械设备，避免施工机械长时间过载或欠载运行。

(3) 机械设备的选用应将设计能耗作为重要的评估指标，选用技术先进、安全可靠、能耗低和效率高的施工机械产品。

(4) 电力驱动的机械设备供电电压等级应根据设备装机功率、供电条件和线路损耗、变压器损耗等综合确定。

(5) 机械设备应加强施工过程中的能耗管理，建立机械设备管理制度，健全设备档案，开展能耗监测相关工作，做好维修保养工作，使机械设备保持良好的使用状态。

(6) 施工阶段应重点对下列机械设备的用能进行计量：①挖掘、装载、运输等施工机械；②路面混合料拌合设备，摊铺、碾压机械；③桥梁桩工机械和构件预制、安装机械；④隧道掘进、通风设备。

三、运营阶段

运营阶段应从管理能耗和使用者能耗两方面进行节能控制，加强重点能耗环节和设施的能耗监测与统计，根据实际运营情况确定节能控制方案。运营阶段应建立节能工作保证机制，把节能工作纳入日常管理和生产经营活动中，推行节能科学管理方法。公路工程进行节能效果评估时，应遵循全面和客观的原则，采用定性与定量相结合的方法。

四、养护阶段

公路工程养护阶段应从养护材料、工艺、用能和供能设备状况等方面降低养护作业能耗、提高设备工作能效。应积极推广精细化养护、标准化作业等节能新技术。养护阶段应合理运用再生技术提高沥青、混凝土等旧路面材料的循环利用率，减少废弃量。养护机械设备数量、类型应与养护需求相匹配，并根据不同时期、不同工况的养护需求调整机械设备组合，进行科学养护作业。

第二节　施工现场环境管理

知识点 1　公路工程“两区三厂”建设

“两区三厂”是指公路工程建设项目中的生活区、办公区、钢筋加工厂、拌合厂及预制厂。“两区三厂”的规划和设计应遵循“安全第一、因地制宜、永临结合、经济适用、绿色环保”的原则。“两区三厂”的建设应设置合理工期，并根据现场环境、建设规模、施工计划、人员及设备投入等情况组织实施。

一、生活区、办公区建设

驻地建设一般包括建设单位驻地、监理单位驻地、施工单位驻地及工地试验室的建设。驻地建设应因地制宜，尽量减少对环境的影响。

（一）驻地选址

（1）宜靠近工程项目现场的中间位置，应远离地质自然灾害区域，用地合法，周围无塌方、滑坡、落石、泥石流、洪涝等自然灾害隐患，无高频、高压电源及其他污染源。满足安全、实用、环保的要求，具备便利的交通条件和通电、通水、通信条件。

（2）离集中爆破区 500 m 以外，不得占用独立大桥下部空间、河道、互通匝道区及规划的取、弃土场。

（二）场地建设

（1）可自建或租用沿线合适的单位或民用房屋，但应坚固、安全、实用、美观，并满足工作、生活需求。自建房还应安装、拆卸方便且满足环保要求。自建房最低标准为活动板房，建设宜选用阻燃材料，搭建不宜超过 2 层，每组最多不超过 10 栋，组与组之间的距离不小于 8 m，栋与栋之间的距离不小于 4 m，房间净高不低于 2.6 m。驻地办公区、生活区应采用集中供暖设施，严禁电力取暖。为节约资源，建设单位宜尽早规划、建设后期营运管理中心，并尽可能利用营运管理中心作为项目建设的驻地。

（2）宜为独立式庭院，四周设有围墙，有固定出入口。有条件的，可在出入口设置保卫人员。

（3）办公、生活用房建筑面积和场地面积应满足办公和生活需要。

（4）办公区、生活区，以及车辆、机具停放区等布局科学合理，办公区、生活区等应分区管理，合理规划人车路线，尽可能减少不同区域间的互相干扰。区内场地及主要道路应做硬化处理，排水设施完善，庭院适当绿化，环境优美整洁，生活、生产污水和垃圾应集中收集处理。

（三）硬件设施

（1）各单位驻地办公用房应按照管理需要设置，一般设置如下。

①建设单位一般设总经理（项目办主任、指挥长）办公室、副总经理办公室、总工程师办公室、各职能部门办公室、档案室、会议室等。

②监理单位一般设总监理工程师（驻地高监）办公室、副总监理工程师办公室、各职能部门办公室、档案室、试验室、会议室等。

③施工单位项目部一般设项目经理办公室（书记办公室）、项目总工程师办公室、项目副经理办公室、各职能部门办公室、档案室、试验室、会议室等。

（2）各单位驻地办公用房面积应满足办公需要，一般不低于表 14-2-1 的规定。

（3）驻地办公用房应实用、美观、隔热、通风、防潮，各室功能应满足相关要求。

第十四章

表 14-2-1　各单位驻地办公用房面积标准

各室名称	配备标准/m²			备注
	建设单位	监理单位	施工单位	
办公室	6	6	6	人均面积
会议室	100	60	60	具备多媒体功能
档案室	60	40	20	—
试验室	—	175	180	各操作室合计面积

（四）试验室建设

（1）工地试验室是指公路工程建设从业单位在工程现场为满足质量控制和检验工作需要而设立的临时试验室。

（2）施工、监理单位应在工程正式开工前，根据合同承诺，经授权在工程现场设立与工程内容相适应的工地试验室。

（3）工地试验室应经有关单位组织认定合格，并取得批准后方可正式开展试验检测工作。

（五）其他规定

（1）驻地内消防设施应满足《建设工程施工现场消防安全技术规范》（GB 50720—2011）的有关规定，在适当位置设置临时室外消防水池和消防沙池，配置相应的消防安全标识和消防安全器材，并经常检查、维护、保养。

（2）驻地内应设置消防通道，并保证消防车道的畅通，禁止在车道上堆物、堆料或挤占消防通道。

（3）驻地内使用的电气设备和临时用电应符合《建筑与市政工程施工现场临时用电安全技术标准》（JGJ/T 46—2024）的规定。

（4）生活污水排放应进行规划设计，设置多级沉淀池，通过沉淀过滤达到排放标准。厕所污水应通过集中独立管道进入化粪池，封闭处理。

（5）驻地内应设置一个大型垃圾堆积池，容积不小于 3 m×2 m×1.5 m，将各种垃圾集中存放，定期按环保要求处置。

（6）驻地内应设有必要的防雷设施。为加强驻地安全管理工作，维护企业财产安全和职工生命财产安全，在条件允许的情况下，驻地应设置报警装置和监控设施。

（7）项目部驻地标识标牌设置标准可参考表 14-2-2 的规定执行。

表 14-2-2　项目部驻地标识标牌设置标准

标识名称	尺寸（长×宽）/cm	颜色、字体要求	标识内容及要求	设置位置
项目名称牌	250×35（竖牌）	金底黑字	项目名称及合同段名称	驻地大门
党工委名称牌	250×35（竖牌）	金底红字	—	驻地大门
办公室门牌	28×10	金底红字	—	各办公室门墙上
宿舍门牌	18×10	金底红字	—	各宿舍门墙上

续表

标识名称	尺寸（长×宽）/cm	颜色、字体要求	标识内容及要求	设置位置
项目管理制度牌（含职责牌）	80×60	白底黑字	岗位职责、管理制度，要求在牌底部有单位名称	办公室、会议室
廉政监督牌	200×150	白底黑字	廉政制度、领导小组、监督小组及监督电话	会议室或驻地院内
工程简介牌	200×150	蓝底白字	—	会议室或驻地院内
安全保障体系	200×150	蓝底白字	—	会议室
质量保证体系	200×150	蓝底白字	—	会议室
施工组织体系	200×150	蓝底白字	—	会议室
文明施工牌	200×150	蓝底白字	—	会议室或驻地院内
消防保卫牌	200×150	蓝底白字	底部应标有火警电话119	会议室或驻地院内
施工平面图	400×150	蓝底白字	—	会议室或驻地院内
工程立体效果图	400×150	白底彩图	—	会议室或驻地院内
宣传栏	240×120（单窗）	—	可设置多窗	驻地院内

注：本表中各标识标牌的尺寸、颜色、字体、标识内容及设置位置仅作参考，各项目可做相应调整。

二、钢筋加工厂建设

钢筋加工厂选址除应符合一般规定外，还应根据本合同段的主要构造物分布、运输条件、钢筋加工量等特点综合选址，做到运输便利、经济合理。

钢筋加工厂建设应符合下列规定。

（1）宜采用封闭式管理，场地内应按原材料堆放区、钢筋下料区、加工制作区、半成品堆放区、成品待检区、合格成品区、废料处理区等科学合理设置，功能明确，标识清晰。

（2）场内路面宜做硬化处理。主要运输道路应采用不小于 20 cm 厚的 C20 混凝土硬化，基础不好的道路增设碎石掺石屑垫层。场内排水宜按照中间高四周低的原则预设不小于1.5%的排水坡度，四周宜设置砖砌排水沟，并采用 M7.5 砂浆抹面。

（3）钢筋加工厂架构宜采用钢结构搭设，顶部采用固定式拱形防雨棚，高度应满足加工设备操作空间（一般不小于 7 m），并设置避雷及防风的保护措施。

（4）个别桥梁、隧道、涵洞受地形、运输条件限制可视实际情况采用简易钢筋棚加工。简易钢筋棚面积应满足生产、施工需求。棚内地面应按规定进行硬化或设置支垫。

（5）场内应设置照明（含应急照明）设施，照明电路与工作用电电路分开。电路铺（架）设应科学、合理，一般沿棚的两侧；严禁乱拉、随地放置。

（6）各种气瓶应有标准色，气瓶间距不小于 5 m，距明火不小于 10 m，且应采取隔离措施。气瓶使用或存放应符合要求，配置防震圈和防护帽。

（7）焊接、切割场所应设置禁止标志、警告标志；使用氧气、乙炔等易燃易爆场所应设置禁止标志和明示标志。

（8）易产生粉尘、有害气体的加工厂、存放厂应采取除尘及有害气体净化措施，且远离生活区、居民区，尽量将加工厂设于场地下风向。

➢ **知识链接：** 厂站建设一般包括钢筋加工厂、拌合站、预制厂、施工材料存放厂等建设。厂站选址的一般规定为：应满足用地合法，周围无塌方、滑坡、落石、泥石流、洪涝等地质灾害；无高频、高压电源及其他污染源；离集中爆破区 500 m 以外；不得占用规划的取、弃土场。

三、拌合厂（站）建设

（一）选址

拌合站选址除应符合上述厂站选址的一般规定外，还应根据本合同段的主要构造物分布、运输条件、通电和通水条件等特点综合选址，尽量靠近主体工程施工部位，做到运输便利、经济合理，并远离生活区、居民区，尽量设在生活区、居民区的下风向。

（二）场地建设

（1）拌合站应根据工程实际情况集中布置，宜采用封闭式管理，四周设置围墙，入口设置彩门和值班室。

拌合站标识标牌设置标准见表 14-2-3。

表 14-2-3　拌合站标识标牌设置标准

标识名称	尺寸（长×宽）/cm	颜色、字体要求	标识内容及要求	设置位置
拌合站简介牌	200×150	蓝底白字	拌和的数量、供应主要构造物情况及质量、安全保障体系等	场地入口处
混凝土配合比牌	150×120	蓝底白字	—	拌合楼旁
材料标识牌	60×50	蓝底白字	—	材料堆放处
操作规程	80×60	蓝底白字	各机械设备操作要求	机械设备旁
消防保卫牌	200×150	蓝底白字	底部应标有火警电话 119	场内
安全警告警示牌	按国标制作	—	—	各作业点

注： 本表中各标识标牌的尺寸、字体、颜色、标识内容以及设置位置仅作参考，各项目可做相应调整。

（2）拌合站建设应综合考虑施工生产情况，合理划分拌和作业区、材料计量区、材料库、运输车辆停放区、试验区、集料堆放区及生活区，内设洗车池（洗车台）、污水沉淀池和排水系统。

（3）拌合站场地面积、搅拌机组配置及产能应满足生产、施工需求和工程进度要求，一般不低于表 14-2-4 的规定。

表 14-2-4　拌合站建设标准

拌合站类型	场地面积/m^2	每个拌合站搅拌机组最低配置
水泥混凝土拌合站	5 000	2 台拌合机（每台至少有 3 个水泥罐、4 个集料仓）
沥青混合料拌合站	35 000	1 台拌合机（每台至少有 3 个沥青罐、2 个矿粉罐、冷热集料仓各 5 个）
水稳拌合站	15 000	1 台拌合机（每台至少有 3 个水泥罐、4 个集料仓）

注： 1. 场地面积为拌合站（含备料场）面积。

2. 场地面积、搅拌机组配置可结合施工进度要求、备料场大小等情况优化调整。

（4）场内路面宜做硬化处理，主要运输道路应采用不小于 20 cm 厚的 C20 混凝土硬化，基础不好的道路应增设碎石掺石屑垫层。场内排水宜按照中间高四周低的原则预设不小于 1.5%的排水坡度，四周宜设置砖砌排水沟，并采用 M7.5 砂浆抹面。

(5) 拌合站各罐体宜连接成整体，安装缆风绳和避雷设施，罐体应喷涂成统一颜色，并绘制高速公路项目名称及施工单位简称，两者竖向平行绘制，颜色（建议采用白底蓝字）、字体醒目。

(6) 原材料堆放应符合以下要求。

①凡用于工程的砂石料应按级配要求，不同粒径、不同品种分场存放，每区醒目位置设置材料标识牌，并采用不小于 30 cm 厚的混凝土或厚度不小于 60 cm 的浆砌片石隔墙等构造物分隔，隔墙高度（一般不小于 2.5 m）应确保不串料。

②水泥混凝土、路面面层储料场应用混凝土进行硬化处理，路面基层储料场可用水稳材料进行硬化处理。料场底应高于外部地面，修筑成向外的顺坡（不小于 3%），并在料场口设置排水沟，防止料场积水。

③水泥混凝土、路面面层储料场应搭设顶棚，防止太阳直接照晒或雨淋，顶棚宜采用轻型钢结构，高度（一般不宜小于 7 m）应满足机械设备操作空间，并满足受力、防风、防雨、防雪等要求。路面基层、底基层储料场地中细集料堆放区宜搭设防雨大棚，防止石料被雨淋。

(7) 所有拌合机的集料仓应搭设防雨棚，并设置隔板，隔板高度不宜小于 100 cm，确保不串料。

(8) 拌合设备应符合以下要求。

①混凝土拌和应采用强制式拌合机，单机生产能力不宜低于 90 m^3/h。拌合设备应采用质量法自动计量，水、外掺剂计量应采用全自动电子称量法计量，禁止采用流量或人工计量方式计量，保证工作的连续性、自动性，且具备电脑控制及打印功能。减水剂罐体应加设循环搅拌水泵。

②水稳拌和应采用强制式拌合机，设备应具备自动计量功能，一般设自动计量补水器加水，生产能力不宜低于 400 t/h。

③沥青混合料拌和应采用间歇式拌合机，配备计算机及打印设备，生产能力不宜低于 240 t/h。

④拌合站计量设备应通过当地有关部门标定后方可投入生产，使用过程中应不定期进行复检，确保计量准确。控制室应安装 1 台分体式空调，保证各部位电气元件正常工作。

(9) 拌合站应根据拌合机的功率配备相应的备用发电机，确保拌合站有可靠的电源使用。

（三）其他要求

(1) 作业平台、储料仓、集料仓、水泥罐等涉及人身安全的部位均应设置安全防护装置。传动系统裸露的部位应有防护装置和安全检修保护装置。

(2) 设专人定期进行拌合站的清理和打扫，保持拌合站内卫生。每次拌和作业完成后，及时清洗机具，清理现场，做到场地整洁。

(3) 临近居民区施工产生的噪声，应符合现行的《建筑施工场界环境噪声排放标准》(GB 12523—2011) 的规定。

(4) 应根据需要设置机动车辆、设备冲洗设施，排水沟及沉淀池，施工污水处理达标后方可排入市政污水管网或河流。

(5) 应经常清理砂石料场底部、上料台、上料输送带下部的废料并保持清洁，严禁装载机铲料时铲底。地面应定期洒水，对粉尘源进行覆盖遮挡。

(6) 水泥、粉煤灰等材料进料时，应保证材料罐顶的密封性能，预留通气孔应设有降尘措施；当粉尘较大时，应暂时停止上料，待处理完成后方可继续。

(7) 沥青混合料拌合站推荐设置碎石加工除尘与石灰水循环水洗，确保细集料洁净无

第十四章

杂质。

(8) 纤维材料、抗车辙剂、抗剥落剂等外加剂必须采用仓库存放，地面设置架空垫层的高度为离地面 30 cm，以免受潮。

四、预制厂建设

(一) 预制梁厂

1. 场地选址

预制梁厂选址除符合一般规定外，还应满足以下要求。

(1) 原则上不宜设在主线征地范围内，若确实存在用地困难等特殊情况需要将预制厂设于主线征地范围内时，应报项目建设单位审批。

(2) 选址以方便、合理、安全、经济及满足工期为原则，结合施工合同段所属预制梁板的尺寸、数量、架设要求以及运输条件等情况进行综合选址。

2. 场地建设

(1) 场地建设前，施工单位应将预制梁厂布置方案报监理工程师审批，方案内容应包含各类型梁板的台座数量、模板数量、生产能力、存梁区布置及最大存梁能力等。

(2) 宜采用封闭式管理，场地内应按办公区、生活区、构件加工区、制梁区、存梁区、废料处理区等科学合理设置，功能明确，标识清晰。生活区应与其他区域隔开。

(3) 各项目预制厂应统筹设置，建设规模和设备配备应与预制梁板的数量和生产工期相适应，一般不低于表 14-2-5 的规定。

表 14-2-5　预制厂规模和相关设备配备表

内容	要求
钢筋棚	至少 1 座
台座数量	应与预制时间、数量相匹配
吊装设备	满足起吊吨位需要，至少 2 台
模板数量	按照台座数量的 1/（4～6）匹配
自动喷淋养护设施	每片梁板设喷管不得少于 3 条（顶部 1 条，侧面各 1 条）；喷管长为梁体长＋1 m，喷头间距 0.5 m
必备的施工辅助设施	横隔板钢筋定位架、钢筋骨架定位架、横隔板底模支撑架
其他施工设备	满足施工需要

(4) 场地内路面宜做硬化处理，主要运输道路应采用不小于 20 cm 厚的 C20 混凝土硬化，基础不好的道路应增设碎石掺石屑垫层。场地内不允许积水，四周设置砖砌排水沟，并采用 M7.5 砂浆抹面。

(5) 预制梁厂应尽量按照“工厂化、集约化、专业化”的要求规划、建设，每个预制梁厂预制的梁板数量不宜少于 300 片。若个别受地形、运输条件限制的桥梁梁板需单独预制，规模可适当减小，但钢筋骨架定位胎模、自动喷淋养护等设施仍应满足施工生产要求。

(6) 预制厂钢筋加工、混凝土拌和应尽量使用合同段既有的钢筋加工厂、拌合站。

(7) 预制梁板钢筋骨架应统一采用定位胎模进行加工，并设置高强度砂浆垫块确保钢筋保护层不受损伤。

(8) 设置自动喷淋养护设备，预制梁板采用土工布包裹喷淋养护（北方地区应根据气候情况采用蒸汽保湿养护），养护水应循环使用。喷淋水压加压泵应能保证提供足够的水压，确保梁板的每个部位均能养护到位，尤其是翼缘板底面及横隔板部位。

3. 台座布设

(1) 预制梁板的台座强度应满足张拉要求，台座尽量设置于地质较好的地基上，在不良地基路段，应先进行地基处理。为防止发生张拉台座不均匀沉降、开裂事故，影响预制梁板的质量，先张法施工的张拉台座不得采用重力式台座，应采用钢筋混凝土框架式台座。

(2) 底模宜采用通长钢板，钢板厚度应不小于 6 mm，不得采用混凝土底模，推荐使用不锈钢底模板，并确保钢板平整、光滑，防止黏结造成底模蜂窝、麻面。

(3) 存梁区台座混凝土标号不应低于 C20，台座尺寸应满足使用要求。用于存梁的枕梁应设在离梁两端面各 50～80 cm 处，且不影响梁片吊装，支垫材质应采用承载力足够的非刚性材料，且不污染梁底。

(4) 在使用过程中，监理和施工单位应定期对台座进行复测检查，非不良地基区域的台座每 3 个月复测 1 次，不良地基区域的台座每月应复测 1 次，并建立观测数据档案，分析台座沉降情况，发现异常应及时处理。

(5) 梁板预制完成后，移梁前应对梁板喷涂统一标识和编号，标识内容包括预制时间、张拉时间、施工单位、梁体编号、部位名称等。

(6) 空心板、箱梁最多存放层数应符合设计文件和相关技术规范要求。设计文件无规定时，空心板叠层不得超过 3 层，小箱梁和 T 梁堆叠存放不得超过 2 层。预制梁存放时（特别是叠层存放）应采取支撑等措施确保安全稳定。

(二) 小型构件预制厂

1. 场地选址

小型构件预制厂选址除应符合一般规定外，还应以方便、合理、安全、经济及满足工期为原则，结合合同段工程量及运输条件综合选址。

2. 场地建设

(1) 宜采用封闭式管理，场地内应按构件生产区、存放区、养护区、废料处理区等科学合理设置，功能明确，标识清晰。

(2) 预制厂的建设规模应结合小型构件预制数量和预制工期等参数来规划，场地面积一般不小于 2 000 m^2。

(3) 场地内路面宜做硬化处理，主要运输道路应采用厚度不小于 20 cm 的 C20 混凝土硬化，基础不好的道路应增设碎石掺石屑垫层。场地内不允许积水，四周宜设置砖砌排水沟，并采用 M7.5 砂浆抹面。

(4) 生产区应根据合同段设计图纸确定的预制构件的种类设置生产线，同时配备小型拌合站 1 座（尽可能利用既有拌合站）。

(5) 养护区宜采用自动喷淋养护系统结合土工布覆盖对构件进行养护，确保构件处于湿润状态。混凝土养护应符合规范要求。

(6) 成品应按不同规格分层堆码，堆码高度应保证安全。预制件养护期不得堆码存放，以防损伤。运输过程中应采取措施，防止缺边掉角。

实战演练

[2024 真题 · 单选] 公路工程"两区三厂"建设指的是（　　）。

A. 生活区、办公区、钢筋加工厂、预制厂、拌合厂

B. 封闭区、办公区、钢筋加工厂、预制厂、拌合厂

C. 生活区、封闭区、钢筋加工厂、预制厂、拌合厂

D. 办公区、生产区、钢筋加工厂、预制厂、拌合厂

[解析]“两区三厂”是指公路工程建设项目中的生活区、办公区、钢筋加工厂、拌合厂及预制厂。

[答案] A

[2023 真题·单选] 关于项目部驻地建设的说法，正确的是（　　）。

A. 各种垃圾应集中存放，定期按环保要求处置

B. 生活污水排放应进行规划设计并设置单级沉淀池

C. 驻地内应设置容积不大于 3 m×2 m×1.5 m 的垃圾堆积池

D. 驻地办公室应采用电力取暖

[解析] 选项 B 错误，生活污水排放应进行规划设计，设置多级沉淀池，通过沉淀过滤达到排放标准。选项 C 错误，驻地内应设置一个大型垃圾堆积池，容积不小于 3 m×2 m×1.5 m，将各种垃圾集中存放，定期按环保要求处置。选项 D 错误，驻地办公区、生活区应采用集中供暖设施，严禁电力取暖。

[答案] A

[2023 真题·案例节选]

背景资料：

某一级公路工程，发包人依据《公路工程标准施工招标文件》相关规定进行了招标，公布了该工程某标段最高投标限价为 89 150 万元。某施工单位参与该标段投标并中标……

施工过程中发生以下事件。

事件一：施工单位结合现场情况，在其中一个生产区域内布置了拌合站与梁板预制厂，考虑施工方便并减少二次搬运，部分工作区域布置示意图如图 14-2-1 所示。工作区域包括梁板预制区、梁板成品堆放区、砂石料堆放区、钢筋加工堆放区、模板加工堆放区、混凝土搅拌区、其他工作区。

……

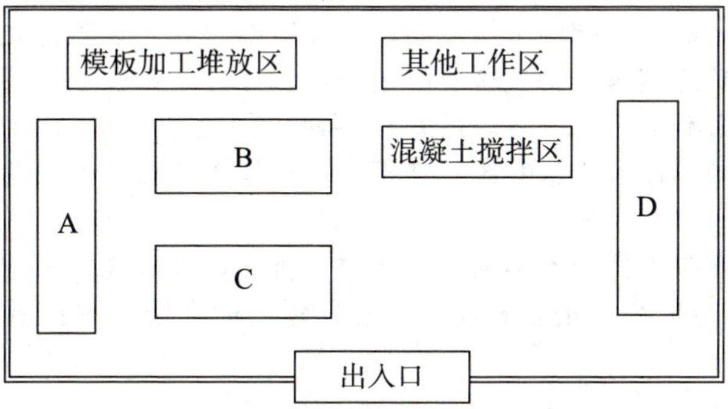

图 14-2-1　部分工作区域布置示意图

[问题]

2. 事件一部分工作区域布置示意图中，A、B、C、D 区域应对应最合理的工作区分别是什么？

[答案]

2. A——钢筋加工堆放区；B——梁板预制区；C——梁板成品堆放区；D——砂石料堆放区。

知识点 2 施工便道、便桥及临时码头建设

一、施工便道、便桥建设

（一）一般规定

（1）施工便道、便桥的建设应满足施工需要，尽量结合地方道路规划进行专项设计，尽可能提前实施，完工后尽量留地方使用。新建便道、便桥应尽量不占用农田、少开挖山体，节约资源，保护环境。

（2）施工便道、便桥应充分利用既有道路和桥梁。避免与既有铁路线、公路平面交叉，避免对当地居民生活造成困扰。

（3）施工便道、便桥应结合施工平面布置，满足工程施工机械、材料进场的要求。

（4）施工便道分为主干线和引入线，主干线尽可能靠近合同段各主要工点，引入线以直达施工现场为原则，并考虑与相邻合同段施工便道的衔接。

（5）施工便道应畅通，旧、危桥应加固处理。

（二）建设标准

（1）根据地形条件，确定施工便道、便桥平纵线形及横断面宽度。

①施工便道路基宽度应不小于 4.5 m，路面宽度不小于 3 m；原则上每 100 m 范围内应设置一个长度不小于 20 m、路面宽度不小于 5.5 m 的错车道。

➤ **知识链接：**《公路工程施工安全技术规范》（JTG F90—2015）规定，双车道施工便道宽度不宜小于 6.5 m，单车道施工便道宽度不宜小于 4.5 m，并宜设置错车道，错车道应设在视野良好地段，间距不宜大于 300 m。设置错车道路段的施工便道宽度不宜小于 6.5 m，有效长度不宜小于 20 m。

②施工便道在急弯、陡坡处应视地形情况适当加宽，并进行硬化处理。

③施工便桥结构应按照实际情况专门设计，同时应满足排洪要求。人行便桥宽度应不小于 2.5 m，人车混行便桥宽度不小于 4.5 m。若便桥长度超过 1 km，宜适当增加宽度。

（2）施工便道路面最低标准应采用泥结碎石或级配碎石。在条件允许的情况下，便道路面可采用隧道洞渣或矿渣铺筑。特大桥、隧道洞口、拌合站和预制厂等大型作业区进出便道 200 m 范围路面宜采用不小于 20 cm 厚的 C20 混凝土硬化。

（3）施工便道两侧应设置排水系统，在汇水面积较大的低凹处设置涵洞，以满足排水泄洪要求。

（4）施工便桥高度应不低于上年最高洪水位，桥头设置限高、限重、限速标牌，桥面设立柱间距 1.5～2 m、高 1.2 m 的栏杆防护，栏杆颜色标准统一，在适当位置设置醒目的警示反光标志。

（三）其他要求

（1）施工期间应指定专人（队）负责施工便道、便桥的日常检查和养护，及时修复路面坑槽，清理排水沟和涵洞的淤泥、杂物，保障便道、便桥畅通。

（2）每个合同段至少配备 1 台洒水车用于晴天洒水，做到“晴天少粉尘，雨天不泥泞，日常无投诉”。

（3）对施工便道应统一进行数字编号，并标明便道通往的方向和主要工程名称。

（4）便道路口应设置限速标志，于建筑物、城市道路转角、视线不良地段应设置明示标志，跨越（临近）道路施工应设置警告标志，道路危险段应设置防护及警告标牌。途经小桥，应设置限载、限宽标志；途经通道，应设置限宽、限高警告标志。路线明显变化处、便道平面交叉处，应设置指路和警告标志。

二、临时码头建设

按照码头的结构形式进行分类，码头可分为重力式、板桩式、高桩式、混合式、浮码头式等。其中，重力式码头的主要组成部分有胸墙、墙身、墙后回填体和基础。重力式码头是靠自重抵抗建筑物滑动和倾覆，对超载和工艺变化适应能力最好，同时又具有坚固耐久、抗冻抗冰、施工简单、维修费用少等优点，适用于地基较好或砂石原料多的地区。板桩式码头主要是靠打入地基中的板桩墙挡土，受较大的土压力，适用于所有板桩可沉入的地基。高桩式码头主要由上部结构和桩基组成，通过上部结构将作用在码头上的荷载经桩基传给地基，适宜做成透空结构，质量轻，减波效果好，砂石用量少，对深水条件的适应性较强。但其耐久性、抗震性、对超载以及工艺变化的适应能力较差。

临时码头选址宜在水域开阔、岸坡稳定、波浪和流速较小、水深适宜、地质条件较好、陆路交通便利的岸段。临时码头宜设置在桥梁、隧道、大坝、架空高压线、水下管线、取水泵房、危险品库、水产养殖场等区域的下游方向，与其他构筑物的安全距离应符合有关规定。临时码头应按照使用要求和相应的技术规范进行设计、施工和验收，并应设置安全警示标志，配备相应的安全防护设施。

实战演练

[2024 真题・单选] 施工便道穿过通道时，应设置（　　）警告标志。

A. 限速、限高　　B. 限载、限宽

C. 限速、限载　　D. 限宽、限高

[解析] 施工便道途经通道，应设置限宽、限高警告标志。

[答案] D

第十四章

第十五章

施工技术与设备管理

本章导学

本章主要介绍施工技术管理和施工机械设备管理。本章内容是在最新考试大纲的基础上，根据相关规范和标准编写。其中，施工技术管理包括公路工程施工图纸会审、公路工程施工方案管理、公路工程施工技术交底、公路工程施工技术档案管理、公路工程施工测量管理和公路工程试验管理；施工机械设备管理包括公路工程施工常用机械设备和公路工程施工机械设备管理要求。本章内容比较零散繁杂，且各知识点之间联系不大，考生学习时要注意理解记忆。

第一节　施工技术管理

知识点 1 公路工程施工图纸会审

图纸会审是指在工程项目施工前，由建设单位、设计单位、施工单位和监理单位等相关方共同对施工图纸进行详细审查和讨论的过程。其目的是发现和解决设计中的问题，确保施工图纸的完整性、准确性和可操作性，从而保证工程施工的顺利进行。

图纸会审的主要内容通常包括以下几个方面。

(1) 图纸完整性。核对图纸数量是否齐全，是否包含所有必要的设计内容；检查施工说明是否清楚准确，是否符合现有行业标准或规范要求。

(2) 图纸一致性。检查各专业图纸之间是否存在矛盾或冲突，确保设计的一致性。

(3) 设计合理性。审查设计方案的合理性和可行性，确保设计符合实际施工条件和要求；结合现场调查情况，核算主要工程数量，检查其中错漏。

(4) 规范符合性。检查设计是否符合国家和地方的相关规范及标准；核查设计人员提供的水文、地质等资料是否满足工程施工需求。

(5) 细节明确性。确保图纸中的各项设计细节明确，便于施工操作。

(6) 经济性。审查设计方案的经济性，评估工程造价是否合理；提出优化设计方案的建议，以降低工程成本。

知识点 2 公路工程施工方案管理

公路工程施工方案管理是确保公路工程项目顺利实施、质量达标和安全生产的重要环节。施工方案应有针对性和可行性，能突出重点和难点，并制订出可行的施工方法和保障措施；施工方案应能满足工程的质量、安全、工期要求，并且施工所需的成本费用低。

施工方案分为一般施工方案和专项施工方案。

一般施工方案应由各专业工程师或专业分包单位的专业工程师编制，经项目技术部门或专业分包单位技术部门审核，项目总工程师或专业分包单位技术负责人审批后实施。

专项施工方案应由施工单位组织本单位技术、安全、质量、材料、设备等相关专业人员进行审核。经审核合格的，由施工单位技术负责人签字并加盖单位公章。实行专业分包并由专业分包单位编制专项施工方案的，专项施工方案应由总承包单位技术负责人及相关专业分包单位技术负责人共同签字并加盖所属单位公章。

不需专家论证的危大工程专项施工方案，经施工单位审核合格后报监理单位，由项目总监理工程师审查签字并加盖项目监理机构公章后方可实施。

对于超危大工程或未达到超危大工程要求但参建方认为有必要的，施工单位应组织专家对专项施工方案进行论证。实行施工总承包的，由施工总承包单位组织召开专家论证会。专家论证前，专项施工方案应通过施工单位审核和项目总监理工程师审查。

参加专家论证会的人员如下。

(1) 专家组成员。

(2) 建设单位项目负责人或技术负责人。

(3) 监理单位项目总监理工程师及相关人员。

(4) 施工单位技术负责人或授权委派的专业技术人员，项目经理、项目安全负责人、项目技术负责人、专项施工方案编制人员、项目相关安全生产管理人员。

(5) 勘察、设计单位项目技术负责人或授权委派的相关人员。

(6) 涉及既有铁路、公路、海事和构筑物保护区安全等情况的，应邀请权属单位和监管部门代表参加方案论证会。

专家组应由不少于5名专家组成，专家应具备以下基本条件。

(1) 诚实守信、作风正派、学术严谨。

(2) 从事相关专业工作15年及以上并具有丰富的专业经验。

(3) 具有高级专业技术职称。

项目利害相关方的人员不应以专家身份参加专家论证会。

专家论证的主要内容应满足以下要求。

(1) 专项施工方案内容完整、可行。

(2) 专项施工方案有计算书和验算依据。

(3) 专项施工方案满足现场实际情况，保证施工安全。

专项施工方案经论证后，专家组应提交论证报告，对论证的内容提出明确的意见和结论，与会全体专家在论证报告上签字。该报告应作为专项施工方案修改完善的参考依据。

实战演练

[2024真题·多选] 关于公路工程施工方案编制、会审及专家论证的说法，正确的有（　　）。

A. 专家论证会应当由业主组织召开

B. 施工方案会审必须审查编制依据是否符合要求

C. 施工方案会审必须审查工程实施的资源配置是否合理

D. 对重大施工方案，应由项目技术负责人组织编制，中标单位技术管理部门组织审核，由中标单位技术负责人审批

E. 专家论证主要内容应包括安全施工的基本条件是否满足现场实际情况

[解析] 专家论证会应当由施工单位组织召开，实行施工总承包的，由施工总承包单位组织召开，选项A错误。

[答案] BCDE

知识点3 公路工程施工技术交底

施工技术交底是指在工程项目施工前，由项目的技术负责人或相关技术人员向施工人员详细说明工程的设计要求、施工方案、技术措施、质量标准、安全注意事项等内容的过程。

一、施工技术交底的目的

(1) 明确施工要求。确保施工人员了解具体的施工方法、工艺流程和技术要求。

(2) 保证工程质量。通过详细的技术交底，确保施工过程符合设计和规范要求，提高工程质量。

(3) 确保施工安全。传达安全技术措施和应急预案，减少施工过程中的安全隐患。

(4) 提高施工效率。通过明确的技术交底，减少施工过程中的误解和返工，提高施工效率。

(5) 规范施工行为。统一施工标准和操作规程，规范施工行为，确保施工过程有序进行。

二、施工技术交底的内容

施工技术交底通常分为 3 级，交底内容见表 15-1-1。

表 15-1-1　施工技术交底的内容

交底级别	交底人	交底对象	交底内容
第一级	项目总工程师	各部门负责人及全体技术人员	必备内容为工程概况、工期要求、现场调查情况、施工图纸说明、主要材料和设备安排、施工技术方案、工程的重难点、主要危险源、安全技术措施等；主要内容为总体施工方案、重大施工方案、超过一定规模的危险性较大的分部分项工程施工方案、技术策划及实施性施工组织设计等
第二级	项目技术部负责人或各分部分项工程主管工程师	现场技术人员和班组长	必备内容为施工详图和构件加工图、试验参数和材料配合比、测量放样的桩位、测量控制网及监控测量、施工进度要求、正常情况下的半成品及成品保护措施、重大危险源应急救援措施等；主要内容为分部分项工程（危险性较大的分部分项工程）施工方案
第三级	现场技术人员	班组全体作业人员	必备内容为施工工艺流程、作业标准及施工规范、操作要点及质量要求、质量问题预防、重大危险源识别、安全技术措施和应急措施等；主要内容为分部分项工程施工顺序

知识点 4　公路工程施工技术档案管理

一、基本规定

（1）工程文件的形成和积累应纳入工程建设管理的各个环节和有关人员的职责范围。

（2）工程文件应随工程建设进度同步形成，不得事后补编。

（3）每项建设工程应编制一套电子档案，随纸质档案一并移交城市建设档案管理机构。

（4）建设工程项目实行总承包管理的，总包单位应负责收集、汇总各分包单位形成的工程档案，并应及时向建设单位移交；各分包单位应将本单位形成的工程文件整理、立卷后及时移交给总包单位。建设工程项目由几个单位承包的，各承包单位应负责收集、整理、立卷其承包项目的工程文件，并应及时向建设单位移交。

二、归档文件质量要求

（1）归档的纸质工程文件应为原件。

（2）工程文件的内容及其深度应符合国家现行有关工程勘察、设计、施工、监理等标准的规定。

（3）工程文件的内容必须真实、准确，应与工程实际相符。

（4）计算机输出文字、图件以及手工书写材料，其字迹的耐久性和耐用性应符合现行国家标准《信息与文献　纸张上书写、打印和复印字迹的耐久性和耐用性　要求与测试方法》（GB/T 32004—2015）的规定。

（5）工程文件应字迹清楚，图样清晰，图表整洁，签字盖章手续应完备。

（6）工程文件中文字材料幅面尺寸规格宜为 A4 幅面（297 mm×210 mm）。图纸宜采用国家标准图幅。

(7) 工程文件的纸张，其耐久性和耐用性应符合现行国家标准《信息与文献 档案纸 耐久性和耐用性要求》(GB/T 24422—2009) 的规定。

(8) 所有竣工图均应加盖竣工图章。

(9) 归档的建设工程电子文件的内容必须与其纸质档案一致。

知识点 5 公路工程施工测量管理

公路工程施工测量是工程建设的重要环节，贯穿于施工的全过程，包括施工准备阶段、施工阶段和竣工阶段。精确的测量工作，可以确保工程按照设计图纸和规范要求进行施工，还能有效提高工程质量，减少返工和维修的可能性，降低工程成本。

(1) 施工准备阶段的测量。为施工提供基准和控制依据，确保后续测量工作的准确性。该阶段测量的主要内容包括控制网建立、控制点加密、地形地貌测量、设计交桩与复核等。

(2) 施工阶段的测量。通过放样、监控和复核，确保施工过程的精度和质量。该阶段测量的主要内容包括施工放样测量、过程监控、复核测量、变形监测和安全监控测量等。

(3) 竣工阶段的测量。通过全面测量和验收，验证工程是否符合设计要求，为工程交付提供依据。该阶段测量的主要内容包括竣工贯通测量、质量检查、验收测量等。

对交桩进行测量时，应根据公路等级和测量精度要求，选择测量方法。对于控制性桩点，应进行现场交桩，在复测原控制网的基础上，根据施工需要适当加密、优化，建立施工测量控制网，妥善保护。

知识点 6 公路工程试验管理

工地试验室是工程质量控制和评判的重要基础数据来源，是工程建设质量保证体系的重要组成部分。工地试验室必须严格执行国家有关法律、法规、技术标准和交通运输主管部门的有关规范、规程，遵循科学、客观、严谨、公正的原则，独立开展试验检测活动，为工程建设提供真实、准确的试验检测数据和报告。工地试验室应根据工程项目内容和规模进行设置，既要满足工程质量控制需要，又要满足合理布局、安全环保、环境整洁等要求。

一、工地试验室建设

(1) 驻地建设。工地试验室选址应充分考虑安全、环保、交通便利及工程质量管理要求等因素，其周边场地一般应进行硬化处理。工地试验室应将工作区和生活区分开设置，工作区总体上可分为功能室、办公室和资料室。

(2) 人员配备。工地试验室应综合考虑工程特点、工程量大小及工程复杂程度、工期要求等因素，科学合理地确定试验检测人员数量，确保试验检测工作正常开展。

(3) 设备配置。工地试验室应按照合同要求和母体检测机构授权范围内的试验检测项目及参数配备相应的仪器设备和辅助工具，使用频率高的仪器设备在数量上应能满足周转需要。仪器设备的功能、准确度和技术指标均应符合现行规范、规程要求。

二、工地试验室管理

(一) 人员管理

(1) 工地试验室应加强试验检测人员考勤管理，确保日常工作有效开展。

(2) 工地试验室应保持试验检测人员相对稳定，因特殊情况确需变更的，应由母体检测机构报经建设单位同意，并向项目质量监督机构备案。

(3) 工地试验室应将试验检测人员的姓名、岗位、照片等信息予以公开。试验检测人员进行作业时应统一着装并挂牌上岗。

(4) 工地试验室应重视试验检测人员劳动保护工作。试验检测人员在进行有毒、有腐蚀性、有强噪声等试验操作时，必须按要求佩戴相应的防护用具。

（5）工地试验室应制订全员学习培训计划，定期或不定期地组织学习有关政策、质量体系文件、标准规范和规程以及试验检测操作技能、职业素养等知识，不断提高试验检测人员的综合能力和水平。

（6）工地试验室应按照规定及时对试验检测人员进行年度信用评价。

（二）设备管理

（1）工地试验室应制订仪器设备管理制度，一般应包括采购、验收、检定/校准、使用维护、故障处理、核实降级与质量处理、仪器设备档案管理等制度。

（2）仪器设备经检定/校准或功能检验合格后方可投入使用。工地试验室应编制仪器设备的检定/校准计划，通过检定/校准和功能检验等方式对仪器设备进行量值溯源管理。

（3）仪器设备在检定/校准周期内如存在修理、搬运、移动等情况，应重新进行检定/校准。对于性能不稳定、使用频率高和进行现场检测的仪器设备，以及在恶劣环境下使用的仪器设备应进行期间核查。

（4）仪器设备应实施标识管理，标识分为管理状态标识和使用状态标识。管理状态标识包括设备名称、编号、生产厂商、型号、操作人员和保管人员等信息；使用状态标识分为合格、准用、停用 3 种，分别用“绿”“黄”“红”三色标签进行标识。

（5）仪器设备在使用过程中，应注意人身和设备安全，使用完毕应切断电源、清扫现场，保持仪器设备的清洁。仪器设备使用时应按要求填写使用记录。

（6）仪器设备应定期进行维护和保养，并按要求填写维护保养记录。

（7）化学试剂（危险品）存放地点应按有关规定设置，并严格管理。

（8）办公设备和交通工具应加强日常管理和维护，确保使用状态良好。

（三）环境管理

（1）工地试验室应保持室内外环境干净、整洁，日常清扫及检查工作应落实到人。

（2）工地试验室产生的废水、废气、废渣应安全排放。试验废水应经沉淀后方能排放，化学废液应进行中和处理后方能排放。试验固体废弃物应集中存放，定期清理到指定位置，不得随意摆放、丢弃。

（3）工地试验室的消防设施应有专人管理，并定期对灭火器材进行检查，始终保持有效。

（四）档案管理

（1）工地试验室应对相关资料分类建档，便于管理和查询。档案资料应及时填写、整理和归档。

（2）人员档案应一人一档，内容包括个人简历、身份证件、毕业证、职称证、资格证、劳动合同、任职文件、培训和考核记录等。

（3）设备档案一般应按一台一档建立，对于同类型的多个小型仪器设备可集中建立一套档案，但每个仪器均应进行唯一性编号。设备档案包括设备履历表、出厂合格证、产品说明书、历次检定/校准证书或记录、维修保养记录、使用记录等内容。

（4）试验检测台账分为管理台账和技术台账。管理台账一般包括人员、设备、标准、规范等台账；技术台账一般包括原材料进场台账、样品台账、试验/检测台账、不合格材料台账、外委试验台账等。台账应格式统一、简洁适用、信息齐全，台账的填写和统计应及时、规范。

（5）试验检测数据报告的格式和要素、记录表和报告的编制应符合《公路水运试验检测数据报告编制导则》（JT/T 828—2019）要求。试验记录一律用蓝、黑色钢笔或签字笔书写，字迹应清晰、工整，试验报告结论表述应规范、准确。

（6）工地试验室应根据工程内容配齐试验检测工作所需的标准、规范和规程，并进行控制管理；及时进行查新更新，确保在用标准、规范有效。

（7）工地试验室应注意收集隐蔽工程、关键部位的工程质量检验图片及影像资料，及时整理归档。

（8）工地试验室应按相关要求做好文件的收发、登记和流转工作。

（五）样品管理

（1）工地试验室应制订样品管理制度，对样品的取样、运输、标识、存储、留样及处置等全过程实施严格的控制和管理。

（2）样品的取样方法、数量应符合规范、规程要求，满足试验过程需要。如有必要，在取样的同时要留存满足复验需要的样品。取样应具有代表性，并有相应记录。

（3）样品应进行唯一性标识，确保在流转过程中不发生混淆且具有可追溯性。样品标识信息应完整、规范。样品在流转过程中应标明流转状态。

（4）试验结束后，如无异议，工地试验室应按有关规定对试验样品进行处置，处置过程应符合安全和环保要求。如需留样，样品的留存方法、数量和期限等应符合有关规定，留存样品应有留样记录。

（六）外委试验管理

（1）工地试验室应加强外委试验管理，超出母体检测机构授权范围的试验检测项目和参数应进行外委，外委试验应向项目建设单位报备。

（2）接受外委试验的检测机构应取得"公路水运工程试验检测机构等级证书"（含相应参数）、通过计量认证（含相应参数）且上年度信用等级为B级及以上。工地试验室应将接受外委试验的检测机构的有关证书复印件存档备查。

（3）外委试验取样、送样过程应进行见证。工地试验室应对外委试验结果进行确认。

（4）工程建设项目的同一合同段中的施工、监理单位和检测机构不得将外委试验委托给同一家检测机构。

（七）其他要求

（1）工地试验室应加强质量控制和管理，确保工地试验检测活动规范有效，试验检测数据客观准确。严禁编造虚假数据、记录和报告，严禁代签试验检测报告。

（2）工地试验室应按有关规范和合同文件规定的频率开展试验检测工作。

（3）试验检测操作应严格按照试验检测规程进行。试验检测所需的环境条件应满足有关标准、规范和规程要求。

（4）工地试验室应加强岗位技术培训，积极参加项目质量监督机构、建设单位组织的能力验证等活动，持续提高工作人员的业务技能。

（5）工地试验室应重视试验检测信息化建设。鼓励质量监督机构或项目建设单位构建统一的试验检测信息化管理平台，平台建设应考虑数据资源共享、遏制数据造假、远程监控等功能。

（6）母体检测机构应定期对授权工地试验室进行检查指导，确保授权工作规范有效；检查过程应有记录，检查结果应有落实和反馈。

实战演练

[2020真题·案例节选]

背景资料：

南方平原地区某一快速通道公路位于滨海区域，气候多雨，公路起讫桩号为K0+000～K30+000，线形平顺，双向六车道，无中央分隔带……

施工过程中发生了如下事件。

……

事件二：施工单位依托母体试验室组建了工地试验室。母体试验室具有交通运输部公路水运工程试验检测机构等级证书中的综合乙级资质证书，为加强工地试验室外委试验管理，要求外委试验的检测机构应具备相应的资质和条件，工地试验室应将其有关证书复印件存档备案，施工单位还制定了如下管理要求。

（1）工地试验室超出母体检测机构授权范围的试验检测项目和参数，必须进行外委，外委试验应向监理单位报备。

（2）外委试验取样、送样过程应进行见证，工地试验室应对外委试验结果进行确认。

（3）工程建设项目的同一合同段中的施工、监理单位和检测机构应该将外委试验委托给同一家检测机构。

[问题]

4. 逐条判断事件二中的管理要求是否正确？若不正确，写出正确要求。

5. 写出事件二中外委试验的检测机构应具备的资质和条件。

[答案]

4. 第（1）条不正确。正确要求：工地试验室超出母体检测机构授权范围的试验检测项目和参数应进行外委，外委试验应向项目建设单位报备。

第（2）条正确。

第（3）条不正确。正确要求：工程建设项目的同一合同段中的施工、监理单位和检测机构不得将外委试验委托给同一家检测机构。

5. 接受外委试验的检测机构应取得“公路水运工程试验检测机构等级证书”（含相应参数）、通过计量认证（含相应参数）且上年度信用等级为B级及以上。

第二节 施工机械设备管理

知识点 1 公路工程施工常用机械设备

公路工程施工中使用的机械设备种类繁多，涵盖了路基工程、路面工程、桥梁工程和隧道工程等方面。

一、路基工程施工机械设备

路基工程施工涉及土方开挖、石方开挖、运输、压实等方面，需要配备的机械设备见表15-2-1。

表15-2-1 路基工程施工需要配备的机械设备

类型	特点	适用范围
推土机	自行铲土运输机械，操作灵活、运作方便，所需工作面小	适用于50～100 m短距离推运土方、石渣等作业
铲运机	循环作业式铲土运输机械，对行驶道路要求较低，能独立完成铲土、运土、卸土、填筑等工作	适用于中距离的大规模土方转移工程
挖掘机	分为单斗挖掘机和多斗挖掘机，挖掘能力强，灵活性高，能够进行360°旋转操作	适用于工程量大而集中的土石方挖掘

续表

类型	特点	适用范围
装载机	配备有大容量铲斗，能够快速装卸大量物料，如土方、砂石等，工作效率高	主要用于铲装土壤、砂石、石灰、煤炭等散状物料，也可对矿石、硬土等进行轻度铲挖作业
平地机	利用刮刀平整地面的土方机械，铲土、运土、卸土的同时进行连续作业	主要用于平整场地、修整路基顶面和路拱
压路机	具有强大的压实能力，分为振动压路机、静碾压路机、冲击式压路机等类型	广泛用于高等级公路、铁路等大型工程项目的填方压实作业

二、路面工程施工机械设备

路面工程施工涉及混凝土拌和、运输、摊铺、碾压等方面，需要配备的机械设备见表 15-2-2。

表 15-2-2　路面工程施工需要配备的机械设备

类型		特点
拌合设备	沥青混凝土拌合设备	按生产工艺分为间歇式和连续滚筒式两种。前者的骨料烘干和拌和先后在不同的设备中进行，又分为强制式和自落式两种；后者的骨料烘干和拌和在同一个滚筒中进行
	水泥混凝土拌合设备	按拌和方式不同，分为固定式和移动式；按生产工艺方法不同，分为间歇式和连续式；按构造形式不同，分为自落式和强制式
摊铺设备	沥青混凝土摊铺机	按摊铺宽度分为：小型机，主要用于路面养护和城市街巷道的路面修筑工程；中型机，主要用于一般路面的养护和修筑工程；大型机，主要用于高等级公路路面的摊铺；超大型机，主要用于高速公路、机场、码头、广场等大面积混凝土路面的摊铺
	水泥混凝土摊铺机	按摊铺方式不同，分为滑模式和轨模式，滑模式水泥混凝土摊铺机按行走装置不同又分为履带式和轮胎式
碎石摊铺机		将碎石、砂石等均匀地摊铺在施工面上，形成平整的基层或垫层；适用于不同粒径的碎石材料

三、桥梁工程施工机械设备

桥梁工程施工机械设备主要有基础施工设备，如钻孔机、打桩机等；各种起重机具设备，如架桥机、千斤顶与缆索起重机、滑车组与卷扬机、吊机、龙门起重机等；混凝土设备；钢筋加工设备；预应力张拉设备，如锚具、张拉千斤顶。桥梁工程施工的主要机械设备介绍如下。

（1）钻孔机，通常用于桩基施工，应根据地质条件和施工环境选择适合的钻孔机类型。按工作原理钻孔机可分为螺旋式钻孔机、回转式钻孔机、冲抓式钻孔机、全套管式钻孔机和振动冲击式钻孔机。按构造形式螺旋式钻孔机又分为长螺旋钻孔机、短螺旋钻孔机和钻扩机。按泥浆运行方向回转式钻孔机又分为正循环钻孔机和反循环钻孔机。

（2）打桩机，一种用于将桩体（如预制桩、钢管桩、混凝土桩等）打入地层的机械设备。按工作原理分为冲击式打桩机、振动式打桩机、静压式打桩机、螺旋式打桩机。按桩架形式分为直式打桩机、塔式打桩机、门架式打桩机、起重机式打桩机和简易式打桩机。按工作条件分为陆上打桩机、水上打桩机和潜水打桩机。

（3）架桥机，主要用于预制梁的架设和安装。按结构形式分为单梁式架桥机、双梁式架桥机、悬臂式架桥机。按行走方式分为轮轨式架桥机、轮胎式架桥机、履带式架桥机。

（4）缆索吊装设备，是起吊、运输和安装构件的整套装置，因其高效、灵活和适应性强，在现代工程建设中发挥着重要作用。

（5）水泥混凝土（混合料）泵，一种能连续输送水泥混凝土混合料的机具。按动力形式分为风动水泥混凝土（混合料）泵和电动水泥混凝土（混合料）泵。

（6）（预应力）钢筋拉伸机，用于张拉带有螺杆锚具或夹具、镦头锚具或夹具的高强度粗钢筋或钢丝束的机具，还可用以对单根式成组的高强度粗钢筋或钢丝进行模外先张或后张自锚。

（7）张拉预应力钢筋千斤顶，用于张拉预应力混凝土构件中的钢筋或钢丝的机具。按构造形式分为台座式张拉预应力钢筋千斤顶、拉杆式张拉预应力钢筋千斤顶、锥锚式张拉预应力钢筋千斤顶和三作用式张拉预应力钢筋千斤顶。

四、隧道工程施工机械设备

隧道工程施工的机械设备主要有隧道开挖及出渣运输机械、隧道支护机械、隧道通风机械。其中，隧道开挖及出渣运输机械主要有如下几类。

（1）凿岩机和凿岩台车。凿岩机主要有风动凿岩机、液压凿岩机、电动凿岩机和内燃凿岩机等几种类型。施工中凿岩机一般用于地质条件好、不需要临时支护的隧道工程中。凿岩台车是在单台凿岩机的基础上发展起来的一种凿岩机械，将多台液压凿岩机安装在一个专门的移动设备上，以实现多机同时作业。凿岩台车属于隧道施工专用设备。

（2）装药器和装药台车。装药器是利用压缩空气将散装炸药压入炮孔的设备。装药台车是一种在长大隧道施工中将人员、物品提升起来送到工作面进行装药的机械设备。

（3）（单臂）臂式隧道掘进机。集切割、装运与行走为一体的挖掘机械，广泛应用于隧道开挖，可以挖掘大、小跨度的隧道，并且对围岩的稳定性影响较小，扰动破坏性小。

（4）盾构机。一种集开挖、支护、衬砌等多种作业于一体的隧道施工机械。其工作原理是一个圆柱体的钢组件沿隧洞轴线向前推进并对土壤进行挖掘，具有自动化程度高、施工速度快、对周围环境影响小等特点。

（5）全断面掘进机。一般用于硬岩的挖掘，具有高效、安全、环保等特点，能够一次性完成隧道的全断面开挖、支护和衬砌作业。

（6）装渣机械。隧道施工中，正洞、导洞及斜井出渣用的装渣机械有装载机、爪式扒渣机、耙斗式装渣机、铲斗式装渣机等。隧道内装渣用的装载机以轮胎式和履带式为主。

（7）运输机械。隧道施工常用的运输机械有翻斗式矿车、有轨平板车、梭式矿车和自卸汽车。

知识点 2　公路工程施工机械设备管理要求

公路工程施工机械设备是工程建设的重要保障，其管理水平直接影响施工效率、工程质量和成本控制。在公路工程施工中，机械设备的管理要求如下。

（1）机械设备必须按出厂使用说明书规定的技术性能、承载能力和使用条件，正确操作，合理使用，严禁超载、超速作业或任意扩大使用范围。

（2）机械设备上的各种安全防护和保险装置及各种安全信息装置必须齐全有效。

（3）机械设备作业前，施工技术人员应向操作人员进行安全技术交底。操作人员应熟悉作业环境和施工条件，并应听从指挥，遵守现场安全管理规定。

(4) 操作人员在作业过程中，应集中精力，正确操作，并应检查机械工况，不得擅自离开工作岗位或将机械交给其他无证人员操作。无关人员不得进入作业区或操作室内。

(5) 操作人员应根据机械有关保养维修规定，认真及时做好机械保养维修工作，保持机械的完好状态，并应做好维修保养记录。

(6) 实行多班作业的机械，应执行交接班制度，填写交接班记录，接班人员上岗前应认真检查机械状态。

(7) 应为机械设备提供道路、水电、作业棚及停放场地等作业条件，并应消除各种安全隐患。夜间作业应提供充足的照明。

(8) 机械设备的地基基础承载力应满足安全使用要求。机械安装、试机、拆卸应按使用说明书的要求进行。使用前应经专业技术人员验收合格。

(9) 机械设备在寒冷季节使用，应采取防冻措施。

(10) 机械设备集中停放的场所和大型内燃机械，应有专人看管，并应按规定配备消防器材；机房及机械设备周边不得堆放易燃、易爆物品。

(11) 停用1个月以上或封存的机械设备，应做好停用或封存前的保养工作，并应采取预防风沙、雨淋、水泡、锈蚀等措施。

(12) 清洁、保养、维修机械设备或电气装置前，必须先切断电源，等机械设备停稳后再进行操作。严禁带电或采用预约停送电时间的方式进行检修。

(13) 机械设备不得带病运转。检修前，应悬挂“禁止合闸，有人工作”的警示牌。

参考文献

[1] 魏建明．公路施工技术与管理 [M]. 2 版．北京：人民交通出版社，2010.

[2] 王旻，张振和．图解公路工程施工技术 [M]. 北京：机械工业出版社，2020.

[3] 闵玉辉．图解道路与桥梁工程现场细部施工做法 [M]. 北京：化学工业出版社，2015.

[4] 崔艳梅，叶亚丽．公路工程施工合同与成本管理 [M]. 北京：人民交通出版社，2019.

[5] 交通运输部公路局．高速公路施工标准化技术指南 第一分册 工地建设 [M]. 北京：人民交通出版社，2012.

[6] 中华人民共和国交通运输部．公路路基设计规范：JTG D30—2015 [S]. 北京：人民交通出版社股份有限公司，2015.

[7] 中华人民共和国交通运输部．公路路基施工技术规范：JTG/T 3610—2019 [S]. 北京：人民交通出版社股份有限公司，2019.

[8] 中华人民共和国交通运输部．公路路面基层施工技术细则：JTG/T F20—2015 [S]. 北京：人民交通出版社股份有限公司，2015.

[9] 中华人民共和国交通运输部．公路沥青路面施工技术规范：JTG F40—2004 [S]. 北京：人民交通出版社，2004.

[10] 中华人民共和国交通运输部．公路水泥混凝土路面施工技术细则：JTG/T F30—2014 [S]. 北京：人民交通出版社，2014.

[11] 中华人民共和国交通运输部．公路桥涵施工技术规范：JTG/T 3650—2020 [S]. 北京：人民交通出版社股份有限公司，2020.

[12] 中华人民共和国交通运输部．公路软土地基路堤设计与施工技术细则：JTG/T D31－02—2013 [S]. 北京：人民交通出版社，2013.

[13] 中华人民共和国交通运输部．公路隧道设计规范 第一册 土建工程：JTG 3370.1—2018 [S]. 北京：人民交通出版社股份有限公司，2019.

[14] 中华人民共和国交通运输部．公路隧道施工技术规范：JTG/T 3660—2020 [S]. 北京：人民交通出版社股份有限公司，2020.

[15] 中华人民共和国交通运输部．公路交通安全设施施工技术规范：JTG/T 3671—2021 [S]. 北京：人民交通出版社股份有限公司，2021.

[16] 中华人民共和国交通运输部．公路机电工程施工技术规范：JTG/T 3673—2025 [S]. 北京：人民交通出版社，2025.

[17] 中华人民共和国交通运输部．公路工程设计变更管理办法 [EB/OL]. (2005-05-09) [2025-03-04]. https://xxgk.mot.gov.cn/2020/jigou/glj/202006/t20200623_3312900.html.

[18] 中华人民共和国交通运输部．公路建设市场信用信息管理办法（试行）[EB/OL]. (2021-07-27) [2025-03-05]. https://xxgk.mot.gov.cn/2020/xzgfxwj/202212/t20221207_3720486.html.

[19] 中华人民共和国交通运输部．公路水运工程安全生产监督管理办法 [EB/OL]. (2017-06-12) [2025-03-05]. https://xxgk.mot.gov.cn/2020/jigou/fgs/202006/t20200623_3307870.html.

[20] 中华人民共和国交通运输部．公路工程建设项目招标投标管理办法 [M]. 北京：人民交通出版社股份有限公司，2016.

[21] 中华人民共和国交通运输部．公路工程标准施工招标文件（2018 年版）[EB/OL]. (2017-

11-30)[2025-03-06]. https://xxgk. mot. gov. cn/2020/jigou/glj/202006/t20200623 _ 3312728. html.

[22] 中华人民共和国交通运输部．公路工程质量检验评定标准 第一册 土建工程：JTG F80/1—2017 [S]. 北京：人民交通出版社股份有限公司，2018.

[23] 中华人民共和国交通运输部．公路工程建设项目概算预算编制办法：JTG 3830—2018 [S]. 北京：人民交通出版社股份有限公司，2019.

[24] 中华人民共和国交通运输部．公路工程施工安全技术规范：JTG F90—2015 [S]. 北京：人民交通出版社股份有限公司，2015.

[25] 国家安全生产监督管理总局．安全生产事故隐患排查治理暂行规定 [EB/OL]. (2007-12-28) [2025-03-12]. https://www. gov. cn/zhengce/2007-12/28/content _ 5712829. htm.

[26] 中华人民共和国交通运输部．公路工程节能规范：JTG/T 2340—2020 [S]. 北京：人民交通出版社股份有限公司，2020.

亲爱的读者：

如果您对本书有任何感受、建议、纠错，都可以告诉我们。我们会精益求精，为您提供更好的产品和服务。

祝您顺利通过考试！

扫码参与调查

建造师考试研究院